中国明清时期的战争

指文烽火工作室

著

吉林文史出版社
JILINWENSHICHUBANSHE

图书在版编目（CIP）数据

中国明清时期的战争 / 指文烽火工作室著. –– 长春:
吉林文史出版社, 2020.6

（战争事典精选文库）

ISBN 978-7-5472-6944-2

Ⅰ.①中… Ⅱ.①指… Ⅲ.①战争史 – 中国 – 明清时
代 Ⅳ.①E294

中国版本图书馆CIP数据核字(2020)第096393号

ZHONGGUO MINGQING SHIQI DE ZHANZHENG

中国明清时期的战争

著 / 指文烽火工作室

责任编辑 / 吴枫　特约编辑 / 朱章凤　刘博予

装帧设计 / 周杰

策划制作 / 指文图书　出版发行 / 吉林文史出版社

地址 / 长春市福祉大路 5788 号　邮编 / 130117

印刷 / 重庆共创印务有限公司

版次 / 2020 年 6 月第 1 版　2020 年 6 月第 1 次印刷

开本 / 787mm × 1092mm　1/16

印张 / 39　字数 / 628 千

书号 / ISBN 978-7-5472-6944-2

定价 / 169.80 元

目录／CONTENTS

克复安南

明成祖朱棣伐安南之战

作者 / 董振宇

明建文二年（1400年），安南权臣黎季犛废原国主陈少帝，大杀陈氏宗室而自立，并改姓为胡。相传明成祖朱棣夺取帝位后，曾派遣御使李琦、行人曾欢出使安南责问其篡杀之罪。当时，已改名胡一元的黎季犛满不在乎地回答："天下且有大不顺事，独我乎？"隐隐点出朱棣也得位不正。龙有逆鳞，"若人有婴之者，则必杀人"！因此，有种说法认为：黎季犛的这番话戳到朱棣的软肋，成为后来朱棣出兵问罪安南的原因。然而，传闻毕竟是传闻。事实上，明朝出兵的直接原因是胡氏立国后意图在西南称霸，多次侵掠明朝西南边境地区。例如，安南曾侵占广西思明府的禄州、西平州、永平寨等地，之后又于永乐三年（1405年）侵掠云南宁远州（今越南莱州），甚至还伏击护送陈氏子弟归国的明军。对这一系列挑衅行为，明朝自然不能坐视不理。除此之外，可能还有一个原因：朱棣有恢复安南这块中华故土的雄心。

▲ 大明混一图（彩绘绢本）

千年故土，文献之邦

安南是越南的古称，从秦到五代，为中原王朝郡县千年之久。秦始皇三十三年（前214年），秦帝国平百越，置南海、桂林、象郡。其中，象郡包括今越南中北部，为中原王朝在越南设治之始。秦末中原大乱，赵佗据岭南之地建南越国，汉武帝元鼎六年（前111年）灭之，分其地为九郡，在越南境内设交趾（今北圻）、九真（今清化、乂安一带）、日南（今中圻）三郡，后又统称为交州，施政设教无异内地。光武帝建武十六年（40年），征侧、征贰姐妹因交趾太守苏定为官贪暴而起兵，民众纷起回应，三年后被马援讨平。

待到五胡乱华，中原板荡，交州亦变乱迭起。梁武帝大同十年（544年），李贲自称南越帝，建国号"万春"，旋被陈霸先所灭。侯景之乱爆发后，陈霸先还军，李贲余党复燃，赵光复称赵越王，李贲之兄李天宝称桃郎王。李天宝死后，李佛子统率其众，于陈宣帝太建三年（571年）驱逐赵光复，自立为帝。隋文帝灭陈后，交州道行军总督刘方在仁寿三年（603年）统军南征，迫使李佛子投降。调露元年（679年），唐高宗改交州都督府为安南都护府，安南之名由此产生。

唐末五代混战不休，安南也不例外。刘隐割据广州，曲颢割据交州。后梁篡唐后，朱温任命刘隐兼任静海军节度使、安南都护。刘隐死后，其弟刘䶮袭位，6年后称帝，国号"大越"，后改为"汉"，史称"南汉"。不久，南汉进兵交州，灭曲承美。曲氏部将杨延艺（一作杨廷艺）驱逐南汉派遣的交州刺史，自称节度使，后为部将矫公羡所杀。杨延艺之婿吴权起兵攻矫公羡，矫公羡向南汉求援。后晋天福四年（939年），吴权败南汉军于白藤江，自立为王，这是安南人脱离中原王朝建国之始。

两宋年间，安南经历丁、黎、李、陈四朝。宋太祖建国初期，吴权之子吴昌文死，安南群雄蜂起，有大小割据势力十二家，史称"十二使君"。欢州刺史丁部领平定群雄，于开宝元年（968年）建国"大瞿越"，即丁朝，号"大胜明皇帝"。宋灭南汉后，因安南僻处西南一隅且自主已久，于是默认现状，封丁部领为交趾郡王。南宋淳熙元年（1174年），安南李朝李天祚遣使入贡，因宋南渡后国势不振，宋孝宗为羁縻起见，封李天祚为安南国王，安南正式称"国"。安南独立200余年，终于得到中原王朝的正式承认。

元朝建立后，武功煊赫无比，但安南陈朝始终顽强反抗，于元世祖至元二十一年（1284 年）、二十四年（1287 年）两败镇南王脱欢。当然，安南之所以能战胜，离不开崖山覆败后逃入安南的宋人鼎力协助。

元末群雄并起，安南与中原地区的联系依然紧密。元至正十九年（1359 年）正月，朱元璋还是吴王的时候，就曾遣使至安南，与安南陈朝有接触。当时，朱元璋正与汉王陈友谅相持，回访的安南使者黎敬夫趁机探听到吴军与汉军的虚实。两年后，陈友谅战事失利，退守武昌，曾派人赴安南请求援军，被安南拒绝。

洪武元年（1368 年），明朝派遣尚宾馆副使刘迪简持诏前往安南，但刘氏病逝于南宁，未能到达。同年十二月，明朝再遣汉阳知府易济民颁诏于安南。朱元璋在此诏中申明，大明王朝已推翻元朝成为正统，将改变元朝的外交政策，以怀柔为主，希望安南来朝修贡。

洪武二年（1369 年），安南遣少中大夫同时敏、正大夫段悌、黎安世、阮法等入贡明朝，且请封爵。作为明朝建立后第一批来朝觐见的外国使者，安南使臣受到朱元璋的高度重视。朱元璋看到安南使臣的服饰依然为中原样式，十分高兴，便作诗一首："安南际有陈，风俗不元人。衣冠周制度，礼乐宋君臣。"同时，朱元璋命侍读学士张以宁、典簿牛谅前往安南，封陈日熞（裕宗陈暊）为安南国王，赐驼纽涂金银印，后因陈日熞去世而改封嗣位的陈日熜（杨日礼）。

▼朱元璋像

安南求封和明朝赐封，代表明朝的宗主国地位得到藩国的承认，也为明、安关系的发展创造了良好开端。朱元璋曾称："海外诸国入贡者，安南最先……占城又次之，皆能奉表称臣，合于古制，朕甚嘉焉。"可以看出，洪武初期，明朝与安南的关系比较融洽，但这种融洽的关系不久就因恭定

王陈叔明（艺宗）废君自立、安南与占城（占婆）争端、两国边境纠纷等一系列事件而有所改变。

陈叔明废君自立，是明朝与安南关系降温的主要原因。洪武三年（1370年），明朝应安南要求，册封恭肃王的养子陈日煃为安南国王。但陈日煃实际上是优人之子，身上并没有陈朝血统，再加上继位后"纵酒淫逸，日事宴游，好为杂技之戏，欲复姓杨"，激起陈朝宗室不满。十一月，陈日煃之兄陈叔明发动宫廷政变，废陈日煃为昏德公并宣布继位，史称陈艺宗。

为试探明朝的态度，洪武五年（1372年）二月，陈叔明派使者阮汝霖入贡。但他并没有走正常途径向明朝求封，而是在进贡表文中以自己之名代替陈日煃，意图蒙混过关，但被礼部主事曾鲁发现。在曾鲁的责问下，阮汝霖不得不说出安南政权更替的实情。朱元璋得知其企图后十分愤怒，拒绝接受贡物，并严厉斥责陈叔明篡位的叛逆行为。陈叔明也许是迫于明朝的压力，在十一月初九禅位于弟陈端，并再次派使者入明谢罪请封。陈叔明虽然已经让位，但仍掌握着安南的实权。明朝见其态度恭顺，再加上无意干预安南国事，便承认了既成事实。

▼占城国遗址，婆那加占婆塔

洪武九年（1376 年）十二月，陈
端在率军攻打占城的战斗中阵亡，陈
叔明立陈端之子陈炜为王，即陈废帝。
陈炜继位后，陈叔明依旧决策着国内
所有事情，他还不断增加女婿黎季犛
的权力。

洪武二十年（1387 年）八月，陈
叔明提拔黎季犛为平章事，"赐剑一把、
旗一只，题曰：文武全才，君臣同德"。
黎季犛凭着陈叔明的信任，气焰日盛，
野心不断膨胀，以致"人人皆知其将篡"。
为了扭转这一局面，洪武二十一年（1388
年）八月，陈炜与亲信密议削除黎季犛
的权力，不幸计谋外泄，黎季犛马上唆

▲ 黎季犛像

使陈叔明废除陈炜，改立陈叔明之子陈日焜（顺宗陈颙）。陈叔明听信谗言，陈
炜被囚禁，后遭黎季犛杀害。此后，黎季犛骄横跋扈日甚一日。他残酷对待异己
分子，还怂恿陈叔明对反对者进行迫害，连王子、亲王亦不放过。

黎季犛党羽日众，对陈氏王朝威胁越来越明显。陈叔明对此有所觉悟，但已
势不可制。洪武二十七年（1394 年）二月，陈叔明命画工绘周公辅成王、霍光辅
昭帝、诸葛亮辅后主、苏宪诚辅李高宗等"四辅图"赐黎季犛。四月，陈叔明召
见黎季犛，上演了一出"白帝城托孤"。当时，黎季犛为博得陈叔明更坚定的信任，
免冠叩头泣谢，指天地发誓："臣不能尽忠戮力辅官家，传之后裔，天其厌之……
纵糜身碎骨，未能报答万一，敢有异图！"

当然，陈叔明信任黎季犛并非事出无因，他倚重后者的真实目的其实是为了
摆脱明朝朝贡体系。陈叔明政变继位后曾言："先朝立国，自有法度，不遵宋制，
盖以南（安南）、北（明朝）各帝其国，不相袭也。大治间，白面书生用事，不
达立法微意，乃举祖宗旧法，恰向北俗上安排，若衣服乐章之类，不可枚举，故
初政一遵开泰（陈明宗年号）年间例。"后来，他更进一步规定所有军民不得服"北

人"衣样，推行了一套具有民族独立意识的政策，试图摆脱明朝朝贡体系的约束，黎季犛正是其麾下先锋。洪武二十五年（1392年），黎季犛作《明道十四篇》奉上，遵周公而贬孔子、程朱等，对明朝的主流学术意识进行批判。陈叔明阅后十分欣赏，"赐诏奖谕之"。

洪武二十七年（1394年）十二月，陈叔明病逝。陈日焜年幼，黎季犛任辅政太师、平章军国重事，号称"忠卫国大王"，甚至下令让人称其为"辅政该教皇帝"，并入居宫中，完全把持安南的朝政。

黎氏篡陈，遂越铜柱

黎季犛全面掌权后，开始树立安南的民族特点。洪武二十八年（1395年）四月，他将《尚书·无逸篇》译成字喃①教育陈日焜；洪武二十九年（1396年）十月，他不按朱熹的解释，以字喃作《诗义并序》，命令女师教授宫中后妃与宫人；他甚至下令，寄往各路的敕令和诏书也必须用字喃。

陈叔明与黎季犛以上的这些做法，显然是对明朝"不恭"，使明朝与安南关系蒙上阴影。

例 字			义符和声符
字 喃	越 语	意 义	
弸	cong	弯曲	从曲，弓声
駋	chịu	受，承受	从受，召声
㕮	chợ	市集	从市，助声
䏧	dài	长	从长，曳声
呆	dại	呆，傻	从呆，曳声
㘰	dễ	容易	从易，里声
㘃	dưới	下面	从下，带声
㗂	đêm	夜	从夜，店声
㖦	đến	到	从至，旦声
趍	đi	去	从去，多声

▲ 字喃结构原理

安南与占城两国争端，是明朝与安南关系趋冷的另一诱因。安南独立后，走上了对外扩张的道路，但其北面是强大的明朝，西面是高山密林，东面是大海，因而只能南下，占城首当其冲。洪武二年十二月，占城首次指控安南侵略其边境，朱元璋即时派遣翰林院编修罗复仁、兵部主事张福等分别赍诏谕安南、占城国王，劝他们息兵养民。也许是当

---

① 假借、仿效汉字结构原理和方法，依据京语的读音创造的文字。

时两国均未完成册封的缘故，皆表示服从。

洪武三年末，陈叔明发动政变，废掉陈日熞，自立为王。陈日熞之母出逃占城，并请求占城为其出兵复仇。洪武四年闰三月，占城大举进攻安南，攻破其都城。安南深以为耻，陈叔明决定向占城复仇，他让位于弟陈煓，令其统领军队，并加封黎季犛为忠宣国上侯，命其参谋军事，大举扩军备粮。

洪武九年十二月，安南国王陈煓亲率 12 万大军报复占城。次年春正月，陈煓不听谏言，冒险攻打占城都城阇盘，结果遭埋伏阵亡。此役，安南将士战死者十之七八。占城乘胜北伐，至六月，再一次劫掠安南都城。

朱元璋对安南与占城纷争不断十分不满，并把责任归咎于陈叔明："尔叔明自临事以来，国中多故，民数流离……安南与占城纷争，构兵将十年矣，是非彼此，朕所不知。其怨未消，其仇未解，将如之何？"希望安南能息兵养民，免遭亡国。又传谕占城国王："朕尝戒尔两国，毋深构仇雠，以安生民。今一胜一负，终无休息，果何为哉？……连年苦战，彼此胜负，固不可知。鹬蚌相争，渔人获利，他日悔之，不亦晚乎！"朱元璋采取"一视同仁"的原则，不让明朝卷入两国纷争，但其努力调处并没有奏效，两国边界依然烽火不息。

当时，影响明、安关系的还有一个重要因素：明、安两国边界的纠纷。洪武十四年（1381 年）六月，广西思明府向朝廷投诉，安南骚扰其境内永平等寨。安南在受责时，却反告思明府攻其脱、峒、陆、峙诸地。朱元璋查明安南欺诳，令广西拒绝安南纳贡。

明朝的绝贡威胁产生了一定效用。《明太祖实录》记载，此后安南于洪武十五年、十七年、十九年、二十年均有进贡，而且与明初相比，增加了奄竖、象马、金银器皿等。当时，安南仍由陈叔明掌控，对明朝还表现出一定的"恭顺"。但黎季犛掌握安南的实权后，对明朝的态度日趋强硬。

洪武二十九年十二月，广西思明府土官知府黄广成上奏："本府自故元设置思明州，后改思明路军民总管府，所辖江左一路州县洞寨，东至上思州、南至铜柱……元季扰乱，交人以兵攻破永平寨，遂越铜柱二百余里，侵夺思明属地丘温、如嶅、庆远、渊、脱等五县，逼民附之……乞令安南以前五县还臣旧封，仍止铜柱为界，庶使疆域复正，岁赋不虚。"思明府上一次的投诉只限于两国边界的骚扰，而此次的控诉则涉及领土治权的问题，这自然引起明朝的高度重视。朱元璋派行人陈诚、吕让出使安南进行交涉，要求安南归还思明府的故地。

洪武三十年（1397年）二月，陈诚、吕让使团抵达安南，与安南政府交涉归还五县之事，但无法达成共识。陈诚以为翻译没能准确表达他的意见，于是写信给安南国王晓以利害，依据典册与舆图从历史沿革的角度证明五县之地乃思明府所有。但由于黎季犛阻挠，陈诚与安南国王的谈判并未获得结果。黎季犛以国王名义复书，力争不让，认为历史图籍的记载均是虚文，明朝人所言亦不可信，强调安南管治现状，使谈判陷入僵局。

陈诚回国后，黎季犛担心明朝会有进一步的军事行动，直接上书明朝礼部，为侵占事实狡辩，甚至攻击思明府土官，丝毫没有归还之意。对安南如此傲慢的挑衅，朱元璋没有忘记祖训，继续采取容忍态度。

朱元璋早在洪武四年便制定了明确的对外政策，主要是防止北方蒙古人卷土重来。只要南海诸国不挑事，就不会有战争。在此后的25年里，安南先后出现篡夺、侵邻、扰边事件，对明朝时常表现出不恭和傲慢。虽然朱元璋气愤时，会在给安南的诏书中说"十万大军，水陆俱进，正名致讨，以昭示四夷"；但实际上，其最严厉的惩罚也只是断交绝贡。洪武二十八年九月，朱元璋在明、安关系日渐恶化的情况下，仍毫不迟疑地将安南纳入15个不征之国，并将这一策略列之于祖训之中：

> 四方诸夷皆限山隔海，僻在一隅，得其地不足以供给，得其民不足以使令。若其不自度量来扰我边，则彼不祥；彼既不为中国患，而我兴兵轻伐，亦不祥也。吾恐后世子孙倚中国富强，贪一时战功，无故兴兵，致伤人命，以干天和，此甚不可。

这说明朱元璋一直在坚持"不征"的南海政策，从未有过要征讨包括安南在内的南海诸国的想法。明朝人高岱的评论就体现了朱元璋的治国理念："夫以当时熊虎之将，席百战之威，其于蕞尔小夷，岂为难克？然于敝中国多矣。彼既不足为中国患则已，又何必涂炭吾赤子而邀无益之功邪？"

無故興兵致傷人命切記不可。但胡戎與西北邊境互相密邇累世戰爭必選將練兵時謹備之。

今將不征諸夷國名開列于後。

東北
朝鮮國即高麗其李孫仁人及于李成桂今名旦者自洪武六年至洪武二十年首尾凡弒四王姑待之

正東偏北
日本國雖朝貢詐通奸臣胡惟庸謀為不軌故絕之

祖訓 六

正南偏東
大琉球國皆入太繁貢者禮待甚厚
小琉球國不通往來不過朝貢

西南
安南國三年一貢　真臘國朝貢如常其國居海濱
暹羅國朝貢如常其國濱海　占城國朝貢如常其國濱海
爪哇國其國居海中　西洋國其國居海中
蘇門答剌國其國居海中　湓亨國其國濱海
白花國其國居海中　三弗齊國其國居海中

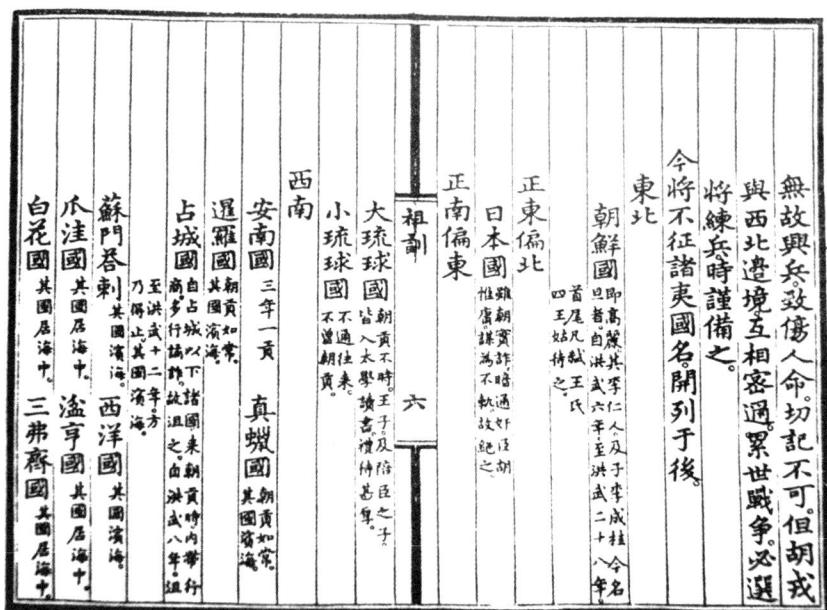

▲ 列入《皇明祖训》中的不征之国

但朱元璋的宽容却被黎季牦理解为年老软弱，于是更加肆意妄为。洪武三十年，黎季牦推行了财政币制、官制、地方行政等一系列改革，又借改革教育制度收买人心树立自己的威信。十一月，他逼陈日焜迁都清化。次年三月，又逼其禅位于年仅 3 岁的世子，史称陈少帝，黎季牦亲自辅政，自称德兴烈大王。

随后，朱元璋的崩逝更加速了黎季牦篡位的步伐。建文元年（1399 年），黎季牦先逼陈日焜出家，指使范可永将其杀害；又诛杀太保陈沆、上将军陈渴真，以及其僚属、亲戚 370 余人；随后自称国祖章皇，服蒲黄色，入居仁寿宫，出入用黄盖 12 柄。建文二年（1400 年）二月，黎季牦废陈少帝自立，年号"圣元"，国号"大虞"，改姓胡，史称"胡朝"。

有意思的是，黎季牦篡位后却称先世是浙江人，本姓胡，乃"舜裔胡公满之后"。他称五代南汉时，其先祖胡兴逸任演州刺史，遂定居安南，至 12 代孙胡廉徙居清化，为宣尉黎训义子后，方才以黎为姓。

如前文所述，从黎季牦独揽大权后的所作所为来看，他是一位强调越族特性

10

的人。然而，他在夺取政权后却称先世为中原人，自己不是越族人。这种做法十分令人费解，对其后统治安南也毫无益处，可谓一个谜团。据郑永常先生考证，司马迁曾在《史记·吴太伯世家》中评论："余读春秋古文，乃知中国之虞与荆蛮句吴兄弟也。""虞吴兄弟也"便是黎季犛的心思所在。因为朱元璋"先世家沛"，建立明朝前曾称吴王，黎季犛这种做法是有预谋的，目的是为了拉近与明朝的距离。

黎季犛篡陈后，不出半年便让位给次子黎汉苍自称太上皇，实际上仍掌控实权。黎季犛有两子，长子黎元澄、次子黎汉苍，为何立次子汉苍而不立有军事才能的元澄呢？这也是为了赢得明朝的信任，元澄与汉苍是同父异母兄弟，汉苍是陈明宗女儿徽宁公主所生，是陈氏的外甥。当年，安南陈朝开国皇帝陈日煚就是靠女婿的身份得李朝"禅让"。因此，黎汉苍亦想利用陈氏甥的身份向明朝求封。安南史臣吴时仕认为黎季犛传位黎汉苍，是为了方便向明朝请封，可谓一针见血。

陈氏嗣绝，天平之辨

黎季犛在安南篡陈夺位的时候，明朝内部燕王朱棣也在做一件类似的事。他以"清君侧，靖国难"为口号，率兵南下，直指京师。经激烈内战，建文四年（1402年）六月，朱棣攻入京师，并于次月即位，惠帝朱允炆不知所踪。

朱棣得位不正，即位后立刻派遣使者诏谕安南、暹罗、爪哇、琉球、日本诸国，以更优惠的外交政策使这些藩国来朝，欲借外交繁荣来转移国内朝野的非议。明使者邬修于永乐元年（1403年）二月抵达安南，那时黎季犛已传位。同年四月，安南使者抵达京师，奉表恭贺朱棣即位，且借此大好机会报告陈朝宗室已经灭绝，并以"陈氏之甥"的名义为胡氏（黎汉苍）求封。

对于安南的求封，明朝礼部认为远方的安南人难以相信，应派遣使者前往查明实情。十五日，朱棣派行人杨渤等前往安南，调查陈氏嗣绝及胡氏身世的真假。安南陪臣耆老在黎季犛的安排下，使杨渤等人调查的结果一如安南使者先前所述。十一月，杨渤等人回朝，呈上安南陪臣耆老的结状。朱棣信以为实，即遣礼部郎中夏止善等奉诏往安南，封胡氏为安南国王。

事实上，黎季犛父子把弄陈朝政权的事，洪武时已为明朝所知。当时，刑部

▲ 朱棣像

尚书杨靖曾说："日焜年幼，国事皆决季牦父子。"所以，朱棣对安南黎季牦父子的篡位行径应该也是知道的。然而，在同年闰十一月二十四日，大明皇帝仍遣使封黎汉苍为安南国王。至此，黎季牦父子求封成功。

永乐元年，明朝与安南算是敦睦邦交。不料未及一年，两国关系突然恶化，扰边、侵邻、篡逆的控诉都爆发了。

永乐二年（1404年）四月，广西思明府知府黄广成上奏，指控安南武力侵占禄州、西平州、永平寨等地。显然，黄广成不满洪武年间的处理结果，想借新帝登基对安南施加压力。很快，朱棣对黄广成的申诉做出反应，敕谕安南使者："如非安南地，则速归之。"但并无进一步行动。

黎氏篡位后，为显示其武功及转移国内视线，于建文二年十二月发兵15万大举伐占城，因军粮不继引还。建文四年七月，再度大举伐占城，占城王巴的赖（阁耶僧伽跋摩五世）大惧，遣舅布田前往安南献占洞（今越南广南省升平府），黎季牦又强行索取古垒洞（今广义省），并将其分为升、华、思、义四州。于是，占城北部膏腴可耕之地尽入安南，仅剩南部山岳贫瘠的土地。永乐元年，安南复命水步军20万征占城，围攻阇盘不下而还。占城王不甘割地被侵，于永乐二年八月初一借着向明朝贡之机，控诉安南侵掠之实，甚至表示"乞隶版图，遣官往治"。朱棣听后大怒，发敕谕指责安南越礼肆虐占城、肆无忌惮侵夺思明府的行为，并警告道："宜速改过，不然非安南之利也。"但南侵占城以拓疆土为安南历代王朝固定国策，所以黎季牦父子对朱棣的敕谕未加理会。

八月初六，安南陈朝故臣裴伯耆效仿申包胥入朝申诉，揭发黎季牦弑主篡位的真相，请求明朝出兵光复安南陈朝。巧合的是，二十八日，老挝军民宣慰使刀线歹（一作刁线歹）遣使护送一名前安南王孙陈天平（也作陈添平）来朝，控诉黎季牦弑主篡位，残害陈氏宗族的种种恶行，请求明朝助其复国。朱棣对这两宗

12

来自安南内部对黎氏的指控，起初并未全信，只是聊表同情之意，命有司给予适当安置。

明代史书没有记载裴伯耆与陈天平会面时的情形，《大越史记全书》则提及裴伯耆曾向明朝坦言不知陈天平的身份。裴伯耆自称是陈渴真的裨将，与史实相符。但陈天平所奏却有颇多不符之处。据吕士朋先生考证，陈天平所述的陈朝世系就有7处错误。倘若他确系陈氏子孙，那么他对安南陈朝世系的叙述绝不应有如此多的错。日本学者山本达郎甚至推论，陈天平所说乃明朝大臣伪作，旨在为入侵安南制造口实。

按越史记载，陈天平实为仁靖王陈元挺（一作陈元辉）的家臣阮康。洪武二十三年（1390年），陈元挺因潜通占城被论罪（应为黎季牦陷害），赴水而死。阮康逃往老挝，化名陈天平号召忠义之士讨伐黎季牦，并以陈氏后人的身份建立流亡政权，还得到老挝的支持。黎季牦立国后，为了开拓南部领土以防备明朝南下，对占城发动大规模战争。不过，这些行动令老挝极为不安，所以刀线歹决定护送陈天平入明乞师。日本学者榎本文城在编撰的《大越货币志全》一书中解释"天平通宝"为天平铸造的铜钱，这也印证陈天平在安南和老挝边界活动的事实。所以，山本达郎的推论并不正确，明朝并没有伪造陈天平的奏言用来作为入侵的借口。

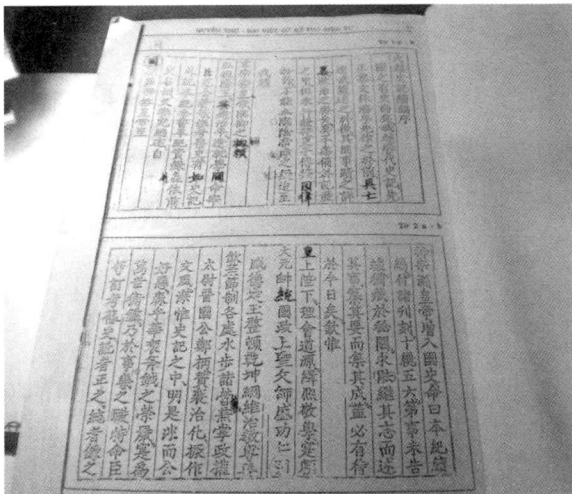

▲ 天平通宝

◀《大越史记全书》书影

山本达郎作为日本昭和时代的历史学家，很可能"以己度人"了。

永乐二年十二月，安南遣使入明恭贺新年。朱棣为了验明陈天平的身份，让其与安南使臣相见。据《明太宗实录》记载："使者识其故王之孙也，皆错愕下拜，亦有感泣者。"如前所述，陈天平并非陈氏子孙，所以部分学者认为这段记载是当时伪造的。安南使者大多是陈朝故臣，国运多艰之际，故臣遗老在明朝相遇，怎会不有所感触而流泪呢？《大越史记全书》也有这样的记载："明内锦衣卫范质言于汉苍曰：'刘光庭奉使到北京，拜天平。'即日收光庭，斩之。"可以看出，确实有陈朝故臣面见陈天平时下拜。因此，朱棣便认为陈天平是陈朝王室后人，决定对安南黎季牦父子问罪。

永乐三年正月，朱棣派遣监察御史李琦等出使安南，责问黎季牦父子弑主篡位、僭号改元之事，要求做出详细解释。正当朝廷与黎季牦父子交涉时，两国边界之争竟由广西思明府延展至云南宁远州。云南宁远州土官同知刀吉罕上奏，指控安南攻掠猛慢等七寨，掳掠其女儿、女婿。明朝随即遣使敕谕安南详细说明情况。

明朝逐步施加对安南的压力。由于明朝态度趋于强硬，安南黎季牦父子被迫让步。为表示诚意，黎季牦指派黄晦卿为使臣。黄晦卿归还思明府古楼等五十九村。事后，黎季牦责备其割得太多，并密令土人毒杀明朝土官。可见，安南并非诚心顺从明朝，只是在拖延时日，争取备战时间。

其实，黎季牦篡位成功后，就一直在做两手准备：一边积极争取明朝册封，一边暗自备战。建文三年（1401 年），黎季牦就曾发出过"安得百万兵，以敌北寇"的感叹。他听从黄晦卿的建议，改革征兵制度，凡 15 岁以上、60 岁以下的男人均要服役，兵源成倍增加。其后，他又以制造粮船的名义大规模制造铁钉战船。陈天平事件后，面对明朝的一再责难，黎季牦父子认为明朝终将用兵，便更积极备战。他下达一系列备战命令，并视察了巡京路山川及诸海口。

同年六月，安南遣使阮景真随李琦前来谢罪，称"天平，本陈氏宗族，久弃在外，不谓尚存，悠悠之言，自此而致，圣恩弘贷，遣使下问，臣请迎天平以君事之"，并承诺归还禄州、猛慢等地。黎季牦父子明知陈天平的真实身份，还承认其为陈氏后人，并欲迎回以君事之，显然是个圈套。但朱棣仍对黎季牦父子存在某种幻想，甚至指派聂聪等出使安南落实迎回陈天平之事，还承诺说："果诚心应朕，尽改

▲ 古安南武士浮雕

前非，迎还天平以君事之，朕当封尔上公，封以大郡，传之子孙，永世无穷。"其后，朱棣又敕谕屯兵老挝边境欲出兵安南解决边界纠纷的云南西平侯沐晟立即撤兵。

十二月，安南派遣阮景真等人随从聂聪来朝，奏称誓无二心，迎还陈天平。聂聪也力言安南"诚心恭命"。朱棣信以为真，决定派兵护送陈天平回国，并与陈天平、裴伯耆商议护送军力的问题。陈天平认为："不过数千人，到彼则人自服。"也许陈天平自以为凭着陈氏子孙的招牌，还有刘光庭等人做内应，一旦踏入安南的国土，便会得到广泛支持。这一提议遭到裴伯耆的反对。元朝时，元世祖忽必烈曾任命柴椿为安南宣慰使都元帅，以兵千人护送其册封的安南国王陈遗爱回国就位。陈朝圣宗陈日烜密令军队截击，元兵溃散，柴椿被击伤，陈遗爱被活捉后遭秘密处死。因此，裴伯耆估计黎氏很可能会派兵截杀陈天平，故对明朝仅以少量军队护送陈天平回国表示异议。但最终，朱棣采用陈天平的意见，派遣广西总兵官都督金事黄中、吕毅等领兵 5000 人护送，提醒他们在进入安南后"尤宜审度事儿，以为进退，不可轻忽"。对持异议的裴伯耆，朱棣则将其流放，没让其与陈天平一起回国。

永乐四年（1406 年）正月，陈天平陛辞回国，朱棣谆谆训勉并予厚赐，敕封胡氏为顺化郡公，尽食所属州县。三月十六日，黄中等人率领 5000 兵马护送陈天平抵达安南丘温，而胡氏称疾没有亲自迎接，只派黄晦卿等为代表。黄中虽有所怀疑，但派遣的侦骑没有发现异状，并且见迎者壶浆相继于路，便以为没有危险，继续前进。当明军行至芹站时，由于山路险峻、林木茂密，又遇上大雨，军队难以成列。忽然，安南伏兵四起，约有 10 余万人，高呼要劫天平。混乱中，陈天平被劫，明兵伤亡被俘者颇多。黄中等欲整兵回击，但安南军斩绝桥道，明军无法前进，只得引兵还广西。事后，陈天平被凌迟处死，被俘的明兵发往义安种田或为家奴。

不过，这件事在《大越史记全书》中却是另外一种模样：韩观、黄中领兵10万护送陈天平还国，韩观屯兵边界，黄中率军入侵，先胜后败，为脱逃而献出假冒陈氏子孙的陈天平。这段记载不禁令人疑窦丛生。如果朱棣此时决意入侵安南，怎么会不吸取元朝征讨失败的教训，只依靠广西的兵源？韩观率兵到了边界驻足不前，在黄中失败后也不前往支援，还没有因此受处分，又是为何？且陈天平的身份，是经过朱棣验证确定的，黄中怎敢仅凭遭受安南军反抗，便自作主张，认为陈天平为假冒，主动将其献出？《大越史记全书》明显是在歪曲事实。

起初，朱棣希望和平解决黎季犛父子弑主篡位之事，以履行宗主国的责任。他用5000名官兵护送陈天平回国，只显示明朝支持陈天平，并不表明明朝会追究黎季犛父子，想不到黎季犛会劫杀陈天平。黎季犛父子既然答应迎归陈天平，如今却中途劫杀，就是公然挑战朱棣的威信。黎季犛也许以为，朱棣的外交策略与其父相去不远，再加上他初登帝位政权未稳，不敢轻言举兵。然而，这种想法显然低估了朱棣的能力与决心。

靖难之役后，如何让国人信服，如何在诸国间树立威信，一直是朱棣执政的最大难题，所以他绝不能忍受安南这般欺骗与挑衅。四月十一日，朱棣接到黄中的奏报后极为愤怒，对成国公朱能表示要出兵讨伐。安南劫杀陈天平后，曾派遣三江安抚使陈恭肃等入明，"辩白天平诈冒之事"，并请求通贡如故，朱棣当然不会接纳。《明太宗实录》没有记载此事，大概安南使者来到明朝时，朱棣已经决定兴师。明朝与安南的关系完全破裂，只有通过武力解决问题。

张辅为帅，两路并进

陈天平事件，是朱棣即位四年以来面对的最严峻考验。虽然祖训将安南纳入15个不征之国，但为了维护宗主国皇帝的至尊地位以及大明的朝贡体系，朱棣决定兴师南征。正如张奕善先生在《明帝国与南海政略》中说："成祖生就桀骜不驯，是拥有雄才大略的君主，祖训的约束只限于中下之君，绝无法使之就范。"

朱棣决定出兵后，召集众臣商议征讨安南及战后事宜。由于安南曾是中原王朝治下领土，士大夫的"安南情结"一直存在，所以几乎众臣一致赞成出兵，甚至有人提出"郡县其地"的方案。只有解缙提出异议："自古化外之民，反覆不常，但令奉正朔，效贡职，羁縻之而已，不可以为郡邑。"此后，解缙开始失宠。

七月初四，即陈天平事件发生3个月后，朱棣便组织起一支强有力的远征军：总兵官为成国公朱能、左副将军为云南西平侯沐晟、右副将军为新城侯张辅，大军分由云南、广西两路出击；兵部尚书刘俊参赞军事，刑部尚书黄福、大理寺卿陈洽等负责运送粮饷。之前护送陈天平时被冷落的安南归附人裴伯耆，亦被赐予冠带随军南征。

关于此次出兵的总人数，张辅在《檄安南官吏军民文》中称："皇上震怒，特命将兵八十万，讨除逆贼。"吕士朋先生根据《明太宗实录》统计，所征调云南、四川、贵州、广西、广东、湖南、湖北、福建、浙江、江西、江苏、安徽、山东等地官军总数为21.5万人，80万之说似有夸大之嫌。

不过，朱棣曾在出兵人数方面密谕朱能："精健赴敌之兵必须满足，临行所命大数不可少一人。其运粮、守营、编桥、造船、采伐竹木诸杂差使及其事余故，皆在此数之外。昔秦伐楚，王翦以为非六十万人不可，李信止用二十万，竟为楚所败。后秦复从翦言，用六十万人，乃遂灭楚国。黎贼气力，虽不敢拟楚，然以朕料之，必得临行所命大数，乃可成功。"虽未明确"大数"具体是多少，但想来绝不会少。

▲ 张辅像

再加上黎季牦父子的长期部署，号称有700万众的兵丁。因此，明朝的动员力量应当多于《明太宗实录》的记录，但究竟动员了多少力量，尚需进一步考证。

十六日，明军正式出师。朱棣亲自到龙江饯行，临祭大江诸神后，宣布了一份敕谕，申明对将士的要求："黎贼父子，必获无赦，胁从必释。毋养乱，毋玩寇，毋毁庐墓，毋害稼穑，毋恣取货财，毋掠人妻女，毋杀降，有一于此，虽功不宥。毋冒险肆行，毋贪利轻进。罪人既得，即择立陈氏子孙贤者，抚治

▲ 明代宫廷画家商喜所绘的《宣宗出猎图》，描绘的是15世纪明朝皇帝出行的场景

一方。班师告庙，扬功名于无穷，其往勉之。"二十九日，朱棣在给朱能的密谕中再次强调进入安南后，必须严明军纪："师入安南之境，须禁伐人坟墓园林、焚人庐舍、虏人妻女，且宜抚绥其民；其国中老者，待之以礼，如此则人心自安，乐其生业。"在15世纪初，提倡如此军纪的国家真是凤毛麟角。

闰七月十三日，明朝派遣先头部队600人往占城结盟。八月二十六日，朱棣再遣内官马彬敕谕占城国王占巴的赖出兵安南的原委，并令占城严兵边境，防遏黎季牦父子等逃脱。这样，黎季牦父子便陷入朱棣的天罗地网：北有明朝大军分两路南下，南有中占联军阻其外逃。

朱能等领军出征后，朱棣作为优秀的军事家"多方用心筹度用兵大略……昼夜思维，节次条画"，不断发密谕传授用兵方略及相关措施。闰七月初四，朱棣通过密谕向朱能等人逐一指示军中十件大事，其中几件尤为重要：

> 兵入安南，凡其府库仓廪所储及户口、田赋、甲兵籍册、郡邑图志，并令尚书刘俊掌之，尔总其大概。

> 兵入，除释道经板经文不毁外，一切书板文字以至礼俗童蒙所习，如上大人丘乙己之类，片纸只字，悉皆毁之。其境内凡有古昔中国所立碑刻则存之，但是安南所立者悉坏之，一字勿存。

> 访问古时铜柱所在，亦便碎之，委之于道，以示国人。

> 国中遍行访问，有精细通达长于谋略及奸诈诡谲之徒，悉以怀才抱道名色尽数举保送来。

> 国中诸色匠人及乐工连家属尽数起送赴京。

> 平定之后，令各府州县原任官吏轮次赴京朝见。

初八，朱棣又密谕朱能等人：

> 平定安南之后，自鸡翎关到其国中，沿途必须设立卫所，筑城以镇守之，务要烽火相望，声势相接，遇有警急，可以应援。其某处可以立卫，某处可以立所，某卫某所合留军士多少、合存粮多少，何人可守某卫某所，尔等皆

宜预为计议，密奏以闻。

八月初一，朱棣密谕朱能等人：

> 昔云南僻在万里，山川险固……我皇考太祖皇帝……一鼓而平之，创立
> 自古所无之功，与天地共为悠久者也。今安南虽在海隅，自昔为中国郡县，
> 五季以来，力不能制，历宋及元，虽欲图之，而功无所成，贻笑后世。今黎
> 贼逆命，朕命尔等率师往问其罪，欲尔等勉成大功……

由此可以看出，朱棣对于安南妄图推行民族特性对抗大中华朝贡体系很有意
见。并且，从这份密谕可以看出，朱棣心中也有收复安南、恢复故土的雄心壮志。
他要效法父亲开创千秋功业。

八月二十七日，朱棣再次密谕朱能等人，其中有这样一条：

> 前者谕尔等焚其庐舍，今立郡县，凡一应室庐，不可焚毁，平安之后，
> 即用居守，切宜戒敕军士。

这是朱棣首次对前方将领提出"郡县安南"的计划。九月二十日，朱棣派神宫监太监苗青赶赴军中，预备征服安南后留其镇守，并要求朱能"凡都司、布政司、按察司有合行事务，与之讨议而行"。这些密谕说明，明军还未进入安南，朱棣已在规划战后如何治理安南。

然而，明军进军并非一帆风顺。十月初二，总兵官朱能不幸在广西龙州病逝，此时离计划进攻安南仅有7天。进攻安南必须在冬天瘴疠肃清后，万万

▲《平番得胜图卷》中的明军大营

耽搁不得。在这关键时刻，右副将军新城侯张辅毅然暂代总兵官，继续进兵，同时急奏上报。朱棣获悉朱能病逝的噩耗后，于二十一日下令由张辅出任总兵官，指示兵部尚书刘俊将原定计划告诉张辅："尔前与国公节次面听朕所授之言，可一一说细与新城侯（张辅）、云阳伯（陈旭）谈说，使其知之。与尔一应等策文书，务要严密收贮，虽片纸只字，不可失落，大小事务皆须谨慎。"朱棣还亲自勉励张辅、陈旭等："昔皇考太祖高皇帝命大将军开平王常遇春、偏将军岐阳王李文忠等率师北征，未几开平王卒于柳河川，偏将军岐阳王率诸将士摅忠效力，扫荡残胡，终建大勋，著名青史，光耀无穷。尔等皆宜立志自强，取法前人，乘冬月瘴疠肃清之时，殄除凶孽，及期班师，建万世之奇功，成万世之善名，以副朕委用之意。"

十月初九，张辅等人率师自广西思明府凭祥县出发，入安南坡垒关。此关无人防守，被轻易拿下。侦察后，张辅得知坡垒关以南，隘留关—鸡翎关（支棱关）—芹站这一线山路险峻，林木蒙翳，溪涧深广，地势十分险要。于是，他命令都督同知韩观等军驻扎关下，监督运送粮饷、修缮道路、伐木建桥等事宜，以供明军顺利通过；其次，派游兵往来侦察，防止敌军设伏；又派鹰扬将军吕毅领军作为前哨先锋，进军探问声息，遇到敌人就立即攻击。

初十，张辅祭祀安南国中山川，以求进军顺利，并誓师于众："皇帝非利安南土地百姓，乃为黎贼害其国主，虐其黎庶，奉行天讨，以继绝世，苏民困。命我等以吊民伐罪，丁宁告戒，非临阵不得杀人，非禀令不许取物，毋掠子女，毋焚庐舍，毋践禾稼。尔等宜奉承圣天子德意，以立奇功。不用命者，必以军法从事，无赦。"将士们听后，齐声欢呼，争效用命，以立军功。

同时，张辅按照朱棣的安排，出榜发布《檄安南官吏军民文》，历数黎氏父子二十大罪：

> 贼人黎季牦父子两弑前安南国王，以据其国，罪一也。
>
> 贼杀陈氏子孙宗族殆尽，罪二也。
>
> 依托胡氏，自以为虞之后也，故以为国号。不奉朝廷正朔，僭改国名大虞，妄称尊号，纪元元圣，罪三也。
>
> 视国人如仇雠，淫刑峻法，暴杀无辜，重敛烦征，剥削不已，使民手足无措，

穷饿罔依，或死填沟壑，或生逃他境，罪四也。

世本姓黎，背其祖宗，擅自改易，罪五也。

凭陈氏之亲，妄称暂权国事，以上冈朝廷，罪六也。

闻国王有孙在京师，诳词陈请迎归本国，以臣事之，及朝廷赦其前过，俯从所请，而益肆邪谋，遮拒天兵，阻遏天使，罪七也。

其安南国王之孙始被迫逐，万死一生，皇上仁圣，矜悯存恤，资给护送，俾还本土。黎贼父子，不思感悔，竟诱杀之，逆天灭理，罪八也。

宁远州世奉中国职贡，黎贼恃强夺其七寨，占管百姓，杀虏男女，罪九也。

又杀其土官刁吉罕之婿刁猛慢，虏其女。襄亦以为驱使，强征差发银两驱役百端，罪十也。

威逼各处土官，趋走执役，发兵搜捕夷民，致一概惊走，罪十一也。

侵占思明府禄州、西平州、永平寨之地，及朝廷遣使索取，巧词支吾，所还旧地，十无二三，罪十二也。

还地之后，又遣贼徒据西平州劫杀朝廷命官，复谋来寇广西，罪十三也。

占城国王占巴的赖新遭父丧，即举兵攻其旧州格烈等地，罪十四也。

又攻占城板达、郎白黑等四州，尽掠其百姓孳畜，罪十五也。

又加兵占城，取其象百余只，及占沙离牙等地，罪十六也。

占城为中国藩臣，既受朝廷印章服物，黎贼乃自造镀金银印、九章冕服、玉带等物，以逼赐其王，罪十七也。

责占城国王惟尊中国，不重安南，以此一年凡两加兵，罪十八也。

天使以占城使者同往本国，黎贼以兵劫之于尸毗柰港口，罪十九也。

朝贡中国，不遣陪臣，乃取罪人假以官职，使之为使，如此欺侮不敬，罪二十也。

此二十大罪状，条条皆有依据，大致可分为四类：一是在安南国内施行暴政；二是蔑视宗藩体制，挑战明朝的权威；三是侵扰明朝边界，危及明朝边境安全；四是侵掠明朝藩国占城。

张辅在檄文的最后通告安南吏民，明军吊民伐罪以及重立陈氏之意，命人将此檄文刻到木牌上放入河中顺流而下，通过安南纵横交错的河流溪涧传遍全境。当初，安南百姓都不知明军为何南下，见到此檄文后，"咸知其曲在彼，及见榜末云：'待黎贼父子就擒之后，选求陈氏立之。'莫不延劲跌足，以待王师之至"。安南守军见到此檄文后，也"谓其必然，且厌胡氏苛政，罔有战心"。

同日，张辅率军进入安南丘温县，置堡储粮。此时，吕毅派人送回捷报：隘留关有2万安南兵依山结寨，配备了大量火铳，寨下设立坑堑，其中插满竹签。吕毅带领前锋精锐进攻隘留关，用"挨牌"翼蔽而上。在明军的猛烈攻击下，隘留关守军渐渐不支，遂被攻破。明军斩首40级、生擒65人，其余守军皆溃散。

克复安南，胡朝覆灭

首战告捷，离不开朱棣的精心谋划。邱濬在《大学衍义补》中记载："近有神机火枪者，用枪为矢镞，以火发之，可至百步之外，捷妙如神，声闻而矢即至矣……交（交趾）所制者尤巧。"黎季牦长子黎元澄更是这方面的专家。因此，朱棣令工部研制了一种编竹三层、缠裹牛皮、高五尺二寸六分、上阔一尺八寸、下阔一尺三寸六分的特制坚固盾牌"挨牌"，防卫安南火器，效果甚佳。

十一日，骠骑将军朱荣等人也攻破鸡翎关，斩首62级，生擒11人。十二日，张辅率军进至鸡翎关，得知芹站两旁皆有埋伏，遂令鹰扬将军吕毅、黄中等领军前往搜索。伏兵闻听隘留、鸡翎二关被破，无心战斗，设伏者悉逃遁。随后，张辅率军到达昌江、市桥，遣鹰扬将军方政、游击将军王恕等作为先头部队直抵富良江北嘉林县。

当时，左副将军西平侯沐晟也由云南蒙自县出发，经野蒲蛮入安南境，攻夺猛烈关、华隘等处，已经抵达白鹤县下营。张辅遂遣朱荣领军一支前往会合。朱荣在路上顺便攻破了祖峰寨。沐晟亦遣都指挥俞让来会。十一月初一，两军会师于三带州立石县。

初五，张辅派横海将军鲁麟、骠骑将军刘楷出攻破困吾寨，大军随即进驻新福县。明军在张辅的严厉约束下，不妄杀，不掳劫，秋毫无犯，得到安南百姓的拥护。当日，三带州金判邓原，南策州莫迪、莫邃、莫远等人来降。张辅询问他们后得知安南依靠东都（河内）、西都（清化），以及宣江、洮江、沱江、富良江之险为防守阵线。安南军自三江府沱江南岸伞圆山，循富良江南岸东下至宁江，又于富良江北岸，循海潮江、由希江、麻牢江，直至盘滩困枚山，沿江设立营栅；于多邦隘增筑土城，城栅相连亘900余里，尽发江北诸州民200余万守之，驱老幼妇女以助声势；缘江置椿，尽取国中船舰列于椿内，诸江海口俱下捍木，以防攻击，对外号称水陆屯守士兵700余万。

安南军沿江布防，意欲拖住明军打持久战，等气候湿热、瘴疠兴起的时候再进行反击。中原王朝以往出兵进攻安南，多是因此师劳无功而回。朱棣知道这些情况后，也特地下达敕谕，要求张辅等人必在明年春前击灭黎氏。

张辅下战书给黎季牦："予奉天子命将兵八十万来讨尔罪，尔如能战，则率众于嘉林以待；不能战，可自赴辕门以听处分。"意用激将法使其应战，但黎季牦没有回话。恰在此时，礼部行人朱劝、张瑛带着朱棣的诏书前来，要求黎季牦进贡5万两黄金、100头大象赎罪，如若金、象数目不足，可用珠玉宝贝替代。这是朱棣消磨黎季牦斗志的一个计策，他事先要求朱劝、张瑛只停留5日，并让张辅等朱劝、张瑛离开后立即进兵。不过，黎季牦也没有上当，只派手下接待了朱劝、张瑛一行，以勘合不同为由回绝此事，并声称："兵已入境，若兵回，即贡。否则，自有准备。"

张辅见计策不成，随即移军三带州，于富良江北岸簡招市江口严阵以待，与沐晟商议造船置铳，以图进取。此地江面不时有安南军出没刺探情报。十四日夜四更时分，鲁麟率舟师从簡招市江口上游十里下水，借水势攻击划船（一种战船），夺得敌船1只，斩首100余级，自此以后划船不敢出没。

朱棣还制定了渡江策略："我师至嘉林若欲渡江，必要舟筏然后可济，如此岂不旷日劳师乎？计今莫若迭出

▲ 明代战船模型

游骑于嘉林与城相对处往来，始焉用百骑，逐日旋增至五百骑或千骑而止，夜举火烧烟放炮，眩惑贼国以乘之……大军却于未至嘉林二三日程潜行取道，趋富良江上流浅处，与西平侯会合渡江。如此虽费数日之程，然免军士伐木之劳，亦免相持稽缓之久。"于是，张辅派遣朱荣等人在下游18里处嘉林地面实施此计。十二月初六，安南军在嘉林分遣水军，抢夺明军船只，遭到明军奋击，大败而回。

在此以前，沐晟军在初二击败了安南左翊军将胡射，夺得池木丸江岸、白鹤江椿，进驻洮江北岸，与多邦城形成对垒。多邦城下沙滩平阔，可以展开军队进攻。于是，张辅派陈旭前往洮江，与沐晟军同造浮桥。初七晚上，沐晟军从天幕江州北岸攻击安南军，被安南军将陈挺击败。沐晟军将先退者处斩，严肃军纪，重整战力。初九晚上，沐晟军袭击木丸州，安南军主将阮公瑰沉湎于女色，没有防备，船只被烧，全军尽没。明军此役的胜利极大震慑了多邦城外围的安南势力，安南其余水军龟缩不出，明军浮桥得以顺利建造。

初九，张辅率大军从简招市江口出发，留都督高士文守备辎重船只。十一日，张辅与沐晟军会合，双方经商议认为：安南在江边立栅，地势狭窄，难以展开军队。唯有多邦城外滩可以容军。不过，多邦城高峻，城下设有两重壕沟，壕内密密地插着竹签，壕外又有陷马坑，且坑内也布满竹木签。除此之外，城上守军还备有大量铳箭滚木，可谓易守难攻。明军虽然有攻城器具云梯、仙人洞等，但多邦城宜用计取。最后，商议决定张辅军攻多邦城西南部，沐晟军攻东南部。为了迷惑

▲ 泰国复原的战象格斗

敌军，明军在沙滩上列军。布置完后，张辅又派一支疑兵前往拟定攻击点一里之外的地方做攻击态势，吸引安南守军的注意力。

十二日凌晨，攻夺多邦城之战正式开始。张辅深知这一仗的重要性，激励将士："贼所恃者此城栅耳，将士报国，成功在此一举，宜各用命，城破必矣，先登者不次升赏。"四鼓时分，张辅遣都督黄中等率军携攻城器械悄悄越过重

壕，潜至城下，后以云梯附城。都指挥蔡福率部先登，用刀乱砍，引起守军一阵惊呼。攻上城的明军燃起夜明光火药，吹响铜角，城上顿时火光齐明、角声大作。明军军心大振，争先恐后蚁附而上。安南守军却慌了阵脚，发出数枚铳箭后便崩溃纷纷跳城逃跑。明军遂占领城墙。

退入城中的安南军在天长军将阮宗杜等人的指挥下，重整防御，并拿出撒手锏——象兵。大象作为陆地上最大的动物，可以称之为古代的坦克，极具威慑力，令人望而生畏。大象在冲锋陷阵时的杀伤力更是惊人，在东南亚地区的战争中有着独特地位和重要作用。

不过，朱棣早就针对安南象兵进行了准备。《宋书·宗悫传》记载了南北朝时期刘宋的宗悫大破林邑（占城）象兵的故事："林邑王范阳迈倾国来拒，以具装被象，前后无际，士卒不能当。悫曰：'吾闻狮子威服百兽。'乃制其形，与象相御，象果惊奔，众因溃散，遂克林邑。"大概朱棣熟知此段史事，令内府制作了7座狮子像，在进军之前就发去军中。

面对安南军驱象猛冲，张辅、陈旭亲自督战，令游击将军朱广等用狮子像蒙在战马身上、神机铳部队分列两旁攒射。见到"狮子"，大象受了惊吓，再上又被铳箭打伤，便横冲直撞往回奔驰，将安南军冲得溃乱。张辅趁机率军长驱而进，用炮铳轰击。安南军大乱，自相践踏而死和被明军杀死的不可胜数，将领梁民献、蔡伯乐也被斩杀。明军直追至伞圆山下，缴获大象12头，器械无数。

十三日，明军自伞圆山沿富良江南岸而下，一路纵火毁焚木栅，呈摧枯拉朽之势。十四日，明军捣东都，安南守军弃甲而逃，明军占领东都。张辅在城东南驻军，出榜吊民伐罪，安南吏民欢声动地，尤其是先前被强迫守卫江栅的百姓如羊脱虎口，降附者日以万计。

既然已攻下东都，明军便乘胜攻西都。张辅与沐晟商议后派遣左参将

▲ 明代碗口铳

李彬、右参将陈旭领军前去。黎氏父子闻重镇多邦城被破，料明军必攻西都，皆心惊胆战。不等明军来攻，他们便于十六日将西都所有官舍、仓库烧毁，逃往海上。十八日，明军占领西都，焚烧宫室，三江州县望风而降。

永乐五年（1407年）正月初一，张辅、沐晟调遣部将清远伯王友、都指挥柳琮等进至注江浅处，后于初六清晨趁敌军不备突袭筹江栅。次日，王友等攻击据守于困枚山、万劫江、普赖山的安南军。战事持续9天，安南军不支溃败，明军斩首37390级，生擒安南军将丁部曲，将其典刑示众。当时，安南南策州队正陈封率部来降，王友调他们攻击黎季犛继子东山卿侯胡杜守卫的盘滩。胡杜败走闷海口，明军俘获其船只。胡杜、胡射不甘心失败，集聚溃散的安南军铸造火器、构筑堡垒、伐木造舟，重金招募士兵，意图顽抗。

此后，张辅探知安南哨船常在交州下游20余里的富良江出没，黎氏父子等聚集水师守在黄江。经商议，张辅与沐晟率军前往交州守备。十二日，明军沿富良江南下，水陆并进至木丸江对岸下营。十四日中午，安南军300余艘船逆流而上攻击明军，陈旭亲自督战迎敌。明军在水上放箭，又在陆上用神机铳、碗口铳将安南战船逼到浅水处，使其动弹不得。明军缴获船100余艘，斩杀敌将阮仁男、阮磊等人，斩首1万余级，又生擒安南军将黄世罔、彤文杰等100余人，皆斩之，并将获得的首级筑为京观。

二月初九，张辅、沐晟率军在奉化府胶水县闷海口驻扎。闻明朝大军至，黎季犛父子率众逃往大安海口，只有黎元澄在闷海口沙汀西边筑月城、下椿守备，并不时派船出击。明军以大将军铳轰击，击碎许多敌船。此时，降将莫邃等人也领安南士兵1万人、船500余艘协助明军征讨。安南神丁军将吴成率军乘潮突击胶水县的明军，结果势孤被杀。黎元澄见不敌，也逃往海上。

胶水县潮湿泥泞，不能长久驻军，张辅与沐晟等人商议："贼闻大军来，不敢敌，故潜遁他所，以觇我动静。我若回军交州，留兵于咸子关两岸，留战舡守备，彼必出闷海口以袭我，我俟其出，水陆并击之，贼必成擒。"沐晟等人同意此计。三月初八，明军回军咸子关构筑堡垒，柳升率军坚守。

二十九日晚上，张辅收到柳升报告：咸子关附近出现敌人哨船，10里外发现敌船踪迹。三十日清晨，张辅、沐晟率前去迎战。此次安南倾最后之力，出动

▲《平番得胜图卷》中的明军骑兵形象

士卒 7 万人，号称 21 万人。安南军以黎元澄、胡杜为主将，胡射、陈挺领南岸步军，杜人鉴、陈克庄领北岸步军，杜满、胡问领水军。安南军阮公拯率领艨艟 100 艘为先锋，水陆并进，大小船只首尾相连 10 余里。明军两岸夹攻，都督柳升以舟师横击，安南军则以海船横截江中，用战船、划船载木植向两岸齐进，登岸植木为栅，岸上步军放铳掩护。张辅抓住战机，亲自监督虎贲精锐将士猛攻，安南军支撑不住，大败。明军生擒安南北江安抚使、工部尚书阮希周，阵斩胡射、陈挺、杜人鉴等将领，斩首万余级，安南军溺水淹死者不计其数。"富良江水为之赤，积尸数十里。"明军乘胜长驱，直抵黄江闷海口，获海船、战船万余只，黎氏父子坐小舟逃往灵源。

连胜后，张辅认为宜乘破竹之势殄灭余党。四月二十二日，他与沐晟统军由清化府迅速前进，调柳升、莫邃等将领率战船沿水路追击。二十三日，水军到达清化府磊江，安南残存的军队聚船以拒，柳升击之，斩首万余级。二十九日，水军到达典史海门。此处本就水浅，又因许久没下雨，早已干涸。但明军到后，却下起大雨，水涨数尺，明军得以顺利通过。安南军见此情形，不战而溃。魏栻因劝黎氏父子自焚，“国已近亡，王者不死人手”，被斩。

五月初三，张辅大军进军演州，与柳升等人率领的水军会合，途中投降的敌军士兵一个接着一个。张辅询问降人阮大后得知，黎氏父子躲在乂安府深江，便令沐晟从陆路、柳升从水路追击。

初十，柳升率水军至奇罗海口与安南军大战，获战船300艘。安南军其余船只被迫分散，黎氏父子偷偷逃走。

十一日，张辅率大军驻扎在乂安府盘石县，连绵130余里，对黎氏父子布下了天罗地网。当日，永定卫卒王柴胡等人在止止滩生擒黎季犛，交州右卫卒李保保等人擒获黎元澄。黎季犛被擒时说：“汉唐宋元兵虽到安南，不曾到乂安地面，天兵追速。每年天气炎热有雨，兵马难往。今年天又无雨，这是天败我，都是上位洪福。自古伐国，未曾有如此功业，真越古矣。我本罪重难饶，若圣恩留性命，三亩地足以养身。”

十二日，莫邃手下头目武如卿等人在高望山中擒获黎汉苍及其太子黎芮，胡杜、范六材等将领也被擒，黎氏亲属俘获无遗。至此，胡朝覆亡。

自永乐五年明军在木丸江大破安南军后，张辅等人即遣人宣诏访求陈氏子孙。三月初十，莫邃等人率1200名府县耆老禀称，陈氏子孙已被黎氏杀尽，无可继者，安南本中原王朝之地，请复古郡县。四月十九日，朝廷收到张辅的奏报，众臣一致建议朱棣接受安南人的“请求”，恢复对安南的统治。但朱棣十分谨慎，指示等黎氏父子就擒后再做处置。

五月十二日，明军获黎氏父子，安南平定。二十九日，捷报至京，朱棣应允在安南开设三司及郡县。

六月初一，朱棣诏告天下，申述用兵安南始末，宣布将宽厚善政，抚慰安南。同时任命交趾三司官员，以都督佥事吕毅为都指挥使，黄中为副；以尚书黄福兼掌布政、按察二司；前工部侍郎张显宗、福建布政司左参政王平为左右布政使，前河南布政司左参政刘本、右参政刘昱为左右参政，前江西按察司周观政、安南归附人裴伯耆为左右参议；前河南按察使阮友彰、按察副使杨直为按察副使，前

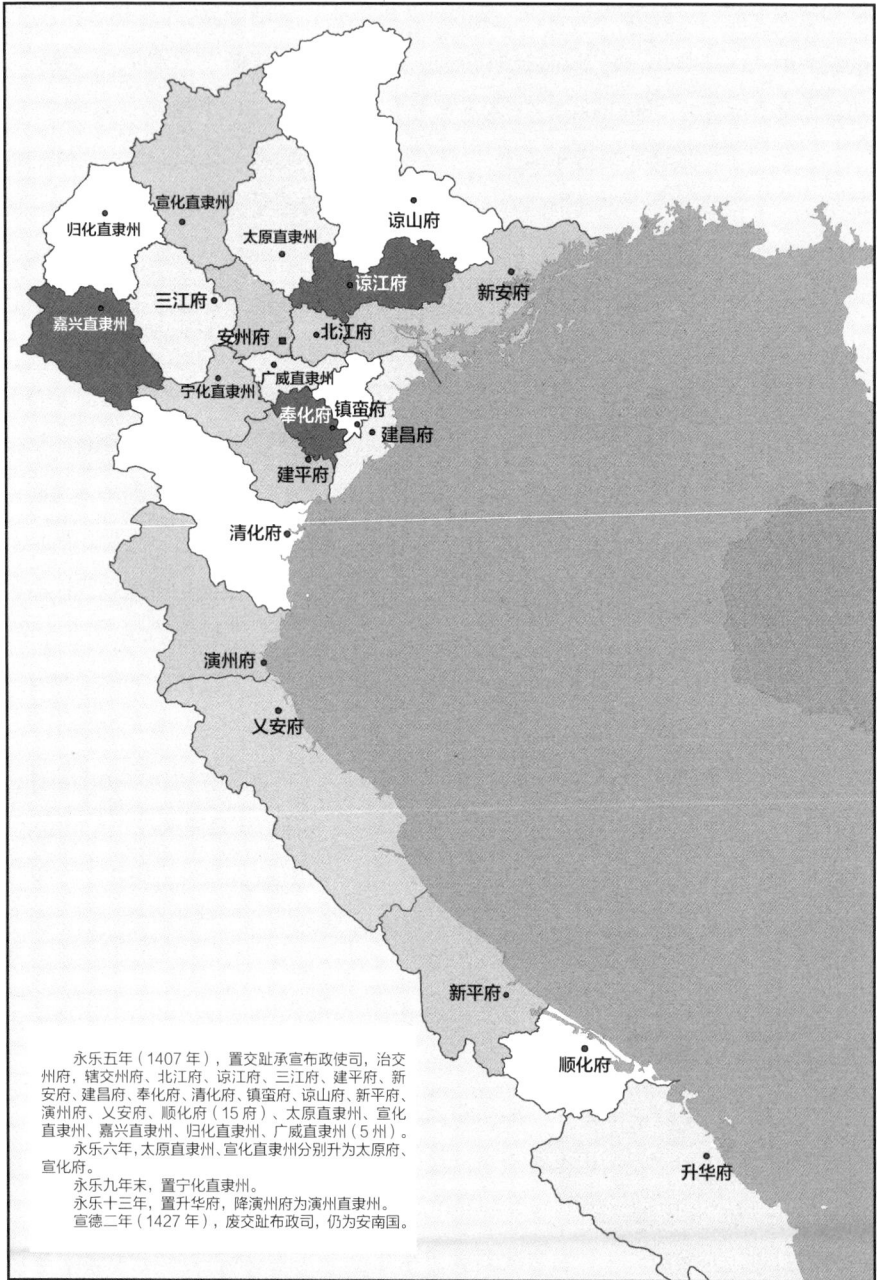

归化直隶州

宣化直隶州

太原直隶州

琼山府

三江府

嘉兴直隶州

安州府

北江府

琼江府

新安府

宁化直隶州

广威直隶州

奉化府　镇蛮府

建昌府

建平府

清化府

演州府

义安府

新平府

顺化府

升华府

永乐五年（1407年），置交趾承宣布政使司，治交州府，辖交州府、北江府、琼江府、三江府、建平府、新安府、建昌府、奉化府、清化府、镇蛮府、琼山府、新平府、演州府、义安府、顺化府（15府）、太原直隶州、宣化直隶州、嘉兴直隶州、归化直隶州、广威直隶州（5州）。
永乐六年，太原直隶州、宣化直隶州分别升为太原府、宣化府。
永乐九年末，置宁化直隶州。
永乐十三年，置升华府，降演州府为演州直隶州。
宣德二年（1427年），废交趾布政司，仍为安南国。

▲ 永乐五年的交趾布政司示意图

太平府知府刘有年为按察佥事。

同日，诏定交趾所辖府、州、县：设 15 府，分辖 36 州、181 县（一作 17 府、47 州、157 县）。安南在独立 468 年后，复被纳入明朝版图，成为行省之一。

从永乐四年十月初九至永乐五年六月初一，张辅仅用 7 个多月的时间就征服安南、俘虏黎季牦父子，还在此设立郡县，安南军的脆弱令人难以相信。黎季牦父子的防御做得非常好，再加上长期的作战准备，理应不该落得如此下场，明军取胜确实出人意料。

历史上，中原王朝军队进攻安南，大多师劳无功而回，甚少凯旋。明军这一仗竟势如破竹，令人诧异。越南史家黄高启说："明兵取东都，据咸子，无阻之者。"这表明黎氏父子的失败在于失掉民心。永乐三年，黎汉苍与诸路将领商讨与明朝开战或求和时，黎元澄就说："臣不怕战，但怕民心之从违耳。"显然是担心黎氏不得民心，不能团结全民抗敌。安南史臣吴士连也认为："天命在乎民心，澄之言深得其要。"

黎季牦弒主篡位，杀害陈朝宗室，影响甚广。大盗阮汝盖闻黎季牦篡位后，"招诱良民，得众万余，往来立石、底江、历山、沱江、伞圆等处，恣行侵掠，州县不能制"。陈氏后人与心念陈朝的大臣亦想谋刺黎季牦，恢复陈朝。黎季牦为了打击反对者，在各村社设置巡店，日夜巡逻，还令百姓互相监视。在人人自危的情况下，怎能对付外敌？黎季牦又不与民休息，为转移国内视线多次对占城发动侵略。他为了完成"得百万兵以敌北寇"的愿望，进行户籍登记，规定 15 岁以上、60 岁以下的百姓必须服役，心存怨愤的百姓越来越多。

黎季牦执政期间，为了巩固自己的权力与财富，推行了一连串改革，引起既得利益阶层反感。他推行新的家奴法、土地法：官员按照品级拥有家奴和土地，多余的要上交国家。表面看起来，这是想改变自陈氏中叶以来，宗室和地主对家奴和土地的垄断，但黎季牦的真实目的不是解放家奴，也不是重新分配土地，而是压制陈朝宗室的势力和夺取民田。在这种新政策的限制下，家奴变成国奴，私田变成国田，都成了黎氏的财产。黎季牦的限奴限田政策，除统治者得益外，其他阶层均受剥削，特别是庶民地主，最多只能拥有 10 亩田，这引起他们的强烈不满。

黎季牦亦曾进行货币改革，发行纸币"通宝会钞"，强令百姓用铜钱兑现。

这是安南首次发行纸币的记录，其重要目的是收回铜钱制造武器，以应付明朝的军事压力。不过，很多商人拒绝接受纸币，黎季牦便三令五申私藏铜钱罪同伪造钱币，引起商人和市民的反感。

此外，黎季牦还积极发展民族文化和推广字喃。不过，安南的国家政治制度基本源自中原王朝，其中重要的一项就是通过科举制度选拔人才，而科举的内容仍以儒家思想为主。因此，在科举制度下成长的读书人和大臣无疑都是传统儒家学说的继承者。黎季牦作《明道十四篇》等文章大贬孔子，批评韩愈、朱熹等人，引起读书人不满。随着黎季牦篡位，读书人的反抗情绪越加剧烈。

安南史臣黎嵩评论黎氏父子用了八个字："罪盈怨积，海内离心。"可见，黎氏父子已到了被全民唾弃的境地，这如何能不败？明军便是在这种情况下攻占安南，复设郡县。

郡县安南，陈氏之叛

朱棣收安南入明朝版图，在当地施行宽松的政策。然而，安南独立已有400余年。朱棣原有重立陈氏之言，如今却改设郡县。安南豪杰之士对此心有不服，叛乱因此不断发生。

平定安南3个月后，演州府首先发生暴乱。强寇放火劫狱、杀死县官。接着，七源州有余寇依山结寨自固，都督金事高士文负责围剿，结果兵败战死。张辅再派兵征讨，方得以平定。

永乐五年十月初二，陈艺宗次子日南郡王陈简定（陈頠）在陈肇基的拥护下于长安州谟渡称帝，化州大知州邓悉听闻后，率部投奔。不过，陈简定手下临时集结的军队没多少战斗力，他称帝两日后便被明军击溃，逃奔乂安。十二月，陈简定命陈元樽、陈杨庭等进攻平滩，也被明军击溃。

陈简定逃奔乂安后，张辅、沐晟等人认为其已不足为患，再加上朱棣一再申明应采取宽厚政策、催促还师，故明军于永乐六年（1408年）回朝，于六月初十抵达京师。

明军班师回朝，给了陈简定余烬复燃的机会，附近州县纷起响应。至十月，

陈朝皇族世系表

太祖陈承（未称帝，太宗追尊）

安生王柳　　　1. 太宗煚（jiǒng）　钦天王日皎　怀德王婆列　瑞婆公主　天城公主（兴道王妃）

武成王尹　兴道王国峻　天感皇后（圣宗后）　　靖国王国康*　2. 圣宗晃　昭明王光启　昭国王益稷　昭文王日燏（yù）　韶阳公主　瑞宝公主

兴武王巘（yǎn）　兴让王颢　兴智王岘　钦慈皇后（仁宗后）　陈键　天瑞公主（兴武王妃）　3. 仁宗昑　佐天王德晔

顺圣皇后（英宗后）　　4. 英宗烇　惠武王国瑱　玄珍公主（下嫁占城王制旻）

5. 明宗奣（wěng）　洒圣皇后（明宗后）

6. 宪宗旺　恭肃王昱　恭信王泽　7. 裕宗暤　恭靖王元晫　8. 艺宗暊（xǔ）　9. 睿宗曔

庄定王凞（xiǎn）　简定王頠（后陈简定帝）　11. 顺宗颙（yóng）　天徽公主　10. 帝晛（废帝）

陈季扩（后陈重光帝）　　12. 少帝安（废为保宁大王）

陈氏皇族与胡氏联姻表

明慈皇后（陈明宗后）　——姐妹——　惇慈皇后（陈明宗后）　——兄妹——　黎季牦之父

陈艺宗　　陈睿宗　　黎季牦

陈顺宗　　　　　钦圣皇后

陈少帝

---

　　* 母亲为顺天皇后，顺天皇后是李朝公主、安生王陈柳之妻、陈国峻之母。太宗陈煚迎娶顺天皇后时，她已怀有陈国康，因此陈国康实际上是陈柳之子。

33

顺化、新平、乂安、演州、清化诸地均入其掌握。然后，陈简定出攻盘滩、咸子关，扼三江府往来道路，威胁交趾首府（东都）。

如此大规模的叛乱，不是少数驻屯明军就能平定的。于是，当地明军上奏朝廷请求派兵镇压。朱棣得到消息后，认为陈简定以陈氏名义叛乱，若放纵不管，形势将不好控制，遂命黔国公沐晟领兵 4 万，从云南前往征伐，并命兵部尚书刘俊参赞军事，同时让交趾都司都督金事吕毅、万中等人领水军 2 万配合征讨。

沐晟率大军进入安南后，十二月二十四日，与陈简定军遭遇于生厥江。陈简定军的步军在两岸守桩筑垒，水军顺风乘潮纵击。双方激战 3 个时辰，明军惨败，吕毅、刘俊、刘昱战死。

永乐七年（1409 年）正月，沐晟败讯传到京师，朱棣震怒。二月初九，朱棣命英国公张辅为总兵官、清远侯王友为副总兵，领军 4.7 万人前往交趾，并令沐晟协同张辅征讨。

这时，安南叛军起了内讧。陈简定击败沐晟后，听信阮黄、阮梦庄的谗言，怕功臣邓悉、阮景真专权难制，诛杀了这二人。邓悉之子邓容、阮景真之子阮景异皆愤其父无辜而死，领军回清化，于三月十七日奉陈简定的侄子陈季扩为帝。

陈季扩手下将领阮帅趁陈简定军与明军相持，突袭御天城，擒获了陈简定。不过，支持陈简定的不少将士图谋袭击陈季扩。陈季扩只得尊陈简定为上皇，共同抗击明军。

四月，张辅率军至广西南宁，于五月入安南境，在北江府仙游县驻扎。针对陈简定、陈季扩军凭依江海为战的优势，他们就地伐木造舟。六月二十七日，张辅开始进军，连破慈廉、广威等栅。

八月初二，陈季扩率军攻打盘滩，明军守将徐政战死。二十一日，张辅得知阮景异等人在咸子关附近的南策州出没，遂进军咸子关。阮世每率军 2 万人在卢渡江对岸立寨栅，列船 600 余艘，并在东南部以树桩为掩护。张辅趁西北风大刮之机，亲督陈旭、朱广等率舟齐进，连发炮矢，斩敌军首 3000 级，溺死者不可胜计，生擒 200 余人，缴获敌船 400 余艘。

获悉守咸子关的邓容军缺粮，已经分兵收获早稻充饥的张辅遣水军击之，邓容军不战自溃。二十五日，阮景异见势不妙弃营逃跑。于是，交州、北江、谅江

▲ 安南清化古城遗址

等府县皆被明军夺回。

九月初一，明军与安南叛军在太平海口遭遇，安南军有船300余艘停在海州南岸。张辅命都指挥使方政等人前出攻击，双方展开接舷战。最终，安南士兵被明军斩首500余级，溺死无算，大将军范必栗等300余人被生擒，阮景异仅以身免。

十月初三，张辅进驻清化，安南叛军已无抵抗之力，陈简定逃入演州，陈季扩逃往义安。张辅亲自率领骑兵至美良县吉利栅搜捕潜伏山中的陈简定。十一月初十，明军生擒陈简定及其下属陈希葛、阮汝励、阮宴等人。

陈简定被擒后，交趾局势渐渐稳定。此时，朱棣决定亲自北征，需要可靠将领镇守后方，遂于十二月二十八日召张辅还京。张辅深知陈季扩还未被擒获，自己返回北方后局势很可能会再度恶化，于是建议留江浩、俞让、花英等人协助沐晟追缴陈季扩。

永乐八年（1410年）正月初九，张辅在东潮州安老县宜阳社击败陈简定余党阮师桧与杜原措，斩首4500余级、生擒2000余人，皆斩之，筑为京观，然后奉命返回北方。二十九日，陈简定及其下属由指挥使朱福等人槛送至京师，皆被斩首示众。

五月十一日，沐晟率军追陈季扩至虞江。陈季扩弃栅逃遁，明军追至灵长海口，斩首3000余级，擒获敌将黎弄。此后，明军的战事不太顺利，先是江浩被邓景异击败，接着都指挥使孙全在争江战死，双方进入相持阶段。

十二月，陈季扩遣胡彦臣等上表请降求封，朱棣授陈季扩交趾布政使的官职。但陈季扩要的是安南国王，因此并不受命归顺。于是，永乐九年（1411年）正月，朱棣再命张辅率军2.4万人第三次入交趾，联合沐晟军讨伐陈季扩。

五月，张辅进兵至东关，安南叛军听闻张辅到来，用石头填埋30余丈堵住海口，妄图阻止明军水军前进。张辅督将士移了石头，船只得以通过。

陈季扩退到月常江后，在两岸置栅两三百里，在江中列船300余艘，在山右边设下埋伏。七月十七日，张辅、沐晟率军到达月常江，陈季扩令阮帅等人索战，欲引明军入埋伏。张辅识破陈季扩的计谋，率骑兵搜山，消灭了伏兵；同时，调遣都督朱广、都指挥使张胜、俞广等划船拔树桩，配合骑兵水陆夹攻。陈季扩军大败，溺死者甚众，明军生擒敌将邓宗樱、阮中等人，斩首 400 余级，缴获敌船 120 艘。

十一月，张辅闻敌将黎𧎤等人截断锐江浮桥、阻断了生厥江，交州后卫道路不通，遂率军征伐。黎𧎤中流矢死，明军斩敌将军阮陇，擒获敌将范慷、杨汝梅等人，斩首 1500 级。

当时，东关群贼蜂起，配合陈季扩抵抗明军，张辅、沐晟率军逐次削平。至永乐十年（1412 年）五月，明军才进军清化黄山，继续追剿陈季扩。

黄山地形复杂，四面皆是山洞，约有 78 个。山洞洞口仅容一人出入，山下还有水道直通月常江，陈季扩手下千余人妄图凭借此有利地形展开游击战，阻止明军追击。张辅率军包围黄山，令精锐入山清缴，攻下洞口后开始填埋，迫使洞中叛军投降。

六月，明军追击至乂安谟渡，与阮帅、阮景异、邓容等军相遇。阮帅、阮景异率军先行逃遁海上，邓容率军死战，但因势孤无援，渐渐不支，也只好坐轻船逃往海上。

八月初一，明军追至神投海，陈季扩设下三道防线，准备与明军决一雌雄。这一天忽然刮起劲急的北风，张辅抓住战机，令方政等人联舟直冲敌军中坚，迅发火器，敌军欲要退却，方政率人紧追不舍，死战不止。双方激战 3 个时辰，陈季扩大败，明军擒敌将陈磊、邓汝戏等 75 人，连同千余俘虏皆斩之。

陈季扩退往日丽海口立堡据守，以为有荷花海险明军无法渡海前来。然而，张辅率舟师自奇罗海径过荷花海口，直抵日丽海口。陈季扩没想到明军来得那么快，见势不妙，遂焚堡而遁，奔至茶渴江。张辅紧追不舍，进兵破之。陈季扩军惊呼："天兵飞来也！"随后，崩溃逃散，明军攻占化口城。

永乐十一年（1413 年）春正月，陈季扩为解决军队粮食问题，率阮帅、阮景异军过海，至云屯、海东及海滨一带取粮。期间，陈季扩又被明军击败，只得于三月初四退还乂安，兵力仅存十之三四。四月，明军进攻乂安，陈季扩此时已无力抵抗，退往化州。

六月，张辅与沐晟会诸将，议攻取化州之策。沐晟认为："化州山高海阔，未易图也。"张辅说："生我也是化州，作鬼也是化州，未平化州，我何面目见主上乎！"遂发舟师，直趋化州。

九月，张辅军在蔡茄港与阮帅、邓容军相遇，展开拉锯战。邓容见己方渐渐不支，就兵行险招，直取张辅座船。张辅大惊，急乘小船遁走，重新整军而战。因阮帅并不支援，邓容大败窜伏山谷。

十二月，张辅至顺州，阮帅等设伏爱子江，据昆傅山险，以数十头巨象为前锋，在其后布置人马，欲与明军决一死战。张辅对将校说："擒贼在此一举，机不可失。"鞭马先进，象兵突起进攻，张辅引弓搭箭，一箭射落第一头大象上的象奴，第二箭射中象鼻，明军也依样而为，以强弓射之。大象呼号而退，反冲叛军，明军乘机猛攻，敌军尸首填满山涧。

永乐十二年（1414年）正月十七日，张辅进军政平州政和县。敌将胡同降，言说阮景异、邓容等700余人已经逃往暹蛮（老挝）昆蒲诸栅，张辅遂进军至罗蒙江。罗蒙江山径崎岖、林菁荫翳，马无法前进，张辅率100余位将校舍骑而进，徒步履险。阮景异等人据南岸立寨，张辅等人渡江围攻，擒获阮景异、邓容。十九日，明军于南灵州擒获阮帅，陈季扩逃往义安竹排山。

张辅遣都指挥使师祐追击陈季扩，陈季扩势穷，奔走老挝。三月初十，师祐进克三关，抵金陵箇，擒获陈季扩及其妻妾。八月，陈季扩、阮帅被槛送至京师斩首示众。

变乱再起，安南难治

从永乐六年八月至永乐十二年三月，张辅用了近六年的时间两次征讨才稳定住安南局势。在这期间，安南人的叛乱遍及全境，"说者谓王（张辅）此役较之前平定之功为难云"。张辅先前击败安南黎氏政权比平定二陈起事要容易一些，因为黎氏政权没有得到安南百姓的支持。而陈简定、陈季扩却不同，他们以恢复陈朝为名起兵，对安南百姓相当有吸引力，百姓纷纷支持二陈起事，给张辅进军带来了很大困难。此后，这股力量成为明朝统治安南的最大阻力。

其实，自永乐五年平定安南后，明朝就在安南设立了都、布、按三司，以及府、州、县，还有仓库、医学、僧纲司、儒学、税课司、河泊所、巡检司等衙门。

随后，朱棣下《安南平开设交趾三司及军民衙门诏书》（附今后治理措施）。永乐五年六月初一，朱棣任命黄福兼掌布政、按察二司。黄福按照朱棣诏书要求，下达《申明教化榜文》《宣明教化榜文》，主要采取与民休息的政策方针，并通过废除苛政、减免赋税、兴办学校、招贤纳才、变革夷俗等一系列措施，使交趾地区发生巨大变化。那段时间，安南经济、文化的发展达到一个新高度。

据《安南志原》统计，永乐十五年（1417 年）交趾除升华一府外，其他各府州贡赋总额为："翠皮二千个、纸扇一万把、生漆三千三百十五斤九两五钱、生矾五百斤、官民田地池塘一万七千四百四十二顷三十四亩五分六厘、夏秋粮米七万三千五百四十九石四升二合六勺五抄、盐课四万四百斗四十升、税金五百七十三两八钱五分一厘、税银一千七十二两三分五厘、丝一千二百二十九斤一十五两一钱、总纳秋粮米三千一石八斗、税象四只、商税课程钱钞三万四千四百六十一贯六陌十七文、铜钱三千九百二贯五陌五十六文、宝钞三万五百五十八贯九陌二十一文、官房租赁宝钞钱五百十二贯一陌三十文、窑冶铜钱六十八贯二陌。"

《殊域周咨录》记载："（安南）风俗文章、字样书写、衣裳制度并科举学校、官制朝仪、礼乐教化，翕然可观……如儒书则有《少微》史、《资治通鉴》史、《东莱》史、五经、四书、胡氏、《左传》、《性理》、《氏族》、《韵府》、《玉篇》、《翰墨》、《类聚》、《韩柳集》、《诗学大成》、《唐书》、《汉书》、古文四场、四道、《源流》、《鼓吹》、《增韵》、《广韵》、《洪武正韵》、《三国志》、《武经》、《黄石公》、《素书》、《武侯将苑百传》、《文选》、《文萃》、《文献》、二史纲目、《贞观政要》、《毕用清钱》、《中舟万选》、《太公家教》、《明心宝鉴》、《剪灯新余话》等书。若其天文、地理、历法、算法、篆隶家、医药诸书，并禅林、道录、金刚、玉枢诸佛经杂传并有之。"以上大部分书籍都是永乐年间交趾布政司设置时期传到安南的。

黄福在交趾十九年兢兢业业，及至朱高炽将其召还时，安南万千百姓扶老携幼走送百余里，号泣不忍相别。《大越史记全书》对属明时期的主要官吏、将领皆有评价，基本上以贬为主，唯独认为黄福"为人聪慧，善应变，有治民才，人服其能"。

尽管明朝收复安南后在统治方面竭力给予方便，但仍以失败告终。如前面所说，安南脱离中原王朝独立已有400多年，安南人始终视明朝人为外人。于是，豪杰之士聚众作乱，一般百姓则多采取冷漠态度，不与明朝官员合作。后又由于镇守太监马骐贪暴，激化了安南百姓反抗明朝统治的情绪。根据记载，当时揭竿而起的核心领袖有18人，他们搅得社会动荡，烽火四起。朱棣数度派遣大军南下镇压，才基本维持在安南的统治。但朱棣去世后，安南又掀起新一波叛乱浪潮，再加上继位者朱高炽与朱瞻基的一系列政策错误，明朝最终于宣德二年（1427年）十二月十二日退出安南。

大明劫

孤独的"英雄"

作者 / 草色风烟

深陷冤狱而临危受命的孙传庭、面对瘟疫而不退缩的医士吴又可，两种原本平行的人生，因积弊难返的大明交织在一起，却终究分道扬镳。《大明劫》本是一个虚构的历史交集，却重现了一段真实的末世悲歌。明亡的原因太过复杂，113分钟的电影唯能投射晚明历史的冰山一角，看似波澜不惊，实则暗流汹涌。"乱世苍生各有宿命"，在这宿命的背后，到底又暗藏着什么样的玄机？也许，这才是看完影片之后，最耐人寻味的所在。

起复

走出阴暗的诏狱，迎着久违的阳光，那炫目的感觉令我想起崇祯九年七月的午后。

那一日，初任陕西巡抚的我，在黑水峪与流寇激战四日，一举擒获匪首高迎祥。初战告捷的振奋持续激励着我。此后，我厉兵秣马，纵横于三秦大地。终在两年后的秋天，我在潼关南原①击败了荼毒关中日久的流寇李自成。匪首李自成经此一败，所部人马灰飞烟灭，只剩得十八残骑遁入商雒山中，大势已去。捷报抵京之时，朝野额手称庆，皆以为内乱将定，此后便可上下一心共御外辱，收拾为患建州的女真部落。

然而，一年之后，身为兵部右侍郎兼右佥都御史的我，却因与杨阁部政见不合，被宫中派来的缇骑革职查办，押解入京师诏狱，一关便是三年。

三载寒暑，我被幽禁于尺寸之地，志不得伸，面壁以度，两鬓挂霜。如今，承蒙天子不弃，召对于文华，只因宿敌李自成复出商雒，连挫熊总理和杨阁部，卷土重来，已拥兵数十万，再围开封。

"卿以为，多少人可以破贼？"

时隔三年，因耳疾之故，天子忽远忽近之声已有些陌生，但那份担负社稷重任的执着却愈久弥坚，甚至多了几许渴望。

---

① 摘自《孙忠靖公遗集》卷二《潼关设险合并疏》："查关城之南，有平野四十里，南抵南山之麓，谓之南原。"

我短暂沉吟，脑海中又浮现起那年李自成兵败潼关南原的场景。转战 27 日不卸甲的曹总兵追击的流寇，看似势大，实为乌合之众。我所设伏兵三起三杀之后，沿着南原往商雒山的一路上，伏尸遍野，草木俱赤。不过，短短三载，量李自成东山再起，元气渐复，至多与当年比肩。倘有精兵强将在握，得秦中驻军协同，就粮于关中，运用得当，破贼亦不难。

"得精锐五千人足矣！"我斟酌着回禀。

"如此，"天子的声音压抑不住悸动，"开封之重便系于卿，朕在京师待卿凯旋。"

我站在文华殿的台阶下目视远方，似乎已能看见烽火燎原的中原大地。

时不我待矣！

明崇祯十五年（1642 年）正月，被系于冤狱的前兵部右侍郎兼右佥都御史孙传庭获释，官复原职，奉召于宫中文华殿，答剿贼安民之策，受命率兵去解救被李自成重兵围困的开封。此时，距离他上一次重创李自成为首的农民军已逾三年，距离大明王朝的覆灭只剩下两年光阴。

史诗电影《大明劫》择其为叙事的起点，是为了烘托"末日之战"社稷倾覆之危，继而将"传庭死而明亡矣"[1]的残酷史实展现在观众眼前。大明朝疆域横跨两京十三省，缘何社稷存亡仅系于区区一名官员？难道是后世史官因一己对孙传庭的景仰而刻意夸大吗？

与孙传庭同朝的兵部侍郎张凤翔进谏明思宗的话，为《明史》对孙传庭的评价提供了最客观真实的注脚："（孙）传庭所部皆良将劲兵，此陛下之家业也，须留以待缓急用。"[2]家天下的年代里，家业等同社稷之重。换言之，孙传庭麾下所有，即为明思宗手中仅剩的王牌。

明朝至此时节，国祚已延绵了 270 多年，有万邦来朝的辉煌鼎盛，亦有璀璨

---

① 摘自清张廷玉编修《明史·列传第一百五十》之《孙传庭传》。
② 摘自明李长祥《天问阁集》卷上《甲申廷臣传》，《流寇长编》卷 16，崇祯十六年九月己亥条。

如星辰的能臣名将，思想多元，西学东渐，经济繁荣，民多殷实，其对华夏文明的贡献，不逊于历史上任何一个时代。万历时期的改革，缓和了帝国已出现的诸多社会矛盾。然而，好景不长，如是家业，传到明思宗手中，竟已骤然凋零得山穷水尽。究其缘由，便不免说到"明非亡于崇祯，实亡于万历"的观点。

　　尽管此观点在明史界广为流传，但确切说，"亡于万历"只因矛盾集中爆发在此时。追根溯源，这个矛盾的爆发基于一个隐患。这个隐患就是北方抵抗游牧民族的军事防线，即九边重镇①。九边重镇的设立，原是为了防御退居漠北的北元残余和盘踞东北的后金势力。然而，东起鸭绿江，西抵嘉峪关，横亘大半个疆域的防线，却不得已成了一柄双刃剑。九边重镇可使明朝免遭游牧铁骑的正面冲击，但其所需的给养，成了帝国无论在何种国力状态下，都必须负担的重中之重。这一点，历朝历代都曾面对，解决方式也因时制宜，但终归受到国力强弱的制约。秦汉对匈奴、唐对突厥都采取以攻为守的策略，宋对辽金采用议和弭兵的方式，还有北魏经营六镇拖垮国家财政的先例。明朝早期统治者深晓此间利害，故在国力强盛之时，不遗余力地通过军事手段尽可能向北打击北元残余势力，以建立军事缓冲带。时至明中后期，帝国的军事防御战略日渐趋于保守，尤其经"土木之变"后，军事和外交战略规划都呈现出裹足不前和缺乏灵活性的特点，仅满足于在内政方面恪守祖制，维持现状。与此同时，边境以外的游牧民族却再度活跃，逐渐形成相对统一的军事力量，并不断冲击九边防线。战争频率开始加快，军费开支也随之飙升。此时的九边防线因自身倍增的防御压力，转而成了明朝的巨大财政黑洞，之前掩藏在繁荣之下的隐患开始浮出水面。

　　事实上，明朝统治者以史为鉴，曾相继谋设"军屯、民运、开中和京运"，用以保证军事开支源源不断。然而，事与愿违。宣德之后，军屯日益败坏，良田大量被兼并掠夺，落入豪强之手，无法承担军事战略物资储备的需要。倚重商贾之资所设"开中之法"的收效，则止步在嘉靖三年。户部历年拨解九边的太仓之银，也因南倭北虏，终使财政陷于入不敷出的境地。及至天启年间，太仓年收入仅200

---

① 九边重镇指辽东、宣府、蓟州、大同、太原、延绥、宁夏、固原、甘肃九个边防重镇。

万两，却必须向九边单独支出军费 354 万两，崇祯初年更飙升至 500 万两。太仓之银业已无力填补亏空，压力便不得不转向各省民运。所谓"民运"，指户部每年指派某省将一部分税粮运往边镇，如陕西一省就要同时供给固原、甘肃、延绥和宁夏四镇兵饷。民运压力之大，往往使税粮不及时或不足额。于是，"北方民间税粮惟以供边为累"[①]之势愈演愈烈。

维持九边重镇的正常运转本已是步步维艰，至万历辽东战事爆发后，截至天启七年为止，延绥、宁夏、甘肃和固原四镇积欠饷银高达 422 万多两，几个月甚至一年无饷下发的情况时有发生。待到明思宗接手时，不少地方欠饷已达两年之久。巨大的军事开销，财政无力负担，民运压力又不断加剧，激增的辽饷[②]雪上加霜，最终形成导致晚明历史变革的关键导火索——民变。

晚明民变始于关中，其首要原因是因为九边军饷开支过度，使腐败丛生，民怨沸腾。曾在陕西任职的内阁名臣杨一清对此颇有远见："则陕西用兵，殆无虚日。八郡之人，疲于奔命，民穷盗起。虽有智者，不能善其后矣。"杨一清的担忧及其所献之策并未从根本上解决帝国的隐患。当天灾在关中降临之际，帝国因为财政赤字和腐败丛生，无法及时进行有效的赈济。关中之民尽管因饥饿而流离失所，却仍逃不过沉重不堪的辽饷征缴，边兵也因长年被拖欠粮饷，大量逃离军营，另谋生路。崇祯年间裁撤驿站，更使大量驿卒加入民变大军。于是，饥民、难民与逃卒偕行，三秦遂大乱。

崇祯元年七月，陕西定边营逃卒王嘉胤聚集饥民在府谷开始暴动，高迎祥、张献忠、李自成等人也相继响应，民变从陕西一度蔓延至山西境内。九边要害，半在关中。屯兵函谷以号令天下的战略地位，使帝国统治者不得不重视关中民变。由此，帝国被迫陷入内忧外患、两线作战的局面。身为帝国统治者的明思宗，必须正视先攘外还是先安内的关键性抉择。关外的后金日渐强大，且与蒙古部落联手，时刻威胁着大明的北部防线。只有尽快解决辽东的边患困境，缓解财政压力，

---

① 摘自明陈子龙《皇明经世文编》之一百五："民间税粮，惟以供边为累，陕西外供三边，较之他省，已为偏累，近复供固原总镇，是以一省之民而供四镇之军饷。"

② 辽饷亦称新饷，明朝后期加派的税赋名，始征于万历四十六年，主要用于辽东抵御后金的军事行动。

才有可能使帝国的运转恢复良性循环。无奈民变骤起，财政已不堪命，明思宗摇摆在抚剿之间，始终下不了决心。他在决策上的犹豫反复，直接影响了官军对关中民变的处置。

时任陕西巡抚的孙传庭所经历的人生起落，恰恰贯穿了关中民变的发展始终。

明崇祯八年（1635年）秋，因天启阉党当道而辞官回乡的孙传庭被朝廷起复，次年即被任命为陕西巡抚。诸臣皆视孙传庭的任职为畏途，但他本人却谈笑风生，欣然领命，足见其胆略。因此，明思宗特召这位"边才"来宫中便殿面君。期间，孙传庭结合关中形势，提出了一些工作设想。明思宗对他的实心任事充分赞许，特批银6万两供孙传庭专用①，鼓励其入秦后能勤勉励兵，早日协助总督洪承畴平定关中民变。孙传庭入秦后，果不负众望，整顿军备，且尝试"以秦兵卫秦地，以秦饷养秦兵"的策略，整顿名存实亡的卫所屯田制度，每年收入屯课银14.5万两，米麦3500石，并以此招募劲旅。孙传庭借助清屯之策充实秦兵的同时，也开罪了三秦利益集团。《明史》记载的"秦人爱之不如总督洪承畴"中的"秦人"，更大程度上指代的是从军屯中得利的秦中豪富之家，这点在电影《大明劫》中是有所体现的。因此，从某种角度来说，孙传庭在陕西巡抚任上多次上疏、锐意清屯，造成了腹背受敌的局面，也间接影响了自己的命运。

此时的关中局势，已经由杨鹤在任时的"主抚"，转向洪承畴的"剿杀"。当时，官方的战略是兵部尚书杨嗣昌所制定的"四正六隅，十面张网"。洪承畴主理西北五省，卢象升主理中原五省，全力剿杀流散作战的农民军，不使其波及太广。孙传庭作为陕西巡抚，在军事上归总督洪承畴调度，分工协作，专心追剿势头最强的"闯王"高迎祥部。崇祯九年七月中旬，孙传庭在陕西周至县黑水峪设伏，与高迎祥部激战4日，高迎祥本人被俘，其所部被全歼，孙取得大胜。之后，孙传庭于崇祯十一年六月始，与洪承畴分进合击，受命合歼李自成部。②

---

① 明思宗特批的6万两专款银仅供孙传庭入秦之初练兵所用。此后，秦兵用度开支，皆命孙传庭自筹，朝廷不予干涉。

② 崇祯十一年六月初八日，明思宗在洪承畴奏疏上批示："洪承畴仍即星驰与孙传庭并力合歼，共收全捷。"

孙传庭

字百雅，又字百谷或白谷，代州振武卫人（今山西代县人）。史载"传庭仪表顾硕，沈毅多筹略"，属于典型的燕赵烈士。与后世所见其骁勇善战的将帅印象不同的是，他实为书香子弟，万历四十七年进士出身，是地道的文官。之所以掌兵权，是源于明朝"文官节制武将"的传统，即武官不论品级大小必须接受相应高级文官的直接节制。这个传统基于明朝重文轻武的官制，目的是为了避免武将拥兵自重，威胁帝国安定和皇权稳固。终明一代，这样的官制的确避免了地方割据，

但也因此造成武官集团长期受到文官集团的压制。执掌军事的兵部官员全部是文官出身，大多善于纸上谈兵，而鲜见有实战经验和战略眼光的军事大才。"察于刀笔之迹者，即不知理乱之本；习于行阵之事者，即不知庙胜之权。"不善军事的文官指挥军事职业武官去征战，结局可想而知。不过，文武双全的实用型文官也还是有的，例如：熊廷弼、孙承宗、袁崇焕、洪承畴、卢象升等。虽说凤毛麟角，但能在晚明乱局中脱颖而出实为万幸，而孙传庭恰巧就是其中一员。

当年八月，李自成被洪承畴追杀得仅剩千人，艰难突围后进入汉中，与"左金王"（贺锦）、"老回回"（马守应）等残部会合，拟从潼关突围，这是农民军第三次对潼关产生作战意图。此前的崇祯七年和八年，李自成都有过进攻潼关的军事诉求和行动，两次都被洪承畴所迫改道放弃。然而，潼关特殊的军事战略地位使农民军从未放弃进攻它。同年十月，洪承畴得到农民军欲攻打潼关的情报，立刻知会孙传庭："（李自成）必走潼关原，公当设伏以待，可使匹马无脱。"孙传庭得报后，即在潼关南原山野之间每50里设一营，坐待洪承畴麾下临洮总兵曹变蛟于李自成部身后持续追杀，将李自成部逼进包围圈。疲于奔命的李自成残部，

▲ 潼关西门旧照

▲ 明朝末代皇帝明思宗画像

进入潼关南原，立足未稳，立刻遭到养精蓄锐的孙传庭部接连伏击，以致全军覆没。李自成妻女尽丢，仅与刘宗敏、田见秀等18人逃入商雒山，势同强弩之末。

　　李自成息马商雒，张献忠伪降谷城，"一时公卿且谓天下无贼"。不想后金军突然借道蒙古，绕过关锦防线，兵锋直指京畿。这是明思宗即位后第四次面对后金军的远途绕道奔袭，也是明朝灭亡前的最后一次。第一次是崇祯二年的"己巳之变"①。事实上，"己巳之变"前，经略辽东的督师袁崇焕和部分有识朝臣就曾对毗邻蒙古的长城防线表示忧虑，认为关宁锦防线足以将后金军挡在关外，但长城防线一旦疏漏，就会给后金军南下创造契机。"己巳之变"虽以袁崇焕被凌迟处死告终，但后金军南下的惯性已经形成，此后几度攻入长城，遍踩京畿，远至山东。崇祯十一年冬，后金军奔袭入塞，已调任宣大总督的卢象升因与兵部尚

────────────

　　① 崇祯二年（1629年）十月，约10万后金精兵在皇太极率领下，绕道蒙古，由喜峰口攻陷遵化，直迫明都。十一月十八日，后金军兵临北京城下，北京戒严，兵部侍郎王洽急调各路勤王军保卫京师。

书杨嗣昌政见不合，被迫战死巨鹿贾庄①。形势危急，明思宗立刻命洪承畴和孙传庭两部尽数北调蓟辽，杨嗣昌谏阻说："贼未绝种，承畴、传庭宜留一人于彼镇压。"②明思宗拒不接受杨嗣昌的意见，致使农民军于濒死之际，柳暗花明。

洪承畴和孙传庭北调，使镇压农民起义的战果付之东流。入卫京师的孙传庭又与杨嗣昌发生了政见冲突。后金兵祸结束后，明思宗一次处死了36名官员，其中包括几位出身辽东系的关宁劲旅统帅。为了增强蓟辽防务，洪承畴和孙传庭奉命继续督率陕西精锐留守蓟辽边境。孙传庭和洪承畴得知后，分别上疏指出内乱未定，中原兵力一旦空虚，农民军势必卷土重来。孙传庭更致信杨嗣昌，谏言道："是兵必不可留，留则徒强寇势，而究无益于边。且兵之妻孥蓄积皆在秦，强之在边，非哗则逃，是驱兵从贼也，天下安危在此。"③杨嗣昌置之不理，孙传庭力争不得，郁郁寡欢，上疏告病。明思宗不理，强命孙传庭带病就任保定总督。孙传庭求见明思宗希望面陈大计，上疏托杨嗣昌转呈，被杨嗣昌退回。孙传庭见状，再次上疏乞休，杨嗣昌却向明思宗宣称孙传庭"托疾非真"。明思宗大怒，派锦衣卫前往孙传庭处，把孙传庭连同核实真伪的巡按御史杨一俊一并革职下狱。

《明史》载："（孙传庭下狱后）举朝知其冤，莫为言。"之所以有这样的局面，只因明思宗为人猜疑多心，急于求治，旦夕责效，重臣身家诛戮者众。违逆他意愿的朝臣，很容易因故获罪。温体仁、杨嗣昌等善于揣摩圣意者，反而容易获得他的偏信。明思宗对杨嗣昌的信任，可谓"情比金坚"，在崇祯一朝极为鲜见。以至于凡是反对杨嗣昌的，就视为忤逆圣意。弹劾杨嗣昌的大臣，一概严惩，客观上造成杨嗣昌在任期间一手遮天，无人敢言其非的局面。例如：巨鹿贾庄之败，千总杨国栋因为不肯顺服杨嗣昌之意，修改塘报，坚持卢象升已战死，被杨嗣昌列入罪员名单处以极刑。杨嗣昌构陷卢象升怯战脱逃，不许士卒指认卢象升遗体，致使卢象升死后停尸80多日才入殓。期间，明思宗不闻不问，后来亦无任何追谥。

---

① 《明史》载："……骑数万环之三匝。象升麾兵疾战，呼声动天，自辰迄未，炮尽矢穷。奋身斗，后骑皆进，手击杀数十人，身中四矢三刃，遂仆。掌牧杨陆凯，惧众之残其尸，而伏其上，背负二十四矢以死。"
② 《流寇长编》卷十一，崇祯十一年十月辛卯。
③ 《孙忠靖公集》卷首，李因笃《明督师兵部尚书孙公传》。抱阳生《甲申朝事小纪》四编卷6《督师孙传庭小纪》。

几任总督和许多重臣首身分离，孙传庭看在眼中，不免兔死狐悲。然而，他身陷图圄，命系于他人之手，早已没有选择。

就在孙传庭入狱后不久，杨嗣昌因所荐总督熊文灿剿寇不力，被明思宗派往

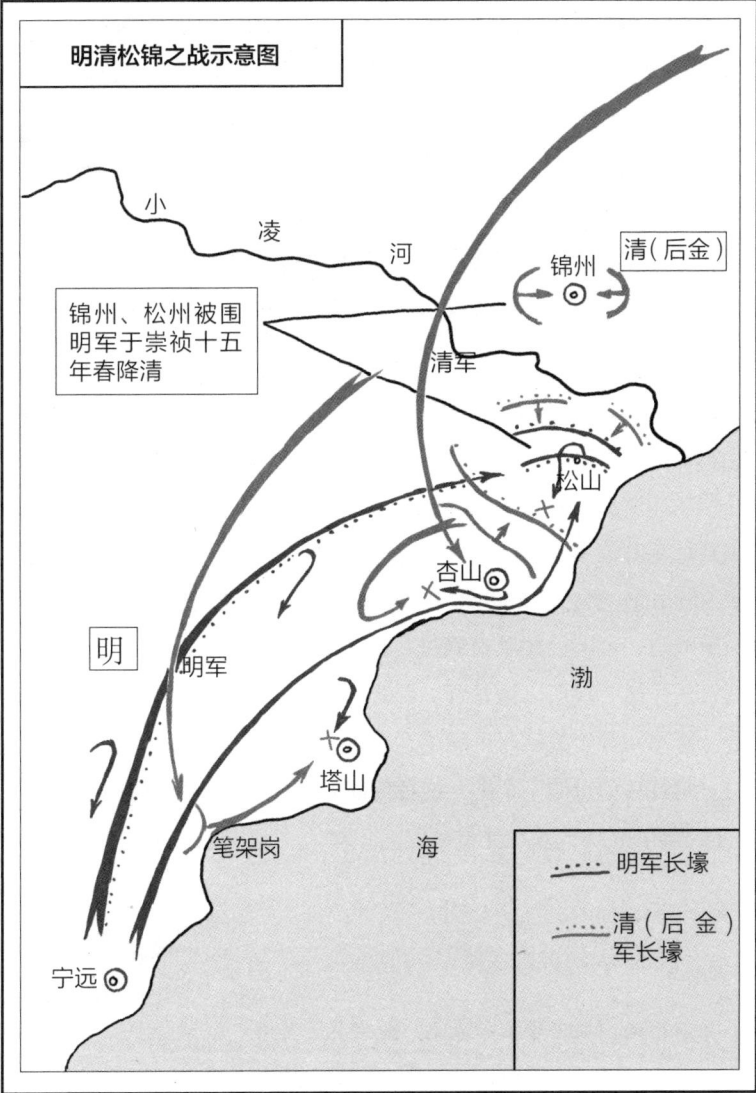

明清松锦之战示意图

内图文字：

明清松锦之战示意图

小　凌　河

清（后金）

锦州

锦州、松州被围明军于崇祯十五年春降清

清军

松山

杏山

明

明军

渤

塔山

笔架岗

海

宁远

...... 明军长壕

—— 清（后金）军长壕

▲ 明清松锦之战示意图

湖广督师。眼看农民军做大，局面已然失控，他却劳师无果，自知罪责难逃，遂吞金自杀于军中（一说为病死）。

杨嗣昌的死并不能阻止明朝滑向灭亡的深渊。他死后不久，关外的后金举倾国之力进攻宁锦防线，兵围锦州。明思宗为解锦州之围，调集 13 万大军，由蓟辽总督洪承畴统率，出关救援。这是明清最关键的一次大决战，直接决定双方谁能晋级下一轮历史角逐。清军的作战策略是围点打援，寻机决战，久经沙场的明军统帅洪承畴对此并不陌生。但是，洪承畴并不急于与清军大规模决战，而是坐待良机。彼时的锦州守将祖大寿，与清军交战多年，守城经验丰富，与洪承畴达成共识。只要做好长期困守的准备，洪承畴便可行事。明思宗却不耐久候，连番指示兵部催促洪承畴尽快与清军决战，解锦州之围。君命难违，尤其是明思宗的命令。洪承畴被迫主动出击与清军作战，原本互有胜负，孰料指挥失误，粮草丢失，通道被清军切断，困坐松山。突围前夜，大同总兵王朴畏敌，提前带军出奔，引发连锁反应。明军 13 万大军自相践踏死伤无数，史称"松锦溃围"。接着，统帅洪承畴被清军俘获，苦心经营的宁锦防线尽失，明军精锐几乎消亡殆尽。此后，明军龟缩山海关自保，对关内外形势都无能为力。

帝国在辽东的失利，没能从关中镇压民变中获得补偿。继杨嗣昌后的两任总督汪乔年和傅宗龙，都无力扭转败局。农民军的势力不断拓展，破洛阳，三围开封。官军却节节败退，帝国社稷风雨飘摇。在这种情形下，明思宗起用尚在狱中待决的孙传庭，任命他为陕西三边总督，目的是想借他的威名重振军心，扭转中原战场的败局。岂不知孙传庭已与世隔绝近三年，而李自成亦今非昔比，在中原大地势如破竹。对各种信息的不了解，使孙传庭误判关中局势。当他领命率兵前往关中之际，孤悬河南的开封城已岌岌可危。

抉择

兵入河南，数倍于己的流寇，望尘莫见其影。

当年十八骑败亡商雒山的李自成，卷土重来之势，如燎原之火。

我驻马在业已荒芜的山坡上远眺。本该是春夏之交的青绿山峦，如今却

50

带着肃杀的秋意。蜿蜒行进的队伍缓缓消失在路的彼端，马蹄扬起的黄土模糊了我的视线。

日前送往京师的上疏，终被朝廷驳了回来。据说天子接到我的上疏后，龙颜震怒，责我"原议练兵五千可以破贼，何以取盈两万，且百万之饷安能即济"，分明是"出尔反尔"，借口拖延进兵，于是置我练兵派饷的上疏不理，严令我"即卷甲出关，毋得逗挠取咎"。如此一来，仅凭手中的5000禁军，想要解开封之围，与李自成决战，几乎是痴人说梦。

将在外，君命有所不受。或许，解开封围城之策尚可计议。但我手中还有一份来自天子的密令，却没有商量的余地。

贺人龙曾是我的旧部，说他是李自成同乡倒也不错，只是若因此认定他有背叛之心，我仔细思量总觉牵强。自我任陕西巡抚之初，他便是我的得力干将，骁勇善战，杀人如麻。关中流寇对其冠以"贺疯子"的名号，谈之色变，恨之入骨。我陷狱三载，未曾再与他谋面。此番起复，再赴关中，我一直在筹谋如何用其长以制敌。不想，天子要处死他的密旨先到了面前。

我何尝不知贺人龙诸多恶习，又何尝不知他临阵脱逃致使两任总督败死贼手的行径依法当诛。然则，眼下关中贼势汹涌，临阵斩杀贺人龙这般股肱之将，于军恐有大不利。时至今日，我坐在军帐之中，面对奉命前来会合的各部总兵及姗姗来迟的贺人龙，天子却仍未对我上疏求情之事做出回应。

君命难为。

目下天子已然对我诸多不满，倘若旦夕责效，我出师未捷，只怕要先落得抗旨欺君的下场。关中剿寇大局又当去何从？少一个贺人龙，我至多耗些心血罢了。

"贺总兵，"由是思定，我平缓了一下呼吸，"本院出京时，天子另有一旨，命本院亲自转达于汝。"

"竟有旨意给我？"贺人龙闻之大笑，旋即起身到我座前，下跪行礼，"臣贺人龙接旨。"

"来人！"我缓缓起身，乍然提高声量喝道，"把贺人龙给本院拿下！"

贺人龙瞠目结舌，没等喊出声，便已被等候多时的几个军士按倒在地。

直到他的脸被狠狠抵在冰冷的地上时，才挣扎着发出愤怒的吼叫："混账！尔等意欲何为？"

我拱手向着京师的方向请旨，故意大声宣布："陛下有密旨：援剿总兵

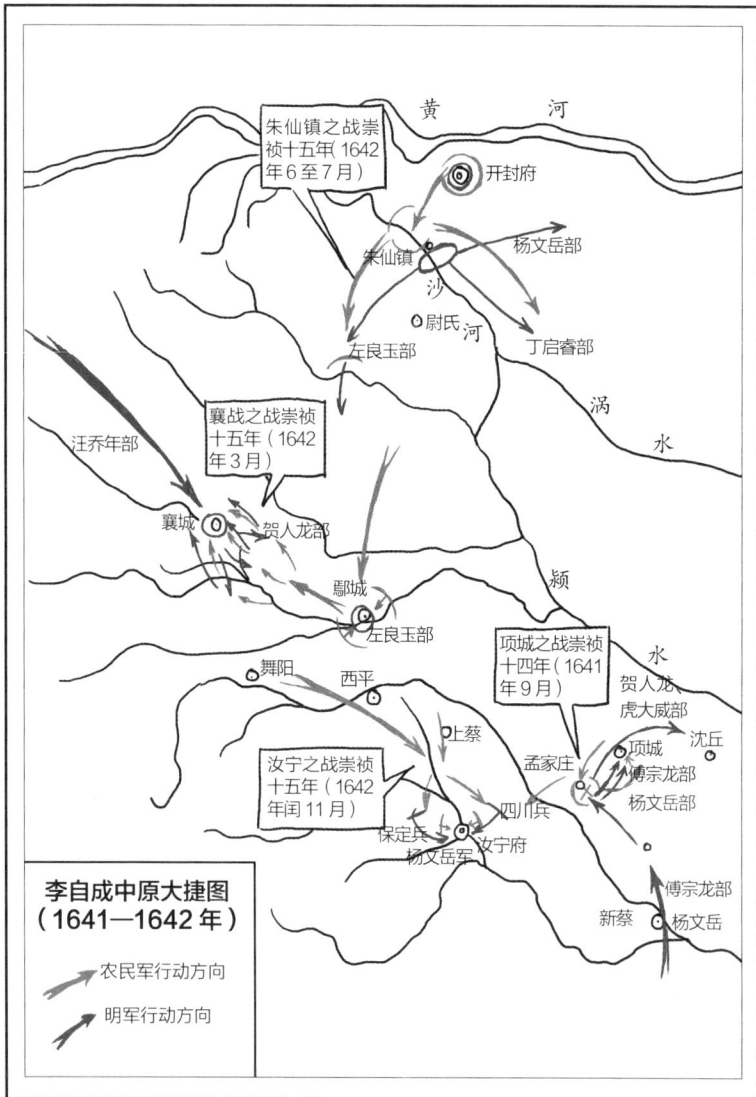

朱仙镇之战崇祯十五年（1642年6至7月）

黄　河

开封府

朱仙镇

杨文岳部

沙

尉氏

河

左良玉部

丁启睿部

涡

水

汪乔年部

襄战之战崇祯十五年（1642年3月）

襄城

贺人龙部

鄢城

颍

左良玉部

水

舞阳

西平

项城之战崇祯十四年（1641年9月）

贺人龙

虎大威部

上蔡

沈丘

孟家庄

项城

傅宗龙部

汝宁之战崇祯十五年（1642年闰11月）

四川兵

杨文岳部

保定兵

汝宁府

杨文岳军

傅宗龙部

新蔡

杨文岳

**李自成中原大捷图
（1641—1642年）**

农民军行动方向

明军行动方向

▲ 李自成中原大捷图

贺人龙，骄横狂妄，为所欲为，近来剿贼临阵脱逃，连番失利，致两任总督败死贼手，罪不容赦，着立即处死，以正国法！自此往后，有敢效法贺人龙者，同罪并诛！"既然杀贺人龙已不能避免，那么，杀鸡儆猴，让在座的总兵都长个记性也好。

"我贺人龙为国效力，披肝沥胆，没有功劳也有苦劳……"贺人龙挣扎道，"便是有罪，何不容我立功自赎……"

"尔陷关中战局于困境、两任总督败死，虽一死不足抵罪！"我将手一挥打断了他，然后喝道，"拖出去！斩！"

贺人龙原本灰暗的告饶眼神瞬间换了模样，充血的双眼怒火中烧地瞪着我，若非被军士死死按住，便要扑上来做困兽之斗："孙传庭，你敢矫诏杀我！孙传庭——"

我看着他被几个军士拖走，那歇斯底里的咒骂嚎叫虽然离我越来越远，却仍旧在静如死水的帐中清晰地回荡着。

"孙传……"

最后那个字未及出口，几点血便已溅在帐门上。

明崇祯十五年（1642年）四月底，刚刚起复不过两月余的孙传庭接到来自兵部的命令，命令他即刻率领延绥、宁夏、甘肃和固原的军队，进入河南境内，驰援被李自成第三次包围的开封。与兵部命令一并下达的，还有一道来自明思宗的密令，要求孙传庭处死手下作战不力的援剿总兵贺人龙。这看似简单的两道命令，却着实成了孙传庭的难题。

早在农民军第三次包围开封之前，李自成就已攻克重城洛阳，致就藩于此的明思宗叔父福王朱常洵被杀。开封由是孤悬于河南，处境堪忧。就藩于开封的周王，眼看农民军再一次陈兵于开封城西大堤之外。尽管农民军围而不攻，但城内人心动荡，朝不保夕，唯有向明思宗求援。旦夕责效的明思宗立刻想到统率5000精锐的孙传庭。

孰料，身在前线的孙传庭见到遮天蔽日的农民军后，方知自己错估了中原局势。原本指望的当地驻军，已毫无作战之心。单凭他麾下的5000人对战数以万计的农民军，如同痴人说梦。于是，还没等明思宗催战的旨意下达，孙传庭便派人将认错的检讨书与新的作战计划快马送去京师，向朝廷提出"非练兵二万，（军）饷百万不可"。明思宗对他"出尔反尔"的举动大为震怒，认为他是借故推诿，乘机要挟，严令他"即卷甲出关，毋得逗挠取咎"。面对明思宗如此强硬的态度，孙传庭只好放弃向朝廷索要练兵粮饷的计划，自己想方设法找各种理由，拖延出关时间，从容计划募兵事宜。急于解开封之围的明思宗却再三严令催督，孙传庭不得已，只能遵旨率部急奔潼关，并在军事会议上以明思宗密旨为由，斩杀援剿总兵贺人龙。

关于斩杀贺人龙一事，史学界有两种观点。

一种观点认为，斩杀贺人龙是明思宗与孙传庭议定的。孙传庭上疏为贺人龙求情，原为稳住贺人龙部，不使之哗变。

另一种观点则认为，孙传庭上疏求情是出于大局考虑，并非同明思宗做戏。从法理上来说，贺人龙临阵脱逃，前后两次陷主将于死地，见死不救，对中原战局造成的负面影响极其深远，理应正法，以儆效尤。但贺人龙其人骁勇善战，实乃一员令农民军闻风丧胆的悍将。临阵斩杀大将，势同自断股肱。以孙传庭既往的战略眼光和行事风格来推理，他与明思宗同谋斩杀贺人龙的可能性并不大，为之求情却君命难为，不得以杀之则更合乎情理。

在下决心设计诱杀贺人龙之前，孙传庭已进行妥善的人事安排计划，有效防止了贺部兵变，其心思缜密程度可见一斑。尽管如此，贺人龙的死还是令农民军额手称庆，纷纷酌酒相贺曰："贺疯子死，取关中如拾芥矣！"[1]

孙传庭认真履行了两道旨意后，明思宗又于六月十七日下旨，起复了原户部尚书侯恂，命他率军从山西南下入援开封，与孙传庭部两面夹击。作为统帅的侯恂却提出放弃河南地，让孙传庭死守潼关，自己和总兵左良玉等固守荆襄、江淮等地，困死李自成的策略。朝廷出于全局考虑，否定了侯恂的战略，命令他调动左良玉部救援开封。

---

① 摘自《流寇长编》卷15，崇祯十五年五月己巳。

左良玉部作为明军精锐之一，战斗力之强是人所共知的，而其飞扬跋扈亦远近闻名。接到军令，他与其他各部总兵均表现出畏战情绪。朱仙镇军事会议上议定次日出击，他却于当夜私自拔营先行，结果遭到李自成大军伏击，造成驻扎在朱仙镇的十几万明军全线崩溃。

此时，开封孤城孑立，已是"十室十空，人始相食"[①]。守城的官军和幸存的百姓不得不以水草、小虫、皮胶之类的东西充饥，人肉甚至卖到每斤白银5两。与开封城内鼠雀全无的萧索形成对比的是，朝廷派出的第二拨救援兵马皆屯扎于河北。鉴于之前朱仙镇之败的阴影，援军始终不敢正面与锐气正盛的农民军交战，以解开封之困。最终，守城的巡抚高名衡等人决定"决河灌城"，决堤借水力攻击农民军。结果，农民军也决堤还以颜色。适逢大雨连旬，水淹开封，城中百姓死者甚众，"得出者万人而已"。

两面夹击的战略成了泡影。孙传庭进驻潼关后，方才得知开封被淹的消息。此时，李自成部已经转战到豫中地区。孙传庭于是兵进南阳，邀击李自成，孰料手下四将中了农民军的埋伏，大败而归于潼关，史称"柿园之役"[②]。好在明思宗念着将来还要倚重他，未予处分，仅责成他"图功自赎"。身经百战的孙传庭尚且如此，河南境内的其他守军更是不敢与李自成交锋。于是，汝宁、确山、信阳、泌阳尽失，农民军兵锋直指襄阳。身居襄阳的左良玉自知招架不起，索性纵兵掳掠襄阳和樊城后，逃亡承天，襄阳旋即陷落。之后，农民军相继攻下枣阳、宜城、谷城、光化、均州、荆门等地，最后连荆州也纳入囊中。湖广巡抚宋一鹤畏罪自杀，湖广大乱。明思宗无奈，命次辅吴甡总督湖广。洞察安内形势发生重大变化的吴甡，却无力去挽回湖广的败局。此时的李自成已不满足攻城略地的快意，生出了取代朝廷的野心，开始有意识地收买民心，为己所用。更糟糕的是，李自成占领湖广地区后，在襄阳建立了自己的政权。张献忠闻之，如法炮制，亦在湖北发难，攻克武昌，自立为王。

[①] 摘自郑廉《豫变纪略》。
[②] 根据《明史》卷252《孙传庭传》记载，郏县一役，正值连日大雨滂沱，官军粮食断绝，士兵采青柿充饥，又冻又饿，遭突然袭击而大败，人称"柿园之役"。

河南与湖广皆落敌手，中原残局犹待收拾。纵观业已千疮百孔的大明版图，彼时能依仗的，就只有驻守在潼关的孙传庭这一支精锐力量。孙传庭经历柿园之役后，退居陕西约有一年时间。在这一年时间里，孙传庭在三秦大力扩张军备，并尝试赶制"火车"（车上配备火器，装载粮食弓箭）2万辆，建立火车营，意在养精蓄锐，静观事态变化。

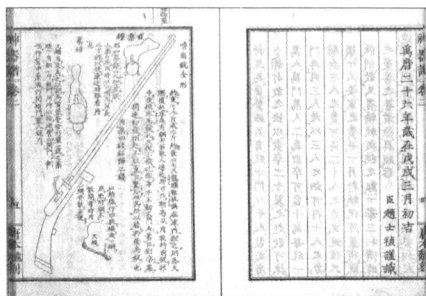

▲ 明代火器发明家赵士祯所著的《神器谱》中关于火枪的部分资料

孙传庭的按兵不动，令远在京师的明思宗大为光火，也令三秦百姓苦不堪言。明思宗是因为战火烧坏了大明的版图，河南、湖广、四川几乎都为势大的农民军所占，帝国危机到了刻不容缓的境地，诸将却畏战不前，坐视农民军战火四处蔓延。而三秦百姓则因孙传庭在陕西境内耗费大量人力财力日夜扩充军备而不得安宁。照理说，孙传庭是为了保三秦安危才扩充军备，百姓何故不体谅孙传庭的苦心呢？

实际上，三秦百姓长期为明蒙对峙的民运压力所累，濒临绝境，故时有揭竿而起之事发生。适逢关中大灾之际，百姓非但得不到朝廷的赈济，还要为孙传庭在陕西的扩张军备买单，加之孙传庭前番在陕西巡抚任上积累的宿怨，民怨更加沸腾。然而，实质上能威胁到孙传庭的，还是那些损失更大的利益集团。朝廷对孙传庭增兵增饷的要求置若罔闻，孙传庭不得不就地解决军费粮饷的开支，保证剿寇任务顺利完成。于是，孙传庭的矛头指向了曾经在三秦之地横征暴敛的地方豪强，特别是侵吞军屯之利的官宦和地主。在这群人中，有很多人本人或祖上是九边边防的将官或朝廷乞休的元老重臣。他们在任职期间监守自盗、借机侵吞屯田、虚报兵额吃空饷、剥削压榨边兵等。这些贪腐行为早已成了潜规则，上行下效，竞相贪污，仅榆林镇便有"各卫所官占种屯田，私役军卒，扣赃月廪，大为奸利……"的记载，其中纳级（纳银粮以图升级）武官尤为严重，致使底层的边兵处境凄惨——大量逃亡，乃至加入反政府武装求生。这点单从农民军中不少首脑人物的出身经历就能看出来。例如：张献忠原是延安捕快，后因故革职，往延绥从军，又因触犯军法，失去了军职，后来便索性加入暴动。李自成亦是银川驿卒，因明思宗裁撤驿站，自己性好斗，又数度犯法，后来便投入武装起义。

孙传庭要以秦饷养秦兵，就必须拿这些掌握大量物质财富的利益集团开刀。为了出师有名，他再一次以清屯的名义，展开对这些利益集团非法收入所得的追剿。被动了奶酪的利益集团自然不肯任其宰割，他们对孙传庭软硬兼施，希望能最大限度保护自己的利益，最好能将孙传庭从陕西赶出去。这一点在电影《大明劫》中表现得淋漓尽致。事实上，这种富裕大户于国难之际一毛不拔的事情，在贫富悬殊的晚明表现得尤为突出。在经济高度发达、物质极其丰富的情况下，这是只追求个人利益的自私表现。人们更在意自身利益、自身安危，至于与自己无关的事情，则表现出冷漠。只要能保证切身利益不受侵害，其他是非曲直都不重要，甚至出现武清侯李国瑞为了不出钱充军饷，故意拆房卖地，在京师街头变卖家产的闹剧。孙传庭一日不出潼关，清屯之举就一日不会停止，士绅们苦心积攒的非法收入和家业就会受到冲击。因此，他们纷纷向朝廷告状，说孙传庭是"玩寇糜饷"，说"秦人日在汤火中"，甚至说出了"督师苟不出关，收者至矣"的话。一些与他们有紧密利益关联的朝臣，也开始揣摩明思宗对孙传庭的疑虑，不断迎合明思宗催战的旨意，借着近水楼台之利，指责孙传庭闭关不出是别有用心。

对明思宗而言，这释放了一个危险的信号。彼时的明军主力，除了辽东的边军，湖广的左良玉部，只剩下据守潼关的孙传庭部。辽东关外土地已失，山海关的守军是最后的藩篱。左良玉部怯战，根本不敢和农民军交战。中原大片腹地无人防守，往东的山西成为抵抗农民军攻击京畿的唯一屏障。如此一来，京畿安危被压缩在河北境内，随时可能面对清军南下和农民军东进的两路进攻。倘若孙传庭手握重兵，又有二心，扼守关中，按兵不动，坐视农民军进攻京畿，于中得利，那么大明社稷将毁于一旦。在影片中，明思宗的台词"倘若给了钱粮还不出兵，岂不是又养了一个贺人龙"，充分点出他内心的猜疑不安。无论舆论真伪，明思宗都不愿意看到孙传庭拥兵自重，继续逗留关中。因此，以防陡生变故，明思宗催促孙传庭出关与农民军决战。

那么，在当时的情况下，死守潼关是否就是最好的选择呢？

众所周知，潼关乃关中门户，闭关足以自守，东出则能以关中平原为后方，纵横天下。当年秦国以关中为据，奋六世之余烈，东出函谷一统天下。唐代的安史之乱，如果不是哥舒翰被迫出潼关作战，指挥失误，便不会有玄宗入蜀之难。同样被朝廷催促出关作战，孙传庭的处境和哥舒翰却有极大不同。安史之乱爆发突然，唐军主力皆在边防，从幽州至洛阳几乎没有有效的防御，致使叛军兵锋迅速兵临潼关。但哥舒翰在潼关坐拥 20 万大军，只是闭关不出，拖延时间，各地的官军便纷纷响应，组织军事力量收复失地。朔方军更是从背后给予叛军持续强效的打击，人心所向，一览无余。而孙传庭此时面对的晚明世态，则是利益倾轧，人心思变，官军怯战，朝臣掣肘，孤军无援。朝廷已无其他精锐协助作战，麾下新军又大多没有经历实战，而农民军士气高涨。避其锋芒，静待时机，一击而胜，也许才是相对实际的策略。否则，出关作战一旦有闪失，不仅中原局势会恶化，关中和山西也将无险可守。潼关如果失守，李自成就可以长驱直入占领整个关中，占据主动优势，进可攻天下，退可据关中而王。两害相较取其轻，孙传庭屯兵于秦，尚有转机可寻，而出关作战则只有必胜一条路。

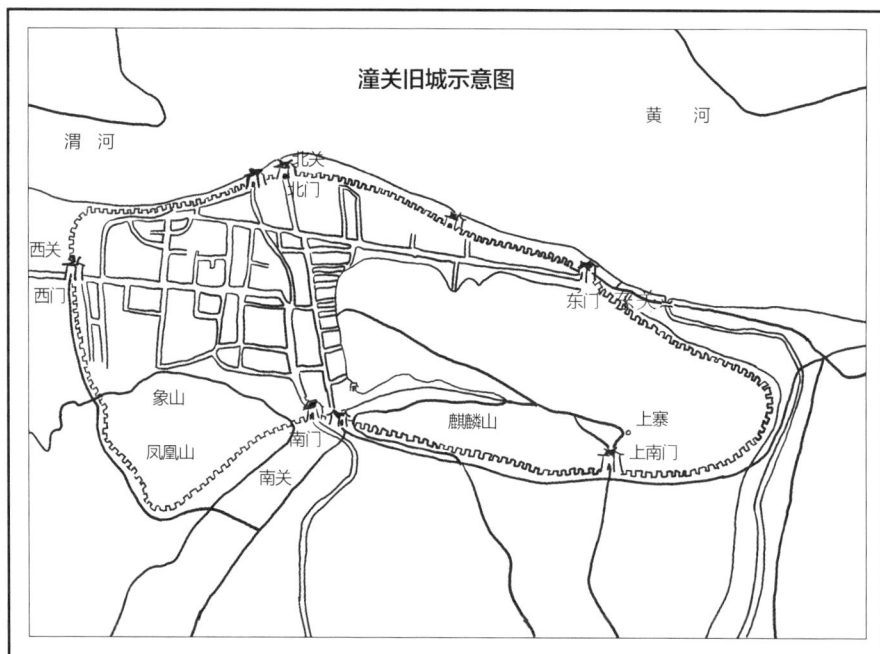

▲ 潼关旧城示意图

相隔千里的京官们却不以为然。基于大明"弹劾"制度中的恶习，很多朝臣都对孙传庭据关不出的行为进行责难和声讨。面对晚明困局，不少大臣都曾在朝堂上侃侃而谈自己的战略构思。然而，真的让他们去落实，却避之唯恐不及。待到别人做事，则在一旁指手画脚，利则自取，祸则推诿于人。流寇方起之时，朝廷要求各地方官员配合总督予以助剿。结果，不少官员为了省事，只将入境的流寇驱赶到他人负责的防区交差，致使主力精锐一直处于疲于奔命的状态，事倍功半，劳民伤财。曾任通史的陕西人马鸣世就曾指出："三秦为海内上游，延安、庆阳为关中藩屏；榆林又为延、庆藩篱，无榆林必无延、庆；无延、庆必无关中。而庙堂之上以延、庆视延、庆，未尝以全秦视延、庆；以秦视秦，未尝以天下安危视秦；而且误视此流盗为饥民。因此，几年以来势如燎原，莫可扑灭。如不亟增大兵，措大饷，为一劳永逸之计。恐官军骛于东，贼驰于西，师老财匮，揭竿莫御。天下事尚忍言哉！"[1]

杨鹤、洪承畴、杨嗣昌等几任总督在明思宗抚剿游移不定的策略下，指挥主力精锐忙于奔命，而助剿之军却敷衍了事、诿罪他人、任流寇肆虐猖狂，最终酿成大患，积重难返。奈何明思宗并未从中吸取教训，仍然坚持孙传庭必须出关作战，从而消弭隐患。明思宗此刻想着的不是如何选择最佳的战略决策，如何保住孙部这支预备队，而是如何防止孙传庭"玩寇糜饷"，收复河南和湖北失地。孙传庭能否逆转中原战局，是帝国维系下去的关键。在明思宗眼里，孙传庭的存在必须即时产生良性的效益，就像电影《大明劫》中隐喻的"大黄"一样，在他最需要的时候，必须起死回生。否则，就是在浪费帝国宝贵的时间和他的耐心。

那么，站在孙传庭的角度，如果他坚持"将在外君命有所不受"的理由，抗命不出关，是否有可能挽救当时的局面呢？

明代的军事制度注重分权制衡，孙传庭尽管有节制武将的权力，但与以往拥有完整指挥权的传统将领不同，他还要受到监军使者的制约。以往，监军这个职务，在主帅掌握完整指挥权的情况下，干预主帅的实权有限，多为虚设。例如，

---

[1] 摘自明谷应泰《明史纪事本末》卷75《中原群盗》。

司马穰苴能依军法斩杀监军庄贾。然而，这样的事情是不会发生在明代的。明代监军多由宫中太监担任，直接对天子负责，有监视牵制主帅行动的权力。因此，主帅并未拥有绝对的指挥权，甚至有时还必须受监军的指挥。譬如，在崇祯元年的剿寇作战中，农民军首领就曾贿赂监军杨进朝和卢九德，骗取官军的信任，由此强渡黄河，造成"贼自此由合而分，罗汝才掠于楚，邢红狼横于豫，惠登相入于秦，而李自成领劲兵以入汉中"的局面。孙传庭的军中同样有监军使者，若孙传庭抗命，监军会立刻上报天子，朝廷即刻会有相应制裁。若孙传庭抗命，并对监军有所控制，在当时的法律规则下，等同谋反。他手下的将领非但不会受他制约，还可能以平叛为借口自相残杀，谋求首功。孙传庭本人深知其间利害，他出身士大夫阶层，以其性格，忠君谋国一直是他的本分。另外，道德底线也不容许他这样做。更为重要的是，在这样的复杂环境中，孙传庭自己对出关作战仍抱有侥幸心理。

尽管孙传庭在不得已接受出关命令之后，曾叹息道："奈何乎！吾固知往而不返也，然大丈夫岂能再对狱卒乎？"悲观之情溢于言表，但他仍在出关前夕给新任的兵部尚书冯元飙写了一封信，表明心迹："雅不欲速战，见上意及朝论趣之急，不得已督师……吾固知战未必捷，然侥幸有万一功。"[1]

出关作战真的能成功吗？

陨落

八月初的晨风，吹在身上竟莫名多了几分寒意。

我知道，踏出这潼关，不论胜负，都没有再返回的可能。

"君命难违"四个字有千钧之重，远胜三秦非我之舆论。我孙传庭能隐忍天下对我"玩寇糜饷"的非议，却不能再三违抗天子下达的决战旨意。上一次抗旨，换来三年牢狱生活，只能在牢里眼睁睁看着心血付之东流，李自

---

① 《绥寇纪略》补遗上《虞渊沉中》，《流寇志》卷8。

成东山再起。如今，就算我孙传庭不惧牢狱之灾，再一次抗旨，而今中原战局之势，尚能待我三年之期乎？

终者，成也。

死者，灭也。

无成，无余，庸碌而死，非我孙传庭之志也！

柿园之耻今犹未雪，社稷残局已至如斯。身为大丈夫，我所能做的，便只有知其不可为而为之，马革裹尸，以明心迹。

"督师！"侍从的呼唤打断了我的思绪，"请上马！"

我长舒了一口气，伸出手抚过身畔老马剪得齐整的鬃毛，它照例朝着我打了一个响鼻。

"督师……"

"老骥伏枥，志在千里。"我轻轻拍了拍老马的面颊，它亦将脸凑过来细细地蹭着我的掌心，使我经不住悠悠长叹："烈士暮年，壮心不已……"我不知这话究竟是在同这老伙计说，还是在对自己说，一时哽咽到无法再启齿，于是狠心将唇线压住，翻身上马。

"督师……"侍从双手奉上马鞭，努力将原先紧蹙的眉心舒展开。

我接过马鞭，攥在手间，在一串串疾驰的马蹄声中，纵缰而出。

前方等待的，是狼烟遍地的关中平原。

穿过被黯沉包裹的门洞那一刻，一切仿佛都凝滞了，只有身畔的旗帜在风中猎猎作歌。

再回首，巍峨的潼关已被远远抛在身后，看不真切。

明崇祯十六年（1643 年）八月十日，孙传庭迫于明思宗的旨意和朝野的舆论压力，兵出潼关。

此时的他，虽挂兵部尚书衔总督秦、蜀、晋、豫、楚、江、皖七省军务，总制三边，佩有七省督师之印及尚方剑，受命全权指挥中原战事，看似位高权重，却是冠冕堂皇的空架子。河南、湖广等地，几乎尽为农民军所占，地方官军也因欠饷及畏战形同虚设。部分官军投敌，使农民军实力大增。史料中并无孙传庭此时所率兵力的精准描述，我们只能通过初战大败后"官军死伤四万"（一说战败后存余4万兵力）、损失过半，以及孙传庭退守潼关时仅剩千余残兵的记载来估算，孙传庭出关时的总兵力不会超过10万。以不足10万的兵力，且其中大部分是未经实战的新军，与数十万的农民军决战，取胜的概率近乎渺茫。

审时度势之下，孙传庭无疑是悲观的，他很清楚兵出潼关意味着什么，可身为七省督师，忠诚职守是他的宿命。既然已经决定出关作战，让自己与麾下将士保持乐观稳定的军心是非常必要的。值得注意的是，这个乐观来源于他期待获胜的侥幸。我们对比孙传庭被迫出关的前后心态，就可以清楚地看到悲观与侥幸心理的矛盾纠葛。他明了战事不利于己，取胜概率极小，因而充满陷阵捐躯的悲观。同时，他又因社稷之责与自身之荣誉，渴望能发生以少胜多的奇迹。如此迫切至极的求胜之心，成了他此战的致命伤。

九月初八，明军与农民军在汝州第一次交锋。前哨战的胜利，使被悲观情绪笼罩的孙传庭感受到逆转之机，他立刻向明思宗报功："有自贼中逃回者言，贼闻臣名皆溃，臣誓肃清楚豫，不以一贼遗君父忧。"明思宗得报后大喜，传示阁部大臣，孰料却被阁臣们泼了冷水。兵部侍郎张凤翔更是一针见血指出："贼甚狡诈，必示弱以诱我，不可信。"此时的农民军已不是往日混乱无序的流寇，而是有组织协作的军队。数十万之众，只闻孙传庭之名，便置战略优势于不顾，战心尽失，一触即溃，无论怎么看，都太过反常。阁臣们的逆耳之言，明思宗不予理会，只因他比孙传庭更迫切需要一场胜利来振奋大明涣散的人心。于是，他力排众议，当面向吏、兵、工三部尚书下旨，要求上下协同，配合孙传庭作战，并做好善后复耕安民工作。

得到天子的鼎力支持，孙传庭对战胜农民军平定关中更有信心。获得"贼老营在唐县，精锐屯襄阳"的谍报后，他决定抓住难得的战机，派遣小股劲旅奔袭唐县，而自己则率领主力从汝州赶往决战。战事出乎意料的顺利，连战连捷。攻克宝丰县后，孙传庭从俘虏房口中得到了"唐县老营十二日夜半为官军所破，辎重妻子俱尽，一营皆哭，督师军声大振"的口供，大喜过望，判定农民军一体畏战，可一击而败之，遂催军迅速南下决战。农民军原本占据优势却一再退败，并不断传递出畏惧与孙传庭部交锋的信号，正是抓住孙传庭急于求胜的心理，反复示弱以骄其心，使之盲目乐观、为情绪所控，丧失应有的冷静。"兵者，死生之地，存亡之道，

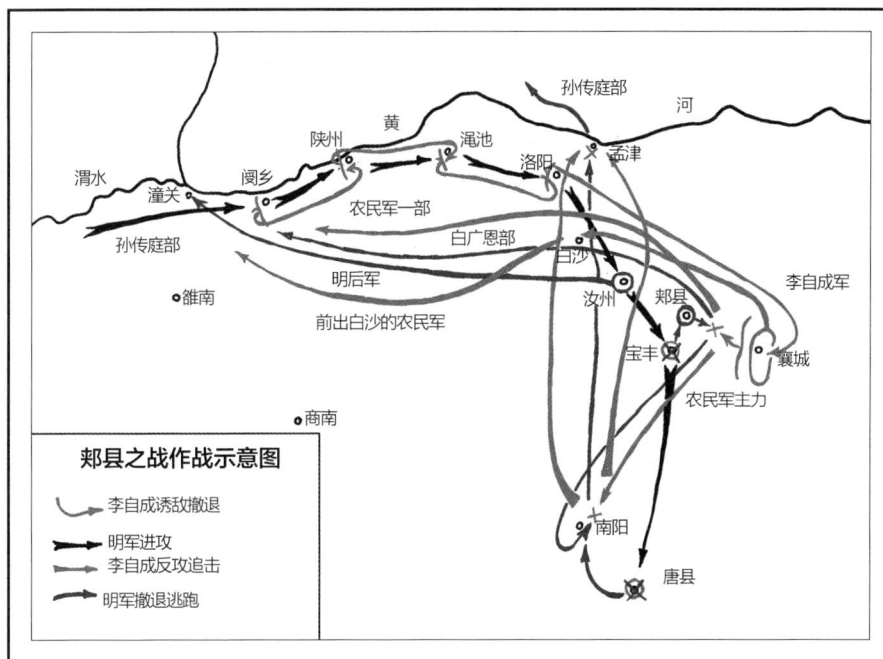

郏县之战作战示意图

李自成诱敌撤退
明军进攻
李自成反攻追击
明军撤退逃跑

▲ 郏县之战作战经过示意图

不可不察也。"为胜利之欲蒙住双眼的孙传庭就此向着"失察"的道路狂奔不止。不论是老天爷连降大雨阻塞粮道,还是大军断炊、部将谏阻,他都置之不理,强命进兵郏县。结果,进入郏县后,大雨依旧不止,大军粮草补充不济,士气低落,后军又在汝州哗变,一时处境堪忧。直到这时,孙传庭才回归冷静,下令兵分三路撤退。但军令难行,留守郏县的官军哗变不断,最后不得已改为后军一同撤退。

　　一直密切关注孙部的李自成旋即展开行动,派出养精蓄锐已久的主力从后追杀官军。孙部官军远途奔袭,饥疲至极,骤逢追兵,方寸大乱。新练的火车兵更是手足无措,听闻骑兵为敌所败,四散奔命,互相践踏,死伤无数。李自成指挥骑兵连续追杀,一昼夜追击400里,直至孟津渡。官军尸横遍野,死伤4万有余。农民军所获官军兵器辎重数十万,算是报了当年败走商雒之仇。《大明督师七省兵部尚书白谷孙公冯淑人同葬墓志铭》中载,孙传庭率残兵渡垣曲,眼睁睁看着自己苦心经营的一切灰飞烟灭,羞愤交加,"公引剑自戕,左右力阻之,公徐曰天下事去矣,

63

吾疾趋潼关收溃兵而守，万一'贼'不入秦则事犹可为□□□□□斧钺未晚也"①。
于是，孙传庭勉强收拾心情，由垣曲、阌乡退入潼关，收兵据险，伺机再举。

孙传庭兵败的消息传入京师，明思宗大惊，立即召开御前会议与朝臣商议对策。这次会议达成空前一致的意见，要求孙传庭固守潼关，相机援剿。在下达给孙传庭的旨意中，明思宗还不忘斥责孙传庭"轻进寡谋，督兵屡溃，殊负任使"，削去了他的督师尚书衔，叫他"戴罪收拾余兵""图功自赎"，并在最后警告孙传庭"如仍前使偾，致纵一贼入秦，前罪并论"！②

这份措辞严厉的谕旨，最终并没能送到孙传庭面前。因为谕旨出京的两日前，孙传庭已经阵亡疆场，再不能"图功自赎"了。

就在战败的军报传往京师期间，仅存几千人马的孙传庭退守潼关（一说，明思宗得到战败的军报后，又调拨3万军马给孙传庭，整合当时的时局，此事的真实性值得商榷），而他麾下惶惶如丧家之犬的官军已无心据关而战。以凶悍著称的副总兵高杰甚至劝孙传庭弃守潼关而走西安："三军家在西安，战败思归，而强之守关，危道也。不如弃关专守西安，凭城以战。"孙传庭大怒，叱责道："若贼已进关，则西安糜沸，秦人尚为我用乎？"③言外之意，如果孙传庭弃守潼关走西安，也不会有好下场。孙传庭之所以被迫出关，有秦人不容其滞留关中的因素。因此，他败走西安，注定也得不到秦人的协助。何况大开潼关，纵敌深入，一旦战败，他将陷三秦之民于水火，威胁大明社稷存亡，更会令自己一世清名荡尽。因此，孙传庭很清楚，自己唯有一战殉死，尽忠竭力，方能对天下有一个交代。

宁死亦不肯再对狱卒的孙传庭是骄傲的，对无法挽回的局势仍有着大丈夫的担当，纵使败走潼关并非他一人之过。频频催促他出关决战的帝国决策人明思宗，以及为了一己私利构陷他的朝野利益集团，无不负有"轻进寡谋"之责。然而，这个罪名最终只落在孙传庭一人身上，并伴随他战死疆场。

---

① 此文献摘自孙传庭墓志铭上的原文，因墓志铭残缺，其中"□"为原文残缺部分，文字不可考。
② 《崇祯长编》卷1，崇祯十六年十一月壬子及《崇祯长编》崇祯十六年十月戊辰。谈迁《国榷》卷99，崇祯十六年十月戊辰。
③ 《流寇长编》卷16，崇祯十六年九月戊午。《绥寇纪略》卷9《通城击》。

十二月初二，李自成的部将"一只虎"李过攻占阌乡。4日后，另一部将刘宗敏抵达潼关关门。《明史·孙传庭传》只用了"贼获督师坐蠹，乘胜破潼关，大败官军"一笔带过农民军攻破潼关的史实，对孙传庭之死也语焉不详。野史笔记关于孙传庭之死，则有三种说法。其一，刘宗敏设计佯败，诱孙传庭出关追击，乘机伏兵进攻潼关，孙传庭死于乱军之中，尸体下落不明。其二，副总兵高杰因原是李自成身边的将领，畏惧李自成的攻势，率兵不战而逃。总兵白广恩抵挡不住亦随后败走，潼关守军为了保护妻小纷纷破坏防御工事，纵敌入关，致使孙传庭死于乱军之中，尸体下落不明。其三，清顺治二年由刑部员外郎冯去骧所撰的《大明督师七省兵部尚书白谷孙公冯淑人同葬墓志铭》中则记载："公甫驰至关，'贼'亦大至，公收溃兵之未西者，阵于城外，而自起登睥睨督守御，时白兵之妻孥俱在关，敌以数十万尽力攻竟日，城外兵复战败，白广恩率其众保妻孥夺门出，潼关遂陷。公恐为'贼'所执辱，挥刀跃马入'贼'群，遂遇害。"结合之前的战况局势来分析，孙传庭所处为守势，应当不会再贸然出关与士气正盛的农民军交战，潼关自内而溃的可能性要远远高于出关中伏。至于孙传庭究竟是死于乱军之中，还是为免被辱，自陷敌军中求死，已难知晓。历史只留下"传庭死时，年五十有一矣。传庭再出师皆以雨败也。或言传庭未死者，帝疑之，故不予赠荫。传庭死而明亡矣"的感慨，容后人扼腕叹嗟。电影《大明劫》的片尾，捐躯于战场的孙传庭，更大程度上象征着明亡的序幕缓缓降下，带着一种近乎写意的悲壮效果，令人产生怆然掩卷之叹。

　　《明史·孙传庭传》如是交代了孙传庭死后，其家庭的悲欢离合："初，传庭之出师也，自分必死，顾语继妻张夫人①曰：'尔若何？'夫人曰：'丈夫报国耳，毋忧我。'及西安破，张率二女三妾沉于井，挥其八岁儿世宁亟避贼去之。儿逾墙堕民舍中，一老翁收养之。长子世瑞闻之，重趼入秦，得夫人尸井中，面如生。翁归其弟世宁，相扶携还。道路见者，知与不知皆泣下。"

孙传庭死后，潼关守军分崩离析，关中亦再无御敌之军。5日之后，李自成攻占西安，更名为长安，并建都于此。朝廷对此一无所知，明思宗谴责孙传庭失职的谕旨还在发往潼关的路上。直到一个月后，山西巡抚蔡懋德才奏报兵部，称"潼关于十月初六日闯贼袭陷"，细节不明，孙传庭等人的下落亦不知。又过了一个月，十二月二十二日，礼部尚书才向明思宗报告陕西方面的口讯，证实潼关失守，孙传庭下落不明的消息，但对西安方面的情况仍不清楚。此时此刻，明思宗才意识到，关中与京师的联络几乎已被切断，陕西形势万分危急，于是接连向新任的秦督余应桂下旨，要求他"入秦办贼""不得稽迟"。一切为时已晚，陕西全境很快尽落李自成手中。随后，李自成以陕西为据点，起兵50万征讨山西，矛头直指紫禁城。明思宗仓促之下，连换两任秦督，皆不敢与李自成大军交战。山西全境随即陷落，标志着明朝大势已去，覆灭只在旦夕。电影《大明劫》的末尾，并未将大家熟悉的明亡一幕付之画面，仅用黑屏白字记述了那个属于大明的悲伤四月，定格了历史，也使人陷入悠长的回味。

作为荧幕上鲜见的贴合史实的明代题材电影，《大明劫》在筹拍之始，就吸引了众多明史爱好者的关注。在上映场次和排片都受到市场挤压的情况下，它的出现如同昙花一现，却足以令观者惊艳和敬畏。从考据上来说，电影多少存在一些瑕疵。例如，开篇时，明军旗帜上出现了电脑字体"明"；明官方文献通常称农民军为"流寇""闯贼"等，而不会呼之为"闯军"；剧中，孙传庭之子尚为少年，应梳总角的造型，却梳了成人才有的髻；贺人龙并非死于潼关，而是于五月在西安军事会议上被处死的，孙传庭入驻潼关则在开封陷落后的六月左右……但总体上，无论是服饰、道具、角色称呼，还是明军有限使用的火器等，剧组都拿出了最大的诚意，堪称国内目前复原明代风貌的影片之最。当然，不排除有一些诟病该片的观点：要么不满演员的演技，要么不满剧本的结构，要么就是意识形态的批判。不过，各人见解并无对错之分。作为艺术作品，为确保叙事完整性，情节必然与史实有些许出入，但只要符合基本史实和时代风貌，适度创作是可以接受的，即所谓的瑕不掩瑜。

在这部电影中，两个主角贯穿了整个故事的始末。孙传庭在片中的形象，除了略显跋扈和暴躁外，基本上遵循史实。与孙传庭演对手戏的吴又可，虽确为晚

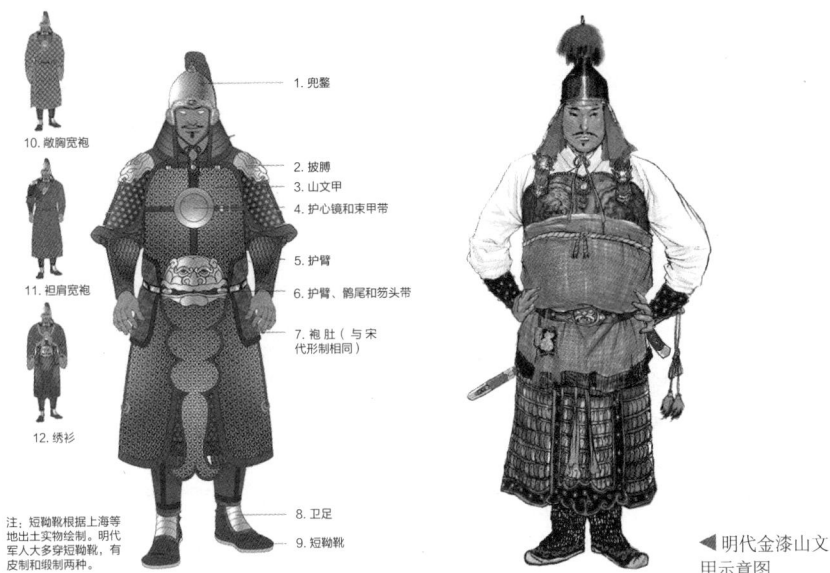

10. 敞胸宽袍

11. 袒肩宽袍

12. 绣衫

注：短靿靴根据上海等
地出土实物绘制。明代
军人大多穿短靿靴，有
皮制和毁制两种。

1. 兜鍪

2. 披膊
3. 山文甲
4. 护心镜和束甲带

5. 护臂

6. 护臂、鹘尾和笏头带

7. 袍肚（与宋
代形制相同）

8. 卫足

9. 短靿靴

◀明代金漆山文
甲示意图

明名医，但他与孙的这段相交却是虚构的。

吴又可，吴县（今江苏苏州）人氏，本名为"有性"，"又可"是他的字，号淡斋，生于明万历十年，卒于清顺治九年，以其善治瘟疫而闻名。有关他的资料甚少，更没有他曾于大内担任御医，以及曾在潼关军中治病的记载。除了《瘟疫论》和他从事中医传染病学的简单记述，我们无从知晓此人的过往与秉性。晚明时值小冰河气候，灾荒不断，传染病也播散流行。据《吴江县志》记载："当时连年瘟疫流行，一巷百余家，无一家仅免；一门数十口，无一口仅存者。"吴又可原为应试之人，崇祯十四年，面对时疫流行的江浙鲁冀，59 岁的他选择从治瘟疫入手，独辟蹊径，终成大家，并于崇祯十五年完成大作《瘟疫论》。对比剧中的情节，放眼崇祯十五年的中原乱局，已是花甲之龄的吴又可跋涉北上与潼关产生关联的可能性微乎其微。作为注重考据的编剧，不可能无视这个起码的史实，之所以设定这样的交集，目的是为了多角度集中展现晚明的社会矛盾，营造丰富的戏剧冲突，以医人喻救国，以小见大。因此，在整部电影中，真正的主角不是孙传庭，而是亦实亦虚的吴又可。通过吴又可之所见所闻，提领全剧的中心思想，聚焦于片名的"劫"字。

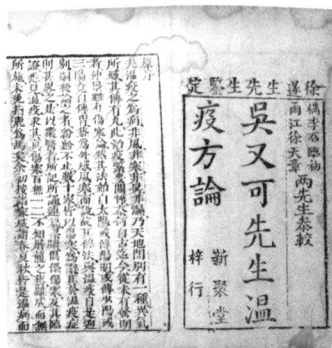

▲ 吴又可画像及其著作《瘟疫论》

很多观众观看本片后认为，该片没有受到社会广泛关注的原因是影片定错了位。这个负载了过多理性思辨的影片，尽管宣传词用了"末日之战"来烘托史诗气质，但战争场面较少且不敌好莱坞灾难片的视觉冲击，介于商业大片与小众电影之间，这委实令人遗憾。有观众将之与冯氏的《1942》相比较，认为《大明劫》缺乏平民视角和史诗场面，不如《1942》揭示了人性丑恶面而更具深刻的现实意义。的确，对大部分不熟悉晚明史的观众来说，要在两个小时之内接收盘根错节的晚明信息，并消化领会其深意，的确不是一件易事。相较而言，《1942》的战乱折射在平民视角上，更有代入感，也更利于调动观众的感官情绪。《大明劫》则从理性角度，以冷眼旁观的心态解读天灾人祸，尝试挖掘明亡的根源，探寻历史兴亡的规律。因而，在情绪的调动上是点到即止哀而不伤的，始终保持着一种克制。故此，观者欲取之虐心感伤，或欲取之审慎追远，便是仁者见仁，智者见智。

比之传统的商业巨制，《大明劫》运用了较少的全景和广角镜头，近景和人物特写镜头转接则娴熟流畅，使视觉的表达细腻但冲击力不强。其叙事结构略显平铺直叙，鲜有跌宕，战争场面也仅有开封围城一幕，因而被观众叹惋。其实，本片精于视听语言的传达，善于利用镜头穿插铺垫氛围，刻画人物白描，感情流露细致入微，伏笔铺排巧妙，观之精干紧凑，只有用心体会方可明了。例如，用灰暗色调的开封城废墟中放飞的白鸽引入京师诏狱的镜头，对比出孤立无援的危机，凸显出孙传庭起复的强烈需求。诏狱墙上的地图特写镜头，尽管从逻辑上不科学，但作为艺术作品，则体现了编导的两重用意：其一，衬托出孙传庭人在狱中心系天下的情怀，从侧面塑造其公忠体国的形象；其二，预示着接下来的剧情将聚焦在潼关。利用孙传庭阅兵，借一支火铳道具，引出官军兵源弹药补给不足的现实；其三，借明代官方医疗保障体系的代表惠民药局药材吃紧，体现时局之乱及晚明的社会动荡……此外，本片还对平民、难民、富豪、悍将甚至农民军将领等角色的举止心理，皆有细致描摹，尽可能地保证客观真实。

全剧最精妙的地方莫过于借对"大黄"的运用讨论，暗喻"治乱世用重典"的晚明情境，点出治病之理其实和救亡图存殊途同归，孙传庭是沉疴傍身的大明朝的救命药，吴又可则是孙传庭应对瘟疫的救命药。编剧苦心安排了职业使命相悖的两个主角的对手戏，既有官民对立、生杀对立，又在对立中有交集。医者，仁心仁术，争分夺秒和死神做斗争；将者，纵有百转柔情，面对残酷如斯的战场生死，也只能铁石心肠，是双手沾满鲜血的生命终结者。治病救人时，医者就是大将，临机决断时手中也握着千万人的性命。在战场上，将者但凡有一次失误和犹豫，就会导致千万人尸横遍野，全军覆没。这两个职业既有对立，也有相通的地方。孙传庭的眼里只有敌我，吴又可的眼里只有病人和常人，这是他们的矛盾，也是二人分道扬镳的原因。

剧中，孙传庭屠杀染疫病卒的理由是："我并非嗜杀之人，但孰轻孰重总得有人做出决断。"如他所言，作为一个领兵在外的将领，他不能给自己与敌军的决战留下任何一个疏漏。因此，从人道主义者的视角来看，他嗜杀残忍是必然的。但只有当你设身处地思考这个问题时，你才能明白坐在那个位置上的人的难处。然而，作为医者的吴又可，却无法接受自己将要治愈的生命被无情屠杀的事实。在他眼里，孙传庭是个没有人性的屠夫。他那句"将军治疗瘟疫的方法比我高明"，就充分表露了他对孙传庭的愤恨，也揭示了自己离开的原因。实际上，在屠杀病卒情节展开之前，影片就通过孙传庭杀掉劫持自己妻子的叛军，埋下了其嗜杀的伏笔。

历史上的孙传庭是否如此嗜杀有待商榷。有史料显示，他曾经在镇压农民军的过程中有过屠城行为。剧中的孙传庭则是明末诸多将领的综合形象代表，力挽狂澜的国士的象征：义无反顾，勇往直前，想尽一切办法弥补下级官员的渎职与乡绅富商的冷漠，却无能为力。看到被人为烧毁的账本，他将燃烧着的残本狠狠掷在地上，带着绝望歇斯底里地吼道："明知道这些豪强劣绅强占军田，该征的不能征，该杀的不能杀，投笔从戎十几年，我到底为谁而战！"这句台词，相信在很多观众心中都引发了持久的共鸣，哀其不幸，怒其不争。毫无疑问，他的生灭便是大明朝最后的希望与幻灭。通过他的视角展现的军屯废弛、豪强不仁、党争倾轧，民不堪命、存粮告急和武备松懈等，都是明末社会真实的写照。北地尸横遍野，百姓流离失所，南方莺歌燕舞，醉生梦死，即剧中台词所概括的："历朝历代皆是始兴终衰，其中道理，又可以为皆是重驭世之术，轻经世之道。我朝积弊已久，非一味猛药可以疼愈。"

心灰意冷的吴又可遁世离开，孙传庭却只有披肝沥胆，选择马革裹尸而还。"铁甲蒙尘三军老，血满中原万鬼新。得失谁算寻常事，挥剑斩却家园愁。"虽为编剧杜撰之作，却道出了孙传庭一颗国士之心，预示他为自己选择的最后归宿。军人的牺牲同军人的冷酷是很多人没法理解的。吴又可的使命是治病救人，而孙传庭以安邦定国为平生凤愿，这便是他们相互理解又没法最终认同的根源所在。

剧中，吴又可对孙传庭说："《黄帝内经》说，不治已病治未病，不治已乱治未乱。"这句话放在这个片中，有种深沉的回响不断萦绕。以古鉴今，方可知问题根源何在。学史的目的，就是为了能避免落入历史的覆辙。导演和编剧针砭时弊的手法非常精准，很多台词一语双关，竟将明末的社会弊端与当今时弊融合得浑然天成，可见编剧对人文历史的见解和积累不是恶补得来的。本片虽不见太多战争场面，却体现了更多的人性光辉。璀璨如星，发人深省。

"乱世苍生各有宿命，大疫之年，也许这就是医者的宿命吧。"这个笼罩着悲伤宿命的电影，其实还给观众留了一个深刻的问题：置身于这样的世界，我们各自的宿命又是什么？我们各自需要承担的使命又是什么？

东坡有诗言："人生识字忧患始。"其本意，是感慨人生而为懵懂孩童，在感知了身外的世界之后，产生了七情六欲的新体验，并在不断认知自己和世界的过程中，逐渐树立了人生观、世界观和价值观。基于此，人们才会有各异的形态和不同的追求。若上升到全人类普世价值的高度来衡量每一个人，则会看到所宣扬的普世准则与其实际行为之间的差距。这一点，在任何时期的人类社会都有显著体现，集中到晚明则又引申为正式与非正式权力之间的差距，形成了权力的流动关系。以冰山一角的晚明地主势力为例，其活动范围和触角完全伸展到了帝国最低一级行政单位的"县"里，并将争端向上层核心扩展，从而形成门阀权力交易，以致帝国上层党争频发，尽私不顾公。这些地主便是非正式权力的代表群体之一，亦是与普世准则形成反差的实际行为人群。这意味着，地方争端不再可能在地方基层得到解决，而是要由上层组织来决断。追溯形成这种局面的根源，我们可以看到由商业繁荣引发的中晚明时期货币与社会等级的失序，将曾经自给自足的自然经济社会结构给打破了，传统社会的等级界定与复杂的人际关系不再协调。在这个充满竞争和新旧规则并存的变革环境中，人们急需创造共同利益集团来获得安全感。如此，便可解释，当时的政局为何会频频造就类似孙传庭这样"孤独英雄"的悲剧，最终导致大明轰然坍塌。

传统的英雄史诗电影，多使用"高大上"镜头语汇表达，使观者生出对英雄人物的顶礼膜拜。而在电影《大明劫》中，给予孙传庭和吴又可的镜头，更多是平实白描的。编导并未在这两个主角身上刻意添加笔墨，而是透过伏笔和隐喻，以及复杂的历史背景细节描摹，突出他们作为时代"英雄"的孤独。他们坚守着传统的普世道德行为准则，却与那个时代格格不入，成了被晚明昏暗夜幕衬托出来的孤星。如此戏剧反差，对比惊心动魄的战争画面和纸醉金迷的糜烂生活，更加让人觉得有一种窒息的恐惧。这种窒息的恐惧与无助，恰恰正是晚明现实的特质所在。

风雨飘摇的帝国、医病的大夫、医国的将军，导演用一个虚构的交集，将三者联系在一起，巧妙而深刻地再现了人们对那段历史的反思，更启示着我们在现实社会中，思考该给予自己一个什么样的定位。作为他们的后裔，我们同样面临着不断革新的社会现实，我们同样游走在自我欲望与道德准则之间，做着艰难的抉择。我们不知道，自己的抉择将会对这个世界形成怎样的蝴蝶效应，会给自己的人生一个怎样的结局。因此，我们的抉择看似一瞬间的直觉，实则承担了太多的责任和压力。就同片中的每个角色，在历史命运的拐点上，每一个看似不经意的决定，最终构成了不可挽回的宿命结局。正如那句经典的叹嗟——"我猜得到开始，却猜不到结局。"

往事不可追，来事犹可图。前事不忘，后事之师。

一只鸡导致的王朝覆灭？

明末吴桥兵变与孔有德之乱始末

作者 / 杨继正

崇祯四年（1631年）八月，一份来自辽东的紧急战报震动了身处北京的崇祯皇帝以及明朝的大小臣工：皇太极率军直扑明朝边境的大凌河城，将筑城的3万余军民团团围住，形势万分危急。在这种情况下，崇祯皇帝急命各路援军增援大凌河城。身处登州的登莱巡抚孙元化奉命派遣孔有德等人自陆路支援辽东。同年闰十一月二十八日，孔有德等人在北直隶的吴桥突然举兵造反，兵戈回指，连陷山东诸县，最终攻克山东重镇登州并包围莱州。被动的朝廷调集各路援军，耗费18个月才最终打败这伙叛军。叛军首领孔有德、耿仲明等人狼狈逃窜，最终渡海投降后金。

吴桥兵变出现在明清交替的关口，是一场十分值得研究的战役。这场战役彻底改变了双方的军事平衡，同时也极大地影响了之后明清交战的作战方法。然而遗憾的是，因为各种原因，清代统治者对这场战役讳莫如深，并销毁了大部分描述这场战役的明代资料。吴桥兵变的经过就像一团疑云，笼罩在明清历史的上空，久久不散。甚至有一种所谓"吴桥兵变是一只鸡引发的血案，并最终摧毁了一个帝国"的奇谈怪论。其实要理清这一切，还要从登州开始说起。

明朝对登州的经略

登州，位于我国山东省东部。夏代时，登州与蓬莱、禹贡、青州这几个地方合称"嵎夷"，斟鄩氏在此建国。这是登州地区最早的建制，之后历朝历代屡有变迁，直到唐武德四年（621年）才有了登州的称呼。唐代以后，随着朝贡体系的确立以及中国和周边国家的贸易往来，登州逐渐变成朝鲜半岛、日本向中原王朝朝贡或贸易的官方港口。登州的作用日显突出。

到了明朝，登州的军事作用开始获得统治者的重视。1368年，明太祖朱元璋经过艰苦奋斗，终于推翻了元朝的残暴统治，正式在南京称帝，国号"大明"。随即在洪武二年（1369年）正月二十六日，朱元璋派遣使臣远赴日本、占城、爪哇、西洋等国宣布一个全新的中央王朝的建立。讽刺的是，在朱元璋派遣使臣赴日的同年，山东沿海郡县遭到倭寇洗劫。他们掳走了大量百姓，最后逍遥而去。在这种情况下，明朝于同年在登州设立守御千户所，这是明朝在登州设卫的开端。

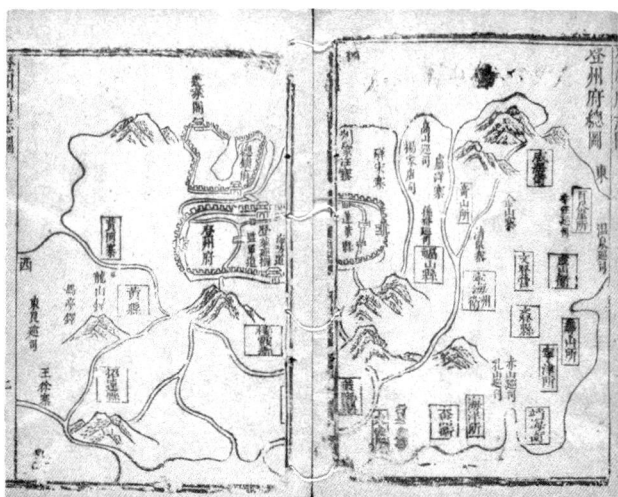

▲ 登州城图，清顺治年编

　　洪武时期，自宋代开始出现的由日本落魄武士或官方组织的倭寇对明朝的影响已经相当巨大。他们十分残忍，疯狂劫掠明朝沿海地区。在倭寇肆虐沿海的大背景下，明朝不得不加强沿海的军事建设，而登州的地理位置尤为重要，史载："东扼岛夷，北控辽左，南通吴会，西翼燕云。艘运之所达，可以济咽喉。备倭之所据，可以崇保障。封豕鬣所渔，长鲸冈敢吸。"洪武初年，山东沿海地区只有莱州卫、登州卫以及宁海备御千户所。洪武九年（1376 年），明朝将登州备御千户所升级为卫，下辖左、右、中、前、后、中左、中右 7 个千户所，另在洪武三十一年（1398 年）设置威海卫、成山卫、大嵩卫、靖海卫。

　　在之后的山东海防建设中，明朝先后设置了 11 个卫、14 个所、20 个巡检司，有烟墩 243 个、堡 129 个。在所有卫级军事单位中，归登州府管辖的就有登州卫、宁海卫、大嵩卫、威海卫、成山卫、靖海卫。

　　可以说，明朝对登州的建设要比以往的朝代更加重视，这不仅是因为朝廷加强了对沿海贸易的监控，更是因为倭患所致。从洪武时期到万历末年，登州一直是明朝"备倭"的前线阵地，甚至在万历二十一年（1593 年），其地位上升到与明朝九边同等重要的程度。

明洪武年间倭寇入侵次数统计表

时间 ＼ 区域	山东	南直隶	浙江	福建	广东	合计
元年	–	–	–	1	–	1
二年	1	3	2	–	1	7
三年	1	–	1	1	–	3
四年	1	–	1	–	1	3
五年	–	1	3	2	–	6
六年	2	–	1	–	–	3
七年	2	2	–	–	1	5
十三年	–	–	–	–	2	2
十六年	–	–	1	–	–	1
十七年	–	–	2	–	–	2
十八年	–	1	–	–	–	1
二十二年	1	–	–	–	–	1
二十三年	–	–	1	–	–	1
二十四年	–	–	1	–	1	2
二十六年	–	–	1	–	–	1
二十七年	–	–	1	–	–	1
三十一年	1	–	1	–	1	3
合计	9	7	16	4	7	43

然而，登州重镇在明朝历史中却不以备倭而闻名，真正让登州大放异彩的，是始于天启年间的"备虏"。

明万历四十四年（1616 年），建州女真首领努尔哈赤在建州称汗建国，国号"大金"，史称后金，建元天命。万历四十六（1618 年）年四月，努尔哈赤经过充分且缜密的准备后，命令部众至明朝边境抚顺进行互市，暗地里却派遣精兵跟随。四月十五日拂晓，努尔哈赤率部直袭毫无防备的抚顺城。战斗很快结束，抚顺城被攻陷，努尔哈赤生擒游击李永芳，并在之后全歼前来救援的 3000 大明骑兵。总

明朝对登州的经略一览

时间	事件
洪武二年	调遣莱州卫官军镇成登州
洪武四年	严禁沿海居民私自出海
洪武九年	升登州为府。知府周斌奏改登州守御千户所升为登州卫,置指挥19名,屯田185顷50亩,设左、右、中、前、后、中左、中右7所,有正副千户30名、百户70名①。修建备倭城池
洪武十年	升宁海备御千户所为宁海卫,置指挥18名,屯田154顷70亩8分,设右、中、前、后4所,有正副千户12名、百户40名
洪武十七年	明太祖命令信国公汤和巡视海上,修筑山东等处沿海城堡
洪武二十三年	修建5个总寨于宁海卫,与莱州卫的8个总寨共辖48小寨
洪武三十一年	新建威海卫、成山卫、大嵩卫、靖海卫4个卫所。新建宁津所、奇山所2个守御所
永乐六年	倭寇入犯成山,又侵宁海。明成祖朱棣置备倭都司节制沿海诸军
永乐七年	组建登州营于备倭城内,设把总、指挥各1名,中军管队官、千户、百户31名,用于团练京操班军②
永乐九年	增设总督
宣德四年	建文登营,设把总、指挥各1名,中军管队官、千户、百户23名
成化年间	建海阳守御千户所,设正副千户5名、百户10名,屯田55顷。新建大山所、金山所、百尺崖所、寻山所4个千户所
弘治十二年	设巡查兵备道于莱州
嘉靖三十四年	建兵备道署于登州
嘉靖四十一年	设巡查海防道于登州,建团练营
万历二十一年	因丰臣秀吉入侵朝鲜,明朝调集南北水陆官兵巡防沿海。登州从此时起遂为重镇,与北方长城九边地位相同。设立中、后2营,2营各设把总1名,中营设哨官2名,后营设哨官4名。分团操为2营,左营直隶于中军,设哨官5名;右营以副总兵率领,设把总1名、哨官5名。改文登营为守备府,设守备1名、中军1名、哨官2名
万历二十五年	设总兵署、都督金事
万历二十八年	增设团操中、前2营,各设把总1名、哨官4名。裁总兵官,改设副总兵
天启元年	设登莱巡抚参赞军务,专辖沿海屯卫,兼辖东江诸岛
天启二年	设登莱总兵官,后又设辽东总兵官③
崇祯二年	罢登莱巡抚
崇祯三年	登莱总兵官改镇临清。登州设城守营,并12营为6营,每营设将官1名、中军1名、千总1名,把总2名,共官兵9197名

---

① 明代一卫有军士5600人,1120人为一千户所,112人为一百户所,50人为一总旗,10人为一小旗。
② 即明代春秋两季,各地卫所军士轮番赴京戍卫操演。
③ 挂征虏前将军印,号"东江大帅"。

兵官张承胤、副总兵颇廷相、游击梁汝贵全部战死，河水为之赤，京师震动。此战标志着明朝与后金战争的开始。

▲ 萨尔浒之战中，努尔哈赤率领女真军大败明军

强大起来的后金，终于让明朝开始正视他们的存在。万历四十七年（1619年），明朝集结各路边军自辽东出塞，欲效仿正统年间扫平建州女真首领李满住的办法，一次性打败努尔哈赤。但讽刺的是，由于各路将领的轻敌冒进以及互不协调，明军被努尔哈赤一一击溃，惨败于萨尔浒。就在这个节点上，一代名臣熊廷弼正式出现在历史舞台上。

萨尔浒之战惨败以后，朝廷罢斥辽东经略杨镐，熊廷弼以兵部右侍郎兼右金都御史经略辽东。熊廷弼还未出山海关，后金军便已攻陷明朝辽东重镇开原；出关后不久还未到任，明朝再失铁岭。后金军气势汹汹，仿佛要在一夜之间吞并整个辽东。在这种恐慌情绪下，沈阳和附近城堡的军民一时丧失了抵抗的力量，纷纷举家溃逃，辽阳危在旦夕。此时形势已经相当严峻，稍微调控不好，明朝在辽东就会满盘皆输。然而幸运的是，朝廷选择了熊廷弼。熊廷弼收到战报后，没有退缩，反而日夜兼程地向前线开进。他沿途不断招抚逃人，并以雷霆之势斩杀了逃跑将领刘遇节、王捷、王文鼎，再杀贪墨军士饷银的将领陈伦，弹劾并罢斥了辽东总兵官李如桢。在不长的时间里，熊廷弼以强硬的手段，监督军士维修战器、修缮城池、疏浚壕沟。他令严法行，不到数月辽东守备大固，人心始安。

然而，历史却总是喜欢和人们开玩笑，它选择了熊廷弼，却并没有给予他足够的时间和机遇。万历四十八年（1620年），支持熊廷弼的明神宗朱翊钧驾崩。仅仅一个月之后，新嗣位的皇帝泰昌帝朱常洛驾崩，明熹宗天启皇帝朱由校即位。在最高领导人频繁更换的情况下，明朝进入了一个非常时期。

明熹宗刚刚嗣位不久，熊廷弼便因为陷入党争而被政敌诽谤以致被罢斥，改为庸碌无能的袁应泰经略辽东。天启元年，后金军看准时机，里应外合，一举攻破沈阳。此后，后金军乘胜而战，攻陷了辽阳，经略袁应泰自缢身死。两个重镇的陷落导致辽东河西地区（辽东广宁周围地方）的居民纷纷遁逃，塔山至闾阳200余里地区，烟火断绝。在这种危急关头，朝廷终于又想起了熊廷弼。

熊廷弼回朝伊始，即向明熹宗条陈复辽方略：其一，广宁城以马步兵列阵河上，力阻南下的后金军；其二，于天津、登莱设置舟师，乘虚进剿，动摇后金军的人心，使其有后顾之忧，则辽阳可复。明熹宗深以为然，下令再次起用熊廷弼，升熊廷弼为兵部尚书，经略辽东。旋即，朝廷于登莱设立巡抚及舟师部队，登莱两地作为"备虏"重镇的地位正式确立下来。登州作为明清战争的前线阵地，正式登上历史舞台。

明朝对登州的建设十分上心。明天启元年（1621年）七月，明将毛文龙在内应的帮助下收复了被后金军占领的镇江。八月，毛文龙收复镇江的捷报送达北京，这种在频频战败中出现的捷报自然让明朝高层十分欢喜。甚至有人认为，收复辽东指日可待。于是，在这种乐观情绪影响下，朝廷做出了极大动员，准备再次寻求和后金的决战，以期彻底将其消灭。明军计划在全国13省每省调集1万军士，兵部尚书亲领2万军士，共计15万大军开至广宁，击敌正面；再调遣2.5万名登州水军至后金东南方，击敌腹背；中间由辽东还未沦陷的镇江与铁山牵制。明朝认为，三方合力，必定能彻底击破后金。然而，上天再次和明朝开了一个玩笑。在镇江捷报到达北京后不久，后金军再陷镇江、毛文龙遁逃的败报就呈到了明朝君臣面前，并且后金军不久后再克铁山，三方布置最终胎死腹中。不过，从此次事件中可以得知，登州在明朝正式投入与后金军的战争后不久，就能一次性召集水兵2.5万名，可

▲ 熊廷弼画像

见登州战备之强。

之后，在整个天启年间，明军在辽东的战局趋于保守。因而登州虽然作为反攻辽东的重要大后方，但是没能发挥配合前方战场、趁势攻入敌方老巢的作用。这个时期，登州的主要作用便集中在接回辽东难民、押运赴辽粮草、沟通朝鲜的信息渠道上。

吴桥兵变的起因与考证

到了崇祯年间，明军与后金军的战斗进入到拼国力、拼策略的拉锯状态。崇祯四年七月，为了进一步巩固辽东防线，明军将领祖大寿率领麾下 1.3 万余军士和大量民众修筑关外大凌河城。明军的行动很快，在八月初就已经完成大部分工程。然而，皇太极并不会眼睁睁地看着明军在自己的眼皮子底下修建城池。于是，皇太极于崇祯四年八月初六，率领 1.5 万后金军将大凌河城层层包围。也是在此战中，后金军开始使用俘获以及自制的红夷大炮和其他炮种进行攻坚战，大凌河城周围的墩台城堡非败即降。明军火炮优势尽失，在辽东孤立无援。小小的大凌河城很快出现粮食危机，并出现人相食的惨状。但是，明军并没有投降，而是努力和外界沟通，期望朝廷派遣援军救援大凌河城。经过重重努力，八月二十二日前后，来自大凌河城的求援战报终于送到北京城。此时辽东已没有力量可以增援大凌河城。于是，支援大凌河城的重任便落在重镇登州与莱州身上。

此时任职登莱巡抚的正是孙元化。朝廷自接到大凌河城的求援战报后，便下令驻防在皮岛的前协副总兵张焘率兵至旅顺的双岛，与登州参将黄蕴以及孔有德部会师并进军至三岔河，以期相机登岸夹攻后金军，解大凌河之围。

一个月后的九月二十七日，登州派出的援军正式从水路起航支援大凌河城。援军规模不可谓不大，张焘以及葡萄牙军官公沙率领沙船 21 艘自皮岛进

▲ 清末民初的祖大寿墓（部分）

发。当晚，明军船队遭遇大风，被迫修整一昼夜。之后的十月初一（飓风持续5天）、初六、初八（飓风持续3日）持续遭遇飓风。这种极端恶劣的天气导致明军船只严重损毁，士兵的辎重及兵器亦全部遗失。而已经抵达三岔河的孔有德部称，三岔河已经结冰，但冰面尚无法承受太大重量，军队无法渡河。于是，来自登莱的援军竟然以此为借口，不顾大凌河城官兵的死活，一直逗留到十一月初。

▲ 旅顺双岛沿海环境

尽管风浪巨大，但是实在无法想象双岛一整个月都有飓风的存在。援军兵器尽失，竟也不在当地及附近采买。张焘甚至在逗留不前的情况下，居然还吹嘘与自己同行的葡萄牙人"西洋一士可当胜兵千人"，并请朝廷购买西洋火炮、火药以及盔甲给自己的部队。

那么这里就存在几个问题。西洋火器是否能在短时间内采买齐全？况且双岛距登州已经很远，是否有地方可以短时间内采买到？张焘本人说沿途飓风，就算登州尚有西洋火器，运抵双岛是否还需要一个月的时间？如果不需要一个月，那么张焘逗留一月不前是何居心？张焘不可能不知道他的提议是胡闹，也不可能不知道大凌河城的官兵已经苦盼援军三个月，但是他依然"任性"地在双岛驻扎了下来。这种无耻、软弱和盲目自信的对敌态度，可以说是明末文官的真实写照。

一筹莫展的朝廷于十月二十三日再次发文催促登州调遣援军，自陆路发兵5000火速开往大凌河城。然而，由于张焘及孔有德的逗留不前，登州城内只有不足3000军士，登州步兵火器营主力都在逗留于双岛的孔有德以及吴进胜的手中，共4200人。无计可施的孙元化只得在十月二十五日，调拨小划船前往双岛诏谕孔有德部回登州。等孔有德部召集队伍回到登州的时候，已经是十一月十四日。

十一月十四日，孙元化命孔有德与王廷臣先行。此次自陆路北上辽东的第二次援军队伍，一共有官兵4472员、马1061匹、骡515头、驼3只、牛154头，所携装备有铁甲1985副、棉甲564副、中西大小铳炮1034门、火药5990斤、铅子2217斤。孙元化因此吹嘘道："从来援兵未必若此之盔甲、器械、锅帐、辎车悉全者。"但是讽刺的是，大凌河城守军已经在半个月前，由于援军的拖延和弹尽粮绝而投降了。

孔有德部自陆路出发后，沿途懈怠，丝毫没有火速前进的意思。他们甚至在山东邹平驻扎了月余而停止不前，以至于出发两个月才离开山东境内，这从侧面说明孔有德十月初时至三岔河不渡，并不是因为水面结冰而无法飞越。目无法纪，大胆狂妄，就是孔有德的真实性格。

崇祯四年闰十一月二十八日，当孔有德率军抵达直隶河间府的吴桥时，突然易帜叛变。常见说法是，当时已经到了冬日，部队到达吴桥县以后，补给无法满足。孔部的步卒到吴桥县的乡绅王象春家偷食了鸡犬，此事被王家告发以后，孔有德惩罚这名肇事士卒穿耳游营。饥寒交迫的孔部见此情形又惊又怒，遂发生哗变。哗变的军士将王象春的家宅焚烧殆尽，王家仅王象春之子幸免于难。第二日，孔部千总李应元与其父李九成捆缚孔有德于演武场，逼迫孔有德谋反，孔有德最终被迫答应。于是，孔部叛军自吴桥县回戈东指山东，尽行劫掠，所过无遗。这便是震惊明末，改变了明清力量的吴桥兵变。

很多史料，如清代编撰的《明史》以及之后的《清史稿》，都采信这种说法。孔有德在之后给皇太极的请降书中，亦将自己包装成一个人畜无害的忠良将领，因军队冻饿，加上官员的逼迫才不得已造反。但事实真的是这样吗？

其实，《明史》和《清史稿》为了避尊者讳，巧妙地隐藏了一些细节，成书于康熙年间的清代禁书《平叛记》，却给我们留下了更多线索。根据《平叛记》的记载，孔有德部在登州到吴桥县的途中，军纪就已经非常败坏。当时孔部在途中，所过之处多行劫掠，名声非常差。到达吴桥县以后，百姓因为这个原因纷纷闭门罢市，不纳孔部，才导致孔部饥寒交迫的情况。但这里还有一个不能忽视的前提，那就是孙元化在发兵之前，已经给足了孔部粮饷以及冬衣。孔部在吴桥县会出现断粮的情况，恰恰是因为他们在山东足足逗留了两个月！再则，孔部在粮饷充足的情况下尚且沿途劫掠，无粮时能有多强的军纪，就实在耐人寻味。孔部给出的

▲ 清太宗皇太极画像

冻饿交加才不得已"起义"的借口，放在崇祯初年的大背景下，也是站不住脚的说法。就以崇祯四年吴桥兵变之前的己巳之变（崇祯二年）来说，当时皇太极率领大军越过喜峰口，兵围北京城，崇祯皇帝下令各路军队勤王，各路勤王军的处境亦十分凄惨。比如当时延绥军接到勤王诏令，急行军数千里，到达顺义时乏粮，顺义守城官拒绝给粮，亦拒绝延绥军进城，饥寒交迫的延绥军却并没有出现哗变的情况。又如云南勤王军到达北京时，缺粮数月，因水土不服减员十分之二三，衣物器械典卖殆尽，整个军队犹如乞丐，亦没有出现哗变的情况。再如京营士兵缺粮十数月；宣府大同勤王军粮饷数月未给，官兵枵腹，在勤王途中急行军数日不得食，但都保持了良好的军纪。孔有德因为自己玩忽职守，逗留两月不前而乏粮，且以此为借口推卸责任，实在是强词夺理。《平叛记》中说孔有德"骄悍不法"，可谓是一针见血的评价。

值得注意的是，目前记载最为清楚的第一手资料当数《中国明朝档案总汇》里面的内容。这份档案中收录了一份极其珍贵的吴桥知县毕自寅的叙事奏疏，记载了孔部过境的更多细节。据称，吴桥县自崇祯四年十一月三十日左右到孔有德所部经过，陆续有援辽的山东队伍过境（当指前文中的王廷臣部），一路上并无迟留。闰十一月二十七日，有领兵官孔有德所率兵丁约六七百人于当日傍晚抵达吴桥县歇息，次日饭后继续向北出发。当北行至吴桥县校场时，孔部突生变故，驻扎不前。毕自寅见状，急忙派人去孔有德军中催问缘由。只见孔部士兵将孔有德捆绑，口称孔有德不支粮饷，要求支给他们粮饷才能施放孔有德。毕自寅见状亲自到孔有德军营中劝慰军心，但是恼怒的士兵并不听从毕自寅的劝说。到中午，他们强行让毕自寅给予其饭食，之后下乡掠夺马驴十数匹。毕自寅见状急忙命令县中衙役、保甲和民壮等上城守御，以防不测。至傍晚时分，孔部终于拔营，声称回登州讨粮，随即南行。

另外根据记载，胁迫孔有德谋反的李九成，是登莱巡抚孙元化任命的购马官员。因登州及山东等地马种矮小，不利于辽东战事，登州府会时常遣人至山西、陕西等边地买马。然而，李九成却将朝廷给予的购马款项贪污殆尽，自知难逃重刑的他才最终生起谋反的念头。

将以上记载串联起来后，我们可以得到一个非常清晰的吴桥兵变的前因后果：孔有德部援辽军士，沿途观望，军纪败坏，以至于到了吴桥县就已经基本用完所带粮饷。到了吴桥县以后，吃过最后一顿饭，军粮终于见底。骄妄的孔部军士将孔有德带至校场捆绑索要粮饷。最终，将官的野心与士兵的不满联合起来，促成了兵变。

此外，整个吴桥兵变期间，两方将领对兵变谋反的态度本身就是"一拍即合"：孔有德目无王法，狂妄自大；李九成父子自知死罪难免，亡命一搏。而且在一开始孔部赴援辽东路过莱州时，史载莱州知府"知其必反"。可知孔有德要么对朝廷极其不满，人尽皆知；要么在出城时，孔部的军纪就已经十分败坏。

那么，孔有德究竟是被乱兵"胁迫"最终"不得已起义"，还是早有预谋的谋反，就十分让人怀疑。

退败与增援：明军与叛军的山东争夺战

无论如何，孔有德最终还是叛乱了。崇祯四年闰十一月二十八日，孔部叛乱后，连陷陵县、临邑、商河、齐东等地，每到一处必劫掠当地府库，释放囚犯来壮大自己的兵力。在孔部攻陷齐东以后，当时巡历在平原的山东巡按王道纯距离叛军驻地很近。王道纯得知此事后，急忙写信给待在山东首府济南的山东巡抚余大成，告知其叛军谋反连陷州郡一事。让人啼笑皆非的是，如此重大的事件，余大成居然不相信，他认为孔部皆山东士兵，怎么会做出杀掠本省人民的事情？王道纯无奈，急忙再次向余大成发书求援，这一次余大成竟告病称这件事自己没办法管。

▲《徐显卿宦迹图》中的明朝官员形象

直到十二月初六，叛军攻陷青城以后，大梦方觉的余大成才终于意识到事情的严重性。余大成急命济南府中军沈廷瑜、武德参将陶廷耆发兵剿贼。十二月初八，来自济南和武德的明军与孔部叛军会战于阮城。在这种危急关头，沈廷瑜居然乘坐轿子指挥战斗，其麾下士兵的战斗如何就不言而喻。结果显而易见，刚一交锋，沈廷瑜率领的士兵就率先败退。叛军见有机可乘，一鼓作气地击败了陶廷耆率领的部队。明军几乎死伤殆尽，沈廷瑜与陶廷耆仅以身免。

此时的形势已经十分严峻，山东巡抚余大成在确信了孔部叛变以后，先是派遣官员乙邦才①赴孔部招安叛军，但是桀骜不驯的叛军将乙邦才绑缚，打了40军棍放回。余大成无可奈何，急命山东各路部队集结会剿叛军。但是，孙元化却打算招安孔有德部，孙元化移檄山东沿途各州郡，不许对叛军相加一矢，以表示朝廷招抚叛军的诚意。孔有德也似乎被感化，阮城以后就再没有沿途攻打济南到登州的州县。于是，天真的孙元化给余大成写信道："抚局已定，我兵不得往东一步以致坏事。"随即孙元化解散了召集的登莱援军。余大成无奈，亦下令解散会剿叛军的明军。终于在十二月二十二日，孔部到达登州城下。

值得一提的是，在吴桥县发动兵变之后，孔部叛军之所以在山东境内纵横豕突，无人能挡，是因为山东境内的军备已经到了明朝开国以来最差的时候。自明成祖迁都北京以来，明朝以蓟辽、宣云为京师两翼，以山东为京师咽喉。但山东相比作为京师两翼的那四个地区，兵力情况着实堪忧。万历二十年，山东作为连通南

---

① 累官至总兵官，为史可法部将。南明时期清军破扬州，乙邦才自杀殉国。

北的重要交通要道，朝廷商议在此增设兵额。最终，朝廷在济南府增兵3000名，登州增兵3700名。万历四十八年，因为后金的崛起，山东添兵9000名。天启二年，山东再添兵9000名。前后一共增兵24700余名，并成定额。崇祯二年，由于糟糕的财政状况，朝廷裁汰了一部分兵额。裁汰以后，山东实存兵15900名。在同年后金军兵围北京城的己巳之变中，山东抽调精锐5600人入卫京师，官兵损失很大，山东全省仅有老弱兵卒数千分布在辽阔的辖区内。"空虚之极"算是对山东兵力的真实写照。于是，在崇祯三年七月，山东请朝廷发饷增募新兵3000人以为用。但是，显而易见，就整个山东省的体量来说，这无疑是杯水车薪。一年的时间显然无法练出精兵，所以一开始人数不多的孔部能在山东肆无忌惮。

就在全山东束手无策，眼睁睁地看着叛军挺近登州城，而孙元化以为事情就这么平息下去的时候，只有莱州知府朱万年保持了十分清醒的头脑。十二月十三日，即叛军到达登州的10天前，朱万年便在莱州城誓师，动员全城军民严守城池，且做了十分充分的准备。

朱万年对莱州的城防主要做了三件事：

其一，城内宵禁戒严。朱万年命令城内妇女一律不许出城，官绅的粮食全部运回城中以防资敌。再者，城中的每一个十字路口均设置一个栅栏，责令附近居民轮流看守，夜间及时封锁，非有令箭不许擅自开启，五更以后方可通行。不许夜间饮酒赌博以生事端。

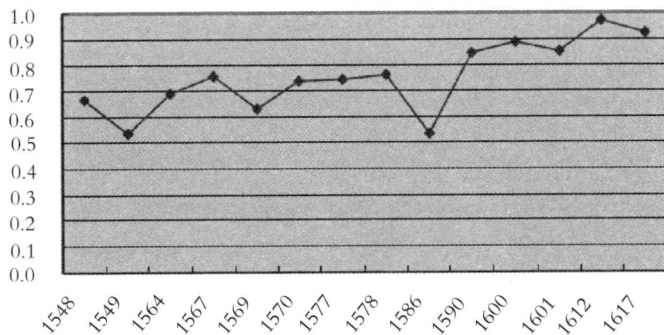

▲ 明朝中后期的军费开支比例

▲ 莱州府治下掖县鼓楼老照片

其二，登记人口，十家一牌。朱万年规定十家为一牌，以牌为单位查清各家的人口和具体情况。每牌均要准备防火设备，若有火警，只需本牌十家相互扑灭，以防奸细。每牌编册以后，十户家庭每户出壮丁一名守城垛，以备不虞。

其三，完善城防。莱州城的大楼、角楼以及马面墙按需配置红夷大炮以及其他火炮。红夷大炮用四轮炮车安置，以便移动。再于城垛上设置礌石以及箭帘等物[1]，莱州城四个大门前皆修筑高墙以护门。其中南北二门各置千斤铁叶牌保护城门，牌上安装滑轮以为升降进出之用。

可见朱万年对莱州城的防守十分细心仔细。所以在之后的登莱之战中，莱州城防成了吴桥兵变中最为耀眼的闪光点。

另一方面，因为山东全省在孙元化的错误判断下，遣散了所有的援助力量，孔部叛军一路急进。崇祯四年十二月二十二日，孔部叛军抵达登州城下，驻扎于登州城南的密神山。孙元化此时终于稍微动了一点儿头脑。他命令张焘率领辽东兵驻扎城外，总兵官张可大率领南兵拒战。准备充分以后，孙元化派人赴孔部军营招安。这个时候孔有德等人终于露出了狰狞的面孔。他们不仅没有接受朝廷的招安，而且连夜组织士兵攻打登州西城。登莱总兵官张可大连忙用大炮击退了攻城的孔部。此时孔部被大炮轰击首战不利，士气受到相当大的打击。张可大陈请孙元化趁机发兵，一鼓作气消灭孔部叛军。然而孙元化却一错再错，他心怀侥幸，执意招安孔有德，并没有听从张可大的建议。张可大只能再次急切地向孙元化晓以利害关系，建议几天之后的崇祯五年元月初一集合大军攻打孔有德部。然而，

---

[1] 莱州城共有垛垛 1778 个，每个垛口设置箭帘以避弓矢。

▲ 铸于万历十年的登州戚氏刀

到了崇祯五年的元月初一，孙元化拒不发兵。明军早期顺利平叛的最后一个机会，至此被孙元化放弃。

上一战之后，明军任由孔部叛军休整了足足 10 天而不做任何准备。崇祯五年元月初二，孔部叛军再次兵临城下。又惊又惧的孙元化才终于觉悟，他急命张可大的南兵与张焘的辽东兵合兵，与孔部战于登州城东。张可大的南兵先与孔部作战，南兵悍不畏死，奋勇当先，连破孔部叛军数个兵阵。但是，就在这时，配合南兵作战的张焘却因为怕死，放弃张可大，率辽东兵逃走。张焘的引退导致明军阵形全面崩溃。张可大的南兵在辽东兵退却以后依然殊死力战，直至最后，几乎全军覆没。张可大部下中军管维城，游击陈良谟，守备盛洛、姚士良皆力战身死，张可大仅以身免。反观张焘所部辽东兵，虽然提前逃跑，但依然有一半军士投降了孔有德。

崇祯五年元月初三，投降孔有德的 34 名明军士兵突然出现在登州城门外，要求入城。两军交战，投降的军士被敌军无故放回本就疑点重重，但孙元化却不加甄别，选择相信被放回的军士，并让他们进入登州城！虽然经过张可大等人苦口婆心地劝导，但是天真的孙元化再次放弃采纳张可大等人的建议，这些叛军就这样混入登州城内的明军之中。

事情的发展没有半点悬念。夜半，被孔有德从营中放回的辽东军与城内明军中军耿仲明、都司陈光福等人起兵为内应。他们振臂高呼，与城外的孔部叛军里应外合，不费吹灰之力便攻下登州城东门，最终占领这座朝廷经营十数年之久的重镇。据说，孙元化当时看着城头的火光，心知大势已去，于是抽出佩刀，想挥刀自刎，但是并没有自杀成功。孙元化被孔部叛军掳去，旋即因为他昔日对孔有德等人有恩，最终被叛军放走。此时张可大奉命守登州水城，不在大城之中。登州大城被攻陷以后，张可大抚膺恸哭，并解下自己的符印和旗鼓，自小道逃入济南。

在交代后事之后，这位悲情英雄最终自缢于家中。

此时被孔有德占领的登州城中，尚有旧兵 6000 人、援兵 1000 人、马 3000 匹、饷银 10 万两，并有红夷大炮 20 余门、西洋大炮 300 余门，其余火器甲仗不可胜数。这些兵马军资皆为孔部叛军所有。孔有德等人占领登州后，召集登州城内所有辽东人，给他们发放兵器。其后，孔部叛军以及城内辽东人，对登州城内的其他百姓进行了惨无人道的屠戮与奸淫。一时间，昔日繁华的登州城犹如人间炼狱。

可以说经过天启、崇祯两朝的建设，登州已经成了名副其实的边防"第十镇"，和明朝传统九边镇城处于同等地位。但是这样铁打的登州城，为什么就在数千人的攻势下迅速瓦解，不堪一击呢？总结来说，就是孙元化、张焘等人盲目、愚蠢的防御政策导致的。诚然，登州城高池深，所用大炮都是西洋炮，用的也是西洋火药，更是聘了西洋炮手。但在一场战争中，最重要的因素永远是人，其次才是武备。明末孙元化等人虽然对中西技术交流做出了很大贡献，但是他们迟钝的政治军事水平却毫无意外地间接成就了后来崛起的清王朝，为大明朝的覆灭埋下导火线。

明朝最后一位阁臣范景文曾这么评论过登州失陷一事，此文亦可当作总结：

> 虽然，此器耳，尤存乎其人……孙初阳（初阳为孙元化的字）……自以为有西洋大砲八门，鸟铳枪刀皆西洋，药法弹法皆西洋。又即以西洋人放之，精极无加矣。然孔有德一攻不守，此曷故哉？此非徒狗器，而不得人心之谓乎？

喋血孤城

号称明朝边防"第十镇"的登州城的沦陷，使整个山东地区陷入恐慌之中。崇祯皇帝直到这个时候才知道孙元化等人是何等的无能，他立即下令逮捕误国的孙元化以及张焘等人，并于崇祯五年七月二十三日将孙元化与张焘斩首。

孔有德占据登州以后，马上就开始"大封群臣"的行动。他重新部署、整编部队，并对军官进行封赏。李九成和孔有德自称"都元帅"，作为内应协助孔有德破城的耿仲明则被封为"都督"。然后，他们用收缴的登州巡抚关防印信传檄各州县，

▲ 毛文龙碑亭

妄图引诱邻近诸县一同谋反。在李九成、孔有德等人的号召之下，来自辽东诸岛的辽东军也纷纷易帜参与叛乱，并渡海至登州。其中，原属毛文龙部的旅顺将领陈有时所带领的 8000 人的队伍最为壮大。值得一提的是，易帜响应叛变的岛兵亦多为毛文龙旧部。孔有德叛军此时气焰极盛，并叫嚣打下最后尚在抵抗的莱州以后，南下攻取南京。

总而言之，当时局势日益紧张。

朝廷中，主和派显然无法解决山东目前的困境。在这种情况下，朝中主战派渐渐占据优势地位。在主战派的劝说下，崇祯皇帝下定决心，同时调集杨御蕃、王洪、刘国柱三位总兵官，发兵会剿孔部叛军。这三位总兵官的上司，正是庸碌无为的山东巡抚余大成。余大成到达莱州以后，不思如何破敌，亦不敢再提招抚，两难之下居然每日闭门诵经以为避世，被时人嘲讽为"白莲都院"。余大成此举显然无法解决任何问题，同时也给叛军提供了充分的时间招兵买马。

登州城被孔部叛军攻破后的 10 天时间里，在余大成消极的避战思想下，叛军越发认为朝廷的军队不足为惧，气焰日益嚣张。崇祯五年元月十二日，叛军令尚

▲《王琼事迹图》中的明军高级将领形象

被羁押在叛军营中的孙元化修书一封给余大成，开始跟朝廷谈条件。他们要求朝廷割让登州以及登州所属的 8 个县给叛军，叛军则承诺再不侵扰山东，年年向朝廷纳贡，并且听从朝廷调遣。这几个要求看似恭顺，实际上是想让朝廷承认叛军在山东建立"国中国"的最终目的。这种条款明显不能让朝廷接受。但是让人啼笑皆非的是，余大成居然开始认真考虑割地给叛军来达到息事宁人的结果，最终在山东巡按王道纯的极力反对下才作罢。可以说，正是余大成以及孙元化等高层官员的朽化和犹豫，才最终促成叛军势大。

崇祯五年元月十一日，也就是叛军修书余大成的前一天，叛军发兵攻打黄县，进一步说明了叛军所谓的"和谈"只是在和朝廷拖延时间。黄县是登州至莱州的最后一道外围防线，其军事意义不可谓不重大。此时的黄县守将是莱州参将张奇功，张奇功本应离任致仕，但是此时正值叛军扰乱，他当即奏请守卫重要的黄县。然而，昏庸无能的余大成却只在黄县部署了 300 老弱士卒，张奇功无奈之下只能在城内临时招募民兵守城。叛军到达黄县以后，开始了猛烈的进攻。张奇功守城有方，小小的黄县居然抵抗住叛军两天的进攻。元月十三日，在叛军持续攻击下，黄县南门被攻破，守卫南门的民兵也大多溃败。此时，明知大势已去的老将张奇功却依然选择战斗到最后。他奋臂大呼，持刀亲自冲入敌阵，连杀叛军十数人，最终力竭，身死殉国。残忍的叛军因为张奇功死守城池造成了很大的伤亡，气愤之下最后竟将张奇功的遗体肢解。这位老将用自己的生命诠释了忠贞爱国的高尚情操，可惜却因当权者的昏庸，平添了一抹浓重的悲情色彩。

黄县沦陷的消息很快传到莱州，莱州城彻底变成一座孤城。为了表示背城死战的决心，莱州知府朱万年亲自号召全城官民共御强敌。为了表现身先士卒的精神，朱万年亲率兵丁守卫直面敌阵的南门。莱州同知寇化守东门，莱州通判任栋守北门，掖县知县洪恩照守西门。由于登州城陷以后，登州城内的百姓遭到了叛军惨无人道的屠杀。所以，面对即将到来的莱州守卫战，莱州城内的乡绅抗敌情绪十分激烈。在这次守城战中，乡绅亦纷纷出力守卫莱州的东北、西南角。

对外准备妥当以后，朱万年开始稳定城内民心。除了张贴告示表明与城共存亡以外，他更用实际行动展示自己的决心。在战事不利、人心惶惶的时刻，自然有人想举家逃难。朱万年张贴告示的当天，就有丁忧在家的朝中大臣范相公（真名不详，官职应比朱万年高）因为害怕叛军陷城，连忙请了抚军的令箭，收拾好家财准备自南门逃出。朱万年听闻此事以后，不等范相公出门，便率先赶到范相公住所，劝说道："我已经张贴告示以表示背城死战的决心，按照规定乡绅都不允许出逃以稳住民心。"范相公狡辩说："我只是丁忧在家而已，并不算是乡绅，缘何不能出城？"眼见苦劝不成，朱万年将自己的官帽狠掷在地上，说道："我既然是这一城的知府，自有守土之责。如今城中我说了算！轮不到你来僭位与我争辩！"说罢朱万年亲率20多个读书人手持棍棒站在南门，并说道："再敢有人想出莱州城，直接乱棍打死，不用负担任何责任！"范相公气急，他并不相信官职比他低微的朱万年胆敢阻拦他，况且他手里还有抚军的令箭。于是午后，范相公拖家带口一共30人，还乘了两顶轿子准备强行出门。手持棍棒守卫南门的读书人正是血气方刚的年纪，面对范相公的蛮横无理，纵然是朝中重臣又如何！于是这些生员一拥而上，将范相公所乘的轿子打得粉碎，范相公的家眷也被这些读书人打得头破血流。最终，范相公和他的家眷只能互相搀扶着狼狈回了城。可此时正值大战前夕，谁都不知道留在城里会有一个什么样的结果。所以虽然有范相公的前车之鉴，但是打算逃跑的人依然不绝，最后还是在朱万年的高压政策下，百姓逃跑出城的情况才慢慢好转。

此时，叛军正快速接近莱州城，朝廷方面也进行了相应的调遣。崇祯五年元月十七日，朝廷罢斥了昏庸无能的山东巡抚余大成，任命徐从治为山东巡抚，谢琏取代孙元化为登莱巡抚。这二人在明末的剿匪战场上都是坚决的主战派。所以，徐从治和谢琏的走马上任，也被认为是吴桥兵变中明军掌握主动权的转折点之一。他们以及其他有为的将领将在莱州城上演一场悲壮的保卫战，同时也让莱州城成了绝大多数叛军的坟场。

元月二十二日，总兵官杨御蕃等人率援军抵达莱州城，明军与叛军正面作战的时刻终于到来。经过一番修整和部署以后，在莱州民众的欢呼和期盼中，总兵官杨御蕃、王洪、刘国柱尽全鲁之兵，誓师东征，向登州方向开进。二十八日，明军到达新城，并在城外列阵。此时叛军有骑兵5000人、步卒10000余人，反观明军，虽然号称三位总兵官东征，但是总兵力只有5000人，人数上已然处于劣势地位。杨御蕃和王洪各自列阵，王洪率领的天津兵驻守新城附近的山上，居高临下，与杨御蕃部互为照应。

双方僵持两日，到了三十日中午，叛军遣兵7000余人冲击杨御蕃军阵，杨御

▼ 明军列阵放枪图

蕃亲自率领兵丁隔着营壕与叛军对射。
到了夜幕时分，叛军眼见无法突破杨御
蕃阵前的壕沟，于是留下2000骑兵困
住杨部，其余叛军转而攻打山上王洪所
部的天津营。到了晚上一更时，双方完
成列阵。二月初一，叛军又督发步兵万
余，架设红夷大炮与大将军炮重叠围攻
王洪的天津营阵地。天津营在实力悬殊
的情况下逐渐不支，王洪遂派陈奇功与
叛军讲和。夜幕中，杨御蕃军向山头远
望，只见双方信使往来不绝。然而，用

▲ 明代铁头盔

惯了讲和伎俩的叛军显然并没有议和的心思，而是在为新一轮的攻击做准备。不
出所料，叛军在天津营毫无防备的情况下，突然部署大炮四面击打王洪部。王洪
麾下天津兵怯不敢战，全军崩溃。王洪不但不能约束部下，甚至自己亦奔马向西
逃窜，其部就此溃败。消灭王洪部后，叛军占据了山上的王洪大营，完成对杨御
蕃部的合围。当日，叛军居高临下，用红夷大炮5门、大将军炮300余门从四面
炮击杨御蕃军阵。同时，叛军又派遣奸细烧毁朱桥镇沿途的明军粮草。杨御蕃部
彻底陷入孤立无援亦无食的境地。在叛军占据绝对优势的猛攻下，杨御蕃部居然
坚持了一日一夜而不崩，这足以证明杨御蕃非凡的统兵才能。

　　到了第二日，也就是二月初二凌晨，眼见继续拖延下去一定是必败结局，杨御
蕃决定背水一战。于是，杨御蕃趁叛军正值骄纵轻敌之时，亲率兵丁与叛军对射，
架设大炮轰击叛军军阵，打死叛军数百人。回过神来的叛军打算再次包围杨御蕃部。
虽然此时叛军阵脚已乱，但杨部也彻底到了弹尽粮绝的境地。在连日的战斗中，由
于发射频率过大，杨御蕃部的30余门大型火炮已经炸膛了24门，再不突围恐怕凶
多吉少。

　　于是二月初二清晨，他突率全军纵骑直扑叛军中心大营。杨御蕃部拼命呐喊，
杀声震天，并举火器四面乱击。由于连续取得对明军的军事胜利让叛军的营防十
分懈怠，再加上突如其来的袭击让叛军摸不清冲入己方大营的明军到底有多少人，

这使叛军极其混乱。杨御蕃率领部下奋力扑杀，最终打开一个缺口，成功突围。此战杨御蕃部在十分被动的情况下，依然取得斩首敌军首级 129 颗，抢夺叛军旗帜 14 杆的战绩。此后，杨御蕃有秩序地向莱州方向撤退。

死战！莱州城下！

二月初一，新上任的山东巡抚徐从治和登莱巡抚谢琏到达莱州。同日，王洪及其天津营残余部队也跟着到达莱州城。为了掩盖自己临阵脱逃的事实，王洪谎称杨御蕃部已经在新城全军覆没。就在众人沮丧之时，杨御蕃派遣的信使赶到莱州城，众人这才了解事情的真相。第二天，也就是二月初二，杨御蕃带领全军亦到达莱州城，并入城协守。

可以说，杨御蕃部回城得十分及时。就在二月初三，追赶杨御蕃部的叛军前锋——500 骑兵进抵距离莱州城 30 里的平里店。前锋到达以后，叛军大部也陆续赶到。此次由孔有德、李九成亲自率领的叛军，总人数号称 10 万，其中步兵 9 万人、骑兵 1 万人。叛军主力皆为辽东镇诸岛来投孔有德的前明军将士，他们中间有众多骁勇善战之辈，也就是蒙古人和女真人。据《中国明朝档案总汇》记载，孔有德拥有"数万强虏"。这些精锐叛军将莱州城团团围住，并将两个大营分别驻扎在莱州城西部的福禄山和城东的砰儿坡，共扎营十四五处。夜幕时分，在莱州城头防守的明军极目远眺，只见叛军骑兵"星驰电掣，戈旗耀日，钲鼓轰天"，又见步兵连营列阵，气势惊人。叛军所举的火把将晚间的天幕都照成了白昼。这种场景对总兵力只有 4000 余人的守城明军来说，是十分震撼和绝望的。

在叛军来到莱州城下的第二天，也就是二月初五，叛军移营至离城更近的演武场，发兵攻打莱州城的东北角。惨烈的莱州攻防战正式开始了！孔部叛军以俘虏的平民百姓为前驱，迫令他们搭架云梯或手执盾牌去填城外的壕沟，同时击发火炮压制明军城头火力。当时，叛军流矢若蝗，大炮轰隆声从早到晚不绝，明军一时间被压制得无法做出有力还击，叛军于是越过壕沟直抵莱州城下。在此危急关头，杨御蕃与徐从治麾下亲军李守业、秦大鹏率众沉着应战，趁着敌军进攻空隙击发火器，屡次挫败叛军前锋登城的企图。

叛军在第一天的攻城战中损失极大，这给一路骄纵的叛军造成了很大打击。二月初九，恼羞成怒的叛军又开始了新一轮的疯狂进攻。叛军故伎重施，强迫难民搭设云梯、撞车，四面围攻莱州城。明军击发大炮和火铳击退了叛军一波又一波的攻击。叛军中有一名身着蟒衣的高级将领在莱州西城外阵前督战，明军找准机会，将炮口对准蟒衣大将，一炮将其击毙。蟒衣大将的阵亡让叛军士气受到了极大打击，叛军全军号泣，将这名将领的尸首抬走，并暂时撤出了莱州西城。

从前两日的战况分析，叛军发现莱州城不比山东的其他城池，这里将士用命，官员都是坚决的主战派，城防坚固，火炮齐全，一味地猛攻只会让自己的损失更大。于是，叛军从二月十日开始挖掘隧道，"几遍城壕"，并在很短的时间内修筑起与城墙同高的数个炮台，与城内明军用大炮对射。根据记载，叛军所发射的铁制

▲《平番得胜图卷》中的明军骑兵形象

▲ 描绘明朝人运用弹道学知识的火炮图解

炮弹"大如升、小如拳，重七八斤不等，有重十余斤者"，而且"准如射的"的发炮技术让明军在城头的损失非常大。有的守城明军士兵中炮后直接被炸得粉碎，城墙的堞垛也被打得倾塌。这也从侧面说明，明朝人当时已经熟练掌握了弹道学并投入实用。

第二天，叛军再次加大炮击力度，并派军士在炮火的掩护下登城作战。此时总兵官杨御蕃身穿甲胄，冒着炮火再次出现在城上督战。眼见总兵官如此拼命，守城的明军齐齐呐喊，与登城的叛军展开了惨烈的白刃战。城上肢体横飞，死伤枕藉，但明军毫不退缩，不放弃一城一垛，终于在傍晚时分击退了攻城的叛军。

从二月中旬开始，除了每日例行的炮击之外，叛军把重心全部放在挖掘地道

崇祯五年明军与叛军较大规模的地道作战一览表

时间	战况
二月二十三日	明军川兵出城反攻，用火罐、喷筒焚死地道中的叛军，夺获大炮7门与火药若干。叛军用火药炸崩城墙，颓圮二丈。城墙垮塌后，叛军冲上城楼被明军用大炮击退
二月二十六日	叛军拥入隧道，城内惶惶
二月二十九日	明军填埋城东北角隧道时，被叛军用炮打死40余人、重伤200余人，百户白仲仁战死，但叛军也不敢再进入东北角隧道
三月初一	叛军再掘隧道于西门北
三月初八	叛军再掘东北旧穴，城上炮石不及
三月十三日	杨御蕃遣家丁做悬楼，命死士持火药包烧西门外洞，叛军尽皆焚死
三月十八日	明军得报叛军洞长不可计算，深入土七八尺，其洞所至已达城根。叛军自地道出，架木为梯而上
三月二十日	明军用秽水浇灌叛军城西北地道，叛军不复入
三月二十四日	明军发炮打死进洞叛军数人

企图炸塌城墙这一任务上来。翻开《平叛记》可以发现，整个二月份及三月份，叛军所有的攻城动作皆以挖掘地道为主，明军与叛军就此展开持续数月之久的"地道战"。我们可以通过表格来一窥当年惨烈的地道争夺战。

结果，叛军长达近两个月的炮击和挖掘并没有打下危如累卵的莱州城，伤亡却越来越大。此时双方都能感觉到，最后的激战就要来临。三月二十五日这天晚上异常宁静，明军的城头上为了防止叛军突袭，每一个城垛都摆放了数支蜡烛以及火炬。以往这个时候，双方依然在激烈地厮杀，但是今天却很安静，仿佛空气都凝滞了。

莱州城的明军都明白，这是大战将至的前奏，每一个人都在等待最后一刻的来临。突然，毫无征兆地，一声声炮响响彻云霄。此时明军才发现，叛军占据了莱州城北的望海楼，并在楼上架设巨炮，"炮弹重十二斤者珠连不绝"，这是整个吴桥兵变中有记载的最重的炮弹。在此等人力所不能违的"神器"面前，城墙上的明军伤亡惨重，不少炮弹还直接打进城中，造成十分巨大的损失，临时赶制的堞垛亦全部被打坏。

总之，明军被打得措手不及，莱州城的伤亡和损失十分巨大。二十六日凌晨，总攻开始了。叛军派遣大量兵力急攻莱州城东北角以及四门。双方杀声震天，火把和蜡烛将夜晚都照成了白昼。叛军点燃莱州城东北角隧道内的火药，只听一声巨响，城墙轰然颓圮，莱州城东北角完全暴露在叛军的攻势之下。叛军见状调遣兵力顺着倒塌的城墙一路而上，两三百人已经来到重城下，女墙上的川兵以及湖广兵凭墙与叛军进行了激烈的城墙抢夺战。叛军前仆后继地冲向东北角城墙，尸体几乎与城墙齐高。在激烈的战斗中，城头甚至几次插上叛军的旗帜。城内百姓见状，以为城陷，纷纷大声痛哭，哀号之声响彻莱州城内外。在此危难之际，川兵、湖广兵统帅彭有谟带着援军亲自来到火线前，士兵枪炮交加，猛火齐下，将已经登上城头的敌军烧成了一个个火球，惨叫之声不绝于耳。明军三次击退大规模登城的叛军。天明时分，无法承受巨大伤亡的叛军终于撤出莱州城墙。

三月二十六日激烈的炮战以后，莱州城的城垛全部毁坏，无法站人，亦无法防御。明军便用木板搭上浸湿的棉被作为临时堞垛来防御大炮的轰击。叛军同样成了强弩之末。当天以后，叛军再未攻打过莱州城，而以围城为主要军事手段。

到了四月初二，事情似乎发生了转机。经过漫长的争论与部署，早该到来的

2.5万名援军终于抵达沙河镇。崇祯皇帝为了表示平叛决心，还专门派遣中使送红夷大炮6门交付抵达沙河的援军。刘宇烈等人到达沙河镇以后，初战告捷，俘获叛军将领陈文才等人，明军官兵一度气势颇盛。但是一场战役从来不是一次短短的遭遇战就能看出成败的。

初战告捷以后，明军援兵不思进取，反而逗留不前。以刘宇烈为首的三名统帅"俱不知兵"，而且将三路援军合为一路，漫无纪律，又不成掎角，队伍十分杂糅。与刘宇烈同行的王道纯极力劝说刘宇烈发兵击贼，但是此时刘宇烈正在忙着与叛军媾和，双方信使往来不绝。果不其然，和之前一样，叛军与明军媾和仅仅只是为了拖延时间而已。不久，叛军急遣骑兵从小道绕到明军援军背后，将在大军身后的粮草焚毁殆尽并破坏了粮路。援军彻底陷入无食的状态。无能的刘宇烈在这种情况下不思稳定军心，居然命令大军"撤兵就食"，原本就是乌合之众的援军瞬间一哄而散。叛军趁机大败刘宇烈全军，明军的大炮和火药全部被叛军所夺。雪上加霜的是，四月十六日，山东巡抚徐从治在视察城防时被叛军的大炮击中头部，当场死亡。消息散播开来以后，明军的士气受到极大打击，沉重的阴云正笼罩在莱州城内所有人的心里。

▲ 明末红夷大炮及其口径，其内壁较为平滑，可见明代火炮铸造技术已十分优秀

同时，叛军的猖獗也给一开始认为他们不足为虑的朝廷上下一个响亮的耳光，主和派被彻底压制。到了崇祯五年五月，朝廷已经派遣天津、保定、通州、蓟门、登州、昌平、东江、义勇总兵官八人先后赴援，但是均难有成效。派遣明军最精锐的九边边军剿贼的提议呼之欲出。

崇祯五年六月，眼见莱州之围不解，山东等地频频告急，以王万象为首的山东籍官员无法忍受自己的家乡遭受此等重创，纷纷上疏请求调遣边军入关剿贼。崇祯皇帝闻报首肯。六月初九，崇祯帝下旨命令辽东山海关及宁远等地的4800余名精锐官兵入关赴援。辽东援军由监军太监高起潜监护军饷，总兵官金国奇为帅，指挥祖大弼、祖宽、吴襄、吴三桂等高级将领。七月，消息传到莱州，叛军当即同意与朝廷讲抚。为了表示诚意，孔有德甚至命令叛军当下停止对莱州城的炮击。七月初五，朝廷派遣的宣抚官到达莱州城，孔有德亲自"叩迎"，并请求与莱州知府朱万年及登莱巡抚谢琏面谈撤军事宜。一切似乎都在向好的方向发展。七月初六，以朱万年和谢琏为首的莱州官员出城安抚叛军。孔有德等叛军高级将领纷纷上前悔罪，孔有德更是一把鼻涕一把泪地忏悔自己对朝廷的不忠，并决定七月初八撤回登州城。七月初七，朱万年等人再次出城与叛军讲抚，孔有德等人盛情接待了朱万年一行，双方谈笑甚欢。这一系列积极的信号，让朱万年对叛军的诚意深信不疑。朱万年回城以后对谢琏和杨御蕃等人极言叛军的诚意，示意二人与自己一起出城抚贼。面对这一番说辞，谢琏深以为然，但杨御蕃却生气地说："我只知道为国尽忠，杀贼报国，不知道什么是讲抚！"始终拒绝出城讲抚。

最终，谢琏与朱万年一同出城与叛军和议。可就在谢琏与朱万年来到叛军营门时，叛军东西营地忽然发出两声炮响，隐藏在暗地里的叛军士兵一拥而上，将谢、朱二人擒住。谢琏和朱万年一下子就明白自己中了敌人的圈套，不禁顿足大骂叛军的不忠不信。自知不占理的叛军被骂得面红耳赤，用刀架在二人的脖颈之上进行威胁。朱万年假装顺从，说道："你们抓住我也没有什么用，城中的人是不会轻易投降的，何不以精骑跟随我，到城下与守城者讲和。"叛军于是派遣精锐骑兵500人簇拥朱万年来到城下威胁守军。朱万年来到城下以后，突然放声大呼："我已经中计被抓住了，现在我报了必死的决心，叛贼的精锐全都在这里，你们快点向我发炮，不要顾及我！"此时坚持不出城议和的杨御蕃站立在城头，看着和自己同生共死的同袍正在城下，不忍心发炮击贼。朱万年见状再次顿足大呼，并大骂叛军，气急败坏的叛军意识到自己聪明反被聪明误，被朱万年摆了一道，遂将朱万年杀害。守城士兵见朱万年被害，便没有了丝毫顾虑，纷纷发炮击打叛军，城下最精锐的 500 叛军骑兵被大炮打死过半，余者狼狈逃窜回了营地。气极的叛军当即斩杀了尚在营地讲和的莱州官员，并在后来将谢琏押解到登州大营。

莱州连失两名核心人员，一时间人心惶惶，叛军也加大了对莱州城的攻击力度。所幸，此时朝廷的辽东援军也集结到位。此前七月十日，山东巡抚朱大典和新上任的山东巡按谢三宾奉旨率领辽东军向登莱方向开进。八月十三日，朱大典等人到达山东昌邑，合马步兵 2.1 万人，分三路进剿。八月十九日，明军辽东援军在沙河镇与叛军主力遭遇。孔有德亲率 3000 骑兵来战。此时，明军前锋祖宽仅有骑兵 500 人。祖宽认为寡不敌众，应该暂时撤退。同行的靳国臣则认为，身为前锋，如果自己身先退却，那么很可能对后方的辽东援军主力造成极为不利的心理影响。

▼ 明军马上施放三眼铳绘图

于是靳国臣拔刀大呼，驱赶后退的辽东军前锋冲击叛军。辽东军见状，纷纷奋勇直前，大声呐喊，直冲叛军大营。此时辽东军箭如雨下，占据优势兵力的叛军居然无法抵挡，叛军各营纷纷溃退，一路退至莱州城下。叛军不敢与辽东军交锋，连夜向登州方向逃窜。由于辽东援军勇武剽悍，叛军自知不敌。于是，在逃窜时，大批士兵趁机脱离队伍逃逸，以至于叛军撤回登州时人数不及总人数的十分之三。此战明军夺获的叛军辎重、火器、装备堆积如山，并在所夺获的兵籍簿上获悉叛军人数一共 9 万余人，此等人数规模着实让人心惊不已。总之，明军在沙河之战中成功击败骄纵且不可一世的叛军，并瓦解了其绝大部分兵力。最终，叛军从莱州撤围，狼狈逃回登州，莱州之战就此结束。当辽东援军终于来到莱州城下时，莱州百姓望见城下纪律严明、甲仗齐全的朝廷军队，纷纷走上街头，欢呼雀跃，相拥而泣。莱州之战重挫了敌军锐气，消灭了叛军的大部分有生力量，并俘获叛军大量的装备。因此，此战也被誉为吴桥兵变的转折点。

反击，最后的疯狂

长达 7 个月、数度令人绝望的莱州守城战终于以朝廷的胜利而告终。消息传到京师，全城百姓的欢呼声震动天地。崇祯皇帝亦大喜过望，当即派发饷银两万两，充作解除莱州之围的犒赏。辽东援军亦乘胜追击，接连收复被叛军攻陷的城池。而就在朝廷上下欢欣鼓舞之际，叛军的大本营登州城却是一片愁云惨淡。损失大量兵力和辎重的叛军当下便杀死被囚禁在此的谢琏解气，一代名臣就此陨落。八月二十八日，辽东军主力到达登州附近的新城镇，一切似乎又回到原点。三十日，明军主力到达白马塘。叛军眼见明军步步跟进，决定倾巢出动，号称 10 万大军，设伏于茂林两旁。此时明军前锋奇兵祖大弼等人经过叛军伏击地而不觉，叛军收拢包围圈，将祖大弼、靳国臣和吴襄等高级将领团团包围。叛军已经将命运压在这最后一战上，所以攻势异常凌厉。祖大弼等几位高级将领的被围，使明军军心出现不稳，在此千钧一发之际，明军监军高起潜急命前锋部队往回突围，并同时命令后军向前压上。就这样，明军前军和后军反而对埋伏的叛军形成反包围，同时高起潜调遣另一路骑兵袭扰叛军左右。在绝对的兵力和兵威优势下，明军连续冲破叛军 6 个大阵，叛军全线崩溃。此役，明军共斩得首级 1.3 万多颗，俘虏 800 余人，另有无数叛军投海而死。此战彻底摧毁叛军的有生力量。叛军残部突围以后，跟跄向登州回奔。明军则乘胜追击，大军追击叛军直抵登州西门之外。

九月初一，明军完成了对登州城的合围。登州城三面临海，作为叛军的大本营，粮草十分充足，且城中红夷大炮屡屡挫败明军的进攻，十分不易攻打。所以明军一面修筑墙围防止叛军自陆路逃窜，一面在城外堆垒比城墙还高的炮台，日夜炮击城中。明军的炮弹穿墙透屋，叛军死伤极大。

十一月初三，叛军首领李九成亲率主力偷袭明军大营，但叛军的偷袭计划被明军掌握，明军将计就计合围了袭营的李九成部，最终阵斩了李九成。李九成堪称叛军的头脑，他的死终于让叛军失去反扑的勇气，终日在城中大哭以度日。原先投降叛军的明军将领也暗地里准备倒戈，诛杀孔有德，但最终事情泄露，14 名将领被杀。孔有德虽然逃脱暗杀，但他"自此日疑其党无固志矣"。

在明军凌厉且持久的攻势之下，叛军不但没有投降朝廷，反而做困兽之斗，顽强地抵抗着明军一次又一次的进攻。时间转眼到了崇祯六年，登州城内物资已经所剩无几，城中的叛军开始杀人为粮，以尸油作为蜡烛与明军死战，但"终无降心"。

二月十三日，明军开始攻击叛军所盘踞的岛屿。孔有德眼见大势已去，乘船北遁。此后经过数月的准备，明军舟师部队共计 5000 人亦已调集完毕，叛军明白明军是想封锁登州大城背面靠海的登州水城，彻底隔绝叛军逃跑的陆路与海路。此时明军舟师气势汹汹，而叛军眼见最后的逃生通道要被明军切断，

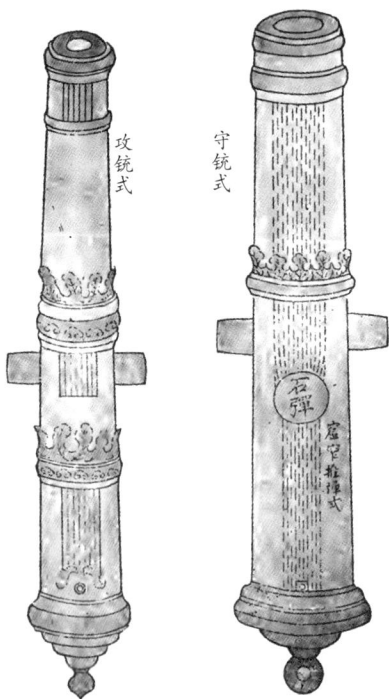

▲《西法神机》中记载的"攻铳"及"守铳"

攻铳式　守铳式

主要将领孔有德也已乘船遁去，于是叛军首领耿仲明、毛承禄等人在崇祯六年二月十六日放弃登州城，乘着夜色以单船悄然向北方逃窜。剩下的登州大城叛军眼见无法继续守城，便搭设天桥，从城上由天桥撤往登州水城，然后焚毁天桥以固守水城。明军随即从登州南门进城，收复了登州大城。明军虽然以极小的代价收复了登州大城，但是真正的激战还在后面。

叛军在靠海的登州水城收缩兵力，继续凭借地势和火器对明军做着激烈的抵抗，一时间炮矢如雨。就在双方胶着之际，二月十七日，抚院中军刘良佐突生奇策，他命令正面攻城的明军不断击发大炮轰击城内。猛烈的炮击使城内叛军无法露头，于是监军太监高起潜亲率另一小波明军乘着夜色来到登州水城的西南角永福寺内，连夜用铁锹挖掘洞穴。黎明前，明军已挖掘到城墙根，洞穴深丈余、宽两丈。高起潜随即命士兵在洞穴内放置两箱火药，共 1500 余斤，并布置数门灭虏炮、一门大将军炮，更用火药将炮口塞满，用火药做引线导出洞穴并点火引燃。最后只听得一声巨响，登州水城西南角被炸开一面宽五丈的陡坡。眼见时机成熟，刘良佐急命辽东夷、汉兵丁以及川军、山东军一拥而上，以期夺取城墙。城头叛军见明军蜂拥而上，急忙投掷火罐等燃烧物，明军死伤惨重，奋力攻打一昼夜却未能克城。

时间在慢慢流逝，如果等叛军修复好西南面的缺口，那么战事将重新进入胶着状态，这对明军十分不利。到了二月十八日黎明，叛军已经击退明军数十次登城进攻。兵法云："一鼓作气，再而衰，三而竭。"眼见明军士气持续低落，此时抚军朱大典、监军杨作楫、中军刘良佐三人亲临阵前督军，刘良佐手臂中箭不退，杨作楫更是亲率军士登城作战。明军大受鼓舞，军官纷纷亲自带队，四面围攻登州水城，一时间杀声震天，炮石如雨。

辰时（早上 7—9 点），在激烈的厮杀中，山东援剿总兵邓玘率领亲兵率先登城，身中三箭，所幸"甲坚未透"。因为邓玘骁勇绝伦，牢牢占据城墙。终于，在中午时分，叛军溃败，从城墙撤退。明军总算控制住登州水城的城墙。

成功夺下城墙后，登州大城的明军却发生混乱。连月的战争使明军精神高度紧张，再加上天寒，这让川军一些兵丁开始在城中抢夺百姓衣物，更有甚者掳掠妇女悄悄出城。如果不加以控制，胜利的明军很可能就会演变成毫无纪律的乱兵。在此情况下，抚军朱大典仗剑站立在城头，手刃趁乱抢掠的两名兵卒以明军法，

103

明军才逐渐恢复纪律。

　　叛军从城头撤下以后，继续在城中和明军巷战。监军高起潜命令明军弓箭手舍弃弓矢，挟长枪与叛军接战（明军弓箭手亦是长枪手）。在狭窄的巷弄中，叛军根本无法抵挡不断推进的密集长枪阵，最后不得不收缩兵力，退守蓬莱阁。

　　蓬莱阁是登州水城中地势最高的建筑，叛军居高临下地向明军发射大炮，并分批前往登州水城的水门，企图乘船逃走。此时明军也赶到水门，焚烧了叛军船只数十艘，将叛军逼回蓬莱阁中。

　　最后，城中只有蓬莱阁的叛军尚在负隅顽抗，明军抓住叛军的心理，趁机招降叛军。蓬莱阁中的叛军最终投降明军。此战叛军被俘者千余人，投海死者四五千人，自此明军完全收复山东全境。

《中国明朝档案总汇》中整理的明军将领斩获列表（部分）

将领	战果
总兵官陈洪范	斩获伪游击头目首级 19 颗、伪守备千把总首级 19 颗；俘虏伪副将 1 人；收缴西洋炮、灭虏炮 7 门，佛郎机、三眼铳、鸟铳、长枪 40 支，盔 13 顶，甲 18 副，刀 22 把，弓 11 张，坐纛并小旗 8 支，铁子 50 斤，马鞍 1 个，船 2 艘；招降水手 17 人、辽东难民 182 人
山东援剿总兵官邓玘	收缴红夷、西洋大小炮 59 门，枪铳 76 支，登莱监军道关防印 1 枚，盖州卫千户印 1 枚，登州卫百户印 2 枚；招降辽东人 165 名、难民妇女 13 人
鼓练加衔总兵官刘泽清	招降辽东难民 150 人
登州监军道金事宋之俊	收缴登州宁海卫印 2 枚、红夷并大小炮 176 门、藤牌 81 个；招降难民妇女 114 人
密镇副总兵牟文绶	擒伪大头目郭希成、杨希贤、李国良；俘获孔有德岳父陈奇胜、游击牟朝阳、金州卫指挥蒋贤以及诰命 1 人；收缴大小铳炮 14 门，盔 3 顶，甲 6 副，弓 13 张，刀 6 把，枪 2 支，百户印 1 枚；招降难民 34 人
前驱营副总兵王武纬	斩伪参谋副将 1 人、伪前锋副将 1 人、伪守东北角副将 1 人、伪游击 2 人、伪中军游击 1 人、伪千总 1 人；俘获伪总督水城大旗巡查副将 1 人，壮男 163 人，女子 14 人；收缴大旗 1 支，长枪 70 支，腰刀 25 把，盔 11 顶，弓 41 张，沙船 3 艘、唬船 2 艘、红夷等大小铳炮 185 门
辽东右营游击柏永馥	收缴大小炮 7 个、枪铳 123 支、铁锚 1 个、大小铁子 59 个
总统南兵三营都司朱子凤	收缴大炮百子炮 50 门、杂铁 10000 斤、枪头 1000 个
德州营游击徐元亨	收缴藤牌 23 个、藤盔 6 顶、长枪 6 杆、刀 7 把
攘奋营中军查世营	收缴大小炮 68 门；招降难民男女 5 人
义勇二营督阵百户王永宁	收缴贼将关防印 1 枚
居重营游击李锦镖	收缴大小炮 8 门、拒马枪 17 支、铁子 19 个；招降难民 27 人

登莱之战炮战规模考证

登莱之战作为典型的火器攻城战，在明清军事史中具有极高的研究价值。在大明朝廷与孔有德等叛军长达一年多的战争中，其炮战规模和强度，是终明一代所未见的。吴桥兵变之前，登莱巡抚孙元化接到朝廷命令，遣孔有德赴大凌河应援，应援总数仅4472名的官兵，但携带的大小铳炮却达到了1034门。随行队伍中专门用来运炮的牛有154头，按照史料记载的四头牛拉拽一门二三千斤重的红夷炮，可以推算孔有德随行携带的红夷大炮估计有30门之多。根据黄一农先生的考证，孔有德叛变时手中当持有红夷炮24门，与估算值相差不大。在以雷霆之势克取登州城以后，孔有德又尽获登州城中孙元化苦心经营的所有火器。据记载，当时登州城内尚有红夷大炮20余门、西洋大炮300余门。再加上崇祯五年三月的沙河之战，叛军从刘宇烈处缴获的红夷炮6门，可知当时孔有德所持有的红夷大炮的数量保守估计达到了60门左右。

在最后的收复登州之战中，明军与叛军依然进行了激烈的炮战。由于吴桥兵变以后，朝廷对登莱的建设陷入停滞状态，已基本没有铸造大炮的记载，再加上孔有德降金后带走许多火炮，所以在登莱之战时，登州城的炮数不会比下面表格中顺治初年的炮数少。而明军在最后的收复登州之战中，一度和叛军展开不相上下的炮战，其火炮数量和质量应不在叛军之下。所以总的来说，这种炮战规模和烈度，在明清历史上都是十分罕见的。

顺治初年登州城各门大炮明细

东门	红夷炮4门、青州炮4门、铜发熕2门、佛郎机6门、威远炮50门、百子炮4门、虎威炮4门、竹节炮9门、鱼鼓炮2门、马蹄炮1门、信炮5门、铁子50000个
南门	红夷炮3门、大将军炮1门、铜发熕2门、九道箍炮1门、百子炮13门、威远炮60门、门炮2门、虎尾炮14门、佛郎机炮2门、鱼鼓炮6门、信炮3门、竹简炮3门、铁子370斤
西门	红夷炮1门、大轰1门、青州炮1门、连环炮1门、铜威远炮2门、铁威远炮39门、竹简炮1门、百子炮10门、虎尾炮8门、佛郎机炮6门、铜发熕3门、鱼鼓炮1门
北门	红夷炮3门、西洋炮1门、九道箍炮1门、威远炮20门、铜发熕1门、百子炮19门、虎尾炮3门、佛郎机炮5门、鱼鼓炮6门、竹简炮1门、大小铁子26880个
总计	335门

叛军的溃败与降金

叛军花名册中的9万兵卒，随着孔有德的战败烟消云散。而孔有德剩余的追随者则搭乘180余艘船[①]，艰难、狼狈地向北逃窜。叛军此时尚有孔有德亲兵700余名，耿仲明亲兵300—400名，又有精通火器的川兵400余名，善放红夷炮的西方人4名，另有数千叛军家属、掳掠上船的人口和无数行李财宝。孔有德此时仍打着"占山为王"的算盘，他趁明军水师因缺乏船只而不得不修理兵船、调集商船之际，于崇祯六年二月二十二日，突率舟师包围旅顺，并以从山东掠夺来的"金帛子女"诱惑旅顺明军，邀其共同反抗朝廷。此时旅顺城中兵力不多，且无粮无饷，旅顺城中的米价更是飙升到一碗米二分银子的价钱，情况可谓十分艰难。但是旅顺的明军却丝毫不为金钱所惑。总镇黄龙命令火器营与招练营派遣兵丁百人轮流出哨，并且让城中和水师中的辽东人、蒙古人大声高歌。这一招明显起到了效果，孔有德以为旅顺城中有数量众多的骁勇兵丁，未敢轻易攻城，黄龙便趁机在旅顺岸边架设大炮用来抵御叛军随时可能发起的进攻。三月初五，明军舟师援军及时赶到，与叛军伪将曾禄战于宗岛。明军击沉叛军战船3艘，生擒叛军将领方胜等17人。此战后，由于海上逆风，明军未能乘胜追击，叛军则逃窜至双岛海域以图再举。此时双岛明军早有准备，以后营都司尚可喜为首的明军将领，在双岛岸边架设缴获自叛军战船上的10余门天字一号大将军炮和灭虏炮，猛烈炮击海上的孔有德舰队。一时间火光冲天，孔有德等人不得不再次遁逃海上。十六日风起，明军舟师抵达叛军老巢龙王堂，明军投掷火球等燃烧火器。叛军措手不及，匆忙率众向东败走。明军乘胜追击，使"贼尸盈海"，并俘获叛军核心人物伪都督毛承禄及家属、伪副将、伪参将等，以及其搭乘船只在内的8艘大船，旅顺之围遂解。

明军一路追击，于三月二十三日追叛军至三山岛，擒获叛军参将高成功等20人。二十四日，又大败叛军于鹿岛。后营都司尚可喜率兵奋勇向前，用火箭击中两艘叛军的精锐西洋炮船，西洋炮船当即燃起大火。明军官兵精神愈奋，叛军惊

---

① 原有登州大船80余只，但因搁浅被明军拦截60只，因而逃遁的叛军船只为大船20只、小船160只。

▲ 旅顺外海图

慌失措，匆忙救火，最终沉没一艘，重伤另一艘，叛军水手尽皆烧死。此战战果颇丰，击沉叛军船只10艘，俘获3艘，除擒获在登州之围中给叛军打开城门的"叛人首恶"内应陈光福之外，另擒获叛军旗鼓、都司、守备、指挥等高级将领。二十九日，明军再次大败叛军于黄骨岛，擒获伪副将苏有功等高级将领十数人，并击沉叛军船只11艘。四月初五，明军复败孔有德于鸭绿江卓山，生擒叛军都司高显阳等36人。终于在最后一战，也就是四月十一日的战事中，明朝围剿叛军于千家庄，"伤贼无算，贼营大恸"。值得一提的是，后来的清初三藩之一，当时还是明朝旅顺后营都司的尚可喜，在海上追击孔有德的历次战斗中皆奋力发炮轰击四处逃窜的孔有德叛军，甚至一炮打沉了载着孔有德家眷的船只。他还身先士卒勇敢拼杀，最后因小腿被孔有德叛军射穿，才退出战场。

此战终于摧毁了孔有德的所有野心，让孔有德终于明白自己根本无法在辽东诸岛站稳脚跟。于是他致书明军舟师统帅周文郁请降，声称愿意"修筑南关，恢复金州"来赎罪。但是数次诈降的孔有德的此番说辞，再也不能欺骗任何人。在周文郁部持续不断的炮击下，叛军最终开始往后金方向移动。

崇祯六年四月十一日，自封"总提兵大元帅"的孔有德正式致书投降皇太极。孔有德在信中丝毫不提及自己战败和被追赶的狼狈，而如一名凯旋的战士，傲然道："本帅现有甲兵数万，轻舟百余，大炮火器俱全。"皇太极得信大喜过望。四月十五日，在后金军的重兵拥护之下，孔有德和耿仲明残部在鸭绿江出海口投降后金。叛军全盛时期有9万余人，投降后金时仅有精壮官兵3643名，但皇太极依然对其极其重视。他力排众议，以后金最高礼仪，率诸贝勒出沈阳城10里，以报见礼相待。

皇太极是一代雄主，他并非不知道孔有德书信中的大话，也并不在意孔有德余部是否为残兵。他真正在意的是孔有德投降带去的十数门红夷大炮和熟悉西洋炮法的炮手以及铸炮师。

孔有德等人归降后金以后，不但培养了大量炮手，铸造了数量十分可观的铳炮，还一直替后金在与明朝的战争中充当先锋。崇祯六年六月，后金军以孔有德的火炮手为前锋，攻陷旅顺。崇祯九年，皇太极称帝，改国号为"大清"，封孔有德为恭顺王、耿仲明为怀顺王，地位上与"八和硕贝勒"相当。顺治元年，孔有德等人随睿亲王多尔衮入关，最终定鼎中原。

反观明朝，吴桥兵变以后，山东全境"残破几三百里，杀人盈十余万"，登、莱两重镇"村落为墟"，"城市荡然无复曩时之盛"，并损失了一大批优秀的将领和军士。熊廷弼所规划的复辽三方布置，亦彻底瓦解。山东残破以后，愈

▲ 清代八旗甲胄

演愈烈的农民军起义，导致整个明朝北方的军事力量和社会结构崩溃。最终结果是，明朝在北方已经彻底没有可以抵抗清军的力量。可以说，吴桥兵变后，大明亡国的命运，已然在当时人们的意料之中。

参考文献

原始文献：

[1]（清）张廷玉等，《明史》

[2]（明）叶向高、顾秉谦等，《明神宗实录》

[3]（明）不著撰人，《崇祯实录》

[4]（清）毛霦，《平叛记》（清康熙五十五年毛贡刻本），北京师范大学图书馆藏

[5]（清）周骏富，《贰臣传》（国史馆缮本）

[6]（清）张本、葛元昶，《道光重修蓬莱县志》，王文涛（修）

[7]（清）郑锡鸿等，《光绪蓬莱县续志》

[8]（清）杨奇烈，《顺治登州府志》

[9]（清）方汝翼、贾瑚，《光绪增修登州府志》

[10]（清）杨陆荣，《三藩纪事本末》

[11]中国第一历史档案馆，《天聪五年八旗值月档》

现代文献：

[1] 中国第一历史档案馆,辽宁省档案馆,编.中国明朝档案总汇[M].桂林：广西师范大学出版社,2001.

[2] 滕绍箴.三藩史略[M].北京：中国社会出版社,2008.

[3] 黄一农.吴桥兵变：明清鼎革的一条重要导火线[D].新竹：台湾清华大学历史研究所,2012.

[4] 赵红.明代登莱巡抚考论[D].济南：山东大学历史文化学院,2006.

贵阳围城始末

明末奢安之乱中最惨烈的一役

作者 / 临溪主人

天启元年（1621年），这一年很不太平。

自万历四十七年（1619年）努尔哈赤取得萨尔浒之战的胜利后，后金军队又在天启元年先后攻克辽东重镇沈阳、辽阳。十月份更是再次大败熊廷弼、王化贞，使明军在辽东的局面变得极其被动。正当后金骑兵横扫辽东之时，明朝西南地区也爆发了一场危及统治的大战乱，是为"奢安之乱"。

奢安之乱从天启元年爆发到崇祯三年（1630年）被平定，前后持续了9年时间。此次战乱以四川、贵州为中心，云南、广西、湖广均受影响，牵动了整个西南地区，规模之大尤甚于万历年间的播州杨应龙之叛。在这场大动乱中，发生过一场惨绝人寰的围城战——贵阳之役。这场贵阳围城战的惨烈程度并不亚于汉代的疏勒城之围、唐代的睢阳围城。据《明史·李枟传》记载，围城前城中约有十万户人家，而围城三百余日后不过千人。

要详述这次围城战，就不得不提明朝对西南土司的管理政策，以及西南方向从明朝开国到覆灭都一直持续的地区动荡。

土司起源

2015年7月4日，在德国波恩召开的第39届联合国教科文组织世界遗产委员会的会议上，主办方宣布将中国申请的土司遗址列入世界遗产名录。这次申请的土司遗址包括湖南永顺老司城、湖北唐崖土司城和贵州播州海龙囤三处遗址。从13世纪到20世纪初，中国政府以土司制度管理偏远地区，朝廷任命当地乡绅名士为世袭土司，统治当地。这三处土司遗址是中国土司文化中规模最大的建筑遗址，是这三个土司的行政、军事、文化中心。

我国西南地区拥有大量少数民族聚居地，但如何有效管理这部分地区，对中央政府来说，历来是个难题。在宋朝及宋之前，中央政府一般采用羁縻的方式来统治。不过由于羁縻制度的弊端，加上西南地区历来由当地少数民族中的乡绅名士统治，其势力根深蒂固，中央政府的控制力向来不足。到了元代，相应的土司制度应运而生，这一制度也被其后的明清两朝所沿袭。大明朝廷在西南广设土司，遍布云、贵、川、湖、桂五省，如广西全省只有苍梧一道无土司。尽管土司制度和之前的羁縻制有些渊源，但两者有着本质区别。

与以往当地土著自为君长的情况相比，土司承袭必须得到中央政府的批准，因此土司制度的诞生，标志着中央政府对少数民族聚居地区的管理方式产生了重大变化。根据规定，土司需定期缴纳贡赋，如地方上的特产马匹、茶叶、粮食、木材等，并按时缴纳赋税。土司们在当地得遵守朝廷礼制，不得僭越，并要受到当地流官的约束，领有驻防守御之责；如果某地发生战事，土司要整饬兵马听候朝廷调遣。除此之外，土司还要定期朝觐天子。朝廷对土司朝贡一事一向比较重视，如果贡品未能定期到达或者贡品质量有问题，便会严厉惩罚土司；相应地，朝廷对土司也会进行象征性的赏赐，如赐予服饰、冠带、钞锭等物，以彰显朝廷权威和对土司的控制。明太祖朱元璋认为，这些少数民族不好管理，主要是因为所处地理位置险要且偏远，当地百姓好勇斗狠，若要驯服他们，就要宽猛适宜，事之委曲。对朱元璋来说，并不需要郡县其地；对土司而言，则需借助中央政府的公信力，确立自己在当地的权威。同时，土司还要表达自己对朝廷的忠心，让其放心，以利于自身的发展。所以无论是对朝廷还是对土司，实行土司制在当时都是一种双赢。

明朝在西南地区设置的这些土司，分文职土司和武职土司两大系统。武职土司包括宣慰司、宣抚司、安抚司、招讨司、长官司和蛮夷长官司；而一些军民府、土州、土县，设官如一般的府州县，则属于文职土司系统。另外，还有一种卫所土司，因部分实土卫所①领内有大量少数民族聚集地，朝廷就设"某卫军民指挥使司"或"某军民千户所"来治理。

明初，朝廷根据功绩多少来区分土司的等级次序，并任用当地土著酋长首领作为土司长官。终明一代，设有 11 个宣慰司、10 个宣抚司、22 个安抚司、1 个招

---

① 谭其骧先生把明朝的卫所分为两种——实土和非实土，前者可认为是一种行政区域，或者说军管型政区，集中于未曾设立州县管理的地区。对此，其所著的《中国历史地图集》也有体现。非实土卫所，指的是有州县但仍然设有卫所的情况，当然每个卫所或多或少都管有一部分土地和人民。在这两种卫所之外，学者郭红在《中国行政区划通史·明代卷》中又提出了一种"准实土卫所"的概念。这种准实土卫所多分布于内地少数民族地区和边疆地区。在设有州县的地区境内，仍然设有土司，且其所管土地和人民数量可与当地州县相抗衡。此种卫所介于实土卫所和非实土卫所之间。

讨司、169 个长官司和 5 个蛮夷长官司。

从级别品秩来看，宣慰司和府、直隶州级别略同，地位高于宣抚司，但两者并不是上下级的关系，互不统属。宣抚司有的直隶于布政司，如永宁宣抚司；有的隶属于卫，从而间接隶属于都司的，如酉阳、石砫二宣抚司（二者均属重庆卫）。

至于安抚司，它可隶属于宣慰司、宣抚司，其下可辖长官司，但级别较之前两者更低一级。比如隶属于湖广都司的施州卫军民指挥使司下辖三个宣抚司，其宣抚司下又辖安抚司，安抚司下还辖长官司或蛮夷长官司。又如高罗安抚司隶属于忠建宣抚司，而高罗安抚司又分领木册长官司。至于长官司的地位则大致相当于县。

▲ 明太祖朱元璋

在这些土司的官员编制中亦有流官的存在，以宣慰司为例：正官有从三品宣慰使一员、正四品同知一员、从四品副使一员、正五品佥事一员；首领官有从七品经历一员、正八品都事一员。前者正官属于土官，后者首领官专司当地户籍、人口、赋税、田地等事宜。同知、副使、佥事等属于正官编制中的佐贰官，即副职。这些佐贰官朝廷有时也用流官担任，和首领官共同受吏部选用，不过大多数情况下还是由当地土著任职。至于宣慰使、宣抚使这样的正职则一般归兵部管辖。在文职土司中，佐贰官就以流官为主了。

尽管这些流官品级低下，但除了主持文书工作以外，他们还肩负着监视当地土司的任务。所以一般而言，土司们并不敢在他们面前过于嚣张，有时还是愿意遵纪守法的。

著名文臣将领王骥在"三征麓川"后，就备受当地少数民族敬仰，在他们心目中其威望可比三国时的诸葛亮。所以至今云南滇西傈僳族中仍然有着神化王骥的崇拜仪式，即通过"上刀山下火海"的仪式来庆祝王骥的寿诞。

土司们也响应朝廷请求，在当地修路设驿，促进了西南少数民族地区的交通发展。比如洪武年间的贵州宣慰使奢香夫人在当地设置了9个驿站，连通四川、湖广、云南三省，形成了长达四百余里的驿道。驿道的开辟吸引了大量汉族移民，不少汉人还在土司政权内部任职。现在贵州的穿青人，就有一种说法认为他们是古代汉族移民的后代。

　　朝廷在哪些地区设宣慰司和宣抚司等，有着自己的考虑，简单来讲，就是恩威并济，让少数民族互相制衡。地方上，少数民族实力强劲的区域，朝廷便设置宣慰司；实力次一点儿的则设宣抚司。朝廷对土官向来是比较厚待的，比如彝族首领霭翠及其妻子奢香夫人归附时，进贡了大量马匹，朝廷也以锦绮钞币作为赏赐。在厚待的同时，朝廷也利用各土司之间错综复杂的关系周旋其中，不断削弱其实力。有土司叛乱时，朝廷常常征调另一土司所部土兵编入平叛大军，一方面固然有其作战骁勇的因素，另一方面则是趁机损耗土司的实力。不过对于和朝廷积极合作的土司，朝廷一般会保留土司传承，如石砫、酉阳宣抚司；而对于那些采取不合作态度、积极反抗的，待其覆灭后便抓住契机推动改土归流政策，如永宁宣抚司

▲ 奢香夫人雕像，位于贵州大方县奢香博物馆

▲ 王阳明画像

114

和播州宣慰司。也有部分地区采用了折中的方法，即上级地方官采用流官的形式，底下仍然保留一些小土司，属于不完全的改土归流，如云南的临安府，其下属的阿迷州即设土知州。

所谓"改土归流"，也就是废除土司，取消少数民族在当地所有的军事、财政、人事等特权，改用流官，由中央直接掌管该地的人口、赋税和军事。改土归流从明至民国，是个不断发生流血冲突的过程。

应该说改土归流是大势所趋，但明朝由于在建国初期的战略需要和国力因素，以及对当地土著豪强和元朝残余势力的顾及，而未能全部设置流官治理。这显然是为了避免大规模动乱，对此应予以理解。

到了明朝中后期，大部分西南土司都有劣迹在身，土司和当地三司、抚台、按台等流官的冲突也逐渐增多，这些朝廷命官见状往往轻言改土归流一事，进一步加剧土司和中央政府的矛盾。王阳明被贬龙场驿丞期间，深入了解西南土司情势后，认为对这些少数民族当以"教化"为主，关键是得其心，才有利于稳定，而非妄行改土归流之事。故王阳明在当地兴建书院，致力于推广儒学教育，甚得当地少数民族百姓的敬仰。

明代的少数民族人民由于长期居住于深山恶水之地，不与外人相通，因此其社会习俗和外人迥异。他们大多民风彪悍，生活淳朴，无骄侈奢诈之习，总的说来社会经济发展水平并不高。明代也沿袭元代在这些地区设立社学的政策，教化当地百姓。比如说在广西，每个州县都设有社学，大县多达十余所，就算是小县也至少有一所。王阳明就曾这么描述贵州的社学之兴："村村兴社学，处处有书声。"

当然，这样的情况离不开之前朱元璋对教育的大力支持。他在洪武八年，就命天下倡立社学，以此作为教化土著、改变旧俗的主要推动手段。儿童进入社学读书起初属于自愿性质，贫困家庭自便，但一些土司对其抱有强烈的抵制态度。有土司禁止部落中子民读书习字，犯者族诛，如思南宣慰使田宗鼎就严禁领内百姓子弟读书。受此刺激，有关政策逐渐变为在部分地区强令适龄儿童就学读书，违者惩罚其父兄，到后来就和现在的九年制义务教育一样，属于强制性政策。弘治十年（1497年），朝廷再一次强令天下各府州县设立社学。弘治十七年（1504年），朝廷规定，15岁以下幼童必须入社学读书，且入学幼童不分贵贱贫富。这些命令明显带有强迫意味，也由此可见朝廷一直不遗余力地在少数民族地区推行文化教育，并且意识到只有让他们对大明、对国家产生认同感，才能真正一劳永逸地解决反复无常的土司问题。所以朝廷为防止出现承袭土司者不开化的现象，规定不入学者不能承袭。

西南动荡

尽管明朝试图以恩威并济、少数民族互相制衡的方法来稳定西南局势，但大大小小的土司叛乱经常发生，西南动荡终明一朝始终无法平定。

在奢安之乱前，已有四川播州土司杨应龙造反未成，被朝廷大军剿灭的前例。播州之役也被视作"万历三大征"之一。时间再往前推，万历初年四川都掌蛮僭越作乱，嘉靖年间有湖贵地区苗人起事，甚至从洪武年间平定西南以来，西南少数民族聚居区就始终有战乱发生。因此明朝西南地区的动荡程度并不亚于北方边境，经常存在大规模社会冲突，有时害尤甚之，说"五年一小反，十年一大反"并不夸张。

在明朝，总督这一官职的产生与西南地区不断爆发的民族冲突息息相关。据有关学者统计，整个明朝276年间，贵州发生战乱的年份多达145年。当地土司时常扰乱贵州周边地区，虏杀朝廷官兵，导致整个明代朝廷对西南土司的用兵次数达到百次，平均下来每三年就会用兵一次，频率之高也是罕见。贵州的独特地理环境，使该地区的民族矛盾格外激烈，且一旦有变往往祸及周边数省。

明朝中期以来，地方上原有的三司制逐渐显现出弊端——过于分权导致办事效率低下。这对朝廷来说，增大了处置难度。在这种情况下，急需一员大将统合全省乃至数省之力平定叛乱，稳定局势，因此朝廷专设督抚统兵安民，弥补这个缺陷。

川湖贵总督的设置正是明朝总督之设的开端，这也是历史发展的必然结果。川湖贵总督，节制范围有时还会包括云南、广西两省，朝廷一般省称其为"贵州总督"，本文继续沿袭这样的说法。正统年间，明朝西南麓川土司叛乱，朝廷先后三次发兵征讨，前后动员了数十万大军，史称"三征麓川"。清朝人龙文彬所著的《明会要》云："正统六年正月，征麓川，以兵部尚书王骥总督军务。此设总督之始。"同时，王骥建议新设贵州巡抚，该巡抚主要是监察性质，主巡察各卫所官员，但由于贵州民族冲突严重，该巡抚也往往督理当地军务，有权调集卫所官兵平叛。嘉靖三十四年（1555年），兵部定诸臣职守时，明确规定总督主征集官兵、指授方略；巡抚主督理军政、措置粮饷。

王骥任总督率兵平叛之时，统率南直隶（南京）及云、湖、川、贵等省军队。他的继任者侯琎也总督川、湖军队。此总督与后来定设不革的两广总督等不同，两广总督在明后期逐渐从差遣性质转变为实质性的地方流官，而西南总督仍然偏向临时差遣性质。该总督辖区范围极广，到朱燮元任职总督平叛时，辖区涵盖四川、湖广、云南、贵州、广西五省，并兼理粮饷。

总之，自明太祖将贵州收入版图后，朝廷在贵州的统治并不稳定。很明显，这是土司制度的弊端所致。土司制虽然比羁縻制进步了些，但本质上还是和流官制相差太多；朝廷所能管的，往往只有当地土司酋长一人而已，至于土司以下，则鞭长莫及。这些土司在其领地内，俨然成了土皇帝。他们奴役着广大农奴，而农奴的生命及财产安全又得不到任何保障，经常受到土司的严重剥削和压迫，且无法反抗。由于天高皇帝远，土司草菅人命也逐渐成为这些地区的常态，如安万钟任贵州宣慰使时，骄纵不法，喝醉后就以射人为戏。又比如，播州杨氏家族自唐朝乾符三年（876年）始祖太原人杨端攻陷播州并在播州立足以来，到万历征播后改为流官，其家族传承了725年，历29世！

在朝廷强盛的时候，这些土司或许还不敢轻举妄动，一旦朝廷威信下降，这群土皇帝岂能坐得住？所以明中期以后，随着朝廷日益腐朽，中央政府对地方的控制力减弱，土司叛乱之势愈演愈烈，规模也越来越大。

比如前文提到的杨应龙之乱。隆庆五年（1571年），原播州宣慰

▲ 湖北唐崖土司城遗址上的"荆南雄镇"石牌坊

使杨烈去世，其子杨应龙承袭播州宣慰使。起初杨应龙看上去很是顺从朝廷，不敢有违，屡次发兵响应朝廷征调。万历十四年（1586年），杨应龙所进贡的大木质量不错，朝廷特赐其飞鱼服。但杨应龙生性残虐嗜杀、阴狠狡诈，其播州宣慰司所辖五司七姓的百姓不堪其扰，联合起来到贵州举报杨氏的不法事迹。之所以不向四川举报，是因为杨应龙在四川上下多有打点，实在投诉无门。播州位于川贵两省交界处，贵州百姓深受其扰。而杨应龙家族内部也不和谐，当时他的小妾田氏诬陷其正妻张氏在外有人，不明真相的杨应龙将张氏和张氏之母杀死，结果惹怒了张氏族人，张氏之舅亦向朝廷举报杨应龙谋反。

万历十八年（1590年），贵州巡抚叶梦熊上疏弹劾杨应龙不法之事，巡按御史陈效也历数杨应龙24项大罪要求严惩。只是当时四川正调用播州土兵防御松潘，时任四川巡按的李化龙认为应该暂缓调查杨应龙一事，让他戴罪立功，而贵州省则认为四川省这样做是故意包庇杨应龙。

万历十九年（1591年），叶梦熊建议将播州宣慰司改土归流，并请发兵征剿，但是明神宗并不认可这种做法。同时，杨应龙也表示只愿去四川接受朝廷质询而不愿去贵州。对簿公堂后，杨应龙坐法当斩，但他请求用2万两黄金赎罪。御史张鹤鸣本想驳回该请求，但当时明军正在抗倭援朝，杨应龙提出愿出5000土兵前往支援，所以朝廷准奏并予以释放。结果杨氏援朝大军出发时，正逢交战双方展开谈判，于是出兵自赎一事便不了了之。此时杨应龙公然抗命违旨，拒绝四川巡抚王继光所要求的第二次提审，于是朝廷决定对杨应龙正式用兵。

万历二十一年（1593年），四川巡抚王继光至重庆，与总兵刘承嗣等分兵三路围剿杨应龙。明军抵达娄山关时，杨应龙一边派人约降，一边派人设下埋伏，结果明军大败，前来协同围剿的贵州明军也遭败绩。杨应龙经此一役，表

▲ 明代播州土司杨铿及其夫人田氏的合葬墓出土的骑马俑

118

明了武装反抗明朝统治的态度。不过此时明朝气数未尽，杨应龙以播州一地而抗天下，其败亡也只是时间问题。

很快，王继光被罢免巡抚一职，继任巡抚谭希忠和贵州镇抚商议后，对其是剿是抚也举棋不定。因为此时的明朝深陷抗倭援朝的战争中，根本无力同时进行两场大规模战争。杨应龙也再次派手下到京城花钱打点，并上疏对自己的行为做出辩解。

万历二十二年（1594年），朝廷任命邢玠为总督。同年，朝廷派人招抚杨应龙，兵部尚书石星写手札给贵州宣慰使安疆臣，让其作为中间人前往播州和杨应龙谈判。非常有意思的是，先前对杨应龙心怀不满的下层土司见状，生怕杨应龙得到朝廷赦免于己不利，纷纷阻挠杨应龙接受这次审讯，总督所下文书也为其所拦；而杨应龙心虚，也不敢亲自前往綦江受讯，反而希望朝廷官员屈尊到他所管之地。同时他这次表现得极其恭顺，自缚于路旁，泣请死罪，愿意逮捕罪犯并判罚金钱。

朝廷这次审讯完后，认定杨应龙先前所犯罪状当斩，命他缴纳4万两黄金作采购木材之用，顺便革去官职，让其子杨朝栋承袭播州宣慰使，次子杨可栋羁押在綦江县作为人质。朝廷考虑到杨应龙过去有功，特在松坎设同知虚位以待，同时任命王士琦为川东兵备副使监视杨应龙。

然而在万历二十四年（1596年），杨可栋突然死于重庆，情况再度急转直下。杨应龙请求归还其子尸体和棺椁，但重庆方面推脱不给。他先前所需缴纳的4万两黄金尚未缴完，朝廷又催促甚急，杨应龙大怒道："如果我儿复活，我就把钱给你们。"为报复朝廷，杨应龙大肆在播州周边劫掠一番，派人占据险要关口，同时招抚骁勇善战的苗兵为己所用。到这时，杨应龙和朝廷之间已经不再有回旋的余地。

万历二十七年（1599年），朝廷以李化龙总督川、湖、贵军务，兼理粮饷，巡抚四川。当时杨应龙已攻占綦江，重庆危在旦夕。李化龙挂帅出征后，并没有立即出击，而是施缓兵之计，假装向杨应龙示好，说是朝廷有豁免其罪之意。杨应龙信以为真，撤军返回播州。趁此机会，明军开始逐渐集中优势兵力。万历二十八年（1600年）二月，李化龙于重庆集结兵力，正式发布讨杨檄文，誓师出征。

李化龙兵分八路围攻杨应龙，意欲进行战略决战，其中四川四路，贵州三路，湖广一路。苗兵虽然骁勇善战，但此时已是笼中困兽，更兼李化龙兵力占优，到四月下旬，播州军已是全线溃败，退至杨应龙最后一个据点——海龙囤。明军包围海龙囤后，由于该地易守难攻、地势险要，竟然一时未能攻下。杨应龙虽做困兽之斗，但仍然不忘诈降、诈死，希冀侥幸击败明军，但均被明军识破。六月初六，明军小股部队偷袭成功，攻入海龙囤。杨应龙携妻妾纵火自焚而死，播州之役宣告平定。

明朝平定播州后，改土归流，分播州宣慰司为两府，属四川的为遵义府，属贵州的为平越府。关于善后事宜，时李化龙父丧丁忧，所以任王象乾为兵部右侍郎兼右佥都御史，总督川、湖、贵军务。王象乾其人，是明朝后期著名的文臣将领，此前他任宣府巡抚前后7年，而边境无事。

早先杨应龙叛乱时，水西安氏持观望态度，并没有立即出兵随明军平叛。杨氏和安氏不但接壤而且还联姻，杨氏起兵之初，大家都觉得安氏可能会相助杨氏，一旦发生那样的情况，莫说杨应龙之乱不能平定，贵州省城亦不能保，但现在并没有出现这样的情况。对此，朝廷经过商讨研究认为，若再不拉拢安氏，只怕安氏真的会为杨应龙所用。所以朝廷表示，只要安氏帮忙出兵进攻播州杨氏，就答应归还其从前被播州杨氏侵占的水西600里土地。此前播州和水西关于领地有过纷争，所以朝廷以此为饵换取水西倒向朝廷一方。但事后，关于如何划分土地却又起波澜。

兵部覆奏李化龙播州善后事宜时，认为播州地界左连水西，右通永宁，地形犬牙交错，"夷性犬羊，互相雄长，侵克无常"，因此播州改土归流设府县治理后，原属于永宁、水西之地应还给奢、安两家。

朝廷虽然想尽早解决划地纷争，但是底下川贵地方官态度却很暧昧，四川巡按御史和贵州巡按御史纷纷推辞此事。朝廷也知此事处置艰难，一旦处理不当，又会造成当地土司叛乱之局，于是令督臣王象乾会同贵州巡抚秉公处置。

在所有与播州土司有领地争执的土司中，水西安家最受重视。当时大学士沈一贯也曾上疏，认为西南地区必须由一位有威望的大臣前往，并据理折中，奉法定制处置。然而水西要求割地一事遭到四川方面和西南总督王象乾的强烈反对，王象乾要求将遵义府的水烟、地坪、天旺等地划归四川。御史李时华则上疏朝廷

▲ 海龙囤遗址

▼ 2008年重修的贵州宣慰府

为水西正名，且认为水西平叛有功，不宜夺地，否则容易引发矛盾，招致叛乱。朝廷权衡再三，采纳了李时华的意见。经播州之役后，水西安家的实力着实扩充了不少。万历四十一年（1613年），贵州宣慰使安尧臣已然胆敢驱兵进入云南沾益州劫掠。

至于日后天启年间奢安之乱的起因，官方说法是永宁宣抚使奢崇明狡诈奸宄，久蓄异志，有不臣之心；其子奢寅则有逆志，心地狭窄，招纳了不少亡命之徒。而贵州宣慰同知安邦彦作为安位的叔父、贵州宣慰司的实际掌权人，也被官方记载为"桀黠"。

但是细刨史料却也不难发现，奢安之乱的发生没那么简单。

根据土司承袭制度，前任土司的子弟、族属、妻女、女婿和外甥都权承袭土司一职，通常遵照当地习俗产生。当然最普遍的还是父死子继，但妻妾继承土司之位的也不少见，如著名女将秦良玉在其丈夫马千乘去世后，就承袭了石砫宣抚司宣抚使一职。不过袭封者5岁以上才能勘定立案，年满15岁才有资格袭职，不满年龄者则和流官共同管事。当然，土司承袭必须最终经过朝廷认可才算作数。首先，应袭者需报当地抚按进行初步审核，且要有同族担保人。等到衙门查验结束后，再由该省布政司衙门上奏朝廷，最后由朝廷定夺。

洪武末年规定，宣慰、宣抚、安抚长官等武职土司因领有土兵，所以由兵部武选司考核；府州县等文职土司则由吏部验封司考核。如果有通过战争这种非正常手段夺取土司之位的，朝廷不予认可。嘉靖年间，云南部分土司之间彼此兴兵攻伐不断，为此朝廷下旨：如果有借仇杀上位土司的，一经发现立即停袭。朝廷还规定，土司承袭时，无论新

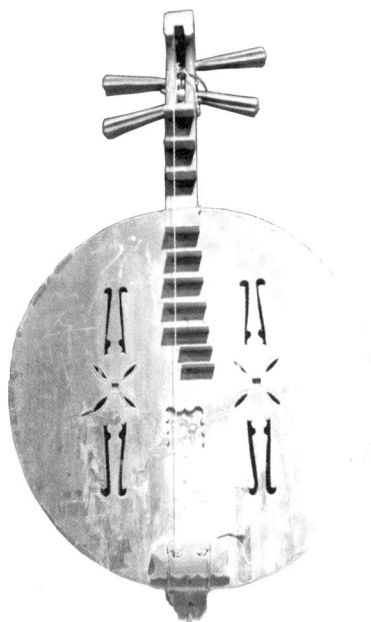

▲ 水西彝族代表性乐器——月琴

122

任土司距离京师多远，都得赴京受职，并接受印信、号纸。

关于四川永宁宣抚司，翻看《明史》可知，奢崇明的伯父奢效忠死后，奢效忠的正妻世统无子，妾室世续却有一子奢崇周可继承土司之位。但是正妻表示不服，想夺取官印，于是和妾室互相残杀。

结果奢氏内乱时，总兵官郭成、参将马呈文为了利益，驱兵深入奢家祖居之地落红（地名）劫掠奢家产业，世续也跟在明军后面。按《明史》的说法，"奢氏九世所积，搜掠一空"。奢效忠之弟奢沙卜则发兵抵挡，打败了明军，同时也向水西借兵。而世统则拒绝交出奢沙卜，还杀了明军3个把总，又聚集苗兵万人意图反攻。事后，郭成、马呈文被巡按弹劾，夺俸三月，并戴罪抚戢。

最后，按照巡按宋仕的建议，永宁宣抚司印等到奢崇周成年再给他，至于两位妇人则分管各自的土地人民，均给予官帽衣带。

世续所生的奢崇周继承土司之位没多久就死了，世续膝下再无子嗣。永宁宣抚司又一次陷入了继承人的纷争中，朝廷对此颇为忧虑，最后议定由奢家亲支奢崇明继承。奢崇明之父早死，他由伯母世统抚养了13年，和伯母的关系自然非同一般。

这期间的万历二十五年（1597年）正月，四川都司张神武和参将周敦吉再次驱兵进入永宁宣抚司，以向世续追讨永宁宣抚使官印为名，再次大肆掳掠，奸淫妇女。这次忠于世续的阎宗传再度起兵反抗，攻打周围的永宁卫和赤水卫，并摧毁了普市所和摩尼所。朝廷经过调查，认为是张、周二人"矫命兴师，房掠黔刘，贪纵淫暴，因激变"。虽然事闻于上，但朝廷仍没有对祸首张、周二人严肃处理。

至于贵州水西彝族土司安家，也有讲头。贵州宣慰司实力强大，所以朝廷在处理其相关事宜时，向来比较慎重，历来是恩赏有加。霭翠归附后，明太祖特令其居各宣慰使之上。霭翠去世后，其妻奢香夫人袭任土司，当时都督马晔想消灭这群土司，改土归流，于是找了个借口鞭挞奢香夫人，想逼她挑起战事。这个时候，水东宋氏家族的宋蒙古歹之妻出面制止，并到南京向朱元璋告御状。朱元璋听后令奢香夫人觐见，奢香夫人如实告知马晔阴谋，并表示愿为大明世代守卫疆土。明太祖大悦，对其大加封赏，并召回马晔严厉惩罚了他。从《明太祖实录》中可知，贵州宣慰司经常进贡马匹给朝廷，虽然数量并不是特别多，但是在朱元璋眼里简直是个

▲《南都繁会图卷》局部，描绘了明代留都南京的繁华景象

模范土司。奢香夫人之子安的承袭土司后，照例进贡战马，朱元璋直夸他忠诚恭敬。

　　起初，朝廷规定贵州宣慰使需在贵阳城内办公，非有公事不得擅回水西，但明中期以后朝廷对其警惕有所下降，便允了宣慰使回水西办公的请求。不过另一方面，出于对水西实力的顾忌，朝廷也在水西周边广置卫所，实土卫达二十余个。永宁卫、乌撒卫、赤水卫、毕节卫位于水西彝族百姓聚居区的西北方向，普安卫、普定卫、平坝卫、威清卫、安南卫、安庄卫就在水西以南，贵州卫、贵州前卫、新添卫、龙里卫等则在水西东南。朝廷后又在水西所管水外六目之地设敷勇卫和镇西卫，从而形成了一个针对贵州宣慰司的大包围圈。

贵州都司所属的卫所屯堡和土司营寨不但犬牙交错，而且还人为地割裂了不同地区的少数民族之间的联系，使得川、贵、湖三省同族土司互不统属。永宁宣抚司虽属四川代管，但位于永宁宣抚司境内的永宁卫隶属于贵州都司，隶属于湖广都司的五开卫却位于贵州黎平府境内。不过由于管理组织不同，事权不一，也平白增加了处理少数民族矛盾的难度。

同时，朝廷不断迁徙汉人移民贵州以扩充当地汉人比例，并大规模推行屯田制。明朝前期，贵州军屯尚能自足；但到了卫所制衰败后，便状况百出了。弘治年间，已有很多屯田被豪强吞并。到万历年间，贵州卫所屯田更是有直接被公然侵占改为私庄的例子。

说到这里，就不得不提一位日后于崇祯年间在颍州殉国的前任兵部尚书张鹤鸣。张鹤鸣在巡抚贵州期间，手腕凌厉，做事果断，屡次发动军事行动镇压当地起事。贵州宣慰使安尧臣去世后，其子安位年幼，张鹤鸣看到此景，立即上疏朝廷，打算趁安氏少主年幼不成气候之际，彻底收拾水西安家，顺便改土归流。贵州巡按御史杨鹤也上疏朝廷，建议趁安氏"仰我鼻息"之刻将其收拾。但是朝廷并没有允许张鹤鸣这一行为。

天启元年十一月，巡按御史史永安上疏朝廷速令安位承袭宣慰使，并请革土司袭谢陋规。这里的"陋规"是指向袭职者索取黄金一事。安位袭职时，贵州分守兵备副使邵应祯就向他索要常例两三千金。据记载，奢崇明就任宣抚使后，也遇到了永宁监生陆登瀛勒索谢礼，并遭参将周敦吉斥骂这样的不快事件。日后在云南发动叛乱的土司普名声，在新巡抚王伉上任时，也被其索贿。著名女将秦良玉的丈夫石砫宣抚使马千乘，亦是因为内监索贿不成，趁机构陷而下狱瘐死。

正因为此，安尧臣去世后，其子安位才畏惧朝廷命官勒索，迟迟未承袭宣慰使一职，而由其母奢社辉暂领。奢社辉正是奢崇明之妹，而前永宁宣抚使奢效忠之妻又是曾经的贵州宣慰使安万铨之女。尽管有此密切联系，可在一开始水西安家和永宁奢家也有矛盾存在：奢崇明之子奢寅为人凶悍，曾经和奢社辉争夺土地。

▲ 大明通行宝钞肆拾文

正因为此，当奢崇明率先起兵反叛的时候，朝廷庙堂还希冀水西安家能够为朝廷尽忠，万万没想到两土司均反，互为策应，棋失一着。

播州之役后，尽管朝廷完成了剿灭杨氏的目标，但水西安氏也收回了先前的土地，实力大大增长，比以前更难控制。万历四十一年，水西安尧臣驱兵进入云南境内劫掠沾益；万历四十六年，四川巡抚又奏报水西安氏违旨进入永宁地界。安氏和朝廷之间的矛盾日趋白热化。

在张鹤鸣巡抚贵州期间，还发生了一桩事。当时赤水卫明军和当地百姓争夺土地，而张鹤鸣在给朝廷的奏疏中直指奢家父子"抢占土地"的行为是违命抗旨、公然叛逆，要求改土归流。

此时奢崇明的官位还是永宁宣抚使。永宁宣抚司虽属四川代管，然而宣抚使仍然是朝廷的正三品大员，张鹤鸣如此做反而容易激化矛盾。永宁、水西等地正好位于川贵交界之处，当地土司互有通婚，关系错综复杂。事实上，该地区的少数民族时常发动起义反抗明朝统治。有鉴于此，张鹤鸣一心想一劳永逸地解决问题，因此故意把事情闹腾大，直接给对方扣上了"抗旨""谋逆"的大帽子。

朝廷对上层土司一向加以笼络，而对土司领内的下层百姓却未能给予足够的重视，任凭土司酋长鱼肉乡里，所以土司起兵时也能一呼百应，通过欺诈得到底下群众的支持。日后在贵阳围城战中幸存下来的贵州提学金事刘锡玄在《围城日录》（收录于《黔牍偶存》）中说："官兵渔肉黔人，既极残酷。有过苗仲寨者，苗仲具鸡黍，称主人甚谨，临行，辄破算器，加楚折焉。……流官之朘削土司，真可痛恨。然土司之孱弱忠顺者尤被困。……纵衙隶朘土司者十人而九，弱怒色，

126

强怒言久矣。"后来张我续带兵平叛时，其所带亲兵三千余人在城内各家住宿，每日酷索奸淫。再加上奢崇明家族和明朝的种种矛盾，奢崇明起兵时，一些深受官府欺压的底层人民也随之起事。

播州宣慰司

播州宣慰司，秦时为夜郎、且兰之地，汉朝属牂牁郡，唐贞观年间改为播州。乾符初年，南诏攻陷播州，太原人杨端响应招募，后收复播州，为播州人怀念信服。五代以后，其子孙世代占有其地。宋朝大观年间，播州改置遵义军；元朝授宣慰司，并封杨氏后人为播国公；洪武四年平蜀后，归顺大明，依旧设播州宣慰司。播州宣慰司下设草塘、黄平2个安抚司，安抚司之下又有真州、播州、余庆、白泥、容山、重安6个长官司。洪武十五年，改隶贵州。嘉靖年间，复属四川。播州杨应龙之叛被平定后，分其地为遵义、平越二府。遵义府属四川，平越府属贵州。

永宁宣抚司

永宁宣抚司，唐兰州地。宋为泸州江安、合江二县境。元置永宁路，领筠连州及腾川县，后改为永宁宣抚司。洪武四年，傅友德征蜀后，永宁内附，朝廷设永宁卫管辖。洪武七年升为宣抚司。

贵阳府

贵阳府，旧为程番长官司。成化十二年（1476年），以贵州宣慰司地置程番府，治程番长官司。隆庆二年（1568年）六月移，入布政司城。隆庆三年（1569年），改程番府为贵阳府，与宣慰司同城，府辖城北，司辖城南。万历年间，改为贵阳军民府，领金筑安抚司，下辖18个长官司，分别是贵竹、麻向、本瓜、大华、程番、韦番、方番、洪番、卧龙番、金石番、小龙番、罗番、大龙番、小程番、上马桥、卢番、卢山和平伐。

贵州宣慰司

　　起初，元朝在贵州境内设置八番、顺元诸军民宣慰使司。朱元璋克陈友谅后的元至正二十四年（1364年），兵威远震，思南宣慰、思州宣抚率先归附，当时朱元璋令其原官世袭守卫。洪武五年（1372年），贵州宣慰霭翠与宋蒙古歹及普定府女总管适尔等先后来归附，也令其以原官世代守卫，隶属四川。永乐十一年（1413年），朝廷设立贵州承宣布政司。永乐十四年，设贵州提刑按察司。加上洪武十五年（1382年）设立的贵州都司，贵州已经建立了完整的三司体系，而贵州宣慰司也从永乐十一年改隶贵州。贵州省治所及后来的贵阳府治所与贵州宣慰司治所同城。值得注意的是，贵州宣慰司和贵阳府虽然一直同城，且宣慰使品级比知府品级更高，但本质上仍然是平级的机构。贵州宣慰司于崇祯三年奢安之乱平定后改为水西宣慰司。贵州宣慰司下设9个长官司，分别是水东、中曹、青山、札佐、龙里、白纳、底寨、乖西和养龙坑；安氏领水西，宋氏领水东。

重庆兵变

　　天启元年春，后金努尔哈赤先后攻占沈阳、辽阳，连下七十余城，京师大震。在朝廷恐慌之际，奢崇明突然上疏提出了一个请求：希望朝廷允许自己带领2万马步精兵北上援辽。这使他得到了许多当朝大臣的好感，不少人认为可以一用。等明熹宗正式明发上谕要求南方各省征调兵员援辽时，已是4个月后的八月初五，其中负责征调川兵的是给事中明时举和御史李达。

　　按照一般说法，一接到命令，奢崇明就派樊龙、樊虎、张彤等率马步精兵出发，前往中继站——重庆。本来四川巡抚驻成都，但当时四川巡抚徐可求受明时举和李达所挟不得不移镇重庆。巡抚徐可求在校场检阅军队时，做了一个举动——淘汰老弱兵员，这个行为遭到了永宁军队的强烈抵制。

此时还出现了另外一桩严重的事情——饷复不继。就当时的情况而言，明军因缺粮缺饷而哗变的情况甚为普遍。据其他学者不完全统计，从正德四年（1509年）到明末农民大起义这段时期，规模较大的军队哗变就有六十多次，平均每两年一次，这还不包括小规模的哗变和兵卒逃亡事件。

明末经济崩溃造成财政危机后，兵卒的生活水平也比以往更加恶劣。从万历三十八年（1610年）到天启七年（1627年），明政府欠各边年例高达968万两白银。在这种情况下，军队无粮饷，别说战斗力，就连最基本的生活都难以为继，他们只能抗议。比如说泰昌元年（1620年）八月和天启元年二月，浙江台州军卒就因缺粮饷而接连哗变。就连天子脚下，在天启二年（1622年）四月也有新兵六千余人围住户部衙门，非要见到发银才肯退散。

这支永宁宣抚司来的军队，本来朝廷额定的安家银是每人20两，但是由于种种原因减为每人17两，事实上当时仅有4万两银子下发。同时巡抚徐可求戴着有色眼镜看人，意欲将永宁官兵全部刺面，侮辱太甚。再加上此前明朝地方官员曾压榨当地百姓，导致矛盾集中爆发。

根据传统说法，九月十七日，徐可求在校场点兵时，奢崇明女婿樊龙以增行粮为名，骑马舞槊，当先一槊刺死巡抚徐可求，随后永宁土兵一拥而上，兵变就此发生。《綦江县志》的说法与上面的说法有些不同，而是樊龙等人恶意谎报人数，意欲吃空饷。当徐可求按照花名册点名时，当先出来的竟然是一个乡野小儿，徐可求十分惊讶，樊龙说："你嫌他年纪太小吗？"徐可求大怒道："你想造反吗？"樊龙厉声喝道："此时不反，更待何时！"说罢其属下张彬等人拥上前杀了徐可求，遂据重庆。

在这次重庆兵变中，官员殉国者甚多。四川巡抚徐可求、四川按察使孙好古、四川按察司提学副使骆日升、四川按察司副使川东兵备李继周、知府章文炳、同知王世科和熊嗣先、推官王三宅、知县段高选、总兵黄守魁和王守忠、参将万金和王登爵等在这次兵变中全都遇难。负责征调川兵的两位言官明时举和李达则逾墙而遁，侥幸逃过一劫。原任巩昌同知的董尽伦闻变，立即冲进城中杀贼，但力不能建，中伏而死。

当时，永宁土兵数千人列在江岸，和城内里应外合，立即占领了重庆。同时叛军分兵扼制夔州水路，一路据綦江、遵义，一路据泸州，一路截住川西栈道，声势极为浩大，全蜀为之震动。

面对重庆兵变的乱局，一些朝廷命官完全失去威仪，贪生怕死，逃的逃，告病的告病，使忠义者心灰意冷；而土官则桀骜难驯。结果满城庐舍，一夜尽成焦土。当时遵义道臣李仙品、参将万金也奉旨北上援辽，同在重庆，致使遵义城内空虚。奢崇明及其子奢寅趁机率兵攻陷遵义，署府通判袁任当先逃跑。奢军趁机劫掠，连下纳溪、泸州、江安等城。兴文被攻破后，知县张振德宁死不屈，与妻子自焚而死。奢军虽然连战皆捷，但到合州城下时，竟然碰了钉子，被知州翁登彦、知县周礼嘉暂时击退；但奢军兵锋未减，到了十月十七日，奢军已经以十万余人的优势兵力进围成都。奢崇明这时有些飘飘然，开始自称"大梁王"，并设丞相五府等官。

奢崇明起兵后，曾派遣使者携带重金前往石砫宣抚司，邀请宣抚司的掌印女官秦良玉共谋天下。但石砫宣抚司的态度极其坚决，斩使留银表明了自己的立场。也因为川东有秦良玉的存在，所以忠州、夔州等地尚未失陷。

奢崇明起兵速度之快，令人咋舌。自重庆兵变以来，永宁军一路攻城略地，一个月后就进围成都府。纳溪、永川、长宁、荣县、隆昌、壁山等地因征调援辽，城内空虚完全无法抵挡。就连成都被围之时，城内亦不过2000士兵，而且军饷不足。时任左布政使的朱燮元急调石砫、松茂、龙安诸道兵入援。

从以上情况来看，如果真是突然发难，这个起兵速度实在是难以令人信服。更何况，没有奢崇明的命令，其属下未必敢做谋反这样的大事。所以笔者以为"汰其老弱""饷复不继"大抵只是一

▲ 明代著名爱国女将秦良玉，她参与了辽东抗击后金、平定奢安之乱、抵御张献忠入川等多次战役，战功显赫，为后人景仰

个借口，就算没有这样的状况发生，奢崇明未必就不会起事。

在奢崇明父子大乱四川的时候，毫无悬念的，贵州的安邦彦也起兵了，打了贵州巡抚李枟一个措手不及。

李枟，字长孺，浙江鄞县人，万历二十九年（1601年）进士，历任广东盐法佥事、山东参议、陕西提学副使、山东参政、山东按察使等职。万历四十八年（1620年），他以右佥都御史巡抚贵州，兼督理湖北、湖南、川东等处地方军务。

先前辽东战乱不止，朝廷决议征调南方各省军队援辽，安邦彦和奢崇明一样向朝廷提议，希望允许自己的军队援辽。李枟觉其有异，于是当安邦彦向李

▲ 天启帝朱由校

枟请求出行时，被他严词拒绝。李枟也屡次上疏要求增加粮饷军队，但当时朝廷正为辽东之事发愁，对此并没有理会。

就在这个时候，李枟被朝臣弹劾了。无奈之下，李枟先后6次上疏请求退休。天启元年十月，朝廷议定允许其离职，同时启用原太常少卿王三善[①]为右佥都御史巡抚贵州。而就在此时，奢崇明起兵反明，王三善尚未到任办理职务交接，因此李枟仍然暂时主政贵州。

当时贵州土地兼并严重，卫所荒弛，社会矛盾尖锐，情况不容乐观。贵阳城内士兵不及3000人，仓库空虚，李枟和贵州巡按御史史永安向朝廷要兵要饷的奏疏又被束之高阁、不予理会。无奈之下，两人只得向云南、湖广借贷4万两白银，

---

① 王三善，字彭伯，永城人，万历二十九年进士。《明史》给王三善的评价并不低，说他为人倜傥，凭特义气不肯居于别人之下，且多权变谋略，又喜结交四方奇士侠客，后来尽得这些人驱使，是个非常有人格魅力的人物。然而王三善性格急躁，不能老成持重，这个致命缺陷也造成了他的败亡。

▲ 秦良玉的战袍与头盔，藏于重庆中国三峡博物馆

募兵 4000 人，存米 2 万石，准备战守器具，这才使军备稍有整顿。他同时派遣总兵官张彦芳、都司许成名与黄运清、监军副使朱芹、提学金事刘锡玄率军援川。这支援川军队出征后，接连克复遵义、绥阳、湄潭、真安、桐梓等地；再兼之此前秦良玉抚守忠、夔二州，叛军虽然包围成都，其实后方并不稳固。

但是安邦彦不知从何处听说奢崇明已拿下成都，于天启二年正月二十八日响应奢崇明正式起兵，并自立为"罗甸王"，奇袭毕节，西南局势陡然发生变化。其实当时成都之围已解，秦良玉所部也开始反攻。然而安邦彦起兵后，响应他起兵的土司头目极多，如宋万化、安邦俊、鲁连、安若山、陈其愚、陈万典、安效良等皆先后起兵，因此天平仍向奢崇明、安邦彦一方倾斜。

就在天启二年的正月，还在等待新任巡抚王三善来办理职务交接的李枟，在其给朝廷的奏疏中就告诫"切勿谓辽事重、黔事轻"，并在这则奏疏中再次向朝廷要兵要粮，表示乌江守军羸弱单薄，非募兵数万不可，直言严防水西安氏。正月末，贵阳城内发生了一起奸细混入事件。当时安邦彦派人贿赂城内把守粮仓的小吏，企图半夜放火烧粮，结果动静太大把仓长吵醒，立斩小吏，这才保得仓粟安全。

安邦彦起兵急袭毕节之时，通判杨以成在毕节掌事，闻讯立即向云南巡抚求援。云南援军未至，贵州都司杨明廷的 3000 人马遭到乌撒土司安效良埋伏，在毕节全

▲ 正月二十八日至二月初六，贵阳城内百姓闻变后恐惧慌乱的样子

军覆灭。此后安军分兵攻陷安顺、平坝、沾益。安邦彦亲自带领数万水西及罗鬼、苗仲军，东渡陆广河，杀往贵阳，同时令原播州之役中杨应龙余党王伦拿下瓮安、偏桥两地，阻断援兵往来。叛军围困普安、安南两卫时，云南都司李天常率 5000 援兵来救，叛军将领罗应奎诈降，赚他至迭水铺后伏兵四出，致使这支明军全军覆没。北边的洪边土司宋万化纠集 9 股苗仲势力，攻陷龙里。贵州首府贵阳岌岌可危。

安邦彦起兵之前，乌撒卫指挥管良相就和巡抚李枟商议："奢氏起兵后，安氏必继之而反。贵州无兵饷，猝然有变，如之奈何？应招两万人，囤积两年粮谷，由都司许成名带领，观察安邦彦的变化。"只是当时李枟力不从心，未予采纳。其后管良相因祖母病乞休回家，哭着说："乌撒孤城，又和安效良有仇，水西一旦有变，乌撒首当其冲。我膝下无子，情愿以死报国，以图长远之策，保此地平安。"李枟亦哭泣。其后不到一个月，安氏果然起兵，攻破乌撒府后，管良相自缢而死。

贵阳围城

天启二年二月初七，水西军已至贵阳城下。不过守城方经过李枟、史永安的军务准备后，事事周整，人心渐安；但全城原有标兵、镇戍兵、卫所兵，加上临时招募的兵丁也不过七千余人。正月末，李枟紧急传令张彦芳和黄运清回师援黔。

贵阳城初建于元朝至正年间，起初不过是个土城，直到洪武十五年（1382 年）才大肆修葺了一番。整个贵阳城周围 9 里 7 分，城高 2 丈 2 尺，共分 5 个城门：东武胜门，南朝京门，西圣泉门，北柔远门，次南德化门。《读史方舆纪要》中说贵阳"府当四达之郊，控百蛮之会"。在当地，贵阳就好比人之胸腹，贵阳东西诸府卫犹如人之两臂，战略位置之重要自是不必多说。

133

《围城日录》对贵阳围城战有着非常详尽的描述，是关于这场战事的第一手资料，它将整个围城战事分为七局：二月初七至四月初六为第一局，四月初七至五月初六为第二局，五月初七至七月十二日为第三局，七月十三日至八月十八日为第四局，八月十九日至十月二十三日为第五局，十月二十四日至十一月十日为第六局，十一月十一日至十二月初七为第七局。

当时布政司、按察司两衙人员恰巧皆进京述职，武将张彦芳、黄运清分守铜仁、遵义。经过城内以李枟为首的两院三司商议，他们决定由剩下的军政要员分守5门：北门由巡抚李枟负责，其余4门分别由提学金事刘锡玄、参议邵应祯、都司刘嘉言、前任副总兵刘岳把守。史永安则居守望楼，组织街市士兵，防止内变。此外在北门柔远门外另部署有3000镇筸兵。所谓"镇筸兵"，乃是湖南湘西一带的兵种，"镇筸"就是现在的湘西凤凰城。这支军队向来以骁勇善战著称，抗倭名将俞大猷就曾任职湖广镇筸参将署指挥金事。镇筸兵在清末镇压太平天国时，仍以凶悍能战扬名天下。

初七辰时（早上7—9点），安邦彦军队兵临贵阳城下，巳时（上午9—11点）立马、设置栅栏营寨于城外诸山。安邦彦包围贵阳城后，首先进攻的正好是李枟所守的北门。北门虽然建在高坡之上，下面又有护城河作为屏障，地势上易守难攻，但安邦彦久居贵阳，熟知贵阳城内情形，知道北门年久失修，因而认定该处为贵阳的薄弱环节。可是他并不知道李枟已有所准备，早派人修葺北门，并在城外部署了一支强有力的外来援军——镇筸兵。在二月初七的首战中，镇筸兵奋勇死战，安军虽然人数占优，却也只斗了个旗鼓相当，这么一来城头观战者士气顿时大增。

傍晚时分，安军放弃进攻北门，转战东门。贵阳五门中独东门地势偏低，刘锡玄对此也有准备，在东门月城之上设置了百余名弓箭手。水西军攻东门之时，万箭齐发，最终水西军惧而撤退。二月初七这日首战告捷，意义不可谓不大。根据刘锡玄的说法，此战后全城士绅百姓才有了活下去的希望，再无死心，也是贵阳能够支撑三百余日却始终固若金汤的精神保障。

不过就在此时却出了个大乱子。部署在北门外的镇筸兵虽然骁勇，面对安邦彦的10万大军却也心怯。作为城内将士依靠的镇筸兵，竟在此时要求进城。两院三司集议良久，还是决定开门放其进城，但三千镇筸兵军心已乱，曳戈而走的

▲ 二月初八西门御坡上贼，十六日北城开门杀贼

▲ 二月二十三日烧贼厢楼，二十六日御贼土笼

达两千五百人，仅剩四百五十余人入城并被刘锡玄调到东门守备。而后城内复招一千五百余名民兵，以补逃兵之缺，这时尚有五千余人阖门而守。

为了恐吓城内守军，入夜后安邦彦令士兵在城外各山头每人手持两支火炬，并将每支火炬的两头点燃，以营造出有40万大军的气势。站在城头远眺，只见火光点点，连绵不绝，炽然可怖。但此后安军几乎夜夜如此，守军也就见怪不怪。

围城第二天，安军改攻西门。贵阳西门城外有一石坡，其中有一巨石被草木掩盖。水西军占此为据点，向城内发射矢石。城内守军无以为御，顿时军心惶惶。巡按御史史永安急来西门坐镇，安抚军心，并用火铳杀敌，暂时逼退安军。待到初九安军再来，西门已经造起了雉楼，比那石坡更高，这次又是明军占据制高点位置。

明军在西门造起了雉楼，安军则在北门造起了另一种攻城器械——厢楼。厢楼可以算作攻城塔，由水西军在城外发冢，取杉坚厚者，四面复布而制，当中可以埋伏数十人，底部装有辘轳，由数十人推着前进。至于守城方的破敌之策，乃是趁夜缒两名矫健的士兵出城，持火药、油草等物从下烧之。待到厢楼中人察觉，火焰炽燃，已经不可扑灭。

南门外的安军使用了不同的攻城方法。他们编竹为笼数以万计，笼子中盛满土石，以之垒起，打算建成高台居高临下攻城。守城方的一个军门旗牌官李良才急请监军拆除城内永祥寺钟楼，将其改建于城门之上，再次抢夺制高点。安军所垒土笼本来已高丈余，见状气势顿减，被迫放弃置笼，城内趁机出兵大肆掩杀一番，并焚毁土笼。不可避免地，水西军再次失败。

安军在造高达 3 丈的攻城楼俯瞰全城时，还使用了妇人、鸡犬以及厌胜之术。守城方的反制措施则是烹煮猪肉夹杂米饭投出城外，远看就像投喂鸡犬似的，同时张开虎豹皮于城楼卜袚除不祥。

总之，安邦彦军队屡战屡败，始终不能攻入贵阳，还屡次遭到城内明军打劫粮食，不免大怒，于是沿山安营扎寨，四处设下伏兵拦截道路，断绝贵阳周边交通。同时，叛军杀百姓、烧村寨、置木栅、垒户墙、断粮道，以致鸟雀不能飞渡；又先后攻破周边的广州、普定、威清、普安、安南诸卫，贵阳以西数千里地全部沦陷。安邦彦试图让贵阳城在外无援军、内无粮草的情况下不攻自破。

守城方在奋力抵御的同时，亦对城内百姓进行了多方动员。在早些时候，贵阳军政衙门就发出告示，晓谕周边百姓及时输送粮食入城，如有缺人挑运的情况，即刻报数赴道，给予执照，借济兵需，以便差人搬运。城内百姓也在群情激愤的情况下，杀了一批城内奸细。学官和诸生也积极参与到守城事宜中去，以学道为监军，脱下布衣改穿戎装参与守城。又有五六百人分成数组，负责五更稽查并督导士兵备战。贵阳士绅则纷纷出钱，作为赏金奖赏给有功将士。总之，大家有钱出钱，有力出力。守城方同时密谕城外儒生见机行事，擒凶杀敌报效国家。

另外，守城方也没坐以待毙，而是在守城之余，多次主动出击。例如三月十五日凌晨，贵阳守军发兵牛路口，截盗安军粮草，至午时方回。同时有一支军队在刘锡玄的带领下，出其不意地大开北门，掠北郊宅溪①而还。这日明军所擒斩的敌军之多，几乎可筑成"京观"②。

---

① 所谓"宅溪"，也称"则溪"，是当地彝族土司的一种制度。安氏根据宗法制，把当地分成 12 份，称"12则溪"，每则溪有自己的统治区域，加上安氏直辖的 1 则溪，共 13 则溪。则溪在彝语中是"粮库、仓库"的意思。每个受封宗亲只管辖自己领内事务，并掌握领内军事和财政权，而后则溪逐渐成为当地的行政单位。则溪里的百姓兵农合一，平时屯田种地，战时拿起武器打仗，所以水西安氏才能够在短时间内组织起一支富有战斗力的大军。

② 古代战争中，胜利方为炫耀战功，收集敌人尸首封土而成的高冢。

尽管如此，在安邦彦10万大军的重重包围下，守城方的日子也越来越不好过。刘锡玄在二月二十日给贵州总兵张彦芳和都司黄运清的信件中称："自从初七围城贼折败，伎俩已穷。探知彼中，颇亦悔惧。但援兵不至，城中御贼有余，扫贼未能也。"

二三月份，是整个贵阳被围期间战事最为激烈的时候，但由于守城方措施得当，叛军的攻势被一一顶回去了。此

▲ 贵阳围城期间，安军每夜打号火威吓守军

后虽然战事趋于缓和，可另一个非常严重的问题出现了——缺粮。

《围城日录》所记述的核心就是贵阳缺粮所造成的局面以及地方军政的举措。由于缺粮且孤立无援，城内矛盾开始凸显出来，战局逐渐倾向攻城的安邦彦方。

四月初七凌晨，在贵阳被层层包围的情况下，贵州总兵张彦芳和都司黄运清突然率新龙兵2万余人，在几乎没有受到任何阻挠的情况下到达贵阳城外，并急夺南门而入。在全城双手加额大庆的同时，刘锡玄却觉得这支援军来得实在奇怪。此前张、黄二人的军队在回师援黔的过程中，首先在新添战胜了一场；随后安军以此为饵诱其进入龙里，大败张、黄二人所部。

刘锡玄怀疑这支援军不受敌军阻击，亦不见一敌兵，是安邦彦故意放其进入贵阳城的。先前两将和叛军在新添、龙里之间相持四十余日，而突破至贵阳的道路又危险狭窄，如果不是叛军故意放水让其顺利回援，这两支军队焉能轻易到达贵阳？想来想去，刘锡玄只能得出一个结论，不是明军太无能，而是叛军太狡猾：故意纵新龙兵入城，想让这支2万余人的生力军消耗城内粮食。反正贵阳已经被围得水泄不通了，人越多，粮食消耗得越快，到最后怎么也得开门投降。这时有人就跟刘锡玄说了，前一日（初六）就有敌军在东门外大喊："我让尔新龙兵来！"很明显，初六时安军就已经明确告知了自己的计策，但对于守城方来说即使提前知道，也还是无可奈何。

不得不说安邦彦的计策还是很成功的，但是他没料到这个世界上还存在张巡、

137

许远一样的将士。

张、黄二人所部入城后，所消耗的粮食之多可想而知。刘锡玄自言，这时心中的恐慌已不亚于叛军二月初七刚刚包围贵阳的时候。张、黄所部虽云2万人，但登记在册的却只有14000人，而实际情况却是连8000人都不到。既然自称有14000人，那么一天便要吃掉140石米，这使城内的粮食供给变得急剧紧张起来。

张彦芳进城后"建牙府第，顾盼自如"，而黄运清则"疫则拥诸姬"，什么围城，全都抛在了脑后。有人夜叩两将营房，希望二人率兵出城扎营，得到的回答是营房还没准备好；问他们啥时候准备营房，答要先整备排栅；问啥时候准备排栅，答要先取浮粮；问啥时候向哪个敌营、民寨取浮粮，答要先战胜敌军，让敌军胆寒才可。总之，二将决议当缩头乌龟了。

所以城内的问题是这帮军士只吃饭不出力，故意避战。

四月十八日，驻守西门的两三千人在监军的逼迫下不得已出城迎敌，冲入敌营杀贼多人，有长驱直入之势。由于张、黄二人奋勇杀敌的景象实在少见，刘锡玄感动得亲自写感谢信祝贺他俩。此后，张彦芳总算搬出了府第驻扎北楼，黄运清则驻扎次南门。

四月二十二日这天又出事了。两台、总镇、监军、都司等人集议战事，黄运清手写兵符十余纸分给各将，令某将当日一鼓出南门，某将于二鼓、三鼓、四鼓出北门，齐候黎明，然后一起攻打小壁堡取浮粮。刘锡玄惊骇地偷偷对李坛、史永安大骂黄运清是书生郎不知兵，从来没有这么张扬明白的将令，岂不让敌人有所准备？

其后城头鼓声大作，刘锡玄急忙派人问南、北门出兵到何处，却全无人员回报。刘锡玄急问黄运清何故，收到的答复是手下的部卒一天只吃一升米，太饿了，出不了城，现在鼓噪着回宿民宅了。稍有常识的人都能看出这只是避战的借口，愤恨的刘锡玄在《围城日录》中针对此事自行注解道：这时因为一升米吃不饱就鼓噪，后来只有半升米甚至一合米[①]的时候却也没有鼓噪，说白了就是"将贪兵骄"。之

---

① "合"为容量单位，10勺等于1合，10合等于1升。

后因为缺粮，这帮兵痞甚至直接把百姓砍翻了放到集市上卖人肉，把刘锡玄气得直骂："黔人半死于贼，而全死于恶将耳！"

进入五月后，两将怠战情况更为严重。刘锡玄无一日不向李枟、史永安二人控诉此事，而李、史二人也日日催促二将出战。都司黄运清的意思是先要让他们吃饱，才可迎敌。不过，张、黄二将虽然怠战，但和敌军交战时却也有胜场。

这时的安邦彦把贵阳视作掌中之物，并不强攻，只打算坐困贵阳。安军沿山排列营栅，分隔内外，每隔十余天就攻打贵阳一次，然后退兵而去。五月二十日，叛军齐攻北、西、次南三门。六月初五，叛军再攻北、东、西、次南四门。对贵阳守军来说，彻底击溃敌军虽不可能，但守城也能勉强应付。

彼时安邦彦因交战不利退守宅溪，李枟、史永安当下决定派兵分控新添、威清二卫。经过集议，这支军队打算夜间行军。然而乘夜行军时，虽无敌军埋伏，分为前后两队的明军却疑神疑鬼，后队以为前队是敌军埋伏，前队误以为后队是敌军追兵，惊惧不已。结果黑夜中两队互相踩踏，死伤逃散者不少，本来九千余人的军队事后仅剩三千五百余人。对贵阳来说，虽然减员不少，但每日可省55石粮食。不过，对抚台、按台来说，到底减员多少仍然是笔糊涂账，当他俩向黄运清索要花名册核对在籍兵士时，后者说什么也不肯交出。

总的说来，自从两将进驻贵阳以来，形势不但没有好转，反而更加严重。这群士兵不但要吃粮，还索要饷银。而帑库早已告罄，哪来的饷银？李、史只得告急于乡绅士民。虽有好义者相助，但局势并没有得到缓解。张、黄二人的援军、临时所募的新兵及巡抚下面的标正亲兵，按照每日每兵消耗1升米粮计算，也只能坚持到六月。事实上，五月间就已经出现了士兵抢米事件。刘锡玄巡查西门时，正好撞见抢米的两名士兵，他当即大怒将其斩首。

六月初二，巡抚李枟颁布"银米兼支"的"限食令"：每兵给粮1仓升，定价1分5厘；日给米5合，兼银7厘5毫。"银米兼支"虽然中止了此前每兵每日1升粮米的"特供"，至少可使官廪撑到七月间，但终究只是"节流"之法，并没有从根本上解决问题。如果朝廷始终没有援军到来"开源"，总有一日大家都得饿死。

此时的官府还发动乡绅捐献"事例米"，"每输米一石准银三两"，并根据所捐份额给予增生、廪生、贡生、选贡等不同名号。最后的结果是得米市斗六百余石，合约仓斗①一千石，又能延缓贵阳困局一月左右。

五月二十九日和六月十一日，守城方两次出城杀敌，甚至还杀死了敌方一个小头目。李枟也强令帐下亲兵前去小壁堡夺粮，并表示如果空手而回就判死刑。虽然是抢回了一些粮食，不过杯水车薪，无济于事。

贵阳被围告急之初，正逢辽东重镇广宁失守，举朝惶惶，置之不问。后朝廷得报孤城尚存，这才急令新任巡抚王三善前去救援。贵阳坚守4个月，除去张彦芳、黄运清所部，并非无援军前来。当时赴援的新任四川总兵杨愈懋、推官郭象仪与敌军战于江门白杵营，结果阵亡。此时的川湖云贵总督张我续和新任贵州巡抚王三善却一直拥兵不进，就算李枟、史永安等人的奏疏像雪片似的飞往京师，朝廷也下旨斥责两位督抚，屡次催发，他们依然不发一兵。王三善虽然在其奏疏中自言"臣当在道一闻黔报，恨不飞渡贵阳"，但他却并没有立即率军前往贵阳的意思，而是先驻沅州。对此，王三善给出了他自己的解释：沅州处于贵州、湖广交界处，"便于期会为饷计"。次驻镇远，则是因为新募湖广兵士要进入贵州，需要核实后归入行伍，待粮米运至，便可直接进发，一举荡平。其实从后来的平叛之举来看，王三善并非畏战的庸人，相反是能征善战之将，只是苦于大军未能集结，贸然出击易被各个击破，这才一再拖延。

另外，在当时这种情况下，向朝廷索要粮饷是极为重要的事。明末财政困难众所周知，军卒因无粮饷哗变已成司空见惯之事，奢崇明起兵也有部分该因素在内，王三善将此事看得极为重要也在情理之中。不过王三善在给朝廷的索要粮饷的奏疏中说，因钱粮征解未必能如期而至，所以要求邻近省份就近接济粮饷银米。后来，他又请加总兵张彦芳平蛮将军印，专敕统领土汉官兵；加原任都司徐时逢为副总兵，协力进剿，朝廷尽皆许之。在朝廷催促王三善进兵的同时，邹元标又推荐侯恂（《桃花扇》男主人公侯方域之父）取代史永安为贵州巡按御史。

这时王三善已至平越，仅陈兵万余，而且副总兵徐时逢、参将范钟仁互不服气。

---

① 贵州的1市斗，合仓斗1斗6升。此处的石为容积单位，10斗为1石。

范钟仁抢先进兵，结果在瓮城河遭遇了叛军。范钟仁作战不利，徐时逢则作壁上观不肯相救，以致范军大败，部将马一龙、白自强等阵亡。此役后，各处声援均绝，贵阳的处境也愈加不利。

七月十二日，贵阳城内官禀原有存粮消耗殆尽，于是从十三日起，开始食用先前从乡绅处筹集的"事例米"。到了八月二十三日，"事例米"也吃完了。为了稳定城内军心、民心，贵州军政出台了一系列政策，比如禁止城外兵将入城买米，收养遗孤子女，令两院卖粥救饥等。此外，"受害人叫唤地方，地方不速救护同杀官兵者，力斩"。

此时贵阳守军处于"惟瞪目以望援兵"的境地。七月十七日四更，叛军贿赂城内奸细，升长梯于东门神机楼北；内应则从文庙登城拆去城堞，引叛军登城杀死戍卒。危难之际，正遇史永安巡防至此，他急呼守军杀贼，贵阳全城才得以保全。

七月二十五日，贵阳军政再次召集城内乡绅士民于大兴寺合议，商讨八月二十三日之后的兵粮筹集之法。不过由于多次输纳兵粮，民间亦疲，因此这次召集乡绅士民输纳粮食的行为，较之前几次有着更明显的强制色彩。官方这次实行的"派米"之法，即逼各家各户报出所有存粮数量，如果有怀私妄报者，则要受锣鬼万刀。全城接受检举后，共五百余家有余粮，可得米市斗六百石，合仓斗约一千石；然后官方给出印票，规定每家出米多少，养兵几名。如果输米入仓，则票留给本户，官兵不许复过其门；如果自言无米，即家中确实无米的，也要忍心发下酷令，取

▲ 七月十七日，贼于东门神机楼架梯上城

▲ 贵阳军政在大兴寺和当地乡绅士民商议派米之法

原票给兵，任饿兵立索。当时贵阳除战死、逃跑、遭入屯寨的，尚有守军6000余人。其中"派米"之法可养3000名士兵，"银米兼支"法也可养3000名士兵。

"派米"之法最初在地方官中推行，目的在于惩戒，"以释从叛之疑"。其中一位姓马的御史出米216石，养兵1200名；又有张知州、马知州各出米180石，各养兵1000名，以一月为限。其后"派米"之法在民间施行，实属无奈之举。援兵遥遥无期，安邦彦围城又急，能苟延残喘多久就算多久。

刘锡玄也感慨："现在恶业与地狱果报，全由我一身承担。因此若杀一人，则说我甘作安邦彦刀手；若挞一人，则说我甘作安邦彦差役；若抄一家，则说我甘作安邦彦先锋。以此行之，能续两月就续两月之命，则人力岂至于此，上天护此空城也是太苦了！"

从七月到十月，尽管战况不如二三月间激烈，但叛军得悉城内明军兵少粮绝，且援兵遥遥无期，于是又施攻心之法。安军走近城下，虚张声势，甚至用酒水食物引诱城内守军。城头戍卒缒城而下、跳而越者，杀之不尽。负责诛杀这群逃兵的士卒回顾城中惨烈景象，也不免哭泣着放下手中屠刀。

水西军一面攻城，一面提出议和。安邦彦表示只要献城投降，就允许巡抚李枟、巡按御史史永安二人安全离开贵州省境。然而贵阳军政官员在李枟、史永安、刘锡玄三人带领下不为所动，决议死守到底，但城内出现的叛逃和密谋献城现象还是越来越多。饶子勋、郑大贵二人阴谋献城，被李枟所察，后会合总兵张彦芳斩之于北楼旗台下；又有数人夙怀异心而被刘锡玄所杀。而驻于城外军营的官兵则争欲撤营入城，完全不听两台号令。后由于饿困益急，两台不得不听其撤营入城。

十月，全城终于彻底断粮。十三日清理县衙仓库时，又得余粮市斗100石，可合仓斗109石。抚台李枟因北门将士两月来屡次击退敌军之功，允其士兵每天可食2合米。虽靠着县仓余粮延续至十一月，但面对安邦彦围而不战的策略，官方只得默许百姓私下出城和叛军交涉。十月二十四日和二十八日，民间乡绅两次出城交涉的结果都不如人意，每次都受对方言语谩骂而还。这样的结果也打消了城内一些意志不坚定的士兵的念头，只能抱着和城共存亡的态度继续战斗下去。应该庆幸交涉最后没有进行下去，因为安邦彦此前攻破毕节时，屠戮全城；攻陷乌撒时，"城陷，城楼、卫署、学宫、祠庙，附郭军屯，咸为效良所焚"。

不过，城内局势已经逐渐失控，再也不是两台所能左右。当时，官仓粮食告罄，米1升值20金。无粮可食的人们开始吃糠谷、草木、皮革，但这些东西数量有限，要不了多久也会消耗一空。城内百姓出逃现象越来越严重，而被刘锡玄骂作"贪恶大将军"的黄运清则趁机大发战争财：要出城的话，每人都得缴纳一两黄金，这还只是四五月间的买路费；后来围城愈急，所需的买路费也越来越多，到此时则抢劫其全部所有。火焰在城内四处蔓延，但由于里舍十室九空，根本没人救火，只能任它燃烧。于是，贵阳城内无一处不烟尘四起，无一夜不火光冲天。在这样的环境下，李枟担心家人受辱，于是烧掉自己的全部书籍冠服，事先告诫家人，如果情况紧急就自尽，并留下刀环等物。

十一月十一日到十二月初七，围城最后一段时间，贵阳全城幸存人员已经奄奄一息。刘锡玄所募儒生，此时幸存的也不过数人而已，而且饿得不能出门；胥吏日给米2合，也只有3人能勉强登城守卫。此时，贵阳地方政府完全脱控，城内各衙门也形同虚设，无人看守，真到了油尽灯枯的地步。

贵阳解围

十二月初一，王三善与诸将商议道："失守城池，按法是死罪；前去救援，也会死于敌人之手。同样是死，为何不死于敌人手里呢？"王三善终于决定发兵，他分三路向叛军发起进攻：何天麟督兵7000人从清水江进发，为右部；都清道金事杨世赏督兵1万人，从都匀进发，为左部；王三善亲自率2万人，与贵州右参议向日升、副总兵刘超以及参将杨明楷、方志敏、孙元谟、王建中等人从中路进发，正对叛军前锋。

王三善军到达新添后，全都衔枚疾走，初二抵达母猪洞，初三抵达新安。这天夜里，传言有叛军来袭，营中惊扰，甚至有人商议退兵。王三善说："退却就会变成齑粉，必须以死抵挡叛军进攻！"于是他按兵不动，督军备战，结果最后并没有敌军来袭。

初四，以刘超为前部的先锋抵达龙头营，正遇敌军，随即有官兵退却，刘超下马立斩二逃兵。安邦彦军队一首领阿成在此役中被官兵所杀，于是敌军望风披靡。

当时王三善率军尾随刘超相距不到 2 里，听到火铳声后将士战栗，又欲停止行进。王三善这时再次坚持前进："前驱当贼，必无退者，吾当为后劲。"于是策马当先进发，未走 1 里刘超捷报传至，于是大呼齐进，收复龙里。

拿下龙里后，诸将又畏缩不前，觉得龙里距离贵阳不远，此去途中安邦彦必有重兵把守，应稍事修整。王三善力排众议，再一次表现了他非凡的气魄："我军猝然来到，叛贼全无防备，不能把时间拖久。赶紧冲击叛贼，切勿错失良机。"初六，王三善策马当先，率领大军继续朝贵阳进发。

王三善驰援贵阳期间，从来不看邸报，说："我正忙着平定叛贼，哪有工夫看这些？更何况朝中或战或守意见纷纭，看它徒扰人心。"他在朝廷或剿或抚的争论声中，坚持只有"剿"才可以平定乱局，"振国威而扬武略"，确实可贵。

安邦彦一方早有探子看到此景，知道新任督抚率大军进剿，以为有数十万人之多，互相惊骇。安邦彦这时欺骗手下人道："吾当增兵来助！"于是退驻龙洞。明军连夺高寨、七里冲，乘胜进兵毕节铺；孙元谟、杨明楷二将连败安军，叛军重要头目安邦俊死于此役，同时还生俘安邦彦之弟阿伦。

叛军听闻王三善向贵阳进军之后，攻城再度变得激烈起来，日夜攻打，甚至搭起长梯欲攀梯而上。在李枟的振臂呼喊下，士卒虽然饿困，但都强撑着砍杀敌军。

十二月初七辰时，已经病饿得不成人形的刘锡玄，忽闻城外喊声雷震，又以为叛军正要攻城，强令一奴仆忍饿登城查看。不一时回报说叛军人仰马翻，奔溃如蚁，朝廷大军终于抵达贵阳城下，王师不可胜数；龙洞、油关一路，明军所杀叛军，几与山齐。王三善先以 5 骑到贵阳城下传呼"新抚至矣"，随后 5 门齐开，新抚王三善则单刀匹马出场，军民大悦，举城庆祝重生。

贵阳之围的最终胜利还是属于大明的。这种围城战在战争史上难得一见，历时之久、祸害之惨，让人嗟叹。《明

▲十二月初七，王三善率大军解围

熹宗实录》直言此事"睢阳未足比烈也"。战后的贵阳城满目疮痍，百姓流离失所，房舍毁坏严重。而且根据《明史·贵阳土司传》和刘锡玄《围城日录》的说法，城中原有住户十万、军民男妇共四十余万人，围城三百余日后，幸存者仅余两百人，较之《李枟传》中所说的幸存者还要少。

经此一役，贵州境内丧失了大量劳动力，社会经济遭到严重破坏，土地荒芜，战后重建工作对朝廷来说又是一大考验。

贵阳被围时，朝廷以守城劳苦而加李枟兵部右侍郎衔，晋史永安为太仆少卿，而刘锡玄则是先被晋为按察副使，后改为左参政。贵阳解围后，三人又应记功。可解围后，李枟虽辞官而去，但朝中有位御史却突然站出来弹劾李枟。因为这位御史不知从哪听说了这么一桩事：安位承袭贵州宣慰使时，李枟曾向其索取金盆，安位不予，结果李枟心怀怨恨，以致引发嫌隙。如果此事属实，只怕李枟不但无功，反而大大地有罪了。于是，朝廷令巡按御史侯恂查核。最后查出来的结果是，这位御史道听途说，更有御史张应辰竭力赞扬李枟守城功劳。总之，李枟的清白最后得到了证明，这位诋毁李枟的御史也受到明熹宗的责备。

然而，在贵阳围城战中立了首功的李枟、史永安、刘锡玄三人却是矛盾重重。当初，史永安派黄运清前去新添、平越催促援兵，害怕不成功，欲亲自出城催促，结果被刘锡玄怀疑有临阵脱逃之心，并让李枟阻止他出城。其后刘锡玄绝食时，计划派兵保护李枟、史永安二人出城避难，自己留下死守，结果也反被史永安怀疑是想献城投降。于是，史永安上疏诋毁刘锡玄，顺便把李枟也拉了进去，说他也参与谋划此事。无奈之下，刘、李二人只得上疏辩白，而黄运清又在三人之间故意制造嫌隙。因此，三人虽然共同努力守城，但彼此失和。

朝廷对三人的功劳同样争论不休，吏部尚书赵南星认为史永安居功第一，应该不拘一格大用之；李枟先前已经升官，应该召回，然而如前文所说，他在解围后便辞去一切官职；刘锡玄此时已升任右参政，应该重新从优叙功。结果最后，李枟和刘锡玄没被重新启用，双双还乡；倒是史永安屡次升迁，后来坐到了宁夏巡抚、三边总督的位置。

崇祯元年（1628年），李枟的金盆事件又被言官重翻旧账。好在这次不但有平定奢安之乱的功臣朱燮元为其申冤，更有贵州地方百姓替其不平，最终也没翻

起什么波浪，李枟后老死于家。相比之下，史永安在边关为魏忠贤营建生祠，日后被劾罢官，为时人所不齿。其实不仅史永安讨好魏忠贤，川湖云贵总督张我续亦是。王三善大破叛军后，张我续并无寸功，且被曝出侵吞军资 60 万两白银，因而被言官弹劾，解职候勘。后来张我续攀附魏忠贤而被起用，结果又在崇祯年间名列逆案，不过这些都是后话了。

解围贵阳时，王三善和士卒披毡冒矢石前进，以 2 万人破敌 10 万。然而，成功使贵阳解围却并不意味着奢安之乱已定。解围后，李枟、史永安二人请王三善入城，被其一口回绝："贼兵不远，军心未定，我大帅也，不可即安。"他驻扎于南门外，第二日便移镇宅溪，大破叛军，而安军则惊惧之下远遁陆广河外。几天后，左右两部援军和湖广、四川、广东诸省援军才姗姗来迟。军队一多，王三善所忧粮食不足的弊病就凸显出来了，他想将多余兵马遣回原省却被底下将校拒绝。同时明军对战事过于盲目乐观，王三善同样犯了轻敌的毛病，希冀通过大败安军来获得地方粮食，这些骄兵情绪客观上造成王三善的悲剧。这位巡抚大人日后轻敌冒进，又大意信任敌方降将，结果中了诈降计被敌人所俘，最后不屈而死。

贵阳解围后的天启三年（1623 年），

▲ 朱燮元

146

安邦彦再度得势，这次反攻不但导致王三善遇难，总理川、湖、贵军务的总兵官鲁钦也遭败绩，自刭而死。此后，直到崇祯三年朱燮元逼安位出降，贵州才告平定。

奢安之乱平定后，朝廷对叛乱地区的治理仍是老一套：大土司适当削弱，甚至改土归流；小土司则以招抚为主，加以笼络。天启三年，川地平定后，永宁宣抚司并入叙州府，完成改土归流。崇祯三年，贵州宣慰司改为水西宣慰司，虽未彻底改为流官治理，但革去安位宣慰使一职，并夺取水外六目之地。同时，朝廷沿河筑城36所，设防守卫。崇祯四年，朝廷没收水东洪边12马头土地置开州，改为流官治理。从善后措施也能看出，朝廷对土司的改土归流多以武力征剿为手段，然后施行。

明朝天启年间，统治集团同时面临多个危机：内有财政崩溃、党争不断，外有后金兴兵辽东，兼之土司作乱西南，社会矛盾空前激烈。除此之外，天启七年在陕西澄城县爆发了以王二为首的农民起义，揭开了晚明农民大起义的序幕。此时的朝廷处于三线作战的不利境地，但"重辽轻黔"的错误方针，使西南方面的局势越来越恶劣，最终酿成长达十余年的奢安之乱。

这次动乱牵制了四川、湖广、贵州、云南、广西诸省的大规模军事力量，严重削弱了朝廷在北方防御后金的军事能力，不仅给川黔地区的人民带来严重的灾难，也对其他地区影响深远。以云南为例，有不少土司直接参与了奢崇明、安邦彦的反叛活动，也有部分受朝廷征调加入平叛大军。川、滇、黔三省交界处土司蜂拥随奢、安二人反叛，以致云南一片混乱：东川土司禄千钟兵犯寻甸、嵩明；武定张世臣攻陷他颇、补知二堡；沾益土司设科先掠曲靖，后攻陆凉，震动昆明。这些土司一齐随奢崇明、安邦彦造反的缘由，是因为这些彝族土司之间的关系很是亲密。比如说，乌撒土司安效良和水西安氏是肺腑之亲，而东川土司向来仰乌撒土司鼻息，至于寻甸土司则和东川土司世为秦晋之好，沾益土司设科又是安邦彦之妹。因此，永宁、水西、乌撒、寻甸、沾益、东川等土司虽分属四川、云南、贵州，然则俱为一体，其实是一家人。正是这些彝族土司在共同利益的驱使下，互通声息，使得川、黔、滇三省一时间全遇战事。

是时，贵州方面屡次传书云南请求派兵增援。然而，云南自顾不暇，如何分兵去救？时任云南巡抚的闵洪学上疏朝廷，请求也为云南考虑下。当然，不救也不行，虽然黔事比滇事形势更为严峻。云南可调用军队以土兵为主，其中以阿迷州土知州普名声和安南长官司沙源为土兵翘楚。因此，调往贵州的滇兵多为土兵，且几分云南一半军事实力。之后，普名声因忠顺有功，朝廷特加其土守备职衔，增赐银币，仍给本品服色衣一袭。

明朝中后期，由于官兵松弛散漫，不堪一战，而土兵则相对来说更为骁勇，因此大规模招募土兵参与作战的情况一直存在，以之戍边御虏、平蛮镇寇乃寻常之事。明末辽东战乱频发时，四川的石砫和酉阳二宣抚司均派出土兵积极为国效力，战斗表现优异，朝廷都看在眼里。当秦良玉之弟秦邦屏战死辽东后，朝廷特赐其都督金事，并子孙世袭。不过，由于积极响应朝廷征调，这些土司进一步扩充了军备，吸收了不少降俘，开始形成拥兵自重、尾大不掉的问题。之前正德年间，刘六、刘七起义时，朝廷所调土兵一路劫掠，人民不堪其扰。而后嘉靖年间，东南倭乱时，朝廷就积极征调阳麻兵、瓦氏狼兵前往御倭，结果贻害东南甚惨。朝廷为了鼓励这些土司积极参与到战事中去，常常将战役胜利后的战利品赏赐给他们，这也无疑增长了土司和土兵的贪欲。在平定奢安之乱的过程中，云南土司沙源、龙在田、普名声、吾必奎效力颇多。这些云南土司在奢安之乱中积极为朝廷平叛，

▲《入跸图》局部

获得了朝廷的信任，以此不断扩张自己的实力。他们的小心思，被当时的贵州总督傅宗龙瞧在眼里："普名声将来不可保证，就现在看来，他幸灾乐祸的心思确实是有的，只是不敢率先发难而已。"由此观之，让少数民族互相制衡的办法虽有可取之处，却也不怎么高明。

崇祯年间，云南阿迷州爆发了以普名声为首的土司叛乱。顺治二年（1645年）八月，元谋土知县吾必奎叛乱。同年十二月，安南长官司沙定洲叛乱。此外，还有一些小土司随着这几个大土司而反。这次云南土司叛乱不但前后起因有所联系，而且沙定洲和普名声之间也有亲戚关系，通过联姻实现了两家变为一家的势力合流，因此并称沙普之乱也无不可。因明亡后全国各地分裂，一时间竟无统一政权集中力量对其进行平定。沙普之乱断断续续，持续时间比奢安之乱更久，其残余势力最终于康熙四年（1665年）被吴三桂所平。

可以说，旷日持久、糜兵费饷的奢安之乱严重动摇了朝廷的统治基础。受朝廷统治方针影响而膨胀的西南土司势力变得尾大不掉，其先后迭起的叛乱使朝廷处于对后金、农民军和土司三线作战的不利境地，耗费了朝廷大量的财力、物力和军力，直接加速了明朝的衰败和灭亡。

参考文献

原始文献：

《黔牍偶存》《明史》《明史纪事本末》《明会典》《明太祖实录》《明神宗实录》《明熹宗实录》《明会要》《明纪》《贵阳府志》《贵州通志》《万历野获编》《滇志》《读史方舆纪要》《广志绎》

近现代文献：

[1] 龚荫. 中国土司制度史 [M]. 成都：四川人民出版社,2012.

[2] 林延清. 论明代兵变的经济原因和历史作用 [M]// 中国社会科学院历史研究所明史研究室. 明史研究论丛（第 4 辑）. 南京：江苏古籍出版社,1991.

[3] 杨伟兵. 三百日战祸与明代贵阳城市应对——以刘锡玄《围城日录》记述为中心 [M]// 林超民. 西南古籍研究（2006 年）. 昆明：云南大学出版社,2007.

[4] 东人达. 明末奢安事件的起因与作用 [J]. 贵州民族研究,2005(6).

[5] 彭寿清,李良品. 论明代土司地区的儒学教育 [J]. 西南民族大学学报（人文社会科学版）,2015(3).

[6] 杨虎得,柏桦. 明代宣慰与宣抚司 [J]. 西南民族大学学报（社会科学版）,2016(3).

[7] 黎小龙. 明代西南总督与民族社会冲突调控 [J]. 民族研究,2005 (4).

[8] 林建筑. 明代水西彝族及其与中央政权的关系 [D]. 呼和浩特：内蒙古大学,2005.

大厦将倾、独臂难支

明末军事危局与卢象升传略

作者 / 佑陵

明朝末年，天灾频繁，兵灾连连，明思宗朱由检便在这内忧外患的局势下继承了大明皇位，改元崇祯。崇祯元年（1628年），陕西发生民变；崇祯二年（1629年），长达7个月的己巳之变将大明王朝推向崩溃的边缘。大厦将倾之际，王朝内涌现了许多忧国忧民之人，卢象升就是其中一位。他以书生身份点兵，转战南北意图挽滔天之狂澜，却挡不住来自朝廷内部的明枪暗箭，最终战死沙场，成为大明黄昏中最耀眼的暮光。

己巳入卫

崇祯二年（后金天聪三年）十月二十六日，龙井关的天还未亮，守关的明军士卒正处于一天中最疲惫的时候，岂知边墙之外的黑暗中却静候着一支大军！

这支军队就是从沈阳出发、一路西行上千里的后金左翼军。后金军这次西行与上一年的西行虽然路线相同，但并不是与蒙古会盟那么简单——这次皇太极决定"征明"。这支军队绕过层层设防的辽西防线，于十月二十五日到达蓟镇长城之外。对于后金军的到来，蓟镇的明军没有多少防备。虽然蓟辽督师袁崇焕在去年已经做了提醒，但当后金军出现在长城口外时，明军的战备依旧极为虚弱。在昏暗天色的掩护下，后金的精锐护军迅速登上龙井关，在粉碎明军微弱的抵抗之后控制了关口。看到前锋得手，后金军主力也迅速冲进边墙。这是后金政权建立十多年来，首次进入长城以南，此后，后金军将不断深入，直到最终成为长城内外的主人。

此次，后金军分三路入关，其他两路——中路和右翼分别从洪山口、大安口突入关内。后金左翼军与中路军会合之后，打了明军一个措手不及。明军连

▲ 袁崇焕像（清人绘）

连失利，汉儿庄副将易爱、洪山口参将王遵臣相继战死。后金右翼军同样进展神速，于十月二十六日从大安口进关，半天之内连续击垮明军五营兵马，至此长城防线洞开。到了十月三十日，后金各路大军会师遵化城下。

十月二十七日，得知后金军入关的蓟辽督师袁崇焕反应非常迅速，立刻派遣山海关总兵赵率教前去支援；他自己则亲自带副总兵张弘漠、参将张存仁、游击曹文昭等入关驰援。第二天，他又派遣辽东总兵祖大寿前往遵化，接应赵率教。不过祖大寿晚了一步，赵率教增援心切，已于十月二十九日带领4000骑兵三昼夜奔驰350余里赶到三屯营。到达三屯营时明军已经人困马乏，赵率教准备休整之后再增援遵化，但三屯营总兵朱国颜这时却拒绝了赵率教进城的请求。赵率教没有办法，只得再次启程，驰援遵化。

赵率教不知道的是，后金军这时正在设伏，准备围歼前来增援的明军。十一月一日，后金伏兵突然出现，截住赶往遵化的赵率教部。这支伏兵为阿济格率领的4旗后金兵与他们的盟军。遭到突袭的明军防备不及，纷纷败退。这时，皇太极也率军进入战场，攻击正在撤退的明军。遭到这突如其来的打击，明军顿时陷入一片混乱，与此同时，阿济格又率军追了过来。作为老将，赵率教亲自带人断后，但身先士卒的他却成了战场上后金军的主要打击目标。阿济格重新加入战斗后，带兵冲向赵率教的中军。明军正值混乱之际，阿济格的攻击迅速得手，赵率教在混战中被阿济格阵斩。明军看到主帅战死，顿时士气大衰，全线崩溃，后金军乘势扩大战果，全歼了这支明军。歼灭赵率教的援军之后，后金军于十一月三日攻陷遵化，巡抚王元雅自尽。同日，朝廷宣布京师戒严，命令天下各路大军勤王。

▲ 卢象升像，取自清光绪元年重刻本《明大司马卢公集》

一时之间，各地兵马纷纷踏上前往京师的道路。山西总兵张鸿功带晋兵 5000 人前去增援；山西巡抚耿如杞带领抚标和太原营兵 3000 人赴援；远在陕西的三边总督杨鹤，从各镇抽出精兵 17000 人，交给总兵吴自勉、侯世禄、杨麒、王承恩、杨嘉谟率领赴援。在这些援军中，有一支军队极为显眼，那就是来自大名府的乡勇[①]，而领军的是他们的父母官——知府卢象升。

在所有人眼中，卢象升是一个文质彬彬的文士。时任大名知府的卢象升出生于一个殷实的家庭，他的祖父做过县令，家中有田产 20 余顷。在后来的岁月中，卢象升多次拿出家产来报效国家。卢象升从小就很聪明，不到 22 岁就中了举人，第二年便中了进士，高居二甲第 25 名。卢象升对自己极为严格，中了进士后回乡途经扬州时，一名漂亮的歌姬看到卢象升少年登科、相貌堂堂，就想以身相许，但卢象升不为所动，拒绝了这名歌姬。事后，卢象升向旁人解释说，他不愿意将自己的精力浪费在粉黛之上。

卢象升入朝时，正值魏忠贤当道。早在少年时期，卢象升就与东林"诸君子"有往来，因此在政治上是同情东林党的。他不愿与魏忠贤一党同流合污，于是向朝廷提出辞去户部贵州司主事一职，选择外放做官。朝廷便任命卢象升为员外郎，出监临清仓（今山东临清）。当时河南遇到旱灾，卢象升就奏请朝廷将原先的纳粮食改为纳银，这一改动大大减轻了河南百姓的负担。在监管临清仓这几年中，卢象升的政绩一直很优异，所以在天启七年（1627 年），他升任山东按察副使，管大名府事。当时各地都为魏忠贤立生祠，山东也不例外。时任山东巡抚的李精白就上书朝廷，请求给魏忠贤立生祠，还要求卢象升和他一起上书。卢象升毫不迟疑地拒绝了上司的要求。这样的拒绝自然令李精白很恼火，但卢象升并不在乎。在这点上，卢象升与当时的"清流"并无二致，所以在为官初期，他并不得志。

卢象升在担任大名知府时极为勤恳，一上任就昼夜不停地整理遗留下来的疑难杂案，只用了一个多月就将这些案件整理完毕，可见其精力过人。当时他每天都办公到很晚才休息，但清晨只要鸡一打鸣就起床梳洗办公，辛劳程度丝毫不逊

---

① 《大司马卢公年谱》记载的是 3000 人。

于处理具体事务的吏员。崇祯元年，他还特地来到京师为大名府的17桩冤狱申诉。这样的地方官，自然是极受百姓诚挚爱戴的。卢象升不但治理地方极为用心，对完成朝廷的各项任务也很利索，于是到崇祯元年，他就以"辽饷"之功升官一级。

此时，整个大明王朝都处于多事之秋。卢象升十分警觉，刻意整顿武备，招募民壮进行训练。值得一提的是，卢象升虽然是个文士，却精通军事。明朝的读书人大部分都将科举应试书籍作为主要阅读书目，也把完成科举考试作为主要目标，但卢象升不同，他喜欢探究古代名臣名将的方略，并以岳飞、张巡为榜样。闲暇时间，卢象升喜欢练习骑射武功，而且箭术很高明、50步内射必中。他练武时锻炼体力用的大刀，现在依旧保存在卢象升故居，重达140斤。卢象升肤色白皙，身形偏瘦，但因常年练武身体十分结实。因此，他虽看着是一副羸弱书生的模样，实则身手矫健，一点儿也不输于武人。由于卢象升对练兵颇有心得，他招募的这支民壮战斗力提升得很快。

当时大名府有一个盗匪叫马翩翩，他伙同各地盗匪打家劫舍，对外号称"九省通家"，为害齐、鲁、燕、晋四省，成了一个"毒瘤"。各地的官府都不敢抓捕马翩翩，因为其部众多达400余人，都是悍匪。一旦抓捕不成功，恐会激起更大的变故。但卢象升却打破常规，率领民壮实施斩首行动：卢象升找准马翩翩落单的机会，带着士卒迅速将其抓捕。为了防止事情出现变故，他毫不犹豫地将马翩翩斩首示众。至此，为害四省的一个巨寇就这样灰飞烟灭了。卢象升在此次行动中展现出的杀伐果断，将在他今后的用兵中发挥重要作用。

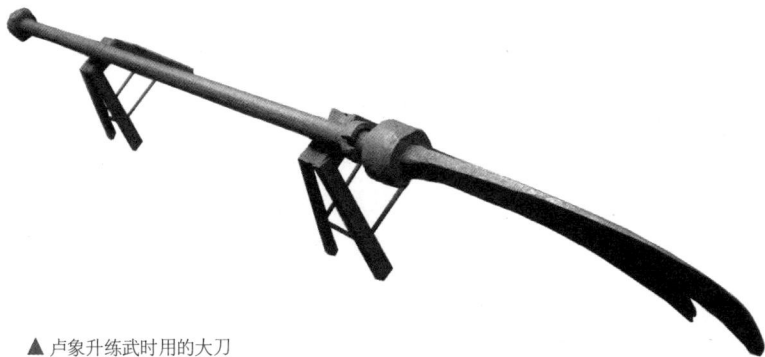

▲ 卢象升练武时用的大刀

现在，来到京师勤王的卢象升面临的是什么样的情况呢？

得知后金军队逼近京师，登基不到两年的崇祯皇帝慌了神。下达勤王诏书后，他又下了一封诏书："各路援兵，俱令听督师袁崇焕调度。"袁崇焕接到命令后，便开始行使自己总督天下勤王兵马的权力，调遣军队。他先是命令总兵官朱梅守山海关，参将杨春守永平，游击满库守迁安，都司刘振华守建昌，参将邹宗武守丰润，游击蔡欲守玉田；又命令已经前来增援的昌平总兵尤世威回防昌平，以保卫陵寝；再派前来支援的宣府总兵侯世禄守三河，以防后金军西进（到达三河后，侯世禄又被袁崇焕下令守通州）；还派遣保定总兵曹鸣雷、辽东总兵祖大寿守蓟州；并安排前来勤王的保定巡抚刘策返回密云。这样一番调遣下来，各路援军基本上被袁崇焕调离京师附近；防守京师的任务，袁崇焕决定由自己来承担。但实际情况却出乎所有人的意料。

十一月十日，崇祯皇帝命令袁崇焕必须在蓟镇挡住后金军，袁崇焕信誓旦旦地承诺"必不令越蓟西一步"。早在十一月九日，袁崇焕就带着关宁军赶到蓟镇。十二日，袁崇焕部在马伸桥与后金军前锋相遇，两军激战一场，最终明军取胜。这时袁崇焕的副将周文郁对他说："马伸桥离蓟州城二十里，我们现在遇到的一定是后金军的前锋，他们的主力还在后面，我们当有所准备才是。"袁崇焕于是命令大军夜宿城东，以待后金军主力。第二天，后金军在清晨攻陷石门驿，斩杀了驿卒。袁崇焕带兵来到城外，但后金军只派出200骑兵对袁崇焕军进行监视。反常的是，明军也停止了前进，仅用炮火攻击后金骑兵。在打退后金骑兵之后，战场上居然诡异地恢复了平静，整整一天看不到一个后金兵，明军则依旧在蓟州城外列营以待。

到了十四日，袁崇焕有些着急了，为保险起见，他派出500骑兵前出进行侦察。这些骑兵深入战场周围，在东边没发现后金军的踪影，于是转向西边。突然，侦察队看到大队后金军，而后金军的反应比明军还快，其远哨骑兵迅速向明军发起了攻击。一场短暂的交战之后，明军骑兵被击败，后金军生擒明军15人，缴获战马24匹。明军终于获知了后金军的动向，袁崇焕通过侥幸逃脱的侦察骑兵得知，后金军已经越过蓟州向西而去，那赫然是京城的方向！

总体来看，后金军越过蓟州与袁崇焕自身失误不无关系。就在十一月九日袁崇焕尚未到达蓟州前,蓟州已经有来勤王的保定巡抚刘策、昌平总兵尤世威所率的两支军队。但袁崇焕在接到崇祯皇帝授予的调度各路援兵之权后,命令两支军队离开蓟州,前往密云和昌平,而当时那两个方向没有一支后金军队。当袁崇焕到达蓟州后,又一味等待后金军主动进攻,丝毫没有采取积极的行动对战场局势进行干预。袁崇焕这样做,一方面是想复制宁远之战、松锦之战中的成功经验——依靠固守坚城来获得最终胜利;另一方面,他对自己所率关宁军的野战能力确实不太放心。这次袁崇焕带领的关宁军,据朝鲜《仁祖实录》记载:"军门领诸将及一万四千兵……由间道驰进北京。"而根据孙承宗在祖大寿私自逃往辽东后所上奏折来看,跟着祖大寿一起出关的关宁军不下15000人。由此可以估计,此次勤王,袁崇焕所率军队应该在15000人上下。袁崇焕当面的后金军却是主力尽出,所以袁崇焕在兵力上是远远不如后金军的。在战斗力这个问题上,十一月十四日的塘马①遭遇战就验证了袁崇焕的担忧。明军的500名塘马侦察骑兵在与后金哨探骑兵作战时,完全处于下风,可无论是明军的塘马,还是后金军的哨探,都是军中精锐。这也可以解释为什么明明是在长城以南作战,后金军却可以屡屡获得战场主动权,甚至可以组织敌前伏击。但袁崇焕没有时间细究这次作战失利了,他只有截住后金军,才能阻止其"潜越"蓟州造成的不利形势继续恶化下去。

后金军越过蓟州后没有多停留,迅速前进,于十一月十四日招降三河县。十一月十五日,后金军分兵两路:莽古尔泰率3000人赶到通州河,查看渡口,并派骑兵沿途捕杀明军的哨探,打掉明军的"眼睛"和"耳朵";皇太极自己则率领一路人马从后面跟进。这时,后金军抓捕了一个汉人,从他口中获知,在顺义有两支明军——宣府军、大同军。听到这个消息后,皇太极立刻调兵遣将,命令阿巴泰和岳托率领2个旗的后金军和2个旗的蒙古军,前去攻击顺义的明军。顺义这边是满桂率领的5000大同精骑和侯世禄率领的5000宣府精骑,两军当时正在奉命合营,准备东进攻击后金军。后金军突然来到顺义,双方爆发激战。明军两支骑兵一共1万人,而后金军有2个旗的后金军、2个旗的蒙古军,在兵力上远

---

① 塘马为承担侦察和刺探情报任务的军队。

远多于明军，但明军依然义无反顾地投入战斗。两军激战良久，明军终于不支，开始后撤，但在战斗中占有优势的后金军没有发起追击。根据《清实录》记载，后金军在这一战中缴获战马千匹、骆驼百余只；而根据明朝方面的奏折，此战宣府军战死千余人，后金军死伤相当。根据《清实录》透露的信息，可以看出这一战后金军赢得并不轻松，所以在取得胜利之后没有发动追击。明军虽然受挫，但实力还在。然而，战场之外的人却看不到这些。顺义知县看到明军失利后，当日，即十一月十五日，就向后金军开城投降。

这时，袁崇焕总算是追到后金军了。同日，袁崇焕到达河西务①，他打算直接前往北京，副将周文郁谏言说："我们应该把敌人挡在京师外面，而不是在京师挡住敌军。敌军在通州，我们就该在通州挡住敌军。现在我们屯驻在张湾，离通州只有15里，旁边就是河西务，我们的军械粮草完全可以仰仗河西务的供给。如果敌军弱，我们就可以乘势进攻；敌军强，我们就守在这里挡住敌军。"但袁崇焕拒绝了周文郁的提议，继续率军向京师前进。明军没在通州挡住后金军，后金军也迅速西进。这时的战场上诡异地出现了两支军队互不干扰地向北京挺进的现象，更加诡异的是，这还是两支正在交战的军队。十一月十七日，后金军夺取了距北京20里的牧马场。大明方面早在清晨就将马匹转移，所以后金方面收获很少，只缴获了马骡235匹、骆驼6只，另俘虏了2名管马太监和300多名牧马人。

这时，崇祯皇帝已经对袁崇焕有些失望了。十一月十日，崇祯决定启用原蓟辽督师孙承宗。在平台召见孙承宗后，崇祯就任命孙承宗为少师兼太子太师、兵部尚书、中极殿大学士，督理兵马钱粮，驻扎通州。十七日，孙承宗赴通州。

袁崇焕总算在十一月十六日到达北京城下，崇祯皇帝命令他率军驻扎在左安门防守，不许入城。而十五日与后金在顺义野战一场的宣大军，此时也到达北京城下。

在袁崇焕勤王之初，京师百姓就盛传袁崇焕与后金勾结，故意纵敌入关。而袁崇焕在蓟州和通州的所作所为，也很难不让崇祯心中有所怀疑。不过，这时后

---

① 河西务是明朝大运河的中转枢纽，粮草充足。

金军已经兵临城下，为了京师安全，他
必须对袁崇焕表示信任。袁崇焕到达京
师的第二天，即十一月十七日，崇祯皇
帝派遣太监吕直芳携带白银万两、青盐
千斤、米百石、酒十樽、羊百头犒赏军
队，以示信任。十九日，崇祯又赏赐袁
崇焕彩币六枚，赐祖大寿彩币四枚，其
余大将每人受赐蟒衣一袭。

期间，后金军驻扎在土城关以东，
分成两翼。袁崇焕派遣参将刘天禄夜袭
后金军，但刘天禄到达高庙店时，看到
后金军已有防备，只好终止夜袭。

▲ 孙承宗像（清人绘）

十一月二十日，后金军向明军发起全面进攻。皇太极率领右翼军攻击满桂的
宣大军。大贝勒代善和贝勒济尔哈朗、岳托、杜度、萨哈廉（又作萨哈璘）等人
皆在右翼军中，该翼以蒙古兵为前阵，最精锐的白甲护军在后面跟进，可以说集
中了后金军的主力。皇太极又命令左翼军前去攻击袁崇焕。左翼军中有三贝勒莽
古尔泰和贝勒阿巴泰、多尔衮、多铎、豪格等人，力量也不可小觑。从这个部署
可以看出，后金方面明显更重视满桂所在的宣大军。

当天的战斗率先在右路爆发。皇太极命令火器营士兵尽量靠近射击，又命令
护军和蒙古兵在明军炮火减弱时才发起攻击。之后，后金军在己方炮火的掩护下，
向德胜门的明军发起了攻击。后金军的进攻顺序是蒙古兵和正红旗护军从西面急
攻，正黄旗护军从侧翼夹击。

驻扎在德胜门外的宣府兵首先开始动摇。宣府军在顺义之战中损失了五分之
一的兵力，折损很大。侯世禄看到自己的士兵抵挡不住，就下令向后撤退以避敌
锋芒，于是战场上只剩下满桂的 5000 大同精骑。满桂军死战不退，这时城上的京
营士兵开炮支援，但来自城头的火炮却大量打到明军自己人头上。已经血战良久
的满桂军突遭己方攻击，士气大幅下降。皇太极抓住机会，亲自率领御前兵发起
攻击。雪上加霜的是，满桂受伤了，但他依旧率军节节抵抗，一直撤到关帝庙才

摆脱后金军的攻击，下令休整。后金军打到最后，也没有找到机会歼灭德胜门外的明军。看到自己的军队已经失去攻击的劲头，皇太极只好下令停止战斗，转入休整。至此，德胜门的战斗告一段落。

德胜门那边战斗正酣之际，广渠门外的战斗也进入了白热化。进攻广渠门的，是莽古尔泰率领的左翼军。最开始，莽古尔泰并没有率大军进攻，只是带了护军和蒙古兵2000人发起攻击；而广渠门外袁崇焕手中有20000人。袁崇焕命令祖大寿在南面布阵，王承胤在西北面布阵，他自己在西面布阵。从这个部署可以看出，明军的力量是偏向右翼也就是西北面的。后金军在进攻之前，也将军队分成三队，并下令打开突破口后，全力向右打击明军，不遵命令者，罪同避敌。担任后金左翼军前锋的是蠹额真，他率领精锐护军从东南面插入明军阵线，明军虽然拼死抵抗，可阵线还是被后金军打开了一道缺口。这时大部分后金军忘记了战前的命令，除了豪格仍向右打击之外，其他三个贝勒都从正面突击。明军虽然挡住了第一波冲击，但在后金军一波接一波的后续攻击下，渐感不支。

最先出现动摇的是在西北面防守的王承胤部。在豪格军队的冲击下，王承胤选择南下避敌。之后，后金军从西面和东面两个方向杀向袁崇焕的主阵。当时战场情况极为危急，一名后金骑兵突进明军战线，拿着战刀向袁崇焕砍去，幸亏袁崇焕旁边的材官袁升高眼明手快，用刀挡住了这一击。形势到了最危急的时刻，明军拼死抵抗。混战中，阿济格的战马被射杀。在这关键时刻，祖大寿率军从南面赶来增援。随着这支生力军的加入，明军开始全面反击；而后金军已经是强弩之末，开始节节败退。明军骑兵抓住战机，在游击刘应国、罗景荣和千总窦浚的率领下发起追击，一路追到运河。后金军慌不择路，全都挤向冰封的河面，当时河面的冰并不结实，大批后金士卒掉进冰冷的河水中。至此，后金左翼军的攻势完全失败。这一战，后金军伤亡上千人，袁崇焕的关宁军则损失了数百人。

可以说，这一天的作战，后金军没有讨到半点儿便宜：皇太极自己率领的右翼军仅仅和满桂打了一个平手，而左翼军却遭遇了严重的失败。皇太极在战后也做出了相应的惩罚，比如阿巴泰就被削去爵位。

见硬碰硬解决不了问题，皇太极转而决定采取政治攻势。十一月二十二日，皇太极将先前俘虏的明朝一个姓王的太监释放，让他带着自己的书信向崇祯皇帝表示后金有意议和。此时，广渠门的胜利并没有帮袁崇焕破除谣言，相反京师之人对他是愈发怀疑。而袁崇焕的表现也十分消极，只在城南修筑营垒，丝毫没有进攻后金军的心思，这导致崇祯对袁崇焕的怀疑越来越深。

袁崇焕也觉察到了皇帝的怀疑。比如崇祯在德胜门大战的第二天（十一月二十一日）命令打开德胜门，让满桂军进城休整，却拒绝了袁崇焕的开城请求。很显然，崇祯已经对袁崇焕及其关宁军不太信任了。

十一月二十三日，崇祯在平台召见

▲ 皇太极

袁崇焕、满桂、祖大寿、黑云龙（接替赵率教担任山海关总兵）和兵部尚书申用懋。接到圣旨的袁崇焕将随从留在营中，自己只穿戴青衣玄帽来到皇宫，这样的装束已经是一种请罪的姿态。崇祯并没有惩处袁崇焕，反倒是赐给他貂裘、银盔甲。袁崇焕遂又请求带兵入城，但皇帝再次拒绝了这个请求。之后崇祯召见满桂，满桂将衣服解开展示自己的创伤。召见结束后，袁崇焕与满桂一同出城，但两人的关系早已没有宁远之战时那样和睦。这次平台召见不仅没有改善崇祯与袁崇焕这对君臣的关系，反而使皇帝更加怀疑袁崇焕与后金有密谋。

这时，被后金故意放回的两个太监带来的消息，又引起了轩然大波。据《清太宗实录》记载，皇太极在牧马场俘获的两个太监，由副将高鸿中和参将鲍承先、宁完我、巴克什达海负责看守。其中，高鸿中和鲍承先原先都是明朝的将官。十一月二十七日，后金军准备北返时，皇太极召这两个汉将面授机宜。这两位汉将回到大营后，故意在离关押太监很近的地方说话："今天撤兵是我们大汗的计谋，刚才看见大汗单骑去向明军大营。明军大营中来了两个人要见我们大汗，大汗和他们交谈了很久，想来我们与袁巡抚有密约，攻取北京很快就能成功。"这两个太监中的一个杨姓太监，将以上内容全部记在了心中。^①二十九日，后金军故意将两名太监放归。十一月二十六日皇太极攻击南城失利，二十七日袁崇焕派遣向导任守忠与500士卒携带火器突袭后金军大营，这两桩事竟然都合上了，就让人不能不揣测袁崇焕与皇太极是不是真的有关系。当时，京师内部谣言四起，纷纷传言袁崇焕与后金有密约。等杨姓太监回到宫中向崇祯汇报所听"秘闻"后，皇帝也觉得事态严重。

十二月一日，崇祯皇帝以商议军饷的名义在平台召见袁崇焕、祖大寿、黑云龙等关宁将领。满桂先袁崇焕到达平台，并向崇祯控诉袁崇焕军想要射杀自己的事，还对崇祯说，射向自己的箭矢都是袁军的。袁崇焕进入平台之后，崇祯却并没有问通敌之事，而是直接问杀毛文龙、后金犯阙、满桂中箭三事。袁崇焕顿时被问得哑口无言。崇祯越说越气，下令锦衣卫将袁崇焕拿下。于是，10位锦衣卫校尉迅速将袁崇焕的朝服扒下，将他扭送到西长安门外锦衣卫大堂，发送南镇抚司监候。

崇祯三年（1630年）八月，袁崇焕以"付讫不效，专事欺隐，市粟谋款，不战，散遣援兵，潜移喇嘛僧入城"等罪被磔杀于西市。崇祯还下了这样一封诏书："袁崇焕以复辽自任，功在五年，朕是以遣员凑饷，无请不发。不意专事欺隐，以市米则资盗，以谋款则斩帅，纵敌入犯，顿兵不战，援兵四集，尽行散遣。乃敌兵薄城下，又潜携喇嘛僧入军中，坚请入城。敕法司定罪，依律，家属十六岁以上处斩，十五岁以下给配，朕今流他子女妻妾兄弟，释放不问，崇焕本犯置极刑。"当时京畿百姓对袁崇焕痛恨至极，纷纷争食其肉。

袁崇焕的悲剧自然影响到了同在京师勤王的卢象升。此后崇祯十一年（1638年）清军入塞时，卢象升担任的职务便是崇祯二年时袁崇焕担任的职务。在最后时刻，卢象升对身边的人说道："宁死疆场，不辱西市。"足见这件事对他影响之大。

崇祯皇帝逮捕了袁崇焕后，设馔款待满桂等人，并派太监车天祥谕慰辽东将士，同时宣布任命满桂总理援兵、节制诸将；又将自柳河之败后被关押起来的马世龙

---

① "先是，获明太监二人，令副将高鸿中，参将鲍承先、宁完我、巴克什达海监守之。至是还兵，高鸿中、鲍承先遵上所授密计，坐近二太监，故作耳语云：'今日撤兵，乃上计也。顷见上单骑向敌，敌有二人来见上，语良久乃去。意袁巡抚有密约，此事可立就矣。'时杨太监者，佯卧窃听，悉记其言。"（《清太宗实录》）

放出来，与祖大寿一起管理入援的关宁军。无论是满桂还是马世龙，都是关宁军的老上司，而崇祯任用他们的目的很明显，就是想稳住关宁军，将袁崇焕入狱的动荡降到最低。但是关宁军还是出了乱子：祖大寿回到军营之后，带着关宁军一路劫掠，向东跑出了山海关。如前文所说，根据孙承宗的奏报，跟着祖大寿跑到关外的关宁军多达 15000 人。

同时，各路援军的情况也极为糟糕，部署相当混乱。比如，山西总兵张鸿功率领的勤王军队到达京畿附近后，兵部传令其部驻守通州，第二天又命令调防昌平，到了第三天又要求调守良乡。按照当时的规定，军队到达汛地的当天是不准开粮的，这支山西军连续三天调防三个地方，于是三天都没有领到粮草，无奈之下只有抢掠。崇祯看到军队发生劫掠行为就追究负责人，将山西巡抚耿如杞、总兵张鸿功逮捕问罪。下面的官兵看到上司被抓更没有了约束，5000 勤王士卒一哄而散，逃回了山西。崇祯皇帝见状大怒，处决了耿如杞和张鸿功。

其他明军同样由于后勤问题导致士气极为低下，只有卢象升所率的勤王军队并未出现这些问题。卢象升在勤王之前就预先准备好所需粮草，而大名府距离京师也很近，所以在粮草后勤上能直接得到后方接济，但这一切都离不开卢象升个人的精心准备。通过这次勤王入卫的表现来看，卢象升已经完全具备一个军事文官应有的素质。

后金军在十一月二十九日撤退时并没有出关，而是在长城周围徘徊，攻击冀北的城池。十二月一日，后金军攻克良乡；十二月二日，后金军攻克固安并屠城。见明军并没有反攻，皇太极决定再次南下。

十二月十六日，皇太极率领后金军来到卢沟桥，遭遇了明朝副将申甫率领的7000 士兵的抵抗。申甫早年尚义任侠，后被当时的兵部右侍郎刘之纶引荐给崇祯皇帝。刘之纶崇祯元年才中进士，己巳之变前仅仅是一个庶吉士（相当于储备干部），但在后金军入关时，他慷慨请命，于是被崇祯任命为兵部右侍郎。申甫平日里就喜言兵事，口才很好，这时慷慨请命，于是很快被刘之纶引为同道中人，并向崇祯引荐。此时的崇祯皇帝病急乱投医，召见了申甫。见面后，崇祯对申甫的行为大为赞赏，申甫也很感动地对崇祯说："臣不才，愿以死自效。"听到这番表态，崇祯激动得当即任命申甫为京营副将。申甫做了副将却没有兵，只好从京城的穷人、乞丐中招募。显然，这些人根本不知道如何使用武器，更别说列阵抗敌。但是朝廷却命令申甫率军去抵抗南下的后金军队，连续的催战命令使他没有时间迟疑，只好率军连夜出城，前往卢沟桥作战。后金军看到这支容不整的军队，立刻发起了进攻。皇太极命令右翼军的5旗兵马对明军发起攻击，结果这支仓促成立的军队战斗力极为虚弱，不一会儿就全军覆没了，申甫本人也力战而死。此外，通过《清实录》的一个细节可以看出，这支军队的装备极差：战后皇太极下令"择甲胄马匹之善者取之，余悉弃置"。

对于大明王朝来说，申甫惨败所展现出来的崇祯皇帝贫弱的军政能力和胡乱指挥的习惯，比这支明军的覆灭更为可怕。

击败申甫后，皇太极继续南下，在距北京20里的地方又歼灭了一营明军。当时，皇太极常常以重兵压顶的方式来作战。歼灭这一营明军时，皇太极依然是命令5个旗的后金军同时上阵。针对分散在京师附近的明军，这样的打法自然是极为恰当的，也可以看出皇太极用兵的谨慎。

就这样，在十二月十六日晚，离开北京半个月的后金军再次兵临北京城下。

当晚，后金军探知永定门外两里处有满桂、黑云龙、麻登云、孙祖寿四总兵率领的4万明军。于是皇太极命令军队停止休息，立刻拔营出发，准备在第二天天明时分进攻这股明军。

满桂的明军最初是在德胜门的瓮城休整，但是崇祯皇帝一味催战，满桂只好率领军队出城作战。十二月十七日清晨，太阳刚刚升起，明军就吃惊地发现在自己的营垒前方后金军正列阵以待。震惊过后，他们迅速开始防御准备。

此战，后金军集中了入关的全部兵力——10个旗的军队（含2个旗的蒙古兵）。待军队全部到位后，皇太极下令发起攻击。后金军鼓噪着发起冲锋，并对明军营垒的栅栏进行毁坏，明军也集中火力射击破坏栅栏的后金军。后金军不断向明军营垒发起冲击，虽然伤亡很大但依旧打开了突破口。接下来的战况十分惨烈，皇太极直言"心伤陨涕"，为后金军捏了一把汗。明军虽然抵抗极为顽强，可惜还是被后金军击败，满桂、孙祖寿当场战死，麻登云、黑云龙被俘。

此役中后金军的伤亡，《清实录》只留下轻描淡写的一句："我军无一伤者。"对比前文皇太极"怜惜将士，心伤陨涕"，这样前后矛盾的记述，肯定是不符合真实战况的。另外，此战之后，后金军就放弃了进攻北京的计划，改为劫掠京师周边地区。可见这一战，后金的损失不会小。

而大明王朝这边，最能作战的满桂军在这场战斗中全军覆没，京师周围只能任由后金军劫掠。十二月二十二日，后金军开始撤离北京附近，将进攻重点改为蓟北一带。在攻陷蓟北各城之后，皇太极于崇祯三年三月二十二日离开蓟北回到辽东。在后金军主力撤退之后，孙承宗集中各路勤王兵马收复了关内四城（永平、滦州、迁安、遵化）。这一阶段的作战一直到五月十一日才结束，至此长达7个多月的己巳之变宣告结束。此次，大明王朝损失惨重，并让后金彻底探知了己方的虚弱。期间，卢象升并没有出彩的表现，中规中矩地完成了自己的任务，但他在战后获得了崇祯皇帝的嘉奖并被升为右参政兼副使，受命整饬大名、广平、顺德三府兵备。

就这样，卢象升正式走上了军事文官的道路。

初鸣畿南

己巳之变被大明君臣勉强应付过去，但此变犹如打开了潘多拉魔盒：大明王朝的内部正酝酿着一场巨大的动荡，它将以摧枯拉朽之势毁坏整个王朝。不过，这场动荡不是来自东北，而是源自帝国西部。要理清其中关系，还得从最初的一场民变讲起。

天启七年，繁重的苛捐杂税在陕西澄城县激起民变，走投无路的农民打死了知县。这一事件标志着明末农民起义正式拉开帷幕。

澄城爆发起义后，陕西全境都陷入不安之中：府谷县农民王嘉胤率众起义，并与澄城起义军会合，人数增至五六千，他们聚集在延安、庆阳附近的黄龙山中；安塞人高迎祥也揭竿而起，一时间陕西地区的民变多如星火。到了崇祯朝，情况变本加厉。崇祯年间甚至有民谣呼"崇祯"为"重征"，这与嘉靖年间海瑞在奏疏里面呼"嘉靖"为"家净"如出一辙，普通农民身上的压力可见一斑。

民变还不是最可怕的，可怕的是很快明军兵卒跟着掀起了兵变。大明朝在陕西设置了四个边镇，一省之内设置四镇，这是其他任何地区都没有的现象。这四镇的后勤补给大多需要陕西民众负担，而陕西灾害连连，根本供给不上。此外，大明朝在万历末年将军事重心由西部转向东北，陕西军镇不再如以往那般受重视，再加上严重的财政紧缩，一连串变故竟使宁夏、固原、延绥三镇缺饷36个月。士兵们没有了活路，只好采取最后的办法——兵变。

崇祯元年十二月，明朝九边重镇之一的固原镇由于常年欠饷发生兵变。当时，陕西地区的大部分士卒都已经缺饷很久。固原镇带头之后，陕西各地驻军都出现了不稳的趋势。崇祯二年，阶州士兵又发动兵变。虽然这些兵变都被镇压了下去，但陕北地区常年处于对抗蒙古的前线，兵力屯驻极多，而这些士兵衣食无着，自然不能等着被活活饿死。所以，大批士兵逃出兵营加入农民起义军的队伍。

在己巳之变中，同样发生了大批勤王军队哗变事件。比如崇祯三年，甘肃勤王军队发生哗变。当时朝廷催调急促，但从甘肃到京师6000里的路途却不给士兵任何物资与补贴。官员迫于命令，逼迫士兵快走，士兵怨气极大，终于在定西发生哗变。愤怒的士兵格杀了参将孙怀忠，夺取饷银后返回驻地。刚回到驻地，甘肃巡抚便迅速将带头闹事的王进才诱杀，而底下的士兵则有一部分逃向了农民军。延绥镇勤王军由于总兵克扣行粮，又勒索不愿勤王的士兵加纳银钱，导致大批士兵纷纷逃离军营，这些逃兵的最终去向都是抗拒官府的起义军。在这些逃兵中，就包括后来纵横中原的张献忠。随着这些正规军的加入，起义军的战斗力迅速得到了提升。

此外，另一起偶然事件，给风雨飘摇的大明王朝带来了不可挽回的损失。

崇祯初年，财政负担异常沉重，辽东战场犹如一只吸金巨兽，每年都要花费数百万两白银以维持战争开支。根据《明中叶后太仓岁入银两的研究》和《明中叶后太仓岁出银两的研究》，崇祯元年的岁入为7064200两白银，可支出却高达9568942两白银，仅一年就亏空200万多两银子。为了摆脱财政困境，刑部给事中刘懋提出了一个方案，那就是大规模裁减驿递开支。他粗略估算，光这一项就能为帝国节约几十万两白银的开支，而这些钱又可以用于当前急需的军务。崇祯皇帝对这个提议极为赞赏，就任命刘懋为兵科左给事中，授权他负责驿递整顿计划。于是，刘懋迅速削减各驿所经费，并对人员进行了裁减。

但是，驿所是维持一个庞大帝国运转所不可缺少的设施。明朝每10里设一铺，每铺设铺长 1 人、铺兵 10 人；每 60 里设置一驿。驿所分为要冲和非要冲两种，要冲驿所配置 30—80 匹驿马，非要冲驿所配备 5—20 匹驿马。除了驿马之外，驿所还配备了车辆：每个驿所有大车 1 辆，配车夫 3 人、牛 3 头，可以载米 10 石；有小车 1 辆，配车夫 1 人、牛 1 头，可以载米 3 石。除此之外，驿所还有大量其他人员。可以说，大明王朝的驿传体系是极为完善的。

陕西的驿所数量在全国占比很高，全国设水马驿一千余处，陕西就约占十分之一。在规模上，陕西驿所驴、马、牛、骡之数总共万余，保守估计全省有驿夫三四万之众。现在，裁减驿递的决策下来了，陕西自然首当其冲，大批驿所或精简，或裁撤，使大量为驿所服务的人员失去了生计。这其中，就包括在银川驿工作的马夫李自成。23 岁的李自成突然失去生计后，就和其他失去生计的大部分人一样，加入了起义军。谁也不会想到，这个年轻人将在未来的岁月里，成为大明王朝的掘墓人。被裁撤的驿递人员大多都擅长弓马，因此这些人的加入，同样加强了农民起义军的战斗力。

雪上加霜的是，朝廷还对陕西的边军进行了裁撤。当时明朝的主要军事威胁已经从蒙古转变为东边的后金，为了节省军费，崇祯索性在边镇削减军额。陕西军镇最多，被裁汰的士卒自然也最多。这些士兵失去了生计，自然只有加入起义军。如前文所说，就算是没被裁汰的士卒，也面临缺饷的困境，这使更多无法生存的士卒逃离军队变成逃兵，而这些逃兵同样成了起义军的重要组成部分。

更为可怕的是，参加起义军的，不仅仅是饥民、逃兵，甚至还包括一些陕西当地的世家将门。《怀陵流寇始终录》中就记载了这样一个现象："一时贼首，多边军之豪及良家世职，不欲以姓名闻，恐为亲族累，固相率立诨名。"这表明，在残酷的战场环境中，起义军的领袖很快就从农民转变为以边军士卒、失业驿卒和不得志的军官为主的职业军人。

面对起义军，朝廷首先想到的应对之策是招抚。三边总督杨鹤就向崇祯皇帝提出，招抚因饥荒而起的农民起义军。由于后金军入关，京师附近战火连天，明朝大批军力集中在京畿，客观上很难抽调军队大规模进剿起义军。虽然当时朝廷中早就有人意识到，国家财政根本无力支撑招抚所用的巨额银钱，但是为了争取时间，防止农民起义的规模继续扩大，朝廷还是同意了招抚。

崇祯四年（1631年），崇祯皇帝下发10万两内帑银，交由御史吴甡前往陕西赈济灾民。刚开始效果极好。当时起义军正在进攻庆阳，杨鹤手上已经拿不出兵力去解围，吴甡到了后，杨鹤立刻派宁州知州前去招抚。起义军得知朝廷的政策后，立刻向明军投降，接受招安，基本上留在陕西的所有起义军都被杨鹤招安。但是，招安并没有实行多久就宣告失败。

首先，朝廷的财政根本支持不了招抚行动。崇祯发的10万两内帑银和亲王捐助的5万两银子、2万石粮对全陕的饥民来说，根本是杯水车薪。当时有人算了一笔账，就算一两银子可以救济一个灾民，十多万两银子也只能救济十多万灾民，陕西的情况却是全境都出现大规模饥荒。从前文描述可以看出，崇祯在金钱的使用上是极其吝啬的，史家说他"言腠削则喜，请兵食则怒"，因此他不可能舍得在饥民身上花大钱。

其次，招抚本来就是权宜之计。入关的清军既已被明军打退，大批勤王军队开始西返，朝廷便不需要再采取缓兵之计。于是，明军内部出现了杀降行为。崇祯三年八月，洪承畴在清涧诱杀王左桂等98人；第二年四月，他又安排贺人龙诱杀前来投降的起义军320人。接连出现的杀降事件使起义军不再信任朝廷所谓的"招抚"，没受抚的起义军也不再向官军投降，已经受抚的起义军由于灾荒又再次起义。

面对这势如烈火的起义势头，杨鹤显然应付不了。崇祯皇帝看杨鹤对起义军束手无策，就罢免他，改由对起义军持镇压主张的洪承畴出任三边总督。就此，朝廷的政策也从招抚为主变成了武力镇压为主。

当然，朝廷并没有彻底放弃对起义军的招抚。因为在明朝君臣看来，这些起义军毕竟还是大明的"臣民"，

▲ 洪承畴

依旧有招抚的必要。然而，这时的局势却不是朝廷所能控制的了。在朝廷还没有大举进剿之前，起义军就已经扩展到陕西以外的广阔天地去了。

早在崇祯三年，就有大批起义军渡过黄河来到山西。山西一直以来都是人多地少，而崇祯初年陕西受灾，山西同样没有幸免，所以起义军来到山西后势力大涨。当时在山西活动的起义军以"紫金梁"（王自用）为首，号称"三十六营"，这其中就包括李自成和张献忠，人数达到 20 万。山西当局根本没有办法镇压起义军，只有向崇祯求援。崇祯于是让洪承畴东进山西追剿起义军。

崇祯四年七月，洪承畴携曹文诏率军追击陕西起义军来到山西。当时，起义军活动的主要区域有三个：晋南（今临汾一带）、晋东南（今晋城、长治一带）、晋中。朝廷意识到，光靠洪承畴带领的陕西追剿部队是远远不够的，于是又从宣府、大同调兵南下。宣大总督张宗衡亲自带着白安、虎大威、左良玉等将，率领 8000 边军南下，进驻平阳，负责晋南、晋东南方向的围剿。山西巡抚徐鼎臣也率领张应昌等将，领军 7000 人进驻汾州，负责晋中地区的围剿。

但官军在兵力上依旧处于劣势，在很长时间里都没有取得重大战果，而起义军则愈发声势浩大。崇祯五年（1632 年）七月，李自成、张献忠等人率军攻击蒲县，在攻城受阻之后，又突袭大宁；八月，起义军攻克隰州。之后，起义军开始向东发展。为防止往东的起义军兵锋接近明朝的核心重地京畿，朝廷加快了围剿起义军的步伐。

崇祯五年十二月二十四日，李自成夺取了辽州。正在追击"紫金梁"的宣大明军听到这个消息后，立刻转变方向，扑向辽州。此前在陕西取得重大战果的曹文诏[①]也开始领军转向山西。十二月七日，曹文诏和马科、曹变蛟率马步精锐 3500人，从甘肃庆阳出发前往山西。宣大边军则在尤世禄的率领下于十二月二十八日来到辽州城下，经过三天猛攻总算攻克辽州，李自成带着残兵突出城去。此战明军打得极为艰难，总兵尤世禄和他的儿子副将尤人龙都被起义军射伤，但是起义军也损失惨重。战后，尤世禄上奏崇祯皇帝，此战斩首 1300 级。起义军见明军重兵已经进入山西，只得向其他地方转移。起义军选中的方向正是明朝的核心区域

---

① 曹文诏七月到达山西后，由于陕西局势吃紧，又回援陕西。

直隶，而等待他们的是早已准备多时的卢象升。

其实，早在起义军刚渡过黄河时，卢象升就已经开始加强战备。卢象升在辖区各地巡视一番之后，认为光是修缮城池是远远不能遏制住起义军的，于是提出了自己的方案：靠近山区的老百姓依险立寨，平原的百姓则实行并村。

在具体操作上，卢象升也有清晰的安排。他要求，设置山寨要选择山顶平坦、四面陡峻之处，若只有一条窄路攀缘而上则最好，山上还得有水源，这样才能确保长久坚持。同时，卢象升要求居民按十家编组，平时就将自己的金钱粮草都搬运上山。他还在这十家中选择壮丁，进行训练。一旦起义军靠近，这些壮丁将掩护百姓上山，并作为侦察力量随时向官军报告起义军的动向。

而在平原地区并村的具体措施是，将方圆十多里内的小村并成一个大村寨，同样将财产物资运入其中。这种村寨的防御，卢象升也有设计：他规定在村寨外面挖掘一条深8尺、宽1丈2尺的壕沟；村寨的百姓编成保甲，设立团练，利用农闲时间进行操练，在起义军到来时进行守卫。这样的村寨对起义军来说往往是最难攻击的，因为要是强攻，则必然造成伤亡；要是不予以攻击，则始终达不到控制地方的目的。要知道，起义军的粮草必须通过掠夺百姓来进行补充，这样起义军就不得不进攻这些村寨，而进攻恰恰会陷入僵局。在起义军进退两难时，大队官军就可以乘势攻击起义军。

卢象升在搞村寨、设团练的时候也没忘记训练自己的军队。如前文所说，卢象升上任初期就在训练兵马，现在这支队伍已经颇具战斗力。因为大名府在唐代是天雄军的治所，所以卢象升这支精心训练的子弟兵也被冠以"天雄军"的称号。

很快，起义军的兵锋就直指顺德。崇祯六年（1633年）正月，起义军进入西山，而西山距离顺德不到100里。正月初八，卢象升接到起义军兵临西山的消息后，迅速带步骑兵1600人前往黄寺安抚军民。这时，卢象升突然发现数十名起义军骑兵出现在视线范围内，且数量还在不停增长，不一会儿就达到数千人之多，于是他迅速命令部下开始列阵。这支军队虽然已经训练多日，但终究是第一次上战场，而且面对的还是起义军主力，军心不免动摇。看到这个情况后，卢象升意识到必须稳住军心才能死中求生。这时，有士兵开始向后跑，卢象升迅速斩杀了一名逃兵，以示惩戒。斩杀了逃兵之后，躁动的明军逐渐安静下来，卢象升骑着马走到阵前鼓舞军心。稳定下来的明军开始列阵，用火器向起义军射击。一阵射击之后，卢象升下令进攻，并带头向起义军发起冲击。

　　起义军没有料到会在这里遇到官军，更没料到这支数量不多的官军敢主动向自己发起进攻。遭到一轮火器射击后，起义军阵形大乱。接着，卢象升又亲自带兵发起冲锋，起义军全线崩溃。一战下来，明军不但击退了起义军，还斩首 14 人，用火器打死打伤百余人，而明军仅仅损失了 13 人。就这样，"天雄军"这支初出茅庐的军队取得了建军以来的首场胜利。当然，这场战斗也是极为惊险的，卢象升带的都是新兵，要不是他在开战之初就果断处理逃兵并亲临一线督战，这支军队很可能当场就崩溃了。

　　值得一提的是，在战斗中，卢象升曾登高督战。起义军首领"蝎子块"（拓养坤）见状，派出箭法高超之人对卢象升进行狙杀。射手连发三箭，一支箭射落了卢象升的貂领，一支箭射杀了卢象升的中军军官，而第三支箭则从卢象升的眉间擦过。结果，起义军看到眉间有血却依旧活着的卢象升，以为是二郎神下凡，吃惊得不敢再射，卢象升却手持弓箭射杀了两名起义军。

　　在击退了起义军的初次进攻之后，卢象升并未被小胜冲昏头脑，他意识到光靠自己的力量是无法击败起义军的，于是迅速向朝廷请求援兵。

　　崇祯得知起义军出现在畿南的消息后，赶紧调集通州兵 2000 人、昌平兵 2000 人，会同保定总兵梁甫所部 8000 人南下，配合卢象升堵截起义军。可这时畿南的形势已是万分危急：参将杨遇春率军攻击起义军，却被起义军伏击，不仅本人战死，这支明军也全军覆没。之后，起义军攻入赵州，当地的乡兵在武举李调及其弟李让的率领下拼死抵抗，但依旧阻挡不住起义军的攻势，李氏兄弟战死沙场。

　　这一战后，起义军再次接近卢象升的防区，而且声势较上一次更加浩大。见此情景，参议寇从化内心焦急，急令守备李定、王国玺出击。可当时官军实力太过虚弱，在援军未到之前，根本没有办法在野战中取胜。最终，两人战败，起义军乘势进攻内丘。内丘知县王世泰与弟弟王世宁率军死守隘口，虽然有地形优势，但是依旧抵挡不住起义军的攻势，两人皆力战而死。

　　在起义军势力正盛之时，卢象升并没有轻易出战，而是采取守势。援军到来后，卢象升立刻转守为攻，与总兵梁甫一起对起义军发起攻击，畿南局势开始转好。

这时，一个突发事件险些改变了畿南局势。由于卢象升防守的畿南比较棘手，各路起义军开始云集西山，仅聚集的骑兵就多达数万。游击董维坤轻敌冒进，被起义军围困在冷水村。一般情况下，明军的反应都是快速支援，但卢象升却有另外的看法。他认为，起义军势大，即便快速支援依旧没有办法解围，很可能援军到达时这支明军已经被歼灭了；而且起义军极有可能在半路上张网以待，伏击因为快速行军而成为强弩之末的明军。因此，卢象升选择反其道而行之：他估计起义军在击败董维坤之后会立刻扩大战果，进攻石城，于是率军在石城南面设伏。果然，如卢象升所料，起义军击败董维坤后，向石城前进。卢象升抓住战机，指挥官军向行进中的起义军发起冲击，他自己也手持大刀冲进敌阵。

一开始，起义军在明军的攻击之下惊慌失措，纷纷溃退。但起义军毕竟已经不是初出茅庐的新手，在这生死存亡的关头，纷纷以命相搏。在交战中，卢象升的战马被砍杀，他就下马提刀步战，带着明军一路猛追，将起义军一直追到一处危崖。起义军看着无路可逃，就向明军射箭。卢象升的仆从被射杀，他自己的额头也被射伤，但卢象升毫不畏惧，显然已经杀红了眼，提着战刀继续向起义军发起冲击。在官军的猛烈攻势下，起义军彻底崩溃了。

这一战，光是起义军头目就被斩杀了 11 人。此后，畿南局势转危为安。此战是卢象升亲自指挥的第一场重要战役，如果不是他当机立断，改支援为就地设伏，将是另一种结局。特别是这一战中起义军的战斗力、战斗精神毫不逊于明军，在兵力上甚至还优于明军，明军是以有心算无心，经过苦战才赢得这场生死存亡的大战。此役后，各路明军都不禁对一介文官的卢象升刮目相看，赞叹"卢公真能将也"。

没过多久，畿南的平静就因为一起突发事件被打破：一直充当追剿主力的左良玉军在武安被起义军击败。说起来，左良玉之败其实与卢象升石城之胜有密切联系。进入顺德的起义军遭到卢象升军的重大打击之后，开始向武安转移，正好与被左良玉追击的农民起义军会合。两股力量合并后，起义军的实力得到了极大提升，因此在武安附近折返，回来与左良玉军作战。左良玉军虽然先前屡屡获胜，但毕竟兵力有限，只有 2000 昌平兵，而且连日征战损耗极大。但左良玉本人却极为乐观，依然在武安主簿吴应科所率民兵的配合下，向起义军发起攻击。此时的起义军在实力上已经具备了压倒性优势，结果左良玉大败，守备曹鸣鹗战死，配合左良玉军作战的武安主簿吴应科也一同战死。刚刚转危为安的畿南形势又有了新的变化。

卢象升认识到，光守住自己的防区是不能改变整体局势的，于是决定率军主动出击。崇祯六年五月，卢象升在青龙冈一举击破起义军，之后又在武安再次大败起义军。两战下来，他歼灭起义军数千人，夺回被起义军掳掠走的百姓2万余人。他的声威也随之传遍起义军，起义军都说："卢廉使，遇即死。"从此再也不敢侵犯卢象升的防区。

崇祯六年八月，一支起义军进入广平境内。城中官员赶紧将城门关闭，但还是有大批百姓滞留在城外，看到起义军逼近，城外百姓号哭不绝。这时卢象升赶到，他要求城内官员迅速收纳百姓，并对他们保证，要是起义军敢来，一定将其挡在城外。城中官员这才打开城门放百姓进城。而进入广平的起义军听闻卢象升到来，连夜撤出广平。

于是，在卢象升的统御下，大名地区即使在起义军声势最浩大时也没有遭受兵灾。起义军东进之路被卢象升挡住了，整个直隶和山东得以幸免。若是起义军突破畿南进入山东，那局势将会变得一发不可收拾：当时正好是登州兵变的高潮时期，如果起义军与孔友德的叛军会合，整个大明王朝北方将就此战火纷飞。从这个角度来说，卢象升在畿南坚持的一年，成为北方避免战乱的关键。但是整个帝国依旧不太平，起义军虽然北进失败，但主力犹存，他们转变方向，南下大明王朝的腹心之地——中原，并在那里掀起一场前所未有的兵灾，卢象升的命运也将就此改变。

荆湖烽火

起义军在畿南受挫之后，调转方向进入太行山。明朝调遣在登州平叛中有出色表现的川军邓玘部，会合奉命北上的石柱土司马凤仪（即张凤仪，其夫为秦良玉与马千乘之子马祥麟）部，前去增援豫北。这支新锐明军战斗力极为强悍，刚到豫北就在善阳山遭遇战中射杀起义军头领"紫金梁"。在击败起义军后，川军乘势追击，前锋参将杨遇春①一军独出，一路追击起义军到林县。但起义军毕竟是久战之师，在生死存亡的最后关头突然回头一击，斩杀了杨遇春。杨遇春一军全军覆没。获胜后，起义军没有继续撤退，而是利用缴获的明军旗帜将自己伪装成明军，并趁其他各路明军尚未察觉之际，突然对邓玘的川军发起猛攻。邓玘部猝不及防之下，大败而归。协同邓玘追剿起义军的马凤仪部，也在侯家庄全军覆没。

吃了大亏的邓玘，只得收拢残兵北撤休整。起义军则在击败邓玘部川军之后，将进攻矛头立刻指向明朝宗室潞王的封地卫辉府。潞王看到卫辉府有被起义军攻击的可能，立刻向崇祯皇帝求援。然而，此时的河南省额兵不过7000人，还不满编；加之河南兵与起义军多次作战损失极大，而作为追剿主力的左良玉军同样战损较大，兵力实为不足。就在这时，曹文诏带领五营兵赶到了！曹文诏看到各路明军士气低落，决定通过一场大捷来振奋士气，遂带兵连夜突袭起义军的驻地柴陵村。起义军完全想不到明军大败之后，仍能突袭自己，所以完全没有防备，起义军头目"滚地龙"被斩杀，另一头目"老回回"（马守应）连夜奔逃。之后，曹文诏率军在济源大败起义军。但这时，意料之外的情况发生了：在河南战场打得顺风顺水的曹文诏被调离河南，出任大同总兵官。

这件事还得从曹文诏与御史刘令誉的私人恩怨说起。之前，曹文诏在洪洞时就与在家闲居的刘令誉发生过矛盾。后来刘令誉起复，做了河南巡按御史。手握监察大权后，刘令誉就一直在找曹文诏的麻烦。此次，刘令誉将马凤仪部全军覆没于侯家庄归咎于曹文诏。刘令誉的理由很简单：曹文诏在崇祯五年就被授权"节制诸将"，手下打了败仗，那就是做主帅的曹文诏的过错。曹文诏自然很不服气，当场就和刘令誉爆发了冲突，刘令誉事后向朝廷上奏弹劾曹文诏。恰逢兵部也认为曹文诏"恃胜而骄"，于是将其调往大同，命令他的副手李卑接替他在河南作战。李卑远远比不上曹文诏，因此河南巡抚就上奏崇祯皇帝提出将曹文诏留在河南，但被否决。随同曹文诏离开前线的，还有他的侄子曹变蛟。

---

① 此处杨遇春为邓玘部下，与前文的杨遇春重名而已。

围剿战场一下子失去了两位骁将，这对明军即将展开的总会战是极为不利的。这时，另一起事件又使明军失去了一名骁将。在当时，有一个与曹文诏齐名的锦衣卫将领张道濬，史载："贼于诸军中最惮文诏，其次则锦衣卫佥事张道濬。"（夏燮《明通鉴》）张道濬早年与魏忠贤的党羽交往过密，因此在崇祯上台之后的大清洗中丢官回乡，回到了老家沁水县窦庄。在起义军席卷山西的浪潮中，张道濬指挥乡人将窦庄变成了

▲ 《出警图》中的明军形象

一座军事要塞，修筑堡垒54座，还铸造出佛郎机大炮。起义军进入沁河流域后，连克沁水、阳城，连城防坚固的泽州城都被起义军攻破了，但小小一个窦庄起义军却连续攻击5次都没有攻下，成了矗立于汪洋大海中的一块礁石。

崇祯六年八月，由于曹文诏调任大同，起义军再次攻陷沁水。虽然张道濬亲自率300人攻击起义军，并将起义军击退到15里之外，但依旧被人弹劾，最后以"离伍冒功"被贬斥到宁海卫。

曹文诏善攻，张道濬善守，两人配合，使起义军坐立难安，这下两人都被调走，起义军压力骤减。但还没等起义军缓过神，明军的增援力量就来了。崇祯六年九月，崇祯任命倪宠、王朴为总兵官，率京营劲旅6000人南下讨伐起义军。为了表示对两位总兵的重视，崇祯特地赏赐两位总兵弓矢1500副、战马300匹、健丁300人。随着这支军队的加入，豫北的明军兵力已经超过3万人。战场局势渐渐向对明军有利的方向转变。到了岁末，明军已经对起义军形成合围之势。

明军这时虽然兵多将广，却出现了将领之间互相倾轧的情况。早在京军出战之前，兵部的职方郎中李继贞就看出了将领不和的苗头，对崇祯皇帝说："良玉、李卑，身经百战，位反在宠、朴下，恐闻而解体。"（夏燮《明通鉴》）崇祯意识到这个疏忽后，迅速调整，将左良玉和李卑提升为都督佥事、援剿总兵官，但官位还是没有超过来自京军的倪宠和王朴。前线苦战已久的将官，看到未经一战就成

为总兵官的倪宠、王朴，心态肯定是不平衡的。所以在京军来到前线之后，明军反倒失去了往日的那种进取心，转而互相观望。明军出现这种情况，除了因为将领心态不平衡外，还因为明军缺乏统一的指挥。在原先的战事中，陕西、山西由洪承畴指挥协调；而直隶地区，崇祯则任命曹文诏负责指挥。眼下，曹文诏已经被北调大同防边，作为三边总督的洪承畴也因为林丹汗南下而忧心如焚。因此，明军虽然集结了极为庞大的优势兵力，但实际上却面临着指挥困难的问题。然而即便明军全都静止不动，形势对起义军而言也不会发生任何有利的转变，于是起义军想出了诈降一策。

崇祯六年十一月初，起义军首领高迎祥、张献忠、刘国能、李自成等向总兵王朴请求招安，声称自己是良民，只是因为陕西荒旱才造反，现在请求归降，回到故土恢复旧业。作为武将，王朴自己是不能决定招安事宜的，于是他找到自己的上司，即崇祯派到京营的太监杨进朝和卢九德。此前在崇祯六年五月，崇祯就派了太监陈大奎、阎思印、谢文举、孙茂霖分别担任曹文诏、张应昌、左良玉、邓玘四部的监军。此时，杨进朝、卢九德两人听到这个消息，是满心欢喜，以为可以不费一兵一卒就能彻底解决祸患，当即同意与起义军接触。十一月十九日，起义军首领贺双全、"张妙手"（张文耀）等12人来到河南彰德府武安县会见王朴、杨进朝、卢九德和兵备道常道立，表示愿意接受招安。杨进朝信以为真，立刻向崇祯皇帝汇报，并勒令军队停止进攻。然而事实上，起义军却在等待时机，准备偷渡黄河。在明朝，黄河每年都会封冻，而崇祯六年的冬天特别冷。

十一月二十四日，气温骤降，一夜之间黄河全部封冻。起义军抓住机会，全军南下冲过黄河，而明军这时还全都在包围圈外待命。因此当起义军冲过黄河时，只有渑池的教谕（明朝县一级主管教育的官员）罗世济带着民兵前来阻挡。起义军一下子就击败了前来阻击的民兵，罗世济兵败身亡。至此，明军辛辛苦苦营造的围歼起义军的大好局势遭到彻底破坏，起义军如溃堤之水向南方浩浩荡荡冲去。

起义军突破黄河天险之后，势不可挡地冲向了河南。当时河南的情况极为危急：连续四年大旱导致河南境内十室九空，一斗米居然卖到了5钱银的价格，百姓的状况是"有工作一日不得升米者，有采草根树叶充饥者"（郑廉《豫变纪略》）。起义军来到河南后，靠着大量吸收饥民，实力得到迅速壮大。虽然崇祯皇帝命令明

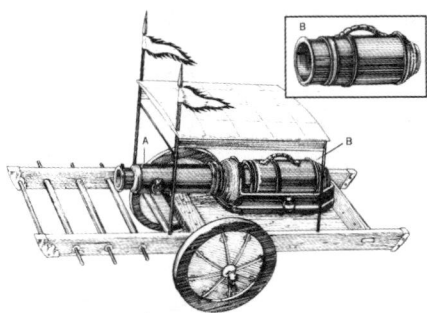
▲ 明军中大量装备的佛郎机炮

军加紧追击，同时让河南各地进行拦截，但收效甚微。

在河南稍事休整之后，起义军在崇祯七年（1634 年）兵分两路，一路由高迎祥、李自成、张献忠、"老回回"等人率领南下，进入卢氏山，向湖广方向前进；一路由"混天星""扫地王"率领，重新折返陕西。崇祯皇帝赶忙命令洪承畴负责陕西方面的"剿寇"大局。在洪承畴的指挥下，陕西战局渐趋稳定，但南下的起义军却势头不减，开始向荆襄地区挺进。

最先直面起义军兵锋的，是郧阳地区。郧阳是在成化时期为安置流民而新设的行政区划，崇祯时期郧阳的最高行政机构是郧阳提督抚治都御史行台，这个机构最初仅仅是一个临时性的派出部门，而这个地区也一直没有被明朝纳入行省这个框架内，各种配置都极为简陋，所以算得上是帝国统治较薄弱的地区。当时，郧阳地区正聚集着一批因为丧失土地而私自开矿的"矿盗"。这批从事开采行业的矿工，在组织性上远远优于普通流民，等起义军主力来到郧阳地区后，这批明朝官员眼中的"矿盗"立刻加入了起义军。这批人对郧阳的情形了如指掌，他们的加入使起义军的实力增加了一大截。

崇祯七年正月，起义军连续攻破郧阳境内的郧西、上津、房县、保康。郧阳抚治蒋允仪面对这样的局势束手无措，只能上书请死。

眼见局势愈发失控，朝野一致认为应该指派专门的人员来负责处理"剿寇"事宜。当时朝臣大多都推举洪承畴，但崇祯皇帝认为洪承畴还需要防御蒙古，不便专心剿贼，遂选用了延绥巡抚陈奇瑜。陈奇瑜巡抚延绥时，屡次奏捷，先后两战斩杀起义军 2000 余人，彻底肃清了农民起义首发地——延水流域，一时威震关陕。这次，崇祯任命陈奇瑜为兵部侍郎，总督河南、山、陕、川、湖五省军务，负责中原"剿寇"事宜。

陈奇瑜上任后，迅速与洪承畴合兵一处，首先攻击进入陕西的起义军。当时陈奇瑜与洪承畴率兵南下，山西总兵张应昌率军东进，并在灵宝击败起义军。起义军看明军来势汹汹，就向四川进攻，郧阳一带的起义军见势也跟着西进。

崇祯七年二月，起义军攻陷兴山，斩杀知县刘定国，之后又一路劫掠归州、巴东、夷陵，进入川东地区。四川省的官员对起义军完全没有防备，当起义军杀到夔州时，当地官员自恃夔关天险，认为起义军无法在短期内突破，以致城中毫无防备。起义军杀到城下后，夔州的通判、推官逃散一空，只有同知何承光率官民固守，但由于防备不足，夔州城很快就失陷了。夔州陷落后，起义军继续西进攻陷大宁，俘杀知县高日临，在这之后又连陷巫山、通江。

这期间，朝廷也在调整部署，命令老将张令前往川北战场支援。张令人称"神弩将"，年过七旬依旧能在马上使用五石弩，且射术高超；其弩箭威力巨大，史书称"中必洞胸"。当时四川总兵张尔奇以张令为先锋，副将陈一龙、武声华为左、右翼，在员山进行反击。张令打得极为勇猛，一直将起义军追到龙潭。在龙潭，虽然陈一龙并未按时赶来支援，但张令带着明军毫不犹豫地向起义军发起猛攻。战斗打得极为激烈，张令本人"面中三矢"，但仍以明军获胜告终。在这之后，张令又在略阳再次击败南下的起义军。经过这两战，明军总算稳住了北部防线。

与此同时，朝廷在东线也派出了自己的王牌将领，这就是中国历史上的著名女将——秦良玉。秦良玉率领石柱兵迅速东进，一出马就在太平县击败张献忠，稳定了川东战局。起义军入川不成，只得再次改变方向，这次起义军同样分为两支：一支北返再次进入陕西，一支向东进攻湖广。进入湖广的起义军不仅有张献忠、李自成、高迎祥这些西进不成再次折返的军队，还包括了原先进入陕西又南下不成的一部分起义军。根据《延绥纪略》的记载，"贼之入蜀者未逾月而返楚又二三万"。

这一次，首先遭遇起义军冲击的又是郧阳地区。郧阳抚治蒋允仪在正月起义军进入郧阳时就拿对方毫无办法，此时照样抵挡不住，很快郧阳全境七城被起义军攻陷六城，局势一片混乱。这时，崇祯想到了去年在畿南战场上表现优异的卢象升。

崇祯七年三月十八日，崇祯皇帝升大名道兵备按察使卢象升为都察院右佥都御史、提督军务兼抚治郧阳等处地方。随着这道命令的下达，卢象升再次被推上风口浪尖。

接到命令后，卢象升于三月二十四日进行了交接工作，两天后就从大名府启程单骑赶往郧阳。畿南民众听到卢象升要离开，纷纷前来送行，送行者多达万人，有些送行者一直送到 500 里外的黄河边才返回。可见卢象升在大名府这几年，确确实实赢得了百姓的衷心爱戴。卢象升知道郧阳情形极为危急，容不得有丝毫拖沓，于是快马加鞭赶在四月八日进入郧阳境内。7 天后，卢象升来到郧阳的治所襄阳，这时前任郧阳抚治蒋允仪还在郧西料理军务，卢象升无法进行交接，就来到承天府拜谒显陵。

卢象升此举显得极有政治头脑，因为显陵是明朝皇室最为重要的陵寝。要解释个中缘故，还得从明朝正德皇帝说起。正德皇帝没有子嗣，所以皇位就由他的堂弟朱厚熜继任，也就是大名鼎鼎的嘉靖皇帝，后来的明朝皇室都是这一脉的子孙。朱厚熜在即位之后就开始为自己的父亲正名，通过"大礼议"将自己的父亲朱祐杬尊为"知天守道洪德渊仁宽穆纯圣恭俭敬文献皇帝"，而显陵正是嘉靖皇帝父母的合葬墓。所以，卢象升此举显然能获得极高的政治赞誉。

在卢象升拜谒完显陵之后，蒋允仪也回到了襄阳开始进行交接。四月二十日完成交接之后，卢象升正式接管郧阳军政。等待他的是一个极其困难的局面。当时整个郧阳的主兵只有 500 人，靠这点儿兵力镇压起义军是远远不够的。所谓主兵就是当地筹建的军队，这还得从郧阳尴尬的位置说起。如前文所说，郧阳本来就是新建的行政区，而这个行政区又处于内地，在农民大起义之前，朝廷自然不会在这里设立主兵。爆发农民起义之后，郧阳倒是设立了主兵，但兵额仅仅只有 500 人。正因为这样，当地围剿起义军的主力是来自四面八方的客军。当时郧阳有筸兵 3400 人、石柱兵 600 人、毛兵 500 人、川军三营 5000 人，还有总督陈奇瑜的标军，这些军队加起来一共有 2 万人。而明末客军每次出战都需要计算本色（粮食）、折色（军饷）、行粮（出征时的粮草）、坐粮（防守时需要的粮草），一名士兵一个月就需要 3 两 6 钱之多，于是卢象升面前最急迫的问题是军费不足。郧阳是明朝财政比较吃紧的地区，崇祯也知道这个情况，此前就下令由湖广接济郧阳军饷 12 万两白银。但是卢象升清查账目发现，12 万两白银只运到了 39999 两，而就这 39999 两，已经被前任抚治蒋允仪用去了 29494 两，只剩下 10505 两。这剩下的军费首先要给郧阳本地的主兵发军饷，主兵的费用比客兵要少，每个士兵每月需要军饷 1 两 2 钱。饶是如此，这 500 名主兵一年就需要 6000 两白银，瞬间就用去存银的一大半。所以卢象升来到郧阳的第一件事就是向朝廷请求军费支援。

为解燃眉之急，卢象升将自己以前受赐的银器统统熔化，买了一些牛羊犒赏三军，并告诉士卒军饷马上就到。这样一番举动下来，下面的士卒自然是大为感动。

可此时，前方的军情又紧急起来。当时留在郧阳境内的起义军不下数万，而从四川折回郧阳的起义军又有数万，并且起义军所盘踞的地区都是深山穷谷，进兵极为不易。卢象升认识到，当前围剿作战的决定性因素是后勤，明军要想大规模进军，首先要解决的便是粮草辎重的运送问题。他想出了一个办法：利用郧阳河流纵横的自然条件，由水路进行粮草辎重的运输。卢象升征集民夫和小船，以数十名民夫拉载重 30 石的小船，快速运输粮草。这个方法效率极高，不过旬日就向前线输送了 4000 石粮食。有了这批粮草，明军总算可以发动一场攻势。

崇祯七年六月，陈奇瑜与卢象升在上津对起义军发起会战。作为久历沙场的老将，陈奇瑜对全盘战略早有考量。他来到郧阳之后，命令陕西巡抚练国事移驻商南，遏制起义军向西北流窜；河南巡抚元默进驻卢氏，阻遏起义军流窜东北；湖广巡抚唐晖进驻南漳，阻遏起义军流窜东南。安排妥当之后，陈奇瑜才开始与卢象升一同进兵。

两人聚集各路客兵共计万余，从竹溪启程一路前进，在乌林关遭遇起义军。当时天降大雨，明军冒雨向起义军发起进攻，两军打得极为激烈，一天之内就打了十余战。明军在陈奇瑜和卢象升的督战下，大获全胜，斩首 1750 级。起义军连忙后撤，明军发动追击作战，总兵官邓玘率杨化麟、杨世恩、周任风分道追击，又在乜家沟、石泉坝、康宁坪等处与起义军展开交战。起义军三战皆败，被明军斩首 5600 多级。这一战之后，起义军元气大伤。据卢象升写给崇祯的奏折上说，战后的情景是"尸蔽汉江"，可见这一战的惨烈。

这一战之后，郧阳局势得到了稳定，卢象升也借此在郧阳站稳了脚跟。

局势稍稳之后，卢象升开始对郧阳进行整顿。他首先向朝廷提出增加主兵 3000 人，但是这个计划实在是太大，所耗银两对当时捉襟见肘的明朝财政来说很是吃不消。最后，兵部仅仅同意卢象升再增加 500 名主兵；作为交换条件，朝廷将来自河南的 600 名毛兵交给卢象升指挥。这样，作为郧阳抚治的卢象升总算有了一支1600人的直属兵力。但仅仅靠这些人是绝对无法保证郧阳的长治久安的，所以卢象升决定再次使用以前在畿南采用的办法：靠近山区的百姓修建堡垒，地处平原的地方则进行并村。此外，针对郧阳遭受兵灾后社会生产力遭到严重破坏的情况，卢象升又提出了屯田之法。

这两个措施一下解决了郧阳的两大难题。首先是解决了兵力不足的问题，通过设寨并村、练保甲，郧阳获得了大批乡兵，这些乡兵虽然在野战中无法取得好成绩，但是守卫地方还是绰绰有余的。屯田之法则解决了郧阳地区物价腾涨、生产力被破坏的问题，郧阳地区的生产力在很短的时间内得以恢复。

除了处理军政之外，在出任郧阳抚治期间，卢象升对地方事务也提出了许多具有建设性的意见。卢象升看到了明末农民的沉重负担，提出"酌缓征以延民"的建议。他在基层多年，深知官员的很多行为是造成百姓负担的重要因素，于是严格约束手下官吏的行为，尽量减少百姓的负担。郧阳经过战火后，百姓房屋受损严重，卢象升就命令官员在两个月内帮助百姓修缮房屋。卢象升又看到郧阳受到战祸后，贸易不便，许多官吏大发国难财，买进卖出，以高价卖给百姓物资，于是他就下发文件，要求各衙门一律用平价交易，不得盘剥。在明末，驿政一直是老大难问题，国家在这上面花的钱很多，但效率却不见得很高。更加麻烦的是，不但国家投入大量金钱维持这一系统，民间同样深受其害：朝廷使用驿递时不可避免地要征用民间的马匹。郧阳的驿递线路为襄阳到汉中，全程水陆2000余里，沿线百姓自然是大受其害。再加上许多官员都养成习惯，经常为私事使用驿递，以致官员的往来成了驿递费用居高不下的重要原因。于是，卢象升就出台政策，下令除了紧急军务一律不得使用驿递，凡是使用驿递就要有关部门发给"照牌"，如果有人敢额外多索取一匹马，立刻将其押到自己面前进行处理。这样雷厉风行的举措立刻就起了效果，百姓的负担得到减轻。卢象升对驿递系统还有创造性改革，他认为从汉中到襄阳一路上是顺流，大可以利用水路交通来进行驿递，这样能节约一半马力，而这些节约的钱粮也能用于更多有价值的地方。

卢象升还是个理财的专家。郧阳需要重建，各路客兵的军饷需要支付，主兵需要装备训练，这一切都需要钱，而卢象升不但擅长节流，更擅长开源。郧阳境内有铜铅等矿产，卢象升就召集民众开矿铸钱。所以在卢象升执掌郧阳期间，该地居然还有余力建立一支 300 多人的骑兵。

在处理民政上，卢象升也很有一套，他下令禁止诉讼，并约束胥吏，禁止扰民，以休养民力，减轻民众负担。这一系列主张都显示出卢象升的能吏风采。

卢象升认识到，在这战乱时刻，最要紧的是备战，所以将备战作为一个最重要的事情来做。明朝后期军队纪律很坏，卢象升认为要解决这个问题需从纪律和粮饷两方面入手。卢象升在担任郧阳抚治期间，要使用大量的客兵，其中数量最多、战斗力最强的就是川军邓玘部。

邓玘于天启初年从军，在席卷半个西南的奢安之乱中表现突出，并在战役的最后阶段斩杀了叛军头目安邦彦。崇祯二年，他又带兵勤王，在收复关内四城之战中有突出表现。在这之后，这支川军就成了明朝的机动兵力，崇祯五年参与了平定登州孔友德之战，同样表现突出，并与金国奇一起收复登、莱二地。崇祯六年，他又射杀起义军头目"紫金梁"。虽然在此之后遭遇林县兵败，但是邓玘部川军依旧是明军平乱战场上的劲旅。崇祯七年，邓玘所率领的川军更是捷报频传，先后斩杀起义军首领"闯天王""九条龙""草上飞""抓山虎""双翼虎"，剿灭"一只虎""满天飞"所率起义军，可谓是连战连捷。但这支军队也有一个致命的缺陷——容易哗变。在卢象升刚刚担任郧阳抚治时，川军就发生了哗变。卢象升当时立刻赶到现场，平息了哗变。卢象升认识到，要使这支劲旅发挥应有的战力，应该保证其充足的粮饷。他的解决之法是迅速从郧阳财政中挤出 3 万两白银发放给川军。在发放完军饷之后，卢象升开始整顿纪律。他规定了六条纪律：凡有官兵奸污妇女、抢掠财物者，军法处斩；兵丁临阵退缩、见贼不杀者，军法处斩；兵丁杀良冒功及私通流贼者，审明后，军前处斩；兵丁私自离开队伍，进入百姓房屋者，捆打80棍并贯耳游示；兵丁强宰耕牛及抢夺马骡者，捆打80棍，贯耳游示；兵丁减价强买民间食用器具者，捆打80棍，贯耳游示。当时邓玘部有一个士兵强征民船，卢象升知道后立刻命令将其军前正法，一时三军悚然。

卢象升一面确保军队正常的后勤补给，一面强调纪律，总算是彻底规范了郧阳地区明军的军纪。通过这些举措，明军的战斗力得到迅速提升。由于卢象升手中直辖兵力有限，所以他就格外重视乡兵的训练。他在乡兵中设立练兵千总1人、乡兵教头2人，以此来加强乡兵的训练。卢象升深知大明官员的拖沓，为此他将设立乡兵作为一个重要任务下发给各州县，规定各州县在得到命令的半月之内必须将辖区内的乡勇登记造册，呈报到院。

就算这样，卢象升对郧阳的防务还是不放心。作为久经沙场的将领，他深知侦察的重要性，为此特地调整了郧阳地区的侦察系统。考虑到郧阳河流极多，他决定采用兵船巡江，巡逻范围为从洵阳到襄阳。他设置兵船60艘，派遣标兵进行巡江。这样做的目的，一方面是训练标兵的水战能力，一方面是让他们随时处于战备状态中，以便作为精锐力量的标兵能随时投入作战。

卢象升对巡江做了细致安排，他了解到洵阳和襄阳两地之间顺流只需要3天，逆流需要6天，也就是说一条船巡逻一个来回是9天时间，于是命令船队设置9条兵船，按照天、地、玄、黄的字号进行排序，规定初一发天字号，初二发地字号，这样不断循环往复，可以使整个江面上都有官军的巡逻船只。对于兵船的武器配备，卢象升也有规定。巡逻使用的兵船，卢象升强调其轻便快捷，所以官军的巡逻兵船都是轻便小船，每条船载重二三十石，可以搭载十五六人，而卢象升规定每条兵船搭载官兵12人。这12人都有各自的分工：水性最好、能力最突出的那个人做甲长兼舵工，负责整条兵船的操作；1人作为火兵，协助甲长管理兵船；其

▲《入跸图》中的明军士兵

余 10 人里，2 人做长枪手，2 人使用钩镰枪，2 人使用三眼火铳，2 人做神箭手，2 人做弓箭手。每条战船的武器为火罐 20 个、火砖 10 块、火箭 10 支、火药 15 斤、大小铅弹 10 斤。可以看出兵船的主要火力为远程打击兵器，考虑到兵船可能会遇到近战，卢象升又命令所有士兵依旧要携带配发的近战兵器，如腰刀和板斧。当时卢象升手下的标兵有 1000 人，显然不可能在巡江时就将所有标兵全部派出去，所以他规定：进行水操时，就全员上船；平时巡江，除了甲长和火兵外，只派遣 10 名标兵中的一半出去巡逻，另一半则在岸上操练。

兵船巡江还有一个目的就是节省驿递成本。当时洵阳到襄阳 600 里，用驿马需要 3 天半，但用兵船进行传递只需要 3 天。而且陆上传递还有一个问题，那就是很多重要的军情因为明末复杂的内部局势很容易在传递途中被人截取，这样对情报安全来说无疑是一个巨大的隐患，采用兵船就没有这些弊端。更重要的是，驿递传送太费钱。卢象升算了一笔账，光郧阳境内的郧、钧、光、谷四州一个月改用兵船传送，就可以省 400 两白银，一年下来就能省四五千两白银。算好了这笔账，卢象升就下令驿递顺流用船，逆流用马。

郧阳不光有水路通道，还有范围很大的陆上区域，这同样需要侦察。卢象升在陆上设置塘兵，以加强明军的侦察能力。他每 10 里就设置一拨塘兵，每一拨用兵丁 2 人，选派地方的衙役、卫所的士兵担任。这些人虽然战斗力不强，但好在数量充足，可以实施大范围的情报侦察。至此，郧阳的防务被卢象升安排得井井有条。虽然郧阳依旧存在兵力不足的缺陷，但卢象升在郧阳已经做到最好，而检验这一切的将是起义军凌厉的兵锋。

起义军先前在郧阳战场上没占到便宜，之后便开始再次向陕西转移。作为总督五省军务的陈奇瑜则加紧带兵追剿，并在七月将起义军赶入汉中栈道。栈道中山高路陡，人烟稀少，而明军已将出口围得严严实实。当时正是七月，汉中的阴雨连下 70 多天，起义军"弩解刀蚀，衣甲浸，马蹄穿，数日不能一食"（傅永淳《劾总督陈奇瑜疏》），陷入了前所未有的绝境。这时起义军想出了假投降的办法以图脱离困境，于是将军中所有的金银财宝都集中起来贿赂明军。陈奇瑜看到起义军已经陷入困境，加上左右的人都主张招抚，他也主张招抚，并上奏朝廷。当时的兵部尚书张凤翼也支持招抚，就联名上奏崇祯皇帝。崇祯听到不费一兵一卒就能解决起义军问题，当然很高兴，也就同意了。

接到崇祯的命令之后，陈奇瑜立刻对起义军进行招安。陈奇瑜对起义军的人数进行清点，清点的结果是"八大王（张献忠）部一万三千人，蝎子块部一万零五百人，张妙手部九千一百人，八大王另一部八千三百人"。在清点完起义军的数目之后，陈奇瑜就下令每100名起义军选派一位安抚官进行监视，负责将其遣返原籍，并命令官兵解除封锁。起义军顺势随着安抚官离开栈道，出了栈道之后起义军十分聪明，与明军打成一片。根据傅永淳在《劾总督陈奇瑜疏》中的记载，起义军与官兵酗饮，易马而乘，抵足而眠，到了最后起义军"无衣甲者皆整矣，无弓矢者皆砺矣，数日不食者皆饱腹矣"。等一切都准备好之后，起义军突然在某个晚上同时发难，一夜之间将明军的安抚官"或杀，或割耳，或杖责，或缚而掷之道旁"。在解决掉安抚官之后，起义军迅速进入陕西，攻掠宝鸡、麟游等7个州县，一时声威大振。

重新回到策源地的起义军实力迅速大增，达到20余万人，其兵锋甚至直指西安，而整个陕西的明军只有2万多人。在陕西巡抚练国事的奏疏中可以看到陕西明军的组成：榆林兵5000人，由总督陈奇瑜率领；三边总督洪承畴有标兵3000人；汉中兵3400人，由总兵左光先率领；临巩兵3500人，由总兵孙显祖率领；平凉兵1000人，由副总兵艾万年率领；总兵张全昌有6000人，乃机动兵力。这其中，陈奇瑜的5000榆林兵还要承担秋防任务，所以在进入八月以后，明军的兵力更加不足，以致在围剿起义军时，兵力时常捉襟见肘。这时起义军的战斗力有了很大的提升，甚至会主动围歼官军。比如在一场遭遇战中，固原参政陆梦龙率游击贺奇勋、都司石崇德进攻起义军，当时起义军人数不过千余，但不到一会儿就达到了上万人马，而明军只有300人。两个将官看到起义军庞大的声势，居然失态地抱着陆梦龙痛哭。陆梦龙看到这个情况斥责道："何作此妇孺态？"他义无反顾地率领明军冲向起义军，最终全军覆没。

作为围剿起义军的得力干将，洪承畴当然知道起义军的变化，也加紧率军追剿，但这时起义军已经突出潼关，兵锋直指河南。此时朝廷却有了新的方案，兵部命令河南兵进入同州、华阴，湖广兵进入商雒，四川兵进入汉中兴平一带，山西兵进入韩城、蒲州，准备在此豫陕交界处合围起义军，而奉调北上的军队中就包括卢象升的郧阳军。

接到朝廷的调令后，卢象升在崇祯七年九月二十七日离开襄阳赶到光华、谷城、均州一带整顿兵马。在卢象升集结兵力准备北上时，情况又发生了变化：起义军兵锋指向商州，而商州兵力极为空虚，原先驻防商州的副将来允昌、游击费昌宰、守备王玉都被调到凤翔去了。当时商州被朝廷划分给郧阳抚治管辖，同时划归卢象升管辖的还包括汉中。汉中的情况同样不妙，当地只有明军唐游击的300人和关南道参政樊一蘅的家丁60人，于是兵部命令川军进入汉中一线。这样川军的补给就需要汉中供给，但汉中本身已经捉襟见肘，根本无力供给，所以樊一蘅就将这个困难当成皮球踢给了卢象升，向卢象升请求白银1万两作为军饷。卢象升自己也没有多余的钱，只有向湖广请求支援，所幸湖广接到卢象升的请求后，迅速给齐了军饷。

这个举动看似平常，实则极为不易。明朝后期，官场拖沓、扯皮之风盛行，卢象升本身并没有任何权力可以要求湖广必须支付军饷，他之所以能很顺利地要到军饷，与其自身情商有很大关系。他当初到达郧阳时，湖广原要支付的12万两军饷没有到位，但是卢象升很有策略。他在给崇祯皇帝的奏疏中，在提及军饷没到位这个现实的同时，很聪明地从侧面为湖广官员进行了辩解。后来在郧阳取得的历次战功中，卢象升都会或多或少地提及湖广官员的功劳。这一切自然被湖广官员看在眼里，所以彼此之间相处得极为和谐。这次湖广不但给了卢象升军饷，还将湖广行省中最精锐的5000筸军派到郧阳境内，接替空缺的防务。筸军由湘西土著组成，战斗力十分强悍。总兵许成名带筸军1000余人进驻均州，以护卫襄阳；参将张大节带600人驻防房县、竹山，并派500人守卫光华；此外，许成名还特地派镇筸营副总兵杨正芳率军1000人，与郧阳军共同北进。

前面说到起义军已经兵临商州，局势万分紧急，而卢象升手上只有原先的标兵500人和毛兵600人。毛兵又称为"毛葫芦兵"，是明军中特殊的募兵，以猎户、山民、矿徒为主，主要来自豫北地区。根据《明史》记载，"河南嵩县曰毛葫芦"，毛兵由此得名。这些人"习短兵，长于走山"，"以毒药渍矢，以射兽应弦而倒"，极其擅长山地作战。在平定播州之乱时，李化龙评价道："毛葫芦坚悍真可摧坚。"在后来平定奢安之战中，他们更是有突出表现。不过毛兵虽然精锐，但人数太少了。

卢象升招募的 500 新兵也还没有进行训练，无法使用。即便如此，卢象升还是派中军都司李玉华带 1000 人北援商州。商州离郧阳 700 多里，沿途都是崎岖山地，路途十分艰险；更糟糕的是，由于起义军的破坏，沿途荒无人烟，明军只有自己携带粮草出发。但即使条件如此恶劣，卢象升也没有降低要求，命令明军必须在 10 天内赶到商州。经过两天准备，明军在十月十一日正式北上。

可是，迎接明军的却是起义军气势汹汹的大军。当时起义军人数已经多达 20 余万，连营百里，其主力正在进攻商州。明军这边，骁将贺人龙被起义军包围在陇州。北援的郧阳军首先在地花铺与起义军大战一场，斩首 160 级。这时陈奇瑜也调兵前来支援，领兵的是潼关道中军孙绍烈和韩部营中军李国政，他们在景屯取得胜利，斩首 70 级，初步稳定了商州局势。但起义军兵力依旧很多，并于十月二十八日到二十九日包围雒南县城，不间断地发起攻击。这时，来自湖广的镇篁营也到达商州，两军合兵一处，向起义军发起进攻。明军的最高指挥官是副总兵杨正芳，他意气风发，对手下的将官说："见贼不杀，何处寻觅？"杨正芳立即分配了任务：他自己与张上选率军出击，考虑到郧阳兵连续作战已经疲惫，就下令由郧阳兵负责守卫老营。杨正芳还规定，次日二更做饭，四更杀入贼营，只许杀死，不许割首级，更不能抢夺战利品。第二天拂晓，明军开始进攻，张上选率军从东路向起义军发起冲击，杨正芳率军从西路冲击起义军。起义军的作息时间是在鸡鸣之时整顿起营，因此完全没料到明军会在这个时候发动攻击，措手不及之下被打得大败。经战后清点，此战明军斩首 500 余级，缴获战马 110 匹，还阵斩了一个叫飞天虎的起义军头目。但杨正芳不知道的是，在他进攻起义军时，起义军主力也在进攻留守老营的明军。

当时，10 多万起义军主力蜂拥而来，而明军把守老营的就只有李玉华率领的 1000 郧阳兵，情况十分危急。所幸经过卢象升苦心训练的郧阳兵在关键时刻经受住了考验，从早晨一直打到了下午，起义军始终没有突破明军的防线。在起义军疲惫之时，后方突然杀出一支明军：韩部营中军李国政率领骑兵数百人冲入起义军阵线！李国政部冲开了起义军的包围圈后，李玉华赶紧带郧阳兵撤到县城。就在明军庆幸逃脱死亡深渊时，他们却忘记了出击的明军还不知道这些情况。到了晚上，在攻击行动中取得重大战果的杨正芳部开始回营，而在他们回营的同时起义军也在回营。杨正芳见情况不对，迅速占领制高点与起义军对峙。起义军发现明军兵少，也立刻发起进攻。起义军攻击前山受阻之后，从后山冲入明军阵中，杨正芳拼死力战，但也无法抵挡，最后篢军全军覆没，杨正芳、张上选战死沙场。随着篢军的覆没，明军围剿起义军的企图全面落空，起义军开始全力东进，进入河南。

起义军进入河南后一路高歌猛进，连续斩杀明军总兵殷体信、游击丁孔应、指挥李学牧、守备史大勋、千总蔡应昌，一时之间中原满地烽火。在这极其危险的环境中，卢象升的郧阳军却奇迹般地突出重围重新回到郧阳。面对眼前的情况，卢象升有了新的看法。

卢象升认为，现在的问题不在于剿贼而在于防贼，他在奏折上说："未易使贼即化为民，要当使民不复为贼；未易使贼尽授首于兵，要当使兵不复为贼。"当时的情况是百姓多从于起义军，对此卢象升总结原因为百姓被裹挟。他认为现在这样"剿贼"杀的都是百姓，于是对崇祯说："杀一贼而从贼者百，杀贼百而从贼千，所杀者皆民也。"所以他认为，围剿起义军的当务之急是稳定地方。

至于如何稳定地方，卢象升提出了三条建议：头两条是他在畿南实行的并村设寨之法，而第三条是坚壁清野、训练乡兵。卢象升认为整个荆楚大地只有篢军5000人、郧阳兵2200人（新旧标兵1000人以及石柱毛兵1200人），靠这7200人完全无法做到全面设防，需得训练乡兵，还应在险要之处设地雷、挖掘陷阱以削弱起义军的优势。崇祯皇帝对卢象升的建议也表示认可，于是卢象升迅速在郧阳布置起来。

这些布置很快便在与起义军的作战中发挥重要作用。之后，20万起义军进攻郧阳，他们没有像以前那样逐城争夺，而是主力一下子就冲到襄阳城下。此时的卢象升手上就只有几百标军，情况十分危急，但好在他到郧阳后训练的乡兵在这时发挥了作用。乡兵首先在城外设置陷阱地雷，等这一切都做好之后，就撤到城上坚守不出。

起义军来到襄阳城下准备攻城，但攻城战刚开始就出现了伤亡。一拥而上的起义军进入明军设置的地雷区后，瞬间被杀伤无数。经此打击，起义军只好对明军在城外设置的各种陷阱进行排除，等排除完毕时天已经黑了，起义军只得鸣金收兵。晚上，疲惫的起义军刚刚入睡，卢象升就率军冲出城门进行突袭。面对明军的夜袭，起义军显得惊慌失措，这时城里的军民又大声鼓噪，使起义军更加混乱。由于处于黑夜，起义军根本不知道明军到底有多少人，为保险起见，他们连夜向北撤退。起义军的撤退之路也是艰辛万分，他们在渡江时又遇到明军设置的地雷，损失惨重。黑灯瞎火的谁也不知道到底江边还有多少地雷，于是起义军都不敢向江边靠拢。这时郧阳的乡兵开始出击，他们在黑夜中四处袭击落单的起义军残兵。原先驻防于郧阳的明军也会合起来向起义军发起攻击。最后，一条窄窄的汉江，起义军花了三天才渡过去。在郧阳受挫的起义军只得改变前进方向，而新方向正是帝国最为富饶的东南半壁。

进剿东南

在起义军发起的一连串攻势下，明军内部出现了新的问题。崇祯皇帝认为陈奇瑜进剿不力，恼怒地将其撤职查办。陈奇瑜被撤职了，但围剿起义军的行动还在继续。这时崇祯提拔三边总督洪承畴为兵部尚书，总督陕西、山西、四川、河南军务。但洪承畴刚刚上任，西宁却发生兵变，他只得西返解决西宁兵变。当洪承畴再次东返时，起义军已经冲进河南，而整个河南有战斗力的就只有左良玉的几千兵马。于是，崇祯又立刻下令各路兵马进入河南参与围剿。赶到河南的军队有张全昌、曹文诏的晋兵，秦翼明、邓玘的川军。这些军队看着军号虽多，但是"兵皆不满千"（彭孙贻《平寇志》）。当然，对于河南兵力不足的现状，崇祯是清楚的。崇祯八年（1635 年）正月十三日，崇祯皇帝命令兵部"将各处兵马通行打算，责成督抚大举会剿，刻期尽灭，以图底定"。正月十九日，兵部尚书张凤翼与户部尚书侯恂将商议的调兵 64000 人、筹银 78 万两的方案送报崇祯，这里面还包括从辽东征调的 3000 铁骑。崇祯看后还是觉得不足，对张凤翼说："铁骑三千是否足用？"张凤翼见状，立即追加辽东铁骑 2000 名、天津兵 3000 名、白杆兵 3000 名，使最后的总兵力达到 72000 人。军饷也随即增加 15 万两，总计达到 93 万两白银。正月二十三日，崇祯批准了这个方案，同时下达命令："限六个月扫荡廓清。"

起义军并没有在河南等着明军到来，而是在明军到来之前就已经东进，他们分兵三路，一路向六安方向攻击，一路向颍州、亳州方向攻击，主力则指向明朝的中都凤阳。负责南方防务的南京兵部尚书吕维祺看到了情况的严重性，向北京兵部尚书张凤翼请求调兵，张凤翼却给出了一个令人捧腹的回复："贼起西北，不食稻米，贼马不饲江南草。"（夏燮《明通鉴》）不久，起义军便进入安徽。正月十三日，也就是朝廷内部还在讨论调兵之事的时候，起义军已经攻陷颍州，俘杀前兵部尚书张鹤鸣。这时张凤翼才匆匆调兵，但为时已晚。

正月十五日，也就是元宵节这天，起义军突然攻进凤阳。凤阳虽然是明朝的中都，但是为了不破坏风水龙脉，凤阳并没有城垣等防御工事，因此当起义军攻来时，明军无所依凭，被起义军全部击溃。起义军占领凤阳之后将皇陵和龙兴寺一并烧毁，并在凤阳大掠三日。听到凤阳失陷，崇祯立刻命令洪承畴赶到凤阳，围剿起义军。起义军见明军主力将至，迅速转移。

面对祖坟被烧，崇祯痛定思痛，从内库中发放内帑银20万两，并从太仆寺调发马价银10万两送到西安，以备征剿之用。这时明军在前线的兵力达到了空前规模，主、客兵加起来共计7万余人，战马计15000匹。这7万多人的大军所耗军需极大。当时户部做了一个统计，每个士兵一天就需要银3分、米1升5合，战马一天就需要草1束、豆3升；光这两项5个月就需要11万两白银，对帝国的财政而言负担极大。但崇祯决心已定，命令明军迅速出击，以图尽快荡平起义军。

起义军也很聪明，并未选择与明军硬碰硬地决战，而是采取机动作战的办法，始终不与明军主力交战。洪承畴也随即调整部署，命令四川巡抚坐镇夔门、达州一线就近指挥，进援襄阳、汉中；湖广巡抚坐镇承天；郧阳抚治进驻颍、亳一线，就近指挥明军进援汝宁、归德；山东巡抚移驻曹州、濮州一线，指挥明军进援江北；山西巡抚移驻蒲州，以指挥明军进援灵宝、陕州；陕西巡抚移驻商州，以负责兴安、汉中一线的防御。就这样，明军对起义军形成四面夹击的态势。在这之后，战场态势开始逐渐向对明军有利的方向转变。在汉中，明将左光先率军击败起义军，起义军随即再次转向陕西。这时陕西又因为饥荒导致饥民满地，起义军一到陕西，实力便迅速得到补充，人数一度号称达到200万人。

看到起义军西移，洪承畴跟着调整部署。崇祯八年三月，洪承畴来到信阳亲自部署对起义军的攻击。这时明军围剿起义军的主力干将是骁将曹文诏。曹文诏先前在宣大抗清战场失利，被崇祯惩罚，现在他急于洗刷耻辱。一来到剿寇战场，曹文诏就显得斗志十足，冒雨急进冲到起义军占领的随州，一战下来斩首380级。

可这时明军内部又出了问题。四月，邓玘所率川军发生兵变，主将邓玘在兵变中身亡。这支部队在兵变之后，战斗力大打折扣，已经不能再被称为劲旅。洪承畴眼看6个月的剿贼期限将近，心急如焚。他一面命令秦翼明前去接替邓玘指挥川军；一面亲自带着贺人龙、张全昌西进，并急令曹文诏赶快与自己会合。

曹文诏到达后，洪承畴召开了战前会议。洪承畴认为现在起义军在商雒一带，听到官兵到来必然会向汉中撤退，明军如果就这样从潼关按部就班地追击，很难重创起义军。洪承畴最后决定反其道而行之，命令曹文诏从阌乡走小路直接截住起义军，而自己则率主力从山阳、镇安、洵阳进入汉中。洪承畴知道此行的难度，在曹文诏出发前抚着他的背说："此行也，道路回远，将军甚劳苦。吾集关中兵以待将军。"（夏燮《明通鉴》）

曹文诏得到命令之后，迅速出发，一路急行来到商州，在离起义军还有30里的地方停了下来。曹文诏意识到明军现在人困马乏，如果贸然出击很难取得理想战果，所以他准备等到夜半时分才发起进攻。夜幕降临后，漫山遍野都是起义军的营火。到了夜半时分，曹文诏带着侄子曹变蛟、曹鼎蛟以及都司白广恩冲入起义军营中，将起义军杀得大败。起义军连夜逃窜，曹文诏率军发起追击，一路追到金岭，这时起义军却回过头来发起反击。曹变蛟冲入敌阵，奋力砍杀，明军看到这个情况士气大振也跟着发起冲锋，将起义军杀得大败。这一战后，曹变蛟就与叔叔曹文诏齐名，二人被称为大、小曹将军。听到大、小曹将军的名号，起义军都闻风丧胆。洪承畴也很顺利，一路将起义军往西追击；而贺人龙亦不负众望，在郿县击败起义军。但这时，明军兵力不足的问题越来越明显了。

当时高迎祥、张献忠围攻凤翔，"过天星"（惠登相）、"蝎子块"围攻平凉，洪承畴只得率军从鳌屋出发，经郿县渡河解救平凉。但到了平凉之后，起义军已经兵分三路，向东进攻泾州、镇原、宁州；原先进攻凤翔的起义军也改变路线，转而进攻泾阳、陇州。明军只得分头追击，将起义军赶到静宁、秦安、清水、秦州这一片区域。起义军主力尚存，依旧有20万人之多。而明军的情况却是大为不妙，曹文诏与张全昌、张外嘉三支军队加起来才6000人，兵力极为不够。洪承畴只得向朝廷请求援兵，但援兵还没到，局势就发生了逆转。

崇祯八年六月，明军与起义军在乱马川遭遇，明军战败，前锋中军刘宏烈被俘杀。这里需要解释一下"中军"，中军一般是明军总督标营的实际指挥官，而总督标营往往是最精锐的军队。可以说，这一场败仗使洪承畴的总督标营大为受损。

但明军战败的势头并没有就此止住。李自成围攻宁州，洪承畴命令副总兵艾万年、刘成功、柳国镇前去解围，但由于兵力捉襟见肘，只给了他们3000士兵。李自成得知明军前来后，准备一口吃掉这支明军，于是命令起义军在襄乐与明军交战，然后通过佯败将明军引入事先准备的包围圈。明军中招后，艾万年、柳国镇被起义军斩杀，刘成功与游击王锡命则率全军奋勇突围，在损失1000多人后，才突出包围圈。在清水一线，总兵张全昌同样遭遇失败，都司田应龙、张应春战死。接连的战败，尤其是老部下艾万年的战死，让曹文诏气愤不已。他拔刀砍地，大骂起义军的同时，向洪承畴请命讨伐。看到曹文诏这个态度，洪承畴高兴地说道："非将军不能灭此贼。顾吾兵已分，无可策应者。将军行，吾将由泾阳趋淳化为后劲。"（《明史·卷一百五十六》）意思就是："现在只有将军你能制住起义军，只是我军已经分兵，没有兵力策应将军，不过别担心，我会亲自带兵做你的后卫。"

率3000人前往宁州攻击起义军的曹文诏，在真宁的湫头镇撞上了一支起义军。曹文诏让参将曹变蛟做前锋，向起义军发起攻击。曹变蛟打得极其勇猛，一下子就将起义军击败，斩首500余级。曹文诏见势率军跟着发起追击，但是这时，曹变蛟的骑兵冲得太猛，与曹文诏率领的步卒拉开了一个大大的口子。起义军发现了这个漏洞，于是早就埋伏在周围的数万人瞬间冲出来对明军发起了攻击。

起义军起初并不知道这支军队中有他们的死对头曹文诏，但这时一个明军小兵被起义军围攻，情急之下对着曹文诏喊出："将军救我！"起义军的注意力一下子就转向了曹文诏方向。一名起义军士卒认出了曹文诏，就对身边的头目说："此曹将军也。"起义军听到死敌曹文诏在此，立刻拥过来将其团团包围。曹文诏勇武非凡，在包围圈中左右冲突，连续斩杀数十人，直到最后力气不支才拔刀自刎。这一战也是陕西明军的一场大惨败，明军游击以下的军官就阵亡了20多人。除了曹变蛟的前锋突围而出以外，其他的军队都被起义军歼灭。曹文诏一军的战败，是明朝"剿寇"战局中最惨痛的失败之一。曹文诏被称为"良将第一"，在围剿起义军的战场上屡战屡胜，为起义军所忌惮，他兵败身死，一时之间令明军士气大衰。

在陕西连败明军之后，起义军开始主动向东挺进。这时的明军由于受到接连战败的打击，士气极为低落。在河南，左良玉、祖宽两军与起义军相隔70里，却只敢"遥望山头，不敢邀击"。面对这个困难局势，崇祯皇帝再次想到了卢象升。

崇祯八年六月十四日，吏部会推卢象升为都察院右副都御使，巡抚湖广等处地方，兼提督军务。刚刚上任不过3个月，卢象升又接到兵部的命令，让他以巡抚职衔总理直隶、河南、山东、四川、湖广军务，后来又加督山西、陕西军务，并赐予尚方宝剑。朝廷还规定卢象升督剿东南，洪承畴督剿西北。

卢象升接到这个命令后，并无丝毫兴奋，而是竭力推辞，因为他知道现在的局势异常棘手。当时整个湖广郧阳地区一共有主、客兵18000人，但是郧阳抚治已经要走了9000人用于防守郧阳，而承天祖陵的防卫又用了3000人，另外扼守要隘也要用去3000士兵；分来分去，到了最后，卢象升自己手中能使用的机动兵力就只有3000人，极为不足。他刚刚升任湖广巡抚时，就曾向朝廷上奏要求扩军到24000人，但这样一来，一年的粮饷就将达到37万两白银之多。这对明朝糟糕的财政状况来说，是根本不能支撑的。卢象升为了争取朝廷的支持，特地为内阁大臣们算了一笔账：如果在边关养24000人的军队，一年就需要白银六七十万两之多，而在湖广练兵却只需要37万两；朝廷每年都要从边关往内地调兵，同样需要花钱，还不如就近编练方便。但这时的局势已经不允许卢象升停下步伐，与朝廷就练兵一事争论了：起义军已经开始向河南奔来，兵锋指向信阳、真阳之间。

卢象升见局势紧张，立刻就带了自己所能指挥的3000士兵于九月十六日北上增援。卢象升一边率军赶路，一边从南方调兵北上，并命令各地官员据守城池等待增援。这时起义军声势浩大，人数多达数十万。

卢象升忙着料理军务的同时，还不忘对湖广的驿政系统进行整顿。在九月二十六日的奏疏中，他特地向崇祯皇帝说，整顿后每年湖广的驿政可以省下3000两白银，并请求再拨给5000两白银发送军前买马，这样就能凑齐800名骑兵。前文提及，卢象升在郧阳做抚治的时候，靠整顿政务获得的盈余，组建了300名骑兵。这次出任湖广巡抚，他并未将所有骑兵全部带走，而是带了200骑上任，给新任

▲ 万历年间的明军形象（仇英《倭寇图卷》）

郧阳抚治留下了 100 骑。由此可以看出，卢象升对骑兵的重视非同一般。

作为即将总理七省军务的大员，卢象升极为明智地向朝廷要求派遣监军。从这一点来说，卢象升是很有政治智慧的，他很清楚崇祯多疑的性格，所以预先做了打算。

这时局势也在渐渐向有利于明军的方向偏转。在陕西方向，屡屡受挫的明军总算开始渐渐扭转战局：曹文诏死后，曹变蛟收拢残兵，与起义军叛将高杰一起先后在关山镇、官亭两战中击败高迎祥；洪承畴也在渭南、灵潼两战中击败李自成。虽然明军在西北的围剿行动取得阶段性胜利，但起义军在西北失败后即向东转移，反倒又增加了卢象升的负担。

高迎祥与张献忠、李自成会合后，立刻转向河南，洪承畴遂命令总兵张全昌前去追击。追击的明军在沈丘与起义军"蝎子块"部撞上，起义军在河南吸收新的力量后实力大增，而明军这边却是人困马乏、断粮多日。在交战中，张全昌兵败被俘，但当时"蝎子块"却想接受招安，于是通过张全昌致信卢象升，表达自己欲受招安的心思。卢象升觉得起义军兵多而自己兵少，实力太过悬殊，即便起义军是真投降也很难招安，因此当即指责张全昌丧师辱国，并对起义军说："果欲降，可灭其党示信。"（《卢象升疏牍》）"蝎子块"看到卢象升这个态度，便拒绝接受招安。卢象升就用这样一个简单的办法，验证了起义军是真投降还是假投降。

在这里，要解释一下起义军为什么要请求接受招安。在战场上，明军与起义军的战略态势变化异常迅速。起义军在陕西屡破明军，但随着洪承畴与曹变蛟的几场胜仗，明军在陕西又占据了上风。在河南战场上同样是这样，张全昌被起义军击败以致全军覆没，但没过多久左良玉就在广阳山击败起义军，斩首127级；几天后，明军又取得大捷，左良玉在郾城斩首180级，游击将军赵柱在叶县斩首140级。"蝎子块"看到这种局势，肯定想休整实力，不想在这一轮的混战中被当成首要目标对待，所以他试图通过假意接受招安来躲避明军的追剿，使自己能在合适的时机再次造反。但他错误地估计了卢象升，卢象升与起义军打了那么久的仗，对起义军那些套路一清二楚，更不用说"蝎子块"这个在畿南时的老熟人。

卢象升刚到河南就立即与起义军展开大战，而选择的第一个目标正是"蝎子块"。"蝎子块"自身实力不差，被称为"贼中最狡且强者"，手下有3万多人。卢象升为了打好这一战，命令秦翼明从东面遏制；祖宽、李重镇从汝宁方向南下，从北面进行挤压；他本人则亲自带领杨世恩的2500人从南面追击。卢象升为了不让起义军从手中溜走，连续追击四昼夜，总算在河南与湖广交界的青泥湾追上起义军。湖广按察使余应桂积极地从府库中搜罗出3000两白银，送到军前用于犒赏军队。得到犒赏的明军士气高涨，奋勇冲杀，战到关键时刻，监军张大经也亲自提刀杀敌。在这种情况下，起义军大败，明军斩首243级。这一战之后，"蝎子块"军实力大损。

在击败"蝎子块"后，卢象升与祖宽所率骑兵会合。崇祯八年十月二十日，明军在汝西击败起义军，斩首900余级。之后，张献忠、高迎祥等率起义军包围了汝城。起义军声势极大，有部众30余万人，连营百里。卢象升在二十八日接到塘报后，立刻整顿兵马准备增援汝城。然而，祖宽在孤家庙击败张献忠后就领兵向西增援去了，左良玉也在西线，这两人率领的是最为精锐的两支明军部队，所以卢象升可以带去驰援汝宁的只有李重镇、雷时声的两营人马，共5000步兵、500骑兵。

汝城告急是在十一月十八日。两天后，收到消息的卢象升立刻从襄阳出发，仅用7天时间就赶完1400里路到达汝城。起义军看到明军前来增援，就抢先向明军发起攻击，首先出战的是"闯王"高迎祥的部队。

高迎祥军是起义军中战斗力极高的一支军队，特点是骑兵多。卢象升命令士兵用强弩、火枪来攻击起义军。于是，起义军靠近时，明军万箭齐发，射杀了千余人。看到起义军的攻势出现停滞，卢象升亲自率骑兵发起冲锋，大破起义军。但起义军人数极多，在高迎祥军失败后其他起义军也加入战团，卢象升率领明军连战两日，总算将起义军击退。这时祖宽也在洛阳屡战屡胜，斩首上千。

通过这几战，卢象升扭转了河南的战局，但他并没有因为现阶段取得的一些成绩就飘飘然，而是在战后总结了经验教训。他认为这样分兵作战是不得其法的，明军兵力本来就少，如果分散就更少了，于是决定将所有兵力集中起来统一作战。当时，卢象升管辖的军队有援剿总兵左良玉率领的兵丁7000人、游击陈永福的河南主兵3000人，但这些士卒并不是机动兵力，于是卢象升命令这1万人"视贼缓急而御之"；他自己则率总兵祖宽、副将李重镇的7000人和杨世恩的湖广兵5000人，作为机动兵力，"视贼分合而击之"。除这两支军队外，还有罗岱、刘肇基的马步兵1300人可供使用，这就是卢象升所能指挥的所有战兵。

总体而言，明军的情况依旧很糟糕。卢象升总结出明军有以下几个困难：

首先，明军兵力不足。起义军人数在20万人以上，明军五省全部军队加起来才10万人上下，而需要防守的地区却多达五省，划分到每一个省的就只有17000多人。

其次，明军在机动能力上明显不及起义军。卢象升形容起义军"贼骑如云，每至则漫山遍野"（《卢象升疏牍》），连妇孺都有马骡。而明军的情况是"十不一马"。若是转移逃跑，起义军的速度还能更快，因为他们可以将裹挟的难民全部抛弃，而明军却不能。明军兵力本来少，断不敢轻易放弃一兵一卒，所以卢象升说："纵令人人精锐，追贼三日，未有不跛足颠连者。"

再次，就是边军水土不服。卢象升手上的明军大多是骁勇的边关主力，比如祖宽手上的就是从辽东前线抽调的精锐，只是这些边军存在水土不服、疫病丛生、思乡心切的问题。宣府总兵尤世威在卢氏山被张献忠击败，就是因为来自宣府的边军在中原腹地水土不服，军中发生瘟疫导致战斗力急剧下降。

最后，中原内地的明军战斗力极差。内地承平日久，士兵无训练，将领无储备，一切都需要从头开始。明军每个地方的训练周期也都不同：同样是新兵，孙传庭在陕西只需要训练百日就能使之成为精锐，而卢象升在内地招募的士兵却要经过一年的训练才能正常使用。这并不是说卢象升的练兵才能比孙传庭差，要知道卢象升在崇祯初年就因为练兵有功而受到朝廷的嘉奖，这是因为内地的兵员素质远远不能和边民相比。而明军所要面对的起义军，其核心就是来自陕西的边民、边军。除了兵员素质问题，将领的素质同样成问题。卢象升对崇祯说："今之大小将领，则皆有生之气，无死之心。"甚至当时作为明军高级武官的总兵同样很糟糕，"肯出死力为朝廷报效，能秉虚心听督抚调度者，几人哉？"（《卢象升疏牍》）

卢象升遇到的更棘手的问题则是军队粮饷不足。一名骑兵一天需要支出 1 钱 2 分，一名步兵一天需要花费 6 分。明军的编制是马三步七，卢象升直属的 10 万人一个月就需要饷银 26 万两。这还没算上粮食。当时大米每石 2 两 5 钱，小米每石 2 两 1 钱，马吃的大豆每石 1 两 7 钱，草料每束也要 3 分。算上这些粮草，明军一个月需要的军费简直是天文数字。

针对粮饷不足的问题，卢象升列向朝廷建议：五省每个官员不论在朝在邑（回乡的官员），都得实行"十输其一"。所谓"十输其一"，就是在原先的税银上再征收十分之一的税，原先要交纳 1 两银子现在就得交纳 1 两 1 钱；至于民间的士绅，则规定收入不满 10 两的不需要多交税赋，满了 10 两的超出部分每两交纳 1 钱，这就相当于明朝的个人所得税，以 10 两起征。作为总理五省军务的卢象升，家中有田产 20 多顷，对此他表示自己愿意交双倍的税。

特别有勇气的是，卢象升认为，要解决财政问题还得从皇帝身上下手。卢象升对崇祯说："据《万历会记录》，每年财政收入有 1100 万两，除了 400 万两给户部之外，其他的都供给了内库。请将内库年收入的三分之一拨付军用。"但崇祯最后只同意了前一个建议，丝毫没有拿出内库的银钱来补贴军用的意思。

总的来说，实行了这一项"个人所得税"之后，明朝的财政状况有了一定的改善。卢象升除了对税法进行改革之外，还努力提高官员的行政效率。他将官员的考核分为优秀的三等和低劣的三等。

"制器修城，练兵御寇，广备刍粮，诸事有呼必应"，这样的官员为优秀的第一等，应给予表扬并叙功提升。第二等为"城池坚完，乡兵团聚，刍粮无误，每事一意力行"，这样的官员给予记功并在事平之后一体论功。第三等为"虽无

▲ 明军铠甲

表表之绩，若能黾勉任事，年力可以驱驰"，这样的官员就仅仅是给予勉励提携。

不称职的官员也分为三种。第一种"事机委顿，提掇不前"，这样的官员责令其戴罪管事。第二种为"有意玩违，多所失误"，这样的官员给予降职处分。最严重的是"貌玩功令，百务废弛，所为不公不法"，这样的官员会直接将其官印摘除，上书弹劾。

针对武将，卢象升采取了不同的方式。卢象升虽然身为文官，又是总理大员，但丝毫没有架子，对所有的武官都推诚折节，丝毫不轻慢他人。但光有和蔼亲近的态度是不行的，卢象升手上还有尚方宝剑，凡是副将以下不听命者，都能先斩后奏。不过，他在总理五省军务时根本没有使用过这一项权力，因为他在军中威望极高，不但与将官关系亲密，与普通士卒同样关系亲密。当明军遭遇了一连串败仗，士气极为低落时，卢象升就亲自到军中鼓舞士气；军中断粮，卢象升与就士卒一起不吃饭；加上卢象升文武双全，作战时喜欢身先士卒，所有士兵都很佩服他。因此卢象升所带领的军队士气极高，在战场上的表现也异常出色。

在具体的战法上，卢象升认为光靠军队来镇压起义军是远远不够的。卢象升将其在畿南、郧阳的成功经验进行复制推广，继续实行坚壁清野、设寨并村之法。除了这些办法，他还命令各县都招募一百到数百敢死之人，携带闷棍、板斧、长短枪、单刀这些兵器，白天埋伏于高山密林，侦察起义军的动向，晚上则对起义军营地进行破坏。要是起义军人数多，他们就躲避；人数少就攻击，专门痛打落单的起义军。这样就能很好地防止起义军扩大势力，也能在战场之外增加起义军的伤亡。在具体的战略上，卢象升主张"战"，认为应该集结两三万人为一军，跟起义军的主力找准机会就打一仗，以不断的作战来削弱起义军的实力，而不是消极防守，等起义军来打。从这一点来看，卢象升确实是明军所有将领中最有主动精神的一人。

当时张献忠对祖宽屡败起义军极为恼火，就在洛阳城下设伏企图消灭祖宽的

198

辽东兵。祖宽与起义军在龙门遭遇，起义军将军队分为数军，不断后撤以吸引祖宽部跟进。当祖宽部进入伏击圈时，起义军突然出击将之冲成两段。祖宽见状亲自断后，率领身边的军队向起义军反扑，而明军看到祖宽身先士卒，也勇敢地向起义军发起反击。两军从早晨一直打到了傍晚，最后起义军支持不住，向其他方向败退。这一战后，卢象升又率祖宽在确山击败高迎祥和李自成军，斩首564级。起义军只好分成两股，一支向西准备回到陕西，另外一支向东南逃窜。

崇祯九年（1636年）正月，卢象升大会诸将于凤阳，商讨下一步的具体走向。最后朝廷决定宁、甘、固之兵归洪承畴指挥，蓟、辽、关、宁之兵调归卢象升指挥，以明确两人的指挥权限。朝廷规定，两人每人配属马步战兵3万，以马三步七的比例来配置。这时起义军却是一路向南，兵锋甚至指向南京的门户浦口，但浦口防守严密，他们不得不选择撤退。之后，起义军主力调转方向，朝滁州涌去。

数十万起义军在高迎祥的率领下包围了滁州。起义军声势浩大，连营百余里，滁州知州刘大巩、南京太仆寺卿李觉斯一面拼死抵抗，一面向卢象升请求增援。卢象升接到滁州被围的消息后，迅速集结兵力前去增援。明军以祖宽部为前锋，游击罗岱的三营火器兵为后劲，而卢象升的300骑兵则居中策应。

当明军赶到时，起义军正在攻城。祖宽抓住战机，率军向起义军发起猛击，卢象升也亲自上前督战。倍受鼓舞的明军士卒无不以一当十，大破起义军。游击罗岱斩杀起义军头目摇天动，并夺其战马。看到起义军首领被斩于阵前，明军士气大振，从城东的五里桥连追30里至朱龙桥，杀得起义军尸横遍野，连滁水都为之断流。这一战之后，起义军向北转移，但又在寿州和颍州连连受挫。他们在归德与明军交战，被永宁总兵官祖大乐击败；向北企图进攻开封，却又在朱仙镇被陈永福击败。

起义军因处处碰壁，再次分成两股：一股向裕州攻击，一股向南阳攻击。卢象升盯上了起义军的主力——李自成军，他亲自带兵与祖宽、祖大乐、罗岱从叶县向裕州追击，在七顶山逮住了李自成军。两军相遇，李自成军明显不是卢象升所率明军的对手，被打得大败。一战下来，李自成的精锐损失殆尽。

针对南阳方面的起义军，卢象升同样做了安排：他传令湖广巡抚王梦尹、郧阳抚治宋祖舜，"贼疲矣，东西邀击，前阻汉江，可一战歼也"。但是两人并没有按照卢象升的命令挡住起义军，起义军从光化进入了郧阳。卢象升只好重新部署，他派遣总兵秦翼明、副将雷时声由南漳、谷城入山，进攻起义军。针对郧阳山地地形，卢象升特地派川军和筸军进入均州，围剿起义军。之后，起义军逃进了秦、楚、蜀三省交界的交万山之中。然而，这时由于粮饷问题，明军王进忠所部出现了哗变，罗岱、刘肇基军中也多有逃兵现象。因此，情况对明军来说并不乐观。

此时起义军中最强的是高迎祥军，于是卢象升与洪承畴开始制订围歼高迎祥军的作战计划。在东南战场明军虽屡屡告捷，但在陕西地区却起色不大：在罗家山，明军被进入陕西的李自成军击败；在安定，延绥总兵俞冲霄先胜后败，被李自成斩杀。基于这种情况，卢象升认为应该先增强陕西的军力。他与洪承畴商议说，边军多骑兵不利于进山，但利于在关中这种平旷的地形施展。最后，卢象升将祖宽、李重镇二军调入关中，归洪承畴指挥。

当时，卢象升将主力集中在豫西一带，封锁住了起义军逃向中原的通道；而在南边，有秦翼明的川军，还有卢象升亲手训练的筸军，所以东面、南面的封锁已经稳当。况且陕西军队通过整顿训练战斗力也得到提高，所以明军的胜算大大增加。加之关辽边军的增援，陕西明军在兵力上也变得充裕起来。之后，在陕北，贺人龙击败了李自成，局面暂时稳住了。于是，陕西明军开始集中力量围歼高迎祥军。

崇祯九年七月十五日，高迎祥在盩厔县黑水峪出现。洪承畴、孙传庭连忙带着军队前去围剿，两军分别在十六日和十七日抵达盩厔。高迎祥是起义军中战斗力最强的一支，卢象升在一封信件中这样说道："闯王之贼有七万余，妇女可一二万，丁壮可一二万，精骑可三四万。"卢象升估计，高迎祥军在前两战中共损失 2 万人左右——包括被斩杀者及伤逃者，所以现在还剩下 5 万人上下。

在第一天的交战中，明军被起义军击败，但孙传庭的军队赶到后，明军又占据了上风。当时的情况是极为微妙的：明军无法在短时间内消灭起义军，起义军亦逃不出明军的包围圈。这时，明军的内应起作用了，起义军中的乾公鸡张二、一斗谷黄龙，私下与贺人龙有过接触，准备投降。其实，明军能在短短两天之内就赶到盩厔，已经证明起义军的行动都在明军的掌握之中，但高迎祥却没有这种觉悟。在马召原的战斗中，趁高迎祥下马射敌，张二、黄龙两人利用大雾将高迎祥的军队和坐骑悄悄拉走了。在明末的起义中，起义军首领往往走在队列的最前方，也喜欢孤身一人去侦察敌情（后来张献忠就是这么阵亡的）。高迎祥万万没想到会出现这种情况，等他反应过来的时候已经来不及了，他就这样被明军俘虏。

不过，关于高迎祥的死，还有另一种说法：高迎祥是被祖宽部斩杀的，卢象升考虑到洪承畴处境困难，于是将这个功劳送给了他。这个说法见于《郧县志》《信阳府志》和《荆溪卢司马殉忠实录》。考虑到高迎祥是被明军押解到京城处死的，并有崇祯的朱批谕旨，因此这个说法并不可靠，但从中也可以看出，卢象升在这次大捷中扮演了不可或缺的角色。

正当卢象升在中原战场上屡屡奏捷之时，当年七月，清军再次入关，兵临北京城下。这时，作为帝国支柱的卢象升被崇祯急令带兵勤王。

总督宣云

崇祯九年（1636 年），关外的后金政权发生了质的变化：四月十一日，皇太极祭告天地，正式称帝，并将国号改为"大清"。

这次皇太极选择的统兵将领是以勇猛善战著称的阿济格。六月二十七日，阿济格率八旗军分三路从独石口附近入关，兵锋直指京畿地区。七月五日，清军在庆州会师，短短两天之内连续击败明军 7 次，俘获人畜达 15230 之多。八月十二日，皇太极为了增强此次作战的胜算，特地率军进攻山海关以减轻阿济格军的负担。大明王朝的边防线一时烽烟四起。

崇祯皇帝在得知清军入关的消息后，于七月三日宣布京师戒严。但崇祯却将清军的主攻方向搞错了，他认为清军会从山西而来，于是派遣宦官李国辅防守紫荆关、许进忠防守倒马关、张元亨防守龙泉关、崔良防守固关，以求巩固京西防御。可清军却从延庆进入居庸关，直趋昌平。面对来势汹汹的清军，崇祯立刻命张元佐为兵部右侍郎负责昌平防务，派司礼监太监魏国征防守天寿山。作为内臣的魏国征在受命当天就出发了，而作为兵部侍郎的张元佐却迟迟未动。对此，崇祯讽刺地说："内臣即日就道，而侍郎三日未出，何怪朕之用内臣耶？"

另一方面，崇祯又命令各镇率兵勤王。大同总兵王朴的 5000 人首先到达京畿，并在七月十一日在居庸关与清军大战。明军此战大获全胜，斩杀清军 1104 人，还俘获了 143 人。这一战可以说是此次清军入塞中损失最大的一战，但清军的主力依旧是完整的。另一路清军已经在七月七日攻占了昌平，焚毁了熹宗皇帝的德陵。当时兵部调遣的援兵有：山东总兵刘泽清的 5000 人，宣大总督梁廷栋所率山西总兵王忠、猛如虎的 4000 人及大同总兵王朴的 5000 人，保定总兵董永文的 5000 人，祖大寿的 15000 人，以及关、宁、蓟、辽各总兵的 17000 人。此次作战，明军的总指挥是兵部尚书张凤翼。

可张凤翼并不想出外领兵，直到清军攻陷昌平之后，他才勉强前去督师，但明军的战果依旧不佳。七月十五日，清军包围宝坻，斩杀知县赵国鼎。七月二十一日，清军攻克定兴，之后又西下攻陷了房山。这时的明军主力集中于涿州，总算在涿州顶住了清军的攻击，王朴率军出击斩杀清军 200 余人。

七月二十八日，崇祯加快了对卢象升的催促，卢象升随即撤离剿寇战场，率领马步兵 1600 余人入援。卢象升抵达京畿后，清军已经北去，但卢象升豪气万丈，带着自己的人马主动追击，在长城口外与清军激战一场，夺回 1 万多名百姓。这个行动无疑是此次清军入塞之战中，明军内部少见的亮点。

由于作为督师的张凤翼和宣大总督梁廷栋双双病死在军中，崇祯就命卢象升为兵部侍郎，总督天下援军；同时，将宣大、山西的防务都交由卢象升负责。九月二十八日，朝廷正式下达命令，授予卢象升兵部右侍郎兼都察院右佥都御史、总督宣大山西等地方军务，并兼理粮草。十月一日，卢象升在居庸关前线正式就职宣大总督。

宣大为京师左臂，战略地位十分重要，但自崇祯以来宣大屡屡遭受战祸。从崇祯七年开始，清军就多次进攻宣大，使宣大军在抗击清军的过程中损失极大。到了崇祯九年，清军入塞进入京畿地区，宣大军作为勤王的主力军，又在这次战争中遭受了一定的损失。卢象升在接到命令后，并没有直接去宣大总督的驻地阳和，而是花了二十多天的时间沿着宣大防线走了一圈。卢象升一路走一路拜会各地官员，在柳沟时他拜访了怀隆道参议胡福宏，过云州时拜会了赤城道金事李仙凤，到宣府时会见了口北道参议贺鼎，抵达阳和后又与兵备副使窦可进、蓟北道参议聂明楷、朔州道佥事朱家仕见了面。卢象升这样不辞辛苦地与各地官员进行会晤，并不是走过场，而是为了切实地了解宣大的具体情况。

当时宣大的情况真是糟糕透了，卢象升在向崇祯汇报的奏疏中这样描述军备情况："边墙毫无足恃，军马处处单虚，应设烽台墩堡十无二三，寥寥戍卒防兵，鹑衣百结。"士兵的情况则更惨，"观其武艺，无非花法死套，及令纵马驰骤，且多仆地跌伤"；看士兵的甲胄则是"色号参差不一"；看士兵演练阵法又是"部伍混乱不齐"。马匹方面，明军亦是惨不忍睹，"一路将营马不过百匹，一操守而战马不过十余匹"，并且"羸瘦不堪，加鞭即倒"，而这一切都是由军饷不足造成的。

明军当时的军饷标准是十多年前订立的，那时物价很低，每升豆不过四五厘，普通士卒每个月发放马料钱8钱银子，每天就有2分7厘。到崇祯年间，物价却是豆每升2分银子，这样一匹马每天最多只能得1升豆，而明军战马的正常配置是一天需要草1束、豆3升。也就是说，每天的马料钱只能买不到三分之一的粮草，这样喂养的战马怎么可能有战斗力？普通士卒每个月的军饷是八九钱，但当时宣大的物价是每石米需要白银3两上下。这样微薄的军饷别说是养家了，连自己吃都不够。重要的是，就算这样微薄的饷银，明军也不能按时发放，很多士兵一年有四五个月都领不到军饷。究其主要原因，倒不是将领克扣，而是明朝糟糕的财政无法正常拨给军饷。这就造成了军队战场纪律涣散，卢象升由此发出了"以故败于溃逃者十七，败于血战者十三"的感慨。所以这些普通士卒是完全无法投入战场使用的。

明军中待遇最好的是总督、总兵直接管辖的标兵，但卢象升发现这里面也有问题：总督的标军，骑兵一月的军饷大致为一两五六钱，步兵一月的军饷在1两到1两4钱之间，而宣大两镇总兵的骑兵除每个月会发1两8钱的军饷外，还会额外补贴粮食钱4钱，这样每个骑兵一个月就有2两2钱，但前任总督留下的旧标兵却没有达到这个标准，老的标军骑兵每个月1两3钱，步兵1两1钱。卢象升看到这个情况之后，立刻向朝廷上奏，要求对军饷标准进行调整，将总督标军骑兵每个月的军饷提高到1两8钱，再补贴二三钱不等，步卒以1两5钱为标准。在巡视完宣大之后，卢象升认为只有靠自己的标军才能承担好宣大的防务。宣大总督原有标军 5000 人，但卢象升认为兵力不足，应该迅速扩军，建议将总督标军扩充到 1 万人。他想以总督标军为榜样，带动总兵标军进行练兵，将军队的战斗力切实地提高上去。

针对宣大物价高、粮饷不足的问题，卢象升则提出屯田之法。卢象升认为，只有将屯田搞上去，宣大的情况才能变好，足兵先足食。在决定屯田之后，卢象升立刻对土地进行清查，发现抛荒的土地多达 16260 余顷。当时宣府的情况是有地无人，即便是有人也缺乏耕牛，所以卢象升认为，首先要解决劳动力和耕牛这两个问题。

卢象升的办法是实行军屯，以 10 顷地为一小屯，用兵 20 名，发给官牛 10 头；100 顷地为一大屯，用兵 200 名，发给官牛 100 头。这些参与屯田的士兵在军饷上会少给一些，每个月就给 4 钱 5 分。他对普通民众也进行扶持，每一顷给银 6 两，用于买种子、租耕牛。这 6 两银子是官方借给百姓的，到了岁末除了归还本金之外，还要加还 20% 的利息；但即便是这样高的利息，对老百姓而言仍然是有利的。卢象升算了一笔账，即便是保守估计，每年屯田所得的粮食都能达到 25 万石之巨。一年之后的崇祯十年（1637 年），卢象升真的取得了 20 万石的成绩，还收得利息 4 万石之多。可以说，卢象升的屯田之法是完全可行的，崇祯看后也很高兴，下令九边效仿。

在解决完屯田的问题之后，卢象升将自己的工作重点放在训练标军上。在得到崇祯的同意之后，他开始大力扩充军队。卢象升选择用募兵的方法来选拔兵员，当时宣大地广人稀，难以招够合格的兵员，卢象升就派人到山、陕、关、宁去招募。卢象升对兵员的素质要求极高，下令市井无赖不要，老兵油子不要，年龄不到 20 岁的不要，年龄超过 40 岁的不要，肥胖臃肿的不要，面目无神者不要。招募这 5000 标军，卢象升足足花了 3 个月时间，最后本地新兵只占新募士卒的十分之三，来自山、陕、关、宁的占了十分之七。

新标军的编制为左、中、右三营为冲锋马兵，前、后两营为火攻步兵。具体编制为每营 2000 人，分为 2 部，每部又分为前、后、左、右 4 个哨，外设塘拨千总 1 员、冲锋材官 60 员。每个营除了管营将领，还设立坐营守备 1 人。每个千总管理 1000 人，把总管理 500 人，百总管理 100 人。骑兵以 25 人一队，步兵以 50

人一队。步兵以火器为主，每队有大炮手8人，使用鸟枪、三眼铳的共16人，使用长短枪、闷棍的共24人，另外2人分别担任队长和副队长。两个步兵营共有灭寇、威远、毒虎等炮288尊、挨牌360面、三眼铳3000件。马兵除了使用标配的弓矢、腰刀之外，还要根据个人情况各习三眼铳、闷棍、八尺长枪。为了强调纪律，卢象升特地对士兵的军服进行了改革，各兵的号衣甲胄，俱用白布一条，上书某营某部某哨第几队兵丁某人；大帽之上用铁片，上书某营某部某哨第几队，并在军中实行连坐法。

在将旗上，卢象升规定，中营为黄心黄边带，左营为蓝心蓝边带，右营为白心白边带，前营为红心红边带，后营为黑心黑边带。而护具方面，骑兵穿铁甲，步兵穿棉甲。整支军队有帐房2000顶、铁锅2000口、掀撅1000把、拒马鹿角360架、铁蒺藜10万个、营

▲ 明代刻本中的明军形象

灯400盏；辎重车50辆、水袋800个、下营口袋4000个、皮链576条、盛火药小口袋8640个、盛铅子小口袋8640个。

在确立了编制之后，卢象升开始对士兵进行训练。弓箭手步射，用草把五大束，每束高6尺，围6尺，相距3丈，以60步距离练习；每5人射一把，25人齐射，挨次站立，听旗号为令才可发射，不允许先后参齐。火器手50人为一队，共列4队（前后4排），听掌号齐射。第一队放毕后立即退后变为第四队，第二队上前，4队轮番射击。

在战略上，卢象升表现出一股锐意进取的精神。他刚到宣大就向朝廷提出一

个大胆的主张：恢复大宁、开平！

当时，清军连年入侵，而宣大防线长达 2300 余里，如果要守，明军兵力是远远不够的。而明清的态势也已经发生变化，清军吞并了林丹汗的察哈尔部，使自己的势力范围东至鸭绿江，西至贺兰山，东西跨度达 5000 里。卢象升认为，与其将无数的金钱花在修建堡垒上，不如恢复开平。开平在独石以外 250 里外，如果明军防守开平，宣大的边防压力将大大减轻。卢象升还指出：首先，守卫开平可以为宣大提供充足的预警时间；其次，开平处于清军入塞的前沿，清军若要进攻宣大，就不能绕过开平，必然要在开平与明军作战。如果清军以一部分军队进攻开平，以其他军队进攻宣大，那么清军就将面临兵力分散的问题，也就达到了分散清军兵力的作用。如果清军全力进攻开平，宣大的明军便可以乘机出击。至于出兵规模，卢象升提出需 3 万人，具体方案为宣府镇总兵官出兵 5000 人，宣府巡抚出兵 1000 人，宣府其他军发兵 9000 人，卢象升自己直属标军出兵 4000 人，大同镇出兵 3000 人，这样就能有 22000 人；另外的 8000 人由蓟镇、昌平两镇凑发。关于后勤，卢象升也算了一笔账：3 万人，每人每天需要银 3 分，一年需要 324000 两；马骡 1 万匹，每匹每天也需要银 3 分，一年需要银 108000 两。这样算下来，一年就需要 432000 两。这是个什么概念呢？明朝每年给蒙古部落的赏赐都不止这个数，可见实际花费并不是特别大。在后续事宜上，卢象升提出以开中法、通马市、立屯田这些办法来保证开平军队的后勤补给。但崇祯并没有批准这个方案，因为这个方案对当时的明朝来说实在是太冒险。一旦失利，就意味着整个华北的精锐将被一扫而空。

这个方案无法实行后，卢象升又开始从别的方面入手。

当时宣府所面临的最大危机并不是辽东的后金，而是近在眼前的卜失兔。卜失兔是俺答汗的正统后裔，但其部在被林丹汗击败后实力大损，他本人也在明清之间的区域徘徊。对于卜失兔，朝廷内部有的主张"抚"，有的主张"战"。但卢象升认为，一味地"抚"是不明智的，会使卜失兔贪得无厌；但"战"也不是好办法，容易将卜失兔逼向清军。最后卢象

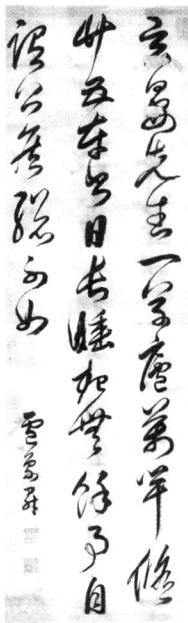

▲ 卢象升书法

升提出，可以与卜失兔进行互市，这样一方面可以获得明军需要的战马；一方面可以将卜失兔变成明军的哨探，侦察清军动向。

为了加强明军的侦察能力，卢象升又对明军的哨探进行了改革，将哨丁和探役混合使用，增强明军的侦察力度。此外，为了增强明军的士气，卢象升还叫全军士卒写军令状。在平时，卢象升则深入将领中间与他们交谈。可以说，在卢象升就任宣大总督后，宣大的形势有了明显的好转。而检验这一切的，就是皇太极在崇祯十一年（1638 年）的西征。

明崇祯十一年，也就是清崇德三年。正月，喀尔喀部查萨克图汗带兵进攻已经归附清政权的归化城，奉皇太极命令驻守归化城的土默特部落立刻向皇太极求援。皇太极收到消息后决定再次西征，以保护清朝的利益不受损。二月一日，皇太极率清军主力从盛京（沈阳）出发，此次随行的将领有豫亲王多铎、武英郡王阿济格、多罗郡王阿达礼和多罗贝勒岳托，负责留守的为礼亲王代善、郑亲王济尔哈朗、睿亲王多尔衮、贝勒杜度及贝勒阿巴泰。可以说，此次清军动员了几乎一半的兵力进行西征，但这次规模浩大的远征却并没有遭遇激战：喀尔喀部落在皇太极率大军到来后，要么投降，要么撤离。可以说，这场浩大的远征变成了一场纯粹的武装游行。据《清太宗实录》记载，皇太极几乎一路都在打猎宴饮。

不过，皇太极率这么多兵来到宣大口外，要说没有入塞的野心那是不可能的。但是宣大防线在卢象升的建设下已经是今非昔比了。卢象升在得到清军来到口外的消息之后，立刻命令全军进入战备状态。值得一提的是，卢象升绝非是消极防御：在使用常规手段进行防御的同时，他还下令在每百人中精选一两名作战勇敢、身手矫捷、擅长登高涉险的士卒组成奇兵，专事劫营。整个三关可以选拔出 1500 名奇兵。这些奇兵在战时被召集起来用于突袭，在平时还是留在原单位进行训练。在选练奇兵后不久，卢象升又向崇祯上奏：从宣大总督标兵和宣府总兵标兵中选出 5000 人直捣皇太极中军，以大同镇 4000 精骑扼其前，以蓟镇、昌平两镇 7000 精骑袭其侧后，这样就可以让清军处处受挫，处处挨打。

但这个方案，又被崇祯皇帝一票否决，理由是实在太过大胆了。而正当卢象升斗志昂扬地要与清军决战之时，皇太极却率领清军在四月一日撤离宣大边境。一场兵灾化于无形，这是宣大自崇祯七年之后首次在边境线以外挡住了清军的进攻。虽然两军没爆发激战，但皇太极没有进攻宣大，与卢象升的周密准备是分不开的。

这时，明朝内部风向发生了变化，中枢当权者开始考虑与清议和！

崇祯十一年四月四日，一个叫周元忠的算命先生走进了关外清军的心腹重地沈阳，作为镇守山海关的监军高起潜的使者，周元忠的主要任务就是去试探清朝方面对议和的态度。虽然没有见到清朝的最高统治者皇太极，但他也拿回了清朝方面的致书。在朝中主持与清军议和的就是兵部尚书杨嗣昌。在是战是和这个问题上，卢象升一直是朝中坚决的主战派。在这之前，卢象升与杨嗣昌的关系极为亲密：卢象升在奏折中不忘反复提及杨嗣昌的功劳；在朝中，杨嗣昌也不吝对卢象升的赞誉，甚至卢象升在确立标军的编制时都不忘与杨嗣昌商议。但这件事之后，两人的关系出现了不可挽回的裂痕。这时，一封来自南方的家书让卢象升的人生轨迹发生了变化。崇祯十一年四月，卢象升的父亲在回乡途中病逝。按规定，官员的直系亲属去世，他必须返乡服丧丁忧，但崇祯却并未让卢象升离任，而是让其继续担任宣大总督。作为孝子的卢象升守孝心切，连续向崇祯上了七道奏折，请求回乡丁忧，崇祯最终只得接受了他的请求，但要他等新任总督陈新甲到任后才能离开，可一场新的战争又将卢象升拉进历史的漩涡。

壮烈殉国

崇祯十一年八月二十三日，皇太极命睿亲王多尔衮为奉命大将军，统左翼军；贝勒岳托为扬武大将军、贝勒杜度为副手，统右翼军，南下征明。除了这两路大军之外，皇太极亲自带兵出击辽西，以策应入关清军。

从这个人员安排可以看出，清军并不是完全为了抢掠财物而来，而是有更深层次的用意。首先，多尔衮是清皇室中极有战略头脑和政治手腕的一个人，任命他为指挥官，有利于在需要的时候与明朝议和。其次，皇太极很谨慎，自己并不带兵入关，而是与大军保持一段距离，在辽西负责牵制，这样他的安全有了一定保障。

最先进军的是岳托率领的清军右翼军。该部于八月二十七日从沈阳出发，九月二十二日到达密云的墙子岭。此地形势险要，山高路险，有"一夫当关，万夫莫开"之势，但清军在此却未遭遇多少抵抗。因为恰逢镇守太监邓希诏过生日，明蓟辽总督吴阿衡、总兵吴国俊都去参加生日宴会了，所以明军的防备极为松懈。当清军破关而入时，吴国俊才仓促而回，与清军短暂交锋之后，败走密云。吴国俊到达密云后，惊魂未定之下又带兵跑到石匣。对前线战局并不了解的吴阿衡只带了3000标军就赶到密云，结果一到密云就被清军包围。

听到清军入寇的消息，明朝内部慌了神，急忙命令蓟镇中协（遵化）、东协（建昌）的军队救援西协（密云）。这中协虽有战兵20000人，东协也有战兵24000人，但没有任何人督促，以致进展十分缓慢。总督在墙子岭被包围了5天，两协总兵硬是没有前进一步。大明朝廷一边派遣职方清吏司少卿赵光忭前去督军，一边加大赏额，规定只要割下清军首级来献者赏银100两，但还是无法激起明军的战心。在墙子岭苦望援军的吴阿衡支持不住了，在清军的猛烈攻势下力战被俘。

关于吴阿衡的死，《明史纪事本末拾遗》里说是在清军的攻势下当场毙命，而根据杨嗣昌的奏折和后面明军不断组织军队救援墙子岭的情况来看，更可能是吴阿衡在失去援兵的情况下力战被擒，最后被清军俘杀。

在右翼军将明军主力缠在密云一线时，清军的另一支部队左翼军也入关了。

清军左翼军于九月四日从沈阳出发，九月二十八日抵达青山关。青山关守军已经被调去堵截墙子岭的清军，结果多尔衮的左翼军毫不费力地冲入关内，并一路南下。此后，左翼清军与前来救援的明辽东副总兵丁志祥、窦浚部爆发激战，结果被辽东军斩首19级。小败之后，清军稍稍后退，但不多时又迅速转向南边，在通州与早已入关的右翼军会师。

面对来势汹汹的清军，崇祯皇帝和杨嗣昌都慌了神。杨嗣昌这时仍旧向崇祯推荐卢象升率部勤王。之前，杨嗣昌对自己这位亲密的战友，在议和问题上能与自己站在同一战线是很有信心的。然而，事实却是卢象升在这个问题上与杨嗣昌的观点截然不同。卢象升在军中屏帷上大书文天祥的《正气歌》，在卧里也挂着关公像，从未想过议和之事。

见卢象升主战态度坚决，杨嗣昌开始对他不再信任。九月二十四日，杨嗣昌主管的兵部给卢象升的调令是让其赴保定，卢象升看到这份奇怪的命令也只得执行。从这一细节就可以看出，杨嗣昌确实有借清军兵临城下之机来达到议和的企图。

崇祯对卢象升很信任，九月二十五日任命卢象升为兵部尚书兼都察院右副都御史，总督各镇援兵。同时，崇祯又从辽东征调祖大寿入援，从陕西征调刚刚剿灭农民军的洪承畴、孙传庭前勤王。

卢象升身着麻衣草履（守丧之服），率领总兵杨国柱、虎大威、王朴前来救援，他一到京师立刻被崇祯召见。十月四日，崇祯在平台召见卢象升，询问战守方略，也顺带询问他对"战"与"和"的看法。结果，卢象升直截了当地对崇祯皇帝说："任命臣作为督师，臣的意见是主战。"听到这个回答，崇祯性格中偏激和顾忌清誉的部分又开始作祟。他的脸色马上阴沉下来，不快地说："朝廷并未说要抚，外面的议论怎么能乱信呢？"卢象升这时向崇祯说明："现在清军攻势很急，主动权都在清军手上，清军可以随时转换目标，向南可以切断我军粮道，向西可以劫掠我朝陵寝，还能集中兵力进攻京师。我军的状态是，如果集中在一起就无法寻求与清军决战，如果分兵又会遭到清军攻击。"但崇祯听到最后，并未做出什么明确的指示，仅仅是对他抗清的勇气表示赞许。崇祯只是对卢象升说要慎重用兵，并提到卢象升在围剿"流寇"作战中多次身先士卒，但清军不比"流寇"，要卢象升慎重对待。卢象升听到这句嘱托后感动万分，但其实崇祯只是畏惧清军，这是卢象升当下绝对想不到的。在具体的行动上，崇祯让他与杨嗣昌商议。

商议的时候，高起潜、杨嗣昌、曹化淳都来了，而卢象升却只是稍稍谦辞就坐居主位。这个行为是很不合规矩的，当时都是内监坐主位的，但卢象升骨子里的那股骄傲，让他并没有按照通行的规矩做事而是按照规定做事，这就让高起潜和曹化淳有些不高兴了。在会议上，卢象升大谈主战言论，结果其他人的反应都很冷淡，只有曹化淳不冷不热地说了一句："卢老先生说的是正论。"这个会议一直开到入夜时分，还是没有商量出办法。

针对清军的攻势，卢象升的策略是自己率领主力进行机动作战，"各镇兵马，画疆策应"，"务使北骑进不能深入内地，退不能回犯宣疆"。但是这个方案由于杨嗣昌的阻挠而未能实施，卢象升只好退而求其次，打算率领自己的3万兵马，在昌平扼守要冲。卢象升回到昌平的第二天，崇祯就下发白银4万两用于犒赏三军，翌日又赏赐卢象升部御马100匹、太仆马1000匹、银铁鞭500根。这些赏赐让卢象升认为崇祯还是主战的，因此卢象升更坚定了主战的想法。他还用赏银打了一个酒杯，上面刻着"胸藏武库游戎马，手制金瓯奠圣朝"。

次日，卢象升向崇祯辞行时，杨嗣昌又在朝房中对卢象升说："勿浪战。"军中将领听到这个消息都额手称庆说："督师主战几坠人胆，中枢戒勿浪战，且上言外廷议抚。我辈可作勿浪死歌矣。"（许德士《戎车日记》）由此可以看出明军士气之低下。后来孙传庭也说道："各镇之兵，望风胆落，必不能趋之使战。"但卢象升依旧坚定地主战。

这时密云被清军包围，卢象升提出与高起潜两路进军恢复密云，但是明军的后勤却出了问题，进攻密云的主张只得作罢。在这之后，卢象升针对清军锋芒过盛、明军士气衰落的局面，准备在十月十五日夜袭清军。他召集众将，规定"刃必见血、人必带伤、马必喘汗，违者斩"。这个计划同样遭到高起潜的反对，他认为卢象升这是轻敌浪战，表示不予配合。高起潜手中掌握着精锐的关宁军队，他不配合，整个计划根本就无法实施。高起潜不但不予配合，还命令三屯营的军队向后撤退，一下子使明军的战线出现重大隐患。卢象升只得向朝廷建议分兵。

分兵之后，卢象升军前只有杨国柱、王朴、李重镇三部共19000人；朝廷拨了保定总兵刘光祚的3500人给他，但这3500人中半数都是新兵；另外，他还有来自虎大威的

▲ 明甲士示意图

5000 士兵在赴援途中，这样卢象升手下就只有不到 30000 人。而高起潜却有关宁军 23000 人，加上增援的 16000 人，一共多达 39000 人。

这时，战场上又发生了一起意外事件。曹化淳为了表示要配合卢象升进兵，特地选了 2000 京营兵给卢象升。卢象升带着这 2000 京营兵来到孙埝时，突然遇到 100 多名清军骑兵。卢象升看到清军骑兵后，并不惊慌，对众人说："这是清军的侦骑，当奋勇冲杀歼灭他们。"但京营士卒却吓得魂飞魄散，纷纷向后跑。战场上转眼之间就只剩卢象升和他的十几个亲兵。卢象升看到这个情况，就带着十多个亲兵向上百清军骑兵发起冲锋，一边冲一边对往后跑的明军喊道："一退走无一人得生，恐后有大队相逼。"看到卢象升身先士卒、勇猛作战，一些勇敢的京营士卒也调转过来和卢象升会合。卢象升集合京营官兵向清军发起猛击，这支实力本就有限的清军侦骑自然抵挡不住，向后败退。卢象升也不敢发动追击，他知道京营士卒战斗力脆弱，根本不能打硬仗，一旦再遇到清军，后果不堪设想。

卢象升这时派遣杨国柱在顺义与清军大战一场，斩得敌首数十级。清军被明军击败后，密云之围被解，而卢象升为了获得曹化淳的支持，特地将斩获功劳分了一些给京营，由此可见卢象升的良苦用心。但这一战后，卢象升和杨嗣昌的矛盾再次加剧。十月十七日，杨嗣昌来到卢象升军中，卢象升很直白地对杨嗣昌说："文弱，你现在议和，难道想做城下之盟的事，成为历史的罪人吗？这北京城口舌如锋，你难道想成为第二个袁崇焕吗？"杨嗣昌被激得面红耳赤、全身颤抖，急忙辩解说："你错怪我了，谁说我赞成'抚'了？"结果，卢象升直接将他获知的关于周元忠的消息一并说出，而杨嗣昌则坚决不承认。闹到最后，杨嗣昌说："如果你真的不相信，就用你的尚方宝剑将我军前正法！"卢象升只好说："我现在既不能奔丧，又不能战，被这宝剑斩首的只能是我啊！我哪里还敢斩别人？"两人就这样不欢而散。二人的矛盾在此后的战事中被迅速扩大，成为导致卢象升悲剧结局的重要因素。

十九日，明军将领再次召开会议决定战守事宜。卢象升依旧主张合兵拼死大战一场，将清军彻底驱逐出去，高起潜却说："恐野战非我所长。"友军持这样的态度，卢象升很难取得更大的战果了。

总之，卢象升主张以野战挫败清军，阻挡其继续深入，而杨嗣昌和高起潜却主张据点防守。这时，清军突然从顺义南下。十月二十三日，清军进攻东直门，卢象升带领官兵与清军大战一天，最终挫败清军攻势。十月二十七日，清军再次对京师发起进攻，卢象升亲自上前督战。战况十分激烈，卢象升带着精骑左右驰援，结果坐骑都被清军射杀。清军连续进攻三天都未能取得任何战果；与之相反，卢象升所率明军却是战果颇丰，宣府总兵杨国柱还缴获了蟒甲银盔。十一月二日，明军又在阵前设伏攻击清军，打死打伤了许多士卒。虽然清军也对明军发起猛烈攻击，但连攻 5 次均被明军击退。清军再也扛不住了，准备撤围，但他们没有向北撤退而是向南转移。由于崇祯和杨嗣昌限制卢象升出击，实际上清军伤亡并不大。卢象升手上兵力有限，即便击败清军也没有办法扩大战果，所以在京师脚下打的这十多天，实际上都是消极的防御战。

此时，卢象升决定追击清军。他请求让高起潜的关辽精兵与自己一同参与追击，但崇祯却犹豫再三，直到两天后才同意了他的请求，而这时清军已经离开很远了。

杨嗣昌又准备起用陈新甲来代替卢象升。他任命陈新甲为兵部侍郎，还准备以陈新甲来分卢象升的兵。朝廷内部也显得躁动异常，编修杨廷麟上疏言："南仲在内，李纲无功；潜善秉成，宗泽殒恨。国有若人，非封疆福。"显然将杨嗣昌比作误国的奸臣。杨嗣昌大怒，将杨廷麟改任兵部主事，派到卢象升军中。

此后，崇祯皇帝又因卢象升按兵不动、不与清军交战，罢免了他兵部尚书一职，改任侍郎，并任命大学士刘宇亮辅臣督师。可当时的实际情况是，卢象升由于兵力有限，想与高起潜合兵一处，但高起潜态度暧昧，所以进展十分缓慢。

之后，卢象升由涿州进据保定，十一月十一日命诸将分道出击。当天，王朴与清军大战，于泾阳斩首 20 级。第二天，卢象升率主力与清军战于庆都，卢象升小胜一局，斩首清军 115 级。此后，双方又再次交战，总兵杨国柱、虎大威与清军野战，双方死伤相当。

等明军兵力全部集中在京师附近之后，清军获得了更多的战场主动权。十一月初，清军进攻定州；十一月九日，包围高阳城。此时，原兵部尚书、东阁大学士、辽东督师孙承宗正在高阳城家中养老，获知清军进攻家乡的消息之后，他以 76 岁的高龄率全家守卫城池。三天之后，高阳城被清军攻破，孙承宗被俘，拒不降清，被清军勒死，其子孙 19 人也力战而死。接着，清军又连下衡水、武邑、枣强、鸡泽、

▲ 明军火铳

▼ 红夷大炮

◀ 拒马

文安、霸州、阜城等地。之后，清军兵分三路南下：一路由涞水攻易州，一路由新城攻雄县，一路由定兴攻安肃。获悉孙承宗殉国后，崇祯皇帝极为悲痛，对卢象升的意见更大，想用孙传庭代替卢象升。

但这个决定被杨嗣昌拦了下来，杨嗣昌认为："易帅恐缓期，不若留象升责其后效。"但这只是表面上的理由，杨嗣昌的真正目的其实是要逼死卢象升！杨嗣昌清楚崇祯皇帝多疑、极端的性格，而作为兵部尚书的他更知道，以当时的局势，如果卢象升继续这样行事，等待卢象升的只有斩于军前。

当时，卢象升虽然没有被免去职务，但是崇祯已经在十一月二十三日任命孙传庭为兵部左侍郎，为替代卢象升做好了准备。这时山西又接到清军入侵的消息。杨嗣昌命令卢象升出关，但卢象升却拒绝了这个命令，选择留在前线，而大同总兵王朴却擅自带兵离开前线返回山西。

之后，卢象升来到他初次为官的畿南地区。畿南的百姓看到卢象升这种窘况，就赴卢象升的军门叩见说："现在天下大乱已经十年，明公初到为官不计生死，凡事为天下先。现在奸臣在内，三军士卒都想西归，大同总兵王朴已经跑了，而军中已经是弹尽粮绝。明公不如撤到广德，召集义师。我们畿南子弟都乐意为公效死，只要到达畿南，'一呼而裹粮从者可十万人'，何必处此死局？"卢象升

214

听后大为感动，说："我与贼大小上百战，从未有过失败。现在分了5000人去西边，以阻敌西冲，援兵又被隔绝，做事屡屡受到掣肘。现在军中的情况已经是'食尽力枯，且夕死矣'，即便撤到广德，也是给父老添麻烦。"畿南的百姓听到卢象升这样一番言辞都号啕痛哭，回家之后拿出自己床头的存粮接济卢象升部，由此可以看出卢象升与畿南百姓感情之深。但卢象升已经没有选择了，他知道自己只有战死沙场这一条路可走。

十二月十一日，卢象升进师至钜鹿、贾庄。高起潜率关宁军来到距贾庄50里的鸡泽防守。这时卢象升的全部军队只有5000士卒，而且这支军队已经断粮多日，众皆困顿。于是卢象升派遣杨廷麟向高起潜乞援，但高起潜置之不理。无奈之下，卢象升走出大营，四面环拜众将士说："吾与尔辈并受国恩，患不得死，勿患不得生。"所有将士都失声痛哭，表示愿意与清军决一死战。于是，卢象升决定主动出击，于十二日拔营出贾庄进攻清军。

当时清军正在布置对卢象升部的合围，猝不及防之下被明军的快速突击暂时打退。卢象升对将士说："今天虽然小胜一局，但清军一定会集中兵力再来进攻我军，我们要小心防备。"第二天，清军果然集中主力进攻卢象升部，数万清军将贾庄围了整整三层。

清军首先以蒙古兵作为包围圈的第一层，以精锐的护军巴牙喇为第二层，然后派汉军架设火炮进行炮击。当时参战的清军有满洲4个旗、蒙古4个旗，在兵力上远远超过明军。卢象升自己为中军，以虎大威为左翼、杨国柱为右翼，与清军对抗。双方大战6个多小时后，明军炮尽矢穷。

卢象升感到最后的时刻到了，决定发起最后一次冲锋。虎大威拉住他的马，对他说现在突围还有机会，不必玉碎于此。卢象升厉声说："我不死在疆场，难道要死在西市（明朝处决犯人的场所）吗？"言毕向清军冲去。在作战中，卢象升连杀数十名清军，自己也身负重伤，身中二矢二刃，仍然呼号奋战。最终，卢象升因马蹶而坠马，身中四矢三刃而死，时年39岁。他的部下杨陆凯为了保护他的尸体，扑在他身上，用自己的身体为他遮挡弓箭，结果身中二十四矢而死。此战，卢象升部几乎全军覆没，只有虎大威、杨国柱在最后关头溃围而出。根据清军的战报显示，他们这次斩杀了明军副将3人、参将5人、游击3人、都事3人，缴获战马 2776 匹、骆驼 10 峰。这一战，卢象升与自己那支苦心经营的标军一起全军殉国于此。

在明末乱世中，罕见地出现了卢象升这种德才兼备的人物，但这样的人才最终含冤战死，无怪乎清代文人方苞会这样评述："明之亡，始于孙高阳之退休，成于卢忠烈之死败。"而大明王朝真的在卢象升死后短短六年就土崩瓦解。

参考文献

[1] 顾诚. 明末农民战争史 [M]. 北京: 光明日报出版社, 2012.

[2] 李治亭. 明清战争史略 [M]. 南京: 江苏教育出版社, 2005.

[3] 谷应泰. 明史纪事本末 [M]. 北京: 中华书局, 1977.

[4] 张廷玉. 明史 [M]. 北京: 中华书局, 1974.

[5] 夏燮. 明通鉴 [M]. 北京: 中华书局, 2009.

[6] 谈迁. 国榷 [M]. 北京: 中华书局, 1958.

[7] 卢象升. 卢象升疏牍 [M]. 杭州: 浙江古籍出版社, 1985.

[8] 杨嗣昌. 杨嗣昌集 [M]. 长沙: 岳麓书社, 2005.

[9] 彭孙贻. 流寇志 [M]. 杭州: 浙江古籍出版社, 1984.

[10] 孙传庭. 孙传庭疏牍 [M]. 杭州: 浙江古籍出版社, 1983.

[11] 吴甡. 柴庵疏集 忆记 [M]. 杭州: 浙江古籍出版社, 1989.

[12] 黄卫平. 大顺军史稿 [M]. 西安: 三秦出版社, 2010.

[13] 北京图书馆. 北京图书馆藏珍本年谱丛刊 [M]. 北京: 北京图书馆出版社, 1999.

[14] 陈湖逸士. 荆驼逸史 [M]. 民国石印版. 上海: 锦章书局.

[15] 计六奇. 明季北略 [M]. 北京: 中华书局, 1984.

[16] 陈子龙. 明经世文编 [M]. 北京: 中华书局, 1997.

[17] 台湾研究院历史语言研究所. 明实录 [M]. 中华书局有限公司, 1984.

[18] 中国第一历史档案馆. 中国明朝档案总汇 [M]. 桂林: 广西人民出版社, 2001.

[19] 辽宁大学历史系. 清太宗实录稿本 [M]. 沈阳: 辽宁大学出版社, 1978.

[20] 中国第一历史档案馆. 清代历史档案丛编 [M]. 北京: 中华书局, 1990.

明末西南边界冲突

东吁王朝崛起与万历明缅战争

作者 / 董振宇

滇云一隅之地，著于唐虞，历于三代，通于秦、汉，乱于唐，弃于宋，启于元，盛于明。然亦困于明，极坏于明，不可收拾于明。

——（清）倪蜕《滇云历年传》

中缅关系，源远流长

缅甸是中南半岛上幅员最大的国家，其与中国之间的交流与联系粗略算来也有近两千年的历史。汉明帝永平十二年（69年），哀牢国内附，汉以其地置哀牢、博南二县，合益州六县为永昌郡（治今云南省保山市）。此后，"永昌徼外夷"[①]开始见于史籍，所指的正是缅北地区的部落或国家，而这之中又以掸国与中国往来最为频繁，曾三次遣使入贡。

到了魏晋南北朝时期，发源于伊洛瓦底江流域的骠国国力强大，最终灭掉了掸国。唐贞元十八年（802年），骠国国王雍羌在南诏王异牟寻的引荐下，遣子舒难陀率乐队入长安，献其国乐。

据《新唐书·骠国传》记载，骠国"地长三千里，广五千里"，有"城镇九、部落二百九十八、属国十八"，可以说幅员辽阔。但骠国并不单是骠人之国，而是一个隶属关系松散，有许多属国、部落的联盟国家。在这许多部落中，就有缅人部落，他们主要分布在以蒲甘为中心的缅甸中部地区。

唐太和六年（832年），南诏军队"劫掠骠国，虏其众三千余人"，给了骠国致命一击。自此之后，联盟的领导权就逐渐转移到了缅人身上。

缅人所建的蒲甘王朝，据《琉璃宫史》记载，约始于东汉时期，传说萨牟陀梨在永录岛（蒲甘地区）立国，之后一统19个村落建立蒲甘王朝。不过一般研究认为，缅历221年（849年）彬比亚建蒲甘城才是蒲甘王朝诞生之始。王朝最初极不稳定，充斥着夺位斗争和权力更迭，这种情形一直延续到缅历406年（1044年）阿奴律陀刺死须迦蒂登基为王。

[①] "徼外夷"指游离在汉政权实际控制区外的部落。

▲ 阿奴律陀像

阿奴律陀一生戎马倥偬，南征直通（孟人古国），西伐阿拉干（若开），成为缅甸史上第一个将上下缅甸大部分地区纳入统治的国王。在统一缅甸后不久，阿奴律陀亲自率领全国兵马到妙香国（大理国）奉迎圣物，但未能成功，只带回了大理王赠送的碧玉佛像。不过阿奴律陀此行并非毫无收获，他把蒲甘王朝的影响力扩大到了与掸邦（掸族地区）交接的地区，在杰沙、太公、曼德勒、八莫等地建筑了43处要塞。

此事我国史籍未见记述，不过或许正是由于此事影响，宋崇宁五年（1106年），蒲甘王朝遣使入贡时，尚书省认为"今蒲甘乃大国王，不可下视附庸小国"，由此得到大国使节的礼遇。

总体来说，中缅之间的联系虽始于汉代，但由于山川阻隔，加上云南又相继诞生了南诏、大理等地方政权，除少数几次使节往返外，双方交流受到种种限制。不过在元朝征服大理国，于边地设立金齿安抚司使双方接壤以后，情况发生了翻天覆地的变化。随着数次用兵缅甸，元朝将缅北收入囊中，设立了缅中行省。中缅联系空前密切起来，其产生的影响巨大而深远，非之前的历朝历代可比，可以说开启了一个新的时期。

蒲甘灭亡，阿瓦内附

明洪武四年（1371年），朱元璋听闻云南西南有一个强盛的国家缅国，曾通贡于元，便派遣田俨、程斗南、张祎、钱允恭出使缅甸。当时云南还在元梁王把匝剌瓦尔密的控制之下，使者无法通过滇缅古道，只好借道安南（越南），却赶上了占城北伐，道路不通，留在安南两年多也没能到达缅甸。

洪武十四年（1381 年）九月，朱元璋命傅友德为征南将军，蓝玉、沐英为左、右副将军，率军 30 万一统云南。十二月，把匝刺瓦尔密自杀。翌年闰二月，明军攻克大理段氏，又"分兵徇鹤庆、丽江、金齿，俱下"，云南悉平。洪武二十一年（1388 年）三月，沐英率明军"骁骑三万"与大举入寇定边"号三十万，象百余只"的麓川军对垒并展开决战，最终明军大获全胜，云南边境得以安定。

麓川纳贡请降后，朱元璋开始在云南西部边地设置卫所，并完善元代以来的土司承袭制度，意图削弱麓川等边地土司的独立倾向。但麓川没有停止扩张的步伐，依旧外侵缅甸等地，缅甸于是主动寻求明朝的庇护。

此时的缅甸进入了一个分裂时期。

元至元十四年（1277 年）三月，蒲甘王朝为争夺金齿地区，派兵进攻干额（干崖），元缅战争爆发。随后，元军入侵蒲甘，加剧了蒲甘王朝的衰亡。不过实际上，在元军入侵之前，蒲甘君王那罗梯诃波蒂的统治就已处于风雨飘摇之中。

那罗梯诃波蒂在《弥伽罗塔碑铭》中曾狂妄地自称"三千六百万胜兵之最高统帅，日吞咖喱三百碟"。前半句明显夸张，后半句却有真实的影子，《琉璃宫史》记载，那罗梯诃波蒂每餐必备足 300 种菜肴才进餐，而且他还有妃子宫女 3000 人，可见其穷奢极欲。

那罗梯诃波蒂初登位时，北方掸人势力已开始崛起，西方阿拉干的密察吉里、南方港口的马都八（莫塔马）亦相继叛乱。乱事虽被首相耶婆梯犍平定，但蒲甘的国力已大为受损。那罗梯诃波蒂不顾国困民穷，依然大肆征发民力修建弥伽罗塔，当时流传着一句谶语："宝塔建成，国化灰烬。"此塔现今仍存，哈威曾评论说："此塔……与缅甸各地之普通宝塔无异，极为平凡。其做工之粗劣，足以显示国家之贫穷，此塔盖以黎民血汗所成者也。二百年来，蒲甘之民，忠诚笃信，欲使地而尽为宝塔所盖罩，今乃消逝于喃喃祷诵声中矣。"

最终，那罗梯诃波蒂在元军攻势下惶恐逃窜，后人称他为"德由别敏"，意即"畏华人而逃之君"。同一时期，孟人伐丽流在素可泰王国的支持下正式在马都八称王，宣告独立。

一路南逃到卑谬西边莱甲的那罗梯诃波蒂，害怕元军继续南下，便派出高僧

▲ 弥伽罗塔

信第达巴茂克前往大都，与忽必烈进行和谈，之后元缅关系趋于缓和。但在返回蒲甘的途中，那罗梯诃波蒂被其子梯诃都围困于卑谬码头，并被迫服毒自杀。

梯诃都弒父后，不敢北上，率军直取其兄乌沙那治下的勃生。乌沙那卧病在床，被梯诃都乱刀斩杀。之后，梯诃都又率军攻其弟骄苴治下的达拉，屡攻不克，于是转攻白古（勃固）。白古守臣鄂勃孟已然宣称独立，与妻子儿女站在城头大声辱骂梯诃都。梯诃都大怒，弯弓搭箭射向城头，但据说因为用力过猛，被箭反射而亡。

梯诃都死后，众臣拥立骄苴为王。此时，各地诸侯纷纷反叛，蒲甘王朝实际上已经名存实亡。

大约在蒲甘建国初期，掸族便开始渐渐南移，不断入侵蒲甘地区，并以一种不同寻常的方式成为此地新的统治者。

掸邦高原有一土司，死后二子不和，弟弟逃到缅甸掸族聚居的木连城，娶了当地缅人富绅的女儿，生三子一女，三个儿子被他送到那罗梯诃波蒂那里当了侍卫。那罗梯诃波蒂极为宠信三兄弟，赏赐给他们许多土地，还让儿子梯诃都娶了他们的妹妹。

梯诃都弑父后，掸人三兄弟趁局势混乱，拥兵自重。老大阿散哥也占据木连城，老二阿剌者僧伽蓝占据米加耶，老三僧哥速占据宾里。三城皆为皎克西富饶的产米之区，阿奴律陀王曾于此处兴修水利，传说得此地者可在上缅甸称王。

骄苴即位后，奈何三兄弟不得，于是只能向现实妥协，将这些地区赐给他们作为封地，但他渐不甘心当傀儡，转而寻求元朝支持。野心勃勃的掸人三兄弟知道骄苴想要巩固地位必要削弱他们的权力，于是在元朝使臣宣诏时不至，还在蒲甘打劫前往元朝的登笼国使者，企图嫁祸骄苴，离间双方关系。

在发现离间无效后，他们又与遭到冷落的前王遗孀修妃合谋，诱骄苴至木连城参观寺庙。待骄苴到达木连城后，三兄弟就把他监禁起来，强迫他削发为僧，并改立骄苴幼子邹聂为王。

蒲甘王室遗臣立即向元朝求援，元军再入缅甸。元军围攻木连城时，掸人三兄弟弑骄苴，并重贿元军将领[1]。元军将领高庆、察罕不花等收到好处后，借口瘴疫流行退兵而还。此后，蒲甘邹聂一系虽仍然延续了两代68年，但地位仅类似于一方小诸侯。

元大德五年（1301年）二月二十九日元军撤离后，三兄弟同时称王。5年后，阿剌者僧伽蓝去世；又5年，僧哥速毒杀阿散哥也，吞并两位兄弟的势力。缅历674年12月15日（1313年2月9日），僧哥速在阿瓦附近的彬牙兴建"金宫"。"金宫"落成之日，僧哥速举行灌顶加冕礼，并邀请修妃前来观礼，就此开创彬牙王国。

僧哥速有南宫、北宫两位王后，其中南宫王后明绍乌原为骄苴王后，僧哥速为了提高威望娶她为妻，据传当时她已有3个月的身孕。南宫生下的便是王储乌者那，但其血统存疑。对乌者那王储身份不服的北宫王后之子修云，于缅历677年（1315年）在西北方另行建立实阶王国，割据一方。乌者那即位后，因血统问题，不得不让位于擒获5头白象的王弟伽悉信，但已无法改变彬牙、实阶对立的局面。

实阶一系不久即为修云同母异父的兄长答里必牙所篡，忠臣阿南达勃江杀答

---

① 《至元征缅录》载："金八百余两，银二千二百余两。"

里必牙，重立修云之子伽苴为王，但兄弟三传后又为修云女婿明波梯诃波蒂所篡。

这时彬牙王那罗都以"非王族出身竟在实阶称王"为由，于缅历725年（1363年）邀请麓川的思可法①攻打实阶，约定："若攻克得胜，吾只取表层部分，精华给你。"

麓川象马大军攻来，明波梯诃波蒂以酒糟喂象，使其酣醉再放出城去，希望可以抵挡一阵。哪知醉象被攻击后返撞城门，冲入城内，将屋宇寺庙尽数撞毁。实阶人民抱怨道："城内有象，城外有掸。"明波梯诃波蒂见麓川势大难敌，于是携全城父老南乘御舟下到吉克瓦耶，不过也有人乘筏逃往彬牙。

麓川应那罗都邀请而来，结果那罗都却不出力，只隔岸观火，不费一兵一卒。麓川军攻克实阶后，见全城一片废墟，仅余两位老人尚存，其余一无所获，

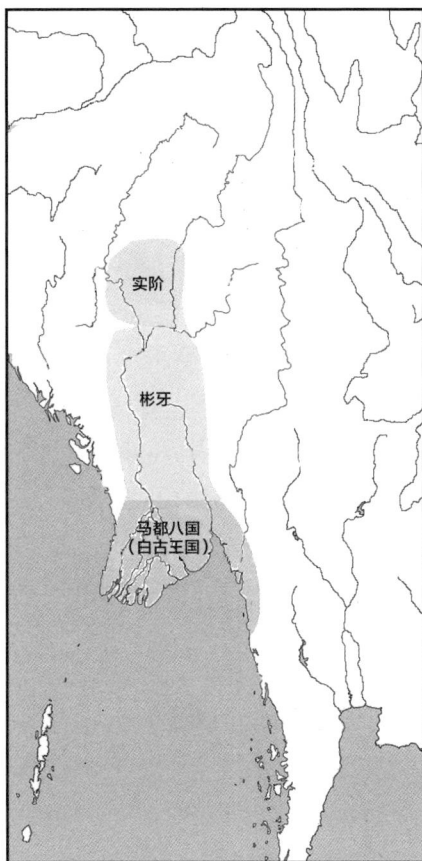

▲ 1350年彬牙与实阶

不由愤懑，将怒火对准彬牙。在他们看来，彬牙拥有3头白象，定然富庶。那罗都毫无准备，彬牙被麓川轻易攻克。麓川军在城内大肆劫掠后方才离去，并将那罗都掳走。

早先因不敌麓川而逃往吉克瓦耶的修云外孙他托弥婆耶，与心腹大臣密谋，

---

① 《琉璃宫史》此处写为"多汉发之弟多基发"，译注："多汉发即中国史籍中称之为思洪发者，多基发即思机发。"对照《麓川思氏谱牒》等史料，明显有误。《琉璃宫史》下文第188节又注"多基发"是"中国史籍中称之为思可法者"，应以后者为准。

223

弑继父明波梯诃波蒂，接着又推翻了彬牙继承人乌者那般。在实阶与彬牙二地的余烬上，他托弥婆耶即位为王，于缅历726年12月（1365年1月下旬至2月中旬）建阿瓦城，开创了缅甸历史上著名的阿瓦王国。到19世纪，中、英两国仍然有时称缅甸为阿瓦，可见其影响深远。

他托弥婆耶死后无子，众臣拥立他的姻兄明吉斯伐修寄为王。此时，只是名义上统治着蒲甘的蒲甘一系已经完全断绝，阿瓦基本上统一了上缅甸，阿拉干也主动要求归附为属国。

缅历732年（1370年），基本上一统缅甸南部的马都八国王频耶宇因国内叛乱，迁都白古，并派使臣前来阿瓦修好，其金叶国书写道：希望两国"融洽无间，如一张金箔"。3个月后，明吉斯伐修寄与频耶宇会晤于两国边界，双方互换礼物共立誓言，缔结了友好的同盟关系。

可惜好景不长，频耶宇长子罗娑陀利即位后，其舅父劳骠对他不满，于是在缅历748年（1386年）派使臣给阿瓦送去金贝叶书，写道："臣渺米亚侯劳骠跪奏：威德无比的国王陛下，汉达瓦底（勃固）白象之主频耶宇去世，其不肖子号称'罗娑陀利'，窃据王位。其父在世时，他就曾在大光（仰光）反叛其父，现进入汉

▲ 阿瓦古城遗址

达瓦底称王。趁其羽翼未丰，请金殿之主伐之。臣愿领勃生、渺米亚两地之兵从水路进军。如水陆两路夹击，汉达瓦底唾手可得。事成，良象骏马、贤臣骁将、金银器皿等，王可悉数取去。如蒙陛下垂怜，请将该地赋税赐予奴臣。"

明吉斯伐修寄同意了劳骠的请求，但他万万没想到这场战争持续时间之久竟使双方都换了 3 代国王。缅甸历史上著名的"四十年战争"就此拉开帷幕。

本来明吉斯伐修寄认为北方的麓川才是最大威胁，所以他对南方的白古王国（马都八国）采取和解政策，但对白

▲ 沐英像

古财货的贪图使阿瓦陷入南方战争的泥潭之中。明吉斯伐修寄对白古王国的两次远征都以失败告终，盟友劳骠也被擒获，还迎来了罗娑陀利的北伐。这让阿瓦王国无力再抵御麓川的侵扰。此时，强大的明朝在北方兴起，平定云南后还打败了麓川，阿瓦自然想通过归附明朝取得支持以加强自身的地位，于是希望通过已经归附明朝的八百国与明朝建立联系。

明平云南后，西平侯沐英派遣云南左卫百户杨完者前往八百国招抚。洪武二十一年，八百国遣使入贡；同年，明朝设立八百宣慰司。三年后再度入贡的八百国使者洪都提到了阿瓦王国"地远不能自达"的情况，朱元璋于是命令西平侯沐春派人到八百宣慰司，试图与阿瓦建立联系。

在八百宣慰司的协助下，阿瓦王国于武二十六年（1393 年）三月派遣使者板南速刺入京朝贡。翌年二月，阿瓦再度遣使入贡。六月，朱元璋下旨设立缅中宣慰司，以"卜剌浪"[1]明吉斯伐修寄为宣慰使，缅甸阿瓦王国遂成为云南边地土司之一。

---

[1] 钱古训所著《百夷传》载："国王，众呼为'卜剌浪'。""卜剌浪"，即缅语"Alaung"，是对国王的尊称。

此前一年，即洪武二十五年（1392年）新年将临之时，麓川的思伦法率15路象马大军来犯阿瓦北部的美都。阿瓦军一触即溃，麓川军直达实阶，将城外的寺庙、房舍等付之一炬，兵锋直指阿瓦城。在阿瓦，明吉斯伐修寄加固城防、积极备战，又召集各路诸侯带兵反击。在阿瓦名将梯罗伐的竭力奋战之下，麓川军最终退走。阿瓦归附明朝后，明吉斯伐修寄两次上言道："百夷思伦法屡出兵侵夺其境土。"于是，朱元璋分别写了两道谕旨，差遣钱古训、李思聪前往调解。思伦法闻诏恐惧，最终罢兵。

明吉斯伐修寄死后，阿瓦官中陷入内斗，王储信漂辛在位仅7个月就为师傅伽诺山所弑，伽诺山篡位称王。后众臣杀伽诺山，推举明恭为王，但明恭畏惧舅父摩诃标的势力不敢即位。直到明恭的弟弟明代达袭杀摩诃标之后，明恭才于缅历763年（1401年）即位为王。永乐元年（1403年）十月，明恭派人前往明朝请封，明成祖朱棣遂命兵部设缅甸宣慰司，以明恭为宣慰使。

同一时期，朱棣还在云南边地设立了底兀剌（缅甸东吁）宣慰司、大古剌（缅甸白古）宣慰司、底马撒（缅甸丹那沙林）宣慰司、八百大甸（泰国清迈）宣慰司、老挝（老挝琅勃拉邦）宣慰司等土司。可以说，到永乐年间，明朝西南版图扩张到了极致。

阿瓦麓川，纷争侵伐

明初，麓川思伦法在其父思可法的基础上，不断向外拓展，元朝在云南边地设置的由土官管理的"三十六路"中的孟养、木邦、干崖、南甸、大侯、孟定、芒市等地相继被其控制。正如《百夷传》所言，麓川"景东在其东，西天（印度）、古剌（白古）在其西，八百媳妇在其南，吐蕃在其北，东南则车里（西双版纳），西南则缅国，东北则哀牢（保山），西北则西番、回纥（丽江一带）"。但在定边之战战败后，麓川内部的不稳定因素日渐凸显。洪武三十年（1397年）九月十九日，木邦土酋刀干孟叛，逐思伦法，率兵攻陷腾冲。思伦法逃到云南。

明朝帮助思伦法平定刀干孟之叛后，麓川衰败。借此良机，明朝分麓川之地，广建土司，置三府——孟养、木邦、孟定，设四长官司——潞江、干崖、大侯、湾甸。永乐时期，孟养、木邦升为宣慰司，加上新设立的宣慰司，以及之前的麓川、车里宣慰司，合称"十宣慰"。十宣慰的宣慰使与执掌各御夷府、长官司的其他边地长官，"袭替必奉朝命，虽在万里外，皆赴阙受职"。土司继位须上报朝廷，才能取得正式承认。各土司每年都要向云南布政司交一定数量的"差发银"，若遇军事行动，也要派出土卒、差役助战。

为了加强边地土司与明朝之间的臣属关系，朱棣创立了"金字红牌"制度，即对边地土司、土官颁发"文行忠信"铜铸信符、金字红牌敕书以及勘合号纸，作为同云南布政司之间官方来往的凭证。考虑到边地土司不识中国文字，朝贡语言不通，朱棣还在各宣慰司设置经历、都事各一员，由吏部选派。而在翰林院，朝廷设下四夷馆，其中最先开设的八馆就有缅甸和百夷（麓川），由礼部选派国子监学生研习其语言文字。

朱棣通过这一系列措施，加上丰厚的贡赐和谕赐，使云南边地土司"知归向朝廷，不失臣节"，频繁遣使入贡。但是他们彼此之间却矛盾重重，时常侵越邻境，互相征伐。这一时期的阿瓦王国也毫不例外地参与到云南边地土司的纷争之中。

明朝分麓川之地时，早前被麓川吞并的小邦戛里（也作戛璃）借机重获自由。戛里紧挨孟养，孟养土司刀木旦欲吞并其地。恰逢朱棣派往缅甸南部的使者杨暄、周让路过孟养，刀木旦劝说他们招抚戛里，并派人先往其处，扬言说："（明朝）将招尔属孟养，（不从）必尽杀之。"戛里大怒，杀了孟养使者。刀木旦以此为由，出兵戛里。戛里首领以妻、子为人质，向阿瓦请援。阿瓦出兵南的弄江，截断了孟养军的粮道，刀木旦只得撤兵。戛里出兵追击，与阿瓦两面夹攻，刀木旦全军覆没。随后，阿瓦又趁刀木旦后人争位之机，最终吞并孟养。

永乐四年（1406年），明恭封心腹乌登为孟养侯，同时派遣使者入贡，向明朝献上孟养职贡银750两，希望明朝可以承认阿瓦对孟养的占据，但遭到朱棣拒绝。同年闰七月，明朝派遣张洪出使阿瓦，诘问阿瓦擅杀之罪，并寻刀木旦子孙，欲复立孟养宣慰司。

张洪带着朱棣的敕谕前往阿瓦，明恭以刀木旦首乱为自己辩解："彼加兵于我，我不得已而应之。其子孙殁于乱兵，故令西得（乌登）暂抚。"张洪当时就指出："戛里本夷，非缅属类，何云加兵于尔？"张洪先后给明恭写了六封谈判信，才把明恭说服，派遣陶孟（官名）洛霞前往明朝谢罪。

《明实录》对此记载道："那罗塔（明恭）惧，遂归其境土及其所掠，遣人诣阙谢罪。"然而实际上，刀木旦的后人刀得孟、刀玉宾与其族属3000余人只能散居在干崖、金沙江一带。即使永乐十四年（1416年）孟养宣慰司复设，宣慰使刀得孟也只能寄居在金齿。缅历787年12月（1426年2月至3月初），孟养侯乌登率大军从孟养南下阿瓦，赶跑了篡位者格礼杰当纽，登基为王。缅甸史书称乌登为"孟养他切"，即"孟养王"。可见，孟养一直为阿瓦控制。

阿瓦侵占孟养后，又劝诱木邦归向缅甸，为木邦宣慰使罕宾发拒绝。罕宾发还上奏朝廷，希望可以发兵讨伐阿瓦，得到朱棣首肯。缅历774年（1412年），罕宾发派遣刀散孟等率大军攻破阿瓦城寨二十余处。翌年八月，罕宾发献所俘象马于京师。

永乐十一年（1413年）正月，麓川平缅宣慰使思行发入贡，请以弟思任发代职，朝廷许之。思任发"性桀黠，善兵，每大言复祖父遗业"，他见边地各土司之间互相侵伐，大明朝廷只是遣使抚谕、诘问，几乎从未采取严厉措施，于是开始兼并邻境。宣德五年（1430年）八月之前，思任发趁阿瓦内乱、乌登南下之机，占据孟养。

到了正统初年，思任发开始"不奉诏"，自称"法"（国王），公开反抗明朝，不断侵伐云南西部边地土司。明英宗朱祁镇遂下定决心，举全国之力征讨麓川。

正统六年（1441年），明朝首征麓川。大军开赴的同时，朝廷颁给云南木邦、缅甸、车里、八百大甸、威远、大候、施甸等土司信符金牌，命各土司合兵剿捕麓川思任发。思任发不敌明朝大军，"父子三人挈妻孥七人、象马数十，从间道渡江往遁孟养等处"，其后为阿瓦出征剿捕的将领底哈勃德、底里泽亚都拉于缅历804年2月16日（1442年4月25日）阿瓦新王那罗波蒂即位时所擒。

正统八年（1443年）二月，阿瓦上奏称擒获思任发。五月十五日，朝廷因遣人往阿瓦索思任发不得，而思任发之子思机发复据麓川侵扰，于是再征麓川。这次征讨，明朝不仅要收拾麓川，还要敲打阿瓦。《琉璃宫史》记载，对于中国将军提出的交出思任发的要求，那罗波蒂坚称："多岸发（思任发）乃孤之奴仆，孤已收留，不便交出。"但实际上，阿瓦不愿交出思任发，是因为明英宗曾许诺：

"生縶贼（思任发）首来献，其麓川土地、人民悉予之。"阿瓦擒获思任发后，便遣人入贡明朝，上奏擒贼之事，并进缅书，要求接管麓川地方。明英宗虽在敕谕中称："朝廷岂肯失信？"但实际上，明朝在麓川之地首先设立了芒市长官司。阿瓦没看到明朝实践诺言的诚意，只得挟人索地。

十二月，明军与阿瓦交战。大战持续了一昼夜，明军焚缅甸船只数百，但未获思任发。

直至正统十年（1445年）十二月，阿瓦才交出思任发。《明实录》称，当时沐斌再次向缅甸要求交出思任发，恰巧此时"昼晦二日"，术士对那罗波蒂解释，此乃明朝大举出兵的先兆，那罗波蒂大惧，这才交出思任发。《琉璃宫史》则说，是因为明军配合那罗波蒂平定了央米丁的叛乱，阿瓦才交出思任发。不过这两种说法可能都不是事实，据时人

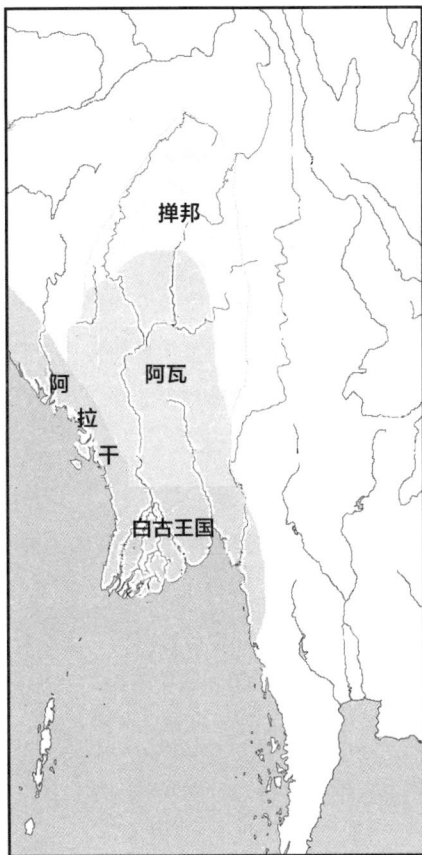

▲ 1450年的阿瓦版图

包见捷所著的《缅甸始末》所载，当时被明英宗派往云南边地"参赞戎务"的兵部左侍郎侯琎、刑部右侍郎杨宁，向那罗波蒂传话，同意用孟养之地换取思任发，阿瓦才将思任发交出。不过，孟养并没有被阿瓦控制，而是被思机发、思卜发占据。

正统十三年（1448年）三月，明朝进行了最后一次征讨麓川的军事行动。十月，明军抵达金沙江，与木邦、阿瓦军队会合。在阿瓦的协助下，明军顺利渡江，攻破思机发的寨栅，乘胜进至孟养，攻破鬼哭山和芒崖山等寨。思机发、思卜发逃窜。

明军攻下孟养后，令阿瓦管治孟养地方，缉捕思机发。但明军撤离后不久，麓川复拥思任发少子思禄于孟养。思禄以状来言："缅不能抚其人民，愿立思氏，

229

永当朝廷差发。"于是靖远伯王骥与思禄在大金沙江（伊洛瓦底江）立石为界，誓曰："石烂江枯，尔乃得渡。"

"土木堡之变"后，英宗被俘，景泰帝朱祁钰继位。由于当时明朝的主要威胁来自北方瓦剌，因此对麓川思机发是否已被剿捕不再像英宗朝那样迫切。景泰二年（1451年）八月，云南总兵官沐璘奏称，缅甸宣慰使已擒获思机发、思卜发，但又将思卜发打发回孟养，管食地方去了。《琉璃宫史》也记载，那罗波蒂"便让多锦发及多博发（思机发和思卜发）宣誓效忠后……将孟养赐给多博发"。

沐璘与朝廷怕阿瓦将思机发像思任发一样"视为奇货，需索无厌"，认为"宜示以不急，听其来献"。后阿瓦又报思卜发叛乱，请兵协助征剿，明朝亦不许。到了景泰五年（1454年）三月，左参将胡志等将银戛地方划给阿瓦，阿瓦才送思机发及其妻孥六人到金沙江村，胡志等将思机发及妻孥槛送京师。

在之后的一段时期里，阿瓦实力被"四十年战争"削弱，各地诸侯开始割据称雄，于是内乱频繁，慢慢走向衰亡。而孟养则一直遵守王骥之盟，休养生息，且频繁向明朝入贡。但随着自身实力的逐渐壮大，孟养又开始蠢蠢欲动起来。

成化年间，明朝分木邦地置孟密安抚司，之后木邦与孟密一直相互仇杀。孟密有宝井，"产宝石、宝沙"，常使木邦在争斗中处于下风。孟养趁机与木邦结盟，双方声势相倚之后，孟养就出兵占据了阿瓦的听盏地区。

到了思伦（色隆）成为孟养之主后，其势益张，开始不断南侵。缅历864年（1502年），孟养攻占美都城。缅历868年（1506年），孟养攻占德勃因城，阿瓦以承认孟养对美都、鄂耶内城的占领才换回此城。其后几年，阿瓦虽一度收复美都、鄂耶内，但很快又被孟养攻占。

缅历886年（1524年），孟养向实阶进军，继而又攻打并占领了甘尼、格奈、那当、勃东、阿敏、布坎、勒博、比昂比亚、班基十乡、德叶、色固、色林、邦林、垒盖等地，兵锋直指阿瓦。缅军迎战于阿瓦城下，大败。阿瓦王瑞难乔信趁夜弃城而逃，思伦立盟友卑谬王德多明绍为阿瓦王后返回孟养。瑞难乔信见孟养军、卑谬王相继撤离，又悄然回到阿瓦。

缅历888年1月12日（1526年3月24日），思伦再次攻破阿瓦城，瑞难乔信乘象应战，为炮弹击中而亡，思伦封自己的儿子多汉发为阿瓦王。

阿瓦遗臣遣通事蒋鹏投缅书到云南黔国公沐绍勋处，奏称："正统年间麓川反贼思任发杀抢腾冲、金齿地方，我祖公那雅补邸（那罗波蒂）……领兵赶过迤西金沙江去，将思任发杀取首级、思机发解京处死。今被贼种思凯（思伦）挟恨前仇，调领夷兵象马渡金沙江攻杀缅甸……将我宣慰正身杀死，虏其子去为奴，印信、敕书、红牌、金字、勘合、底薄杀抢一空。"

此时的孟养、木邦、孟密三方也是相互仇杀不断。嘉靖六年（1527年），明世宗朱厚熜遣三路使者抚谕边地土司，其中永昌知府严时泰等往孟养抚勘。思伦虽称"自愿忠顺朝廷"，交出缅甸金牌印信，并纳"土银一千两、牙象两只、大小象牙二十根"赎罪，但他却在夜里"纵兵鼓噪，焚驿舍"，迫使严时泰仓皇逃回。

嘉靖七年（1528年），明世宗听取了沐绍勋的意见，令莽启岁（明基兑，瑞难乔信次子）袭职缅甸宣慰使，并"厚加存恤扶植"。但这时云南发生了震动全省的"安凤之乱"，寻甸土司安铨与武定土酋凤朝文因不堪欺凌，联合起兵，包围了云南府城，一时滇中大乱。明朝忙于平叛，无暇过问缅甸之事，缅甸宣慰司就此消散于历史。

东吁崛起，一统缅甸

"东吁"，缅语意为"山岬"，原来是一个小山村。约在蒲甘王朝灭亡前20年，一对缅人兄弟建立起旧东吁城。元军进攻蒲甘时，不少缅人逃到东吁城避难。此后麓川攻打彬牙、实阶时，又有许多缅人逃到东吁。

东吁是一个贫瘠荒凉的地方，不为掸人与孟人所看重，但对于缅人来说却是一个很好的避难所。无论是阿瓦内部动荡还是"四十年战争"的硝烟，都很少波及东吁。因此，在"四十年战争"期间，不断有缅人迁入东吁。《琉璃宫史》记载，当时的东吁地区已经比较繁华，"每隔一箭或两箭之遥便有居民村寨"。

就这样，东吁的力量慢慢壮大起来，著于洪武年间的《百夷传》就有"金沙江以南，有东胡（东吁）、得冷（白古）、缅人（阿瓦）三国"的记载。永乐年间，明朝在东吁设立底兀剌宣慰司，不过名义上该地一直受阿瓦王国统治。

缅历 847 年（1485 年），明吉逾弑杀舅父成为东吁之王，并迅速得到阿瓦王明恭二世的承认，开始走上扩张道路。缅历 853 年（1491 年），明吉逾击溃白古王国的 16 路大军，明恭二世授予他"摩诃"（意为"伟大的"）封号。

缅历 864 年（1502 年），面对孟养的进攻与卑谬的反叛，新即位的阿瓦王瑞难乔信向诸臣问计。德道榭建议与东吁联姻以为安抚，这样既可防止其反叛，又能在必要时借助其力量。于是瑞难乔信将王叔德多达马亚扎之女明拉突嫁给明吉逾，并将明吉逾已经部分控制的皎克西地区作为嫁妆正式分封给他。

如此一来，上缅甸富饶的产米之区为东吁所有，东吁的实力加倍地壮大起来。明吉逾的野心由此迅速膨胀，他立即起事背叛了阿瓦王国，又与卑谬王联合，不断进犯阿瓦南部。

孟养的思伦击败阿瓦时，明吉逾更是趁机占领阿瓦南部大部分地区。阿瓦覆灭后，明吉逾与下属各诸侯都十分惧怕孟养的掸人继续南下，于是下令摧毁阿瓦南部地区的城乡，并派大批人马毁坏所有池塘、水渠，目的是使东吁远离战乱。

▲ 东吁城

缅历 892 年 9 月 5 日（1530 年 11 月 24 日），明吉逾去世，其子莽瑞体（德彬瑞梯）继位，当时他只有 14 岁。

莽瑞体年满 17 岁时，须按缅甸习俗举行"穿耳梳髻"礼，但他出人意料地挑选了处于敌对关系的白古王国的瑞摩陶佛塔进行该仪式。莽瑞体带上 500 骑兵向白古王国首都汉达瓦底进发。进城后，他令骑兵将佛塔围住，自己登上佛塔进行祝祭礼。得到消息赶来的孟人将莽瑞体一行人团团围住。哨兵通报孟人的动向后，莽瑞体道："尔等只管将耳孔扎正就是，至于孟人，由孤来对付。" 穿耳梳髻仪式结束后，莽瑞体一马当先，突出重围，高喊："瑞体王在此，谁敢来送死！" 孟人士兵竟无一人敢来阻拦，莽瑞体顺利回到东吁。

缅历 896 年（1534 年），莽瑞体向下缅甸的白古王国发起进攻。"四十年战争"结束后，白古王国基本处于和平状态，海贸商业一片繁荣，比战乱频繁的上缅甸富裕得多。除了掠夺土地和财物外，莽瑞体似乎还有更深一层的考虑。我国史料记载："洞吴（东吁）之南有古剌（白古），滨海与佛郎机邻"，"地广兵强，善于使伏狼机（佛郎机）火器。"1511 年，葡萄牙占领马六甲的同时，又踏上了邻近的白古王国，其后更在马都八设立商馆，葡萄牙雇佣兵就此开始活跃于白古王国的土地上。莽瑞体打算夺取一些白古的城镇后，用取得的财富招募葡萄牙雇佣兵，以加强自己的实力。

白古王国的首都汉达瓦底城有两员名将彬尼亚劳、彬尼亚江布置的周密防护，再加上城内葡萄牙雇佣兵使用火炮轰击，莽瑞体连续三年展开的三次征伐尽以失败告终，并使东吁象军及马兵损失颇重，只得在雨季来临前撤军。莽瑞体三征汉达瓦底失败后，转攻白古西部的勃生、渺米亚、德延达亚、开榜、德巴兑等城，俘获了大批象马及俘虏，才算是挽回了一点儿颜面。

由于莽瑞体改用战术后连夺多城，白古王多迦逾毕派遣使者向莽瑞体求和，彬尼亚劳、彬尼亚江也遣人到东吁各将领处问候。莽瑞体在接见白古王使者时，故意一语不发，反而不断宴请彬尼亚劳、彬尼亚江派来的人。听闻这些使者带回的情报，多迦逾毕遂对二人产生怀疑。

莽瑞体随后亲自写了一封信，佯装是给彬尼亚劳和彬尼亚江的回复，信中说："二位提及彬尼亚劳望能食邑汉达瓦底、彬尼亚江食邑马都八之事我已知悉，战后定让二位大人如愿以偿，望能为我尽心竭力。"他将此信与一些礼物放进一个竹篓箱，故意让送信使者在白古与人争吵，再装作不敌扔下箱子逃走。有人将箱子呈给多迦逾毕，经检查发现了书信。多迦逾毕本就对彬尼亚劳和彬尼亚江有所怀疑，见此书信，一气之下将二人召入宫中斩首。

汉达瓦底少此二人后，军队士气萎靡，力量大减。当东吁大军再度来攻时，多迦逾毕料定汉达瓦底难以守住，于是率军投奔妻舅卑谬王去了。缅历900年（1538年），莽瑞体不费一兵一卒，进占白古。

莽瑞体决定一鼓作气，追击多迦逾毕。他派妹夫觉廷瑙亚塔为先锋，率领一支轻兵由陆路直趋卑谬，自己则领水军沿江而上。在囊优河，觉廷瑙亚塔与白古王属下彬尼亚德拉率领的部队隔江而遇。他随即令部下赶制木筏，待将所有人马渡过河后，将木筏统统毁掉。属下将官谏道："我方兵寡势弱，敌方兵力十倍于我。决此一战，胜则罢，若遇不利，怎么撤退？"觉廷瑙亚塔道："我军有进无退，师出必胜！大家无须担忧。"此时，莽瑞体派人前来传旨，告诫如遇敌人切勿妄动，等待他率领主力赶来。下属又阻，觉廷瑙亚塔却对使者说："托我王洪福，我们已取胜。"属下将官道："将军未战而报捷，如战而不胜，大王岂能赦免？"觉廷瑙亚塔回答道："如若挫败，唯有战死而已，大王要问罪亦无人可问矣。"觉廷瑙亚塔决心已定，率军向白古军发起全面进攻。当第二天莽瑞体到达时，缅军在觉廷瑙亚塔一往无前的气势带领下，已大获全胜。莽瑞体大喜，封其称号"莽应龙"（勃印囊，意为"王兄"）。

先前卑谬王那腊勃底考虑到东吁兵强马壮，遂派人携大批礼物赠给盟友阿瓦王多汉发搬请救兵。于是，阿瓦、卑谬、白古三国结为同盟，共同坚守卑谬城。

莽瑞体采用莽应龙的计策，将大炮装上战船埋伏在下游，自己则率两艘小船直驶卑谬城下齐鸣鼓乐、呐喊助威。三国水师联军见莽瑞体未领水军，纷纷前来追赶。莽瑞体领着追赶的敌船进入埋伏圈，一举将其歼灭。

水战大获全胜后，莽瑞体认为卑谬已无力发起进攻，便迅速撤回汉达瓦底，巩固地盘。恰在此时，白古王多迦逾毕暴卒，孟人文武大臣纷纷投奔汉达瓦底。莽瑞体善待众大臣，赐予他们粮食、种子、金银、布匹，并让他们官复原职。就这样，莽瑞体不仅有了缅人做后盾，更得到了孟族战士的效忠。此外，他还雇用

▲ 莽瑞体画像

▲ 莽应龙雕像

了以凯伊鲁（Joano Cayeyro）为首的 700 名葡萄牙雇佣兵。

比汉达瓦底更难攻占的城市，是马都八城。莽瑞体寄希望于他的和解政策以及白古王的死，能使马都八城和平易手。但是马都八侯，也就是白古王的妹夫苏彬尼亚，依仗兵马众多，一直保持半独立状态，连汉达瓦底城被攻时都不曾出兵助阵，此时更不会买莽瑞体的账。

缅历 902 年（1540 年），莽瑞体出动 12 队人马进攻马都八，但马都八城上的各式大炮火力密集，更有葡萄牙人萨克沙斯（Paulo Seixas）率领 7 艘满载武器弹药的船只驻于城前港湾防卫。此役，东吁军伤亡惨重，最终只得选择围而不攻，用水陆两军截断马都八的运粮通道。

围城 7 个月后，城中发生饥荒，马都八侯不得不提出每年向东吁进贡的请和条款，但被莽瑞体拒绝。马都八侯在绝望中向葡萄牙果阿总督求援，甘愿成为葡萄牙的附庸，还愿意献上他一半的金银财宝——2 船金银和 26 箱宝石。果阿方面对此很感兴趣，但他们害怕莽瑞体报复，在贪欲和谨慎之间摇摆不定。

莽瑞体考虑围城太久，再迁延时日毛淡棉等地的孟人诸侯会赶来救援马都八，于是采用了孟族将领斯弥波逾的计划。按照计划，斯弥波逾率水军沿马都八河而上，在上游砍伐竹子和树木建造许多木筏。这些木筏分为两种，一种堆放引火物，为火筏；另一种为大木筏，其上建有高于马都八城墙的木栅，木栅上架有火炮。

当夜，斯弥波逾先放火筏，火筏顺水漂向 7 艘葡船，将其烧毁；再放大木筏来到城下，木筏上的木栅比城墙还高，火炮居高临下一阵猛轰，迅速打开缺口，象兵、马兵趁机齐齐涌入城内。

马都八城被攻克后，东吁军屠城三日，掠夺大批金银财宝，宫殿城镇尽皆焚毁，苏彬尼亚及其眷属亦全部被害。毛淡棉和东部一带的孟人诸侯看到马都八的惨痛教训，纷纷前来投诚。这些人宣誓效忠后，莽瑞体仍任命他们担任原职。

平定白古王国后，莽瑞体于缅历 903 年 8 月（1541 年 10 月下旬至 11 月中旬）进攻卑谬。卑谬王明康向阿瓦王多汉发以及翁榜（昔卜，史称"锡箔"或"锡播"）、孟密、孟养等地土司赠送大批礼物，请求援兵。多汉发约齐三土司兵马向卑谬进发，却被莽应龙趁夜以精锐象兵设伏击溃，不得不撤退。

卑谬王明康向北部诸土司请援的同时，又将妹妹嫁给阿拉干明平王，以请他速发兵前来助战。于是，明平王派遣水陆两支军队前来救援。但莽应龙用伪造的卑谬王的书信，令阿拉干陆军匆忙来攻，结果被其埋下的伏兵迅速击溃。阿拉干水军到达勃生后，听闻陆军战败，便不战而退。

卑谬被围 5 个月，弹尽粮绝，守城士卒纷纷逃亡。卑谬王得到莽瑞体恩准不杀的承诺后，于缅历 904 年 3 月 5 日（1542 年 5 月 18 日）率众大臣出城投降，后被迁往东吁。

同年，阿瓦发生政变。缅人早已不满多汉发，于是趁卑谬战败之际，将多汉发刺死。多汉发死后，翁榜土司康孟将其位让给弟弟，自己带领大批人马来到阿瓦，成为阿瓦王。他即位后立联合八莫（史称"蛮莫"）、良瑞（史称"雍会"）、孟拱、翁榜、孟密、孟养土司在阿瓦城大造战船，欲向东吁复仇。

缅历 905 年 9 月 11 日（1543 年 11 月 6 日），七土司联军向卑谬进发，与东吁军展开水战，但因不敌莽瑞体的大战船，成了船上葡萄牙雇佣兵大炮的活靶子。

莽瑞体打败掸人后，挥军北上攻占蒲甘。三年前，莽瑞体按孟人的礼仪举行了加冕仪式，称"下缅之王"。占领蒲甘后，他又按蒲甘的礼仪举行了加冕仪式，称"上缅之王"。缅历 907 年（1545 年），莽瑞体回到汉达瓦底，按孟人发式剪了头发，又依照缅、孟两族的礼仪举行了持续整整 7 天的盛大加冕仪式，成为上下缅甸之王。缅甸再次统一，称为"东吁王朝"。

这一年，阿拉干明平王和弟弟丹兑侯发生冲突。势弱的丹兑侯逃到汉达瓦底向莽瑞体求援，于是莽瑞体领水军沿海岸向阿拉干进发，莽应龙则领陆军循山道进军，随军的还有一队以狄哥·美罗 (Diogo Soarez de Mello) 为首的葡萄牙雇佣兵。缅军轻易占领丹兑，进军至末罗汉城下。末罗汉城位于山顶，城防坚固，莽瑞体始终不能攻陷，于是在阿拉干高僧的斡旋下，他同意阿拉干纳贡称臣，随后退兵。

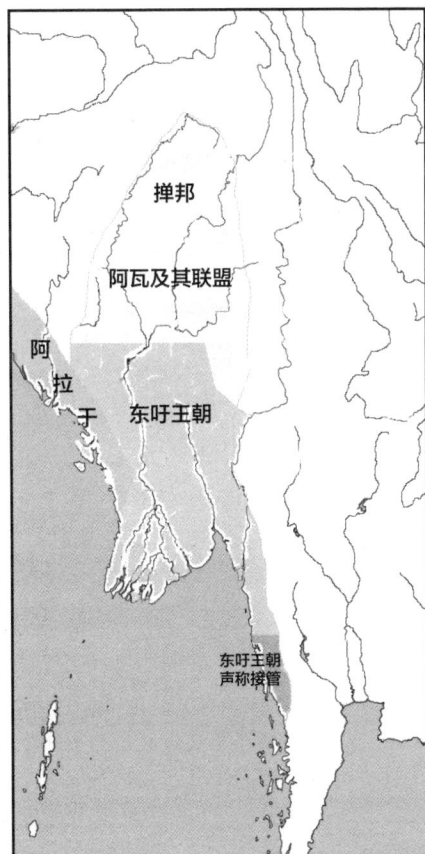

▲ 1545 年的东吁王朝

莽瑞体之所以迅速撤军，是因为阿瑜陀耶（泰国大城）王趁其远征之时，攻陷了土瓦。阿瑜陀耶军得知莽瑞体大军返回后，立刻放弃土瓦撤退。但莽瑞体并不打算就此揭过，他要求阿瑜陀耶进贡一头白象，但被拒绝。缅历 910 年 8 月 13 日（1548 年 10 月 13 日），莽瑞体沿马都八一线进军阿瑜陀耶。

莽瑞体此行，所用仪仗非常盛大，尤其引人注目的是头戴金色头盔、手执金环长矛的 600 名葡萄牙近卫兵。缅军每扎营一处，必举行庆典仪式。但缅军未能攻陷阿瑜陀耶，因为他们有明朝运来的铜制大炮，而且城中有毕蓝罗 (Diogo Pereira) 率领的葡萄牙雇佣兵把守。

围城近一个月后，缅军于清晨撤军。阿瑜陀耶分兵 3 路追击缅军，却被莽应龙于反击中俘虏了阿瑜陀耶王子、驸马、王弟。此役中，年方 13 岁的莽应龙之子莽应里（南达勃因）骑象助父打败阿瑜陀耶王的驸马，受到莽瑞体的奖赏。

得到消息的阿瑜陀耶王派人前来，提出以每年贡奉战象30头、白银300缅斤，并交出丹那沙林港口的赋税收入作为代价求和。莽瑞体欣然同意，释放全部阿瑜陀耶战俘。

缅历911年1月3日（1549年2月28日），莽瑞体回到京都汉达瓦底。此时，一名在亚齐战败的葡萄牙人以及他的300名随从逃到了马都八城，被马都八侯抓住，随后转交给缅王。莽瑞体见这名葡萄牙人文质彬彬，便让他随同出猎。在森林中，此人射击玉兰花朵做的标靶百发百中，由此得到莽瑞体的赏识，并赐下一名宫娥与其婚配。他自酿的葡萄酒极得莽瑞体的喜爱，于是这位缅王终日饮酒为乐，常常喝得酩酊大醉，处理起政务来也荒诞不经，动辄就要杀人。

莽应龙认为这些举止与一个伟大的君王太不相称，常谏劝莽瑞体改此恶习。莽瑞体却道："孤已与酒为友，国事交付王兄，勿再谏孤，孤只愿在宫中享乐也。"莽应龙只好不离左右，帮着处理朝政，许多王命要斩的无辜官员皆被他保护下来。如此这般，孟、缅各族官员皆欲莽应龙登基，莽应龙答道："诸位大人，我等蒙受圣恩，有尽忠之责，方才一番言语勿再与他人说。本官还要向大王进谏，若不采纳，我辈也只有尽忠而已。请诸位各自安守采邑封地，如我辈恪守本职，则国家必不致危亡也。"其后，莽应龙赠予那位酿酒的葡萄牙人若干金银钱财，将其遣返回国。

没多久，白古王多迦逾毕的私生兄弟斯弥陶在大光达拉地区还俗，宣誓举事，并一举攻陷了马高、丁因。莽瑞体安排莽应龙前去平叛，自己则听信孟人锡当侯斯弥修都之言，去东边的格达地区寻找白象。当莽瑞体将卫队驻在一个英国教堂附近休息时，斯弥修都的弟弟左刀卫趁他熟睡之际将其刺死，时为缅历912年2月16日（1550年5月1日）。

斯弥修都谋杀莽瑞体之后，又一一捕杀缅甸王裔贵族及亲信官员，接管了象马兵勇，在锡当称王。此时留守汉达瓦底的莽应龙之弟底哈都，见孟人反叛，便集齐象马兵勇，急向东吁而去，在东吁宣告独立。斯弥修都率兵进驻汉达瓦底，进宫称王，但3个月后便被孟族诸大臣逼迫下位，另迎立斯弥陶为王。斯弥修都不服，与斯弥陶交战，结果死于葡人弹下。这一时期，各地诸侯纷纷独立，莽瑞体创建的王国分崩离析。

▲ 缅甸贵族的马术活动

　　莽应龙当时正驻军达拉，从王妃派来的送信人处得知详情后，立刻派人去请他的战友狄哥·美罗及其部属。狄哥·美罗所率领的葡萄牙雇佣兵一来便打破了孟人的水上封锁线，莽应龙欣喜过望，大呼道："狄哥！狄哥！我乘象，君骑马，两人征克此宇宙，不亦乐乎！"不过考虑到缅人在孟人地区力量薄弱，所以在与忠于自己的孟族将士盟誓后，莽应龙便向老家东吁进发。

　　莽应龙大军不理会孟人的阻击，昼夜兼程挺进东吁，在离东吁约20英里的空旷地上驻扎下来。休整约两个月后，莽应龙大军水陆并进，将东吁城团团围住。底哈都为了不被围在城中动弹不得，多次出击，但都未能冲破包围。

　　围城4个月后，城内官吏纷纷出逃，归顺莽应龙。莽应龙对来投的官员一概不予追究，只要宣誓效忠便封予官职。在此举影响下，城内官吏出逃得更多了。底哈都惊恐万分，只好派人到城下请降。莽应龙道："瑞体王驾崩以后，只要我等弟兄五人团结一致，镇守汉达瓦底，任何敌人皆无计可施。但底哈都却打错了主意，致有今日之乱，他干了蠢事铸成大错，但念他是我亲弟，不忍加罪。"最后，莽应龙赦免了底哈都，仍封他为东吁王。

事情完满解决后，莽应龙便下令击鼓鸣锣，通知得胜缅军不得抢掳城池。之后，他让东吁城众官吏向他宣誓效忠，接着分封官职，举行灌顶登基仪式，获"白象之主"称号。

底哈都十分感激兄长莽应龙的宽恕，在缅历913年6月21日（1551年8月21日）莽应龙第二次出征卑谬的时候，甘为先锋，于深夜2点带领象队冲破卑谬城南门的门闩，进得城内，活捉卑谬王德多都。莽应龙本想赦免德多都，但恼怒他企图领兵逃往阿拉干，便命将其斩首正法。

休整十余日后，莽应龙继续北上，向色雷、布坎艾、蒲甘等城镇进军。占领蒲甘城后，莽应龙本想继续攻打阿瓦，但此时传来消息说孟人攻陷了欣克内城，于是只得回师救援。正在部署之际，在阿瓦称王的无毗那罗波蒂因不敌有孟养在背后支持的实阶王悉都乔丁，率子女、象马等前来投奔。于是，莽应龙军中除了葡、缅、孟人之外，又有了掸人。

莽应龙回师东吁后，立即进攻汉达瓦底，孟王斯弥陶亲自率领500余头战象来战。莽应龙派偏师绕过斯弥陶的军队，冲入汉达瓦底城中放火，自己则亲自迎战斯弥陶。据说两人举行了单象比拼，两象势均力敌，对抗许久，最终莽应龙坐象将牙刺进了斯弥陶的坐象体中，使其当场倒下。见王上旗开得胜，缅方士气大振，象、马、步军乘胜追击，孟族士兵纷纷败阵而逃。斯弥陶改乘马匹，匆匆搜集残兵，准备退守汉达瓦底，但见城内一片火光，于是只得向西落荒而逃。

汉达瓦底陷落之后，马都八立刻表示臣服，孟人声势浩大的反抗最终土崩瓦解。斯弥陶虽部下星散，仍做殊死挣扎。莽应龙一路剿捕斯弥陶，期间又将勃生等地纳入囊中。缅历914年1月13日（1552年3月7日），奴仆们抓住斯弥陶来献，莽应龙以极刑将其处死，伐丽流王系至此告终。

平定孟人叛乱后，莽应龙派遣莽应里和王弟领军向阿瓦试探性进军。阿瓦王悉都乔丁请来了孟养、孟拱、翁榜等土司共同驻守御敌，莽应里军失利，只得匆匆撤退。

缅历915年11月10日（1554年1月12日），莽应龙在汉达瓦底新建的皇宫中再次举行了盛大的登基仪式。就这样，在近四年的时间里，莽应龙把莽瑞体死后分崩离析的王国又重新统一了起来。

莽应龙登基后，便准备亲征阿瓦。他一面打造鸳鸯形御舫以及象、马、水牛、鳄鱼、蟹等形状的战船，一面敦促全国各地诸侯备足武器、铠甲、粮食，尤其是卑谬经伊洛瓦底江到蒲甘沿线的诸侯要多多收集粮食囤储于库。

缅历916年9月4日（1554年10月28日），莽应龙自京城汉达瓦底率大军向阿瓦进发，央米丁、瓦底、因道、莱德、良渊等地望风而降，布坎、实阶等地的守将则弃城逃往孟养。悉都乔丁见状，亲率象马应战，但寡不敌众，抵抗一阵后便仓皇逃走。

莽应龙率军停驻在阿瓦之东，命王弟率水军从实阶驶向阿瓦，水、陆两路将阿瓦城团团围住。在强大的攻势之下，阿瓦渐渐抵挡不住，终于在缅历916年11月19日（1555年1月10日）黄昏时分全城陷落。等待悉都乔丁的，则是被圈禁在汉达瓦底的命运。

这之后，莽应龙并未停下北进的脚步，他继续追击翁榜、孟拱、孟养、格礼等前来援助阿瓦的援军。一直打到美都城，莽应龙才因雨季即将来临而停步，准

▲ 战象对决

备过了雨季后增补兵马再来攻打。在将新攻下的北部一带大城一一分封后，莽应龙于缅历917年3月16日（1555年5月5日）回到汉达瓦底。

北上扩张，犯我边地

正统年间，明军三征麓川后就撤销了麓川宣慰司，设干崖、南甸、陇川三宣抚司；同时，大古剌、底兀剌、底马撒宣慰司等不再入贡，明朝云南边地土司形成了"三宣六慰"[①]的格局。明朝认为大古剌等宣慰司不再入贡，是为缅甸宣慰司道路所阻，但实际上更可能是"四十年战争"结束后，缅甸各方势力不再那么迫切地争取明朝的支持。嘉靖七年（1528年），缅甸宣慰司为孟养完全控制之后，亦不再入贡。

嘉靖二十七年（1548年），路九方前去调解陇川与木邦之间的纷争，回来后上报称："今缅夷酋名瑞体，创霸摆古（白古），有吞并之志。"直到这时，缅甸才重新进入明朝的视线，不过此缅甸已非先前的阿瓦王国，而是新崛起的东吁王朝。

嘉靖三十五年（1556年），孟密下属的翁榜土司去世，其弟色采隆继承土司之位。孟乃土司对新任翁榜土司不满，举兵攻下翁榜，翁榜土司色采隆备下许多礼品谦恭地要求莽应龙派兵相助。这正中准备再度北扩的莽应龙下怀，他认为："此番并非只为征讨翁榜，征服翁榜以后，还必须继续征讨与翁榜连成一线的孟密、八莫、孟拱、孟养、格礼等掸族各邦，才能使他们子孙后代也永远臣服于我……毋庸说掸邦土司，就是中国乌底勃瓦（皇帝）也挡不住我们。"

缅历9月8日（11月9日），莽应龙率领水陆两军从汉达瓦底出发，奔往孟密；而另一路缅军则在莽应里的率领下奔向翁榜。

据我国史料记载，约在此前后，孟密土司思真及其子思汉相继去世。思汉的儿子思奔、思糯争夺土司之位，思糯获胜，思奔败投向莽应龙。莽应龙正有图谋，

---

① 三宣指干崖宣抚司、南甸宣抚司、陇川宣抚司，六慰指车里宣慰司、缅甸宣慰司、木邦宣慰司、八百大甸宣慰司、孟养宣慰司、老挝宣慰司。

于是表面上答应劝解兄弟二人，实则欲吞并孟密，遂借故刺死思奔。

大约以此为借口，莽应龙北扩的第一个目标就是孟密。缅军在距孟密约一站远处，与孟密土司派来迎战的军队相遇。缅方先锋马军失利败退，但立即派出象军冲杀，孟密军抵挡不住，死伤甚众。孟密土司正准备据城抵抗，却得知缅军此次北上兵马众多，恐守城不住，遂出城逃往翁榜。

由莽应里率领的缅军此刻也与占领翁榜的孟乃军相遇了，孟乃军抵挡不住缅方的象军，城被攻克。孟密土司正要投奔翁榜，在路上听到翁榜失陷的消息，只得停驻当地，向缅军投降。

我国史料说莽应龙立思汉次子思琢管领孟密，然而《琉璃宫史》却说莽应龙任命前任翁榜土司之孙孟隆侯为孟密土司。虽不知真实情况为何，孟密确实已为莽应龙控制。

▲ 缅王上朝图

莽应龙以孟密为基地，继续侵略孟养。孟养土司思个闻缅王率领大队兵马来攻，其势凶猛，便不敢据守孟养城，而是将兵勇、象马等转移到孟养以北的山区驻守。莽应龙占领孟养城之后，继续北上。在这期间，孟养土司为孟拱出卖，只得投降。莽应龙让他们宣誓效忠后，便安排返程，于缅历919年5月3日（1557年6月30日）抵达京城汉达瓦底。

先前，莽应龙封宋砌侯卓吉为翁榜土司，但在缅军撤离后，卓吉为思奔女婿孟乃土司别混所杀。随后孟乃土司又攻打阿瓦属地底宝，杀底宝土司，夺其妻子儿女、象马兵勇，进而又攻打宋砌。于是莽应龙再度北上，攻破孟乃，抓走别混。

此次莽应龙野心更大，他用木叶缅书招干崖、南甸、陇川三宣抚司土司前来会盟，欲要攻占木邦，进而入侵云南。但后来他听从了属下的建议，转而攻击清迈王国（八百大甸宣慰司），国王梅库提抵挡不住，出城投降。莽应龙对他说："别说小小清迈，就算是中国的乌底勃瓦，也休想挡住孤的进攻！"他命令以清迈王为首的清迈各级官员向他宣誓效忠，保证子子孙孙再不背叛。

6年后的缅历926年（1564年），清迈王梅库提趁莽应龙攻打阿瑜陀耶时，力图争取独立。但当莽应龙大军压境时，他又抵挡不住，只得出城投降，最终被圈禁在汉达瓦底。缅历940年12月5日（1579年1月30日），清迈栖拉帕芭女王去世后，莽应龙干脆把清迈封给了儿子瑙亚塔明绍。于是在接下来的两个多世纪里，清迈几乎一直为缅甸统治。

老挝澜沧王国（老挝宣慰司）国王塞塔提腊是清迈先王吉克劳的外孙，由于吉克劳死后无子，塞塔提腊便继承了清迈王位。在位7年后，塞塔提腊之父在训象时受伤身亡，他只得匆忙返回琅勃拉邦夺取王位。清迈贵族于是趁机另行拥立梅库提为王，塞塔提腊十分气愤，一直与清迈纷争不断。所以当缅历920年（1558年）莽应龙第一次迫使清迈臣服后，塞塔提腊趁缅军撤兵时重占清迈。莽应龙只得再度出征，赶走了塞塔提腊。塞塔提腊因琅勃拉邦离缅甸较近，害怕莽应龙追击，于是迁都万象。结果莽应龙还是发动了多次针对老挝的战争，塞塔提腊一路躲进深山密林中，但仍坚持抵抗。直到塞塔提腊死后的缅历936年（1574年），莽应龙再次攻克万象，扶植缅甸卵翼下的乌帕哈·伏腊旺塞为王，才算控制了老挝。

直到嘉靖三十九年（1560年）三月，云南总兵沐朝弼、巡抚游居敬才将莽应

▲ 清迈古城遗址

龙侵占孟密等地的情况上报。游居敬还上报了一篇《莽哒喇事情节略》，为吴宗尧所写，详叙了莽应龙崛起、内犯的经过。不过此文谬误颇多，比如将莽应龙当成了莽瑞体；又如说"莽哒喇"的王号是因为调解孟人兄弟纷争而得，意为"公道主人"，实际上"莽哒喇"应该是莽应龙巴利文王号"底里杜达马亚扎"中"马亚扎"的音译，"底里杜达马亚扎"意为"吉祥善良之法王"；甚至还认为莽应龙是为其先世莽纪岁（瑞难乔信）复仇，才攻占孟密，侵略孟养。结果导致之后我国史书进一步补充出莽瑞体是莽纪岁的儿子，幼年时逃到洞吾（东吁）母家，长大后回来复仇的桥段；并常常把莽应龙写作莽瑞体。

在《琉璃宫史》的记叙中，莽应龙的儿子莽应里确曾号称与孟养有仇，但那是因为孟养是缅人的公敌："孟养的土司们曾将整个缅甸地区蹂躏一番，还曾到阿瓦，举土司之子多汉发为王。缅甸人都对他畏惧万分。"完全不是吴宗尧等人所以为的那样。

吴宗尧在文中还说，因莽应龙听闻内地有备，又害怕他夷抄其老巢，所以远遁回到东吁。但实际上，莽应龙让清迈臣服后，又在阿瓦行宫住了约一年才返回汉达瓦底。可见，云南当局实际上对莽应龙的动向一无所知。

明朝接到报告后，认为莽应龙"己畏威远遁"，便不再追究，只是传谕各边地土司"不许交通结纳"。同年，沐朝弼、游居敬又报称，缅甸莽应龙"侵轶邻境，当预防内侵"。收到警信后，明朝开始在干崖土司境蛮哈（今云南省盈江县蛮允附近）设兵戍守，应援边地土司，冬春防缅。时人诸葛元声对此感叹道："自是滇人方稍稍言防缅，尚不知缅甸乃我宣慰司，当经理复之者也！"

隆庆元年（1567年），云南布政司按惯例派指挥陈应绣、千户潘应爵到孟密买象，孟密土司思哲将二人擒拿送给莽应龙。莽应龙正准备侵夺车里宣慰司，遂以茨刺禁锢陈应绣和潘应爵，并说："此行胜，则得中国人吉，败则凶。"后来莽应龙得胜归来，果真将他们遣还。我国史料没有记载莽应龙侵夺车里的经过，据傣文史书《泐史》记载：缅将麻哈坦带兵攻下景洪，强迫车里宣慰使刀糯猛向东吁王朝称臣，后强令刀糯猛带兵随莽应龙去攻打阿瑜陀耶、景迈。战胜后，刀糯猛在返回车里的途中病死。缅历931年（1569年），莽应龙封新任车里宣慰使刀应猛为"左掸国大自主福禄至善王"，并将女儿嫁给他，即金莲王后。双方结亲时，云南当局派官员观礼，没有提出任何异议。此后，车里"敬以天朝为父，缅朝为母"，同时臣属于明朝与缅甸。

另据《琉璃宫史》记载，这一时期莽应龙不止侵夺车里宣慰司，还征服了孟拱下属的卡随，以及孟卯①、西昆、霍达、拉达、摩纳、山达等地。云南当局对此似乎仍是一无所知。

隆庆二年（1568年），木邦宣慰使罕烈去世，其子罕拔遣使向云南当局报告继承宣慰使职。金腾兵备按照惯例派属下前往赐予宣慰使冠带，结果有官员向木邦使者索贿千余金未得，便不给办理继承手续，且扬言要将宣慰使职授予其侄罕朝光。木邦使者回报罕拔，罕拔大怒，遂与弟罕章集兵阻道，经年不让汉人商旅通过。但此举也造成了内地商品无法运达木邦，木邦境内食盐匮乏，罕拔只得向

---

① 孟卯位于陇川境内，其余也应当在附近，为明朝辖下土司。

缅甸求援，得莽应龙馈赠"海盐五千
篓"。自此，罕拔"益感缅甸而恚中国"，
他亲自携带金宝、象马前往汉达瓦底向
莽应龙致谢。莽应龙见到罕拔后，甚是
高兴，赠给罕拔许多礼品，与罕拔"约
为父子"，还派兵护送罕拔出缅，木邦
遂投向东吁王朝。当时云南有歌谣曰：
"官府只爱一张纸，打失（丢失）地方
二千里。"

潞江安抚使线贵得知罕拔投缅获得
了很多好处，也亲自前往汉达瓦底拜见
莽应龙，将明朝边地虚实泄露，怂恿入
侵。莽应龙被线贵说动，将两冈之地割
让给他，让他招揽陇川宣抚使多士宁反
叛，以动摇三宣。

多士宁初继位时，侄子多俺不服，
投奔了莽应龙。多士宁怕多俺请缅兵来

▲ 缅甸战士画像

攻，曾备齐礼物亲自前往汉达瓦底说明情况。此刻面对线贵的招揽，多士宁只得
再次前往面见莽应龙。多士宁见到莽应龙后，并没有表示要投向缅甸，反而向莽
应龙要了一些大米。他将大米堆成百余堆，比喻中国幅员广大，云南不过其中一堆，
而陇川更是力量微小不可妄动。莽应龙听后，内侵之念颇息，将多士宁遣还。

回到陇川后，正值指挥方谥率兵戍守蛮哈，多士宁将莽应龙准备入侵三宣及
云南内地的两种方案告知，并说："永腾蛮哈，区区之隘，可恃以拒缅乎？"方
谥默然无语。然而多士宁的话未能引起云南当局的重视，其后事态的发展证明多
士宁预见是正确的，但为时已晚。

隆庆六年（1572 年），陇川宣抚司目把（西南少数民族中的小首领）岳凤弑
多士宁投缅。岳凤为江西抚州人，嘉靖年间流寓陇川。当时陇川宣抚使多诠有二子，
长子多鲤是庶出，多诠想立嫡子多鲸，但又怕多鲤不服。岳凤便教多诠制作了一

个双嘴酒壶，里面半酒半水，有个机关可以切换。多诠招来二子，言明壶中半酒半水，以此来占卜，得酒者立为继承人。负责倒酒的正是岳凤，他自然为多鲸杯中注入美酒，使其成为新任宣抚使。多鲸对岳凤十分宠信，还把女儿嫁给了他。多鲸之子多士宁继位后，封妹夫岳凤为遮莫土司。不过岳凤不知感激，反而趁着多士宁前往缅甸，与多士宁的小妾私通。多士宁回来后发觉，岳凤便先发制人，杀死了多士宁，逃往缅甸。

此时，干崖宣抚使刀怕举也去世了，木邦罕拔请莽应龙袭取干崖，言陇川自会望风归附。莽应里与罕拔有嫌隙，献计说，陇川、干崖距离较远，应先占领接壤且时刻威胁缅甸的孟养，至于干崖、陇川，只消派兵援助罕拔，让他自行夺取即可。莽应龙同意了他的计策，只调拨 1 万缅兵给罕拔，而派莽应里去征孟养。期间，蛮莫土司思哲迎降，莽应龙纳思哲为义子。

《琉璃宫史》说，孟养土司思个因害怕客死异乡，所以不愿随莽应龙征讨万象，遂举旗反叛，但依旧不敢守城抵抗，于是逃向山林深处。莽应里率部搜寻了四五月之久不得，才在雨季将临时撤回。我国史书则称此次为莽应龙亲征，且"屡为孟养思个所败"，但也承认其后"思个退保猛仑，相持不绝"。

万历初年，多士宁死后移驻陇川协防的指挥方谧因病告归。岳凤得知后，便图谋陇川，但又怕为明朝所不容，于是重贿莽应龙，拜他为父，引缅兵内侵。岳凤自己集兵数千先行，屯麓川江东岸，声言御缅，实则迎犒缅兵。缅兵到陇川，多士宁妻子罕氏见无法抵挡，于是带上印信，携二子和侄子罕朝光逃到永昌，对云南当局说："我二子多忠、多孝年幼，现今缅兵到陇川不留多氏一人，请缴印信另任用汉官管理陇川，我母子葬身永昌足矣。"但云南当局不知出于何种考虑，不仅不派兵援救，还强令罕氏一行返回陇川。岳凤见罕氏回返，以为来与他相争，只他不便出手，于是写信给罕拔，言罕氏带罕朝光往永昌，是为了与罕拔争木邦宣慰使，并声称愿为罕拔除去罕氏和罕朝光这个祸根。罕拔接信后，大喜，遂令罕章等率 5000 人马夜袭陇川，杀罕氏和罕朝光。岳凤得到了陇川宣抚使印信后，号称"扶拥幼主"多忠、多孝，据陇川臣缅。

万历三年（1575 年），岳凤伪为锦囊象函，书贝叶缅文，向明朝报告称："西南金楼白象主莽哒喇弄王书报天皇帝，地方无事。"同时，罕拔又为缅招抚干崖已故宣抚使刀怕举之弟刀怕文，要把自己的妹妹、刀怕举的妻子许配给他，让他成为干崖宣抚使，据干崖臣缅。刀怕文不从，携二子奔同知薛卫、守备李腾宵处，声言欲与罕拔战。方战，缅兵拥至，刀怕文溃败，逃往永昌，其侄刀怕宣寄食于潞江，薛卫、李腾宵退守南甸罗卜思庄（今云南省梁河县萝卜坝）。罕拔遂取干崖宣抚司印信，交其妹罕氏，并给缅铎①，干崖臣缅。

万历四年（1576年），莽应龙发兵攻孟养。早前，金腾兵备副使许天琦愤诸夷附缅甸不奉贡，派遣永昌卫指挥侯度持檄诏谕。到孟养，思个因为投降过缅甸，得檄后犹豫不决。于是他想出个法子，使人刻了两个木人，一个写"天皇帝"，另一个写"莽哒喇"，然后率部属礼拜进行占卜。结果，"天皇帝"卓立几上，"莽哒喇"倾坠于地，思个便决意倒向明朝。莽应龙憎恶思个倡导诸土司倒向明朝，发兵来攻。思个遣使告急，接任金腾兵备副使的罗汝芳答应与诸路明军联合应援。罗汝芳一面招募往来缅甸的商人往缅甸探其山川、道里、兵马、粮储；一面传檄诸土司背缅向汉，依期支援孟养。不久，探听缅甸消息的人返回，罗汝芳率汉土兵马赴援。十二月，明军至腾越（今云南省腾冲县）。思个得知援兵将至，遂率头目领兵万余，潜入阿瓦境内，断缅粮道，亲自督兵埋伏于戛撒（今缅甸沙杰）险隘之地，诱缅兵深入。布置妥当后，缅兵果然进入戛撒。思个坚壁清野，不与缅兵战，只伏兵于要塞险隘，绝缅粮道，准备待明援军到来，然后首尾夹击。缅兵被困日久，粮食缺乏，十分饥饿，他们用金买米，屠象马、剥树皮、挖草根以食，"军中疫作，死者山积"。莽应龙惧，欲与思个讲和，思个不许，再次遣使请求援军。近缅诸土司，如景迈、孟拱等知缅被困，纷纷集兵准备共同出击。但就在此时，云南巡抚王凝害怕"兵兴祸速"，驰檄止罗汝芳出兵援助，罗汝芳愤恨大骂，却也只能作罢。思个围困缅兵月余，力疲而援军不至。岳凤探知明军不出，遂率2000陇川兵由捷径往救莽应龙，莽应龙大喜，随岳凤从小道逃遁。思个得知缅兵撤退，率兵头戴罗汝芳给的赤帻追击，缅兵以为明军来追，大败。

不过在《琉璃宫史》的记叙中，此战却成了莽应龙大破孟养埋伏，孟养土司

---

① 缅铎和贝叶符是东吁王朝参照明朝"金字红牌"制度，赐予投靠者的信符，承认其在自己的保护之下。

在交战中死于象背之上。只是又说在追捕孟拱土司的途中"大队人马因饥饿劳累纷纷病倒","煮饭时找不到水，便用雪团化水做饭"，很可能是讳败为胜。

"戛撒之围"虽使缅甸遭到重创，但由于明朝并未出兵援助，失信于各边地土司，威信在边地土司心中持续走低。

对于缅甸东吁王朝的不断入侵，张居正也曾过问此事。云南来京官员罗大参告知张居正，莽应龙"有兵百万，战象万余，西南诸夷尽为所并"，将来必为云南大患。张居正却不信东吁有如此强横的实力，他专门寄札给云南巡抚王凝，让他"修内治，饬武备"，使远夷至而近夷安，以我为主，不受"外夷强弱"影响。

万历五年（1577年），云南巡按御史陈文燧上疏，"请经理三宣等夷"，并条列十项对策；后又上疏请"复设参将驻扎三宣"，为兵部和云南巡抚王凝驳回。正如时人诸葛元声所说，"江陵（张居正）当国，兵不轻举，故王抚台（王凝）于边务多处以安静"。

▲ 张居正像

此后，云南当局不仅不受邻国强弱影响，反而为了维稳，主动去讨好莽应龙。万历六年（1578年），孟养将所俘缅甸兵象献于云南当局，巡抚王凝不仅遣使将兵象送还莽应龙，还附赠金币等物。使者至缅甸，莽应龙却佯装送还兵象不是缅甸的，不受，声称："我象如虎，我兵如龙，怎么会被孟养奴俘获？"在使者的强烈要求下，莽应龙才接收了兵象，只说这应是从边地不慎跑入孟养的，并将所受兵象发往边地。直至使者返回，莽应龙也不曾道谢。诸葛元声在叙述此事时，感叹道："莽酋是时已诱我木邦，侵我迤西（孟养），据我陇川，残我干崖，贼势如此，乃犹循循焉还其俘，重其币，欲求与解怨修好，所谓掩耳偷铃、割肉饵虎也。'安静'一言，误人至此，奈何！"

云南当局的姑息纵容，使孟养等忠于明朝的边地土司备受打击，此后更加孤立无援。万历七年（1579年），莽应龙再次发兵攻打孟养，思个因没有援助，逃亡腾越，在途中被手下执送缅甸，最终不屈被杀。莽应龙就此占据孟养。

至此，孟密、八百、车里、木邦、陇川、老挝、干崖、孟养等云南西部边地土司皆被缅甸东吁王朝控制，明朝藩篱一撤再撤，但朝廷仍未采取有效反击措施，仍以"安静处之"。

万历八年（1580年），莽应龙以羽檄招三宣和腾越州卫官前往汉达瓦底拜见。金腾兵备胡心得招募间谍前往打探。莽应龙在给云南当局的文书中自称"掌管西南天下王莽哒喇招法"，假意道："我两国和好，天下百姓人等方才得安。"云南巡抚饶仁侃遣舌人（翻译）李阿乌招谕缅甸。李阿乌见到莽应龙后，先是宣扬天皇帝威德，不曾入侵缅甸；接着又提及王骥、蒋贵征麓川之往事。莽应龙听后许久不语，问："二公子孙做大官了没有？"李阿乌回答："在朝为公侯。"莽应龙听后色变。李阿乌又说罕拔、岳凤打着缅王的旗号侵扰汉地，莽应龙只推说不知，将李阿乌遣还。

同年，岳凤设法毒死多忠，又遣子曩乌掳多孝去缅甸，假莽应龙之手杀之。多士宁兄弟多士能之子多思顺见状，逃往遮放。其后，莽应龙号称"仿古传贤"，授予岳凤印牌、缅铎，令他掌理陇川。岳凤就这样占据了陇川，此后他不但不替云南当局买象，亦不再奉行云南当局的各项文告，也不交纳差发银等，公然背叛明朝。

木邦下属耿马土司罕庆是罕烈庶子，他嫉妒罕拔同样是庶子却继承了木邦宣慰使之职，于是向云南当局献计攻打缅甸，意图谋夺木邦。但他万万没想到，他的弟弟罕虔也在觊觎自己的耿马土司之职，将他的计划密告给了罕拔与莽应龙。得到消息的莽应龙派人杀了罕庆，将耿马封给罕虔。罕虔把女儿嫁了湾甸土知州景宗真，还与威远、大侯、镇康土官结为姻亲，几人结党投向缅甸。

万历九年（1581年），多士宁之女、陇川下属遮放土司刀落恩之妻多氏，恨岳凤叛杀父母、害死兄弟，密谋擒岳凤，希望得到云南当局的首肯。木邦罕拔为多氏舅，应多氏请求遣罕章率兵暗助，同时还有施甸莽国忠等都愿出兵相助。但是此时云南巡抚、巡按收到李阿乌从缅甸带回来的竹叶缅书，以莽应龙求贡上奏朝廷，不欲多生事端，又疑多氏是为报仇意图利用明军，于是没有立即同意。到次年准备动手的时候，岳凤已惊觉此事。此时罕拔因罕拔命令不肯再出兵，谋划自然无法执行，但岳凤因此深恨罕拔。

缅历943年8月15日（1581年10月10日），莽应龙在出征阿拉干的途中病死于丹兑，莽应里继位。他受到岳凤和罕虔等人的极力怂恿，在父亲北扩的基础上，开始大举入侵云南内地。

内犯加剧，明军反击

万历十年（1582年）正月，云南当局令刀落恩护送多思顺回陇川，又派遣守备袁钦宠、抚夷同知萧奇熊等率兵前往陇川问罪岳凤。二月二十八日，岳凤与子曩乌挟陇川印信逃往缅甸。

岳凤见到莽应里后，详叙了遮放"背缅助汉"的经过，并说罕拔也曾助兵，背叛了缅甸。此时罕拔因恭贺莽应里登位正待在汉达瓦底，但他来的时候却先去见了莽应里的弟弟，莽应里由此对他起了疑心。罕虔的儿子罕怕闰这时也在汉达瓦底，他亦出力构陷罕拔。于是莽应里将罕拔沉入海中，并将其所带士卒全部杀死。

岳凤诱杀罕拔后，欲借缅甸势力重回陇川，于是向莽应里提出内侵云南："一据陇川，三宣唾手可得，求速遣缅兵。"莽应里又以此询问罕怕闰，罕怕闰道："镇康、湾甸、顺宁（今云南省凤庆县）、老姚（今云南省施甸县境内）、施甸与耿马相近，止三日程，要入永昌，吹灰之力。"莽应里遂决意发兵入侵云南内地。

十月，莽应里派兵200人、战象数十头、火枪兵数人前往镇康，调孟养、孟密、蛮莫等地之兵送岳凤回陇川。岳凤回到陇川后，令其子曩乌差人持缅文通报边地各土司，让他们齐心归顺缅王。

十一月，莽应里在蛮莫起兵，分兵三路入侵云南：一路出三宣，以岳凤为先锋，欲侵夺腾冲、永昌；一路出景东、镇沅，欲侵夺元江和云南府城；一路出顺宁、耿马，以罕虔为先锋，欲先攻取顺宁，然后再侵夺蒙化、大理。莽应里因是新继位，怕根基不稳，因而并没有亲自出征，《琉璃宫史》记载他令卑谬王德多达马亚扎和

252

清迈王瑙亚塔明绍会合诸路兵马约 17 万向山达、当督等地进军，很可能就是指入侵云南的这次军事行动。

罕拔死后，其子罕进忠成为木邦之主。莽应里想斩草除根，恰巧此时木邦罕凤投缅，罕虔便与他合谋擒献罕进忠，他们以景宗真为向导，率缅兵追捕罕进忠。罕进忠仓皇携妻、子由怒江逃往云南内地。缅军尽掠罕拔家产、生口。之后，莽应里将木邦分封给下属。

与此同时，岳凤率缅兵攻破干崖宣抚司，俘罕氏及其子刀怕庚。接着，岳凤率缅兵入遮放，逐守备袁钦宠，俘多氏与刀落恩，将他们献给莽应里。刀落恩夫妇二人宁死不屈，莽应里遂将他们杀了喂鹰犬。但岳凤仍然不解恨，下令屠城。

随后，14 万蛮莫、孟养土兵抵达盏达、雷弄，攻打二处。雷弄经历廖援极兵寡，弃城逃往盏达，与干崖副使刀思廷合兵驻守盏达，日夜盼望救援。干崖罕氏这时已经投靠了岳凤，她向云南当局报告称，此番干戈只是蛮莫与盏达之间的相互仇杀，云南官员竟然相信了她的话，不发一兵一卒。盏达因粮尽援绝，于十二月十六日午时被攻破，刀思廷妻、子、族属皆被俘虏。

当月，岳凤又引 14 万缅兵攻打芒市。芒市土司放福是岳凤亲家，对其毫无防备，须臾战败。放福逃往山上，其后请降。缅兵长驱直入，开往猛弄，此地距离潞江仅二日路程。

景宗真与顺宁有宿怨，他以老姚莽光国、施甸莽国忠为内应，与罕虔一起声称追捕罕进忠，率缅兵冲入姚关。而岳凤也在放福的引领下，到达平戛。

万历十一年（1583 年）正月初一，缅兵渡过潞江，焚掠施甸，屠戮甚众。其后，剖孕妇占卜，若是男，则攻永昌；若是女，则寇顺宁。结果剖得一女，于是在正月十五日率兵焚攻顺宁。顺宁猛效忠、莽惠鏖战阻击，斩首 350 余级，但还是抵挡不住缅军势大，城被攻陷。景宗真为报旧怨，大肆屠戮。

当时，腾冲只募有 1000 兵丁，永昌仅亦只有数百卫兵。是故顺宁城破之日，永昌震恐，将城门用石头垒死，只留一门出入；蒙化、腾永戒严；云南全省震动。

缅军占领陇川、干崖后，"三宣"只剩南甸。南甸宣抚使刀落参表面上效忠明朝，私下里早就和岳凤暗通款曲。这时候云南当局开始部署反击，胡心得设计擒获刀落参、老姚莽光国、施甸莽国忠，将他们一并正法。芒市放福、放国忠、放正堂父子三人也被杨际熙擒获，在省城被处斩，缅甸内应尽绝。

二月二十四，岳凤子曩乌领兵 6 万，攻破猛淋寨，楚雄指挥吴继勋、鹤庆千户祁维垣等战死。云南巡抚刘世曾急调近地汉土兵防御，又招抚附近土司协力防剿。在胡心得的指挥下，明军接连取得了罗卜思、南甸、章拜菁、盏达四捷，暂时挡住了缅兵入侵的脚步。

由于缅甸大举入侵已严重危及云南西南边疆的安全，明朝开始调整治边政策，采取积极策略进行反击。二月二十八日，首辅大学士张四维等奏准将云南库存矿课银 20 万两留云南，用作云南汉土官军的粮饷。闰二月十一日，朝廷同意云南巡抚刘世曾的奏请，任命武靖参将邓子龙为永昌参将，南京小教场坐营刘綎为腾越游击，各自募兵 3000 进行防御，并准许带家丁；后又因刘世曾所请，募兵人数加至 5000，并"副以土兵"。二十四日，按照兵科都给事中张鼎思等人的建议，黔国公沐昌祚移驻大理洱海，巡抚刘世曾移驻楚雄，征调汉土军数万，令参政赵睿守蒙化，副使胡心得守腾冲，陆通霄守赵州，佥事杨际熙守永昌，与监军副使傅宠、江忻督率参将胡大宾等分道进击。

明朝部署完毕后，便展开了反击。在盏达、陇川、喃哈等地，明军与缅军战了十余场，《万历武功录》中详列了这些战役的战绩，明军共斩首 1600 余级，其中头目数人。经此打击，缅兵开始从遮放、孟定退却。

莽应里得知明朝出兵反击后，命令缅甸、孟养、孟密、蛮莫、陇川兵在孟卯会合，以岳凤为主将；车里、八百、孟艮、木邦兵在猛炎会合，以罕虔为主将，准备再次发兵入侵。莽应里害怕明军南伐，以境内汉人为内应，下令将江头城外大明街经商、游艺的汉人"举囚于江边，纵火焚死，弃尸蔽野塞江"。

就在云南当局展开反击的时候，邓子龙领兵 3000 来到云南。他知道缅甸所依仗的是象兵，所以预先做好了准备。在明代编纂的《元史》中，对缅甸象兵有如

◀缅刀

下记载："象披甲，背负战楼，两旁挟大竹筒，置短矛数十于其中，乘象者取以投掷击刺。"自明初沐英以火器击败与缅甸相似的麓川象兵后，用火器破象兵已经成为明军共识，刘綖幕僚所作《西南夷风土记》就写道："夷中本脆弱，恃象以为强，能晓破象之诀，则夷兵不足败也。火笼、火砖、火球、火箭、喷筒、雾炮、九龙六龙桶，皆破象之长技，然施放必得其法；搅地龙、飞天网、地雷炮，尤杀象之巧术，而布置自有其方。"邓子龙对此是了然于胸。

邓子龙与云南官员商议后认为，岳凤虽然势大但僻在一隅，而耿马却是云南诸路总会，牵制全滇，如打败罕虔则岳凤为囊中之物。定下擒拿罕虔的计划后，明军于五月十七日进入永昌。在永昌，邓子龙下的第一道命令就是打开石头垒死的城门，将剽掠百姓的卫戍士卒斩首示众，安定民心。

三日后，邓子龙离开永昌，他发誓说："不复三宣诸郡，不擒罕、岳诸夷，不平西南一统，不复入此关。"到姚关，他见到缅军焚掠后遗留在道旁的累累白骨，愤然与麾下将士誓师道："与汝三千人来八千里，以赤心同死生，虽寇数百万，乌合何足惧！断不共此天。"士卒皆感奋，拔剑扼腕欲与缅军决战。

罕虔等人原是以追捕罕进忠的名义率缅军尾随而至，攻打姚关的，因此姚关的官员提议，将罕进忠交给缅军，止息兵端。邓子龙坚决反对，他说："使缅既得忠，复求大理可乎？复求滇省可乎？头可断，进忠必不可与。堂堂中国，不能为内奔者作张主，何以威远？"但罕进忠已被送出，邓子龙只得急忙派人将其追回。

邓子龙抵达姚关后，缜密布防，亲自前往怒江查看地形，并在姚关及附近筑营垒、列烽堠。他以把总陈信为前部，驻军关外，吴松、范进、胥朝、余胜所部为辅佐；以邹良臣为左部，驻军摆跨，叶武等人为辅佐；以杜亮为右部，驻军茨竹坪，万邦宪等人为辅佐；以邓勇为奇兵，绕后设伏于猛波萝，截缅兵归路。又置粮于关前的锡窝营、猛堆营、猛波萝营，还叮嘱防守军营的士卒，缅兵来了不要接战，直接撤退。

此时，景宗真假装投降前来打探消息。邓子龙不顾旁人提醒，将他纳为心腹，出入不问，意图用他为反间。景宗真对邓子龙的布置并不了解，他观察一番后认为邓子龙率兵初至，云南当局征调的兵马尚未集结完毕，便秘密通知缅兵来犯。

侦报一日数至，邓子龙知缅军准备进攻，便故意对景宗真说，他对缅军象兵甚为忧虑，准备以红色纸笼吓唬大象；接着又道，缅军离此尚远，欲带景宗真一起前往离姚关较远的松坡筑营，令士兵每日砍伐大竹子。景宗真问其故，邓子龙骗他说伐竹是为了给军营取水。景宗真认为，从松坡到姚关需要三日，便传信让缅兵趁邓子龙不在时尽快攻下姚关，并预计十一月初三可入施甸，初六可攻破永昌。

到达松坡后不久，景宗真便借故离开了。邓子龙见景宗真上当，便取道西山小径，把竹子扎成竹筏由潞江返回，一昼夜便回到了姚关。缅军收到景宗真传回的消息，又见关前邓子龙军各营不整，且遗下大批粮食，便以为邓子龙已经弃粮而逃，于是争先来犯姚关。

初二，缅军渡过猛菠萝；初三凌晨，逼近姚关。邓子龙早已设好沟垒，令前军偃旗坚守不出。一直僵持到日落时分，缅军又饥又渴，未能寸进。邓子龙见机会来了，亲自率领中军出击，左右伏兵尽出，旌旗鼓动，杀声震天，火器齐发。火箭射中大象，大象受惊四散逃窜，数名缅甸红衣头目立时跌落象背。明军左右翼冲击敌阵，缅军大溃，"尸横满山，血流满间"，被明军斩首千余级。余下缅军纷纷从草坡滚下逃跑，三年间此坡上的草歪倒于地，没有再长，被时人称为"偃草坡"。

▲ 邓子龙雕像

▲ 邓子龙手书"烹象处"

邓子龙率军追击，至攀枝花展开夜战，缅军大败，争渡怒江。这时邓勇已率伏兵截断桥梁，缅军"投尸水中者如蚁，水为尽黑矣"。景宗真中火箭而死，其弟景宗才被活捉，岳凤的儿子曩乌带伤狼狈西逃。

战后，邓子龙发布《约束土司檄》诏谕诸土司，檄文中说："顷者老姚关之捷，莽孽景宗才就擒，贼已褫魄，剪灭涤荡，近在朝夕，正若属奋身立功之秋也。"目的是让诸土司认清形势，与明军协力攻缅立功，并对各土司叛附缅甸的罪责不再追究，"其一二愚昧为所胁诱者，已往不问，咸与维新"。假使土司协助明军御缅，"慕义效忠，儆力赴敌，或助兵以隶行间，或助饱以奉战士。为我贞候，得其声息；为我反间，摧其党羽；为我挟刃，刺之帐中；为我遮截，遏之阃外；为我犄角，击其侵铁；为我设覆，绝其归路"，朝廷将"益封进秩，赐赍金帛，以酬尔劳"；而那些仍旧归附缅甸的土司，则"灭尔封土，歼尔族类，俾无遗育，必不尔赦"！

邓子龙考虑到景宗真虽死，但罕虔势大依旧不好对付，于是将景宗才放回，让他传话给罕虔，说此兵端皆因罕进忠起，他愿将罕进忠交给罕虔，并上奏朝廷封罕虔为宣慰使，以求罢兵，诱其前来。罕虔本不相信，但听探子回报说邓子龙已将罕进忠绑在辕门，便欣然率缅兵前往湾甸接管罕进忠。万历十二年（1584年）正月二十日，明军伏兵尽起，生擒罕虔，斩首800余级。

罕虔子招罕、招色等闻罕虔被擒，乃退回耿马，集八德、猛库等部之兵守险，又把家眷送上三尖山，此山十分险峻，易守难攻。邓子龙擒获罕虔后，将除他以外的全部战俘统统释放，假装退兵，令招罕等人放松警惕。趁着敌人松懈的空当，邓子龙遣邹良臣率军绕过怒江，进至孟定，佯攻耿马老巢八德。招罕手下兵将闻之，纷纷前往救援，招罕势孤，退守三尖山。

招罕认为三尖山是天险，明军必定无法攻上，只令叔父罕老率蒲人药弩手500余人防守小道，只因从此小道西北可以攀缘登上后山。但他却不知，邓子龙早已通过间谍贿赂了蒲人，知道了这条捷径，并派出邓勇、吴松率骁勇土兵趁着夜色由此处攀藤上了后山设下埋伏。天刚一亮，邓子龙便率军攻打前山，后山伏兵听到约定信号，直捣山前，火器尽发，敌军象马受惊四散逃窜，士卒坠崖而死者无数。明军捕获招罕、招色、罕老等头目38人、下属100人，斩首519级，夺获战象12头、马34匹、器械190余件。罕虔闻状，在槛车中自杀身亡。邓子龙三战三捷，彻底消灭了附缅土司耿马罕虔父子，"声震诸夷"。

邓子龙出兵姚关后，刘綎旋即出腾越。先前，邓川州土官阿钰[①]，为多士宁女婿，曾遣使劝岳凤擒莽应里投诚。此时，邓子龙、刘綎出军反击，岳凤心有惧意，阿钰趁机单骑往见岳凤，晓以大义，让他招抚诸土司投降。岳凤同意了阿钰的建议，于万历十一年七月遣侄岳亨赴永昌，刘綎知悉后遣人谕以祸福。十一月[②]，岳凤又遣妻刀氏、幼子喃歇和大头目陇汉等96人前来请降。刘綎提了五个条件："第一，斩陪臣首；第二，追获罕氏并干崖印信；第三，献伪篆（印）；第四，献被掳男女；第五，招徕迤西。"[③]岳凤仅肯给出"伪关防（印）一颗、生口一十八人、象一头、马五骑"，刘綎认为岳凤诚意不够，不同意投降。

此时，曩乌带伤逃回陇川，岳凤大惧，又遣他将罕氏与干崖金牌、敕书以及缅甸象马尽数献上。于是刘世曾上书请赦岳凤，让他招徕附缅诸土司。岳凤听闻后，开始松懈起来。十一月二十六日，刘綎突然誓师，以送凤妻、子还陇川为名，分兵趋沙木笼山，据其险，而自己则率兵驰入陇川。岳凤见已被包围，只好率众在陇川郊外迎降。

刘綎率兵到腊底时，擒获陇川间谍，从其口中得知驻扎在陇川的缅将散夺已知明军动静，乘象而逃，只留数十人驻扎陇川。刘綎亲自督战，四面围攻陇川，岳凤为内应，最终擒获缅甸36名头目，"夺获缅书、缅碗、缅银、缅伞、缅服、蟒牙、衣甲、刀枪、鞍马等物甚众"。这之后，岳凤告知刘綎，缅将散夺与遮改等在猛脸（孟连）重新集结兵力，欲再度来犯。刘綎率军两昼夜急行军400余里，直入莽壁，缅军大惊，欲溃围而逃但已经来不及了。刘綎挑战，"斩首房八十五级，生得散夺等六百三十二人，夺获象马十六头，缅衣诸什物亡算"。

蛮莫思顺得知岳凤内附，随即通报缅兵，欲邀各土司会兵攻打陇川。不等思顺行动，刘綎便携岳凤父子乘胜出击，分兵三路进讨，出其不意地攻下了蛮莫，蛮莫"奉牙象三头、古喇锦二纯、琥珀二函"，思顺乞降。

---

① 《明史》作何钰，本文据《邓川州志》改。

② 《明实录》作十二月，据刘綎《擒逆凤奏捷露布》改。

③ 在《明实录》的记载中，这些条件是给蛮莫提的，应误，毕竟罕氏与干崖印信在岳凤手中，今从《万历武功录》。

攻降蛮莫以后,刘綎进兵孟养,孟养思义归降。孟密思混此时改名思忠,率思化、思恨、丙测等上缴缅伪印请降。木邦罕凤见状,逮捕缅将喇诇慢等,杀缅兵千余,也来请降。明朝便以多思顺为陇川宣抚使,思忠为孟密安抚使、思化为土同知,罕进忠子罕钦为木邦宣慰使。

其后,刘綎率兵出陇川、孟密,直抵阿瓦。阿瓦王德多明绍(莽灼)为莽应龙之弟,他女儿纳信梅道为莽应里王储摩诃乌巴亚扎的王妃。纳信梅道与摩诃乌巴亚扎不和,互相推搡之下,纳信梅道撞着床角,额头顿时鲜血直流。纳信梅道用衣服擦拭血污,然后将血衣密封在盒内,寄送给父亲阿瓦王德多明绍,并带话说:摩诃乌巴亚扎只倾心于清迈王之妹达杜加勒亚,对其精心照料,而对她则不疼不爱,敷衍应付,所以内心疼痛万分。阿瓦王闻讯非常气恼,思忖:"我去世后,女儿岂不为他人之奴?"自此,阿瓦王已有反叛之意,并曾致书兄弟卑谬王、清迈王试探他们的态度。此刻刘綎兵临城下遣人招抚,阿瓦王干脆就投向了明朝。

万历十二年,刘綎自阿瓦回兵驻扎蛮莫,继续"招抚诸夷"。二月十一日,刘綎在威远营与孟养、孟密、木邦、陇川诸土司,筑坛盟誓,并刻石碑立于大金沙江岸。此碑于1929年出土于蛮莫旧城瑞亨山,碑文内容是:

大明征西将军刘,筑坛誓众于此,誓曰:六慰拓开,三宣恢复。诸夷格心,永远贡赋。洗甲金沙,藏刀鬼窟。不纵不擒,南人自服。

受誓:孟养宣慰司、木邦宣慰司、孟密安抚司、陇川宣抚司。

万历十二年二月十一日立。

刻石。

▲ 威远营誓众碑拓片

至此,明朝基本收复了嘉靖以来被东吁王朝逐渐侵占的云南西部边地。

刘綎收服岳凤之初,就考虑以岳

凤作为招降诸叛夷的旗帜，许诺不杀岳凤，使诸附缅土司以此为标榜纷纷请降，即"抚岳凤而姑纵之，欲南夷闻风而怀服"。不过，巡抚刘世曾却认为应该将岳凤"献俘以彰天讨"，并上奏朝廷。朝廷也认为："岳凤父子本以华人，甘为逆党，三宣六慰，远近震惊，实神人所共愤，王法所必诛者，委应献俘阙下。"接到命令后，刘世曾害怕岳凤逃往缅甸，敦促刘綎逮捕岳凤父子，刘綎不得已从之。

莽应里对阿瓦王的背叛十分愤怒，他怀疑身边大臣也有人参与此事，"将自己不信任的臣相三十余人投入囚笼烧死"。这是《琉璃宫史》的记载，但根据当时亲历其事的威尼斯商人鲍贝的笔记："不论妇孺与襁褓婴孩，概予拘留……计焚毙者大小共四千口。"莽应里肃清"内应"之后，率军15万亲征阿瓦。在阿瓦城外，莽应里与叔父阿瓦王德多明绍乘象对战，莽应里获胜，阿瓦军最终溃败。阿瓦王率2000残兵内奔腾越，意图会同明军直驱汉达瓦底，但不幸于途中病死，腾越知州陈克侯将之安葬。

张儒臣、李朝等集缅甸土舍猛永顺、孟密思化、蛮莫思顺等土司援阿瓦，但雍会、猛岭却起兵应缅，致使缅兵获胜。蛮莫思顺内奔腾越，莽应里率兵追至蛮莫。五月二十四日，孟密又与缅军交战，失利。六月初，"暑盛多瘴"，莽应里听闻贵州兵因多患瘴病将归，认为明军怕瘴暑不足为敌。其时，把总高国春率军500入援，会合先前来援的3000明军以及蛮莫、孟密下属蛮酒、阿线、养凯、蛮弄、允莫、八外等诸部土兵。高国春等不避瘴暑之难，主动出击，身先士卒，破莽应里军数万，连摧六营，成就西南战功第一。

九月初二，明神宗在"御午门楼"举行献俘礼，诏磔岳凤等于市，接受文武百官致辞称贺，庆祝西南平定。

不过，岳凤之死虽"最快人心"，但恐怕只是一时之快，时人于慎行评论说："降而杀之，非示恩也；许而背之，非示信也……诱降小夷，致而杀之，不但失恩、失信，亦损威甚矣。"当初叛明附缅者又何止岳凤一家，正是刘綎不杀岳凤的承诺，吸引了那些叛明者重新归附。岳凤被杀后，这些重新归附明朝的土司立刻感到惶恐不安，孟密思忠率先再度投缅。虽然思忠不久就病死了，没有引起大的连锁反应，但此举依旧为明朝西南边疆埋下了隐患。

冲突延续，边疆内缩

万历十三年（1585年）正月初八，朝廷升孟密安抚司为孟密宣抚司，添设蛮莫、耿马两安抚司，猛脸、孟养两长官司，姚关、猛淋两千户所；并命刘綎以副总兵署临元参将，移驻蛮莫。

刘綎幕僚在《西南夷风土记》中指出，蛮莫"后拥蛮哈，前阻金沙，上通迤西、里麻、茶山，中通干崖、南甸、陇川、木邦、芒市，下通孟密、缅甸、八百、车里、摆古，诚为水陆交会要区，诸夷襟喉重地……且居莽贼上游，虎视六慰，虏在目中。设欲犁庭扫穴，建瓴之势，易为力也"。正是由于蛮莫的地理优势，朝廷才在刘綎等人的建议下，设大将行营设于此地，并委派刘綎驻守，准备筑城。

刘綎驻兵蛮莫后，丝毫没有因为暂时的平静而有所懈怠，他认识到"疆宇虽已廓清，莽酋犹然肆（势）大，若不亟加剿灭，终为祸根蔓延"。为了对付缅甸象阵，他用自己的俸薪"收买战象三只，冲演兵马"。此外，他还提出了"改土设流""屯田足食""土著足兵"等可行策略。

但是，刘綎性贪，御下无方。在蛮莫，他不仅向土司思顺索要金宝、牙锦等物，还放纵把总谢世禄、夏世勤、陈其正强暴思顺的妻妹。而他手下的把总廖文耀、王化龙在腾越以克扣兵饷为由作乱，焚城中民居170余家。刘綎虽急忙前往腾越镇压，但早就不堪忍受的思顺趁机出奔缅甸。

云南巡抚刘世曾将蛮莫之事上奏朝廷，请求将刘綎革职，朝廷同意了他的建议，以刘天俸代之。申时行担心思顺外逃附缅会引发一系列连锁反应，特地寄信给刘世曾："思顺叛逆，虽不足为大患，然恐诸夷因而解体，三宣无外蔽，腾冲有内变，此不可不为虑虑。"果然，思顺外逃为云南边地引来了新一轮战争。

蛮莫思顺归附缅甸后，莽应里大喜，认为孟密、孟养以及三宣又有叛离明朝的兆头，可以轻易被人占领。万历十四年（1586年）六月，莽应里遣喇缅腊塔答等率领阿瓦、遮浪兵，令遮鲁等八城各发兵2000人，分兵两路入侵云南：一路攻孟养，一路攻三宣，声称抓捕孟密思忠的母亲罕烘。我国史料说此次莽应里亲率精兵3万、战象数百骑，移驻阿瓦江督战，但据《琉璃宫史》记载，此时莽应里在汉达瓦底，并未参战。

孟养境内的密堵、送速二城靠近阿瓦，莽应龙在位时曾被缅甸占据，后刘綎出兵收复二城归还孟养。此时莽应里也派人向二城征兵，二城不应，莽应里大怒，遣兵十余万攻打二城。孟养思义战败，自缢而死，缅甸占据二城。

孟养势孤，欲联合孟密、蛮莫共同御缅，但蛮莫思顺之母罕送却不想出兵。金腾兵备李材查知此事，令刘天俸密遣把总寇崇德从中说合，罕送这才同意与孟养联合。恰巧此时缅甸派遣使者喇歪前来迎接思顺家属，罕送畏惧缅兵杀戮过重，不愿前往缅甸，孟养便与蛮莫一起出力将其杀死。李材又设计诱杀了莽应里的耳目多囊章（又作大囊长、大朗长），孟密、蛮莫等土司遂坚定决心共同御缅。

莽应里得知喇歪、多囊章身死，归怨于孟养，遣大头目统兵十余万来攻。孟养土司思威差人向云南当局请求援兵，说只有汉兵火器才能破缅军象阵。抚夷同知宋儒认为道远，难发兵救援，但李材反驳说："先年缅甸侵犯属夷，不援致失夷心，纷纷归附缅甸。藩篱既失，岳凤才得长驱而入，往事不可不鉴。"仍遣刘天俸督兵往援。

刘天俸令把总杜栻、李朝率募兵 1500 人往助孟养，并授予孟养兵赤帻、旗帜，许以重赏。汉土兵共进至遮浪，缅军见状以为明军大至，惊溃，思威乘胜斩缅首千余级。

杜栻、李朝等又击破遮鲁、哒喇等城，并趁夜包围了密堵城。但密堵城上士卒发现了明军踪迹，缅将猎挽、岳哈忙乘战象，率标枪手数百由西南突围，防守该方位的明将范斌战死。李朝大怒，率兵百余人拦截，以火砖、火箭等火器齐齐朝缅军打去。缅军战象四散奔逃，自相践踏而死者不可胜计。岳哈被流矢击中坠象而死，猎挽则遁逃阿瓦江。之后，思威顺利收复密堵、送速二城。

万历十六年（1588 年），孟养因"感天兵救助德威"，遣使入贡。但此时李材、刘天俸却因斩获首级数量不实而被逮下狱，云南官员多为其鸣不平。

九月，缅军攻孟密，罕烘弱不能拒敌，率子思礼、思仁内奔猛广，孟密为缅甸占据；思化、思豪则内奔蛮莫，"占争蛮莫，聚众暴横"。蛮莫思顺母罕送因蛮莫为孟密所辖，惧而弃蛮莫，内奔腾越。云南巡抚萧彦等欲扶立罕送，使其仍归蛮莫，但朝廷认为不可轻启兵端，萧彦便密令抚夷同知漆文昌往蛮莫处招抚思化。漆文昌单骑入思化营，宣谕朝廷恩威，思化听命，但说："思顺叛汉归缅不当有蛮莫，奴有助孟养杀缅贼之功，现无所归，愿寄食蛮莫。"漆文昌同意了这一要求，但此举更加刺激了已归附缅甸的思顺，他为了夺回蛮莫而多次引缅兵来攻。

万历十八年（1590年）五月，莽应里为报密堵、送速之怨，派遣幼子明基囊统兵10万攻孟养。此时孟养思威已死，思远因缅兵入寇急迫，弃城逃往孟拱，在孟拱加固城池壕堑防守，并向云南当局求援。把总刘朝前去声援，但因缅兵势大不能敌，孟拱被攻破，思远与子思昏奔盏西（今云南省盈江县境内）。明基囊封堵罕于孟养、翁罕于孟拱。十一月，明基囊攻破猛广，孟密罕烘、思礼与投缅的思忠之妻甘线姑内奔陇川，思仁奔雅益，丙测奔工回。

万历十九年（1591年）年初，明基囊继续率猛别、阿瓦军，纠堵罕、翁罕兵象围蛮莫，思化告急。二月，朝廷重新启用因永昌兵变被革职的邓子龙。邓子龙率兵抵达罗卜思庄，时天热难耐，军队无法前行，于是他令万国春选兵200人，星夜驰援蛮莫，与思化联合。邓子龙嘱托万国春夜晚必多举火炬，以为疑兵。缅兵远望火光，以为明朝大军来攻，趁夜而逃，万国春发兵追击，"俘斩八十七级，捕获生口二十三人"。

万历二十年（1592年），孟密思仁、丙测叛明附缅。原来，思仁与嫂嫂甘线姑有私情，欲娶其为妻，母罕烘不许，思仁便从雅益率兵象进犯陇川，打算将甘线姑掳去，但多思顺已有防备，思仁未能得逞。思仁惧怕云南当局问其率兵侵犯邻境之罪，遂携丙测奔缅。思仁附缅后，莽应里任其为孟密土司，数度引缅兵来犯。云南当局于是将罕烘、思礼移置于芒市。

六月，莽应里遣使摆线从孟养出发，招抚陇川、干崖、南甸诸土司。云南当局闻之，给缅使发去文告，令其回缅。九月，思仁引阿瓦、孟养兵来犯蛮莫，思化内奔等练山（今云南省陇川县境内）。邓子龙出兵等练山救援，缅兵则屯于遮邀。邓子龙主动出击，与缅兵大战于控哈，斩敌百余人，把总李朝、岳顺战死，缅兵退屯沙洲。明军无船渡江，与缅兵相持月余后，缅兵方才退走。

万历二十一年（1593年）十二月，蛮莫思顺死于缅甸，莽应里便把蛮莫封给了允墨。允墨纠集孟拱堵罕、孟养翁罕、孟密思仁诸土司兵，号称"兵三十万、象百只"，攻打蛮莫，思化败走。缅兵立即在蛮莫设立九大营，然后分兵数道，追剿思化：一路入遮放、芒市；一路攻腊撒、蛮颗；一路入杉木笼山，袭陇川。

陇川多思顺不敌，逃往孟卯，腾永再次大震。

云南巡抚陈用宾认为："蛮莫必不可弃；蛮莫存，江（大金沙江）外诸夷尚顺中国；蛮莫一弃，则木邦、八百等夷皆为缅顾使矣。"万历二十二年（1594年）正月，陈用宾亲自坐镇永昌。他与沐昌祚调集汉土诸兵，分作四路，以参将王一麟夺等练，中军卢承爵出雷吟，都指挥钱中选、张光声出蛮哈，守备张光胤从小路出打线，约定三月二十六日合击缅兵。虽说分为四路，实际上只有东、西两路：王一麟、卢承爵统领西路军，钱中选、张光声统领东路军。东路军先至蛮哈，因出其不意一战而胜，擒获敌众颇多。西路军中，王一麟一直坐镇陇川不出；卢承爵军则与缅兵在栗柴现撞上，缅兵先是示弱引诱明军追至崖箐，然后伏兵尽出，明军被杀千余人，宁州目把者义战死雷哈，把总李乾战死邦囊，卢承爵死战幸免得脱。幸而此时东路兵来援，火器齐发，逼得缅兵火焚等练诸山后退兵，明军这才收复蛮莫。

缅兵退后，多思顺因此次缅兵入侵是多俺引导的，于是纠集思化并芒市多泰等击多俺，杀其子多荒，多俺逃往木邦，后归附缅甸。十二月，多俺纠集思仁、丙测由孟卯袭遮放，明军将其击退，斩首百余级。丙测遁逃，多俺虽逃出生天，后却为木邦罕钦所杀。

同月，陈用宾以巡按李本固的防御体系为基础，兴建八关以防御缅甸，其中西四关神护、万仞、巨石、铜壁属蛮哈守备，东四关铁壁、虎踞、天马、汉龙属陇把守备。其各关隘之兵力"不过二三十名"，八关总兵力也不过"官兵一百八十四员"，而且只在春冬防守。

由李本固提出的这套防御体系，意在防止缅甸进入三宣、腾永，同时阻止关内诸土司挑衅，而对于三宣之外的土司则不予过问。正因如此，八关的建立使关外土司产生错觉，认为八关是明朝的边界。缅人也曾说："屋瓦者汉人；茅房，我故地也。"八关所在之地设有公署，应当为瓦屋建筑，这些建筑非常醒目地树立在三宣与六慰之间，成了缅甸侵占八关以外孟养、孟密、蛮莫、木邦等土司的借口。

八关二堡设置于万历二十二年十二月至万历二十四年（1596年），在此期间及之后云南边地确实一度趋于平静，所以有了"业已设雄关八，缅不可犯"的说法。但实际上，这是因为莽应里为人刻薄又过分好战，此时统治已陷入危机，《琉璃宫史》说他"经常使王子、王弟、皇亲国戚、文臣武将、士卒兵勇心中不悦"，"既不能使僧伽们心情愉悦，又不会体贴城乡人民，更不珍惜他人性命"。所以，当莽应里第五次征讨阿瑜陀耶失败、王储战死，汉达瓦底又爆发鼠灾导致严重饥荒的时候，卑谬、东吁、清迈地等纷纷反叛，甚至被莽应里派去平叛的良渊王明耶仰达梅（雍罕）也在出征后举起叛旗，缅甸又陷入了分裂时期。

缅历 960 年（1598 年），东吁与阿拉干联军包围了汉达瓦底。因城内粮食缺乏，贵族显要们纷纷投降东吁王，甚至新王储明耶觉苏瓦也背着父王莽应里投奔东吁大军。心灰意冷的莽应里放弃抵抗，让位于弟弟东吁王。阿瑜陀耶趁机发难，以扶助莽应里的名义兴兵 12 万进军汉达瓦底。东吁王弃城携莽应里返回东吁，阿拉干王将汉达瓦底付之一炬后也由水路撤回。其后，莽应里在东吁被杀。

就在汉达瓦底被包围之际，莽应里的另一个弟弟良渊王在阿瓦立国称王。良渊王梦想着恢复缅甸的疆域，开始着手对掸族土司进行征伐，因为他认为"待征服整个东掸及北掸地区后"，阿瓦将"成为力量强大的国家"，下缅甸地区就会"犹如笼中之鸟，有翼也难飞了"。

▼ 复原的汉达瓦底宫殿

莽应里统治陷入危机后，孟养思轰于万历二十六年（1598年）六月弃缅内附明朝。翌年九月，良渊王遣长子率100头战象、500名骑兵、2000名士卒征讨孟拱、孟养。孟养思轰率大军在内巴布山固守，但因兵力薄弱不支败北，随即渡河扎营进行坚守，并派人请援。云南当局令干崖、南甸土兵赴金沙江救援，又令蛮莫思化之子思正出兵坎哈截断阿瓦军归路，阿瓦军遂被击溃。

万历二十八年（1600年）十月，云南税监杨荣奏请开采宝井。然而，此时孟密等产宝石的地区依旧为缅甸控制，加之连年兵乱，采买实不容易。杨荣却不顾及这些情况，不仅让各州县搜刮百姓，还派吴显忠前往阿瓦开宝井，为换取宝石在各土司辖境制造了诸多事端，从而为良渊王夺取云南边地制造了机会。

蛮莫思正不听杨荣号令，且常常打劫往来商旅，威胁到宝石采办，于是杨荣勾结良渊王欲杀思正。万历三十年（1602年）二月，良渊王亲率战象400头、骑兵5000人、士卒50000人攻打蛮莫，声言："开采（宝井）汉使令我杀思正以通蛮莫道路，吾为天朝除害！"木邦因与思正有仇，也发兵助其讨伐蛮莫。

思正得知良渊王前来征讨，便修筑城防工事准备迎战，但后来见对方兵马众多，自思无力抵抗，便弃城内奔腾越。阿瓦和木邦兵尾随而来，历三宣，越诸关，直抵南甸宣抚司黄连关，距腾越仅30里。腾冲城大为震动，金腾兵备副使漆文昌、参将孔宪卿担心缅兵攻破腾冲城，决议杀思正，以止兵端，于是派把总郑有庸等三人相机行事。三人引思正入永昌，但在渡龙川江的时候，郑有庸趁思正登象走脱不得，用标枪将之刺杀，割取首级。其后，他们又派人将尸身送给了阿瓦。

缅甸史诗《明耶岱巴埃钦》对此写道："八莫土司，背叛抗上。奔向中国，远方逃亡。击响战鼓，紧追不放。喧嚣往讨，望勿窝藏。无由留此，不能鲁莽。国事难宁，无利遭殃。乌底勃瓦，反复思量。来人虽死，将尸送上。大王陛下，重返国邦。"

三年后，蛮哈守备李天常前往蛮哈任职，行至橄榄坡驿时，听到"有鸟常彻夜鸣，甚悲"。李天常感到奇怪，便询问当地夷人，夷人告诉他，"自思正死后，即有此鸟，为思正魂魄"，并向李天常叙述了思正冤死之状。李天常感触颇深，向天祷告："若果思正，当为尔复仇复地。"鸟遂不鸣。由此故事可以看出，当地夷人对思正内附却被杀的遭遇十分愤慨和悲痛。

邓子龙当年说过："堂堂中国，不能为内奔者作张主，何以威远？"杀思正退缅兵的做法，使明朝的权威在云南西部边地土司心中一落千丈，认为"内附不保首领、土地，而附缅得安全"。是故，自思正死、蛮莫失，孟养、木邦亦相继失陷。良渊王在夺得木邦后病逝于返回阿瓦途中，其子阿那毕隆继位，他遵循父王遗命——"恢复汝祖白象之主（莽应龙）之全部疆域"，挥军南下，不再对北方用兵，滇缅边境才得以平静了下来。

至此，孟养、孟密、蛮莫、木邦等云南西部边地为阿瓦所有，成为阿瓦统一缅甸的大后方，而明朝只能对八关以内的"三宣"等土司行使任命、升赏等权力。崇祯年间，徐霞客游览云南边地后，在其游记中感慨："大概'三宣'犹属关内，而'六慰'所属，俱置关外矣。遂分华、彝之界。"云南西部疆域大大退缩。

参考文献

[1]（明）诸葛元声.滇史[M]//杨世钰，主编.大理丛书·史籍篇.昆明：云南民族出版社,2012.

[2]（明）包见捷.缅甸始末[M]//（明）刘文征.滇志.昆明：云南教育出版社,1991.

[3] 余定邦，黄重言，编.中国古籍中有关缅甸资料汇编（上）[M].北京：中华书局,2002.

[4]（缅）蒙悦逝多林寺大法师，编著.琉璃宫史[M].李谋，姚秉彦，蔡祝生，译注.北京：商务印书馆,2007.

[5]（英）戈·埃·哈威.缅甸史[M].姚梓良，译.北京：商务印书馆,1973.

[6]（缅）波巴信.缅甸史[M].陈炎，译.北京：商务印书馆,1965.

[7]（缅）貌丁昂.缅甸史[M].贺圣达，译.昆明：云南省东南亚研究所,1983.

清军已南下，明廷仍党争

南明弘光政权覆亡之悲剧

作者 / 仙侠小定国

崇祯十七年（1644年），明思宗（崇祯皇帝）在北京自杀以后，大明朝群龙无首，一些宗室成员在各方势力的辅佐下，先后在南方建立起数个政权，这些政权被合称为"南明"。然而，这些人为了争夺皇位，全然不顾国家危亡，在动荡的时局里不遗余力地发动了一次又一次"皇权战争"。正是在这种无休无止的内耗中，明朝彻底走到了历史的尽头。

遍及全国的宗室

首先，我们从"南明"这个词语谈起。在清朝，人们提及南明时多用"胜国""故明""明季"等词，俨然不愿承认其历史地位。直到很久以后，"南明"这个称呼才逐渐流传开来。需要指出的是，南明本身就是明朝历史的一部分，并不是一个独立朝代；之所以称其为"南明"，是后人为了便于与崇祯之前的大明王朝相区别。再则，这些政权都建立在南方，这样命名倒也符合历史规则。

那为什么不用"后明"这个词呢？这是因为后明是孙可望在贵州时，向他献媚的一派为了拥护他做皇帝而拟定的国号，用在这里实在很不合适。南明与后明，有着本质的区别，不能混为一谈。

我们知道，崇祯皇帝身死社稷以后，他的几个儿子不知所终，这使南明爆发了严重的继统之争，多次内斗的结果是其根本无法团结力量一致对外。眼看局势混乱，某些藩王和实力派人物试图趁机过把帝王瘾，实现自己的政治野心，结果导致各方势力火并，小势力被大势力吞并，大势力则被内耗消磨得丧失了锐气。如此急剧的损耗，对抗清斗争显然是极为不利的。

由于藩王遍及全国，不管在哪儿都可以找到一个宗室成员拥戴为抗清领袖，这使抗清力量极为分散，很容易被清军各个击破。加上大部分拥戴者存有私心，这些宗室成员在他们手中就成了一个获取利益的工具。当他们的个人利益不再被满足时，宗室成员就会被实力人物抛弃，这点在郑芝龙身上表现得尤为明显。

当然，拥立宗室成员的好处也是显而易见的。在积极抗清的势力中，宗室成员就是一面鲜亮的旗帜。在其号召下，人心得以迅速凝聚，人们纷纷组织起来，共同抵抗清军。虽然兼有自保性质，不过比起私利者又不知道强了多少倍，至少

南明皇帝谱系表

庙号	谥号	姓名	谱系	年号	在位时间	登基地点
恭宗	孝皇帝（追尊）	朱常洵	明神宗第三子	–	–	–
安宗	简皇帝	朱由崧	朱常洵长子	弘光	一六四四年五月至一六四五年五月	南京应天
（监国）	–	王之明	诈称皇太子朱慈烺	–	一六四五年五月	南京应天
（监国）	潞王	朱常淓	明穆宗之孙	–	一六四五年六月	浙江杭州
（监国）	益王	朱慈炲	明宪宗第六子朱佑槟的后人	–	一六四五年	江西抚州
–	敬皇帝（追尊）	朱宇温	明太祖第二十三子朱桱的后人，第六任唐王	–	–	–
–	顺皇帝（追尊）	朱宙栐	第七任唐王	–	–	–
–	端皇帝（追尊）	朱硕熿	第八任唐王	–	–	–
–	裕皇帝（追尊）	朱器墭	朱硕熿的世子	–	–	–
绍宗	襄皇帝	朱聿键	朱器墭之子	隆武	一六四五年闰六月至一六四六年八月	福京天兴
（监国）	鲁王	朱以海	明太祖第十子朱檀的后人	–	一六四五年闰六月至一六五三年三月	浙江绍兴
（监国）	靖江王	朱亨嘉	朱元璋兄长朱兴隆的后人	兴业	一六四五年八月	广西桂林
（监国）	益阳王	朱术□	明太祖第十五子朱植的后人	–	一六四五年至?	浙江龙游
–	韩王	朱璟溧	明太祖第二十子朱松的后人	定武	一六四六年至一六六二年十一月	贵州平溪
（监国）	赵王	朱由棪	明成祖第三子朱高燧的后人	–	一六四六年	广东潮州
礼宗	端皇帝（追尊）	朱常瀛	明神宗第七子	–	–	–
昭宗	匡皇帝	朱由榔	朱常瀛之子	永历	一六四六年十月至一六六二年十二月	广东肇庆
–	唐王	朱聿𨮁	朱聿键之弟	绍武	一六四六年十一月至十二月	广东广州
（监国）	益藩宗室	朱由榛	朱慈炲的叔叔	–	一六四七年	广东揭阳
（监国）	淮王	朱常清	明仁宗第七子朱瞻墺的后人	东武	一六四八年	广东南澳
（监国）	吴王	朱容藩	明太祖第六子朱桢的后人	–	一六四七年七月至一六四八年	四川忠州

起到了一定的效果，这点夔东十三家可为典型。

总体而言，这种情况还是弊大于利的。它导致宗室成员之间长时间内斗，严重消耗了抗清的有生力量，客观上也为清军各个击破明军制造了良机。同时，这一情况强化了官僚对升官发财的追求。各藩在升迁人员的时候，不再看对方忠心与否，有志抗清与否，而是看他是否是属于己方利益集团。出现这种情况，就是再贤明的君王恐怕也无力回天。

北京陷落之后，见于史籍记载的称帝者和监国，不论执政时间长短、所辖地域大小，前后计有安宗朱由崧、诈称皇太子的王之明、潞王朱常淓、益王朱慈炲、绍宗朱聿键、鲁王朱以海、靖江王朱亨嘉、益阳王朱术□、韩王朱璟溧、赵王朱由棪、昭宗朱由榔、唐王朱聿𨮁、益藩朱由榛、淮王朱常清、吴王朱容藩等人。

其中，韩王朱璟溧是否称帝颇有疑问，淮王朱常清则属史料误记。除了这些人以外，还有郑成功、郑袭、郑经、郑克臧、郑克塽这五位明郑的最高领袖，也可以视作广义上的南明摄政。

另外，蜀王、桂王、荣王也曾被臣子们试图立为皇帝。北京沦陷后，得到消息的蜀地官员就商量推立蜀王朱至澍为监国，但因受到巡按御史刘之勃的阻止而未能成功。桂王朱由榔则是在弘光政权倒台后，一些人打算立他为帝，结果还没来得及实施，就得到了隆武政权建立的消息，于是只得作罢。荣王朱由桢却是因为奉天之变中一些官员和永历政权失去联系，才差点被拥立为帝，后因遭到劝阻而未成。

拥立新君的较量

崇祯十七年三月十九日，崇祯皇帝朱由检殉国。

早在三月十三日，北京城破前几天，南京就出现了不祥之兆。这是怎么回事呢？原来不知何故，明孝陵竟有人夜里大哭，闹得是沸沸扬扬，出现了很多谣言。夜哭原也不是什么大事，但这地点有些不对，再经过有心人一造谣，闹得是满城风雨、人心惶惶。由此可见，当时的社会已经风声鹤唳到了怎样的地步，连一丁点经不起检验的谣言都能搅风搅雨。

▲ 反应南京市井景象的《南都繁会图》，仇英（明）绘

　　这些谣言经过发酵，传到了右都御史张慎言的耳中。他听后感叹说："这虽然是谣言，恐怕真应了眼下的情形。"虽然他没提应的是什么情形，不过在这样紧张的氛围中，人们或许已经预感到明朝快要灭亡了。之后，邸报断绝，各种谣言越来越盛，大臣们是忧心忡忡。他们每次到议事堂不是拧着眉毛不说话，就是抬头看着屋子不停叹气，再或者就是用脚尖踢地，互相问道："到底是什么情况，我们该怎么处理？"南京政坛气氛沉闷，官员们内心慌乱，完全没有了主心骨，更不敢在关键时刻承担起重要责任。

　　不久，掌握实权的参赞机务、南京兵部尚书史可法决定率军北上勤王，但被掌翰林院事的詹事府詹事姜曰广制止。姜曰广之所以强烈反对史可法勤王，是忧心南京的形势，他得知一些亡命之徒打算挟持饥饿的军队趁机起事。在他看来，

现在的形势相当严峻，史可法走后南京很可能出事，因此得先把南京的事务处理妥当才无后顾之忧。

可以说，以姜曰广为首的部分文官把保卫南京的希望寄托在史可法身上。至于南京三驾马车中的另外两人——南京守备掌南京司礼监太监和领中军都督府事的南京守备勋臣，都被这些文官无视。

而南京三驾马车是怎么回事呢？原来，虽然明成祖朱棣在夺取皇位后将首都迁到了北京，但南京这个曾经的大明首都仍然保留了一整套与北京相同的中央机构，只是没有皇帝和内阁而已，不过这套机构基本就是个空壳。

在南京的署衙中，最有权力的是参赞机务南京兵部尚书、南京守备掌南京司礼监太监和南京守备勋臣领中军都督府事，他们分别由文官、宦官、勋贵担任。

南京兵部

- **司务厅**
  - 承发科

- **武选清吏司**
  - 袭替科
  - 升调科
  - 优给科
  - 贴黄科
  - 诰敕科
  - 军务科

- **职方清吏司**
  - 五府科
  - 中府科
  - 左府科
  - 右府科
  - 前府科
  - 后府科
  - 关津科
  - 重役科
  - 架阁科

- **车驾清吏司**
  - 驿传所
  - 马政科
  - 递发科
  - 力士科

- **武库清吏司**
  - 五府科
  - 中府科
  - 左府科
  - 右府科
  - 前府科
  - 后府科
  - 杂科
  - 俸粮科
  - 皂隶科
  - 勘合科
  - 查册科
  - 架阁科

- **典牧所**
  - 会同馆
  - 大胜关

▲ 南京兵部内设机构图

当时的参赞机务是史可法，南京司礼监太监是韩赞周，南京守备勋臣是忻城伯赵之龙。可以说，南京的大局都掌握在这三个人手中。他们是这里的核心人物，重大决策都需要由他们共同做出。但三人中，身为南京文臣首领的南京兵部尚书史可法所发挥的巨大作用，却是其他人无法替代的。

南京兵部尚书，用现在的话说，就是国防部（南京）部长。虽然名字挂着一个"部"字，但充其量只能叫国防部南京办公室。因为南京兵部仅仅是个空架子，里面并没多少官员，只不过这个办公室主任和北京兵部尚书一样都是部长级的官员而已。

是以，文官们以史可法马首是瞻等于是公开表达了他们对宦官与勋贵的不信任。本来，留守的其他尚书和兵部侍郎等官员可以和守备南京的宦官、勋臣通力合作，但固有的偏见妨碍了这种可能。文官们想要有所作为，但又不愿意出头来承担领导救亡图存的政治责任，于是只能将同属士大夫群体的最高实权人史可法推上去。因此，在这种情况下，史可法只得留在南京，与其他官员协同处理南京问题。

很快，南京的高官们就开始行动起来。南京司礼监太监韩赞周下令加强门禁，同时挑选 5000 士兵严加防护，以防止奸人闹事。魏国公徐弘基、诚意伯刘孔昭也加强了南京的护陵、防江工作。南京户部尚书高弘图还把粤东送来的饷金迅速发给了饥军，以稳定军心。这样一来，就没人敢再闹事了。之后，"禁讹言"的工作得以顺利展开。从这一系列行动可以看出一个问题，那就是南京缺少一个政治核心，属于集体分工领导，文臣、宦官、勋贵各自为政，必须要相互配合才能发挥战力。这种三权分立的制约体制在平时是非常管用的，但在国变的非常时期就会出现运作不灵的问题。

几天后，退休南下的内阁大学士蒋德璟带来了一个"好消息"——皇帝根本没有死，有人在天津见过他。史可法以为皇帝无事，高兴地给姜曰广写信，说皇上现在已经坐船南下，太子也偷偷从小路跑了出来。

我们清楚，得知消息的诸位大臣只能是空欢喜一场。很快，他们的美好愿望就会被残酷的现实击碎。四月十三日夜，有宦官前往内府称：北京于三月十七日失守，具体情况不详。在听到北京陷落、皇帝殉国的消息后，留守南京的兵部尚书史可法对着北方大哭，然后就触柱欲随先帝而去，撞得是头破血流。好在他最后被救了下来，不然后面的历史恐怕就要被改写。

由于北京失陷的消息太过骇人听闻，在没有得到详细的情报前，南京官员不得不高度谨慎，继续探听北京的情况。后来，有北方官员称，三月十六日那天炮声隆隆，他还是假扮乞丐提着菜篮子出来的，其他情况就不清楚了。

三月二十二日，史可法率领3000兵马准备北上与农民军决一死战。手下的人得知后，都吃惊地问道："国家现在连个主人都没有，为何不在南京选一人立为皇帝呢？"史可法认同了部下的说法，如果国家无主，许多问题就无法得到解决，政治号召力也会大打折扣。因此，当务之急是选一个能被各方势力承认的人来当皇帝。那选谁好呢？

如果只是单纯考虑血缘关系，自然

▲ 史可法画像，取自清乾隆年间的《历代名臣像解》

275

应当由福王来继承皇位。不过事情并没有这么简单。在过去的党争中，东林党人把福王一脉得罪得狠了，害怕被报复的他们自然不愿福王即位，这使问题变得更加复杂。

这里先简单地讲一下东林党的起源。东林党的兴起，与顾宪成有关。顾宪成是万历年间的吏部文选司郎中，专门负责大明文官的升调选拔。他在得罪皇帝后，辞职归家从事讲学活动，而他待的地方就是东林书院，所培养的势力被人称为"东林党"。

万历时期，围绕着是否拥立明神宗长子朱常洛为皇太子这一"争国本"主线，明朝相继发生了"妖书案""梃击案""移宫案"等疑案。这些争斗都牵扯到了福王和东林党。

妖书案

万历三十一年（1603 年），京师各地都收到了一份揭帖，指责郑贵妃意图废掉太子，拥立自己的儿子朱常洵。这份揭帖在京城中掀起了轩然大波，时人称此书为"妖书"。但妖书作者是谁并没有人知道，朝廷只是草草抓了替罪羊不了了之。

梃击案

万历四十三年（1615 年），有个叫张差的人手持木棒闯入太子的居所打伤了守门太监。事情牵连到了郑贵妃手下的太监，时人怀疑郑贵妃想谋杀太子。但神宗不想追究此事，因此以张差被处死了事。

移宫案

移宫案发生在朱常洛服用红丸暴亡之后，传言郑贵妃与李选侍同居乾清宫试图垂帘听政，于是东林党人逼迫李选侍移宫。

争国本，其实争的是立皇长子朱常洛为太子，还是立神宗最宠爱的第三子福王朱常洵为太子。朱常洛是神宗在生母李太后宫中私幸宫女王氏生下来的孩子，而朱常洵则是由神宗最宠幸的郑贵妃所生，因此神宗并不喜欢朱常洛。根据立嫡立长的祖宗家法，明神宗应该册封皇长子朱常洛为继承人，可他迟迟不封，结果引起了大臣们的指责。直到万历二十九年（1601年），明神宗才立朱常洛为太子，封朱常洵为福王。

朱常洵被册封为福王后，并没有前往封地洛阳，而是一直在京城逗留，直到儿子朱由崧出生还未离开北京。大臣们对此十分不满，进而不断施压，最终于万历四十二年（1614年）成功使28岁的朱常洵到封地就藩，当时朱由崧已经8岁。在洛阳，福王父子平静地度过了27年。崇祯十四年（1641年），李自成攻破洛阳，福恭王朱常洵被杀，世子朱由崧成功逃脱。崇祯十六年（1643年），朱由崧被封为福王。

可以说，朱常洵一家与东林党结下了深仇大恨。正因为此，东林党人忧惧如果福王做了皇帝会重翻旧案，使己方利益受到损害。对他们而言，立血缘虽远但人却好亲近的潞王显然是更好的选择。这个想法很自私，也最利己，可以说充满了精明的政治算计。

潞王朱常淓是明穆宗朱载垕的孙子，潞简王朱翊镠的第三个儿子，与崇祯皇帝朱由检的父亲、光宗朱常洛是同辈。其父潞简王朱翊镠是穆宗的第四子，与明神宗朱翊钧是兄弟。

朱常淓是位极有才华的公子哥，工书画、好古玩、会造琴、通释典。他书画极精，尤擅画兰花；还爱摆弄古玩，收藏了很多精品。不止如此，他的沸水石放进水中水就会沸腾，他的碧草上竟有一茎长三寸、手指粗细、形似金色小龙的奇草。朱常淓擅长造琴，他造的潞琴非常有名；同时由于精通释典，他还得了一个"潞佛子"的外号。

潞王封地在河南卫辉，在国家危难关头，他曾上书希望自选3000军士护卫当地，并捐万两黄金充作军饷，不劳朝廷出力，为此还得到了上面的嘉奖。正是因为能急国家之所急，他成了贤王的代表，可见东林党吹捧他并不是完全没有依据。潞王虽有贤名，可他怎么都不像是救世主。他的手指甲长达六七寸（约20厘米），平时要用竹筒保护，可见其人养尊处优。因此，一些官员对潞王也是相当不以为然，认为他不过就是个"中等资质的人，没看到他有多大能力"。

不过对于政治秃鹰来说，保卫既得政治利益才是最重要的。于是，前山东按察司金事雷演祚、礼部员外郎周镳等人开始四处游说道："福王是神宗的孙子，按照血缘亲疏当立为皇帝；但他贪婪、荒淫、酗酒、不孝、虐下、不读书、干预政事，根本不适合成为国家领导人。潞王虽然只是神宗的侄儿，但为人贤明，可以立为皇帝。"这两个五品官员虽然品级不高，但由于得到了被视为东林党魁的前礼部侍郎钱谦益的支持，掀起了不小的政治风浪，南京兵部右侍郎兼署礼部事吕大器等人也表态支持。不过雷

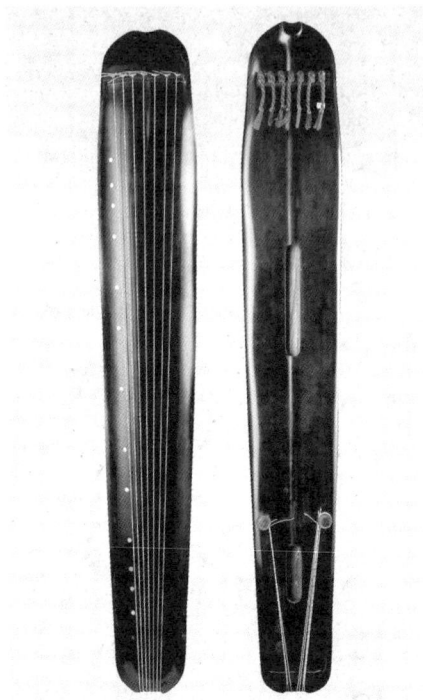

▲ 潞王中和琴

演祚私下议立潞王的政治活动，受到了座师姜曰广詹事的呵斥，这也表明姜曰广对雷演祚的行为并不赞同。不过这并没有起到太大作用。

在拥福派看来，拥潞派的做法无异于是在搞乱国家。时为漕运总督的路振飞就说："议贤则乱，议亲则一，现在唯有福王。"他还写信给史可法说："按照血脉顺序应由福王即位，请早定社稷之主。"

工科给事中李清也认为，如果立潞王为皇帝，定会出现一系列问题。在他看来，神宗皇帝在位48年，恩德犹在人心，怎么能弃孙立侄？何况该立的人不立，那还有谁能立呢？万一左良玉扶持楚王，郑芝龙扶持益王，各个藩镇都挟天子以令诸侯，那不就没人能控制局面号召群臣了？何况，潞王当了皇帝后，福王又该怎么安排呢？是杀了，还是关起来？这简直就是在鼓动天下藩王造反。

吏科都给事中章正宸又说："光宗在做太子时，他就是国家的根本；如果光

宗与熹宗、先帝都没有后代，那福王就是国家的根本。假使潞王能直接越过福王的话，这和福王能越过光宗就没有区别了，国家的根本又如何能够安定下来呢？"人们听了都觉得他说得很有道理。可见，拥福派的力量也不可小视。

这么一个复杂的局面，着实让史可法大伤脑筋。显然，想让两边人马都满意并不容易。

史可法是怎么打算的呢？我们可以从姜曰广与史可法的私下对话中看出他的态度。当时，得知很多人打算拥立潞王为新君，姜曰广就跟史可法说："哼！神宗皇帝的圣子神孙现在可都还在呢，他施行了长达48年的仁政，还有什么对不起天下的？不能为了图拥立之功，我们就扶持潞王坐上这个位置。不然，以后恐怕也会有人跟着依葫芦画瓢。"史可法听后深表赞同，表示："是啊，这可是会引发内战的，得按规矩来才行。"从这里可以看出，无论是史可法还是姜曰广的大脑都很清醒，没有被利益冲昏。他们心里都很清楚，拥立新君必须按规矩来，不然就会制造一系列混乱，惹出不少麻烦。

之后，姜曰广又说："从现在的局面来看，恐怕跟重新创业差不多了，假使福王能听进臣下的忠言，便好好辅佐；若不能，就另想办法。"史可法听后说道："当年那齐桓公听管仲的，国家就治理得不错，后来听易牙、开方的，国家就变得一片混乱。如今我们立了皇上，当然得由我们说了算，还怕他不听我们的？"

他们的谈话不小心泄露，传到拥潞派那里，引起一片哗然。在强大的舆论压力下，史可法等人不得不放弃福王，另择合适人选。

兵不血刃的政变

然而，暂时的胜利并没有扭转拥潞派的劣势，毕竟现实问题摆在那里。按照明朝的皇帝继位法，怎么也轮不到潞王。根据血统远近，此时第一顺位继承人是神宗皇帝第三子朱常洵的儿子福王朱由崧，第二顺位继承人是神宗皇帝第五子瑞王朱常浩，第三顺位继承人是神宗皇帝第六子惠王朱常润，第四顺位继承人是神宗皇帝第七子桂王朱常瀛，潞王朱常淓的继承序位连前三都没进。

既然第一顺位继承人福王朱由崧在品行方面有诸多不足，并引来很大争议，那就只好退一步，从神宗皇帝的后人中另择合适人选。作为一个有政治底线的人，史可法不是完全不顾大局的政治秃鹰，因此他决定按照规矩优先选择血缘更近的藩王，否则若是因为立了血缘远的藩王酿成更大的政治风波怎么办？他可承担不起这一政治责任！于是，史可法开始了艰难的抉择。

瑞王？对不起，他从封国汉中逃出来后，还不知道在哪呢。就算南京方面知道他在重庆，也很难穿越张献忠的地盘把他捞出来。选他太不靠谱，还是继续在重庆躲着吧！

惠王？"道远难致"不说，而且他本人还"性甘淡薄，只知焚祝，毫无外求"，这样的人怎么能即位？要是他真即位了，天天只顾着搞佛事，别的正经事都不干，那还得了？还是继续拜你的佛吧！

这样一来，就只剩下桂王可选。于是，史可法在和高层密商达成一致后，就决定去见凤阳总督马士英。最终，两人达成政治妥协，毕竟不管从血缘上讲，还是从才能上讲，桂王都是最合适的人选。桂王朱常瀛在离南京很远的广西，因此马士英特别嘱咐史可法："你既然打算拥戴桂王做皇帝，那就一定要快！"谈好之后，马士英为了彰显自己在拥立新君中的功劳，决定邀请南京各部官员到浦口，向他们宣布这一决定。结果大臣们多不买账，只有吏科给事中李沾与河南道御史郭维经等少数人前往。他们回来后，就高兴地宣布说，凤阳总督已经决定迎接桂王。

史可法方面也亲自写信告诉各位大臣："既然大家对福王与惠王有意见，那就改立桂王吧。不知诸公对迎立桂王有什么建议呢？至于这潞王，我看可以像古代的兵马元帅一样，暂时借些兵马让他来带。"从这里我们可以看出史可法的良苦用心，他想办法基本满足了各方政治势力的要求，做到让所有人无话可说，只能点头赞成。

事先知情的姜曰广看到大臣们微妙的表情，立即淡定地用笔写道："血缘与能力都照顾到了，这就是我们立他的道理。这事儿之所以不敢让书生们知道，是因为桂王远在天边，而其他藩王多在淮北，我们担心这要被哪个有野心的人利用，定会发生黄袍加身的事情。倘若被人抓住把柄，或者让别的藩王得到认可，那就后悔都来不及了。这样，等我们死了，还有什么脸面见神宗的在天之灵？"众人读后，也不好多说什么，毕竟到了这个地步，还有什么可说的呢？只能派人去广西迎接桂王。

可就在这个关键的节骨眼上，出了岔子。只能说，人算不如天算，史可法的妙计比不上形势的变化，姜曰广最担心的事情——野心家利用南京形势上演黄袍加身的故事，终于变成了现实。原来，在浦口碰了一鼻子灰的马士英回到驻地凤阳后，听到了一个令他万分吃惊的消息：福王被手下拥戴为新君！这是怎么回事呢？

▲ 明神宗朱翊钧，年号万历

情况是这样的，跟福王有旧的守备凤阳太监卢九德四处串联，暗中勾结总兵高杰、黄得功、刘良佐等人，以继承顺序最靠前为由决心拥戴福王朱由崧为新君。卢九德外号"胎里红"，曾在宫中为老福王朱常洵服务。看到朱由崧现在落魄的样子，他决定为昔日主子的后人"雪中送炭"。卢九德之所以推福王上台，并不是出于尽忠，而是因为他有利用价值。假使福王不是第一顺位继承人，卢九德再怎么积极运作也没用，因为根本得不到南京官员的承认。显然，福王更近的皇族血统给了有心之人可乘之机。他们拥戴朱由崧为新君后，立即将此事透露给回到驻地的马士英。马士英看木已成舟，也不再反对。毕竟福王即位也算名正言顺，又有军队、太监在一旁扶持。假使自己这个高级文官加入拥戴行列，不仅能对福王集团形成一大助力，也能为自己带来丰厚的政治收益。

此时的史可法还不知道这些，他以为新君之议已定，不需要再为这事儿担忧了。接下来，他只需要在舆论上把福王的名声彻底搞臭，不让福王妨碍自己的大计，为桂王即位制造合法依据就行了。于是，他做出一个极其愚蠢的举动：把东林诸公写的全面攻击福王的信件，署上自己的名字交给马士英。信中痛骂了福王一顿，说他有"贪、淫、不孝、虐下、酗酒、不读书、干预有司"七大罪，因此绝不可以立为皇帝。虽然此信在桂王即位后可以作为功劳簿，但即位的要是福王，那就成了罪证书。

果然，马士英拿到这封信后非常高兴：这可是史可法送给自己的天大礼物，有了这个，手中就有了筹码，有了筹码，还有办不到的事情吗？于是，马士英迅速给南京官员写信，告诉他们自己已改换门庭，拥戴福王做新君，并且得到三军将士的支持。南京官员看后完全傻眼，觉得非常不可思议，半天都没回过神来。过了好久，他们才反应过来，自己被卖了！然而胳膊拧不过大腿，也只好点头同意。这个转折，对南京官员的打击是沉重的，写有七大罪的信件更是被一些拥福派成员当成把柄，为后来一些签名官员相继退出朝廷埋下了伏笔。

关于福王即位的经过，以上是当事人姜曰广讲述的版本。给事中李清的记载，却与此略有出入。李清说，北京失守后，按照血缘亲疏，应由福王即位，但江南的各位大臣都担心福王即位后追究"妖书案""梃击案""移宫案"等事件，所以主张拥立潞王，这样不但能解脱罪名，而且还能邀功。兵部侍郎吕大器、右都御史张慎言、詹事姜曰广、山东佥事雷演祚、礼部郎中周镳这些人都是积极支持者，只有"逆案"中的阮大铖与凤阳总督马士英认为不可。福王听说这一消息后，担心自己不能上位，就立即召集总兵高杰、黄得功、刘良佐前去拥戴。刘泽清原本是支持立潞王的，但他听到风声后，知道自己的兵力敌不过这三人，就转换阵营，改为拥戴福王。接着他们和马士英等人歃血为盟，拥福王为新帝。南京的各位大臣并不知道此事，还替福王列了七大罪让史可法转交马士英。

在李清的版本中，姜曰广成了拥潞派，这与姜曰广自己的说法有些出入。当然，就后来的情势发展来看，基本上

▲ 马士英

人们都认为他是拥潞派。姜曰广在《过江七事》中对自己的辩护，显然是有意隐匿了部分对自己不利的事实。在这个版本中，还出现了阮大铖的身影，但具体情况不详。当然，阮大铖也确实是支持福王的，这点他自己也承认。

不过，与李清和阮大铖的自述相比，民间流传的版本就绘声绘色多了。不仅详细描述了阮大铖和马士英怎么拥戴福王上台，还将阮大铖描绘成谋立的主角，可见东林士人对阮大铖有多痛恨。

黄宗羲在《弘光实录钞》中就说，阮大铖得知各位藩王来到南京避难后，就特意勾结诚意伯刘孔昭和凤阳总督马士英，派杨文骢拿着一张空头文笺去撞运气，遇到哪个王就"填写迎之"。结果杨文骢在淮河之上遇到了福王，于是就拥戴朱由崧为新君，打了史可法一个措手不及。不过，这个说法十分儿戏，用空头文笺拥戴宗室就是最大的漏洞。按黄宗羲的写法，随便找个宗室挟持一番南京高官就能立为君王，这显然是不懂政治的外行话。

崇祯皇帝殉国以后，由于留都南京还有着很强的政治影响力，因此根本就不可能出现严重违反政治秩序的事件。像后面即位的唐王、鲁王，在这个时候根本就没有机会即位，能即位的人选范围不会超过五人。

张岱的《石匮书后集》则说得更详细一些。他说阮大铖痛恨东林党人，为了报复他们，私下跟马士英说："我对东林党人恨入骨髓，如果不把他们杀光，那我就不用在这儿混了。幸好在淮安就有一个东林党的世仇，如果将他立为天子，那东林党人一定会被杀光！"马士英问："谁跟东林党是世仇？"阮大铖说："自然是福王。当年福王还没出藩就被东林党人排挤，先后出现了'妖书案''梃击案'等各种诬陷，贵妃和福王深受荼毒。如今世子在淮，如能迎接他做皇帝，那他一定会报旧仇，这样东林党人就会被杀光。"马士英说："国变之后，桂王、惠王、瑞王都还在，而福王世子名声又不好，大家都不愿意立他，怎么办？"阮大铖说："南都的兵权可是掌握在先生的手上，你可以说军队想要立福王，这样一来，人们自然就不敢再说啥了。"马士英听后是大加称赞。

张岱的这个记载，大概是东林党或亲东林一派的想法，有着明显的主观色彩。在他们看来，如果不是阮大铖在背后策划，马士英怎么会想到利用军队来扶持福王？而且阮大铖得势后报复东林党人的举措，也让他们认为这一切都是谋划已久的阴谋。

这简直是把阮大铖当成是天下第一流的天才导演。如果阮大铖在野时就这么厉害，那入朝后他岂不是可以一手遮天，肆意妄为？只可惜，历史证明，阮大铖上台后固然很厉害，也想把东林党人一网打尽，但显然皇帝是不允许他这么做的——政治稳定高于一切。张岱等人出于对阮大铖的痛恨，故意夸大其耍手段的本事，并不是不可以理解。

西亭凌雪的《南天痕》则说，福王刚到淮安时，因为比较穷，就用手中的金印去偿还赌博欠下的债务，结果这事被马士英知道了，他想办法拿到这枚金印。阮大铖听说后，就献策道："国家有难，先立国君的人功劳最大。眼下，这天下的清议都掌握在史可法手里，而你却手握重兵。如果你不能早点谋划，以后肯定会受制于人！照我看，不如把黄得功、刘良佐他们拉进来。这样的话，我们就掌握了主动权，史可法也无可奈何。之后，我与先生便可挟天子以令诸侯！马兄，我们的未来在此一举，一切都看你的了！现在福王离你最近，你得赶紧去看看啊！"由于马士英并不方便亲自出面，于是他派自己的外甥杨鼎卿去见福王。这时福王已经穷得快揭不开锅，见到他就如同见到了救星，因此相谈甚欢。就这样，在走投无路的情况下，福王为了摆脱困境，答应做新皇帝。随后，马士英联系魏国公徐弘基，表示自己已经拥戴福王。之后的故事大家都知道了。

这个记载和其他史料颇为不同，比如马士英获得金印的经过，阮大铖在幕后的谋划等等。当时的朱由崧确实是贫困潦倒，还受过潞王的资助，但也不至于为了还赌债把金印卖掉。这言下之意，是说他因为赌博而潦倒，暗示福王是个无药可救的赌徒，攻击意味十足。

钱秉镫的《南渡三疑案》就讲得更扯了，直接说有居民藏有福王印，结果被不认识世子的马士英当成福王，拥戴为帝。这简直是赤裸裸地造谣，等于公开指责福王是假冒的。

关于福王真假的问题，顾诚先生已经在《南明史》中做了分辨。书中说，崇祯十四年（1641年）老福王朱常洵被杀后，朱由崧和嫡母邹氏乘乱逃出，暂居于黄河以北的孟县。同年，河南巡抚高名衡向朝廷报告："世子亦尚无子女，流离孤苦，惟有母子相依，诚可悲矣。"该报告还详细记录了从洛阳逃出来的福王府官员、侍从共209名，包括右长史、承奉副、典宝、典膳、黄服、随侍司执事、书堂官、内执事以及"王亲"邹存义（福王妃邹氏之弟）等人。有这样一大批王府官员和王亲跟随，要说朱由崧是个假冒的福王世子简直是奇谈怪论。崇祯帝也对亲叔叔的遇难深表关切，弘光朝吏部尚书（崇祯朝刑部尚书）徐石麒在奏疏中说："福王殉难，先帝尚遣一勋臣、一黄门、二内侍验审含殓。"崇祯帝还让驸马都尉冉兴让、司礼太监王裕民、给事中叶高标携银赴河南慰问福王世子。洛阳再陷后，朱由崧逃到卫辉府，因为穷困曾向潞王朱常淓借银，后来又一道南逃淮安。这些材料都证明，从洛阳被农民军

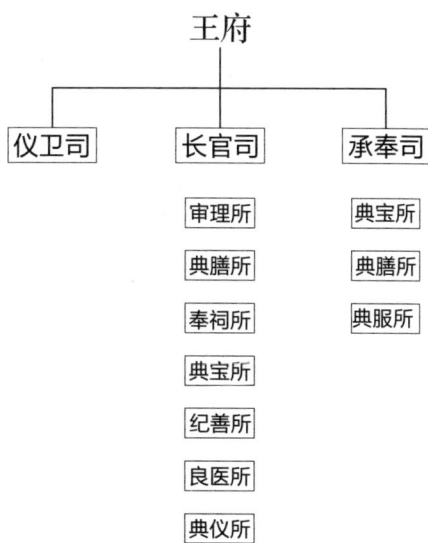

▲ 明代亲王府机构设置图

攻破到崇祯朝廷覆亡，朝廷和地方官员从来都没有怀疑过朱由崧福王世子的身份。这说明，福王不可能是冒牌的。

还有个问题也很有意思，那就是福王是自愿当皇帝的，还是被迫当皇帝的。

按照可信度最高的高官姜曰广的记载，拥戴福王这事与太监卢九德有关，卢九德才是推立福王为新帝的首功之人。立场中立的李清则说福王害怕当不了皇帝，私下主动串通军头让他们拥戴自己。这两则流言在当时流传甚广。黄宗羲、张岱、钱秉镫这些人的记载则都重点描述了马士英和阮大铖的私下谋划，但福王是被迫做的皇帝，还是自愿做的皇帝，就没讲了，给人留下无尽的想象空间。倒是计六奇在《明季南略》中直接说，马士英认为福王昏庸可以利用，就跟军方联系推其为帝，"必欲立之"。"必欲立之"带有明显的强迫意味，和《明季南略》提到左良玉频传警讯时，朱由崧埋怨马士英强迫他做皇帝倒是互为照应。

需要指出的是，认为福王不愿做皇帝的记载不止这一条。时人谈迁就说，朱由崧曾给内阁大臣下过一道谕旨，说："朕不是贪图大位，请诸位爱卿不要再推举我，'天子固不如藩邸乐也'！"从行文揣测，这似乎是他在被拥立时下的谕旨，此记载倒是可以和《明季南略》相照应。按理说，福王当时穷困潦倒，还找潞王

借过银子，在无法保障生存的情况下，对于能改变命运、让自己过上好日子的事情，是不可能拒绝的，即使要谦虚推辞，也不应该说出"天子固不如藩邸乐也"这种话。不过谈迁是大历史学家，又是明末清初人，不至于去捏造一道莫须有的皇帝谕令。

时有小说《樵史演义》，里面如是形容："马士英强朕做皇帝，如今事出来了。君臣聚会，快乐得一日便是一日。且莫管他。"一副昏君形象跃然纸上。

当事人黄道周的记载也颇值得重视。他提到，朱由崧曾表示："朕无意大宝，诸臣张为之。今日何以措朕意？"朱由崧的后悔之情显而易见。黄道周作为比较忠实于历史的朝廷高官，在这种重大事件上不至于会弄错。

最夸张的是，朱由崧不愿当皇帝的事还传到了国外。当时的墨西哥总督帕莱福就记载道："这个具有才能的王子曾拒绝执政，不愿坐上那雄伟光荣的宝座。但曼达林敦促他，他的士兵向他保证一定能取胜。最终他同意戴上皇冠，尽管他预见其重量会把他压得粉碎。""（清军进入南直境内后）他感受到皇冠的分量，深悔当初没有坚拒登上宝座。"

从以上史料可以发现，把控舆论的江南士林，为了发泄自己的不满，不惜往拥福派身上泼脏水，为后人研究制造了不少障碍。通过种种史料，我们知道马士英等人确实主动参与了拥戴福王的行动，而福王很可能一开始不愿称帝，是以登基后又后悔不已。但他到底是被强迫上位，还是自愿上位，具体情况已无法考证。只能说，朱由崧赶上了一个合适的时机，在一个适合的时间、适合的地点遇上了对的人，登上了皇帝宝座。

当然，对于以上说法，可能也会有人质疑：为什么他开始时会拒绝呢？笔者认为，原因有两点。一是环境险恶，福王好不容易躲开危险逃到淮安这个比较安全的地方，还不知道敌人会不会追过来。他若接受了皇位，很容易成为靶子，所以担心害怕。二是他自己手下没有可信之人，当上皇帝也无法左右朝臣，命运完全不由自己掌握，因此很是犹豫。不过，由于福王实在贫困，生存都成问题，为了能够改善自己的生活，他在得到拥福派的保证后，最终改变了主意。当然，在清军南下后，他就又后悔了。然而，世界上没有后悔药可以吃，既然坐上这个位置，就必须承担起相应的责任。如果无法承受这种政治重压，那就只有被压得粉碎。

李洁非先生的说法也非常值得注意，他认为："他（福王）糟糕透顶的现实窘境，是个关键。"自从在洛阳落难后，福王一直四处漂泊、寄人篱下。正在福王一筹莫展的时候，拥福派找上门请他去当皇帝。在马士英的利诱下，福王"抱着局外人的心态"去南京当了皇帝，这样做起码可以摆脱流浪困境。说福王"抱着局外人的心态"，是指他没有什么立场，也不够坚定，只会察言观色、顺势而为。

这番交手，本来占据政治优势的东林党人惨遭挫败，而处于劣势的马士英等人却打了个翻身战。这是为什么呢？笔者认为有这么几点原因：

一、拥福派最大限度地争取到了军方和政治同盟的支持。无论是高杰、黄得功、刘良佐还是卢九德这样的地方军头、太监，还是李沾、刘孔昭这种待在留都的非主流派边缘文臣与勋贵，都坚定地站在马士英这边，力量远超过以留都文官为主体的主流派官员。再则，主流派官员自身也并非铁板一块，他们意见不一，有拥桂的，有拥潞的，甚至还有人夹杂着别的看法。一个具有广泛代表性的松散政治同盟，对上一个分裂的留都文官群体，前者毫无疑问更有胜算。

二、马士英的坚决果断与主流派文官的优柔寡断形成鲜明对比。马士英虽然加入拥福派比较晚，但很快就发挥了中流砥柱的作用，成了拥立福王的关键人物。反观主流派，既缺少军队支持，也没能根据局势变化做出应变，甚至不能团结起来一致对外。

三、福王比潞王更有优势。根据学者司徒琳的看法，虽然有人因担心崇祯的儿子出现时无法即位而反对立福王，但不少人赞成以血统为客观标准拥立近在咫尺的福王；至于潞王，真正拥戴他的人很少。

正如《洪业：清朝开国史》中所说的那样，马士英欲兵不血刃地实现拥立福王的计划，不仅需要强大的军事实力，还要具备其他条件：在南明朝廷中培植同党，并说服南京兵部尚书相信福王是当时形势下继承皇位的最佳人选。《洪业》甚至认为，福王在这场选"贤"还是任"亲"的竞争中获胜，几乎可以看作是一场军事政变。

史出马入的剧变

福王得到马士英和军方拥戴的消息传出后，九卿科道及内外守备连日召开会议。南京守备太监韩赞周看大家都不说话，就拿着簿子说："既然各位大臣都对立福王没有意见，那就请大家对着北方签上自己的大名吧！"就在这个时候，姜曰广突然提出异议，说："此事万万不可，既然是为天下人立君王，就不能这样草率，等到明天早上祭告之后方可行事。"众人听了都表示同意。然而姜曰广完全没想到，这样做会被别人扣上反对福王的帽子，也让他在福王那里留下了一个不肯拥戴自己的糟糕印象。

马士英闻听此事非常高兴，拥立福王虽是大功，但不代表一定能成。早先史可法把攻击福王的信件交到了自己手里，现在姜曰广又不肯在拥立福王的文书上签字，这样大的把柄被他抓住，岂能白白放过。掌握博弈主动权的马士英，迅速派兵护送福王直抵浦口，并发文宣称："我听说，南京还有人对新君人选有异议，我只好率领五万大军驻扎江边，以防意外。"马士英以出兵相威胁，是料定南京的文官拿他没有办法，同时也可借机树威。

在四月二十七日的集议中，发生了不小的混乱。署理礼、兵二部印的兵部右侍郎吕大器不顾马士英大兵压境，迟迟不肯下笔。吕大器的这种态度，使一些官员极度不满，吏科给事中李沾就当面痛斥他："谁要是还有异议，那就去死好了！要知道，论典礼，最重要的莫过于尊君；谈军事，最重要的就是保卫主君。福王按照伦理应当即位，这还有什么好异议的？现在大家都没意见，就你一个人不同意，信不信我用你的颈血来溅湿大家的衣裳！"郭维经、陈良弼、朱国昌等御史也纷纷出面痛斥吕大器，提督操江、诚意伯刘孔昭更是出言呵斥众人不要动摇，还有人趁机质疑姜曰广不想迎立福王。

魏国公徐弘基也借机向史可法发难，痛骂史可法可杀。姜曰广听到后非常气愤，他慷慨陈词，激动得连胡子都炸开了，勋贵大臣则面面相觑不敢说话。就在这时，李沾又开始大声咆哮："如果你们今天不同意让福王做皇帝，那我就一头撞死在这儿！"刘孔昭更是做拔剑状，连声喊道："大家一起死！一起死！"气得姜曰广大声呵道："你们这是做什么？如果是迎立新君，昨天已经定下，况且按理本该如此。外面大军压境，谁要在这个节骨眼上添乱？"

后来姜曰广才知道，他们之所以这样做，是因为福王官邸有人在秘密监视这里，此番吹拉弹唱只为演给对方看，以示自己也是定策功臣。集议最后，姜曰广起草了文书，吕大器又哭着写了一遍，以福王告庙。事毕，哭了许久的吕大器还愤愤不平地说道："为了捞功，人竟能无耻到这种地步！"

二十九日，御史祁彪佳在拜谒完孝陵后，特意问姜曰广："勋贵在骂文臣时，提到你不想迎立福王，是不是真的？"姜曰广义正词严地回答道："我辈享神宗四十八年太平之福，现在不立他的后人还能立谁？"

三十日，福王穿着角巾葛衣坐在船上的床榻上，先后会见了勋贵与九卿科道。当时，他旁边除了旧枕头和破被子外，就只有穿着布袍葛履的宦官田成等人在旁侍候，可以说非常潦倒。在谈到国事时，福王流涕道："国家大事，还要仰仗诸位先生来主持。至于迎立，本王绝不敢当。自播迁以来，国母（福王嫡母）尚无任何消息，所以本王未带宫眷，只想在浙东选一僻地暂居，以便迎奉国母。值此国难之时，何以忍心谈迎立之事？"

听了这段谦虚的话后，官员们就开始做起美梦，认为福王是个很容易操控的人，是为国家之福。于是姜曰广就说："论亲论贤都没有谁能和殿下相比。"接着他就带有警告意味地说："但愿殿下他日不要忘记今日之难。"福王哪能听不出他的言外之意，赶紧不再推辞："本王明白。既然诸位先生谬推本王，本王哪里还敢再拒？"

不过退出来后，高弘图和姜曰广还是忍不住问史可法："这是怎么回事？怎么突然就变成了福王？"可见南京高官到现在都搞不清新君人选的变更过程，史可法是哑口无言，不知道该怎么解释自己被马士英出卖。

五月初一，福王到达南京后直接更衣去拜谒了明孝陵。在拜谒的过程中，有个细节很值得玩味。在前去途中，手下官员要他从东门的御道进，可是他却拒绝从御道进，而是从西门进。祭拜完明孝陵之后，福王又在享殿上徘徊了一会儿，然后问懿文太子，也就是朱元璋的长子朱标的陵墓在什么地方。接着，他在那里驻足良久。[1]

拜祭完后，各位大臣前往内守备府进见福王。福王本想回避不欲见人，但是

---

[1] 福王做了皇帝后不久，很快就将明朝历史上的重大政治冤案基本平反了，很多历代帝王不敢触及的政治敏感问题（主要是建文、景泰时期的问题）他都做了处理。这也算是福王当皇帝期间的一个重大功绩。

▲ 连环画《桃花扇》内页，反映的是福王监国还是称帝的争议

史可法却说："大王不要回避，应当正面接受。"于是福王只好接见了各位大臣。

大臣们见到福王后，便开始商量朝政，但过程却十分混乱，毫无秩序。史可法当众要求福王："大王应当身着素衣亲赴郊外，以发动军队北伐，向天下展示报仇雪恨的决心！"此话大义凛然，堵得福王都不知道该怎么回答。之后，又发生了灵璧侯汤国祚因为军饷问题而闹场的事情。最后，京畿道御史祁彪佳奏道："纪纲和法度是朝廷立国的根本，只有纪纲明、法度修才可以团结人心。先圣曾说：'名不正，则言不顺。'现在最要紧的，就是颁帝号以正名。"同时，他还提到了要注意用人的问题。福王对祁彪佳的上奏非常满意，还专门问韩赞周这个人是谁。

结束后，史可法邀请众大臣商讨福王理政的具体事宜。初时，有人想模仿宋高宗，让福王做兵马大元帅，但被祁彪佳否决了："元帅不过只是个官衔，而且没人授予，还不如直接称监国。"他的意见得到了多数官员的支持，因此他们决定用黄金铸造一个"监国之宝"。据说这个"监国之宝"用了50两黄金、30两白金铸成。

第二天，百官劝进，福王谦虚地说："人生应以忠孝为本，本王大仇未报，是以不能事君；父王遭难而国母又无消息，乃是不能事亲。虽说富贵是人之所望，贫贱是人之所恶，然从道义上却不可如此。"接着他又说道："太子与永、定二王或在贼中可至，且桂、惠、瑞三王皆乃本王之叔，各位先生可择贤而立。"说着，他垂泪不止，下面的大臣看到这种情形也有忍不住哭泣的。不过在李沾提出"朝班上应该严肃"后，官员们又纷纷劝进。

退朝后，张慎言突然提出："不如直接让福王登上皇位，这样还能慑服人心。"史可法却说："太子存亡未卜，如果北边的将领挟他南来，那该怎么办？"听了这话，刘孔昭很不高兴，认为史可法还不死心，对皇子逃出围困抱有希望。虽然史可法的本意可能只是提醒众人，万一崇祯之子突然来到南京，该怎么做才比较合适；

但对立福派来说，这话就太刺耳了。于是，刘孔昭痛斥道："现在既然已经定下来了，谁还敢再改？还请大王能马上正大位！"史可法只好说："再缓几天也无妨。"最后大家商议的结果是：先监国，后登基。

到了初三这天，福王终于点头，被立为监国。同一时间，朝中传出福王很快就会称帝的消息。负责祭祀礼乐的太常寺卿何应瑞给祁彪佳说："听说福王后天就要做皇帝了！"祁彪佳很是吃惊，赶紧去问南京吏部尚书掌右都御史事张慎言，结果对方一点儿也不知情。祁彪佳问他："你怎么不主持这事儿？"张慎言回答道："昨天我就提议福王应该直接登大位做皇帝，可是你们谁都不同意，那我就不管了！"

谣言传得是沸沸扬扬，南京兵部职方司郎中万元吉把人们的议论告诉了史可法。史可法得知后，后悔地说道："外面都在说我阻挠福王登基，恨不得杀了我，我后天就劝他登基称帝如何？"祁彪佳劝道："若是直接登大位还可行，但今天才监国，后天就当皇帝，简直是把登基当成儿戏！何况江北的各位将军劝进表都还没送到，众人一定会耻笑你没有定策的功劳。再说监国这个名号也很正统，更能彰显大王的贤德。现在君臣的名分已经定下来了，所以最好是等到先皇发丧后再说，那时候恩德已经散布到了每个人身上，大将也衷心拥戴，这才是最好的时机。"吕大器也说："原来商议的是六月初，到时已经服完丧了，时间正好！"史可法听后觉得有理，也没就有再提这事儿，于是又一次错过了这稍纵即逝的机会。

这天的朝会结束之后，史可法立刻会同大臣推选官员。由于新朝廷刚刚建立，很多事情才开始运转，许多人对会推的程序并不了解。做过河南道御史的祁彪佳对此很有经验，就协助史可法促成此事。祁彪佳看到五军都督府的人都在现场，为了能够让文武官员和衷共济，共赴国难，就说："本来推荐文臣，五军都督府是不能参与的，但是从现在起，你们不妨参与进来。"谁知道，刘孔昭竟然趁机要求自己进入内阁，结果却被史可法以"本朝没有勋臣入阁的例子"为由一口回绝。刘孔昭又说："就算是我不行，那马士英为什么也不行？"最后经过商议，马士英顺利入阁。

不过，马士英并没有得到他想要的。他虽然进为东阁大学士兼兵部尚书、都察院右副都御史，但凤阳总督的本职还是没变，等于只是加了一堆虚职。这让马士英很不爽，于是他转身就把史可法等人先前写给他的七大罪密信交给监国朱由崧，并带兵觐见。针对福王监国后，马士英仍是外放总督，没有进入行政中枢这一情况，李洁非先生认为，这正说明福王和马士英之间并不存在具体的政治交易，以致大感意外的马士英率兵逼宫。

南京文官被他捏住把柄，福王又受他大军威胁，马士英就这样强势回到朝廷。不久，弘光朝廷为了江北四镇①的督师人选事宜召开会议。在会议上，新任司礼监太监韩赞周表示："马士英大人宏才大略，是做督师的最佳人选。而史可法大人的性格则适合在中枢做事。"听了这话后，马士英很不高兴，他说："我过去付出太多，累得要命，现在已经是精疲力竭，完全没有办法再去效劳。史可法老先生屡建奇功，淮安的老百姓都仰慕他的威名，盼他就像是盼望着自己的父亲一样。史老先生如果不去做督师，那又有谁能够去做呢？再者，我管理部队不太严格，士卒很容易打搅到人民的生活，而史老先生却是名动江淮，如果他能在外面好好经营，而我在中枢调度听命，还有什么不会成功的？"

有把柄落在马士英手中的史可法，不愿意和他正面冲突，就说："马大人过奖了，不管到哪儿，先生尽管差遣，我定全力以赴，不会让你失望。"马士英听了自然十分高兴。能不高兴么？若要硬碰硬，马士英还真不敢说自己是史可法的对手，史可法能主动让步最好不过。

不久，朝廷就进史可法为太子太保、兵部尚书、武英殿大学士，加了一堆虚衔之后，让他督师淮扬。就这样，朝廷的中枢大权落入马士英手中，史可法被暗中排挤出权力中心。朝廷的局势为之大变。

在这种情况下，太学诸生开始闹起来了，公开抨击"当年就是因为秦桧在朝中掌权，而李纲却被流放在外，北宋才被金国所灭"。这话说得有些问题，李纲不受重用与北宋灭亡和秦桧实在没什么关系，那时候秦桧并没有掌权。但是这一论调得到了许多人的称赞，人们拍手叫好，在朝野上下传诵。不过即便如此，也改变不了史可法被疏远的命运。

在内阁拟定新朝年号时，官员们定了"定武"与"弘光"两个备选。在拜天

---

① 指淮安、扬州、庐州、泗州四个重要军区，其主要将领为黄得功、刘良佐、高杰以及刘泽清。

过程中，福王根据指示，最终得到了"弘光"。张慎言得知结果后，竟然摇头道："'光'字上'于文为火'，清朝的'顺治'，都从水，水能克火，实在是不吉利。"我们知道，事情的发展确如张慎言预言的那样。后来，谈迁还感叹道："朱元璋曾让刘伯温作《烧饼歌》，里面就提到'遇顺而止'，如今李自成伪称'大顺'，清朝称'顺治'，岂不是应了他的结果么？"从唯物角度来说，实现国家中兴不靠自己努力，却迷信算命，悲剧的结果几乎注定。

不管怎么样，新朝廷的建立，确实给了不少人希望，不但稳定了人心，还让人认为复国有望。文人欧主遇就写了一首很有气魄的诗：

> 君不见宣王北伐振周室，自将王旅命师律。
>
> 卿士虎臣佐中兴，文兼武事惟尹吉。
>
> 又不见邺侯谒帝灵武时，衣袍紫白动相随。
>
> 收复两京有长策，天下无寇早为期。
>
> 我皇圣武雒阳起，缵绪金陵咏丰芑。
>
> 愿得熊罴不二心，言驾六飞西北指。
>
> 君家簪笏旧盈门，君为二邑利盘根。
>
> 欲成国史传先业，欲请长缨灭祲氛。
>
> 据鞍矍铄谁为右，报国世恩恩复厚。
>
> 击楫中流先着鞭，誓吉同仇吾敢后。

这首乐府诗，以周宣王和唐肃宗中兴故事为例，表达了对弘光中兴的热切期盼。

分化宗室的手段

对宗室的安置

由于一些宗室成员在定策纷争中卷入得太深，倍感不安的福王朱由崧一上台就针对宗室采取了诸多措施。当然，稳定政局，加强对宗藩的控制，让宗室管理回到熟悉的轨道，也是大臣们的共同愿望。因此，在福王监国第一天，发布的监国谕里就提到：各地巡抚、巡按应当为流落到当地的宗室成员就近修葺行馆，并提供经费，以体现朝廷爱护宗室的美意。当然，得到经费后，这些人就不能如现在这样随意走动了，要受到当地官员的监督。监国谕还提到：因罪而被幽禁在高墙中的王府宗室，如果查出是情有可原，可以奏请宽免。根据这个政策，后来称帝的唐王朱聿键才得以出狱。

崇祯十七年五月十五日，监国福王称帝，他在发布的大赦诏里对宗藩问题做了进一步指示：流落到各地的宗室成员，不得在南直隶设立封地，浙江的台州、处州，福建的邵武、汀州，广东的南雄、韶州都可以酌情商议；留在南京的宗室，则按时发放资费；停止宗室换授（酌其才能调任官职）。与监国谕相比，大赦诏下达的旨意更加具体：一是对藩王的封地做了具体规定；二是规定停止宗室换授。到了这年九月，宗室换授果然叫停，齐藩的宗长朱知㙞等人要求换授就未被批准。

福王登基后，对先前发生的皇位之争有着很深的印象。能不印象深刻么？明明是大明皇位的合法继承人，竟差点被某些政治势力给排挤到一边去了，这让他心有余悸。他清楚地知道，虽然现在坐上了皇位，但并不代表就没事了，万一有人不甘心失败怎么办？他必须提防这些人利用潞王做出对自己不利的举动来。虽然潞王对自己还不错，但不错归不错，防范还是得做。先前的皇位之争潞王虽是被动卷入的，但只要他表现得更积极一点，那情势会怎么变化还真不好说。

因此，在朱由崧登基的第四天，也就是十八日，马士英就将目光瞄准了宗室。针对新皇帝的忧虑，他体贴地奏称："各藩封国现在多已丢失，恐有奸人趁机挟持藩王，这样会对社稷不利。臣建议，当把他们接到南郊。"奏章递上去没多久，朱由崧就下令，让御史周一敬护送潞王到杭州居住。之所以加派御史保护，就是怕潞王在路上有个三长两短，那可就说不清了，他并不愿意背上杀害亲叔叔的黑锅。把潞王给安置到杭州后，朱由崧就放心多了。

朝廷与朱由崧对潞王虽然客气，但对他手下就很不客气了。朝廷专门下旨，要求潞王约束手下，就是怕生出什么事端。新皇帝对自己的不信任，潞王当然是知道的，所以在二十八日这天，其手下宦官在拜会祁彪佳时，特意提到朱由崧遇难时，潞王是如何鼎力协助的。可见，潞王为了避免成为政治斗争的牺牲品，不得不在官场上进行周旋，并试图表明自己跟当今皇帝关系很好。

不过，潞王虽然表现得很恭敬，但马士英还是会不时找机会在皇帝那儿给他上眼药。一次，马士英在跟皇帝谈事时特意提到潞王，结果朱由崧说："朕叔父立，亦其分耳。"这话一出，马士英也不好再说什么了。显然，朱由崧不打算继续纠缠这个敏感话题，毕竟潞王表现得恭敬又顺从，还对自己有恩，他并不想做得太过，好歹他们都是宗亲。

崇祯十七年六月，旧居南京的齐庶人朱知㸦等人被要求随班朝谒，位列勋臣之后。这引起了一些大臣的不满，他们认为，南京既然是帝都，朱知㸦等人就应该迁走，让他们朝谒是"非礼"。为此，礼部尚书顾锡畴还成了箭靶子。可以看出，攻击宗室是假，借此事斗倒顾锡畴是真。不过这事并没有闹出什么

▲ 金镶玉佩，明代挂饰，荆敬王及王妃墓出土，湖北省文化厅收藏

风波，毕竟齐藩在永乐时代就被废掉了，可以说在朝中没有任何政治影响，完全不值得忧虑。拿着这个攻击他人，实在有点小题大做。倒是其他宗室成员的问题才真正值得忧虑，于是弘光朝廷开始了对宗藩的布局：

跟吉王、桂王一起逃难到广西的惠王先是被要求移居肇庆，后又要他去江西广信定居，这样就离南京更近了。泊舟镇江的鲁王被下令暂时迁到浙江处州——大赦诏中提到的宗藩安居地之一，几个月后他又被迁到台州。新封的崇王先是暂居台州，不久又迁到福州。由于崇王当时是主动要求迁移的，因此还得到了礼部的奖谕。荆王寓居九江，襄王则被封在福建汀州。

为了强化控制，朝廷又下令纂修玉牒。所谓"玉牒"，其实就是皇家族谱，这是为了解决明末战乱而产生的假宗问题。给事中吴希哲就曾提到，"假宗、冒戚、伪勋、奸弁横行不道，虐民庶商"，可见这个问题在当时很严重，尤其是大悲和

尚冒充藩王的事件影响最大。弘光元年（1645 年），朝廷下令宗室不得入京，对宗室的防范变得更加严厉。

此外，崇祯十七年十一月，保国公宋国弼甚至还上奏称，两浙之地乃是国家财赋重地，不应该随便建立藩国。当然，宋国弼的奏议主要是针对潞王，他自认为是定策功臣，因此对潞王住在靠近南京的地方很是忌讳。这事儿经礼部议论后，直到弘光元年三月，朝廷才下令让礼部将散处浙、直的各藩都搬到别处。

四月，面对清军南下、左良玉造反的危急形势，潞王深感危险迫近。于是他主动上书，希望能转移到一个偏僻安静的地方去住。朝廷当然是求之不得，杭州作为经济大省省会，潞王居住在那里显得十分敏感，这让大臣们一直很担忧。因此，工科给事中李清提议："皇上只需要将惠、桂二藩迁移到近畿住，一直等到皇太子出生为止。如果皇太子没有出生，那还有亲藩在，而潞王作为疏藩又如何能够窥伺大位、被人拥戴呢？"李清的话可以说占据了政治制高点，各派都不得不服，于是潞王被要求迁到湖州，以绝"窥伺"。

与此同时，远亲周、鲁二藩也被要求迁移到江西、广东去住，而惠王和桂王的儿子安仁、永明二郡王则被要求搬到近畿居住。到了五月初二，朝廷更是直接下令惠王移居嘉兴。不过，随着弘光朝廷的迅速倒台，这些计划都没能实现，反而是潞王成了新的监国。

对于崇祯诸子的动静，朱由崧也很关注。崇祯十七年五月二十二日，他谕令史可法遣官去求访大行皇帝、皇后及太子、二王的下落。一个多月后，巡按王燮上奏称皇太子及二王全都遇害。王燮在塘报中称："传言皇太子死于乱军之中，定王、永王都在贼走当日遇害于皇府二条巷吴总兵宅内。"朱国弼、赵之龙等勋臣更是急不可耐地一起上疏，要求朝廷给太子和二王赐予谥号，不过被礼部以"太子等蕟问未确"为由暂缓，直到第二年二月才上谥号。之所以在这时候上谥号，纯粹是因为政治原因。

对宗室的利用

在弘光时期，潞王与朱由崧的关系屡屡遭人挑拨，成为官员们政治斗争的趁手工具，连下层宗室成员都被卷入，最后还闹出了不小的风波。在姜曰广被攻击辞职的事件中，文臣与宗室毫无顾忌，只要能将对方批倒斗臭，他们是不择手段。甚至有两位大学士公然在朝堂上吵架，连基本的体面都不要了。最无辜的是，连坐在高处看戏的皇帝都被拉下水，卷入了这场并不情愿介入的斗争。

这件事是怎么发生的呢？

早在福王监国那天，姜曰广就被各位大臣会推为阁员。由于文学侍从出身的官员仅有姜曰广一人入选，对于这一结果很不满意的福王传旨吏部道："我察祖制，发现阁员皆用翰林。到先帝时，才简用其他衙门官员。如今为何仅有姜曰广先生一人入选？似与祖制不合，着该部再行推添。"

之所以不愿意点姜曰广而欲再选，自然是因为他被福王当作是拥潞派。结果几天之后的第二次推选，姜曰广依然排在第一，之后才是礼部尚书王铎、礼部右侍郎陈子壮、詹事府少詹事黄道周、右春坊右庶子徐汧这几位。于是排名最前的姜曰广、前礼部尚书王铎被点为东阁大学士。虽然福王可以不点姜曰广，不过这样显得自己太小心眼，所以最后还是捏着鼻子认了。姜曰广也知道福王对自己有意见，所以不肯以礼部尚书之职入阁办事，最后以礼部左侍郎的名义入阁。

姜曰广入职后，过得很不顺心，于是很快就提出辞职，但并没有得到通过。

崇祯十七年七月十三日，被招为左都御史的大儒刘宗周上疏弹劾马士英，引得马士英大怒，当即要辞职，结果被慰留。事后，兵部右侍郎阮大铖对他进谗言道："这是姜曰广在背后指使。"这话一出来，马士英大为光火，本来两人就有矛盾，这下他更是必欲除之。后来，宁藩镇国中尉朱统𨰥在阮大铖的支持下，上疏痛批姜曰广在定策时谋立疏藩，有异志。收到奏章后，大学士高弘图批了"究治"二字。朱由崧看后大为不满，厉声说道："统𨰥与朕一家，为何要重处？"

不久，朱统𨰥更进一步，摆出一副不将姜曰广斗倒就不罢休的架势，他抛出五大罪，指责姜曰广意图谋逆，欲将其一举扳倒。这一政治举动立即引起了朝中部分大臣的反弹。区区一个下层宗室成员，竟敢公然给皇帝发这种毫无依据的"黑函"，去指责一个备受尊敬的大学士高官，这还得了？不少大臣纷纷为姜曰广辩护，痛斥朱统𨰥血口喷人。礼科给事袁彭年更是搬出了祖制：中尉要想奏请，必须先经过亲王过目后才能上奏，而且应该从通政司进封，如今竟然直达御前，且内容捕风捉影，这种行为，陛下应当彻底禁止。谁知朱由崧把大臣的话当成耳边风，根本不予理睬，反而称朱统𨰠"乃心王室"。很明显，皇帝对东林诸公没有好感，希望借此改变朝中东林党独大的局面，把自己不喜欢的姜曰广给赶下去。

在这种情况下，忍无可忍的姜曰广不打算再接受任何羞辱，他毅然决定辞职。在崇祯十七年九月的一天，姜曰广再次请辞。他在大殿上称："微臣触怒权奸，自认该死，但圣上宽大，依然准许微臣回到老家。微臣离开后，希望皇上以国事为重。"朱由崧只能回答："先生说的是。"马士英可没那么好的脾气，当场就发飙道："我若是权奸，你就是老贼！"接着，他又叩头说："臣在满朝异议的时候推戴皇上，现在臣愿意辞官回到贵阳养老，让更有贤才的人来做官。如果陛下要留下老臣，臣只好求一死！"

姜曰广也怒了："你以为拥戴之事就你一个人能居功？"马士英顶撞道："哼！我没功劳？那你打算立潞王，可是有功劳了！"听了这话，朱由崧顿觉不好继续，只好开口平息两个人的争吵："潞王，乃是朕之叔父，贤明当立，两位先生勿要伤了国体。内廷之争，不可向外人道也。"既然皇上都发话了，两位大臣也不好再说什么。不过朝议结束之后，他们继续攻击对方，可见这仇结得有多深！不久，朱统𨰠被授予行人司行人，这也是马士英等人对他的报答。

对于朱统𨰠的行为，阮大铖评价说："这小儿说话简直没有一点儿忌讳。"朱统𨰠却得意地表示"须给我一个都御史职务"，可以说是得意忘形，尾巴翘到天上去了。当然，马士英虽然肆意妄为，但还没胆大到公然触碰皇帝底线，对宗室成员进行破格提拔。

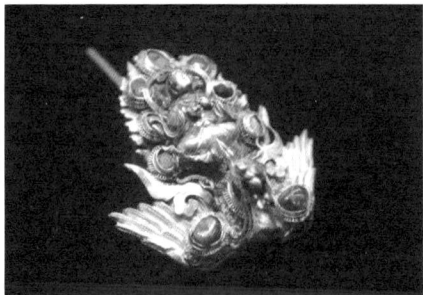

▲ 王母驾鸾镶宝石金凤钗，1980年江西省南城县明益宣王孙妃墓出土

除了朱统𨰠利用打击姜曰广得到提拔外，楚藩宗室朱盛浓也借着攻击黄澍得以上位。崇祯十七年六月的一天，湖广巡按御史黄澍在朝会上弹劾马士英行不法事，弄得马士英下不了台，只得跪求处分。站在旁边的黄澍趁机用笏板击打马士英的背部，并大声叫道："臣愿与奸臣同死！"对于这出文官打人的闹剧，朱由崧只能摇头，过了一会儿，他

对黄澍说："卿且出！"接着他又私下对太监韩赞周说："马阁老宜自退避！"

没办法，谁让马阁老这人在朝廷内外争议太大呢。虽然皇帝厌恶东林党人，对他们控制朝野舆论很不满，但不代表皇帝就会无条件支持马士英。对皇帝来说，不惹事、不添麻烦、过自己的日子才是最重要的，削弱东林党可以缓缓图之。可是马士英的事就不一样了，必须立即解决。自从这人进入朝廷以后，就给自己惹了许多麻烦，趁此机会让他下台再好不过。毕竟自己在被拥立时，并没有给马士英什么政治承诺，更没有达成什么政治密约，没有必要为了一个很多大臣都讨厌的人而惹得自己一身骚。在这种情况下，马士英只得称病。

马士英知道这时皇帝已经厌烦他了，但他不能放弃，一旦自己放弃那就只有死路一条，所以还得奋力一搏。想当初，马士英为了让自己拥戴福王的功劳坐实，就率军威胁，迫使南京官员接受既定事实。接着，在讨论新内阁人选时，他又请诚意伯刘孔昭帮忙，让刘孔昭在朝议中提出让他入阁，从而让自己赢得入阁机会。要不是刘孔昭出面提议，朝中大臣还真不会把他的功劳放在眼里，也根本不会想到他。在得知自己在内阁中只是担任虚职后，他又把史可法等人攻击福王的书信拿出来作为交换筹码，终于让自己进入权力中枢。现在他还没完全站稳脚跟，就要被御史赶下台，这对他的政治威望和朝野影响打击很大，这怎么能行？于是善于应变的马士英找到一直服侍朱由崧的宦官田成帮忙。

田成收了好处之后，自然得帮忙解决这场危机。熟知皇帝心思的田成向皇帝哭劝道："要不是马公，皇上又如何会被拥戴？若是将马公赶走，天下人都会说皇上忘恩负义。而且马公在内阁，很多事情都不需要劳烦皇上，完全可以悠闲自在。马公一去，还有谁会念着皇上？"听了这话，朱由崧沉默不语，放眼整个朝廷，如马士英这样忠心耿耿的还真不多，要真把他赶走了，能不能找到同样忠心又有地位的高官还真不好说。于是马士英辞职的事情就这样被搁下。这都得益于马士英善于应变，很会跟人拉关系，因此几次遇到危机都被他轻易化解。

此事结束之后，马士英又逮着机会上密疏说："正是由于臣和四镇出力，皇上才能够拿下大位，其余大臣都想拥戴潞藩，今日臣要是被赶走了，那明日他们就会拥立潞藩了！"这番说辞戳到了朱由崧的伤处，为此还哭了半天。显然，皇位之争虽已过去，但还是在他心里留下了阴影。最后，朱由崧干脆把朝中事务都委托给马士英去处理，他自己则不再理政，还对太监韩赞周说："天下事，有马公在，何虑？"正是通过这些有针对性的心理攻势，马士英成功地摆布了朱由崧，让自己得以掌握军政大权。

这年九月，楚藩的中尉朱盛浓在得到马士英的授意后，公开上疏痛斥黄澍"凌逼宗室"。这个指控可是非常严重的，因此朝廷很快就下令逮捕黄澍。黄澍当然不服，凭什么抓我不抓马士英？于是他上书自辩。不过，内阁大学士马士英自然不允许黄澍有翻身的机会，因此他在票旨上写道："如果不是盛浓被害得那么惨，怎么会千里诉冤？"

由于逮捕黄澍而黄澍不到，这使朝廷的政令无法在楚地有效通行，为弘光政权的安全埋下极大隐患。而朱盛浓则作为有功之臣，在马士英的帮助下，得到池州府推官的位置。通过此事，朱盛浓奠定了自己在南明政坛上的地位，为之后成为明朝首位任兵部尚书的宗室奠定了基础。

从以上手段可以看出，朝廷对藩王采取了严厉的防范措施，而对低阶宗室，则利用他们作为政治斗争的工具。可以说在对宗室的操纵方面，弘光朝廷玩得很是娴熟。

虏叛相交的危机

对于清军的威胁，弘光政权内部虽早有认识，但依然没有真正重视，而是将主要精力集中到李自成的大顺军上。谈迁在谈到清军南下的一个重要原因时，提到朝廷"今日大患不在寇而在北"的机密被泄露给清方后，摄政王多尔衮大为不爽，欲南下立威。这个说法着实夸大了泄密事件的作用。事实上，即使没有泄密事件，清军南下也是必然。早在崇祯十七年七月，万元吉就向朝廷上奏称清军已经南征，不过由于双方还没有交兵，因此没有引起太大重视。

十月二十四日，清朝发布征讨南明的檄文，公开宣称要问罪征讨。二十五日，清朝任命和硕豫亲王多铎为定国大将军，南下江南。很快，朝廷就接到刘泽清的奏报：山东的沂州、郯城、单县，南直的赣榆、沭阳、沛县、邳州，河南的睢州、开封、归德都出现敌人的踪迹。

十一月，双方终于爆发军事冲突。清朝山东沂州总兵官夏成德在攻陷海州后，分道沭阳、邳州，攻入宿迁，接着又打下丰县。史可法得知情况后，迅速派兵救援，夏成德撤兵。不久，夏成德又兵围邳州，相持半个月之久。

史可法在给朝廷的上疏中痛心地说道："黄河以北，全染腥膻，近日看北方告示，竟公开把'逆'字加在我朝头上，并侮辱我使臣，这种做法绝难让双方达成和议。"他悲观地认为："即使我们现在卧薪尝胆、枕戈待旦，恐怕也无济于事。如今朝堂毫无作为，臣担心恢复无期而偏安又不足恃。"但史可法不能光打击自己人，还要加油鼓气才行，于是他又提了几点建议："不急之工役、可省之烦费、朝夕之宴饮、左右之献谀"统统都应禁绝，典礼也应该俭约；只要贼一日不灭、清一日不靖，就算是锦玉也不应该去享用；皇上一定要时时刻刻力振举朝之精神，说不定可以挽回局势。这时的史可法可以说是心力交瘁，不再如定策时那样意气风发，连带对前途也悲观起来。只不过他所处的位置，让他不能有悲观的权利，他只能迎难而上。

而马士英对清朝的威胁竟然一点儿也不在意，反而说："清军虽然在河北（淮河以北）屯兵，但闯贼现在势力还大，根本不值得担忧，还怕他扔条鞭子就能过河？再说了，当年赤壁三万，淝水八千，都是一战而定江左，可见强弱并不是不变的。"对于北使陈洪范送来的"清军很快就会南下"的情报，马士英居然说："有四镇在，怕啥？"马士英的这个态度，可以说跟李自成一样，都没有把清军放在眼里。

反倒是高杰、刘泽清等藩将头脑清醒。早在十一月十二日，高杰就和刘泽清一起提到："清军由一位王子率领，号称二十万，进驻济宁，实际上也就七八千人的样子。近日河南方面又接连告警，开封上下、黄河北岸都是敌军士兵，'问渡甚急'。只怕他们一渡河，这天险就会尽失，长江和迤北都会沦为战场。情况发展到这个地步，简直令人措手不及。"不过高杰和刘泽清又保证一定会"殚精竭力，以报国恩"，虽然有表演的成分在，但高杰确实做到了。

大学士王铎在拿到刘泽清上报的"清朝总理河道杨方兴屯兵宿迁，正准备铁条扎筏"的消息后，也强烈要求誓师江北，以复国仇。很显然，他这是在政治作秀，自然不会被批准。不过这也说明，对于清军的威胁，上至大学士史可法、王铎，下到藩将高杰、刘泽清都有清醒的认识，只有权臣马士英对此不以为然。也就是说，早在崇祯十七年，弘光政权就已经陷入了三面（大顺、大西、大清）同时作战的困境。这让史可法极度感慨："我们现在全力对付贼子都不够用，还要分兵去御敌。"对农民军，史可法用的是"贼"，清军则用的是"敌"，可见在史可法心中，清军才是大患。

十二月初二，清朝河南巡抚罗绣锦拟定了平河南、保河北的方略：大军南渡或将南岸沿河一带的"土孽"消灭，这样就可保河北无虞。该意见得到了清朝的重视。很快，抵达孟津的多铎就派遣护国统领图赖率先领精兵渡过黄河。得到消息的明朝总兵许定国、李际遇等人，纷纷秘密遣人商议投降事宜。

对于许定国想带着孩子一起投降，并请清军渡河（黄河）保护其眷属的想法，当时待在山东的肃亲王豪格表示，要降可以，把你儿子送来；至于渡河接人，他则以没有接到命令为由拒绝。弘光元年正月十一日，许定国设计杀害高杰，之后立马向清朝密奏："孽寇高杰已用计擒斩，唯有余党尚未剿除，请发大军尽快渡河，以靖残寇。"对此，清朝表示："许定国计杀高杰，归顺有功。征南大兵，不日即到河南。"两天后，清朝就谕令多铎，要他遵照之前的密谕攻取南京，为国建功。二月十四日，多铎大军终于进入河南。

崇祯十七年十二月时，收到清军先头部队渡过黄河的消息后，南明方面又是什么反应呢？史可法表示："臣与虏相隔一河（黄河），河长两千多里，非各镇兵马同心不能御敌。如今敌已渡河，长驱东入，很快将直抵南京，这时再在河北御敌，可以说是万分艰难。再者，我军士气低落，这月驻守在黄河边的士兵仍未收到粮饷，饥寒交迫，更别说求一钱银子过年了。臣的标兵如此，各镇兵可想而知。这事实在让人伤心，臣却无可奈何，只能将泪空洒。如今敌人既然南渡，全力攻寇，那兵力转向我方，只不过两个月时间。何况敌人中有传言说：'正月南侵，东西并犯。'如今攻打邓州的敌军还没有走，济宁的敌兵也在运粮喂马，一刻都没有忘记觊觎江南。朝廷若不是多发粮饷，让黄得功、刘良佐率兵去堵颍州、寿州，让高杰去守归德、徐州，并让大家齐心，不分彼此，臣恐江北之祸就在眼前。而江北危险，江南又岂能安稳？"

史可法这段话说得很有意思。首先，他承认敌人威胁很大，只有和衷共济、共同御敌才能保住江南安全。很明显，仅凭史可法一人之力是无法击退清军的。

至于黄得功，他和高杰不和，无法做到互相协助，而刘良佐则对调动颇有怨言。其次，明军军心不稳，士兵被拖饷不说，还要挨饿受冻。这一情况，无论是高杰还是史可法都在上疏中提到，高杰是这样说的："军队挨冻受饿，哪还有什么战斗力，但臣发誓一定收拾人心，重整

▲ 弘光通宝，弘光元年铸

河山。"史可法也竭尽所能地向朝廷呼吁，希望能解决粮饷问题。终于，朝廷做出了回应，令户部速发钱粮接济。但最后的结果大家都知道了，许定国降清，高杰遇害。得知消息的史可法大哭："中原再也没有希望了！汉光武帝、宋高宗的伟业还能再现吗？"

到了弘光元年三月，形势终于变得无比严峻。三月初七，多铎部兵分三路向归德方向进发。十六日，弘光朝廷才接到刘良佐送来的清军南下的奏报，于是下令黄得功移镇庐州，与刘良佐合力防御清军。二十一日，总兵刘洪起以缺钱为由从河南撤兵，清军则迅速拿下归德。接着，清军开始分别向亳州、徐州前进。其中亳州方向由多铎亲自率领，徐州方向则是由固山额真准塔率领。

这里需要指出的是，无论是睢州还是亳州、徐州，都是江淮防御体系中的军事重镇。顾祖禹在《读史方舆纪要》中就曾总结道："江南以江淮为险，而守江者莫如守淮。南得淮则足以拒北，北得淮则南不可复保矣。"可见，淮河对于防御清军有着极其重要的意义。一旦清军拿下淮河沿岸的亳州、徐州等地，就足以打破明朝的淮河防御体系，让南方变得危机四伏。同时，掌握了河流运输线的清军，无论是屯兵还是进行后勤转运，都将变得更加方便。

然而，就在清军南下的危急时刻，左良玉也起兵造反了！三月二十五日，左良玉在与马士英有旧怨的黄澍的极力鼓动下，扯起了"清君侧"、救太子的大旗。左良玉反后，镇守池口的方国安仓皇上报。收到消息的阮大铖极力宣扬左良玉父子都是恶人，而马士英则是半信半疑。因为之前左良玉为了麻痹马士英，争取时间，就跟马士英玩了一把两手策略：他一面举兵，一面祝贺马士英生辰。在马士英看来，左良玉都来给自己祝寿了，怎么可能说反就反了呢？虽然方国安不会骗自己，

▲ 连环画《史可法扬州保卫战》内页，反映的是清军占领徐州的情况

但万一是谣传呢？何况，从武昌回来的御史黄耳鼎的仆人也说，左良玉还在当地坐镇。基于此，马士英举棋不定，想要再等等看。

二十七日，清军攻入徐州，总兵李成栋南奔。清军将至前，署徐州事胡蕲忠渡河投降，引清军攻打徐州。对于胡蕲忠等人的突然来降，清军表示怀疑，很担心这是一个圈套。正巧，清军统帅在巡视河口时，发现河面波涛汹涌，大为吃惊，认为胡蕲忠身上一定有阴谋，于是准备杀了他。但胡蕲忠头脑灵活，一看情形不对，马上表示，希望清军能派十骑前去查探，如果徐州确实有防备，再杀他不迟。可见他对徐州的情况了如指掌，早就准备好了投诚事宜，完全不担心徐州有变，只是在降清的过程中太急于表现自己，才引起清军怀疑。经过探查，清军发现胡蕲忠没有说谎，于是率领大军渡河，作为水陆交通便利的"南北襟要"之地就这样陷入敌手。同一天，另一支清军攻入亳州。连失两座城池，弘光朝廷面临的局势非常险恶。清军都已经进入南直隶境内，明方却还没有做好抵抗入侵的准备。

那南明君臣在做什么呢？还在内斗！马士英终于证实左良玉东下的确切消息。他非常害怕，不再入直，而是专心处理兵部事务。马士英很清楚，如果不是手里握有军队，他啥都不是，所以他要将兵部的实际权力牢牢抓在手里。毕竟他要面对的是一个深受东林党支持、在中部有着巨大影响力的老军头，这让马士英不得不做准备。

刚发现自己被左良玉耍了时，马士英整个人都被愤怒和报复情绪所左右："袁继咸、黄澍二竖儒坏我大事，早晚我要取了他们的脑袋挂在藁街上，就算因此使江北沦陷也在所不惜。"气急败坏的他，满脑子想的都是怎么收拾这些反贼。至于清军南下，虽然是个威胁，但是你背叛了我，我就是被清军干掉也要先收拾你们这群反贼！马士英正是抱着这个心态，才让清军后来几乎没遭遇多少抵抗。即使之后马士英逃往杭州，依然对叛军充满怨恨："如果没有袁、黄，那就能破敌功成，

304

百事就绪了。"

史可法这边则忙着上疏要求入朝，结果被朝廷中人给挡了回去，并送去圣旨："如今寇警很急，爱卿应该专心料理，待奏凯后朝见。"史可法接旨后叹道："'奏凯'二字，谈何容易，面君真不知道在哪一天！"显然，史可法知道自己能力有限，很难打赢敌军，可见他是有自知之明的。明遗民山村樵夫也曾评价他："史公好贤而不能择，用人而不能任，外无良将，内无智士，哪是拨乱之才呢？"

二十九日，清军攻取颍州太和县，弘光朝廷下令史可法扼守徐州、泗州。史可法接到命令后，准备移驻到泗州去防护祖陵。他让幕僚押着物资先行赶往泗州，但此时发生了左良玉"清君侧"事件，朱由崧急召史可法入援，于是他又亲自率领军队渡江前往南京。

除了史可法试图救援徐州外，总督王永吉也展开过救援。自清军攻破归德后，徐州军民惊溃，收到消息的王永吉迅速调集阁标和甘肃团练前往救援。然而就在这时，各路部队都收到了"急撤入卫"的密旨。这样一来，救援徐州的计划破产，徐州彻底丢失。

到了四月初二，马士英看情况不对，只好上疏自罪，不过疏文都是在痛骂别人："据报，王之纲、李仲兴、杨承祖都已逃回扬州。李成栋虽在徐州城外扎营，然家眷皆已登舟，淮徐道的家眷同样已经登舟。东平侯刘泽清给臣写信，称江北文武将吏都在秘密谋划，如果北方有警就会跟从入海。广昌伯刘良佐也有信给臣，称各位将领若东来，只怕是入海的入海，渡江的渡江，只有本藩在那没有退路。至于骗官骗饷，不能进前一步，王燮、越其杰等人是不可诛胜！"可以说，马士英把所有责任都推给了手下。而且，当时徐州已入清军囊中，马士英却没收到消息，可见当时的公文传递也存在问题，大概与当地官员都准备暗中降清而未上报朝廷有关。

不过此事也只能隐瞒一时。很快，史可法就对明军的不抵抗行为进行了抨击："清军分兵南下，李成栋放弃徐州南逃。镇将平日花费众多，但在关键时刻却完全靠不住！"总督王永吉也奏称："徐州既然不能守住，那又如何能够保全江北？李成栋放弃徐州南奔，实在是万分可惜！希望刘泽清能固守淮安，不要假托勤王移镇。"

针对明军的撤防行为，王永吉还称："北兵已入虹县，距泗州仅有二百余里。万一泗河不守，则盱眙定会遭到入侵。查盱眙东南一路，从都官堂可达淮安；正南一路，从连塘可达扬州；西南一路，从天长可达六合、浦口。不但淮、扬难以支撑，北兵甚至可以由此问渡了！望总督卫胤文、提督刘泽清等能全力防守徐、泗，保全江南，这样至少可以保住门户。窃以为，江南如能全力防寇、防北，或许不致四面受敌。"

就连逃窜的总兵刘洪起都来凑热闹，他向朝廷报称："清军南下，诸将纷纷逃窜，却无人敢于阻止，这样下去恐怕会成为南京的大患。"对于武将逃窜的行为，给事中钱增痛心不已，上疏痛斥道："现在情况万分危急，刘泽清、刘良佐却退避郊外，平日养兵又有何用？"然而，他们的痛斥并不能阻挡明军的溃逃。

四月初九，朝廷在接到史可法的报警后，回复称："上游急则赴上游，北兵急则御北兵。"对此，史可法又回奏道："上游左良玉不过是清君侧之奸，根本不敢与君父为难，但北兵一到，宗庙社稷可就危险了。不知辅臣为何会如此遮掩？"他又给马士英写信，但马士英根本不予理睬，他只关心左良玉的事情，对清军的威胁并不上心。

从这天起，朝廷为了强化城防，开始派宦官防守南京的十三座城门。

清军南下后，总兵刘泽清因惧怕敌人，在淮安大肆抢劫一番后逃跑了，使清军完全没有遭遇任何抵抗，轻易渡河。就这样，淮安这个抗击清军的重要据点直接易手。需要指出的是，淮安是淮河下游最重要的战略要地之一。作为淮南、淮北的重要衔接点和扼守淮泗水路的交通要冲，它成了清军南下淮南的前进基地，给南明的防御系统造成极大的震动。当然，对于这些逃兵，弘光朝廷也不是没有办法，那就是派专人驻守江阴、镇江，凡是有逃兵南渡的，一律用炮打回去，不准他们过江。

此时的史可法已经奉诏入援，抵达燕子矶，此地紧挨着南京城。不巧的是，就在他向朝廷入告时，左兵退军的消息也传来了，这就意味着史可法的部队不用再去解救南京。因此朝廷下旨："有北兵南向，卿速回料理，不必入朝。"接到诏书后，史可法向南面八拜后大哭而回，可见当时情势有多么危急。在《洪业：清朝开国史》中，作者更说朝廷为了让史可法早日回师，不惜在一天之内连续向他发布三道命令。

正因为情势空前危急，史可法方寸大乱。当时，诸军在高邮驻守，早晨收到史可法的令箭称：左军顺流而下，请邳宿道立即督办相关军器、钱粮到浦口会剿。到了中午，军队又收到令箭称：北兵南下，诸军不必赴泗，速回扬州听调。不久，军队又收到令箭称：邳宿道可以督诸军到天长接应。看到史可法一日三令，乱了章法，监纪推官应廷吉就说："阁部真是失了方寸，哪有千里之程，一天之内军饷就调了三次的呢？"因此，应廷吉下令军队继续坚守，待机而进。

四月十一日，史可法前往天长督战，下令各路将领救援盱眙。盱眙不仅控制着南北交通，还控制着淮南水路，战略地位非常重要，一旦有失，清军就取得了一个十分关键的南下渡口。然而，史可法来晚了，清军已然占领盱眙，下令争夺其对面泗州的泗北淮河桥。眼看情况不妙，明军将领焚桥后逃走。就这样，清军趁夜渡过淮河，并在第二天连续追击明军 50 里。

得知盱眙失陷、泗州援将侯方严全军败殁、清军南下直抵天长的消息后，史可法冒着大雨，只用了一天一夜就狂奔到扬州。清军渡淮的消息传出后，弘光朝廷大为震动，朱由崧下令刘良佐提兵入卫。清军的成功渡淮，让明朝苦心构筑的江淮防御体系彻底崩溃。这道屏障的消失，使明的长江防线完全暴露在清军的眼皮底下，弘光政权危在旦夕。

由于局势已经变得极为险恶，连不喜欢处理朝政的朱由崧都感到危机正在迫近。他召集群臣询问对策时，大理寺少卿姚思孝，尚宝司李之椿，御史乔可聘、成友谦，给事中吴适等人都要求不要将江北守兵撤去，应该防守淮扬。朱由崧也认为："良玉虽不该逼南京，然看他本上，原不曾反，如今还该守淮扬！"

▲ 清军所用铁炮

▲ 清军铁炮弹

谁知马士英根本不买账，反而大声说："这都是左良玉的朋党在为他游说，决不能听，臣已调黄得功、刘良佐等人渡江。敌人到了，我们还能议和；但左逆到了，你们仍旧是高官，唯独我君臣会死！宁可君臣一起死于清军之手，也决不死于左良玉之手，有异议的当斩！"听了这话，朱由崧也不知道该怎么开口，因为自己这个皇帝说话完全不管用，于是只能闭嘴。各位大臣也是目瞪口呆，无奈退朝。在这种情况下，此次朝议的结果自然是北兵不足为虑，甚至还有人异想天开，想借清军来解决左良玉的部队。

当然，不惧马士英的人也有，像吴适就对方国安、牟文绶等将领借着"御左"的名义跑路、逃避清军之恶行进行了抨击，直斥两人是叛逆，结果被戴上了东林嫡派、复社巨魁的帽子，被革职下狱。由此可见，马士英对朝廷的掌控依然很有力。

但有意思的是，在朝会时，应天安徽巡抚、提督上江军务朱大典面含怒色地说道："少不得大家要做一个大散场了！"此话一出，所有人都震惊了。朱大典显然已经对局势做了最坏的打算，不认为朝廷还有挽救的可能。其实明眼人都看得出来，弘光政权要完蛋了，只不过像他这样公然在朝堂中说出来的，绝无仅有。皆因朝臣们的表现实在让他无比愤怒，只觉人心已散，迟早大家都会离去。

需要指出的是，马士英虽然强力压下了反对意见，并强迫朝廷按照自己的看法运转，但他并没有感到安全。在他的心里，只有拥有一支供自己支配的武力才能带给他最大的安全感，于是他出了五千金招募健卒。

清军抵达扬州城下后，知道问题严重的朱由崧才开始下令让黄得功向太平转移，并让刘泽清救援扬州。只是他并不知道此时刘泽清已经暗地里跟清军商谈投降事宜。为了加强力量，朝廷又调司礼监太监卢九德、总督王永吉、镇臣刘良佐前去救援扬州，可以说把能派的援兵都调出去了。由于当时很多部队都被派去抵挡左良玉的叛军，即便之后左良玉之子左梦庚退了兵，经过连续作战的明军也需要休息，所以朝中可调动的机动兵力并不多。

朝中当权派虽与史可法不合，但在生死存亡的危急关头，还是寄希望于史可法能为他们挡住清军。毕竟所有人都知道，扬州作为长江的重要军事屏障，乃是"国之北门，一以统淮，一以蔽江，一以守运河，皆不可无备"，如果扬州丢失，那南京就会变得非常危险，他们也不会有什么好下场。

二十三日，清军炮击扬州城西北，史可法上血书告急。二十五日，扬州被破，史可法殉国。扬州失守后，朱由崧不得不开会询问对策。有一位大臣在手中悄悄写了"迁都"二字，小心翼翼地递给皇帝看。朱由崧看到这两个字后啥也没说，只是默然叹气。为什么呢？这事儿肯定会有大臣反对。果然，后来投降清朝的钱谦益就反对。眼看有大臣反对迁都，他也决定不再跟大臣们耗时间，直接宣布退朝。这下他可是体会到了当皇帝的难处了。堂堂一代帝王，前有首辅马士英压制，后有尚书钱谦益反对，这让他变得不再信任朝臣，为后来的私自出逃埋下伏笔。

在之后的武英殿召对中，心神不宁的朱由崧又埋怨马士英究审假太子王之明的事情。很明显，朱由崧后悔了，他没想到事情会恶化到这种地步。他一开口，大家都只能保持沉默，决定不惜代价镇压左良玉叛乱的是马士英，现在抵御清军不力，扬州失守、史可法身死，还能如何挽救？

在一片沉寂中，朱由崧最先忍不住，他不高兴地说："外人皆传朕要出去。"大学士王铎听后就不淡定了，连忙问皇上："这话是从哪里传来的？"朱由崧听后用手指了指一个宦官。王铎严肃地警告宦官说："外边的话绝不可以乱传。"威胁完了皇帝身边的人后，王铎又请皇帝把讲课时间定下。听到这个要求，朱由崧冷冷地回道："且过端午再说。"可见朱由崧对大臣已经彻底失望。对他来说，这些高官根本靠不住，还不如身边的奴仆忠心。这让他决心瞒着大臣悄悄出逃。

与此同时，感到危机的马士英也打算召集自己信得过的黔兵入卫。由于马士英是贵州人，所以他更愿意相信家乡的黔兵。只不过这事儿干得太犯忌了，一个国家的首辅大学士，竟公然要求调乡兵入卫，怎么看都有问题，于是受到工科给事中吴希哲的反对。马士英在这件事情上到底不占理，最终只好作罢。

除了马士英，不安分的勋贵也跟着凑热闹。眼看清军就要打到首都，保国公朱国弼也不知道是缺心眼还是故意试探，竟悄悄向皇帝打探他的真实想法。朱由崧哪会那么傻？他虽然没有受到良好的皇家教育，但好歹也是在外逃难过两年的人，世面还是见了不少的，当然不会被轻易套了话去。于是他装出一副大义凛然的样子说道："太祖陵寝在此，又能何去？唯有死守！"

面对溃军纷纷南下的局面，弘光朝廷采取了简单粗暴的应对手段：凡是试图偷偷过江的，不管是兵是贼，统统扫除。比如，许定国引清军南下后，高杰的老婆邢氏连忙率领3000兵马逃往泰州，余下士兵也放火烧掉瓜洲大营赶往镇江。由于她的船队载的都是粮食和妇女，结果很轻易地就被明将郑鸿逵打掉了一半，剩下的人只好逃入海中或者投降清朝。

就在这种危急时刻，一些人依然在打着自己的小算盘，想着怎么搞垮弘光政权，而不是怎么对付外敌。五月初一，皇城的东西长安门就出现了几则书联："福王沉醉未醒，全凭马（士英）上胡诌；幕府凯歌未休，犹听阮（大铖）中曲变。""福运告终，只看驴（卢九德）前马（士英）后；崇基尽毁，何劳东捷（张捷）西沽（李沽）。"为了打击弘光朝廷威信，这些人故意制造谶言，以引起混乱。

弘光政权的崩溃

五月初五，清军进至扬子江。第二天，清军驻瓜洲，陈兵北岸，与京口的杨文骢及南岸的郑鸿逵、黄斌卿、黄蜚等人隔江相持。夜间，清军故布疑兵之计，放筏过江。看到有筏子过江，明军不停发炮石来攻，将筏子全部打沉。事后，明军将领向朝廷虚报战功，称已经打退清军的进攻。

到了这个时候，马士英还在拼命地粉饰太平、封锁真相。此前，龙潭驿的探马称，北兵编木为筏，乘风而下。接着又有探马称，江中敌军发炮将镇江城打裂。最后，苏松巡抚杨文骢的令箭到达，称江中有数筏，怀疑是北兵，我军在城下架设火炮，结果火炮爆炸，把半垛城墙给震倒了，连放三炮后，江中的木筏终于被粉碎。马士英得报后，将前两人捆起来重责，再重重赏赐了杨文骢的使者。之后，再没有人敢上告真相。这样做，虽然有安定人心的作用，但掩耳盗铃之举只拖得了一时，对解决问题没有任何帮助。不过对马士英来说，只要给他几天时间进行运作就足够了。

此时的马士英，不再理睬朝中的反对意见。他径直调集3000黔兵入城，并每晚抽调200精兵守护他的私人住所。至于朝廷的大兵，他一点儿也不敢相信。同时，他还发600黔兵守明孝陵，对门禁的管理也更加森严。

就这样相持几天后，初八晚上，清军趁着大雾渡江。他们让水师潜至南岸，在长江之西、离瓜洲15里的地方等待；而另一支清军则在木筏上面绑满草人，置放灯火，然后一边放炮，一边让其顺流而下。对岸的明兵由于看不清江中情况，以为清军来袭，于是放炮射箭，也不管是否瞄准、打中，先打再说。

明军完全没有料到，这是清军的疑兵之计，结果浪费了很多炮弹、弓箭不说，还被声东击西，打了个措手

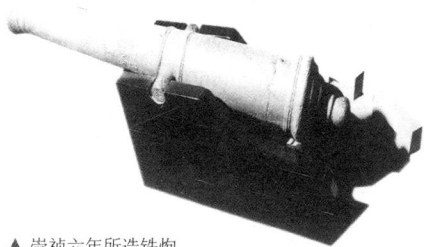
▲ 崇祯六年所造铁炮

不及。五鼓时刻（凌晨3—5点），清军水师从坎坛桥乘轻舟飞渡，并陆续引渡其余士兵。随后，他们向明军驻地开赴，一路上只遇到了一二十人。

到了黎明时分，清军寻了个偏僻的小土山击鼓吹螺、故布疑兵，一番闹腾下，明军以为清军人很多，于是仓促列阵，却被清军冲溃。惊惶之下，明军或东遁入海，或迅速后撤。其中，杨文骢率部退往苏州；郑鸿逵手下的福建兵虽然善于水战，外号"黑鬼"，可全无斗志，直接逃入大海。明军溃退的消息传开以后，南京城内出现了许多清军已经渡江的传闻，闹得是人心惶惶。

五月初七，清军渡江的前一天，大学士马士英、王铎、蔡奕琛，尚书张捷、张有誉、钱谦益等16人在清议堂召开会议。据说讨论的内容是如何通过总督京营戎政、忻城伯赵之龙向清朝献城。虽然朝廷不希望人们传播清军南下、明军败退的消息，但是高层很清楚，他们打不过，于是开始考虑怎么体面地结束战争。正是由于他们事先有了准备，在一定范围内达成部分共识，南京降臣才能在清军抵达后从容应对。不过这里也有个问题，那就是既然马士英参与了这次投降密会，那他后来为什么会离开南京而不是投降呢？原来，马士英听到密报说，清军声称只抓马士英和朱由崧，其他官员皆可赦免。马士英为了保住性命，只好遁走。

当然，朱由崧也不是傻瓜，他虽然不怎么关心国事，但耳目还是有的，外面发生了什么，他都知道。既然大臣们不准备迁都，还背着自己商议怎么投降，而自己又不愿意跟着陪葬，能怎么办？朱由崧跟亲信们耍了个心眼。经过准备，在清军过镇江的第二天，也就是五月十日这天，朱由崧与卢九德、田成等亲信宦官一起饮酒，装出一副醉生梦死的样子。岂知，这压根就是朱由崧有意施展的障眼法。二鼓后，朱由崧从通济门奔往太平府。大臣们还不知道皇帝已经跑了，只听到夜

里有马蹄声，可见他的伪装很成功，谁都没有怀疑他。

得知清军过江后，马士英非常恐慌，这时他的亲信御史张孙振来见他，马士英气得朝地上扔东西，骂道："你们这帮人误导我，让国家之事糜烂至此，还有脸来见我？"张孙振只好惭愧地退出。这时，朱由崧出奔的消息传来，马士英急了，也要跟着跑路。然而，就在马士英收拾行装准备出逃的时候，正巧钱谦益路过马士英家门。马士英解释道："我有老母，就不能随君殉国了。"所谓"老母"，指的是朱由崧的嫡母邹太后。马士英一行到了孝陵后，迅速召集黔兵自卫，接着又逃往浙江。

也有说法认为，皇帝是和马阁老一起跑的。黄道周就说："皇太后五月十一日与皇帝分开，在南渡时被土兵所抢。"这是怎么回事呢？原来，茅山乡的人以为是清军来了，于是持槊自卫。谁知来的不是清军，而是皇帝的圣驾。这些土兵把火把一举，御林军就乱了，可见这些军队平时训练有多差！在这种混乱的情况下，慌不择路的马士英之子马銮带着皇帝和8000土兵西行；而马士英则和太后过独松关，再过余杭抵达临安。

不管事实真相到底如何，反正皇帝和首辅出逃后，南京立刻陷入群龙无首的状态。黎明时分，皇帝出逃的消息传得是沸沸扬扬，城中立时陷入恐慌，人们纷纷携老扶幼出门。在这种情况下，为了尽快安抚城内居民，平定混乱局面，赵之龙出告示称："大驾虽然播迁，但本府欲保此土不经战乱，已致清国大帅，自有斟酌，尔等不必惊慌逃避。"在这场混乱中，内库中的银、绢、米、豆、服玩、弓刀等物，被人趁机抢去不少，但没有人去制止。

由于当时不愿意抵抗清军的广昌伯刘良佐纵兵在南京南门外烧杀抢劫，贵人们担心刘良佐攻城，于是就推举保国公朱国弼为留守。赵之龙则秘密遣送使节渡江商谈迎清事宜。不过由于这事做得比较秘密，所以没什么人知道。一些大臣去礼部尚书钱谦益那里商量，钱谦益叹气道："事已至此，唯有作小朝廷求活了！"然后，他拟了一张投降文书的草稿给赵之龙，但赵之龙没有采用。

十二日，朱由崧抵达太平府，结果斩关逃往这里的刘孔昭却闭门不纳。不得已，朱由崧只好又去了黄得功那里。这条记载很是奇怪，作为备受朱由崧信任的勋贵，既然坚持抵抗、不肯降清，那公然拒绝皇帝入城又是怎么回事呢？他就这么有底气，不怕皇帝秋后算账？由此就有了另一种说法，太平府之所以闭门不纳，是因为黄得功的家属居住在那里，于是皇帝一行人只能露宿郊外。笔者认为后者更接近真相，大约是怕皇帝身边人趁乱糟蹋眷属，引起军头不满，才索性拒绝皇帝入城，多一事还不如少一事。至于阻挡皇帝入城会被定什么罪，倒不用害怕。之前朝廷要求逮捕御史黄澍，结果就未能成功，现在战乱之下，皇帝的威信更是大打折扣。但黄得功就不一样了，保护黄家亲属，就等于让黄得功欠下一个人情，这显然更有利于取得军方庇护。乱世之下，还有什么比军方保护更安全的呢？这种趋利避害的选择对于追求效益的人来说，无疑是明智的。

在这种情况下，朱由崧只好让太监卢九德召见在外的黄得功、阮大铖、朱大典等人。结果黄得功和阮大铖在见到皇帝后，都认为皇帝不应该轻易离京，黄得功更是痛哭道："陛下要能死守京城，臣等犹可尽力！奈何听信奸人之语，仓促到此。而臣刚刚与寇作战，又如何能够护驾？"被文武重臣这么一说，朱由崧就后悔了。不过既然已经跑出来，自然就没有轻易返回的道理。朱由崧只好和盘托出："非卿无可仗者。"接着，他拿起酒杯给黄得功敬酒："愿仗将军威力！"可以说，此话饱含了朱由崧的全部期待。

见皇帝这么信任自己，把身家性命都押在自己身上，黄得功是大为感动，他一面将酒洒在地上，一面痛哭着起誓道："如果臣不能尽犬马之劳以报答陛下，那我就如同这杯酒一样，不复存在！"看到这个场景，将士们无不动容。

朱由崧说得不假，京城的文武百官确实不值得信任，他并不是傻子，知道谁靠得住谁靠不住。为了保住自己的小命，朱由崧必须找到值得托付之人，显然，他看中了黄得功，认为此人忠义，值得信任。这是经过长期观察得出的结论。黄得功跋扈不假，但至少没有跟刘泽清、刘良佐一样完全不听调遣，就凭这点就足够让他感到宽慰。而且黄得功是武将，比那群不可靠的文官更让人放心。

在芜湖，朱由崧还接见了阮大铖与朱大典。两人纷纷表示会誓死力战，于是一同被任命为东阁大学士、督师。可见，皇帝仍旧信任他们，认为这两人可以帮他挽回局势。阮大铖虽然在东林党眼里名声很差，但在皇帝眼里，他够忠心，够有分量，经验、能力都不差，还熟知兵法，所以才对他寄予厚望。

站在朱由崧的角度来看，阮大铖确实是值得信赖的。试问，在这种危难时刻不放弃他，愿意为他打前站的，不是忠臣，是什么？阮大铖作为兵部尚书，却能"一手握定"吏部事务，并让自己的亲信"布列要律，以挠六部权"，这不是有分量，又是什么？在对付左良玉叛军时，阮大铖曾带过军，也算是有相当经验的。能够在复杂险恶的政治环境中立足，突破东林党打压，取得六部话语权，并且击退左良玉叛军（无论真假，在皇帝眼里他就是有功之人），这说明他有足够的能力。说他熟知兵法，是因为他去年刚就职时上奏的《联络控扼进取接应四着疏》和《长江两合三要十四隙疏》给皇帝留下了深刻的印象，连中间派的李清都为这个建议没有实行而感到可惜。因此，对于这种信得过的人才，朱由崧自然会加以重用。

十三日，蔡弈琛、唐世济、朱国弼、赵之龙、钱谦益等主张投降的核心文武高官秘密聚集到中军都督府，蔡弈琛从袖中拿出已经拟好的十二款草案给大家看。不久，身穿蟒服的朱国弼和身着素服的蔡弈琛一前一后地前往中府台基接见书院学生，朱国弼毫不客气地说："弘光放弃这个国家弃我们而去，断了国家大义，还有资格当皇帝吗？况且京城现在要兵没兵，要钱没钱，还能咋办？所以，你们知道这事儿就行了！"

赵之龙还提出，出降前应前往户部封闭府库。对此，郎中刘成治非常愤恨，欲动手打人，结果被他躲开。刘成治的行为，当然改变不了大势，只是发泄自己的愤怒和不满罢了。

十五日，清军在城北扎营后，文武百官纷纷迎降。其中，投降的勋贵有：

魏国公徐允爵（洪武时期中山王徐达的后人）、保国公朱国弼（成化时期抚宁伯朱永的后人）、灵璧侯汤国祚（洪武时期东瓯王汤和的后人）、安远侯柳祚昌（永乐时期融国公柳升的后人）、永康侯徐弘爵（永乐时期蔡国公徐忠的后人）、临淮侯李述祖（洪武时期岐阳王李文忠的后人）、镇远侯顾鸣郊（永乐时期夏国公顾成的后人）、隆平侯张拱日（永乐时期郧国公张信的后人）、怀宁侯孙维城（天顺时期涞国公孙镗的后人）、总督京营戎政的忻城伯赵之龙（永乐时期都指挥使赵彝的后人）、南和伯方一元（天顺时期南和侯方瑛的后人）、东宁伯焦梦熊（天顺时期东宁侯焦礼的后人）、宁晋伯刘印吉（成化时期宁晋侯刘聚的后人）、成安伯郭祚永（永乐时期兴国公郭亮的后人）、襄卫伯常应俊（弘光帝新封）。

投降的皇亲有：

大兴伯邹存义（皇太后之弟）、洛中伯黄九鼎（弘光帝原配的兄弟）、驸马齐赞元。

投降的文官有：

▲ 多铎入南京图

文渊阁大学士蔡奕深，礼部尚书钱谦益，都御史李沾、唐世济，翰林院掌院事詹事府正詹事陈于鼎等。

当然，有人投降，就有人宁死不屈，吏部尚书张捷、刑部尚书高倬、工部尚书何应瑞、左副都御史杨维垣等高级文官纷纷自杀。

清军到达后，戎政府和都察院各派了两名官员在道旁跪迎，并高声报名。等到士兵喝起时，文武百官就出城迎接。当时天还下着大雨，却没有一个人敢落后。

对于百官的丑态，连乞丐都看不下去。一个乞儿在百川桥上题诗云："三百年来养士朝，如何文武尽皆逃？纲常留在卑田院，乞丐修成命一条！"然后就投江而死。

在众多大臣中，黄端伯的表现最值得一提。南京降后，礼部主事黄端伯不但拒绝投降，而且还在门口大书"大明礼部仪注司主事黄端伯不降"。多铎知道后，派人把他抓来。见到多铎后，左右要求他跪下，但黄端伯拒绝下跪，而是南面盘腿而坐。清军要求他书写职名时，他自称"大明臣子黄端伯"。

多铎有意刁难，问他："你认为弘光是什么样的人？"

黄端伯说："天子圣明！"

"那马士英呢？"

"当然是忠臣！"

听了这话，所有人一片哗然，就问："马士英怎么会是忠臣？"黄端伯说："马士英不肯投降，带着3000兵马护卫皇太后前往浙江，怎会不忠？"接着，他指着赵之龙、钱谦益、王铎等人说："这些人才是不忠不义之徒！"多铎还想继续争取，让他去内弘文院，结果黄端伯根本不予理睬。最后多铎干脆拔刀威胁，黄端伯竟然把头伸过去说："头在此！"多铎感慨道："南来硬汉，就只看到这一个。"随后，就将他送到监狱中。再后来，黄端伯不幸遇害。可以说，南京诸臣中，黄端伯的表现最硬气，也让人印象深刻。

十六日，双方开始举行正式的投降大典。南京打开洪武门，赵之龙和兵部侍郎李乔率领百官献册，并行四拜礼，随后豫王多铎被迎入城中。李乔进城后，还贴了两则告示：一个是《摄政王晓谕江南文武官员》，另一个是《豫王晓谕江南官民》。他指责福王僭称尊号，沉湎酒色，信任奸邪，致使民生困瘁，文臣只知作恶纳贿，武臣只会假威跋扈，致使上下离心。

十七日，文武百官在行宫朝见豫王多铎后，纷纷递上自己的职务名帖表示臣服。清军也开始严肃纪律，每天对官员进行点名。如果有官员不肯参加朝拜，妻子就会被抓起来，而请假的官员则会被登记在册。从这天开始，赵之龙还下令城中百姓都要设立香案，并贴上写有"大清皇帝万万岁"的黄纸。

十八日，清军进驻南京城，赵之龙特意将大中桥以东划为兵房给清军住。这样一来，很多居民都只得搬移，人们哭着离开了这里。

清军入城时，官员们纷纷带上米面、瓜果等物品在道路边慰问以表心意，赵之龙甚至还组织人手进行了慰问演出。多铎看得兴起，连投降明军将领刘良佐求见都没理睬，直到演出结束后才撤席。在面见多铎时，刘良佐叩头表示，希望自己能靠抓捕朱由崧来赎罪。他的这个要求，多铎自然不会拒绝，很快就拨出300人与他同行，协助的同时也起监视作用。

当然，清军并没有将抓捕朱由崧的所有希望都寄托在他身上。为了追击逃往太平府的朱由崧，清军还派出了贝子屯齐、和托，总管多罗贝勒尼堪等人率领八旗护军、前锋兵、马兵和部分蒙古八旗兵、察哈尔兵一起去追击。清军对这次抓捕朱由崧的行动非常重视，这从人员的安排上就可以看得出来。

接手南京后，由于该城具有重要政治意义，多铎还专门严肃了军纪，对公开抢劫大内财物的清军士兵和藏匿者，通通都给予砍头的待遇。

二十三日，刘孔昭率领十三总兵由常熟福山塘进入苏州。南京陷落后，总兵徐观海劝刘孔昭死守太平，但刘孔昭不干，反而想去守苏州。到了六月初一，他的部队才到达苏州，这时清军已经抵达苏州城西北的浒墅关了。在这种情况

▲ 战舰模型

下，刘孔昭显然不敢再在这里待下去，于是急忙从阊门过胥门，结果被清军打败，只得狼狈地逃往太湖。

追击朱由崧的清军在离太平府80里的地方，才听到对方已经前往芜湖的消息，于是昂邦章京图赖又率护军和前锋兵连夜火速追击。明军并不知清军已经追来，因此朱由崧直到清军快抵达芜湖，才上船欲前往杭州，朱大典、阮大铖则早已先行离去探路。

由于清军抵达的时候朱由崧已经在江面上，图赖只好占据江口，对黄得功部发起突袭。此时的黄得功部还在四处掠夺，遭到清军的突然袭击后，才不得不仓促应战。黄得功先前与左良玉作战时受了伤，一直没有痊愈，于是只能用帛缠着手臂，佩刀坐在小船上督导麾下总兵迎敌。混战中，降将刘良佐出面招降，却被黄得功痛斥。然而就在这时，一支利箭射进了黄得功的咽喉。黄得功自知无救，便扔掉手中的刀，拔出利箭而死。

中军的明将田雄眼看黄得功战败，察觉到升官发财的机会来了，于是毫不犹豫地冲入朱由崧的船中，将他挟持走。当田雄像大盗一样背着朱由崧出降时，他的背部已经被朱由崧恨得用牙咬烂，以致最后都流血生疮了！当然，田雄也得到了他想要的：二等侯，子孙世袭。此役，清军不仅成功夺取明军战舰，截断明军退路，还让黄得功手下的12名总兵率马步兵投降。

得知朱由崧被抓的消息后，清朝还特遣秘书院主事和皇侍卫传谕："天下为一，

正值此时矣。"

被俘的朱由崧是坐着小轿进入南京
城的。他的样子很凄惨，头上戴着帽子，
身上穿着蓝色的布衣，用油扇掩面。路
上，很多百姓对他是骂骂咧咧，甚至向
他投瓦砾。得知朱由崧被抓，一些降臣
向豫王多铎请求，希望能够见他一面。
多铎点头应允，条件是不能行君臣礼。

▲ 连环画《史可法扬州保卫战》内页，反映的是准
塔突袭刘泽清的情形

很多大臣见到皇帝后，纷纷叩首，看到这个场景，朱由崧不由流泪，各位大
臣也跟着流泪。朱由崧表示，以后能成为江南一布衣长侍孝陵就很满足了。可问
题是，他毕竟做过皇帝，而且是崇祯之后明朝最具合法性的继承人。只要他还活着，
无论他做什么都会有人打着他的旗号去反清，清朝绝不会留着这么一个定时炸弹。
最后，朱由崧又后悔地表示："悔用马士英急左缓虏之策，悔不用史可法言守堂
奥而不守门户。"说完就抽泣起来，大臣们也跟着哭了起来。

就在这时，出现了不和谐的声音。大学士王铎用手指着朱由崧大骂，并历数
他的罪状，最后还申明："我又不是你的大臣，为什么要拜你？"说完，王铎就
甩袖子走了。钱谦益则是另一派作风，他伏地痛哭，完全起不来，最后还是被人
扶着出去的。

最后一支投降的弘光明军是刘泽清的部队。闰六月二十四日，刘泽清在淮安
向固山额真准塔投降，这时候唐王已于闰六月初七监国了。

为什么他投降得那么晚呢？原来，准塔五月十八日率军前往睢州，十九日渡
过三路河，之后将2门红夷大炮和30门将军炮放在40只船上，按照二十一日邳州、
二十二日宿迁、二十三日睢宁、二十四日桃源、二十五日清河的日程一路前行。

清军向清河推进时，刘泽清也让总兵马化豹、副将张思义等人带着1000多艘
船以及4万大军[1]联营十里，守在淮、黄、清三河的河口。梅勒章京康喀赖等人见状，

---

① 在清初内国史院满文档案中，刘泽清部署在这里的只有17000人。

318

迅速率兵渡过清河列营，并用大炮击败明舰。站稳脚跟后，清军派都司楚进功率600步兵据守黄河北岸，鸣炮呼应，吸引明军注意。接着，清军又派出另外两支部队同时行动：一路从清河上游进击，一路直接进攻对岸的马步兵。虽然清军不断分兵，明军瞧着势大，但是他们士气太差，以致连战连败。

拿下三河口后，清军合兵进入淮安境内，并在遭遇战中成功杀了明军两名副将和一名参将。

清军到达清江浦后，明朝监司范鸣珂迅速携印归降。刘泽清很清楚自己无法抵抗清军，便将他管辖的十四州县土地、人民、兵马、钱粮都交付给总兵柏永馥代理，他则和防河总督王永吉、总漕都御史田仰等人，各自带着一批文武官员和亲人、家丁乘船逃往海上。总兵柏永馥一看上司都跑了，首都也丢了，我还抵抗啥？还是投降吧！于是他干脆率领部队和官民一起投降。在这里，清军一共缴获了561艘船、476匹马、26门红夷大炮和19只骆驼。淮安投降的消息传开后，凤阳、庐州等地也纷纷投降清军。

事情大定后，准塔又和清朝委任的巡抚赵福星派人持书信前往海上招降刘泽清等人。放这么一个重量级武官逍遥海上，他们始终不能安心，万一他号召东平镇起来抗清怎么办？经过反复磋商，清军终于取得刘泽清的信任。闰六月二十四日，刘泽清赴淮安投降。

事实证明，清军的担忧是正确的。后来，不甘心失去权力的刘泽清果然暗中参与反清活动。不过再想挽回失去的权势就难了，除非能和三藩一样兵强马壮，远离皇帝，才有足够的资本进行抗争，不然一个闲置人员想在皇帝眼皮底下搞谋逆，简直就是在找死。很遗憾，刘泽清偏偏不信邪，想要博一把，结果被砍了头。

不管怎么说，随着弘光朝廷主力部队的战败和投降，江南已基本不存在对清军有威胁的明朝官军。

潞王监国的破产

带着护卫和太后去了浙江的马士英，在广德州被知州赵景和拦在城外，他称："这人不奉君王而奉太后，一定是假的！"这就惹火了马士英，于是他下令将广德打下，动作十分粗暴。接着，他又迂回到安吉州，知州黄翼圣很聪明，吸取了同僚的教训，亲自去道上迎接。结果巡抚张秉贞还是不放心，亲自发文询问真假，黄翼圣回道："阁部既然是真，那太后就不可能是假。"张秉贞遂以杭州总兵府为行宫，将太后一行人接入。

有关太后是假，为马士英母亲冒充的说法，实在不值一驳。如果太后是假冒的，杭州的各位大臣岂会罢休？黄道周等正人君子会不吭声？

马士英到了杭州之后，很多人要求面见朱由崧，马士英只得搪塞道："圣驾现在在靖南军中，迟早要带兵亲征，传出捷报，何必这么着急？"素服渡江拜会潞王的给事中熊汝霖，曾要求朝廷发罗木营的兵去守杭州西北的关隘独松关，结果遭到拒绝。听到这番说辞，他立刻把矛头对准了马士英："圣驾亲征可是国家大事，为何首辅竟然会不知，反而让自己的儿子随行左右？"马士英被问得哑口无言。只要脑筋正常的人，都能想出这其中的不合理处：皇帝亲自带兵打仗，身为内阁首相的马士英不但没有跟着，反而让自己的儿子领着家兵去了别处！

太后抵达杭州后，闻讯的潞王和众大臣纷纷前去拜见。太后下令所有在籍大臣一律照常工作，张国维和黄道周则被召入宫中护卫。刘宗周、黄道周等人入朝后，纷纷上书痛批马士英的罪过，甚至要求杀掉马士英。这让太后叹息不已，只能悄悄抹泪。这都什么时候了，大臣们还在这里吵个不停，而皇帝的下落却没人关心！

刘宗周是怎么攻击马士英的呢？他说："士英亡国的罪过根本无须再言，身为宰相，竟然抛弃天子、挟持太后而逃！既然朝廷不能给他定罪，缘何国人不起来砍了他的头？想当年贾似道为郑虎臣所杀，而今我大明求一虎臣却不可得，真是可叹！"

抛弃天子、挟持太后虽是事实，但杀了马士英就能解决问题吗？显然不能！刘宗周是铁了心要杀马士英，他指使分守台绍道于颖上疏此事，但疏文根本就没有被呈报上去。这怎么可能会报上去呢？马士英怎么说也是内阁首相，怎么可能说杀就杀？但刘宗周还不死心，他继续给于颖写信道："监国是指望不上了。奏章早晨上了，晚上就应该下发，现在都四五天了，竟然还没有一点儿动静。我看你不必再等上面的旨意了，继续上书，直到天下人都知晓大义为止！"刘宗周摆出一副义正词严的模样，可什么叫大义呢？他口中的"大义"，也就是党同伐异那套，其实就是想把马党从朝廷赶出去，好让跟自己理念一致的人掌握朝中大权，实现自己的理想。然而，这些自诩正人君子的文人能做啥呢？

再说黄道周，他一抵达杭州，就上了一本《恭慰皇太后兴居并述义师情繇疏》，汇报了自己在浙江的工作成绩。他表示，金华、永康、东阳、义乌等处，有戎政兵部尚书张国维所募乡兵4000名；金华有守道王调鼎、知府王礼所练原兵1800名；永康有知县朱名世所练原兵1200名，举人龚广生、秀才王同庚、朱万化所募义兵2000名。黄道周在浙江一共招到了9000兵丁，这个数量，虽然不是很多，但两个多月的时间，一个清流能在那种低效、掣肘的环境中做到这个程度，也算是很不错了。

黄道周在奏疏中这样弹劾马士英："自五月十一日到现在已有两旬，我们却还不知道皇上在哪；而首辅大学士马士英却拥兵自卫，来到西湖休息。诸位问他，他才说圣驾在靖南侯黄得功军中。马首辅明知圣驾所在，却轻易离开，一定是有不臣之心！抑或他根本就不知道圣驾在哪，只是想借此来保住他的家人。无论何种情况，他的欺君罔上、苟且偷生之举，都令人不齿！"黄道周的言论可以说十分诛心，他认为马士英有不臣之心，甚至还认为他有可能是在欺骗众臣。太后看了这份上表后，叹气不已。她一个手无寸铁的女人，能怎么办呢？

这时冒出个叫张国纪的都督同知，竟也请求诛杀马士英。作为武官提出这样的要求，当然是得不到回应，于是他只能叹道："坏天下事的，一定就是这个人。"然后大哭而去。

不管外面怎么议论，马士英还是很希望朱由崧能打个大胜仗的，但现实的残酷给了他狠狠一击。阮大铖、朱大典及总兵方国安等人抵达杭州后，带来了黄得功败死、皇上被俘的消息。在这种情况下，马士英只好找阮大铖、朱大典等人讨论潞王监国事宜。

这时，黄道周跳出来要求这些高官迎驾讨贼。对此，他们很是不满，朱大典就不客气地说："我奉诏书让前导部队先行出发，哪里知道圣上在哪？"马士英也表示："我儿也去指引圣驾了，现在不知在哪，更不知圣驾在哪！"只有阮大铖感到惭愧，口称死罪。

对于拥戴潞王为监国之事，黄道周倒是大力支持，毕竟没有个统一领导，事情实在不好办。他在此期间先后上了劝进书（《潞王劝进表》）、七事笺（《潞王监国笺》）、求贤笺（《请召刘宗周、姜曰广、高弘图、杨廷麟、刘同升以收人心笺》）、逐奸笺（《论马士英、阮大铖卖君卖国笺》）和令师笺（《临安劝进疏》）等众多疏奏为潞王呐喊。这些奏疏的重心，不外乎吹捧潞王贤德，是监国的不二人选，又就施政要素、任用贤能、驱逐奸臣、出兵讨伐等提出了针对性意见。他的这五篇疏奏都被收入了《黄漳浦文选》。

皇帝被抓后，潞王监国成了最好的选择，但潞王死活不肯答应。没办法，大臣们只好请太后出面相劝，然而潞王哭着推辞，只是迎太后入住府中。谁知太后进去后，再三哭着要求他接受。无奈之下，潞王被迫监国。

六月初七，邹太后正式发布懿旨给潞王朱常淓："尔亲为叔父，贤冠诸藩。昔日宣宗东征，襄、郑二王监国，可谓成例，今可遵此行之。"懿旨里援引了宣宗东征时的旧例，这也意味着，在太后眼里，潞王只不过是个给朱由崧打工的代理人，而不是一个具有独立政治意义的监国。但实际上，由于朱由崧并不在明朝控制区内，有大臣认为潞王应该早日登基为帝。因此，太后虽然想打压、贬低潞王的政治身份，但并不是所有的大臣都是这样认为的，所以他的实际政治地位远比太后赋予他的要高。

就在太后下旨的第二天，潞王正式监国。这天，穿着素服的潞王发现首辅大学士马士英身边竟然也站着一个身着素服的人。要知道，马士英可是内阁大臣，而这个人居然和马士英站在一起，穿的还不是礼服。这么不合常规的现象引起了潞王的注意，就特意询问此人是谁。就看这人从袖子里抽出自己的名帖，潞王一看，不得了，他居然就是大名鼎鼎的儒臣黄道周！知晓这人的身份后，潞王就客气地说道："先生乃一代忠良，今日有幸共任大事！"接着，他又拉着马士英的袖子说："先生每事可与黄先生商量。"听了这话，马士英表现出一副不屑的样子，朱大典则很不给面子地说："姓黄的家伙啥都不懂，我可是从行在那边为圣驾开道过来的，怎么不问我，却动不动就问姓黄的！"黄道周不高兴了，他不客气地回道："既然为圣驾开道，那现在圣驾在哪儿？"此话一出，朝会不欢而散。

在稍后的王府朝见中，潞王问黄道周："先生可有教我的？"黄道周说："大王，我们现在必须要在'用贤才、收人心、破故套、行王道'这十二字上下功夫，这才是我们现在最重要的事情。"

潞王听后一顿，知道黄道周这是要与马士英对着干，只好说："和气才能致祥，家若不和，事必不成。今日之事，先生应当与马辅商量。"

黄道周听潞王还是要求他与马士英合作，就决定加强攻势："大王，有些事情不是商量就能解决的。如今的局势，只有招纳贤士才能收取人心。既然我们在两浙之地，自然就要让此地素有名望的人来进行管理，刘宗周作为江东德高

▲潞王朱常淓

望重的老臣，为何不召见重用？请大王相信我说的，如果重用这个人，各位贤士就是不用召集也会自动集合起来。而诸位贤士一旦聚集，人心一定会大振。"潞王只是淡淡地说："马辅恐刘家来，又分别门户！"

黄道周一听这话就不高兴了，他道："哼！就'门户'两个字还想破坏朗朗乾坤，他那一套歪理邪说现在怎么能听？要知道，这君子有贤奸却是没有门户的！只有那小人才没有贤奸而有门户之见。"

潞王对黄道周的这套理论显然不感兴趣，空谈解决不了问题，于是他就踢皮球道："马辅如今手握重兵，何不与之商量？"黄道周看潞王实在是油盐不进，于是干脆不再劝谏，而是说："这可不是卑职所能想到的事。"然后就告辞而出。

政治一向都是务实的。黄道周作为一名标准的文人，书生气太重，在国家面临空前危机的时候，还理想地认为，只要正人君子上台，国家就会好转。问题是，弘光时期江北四镇的问题就是刘宗周闹出来的。神童夏完淳就曾议论道："史可法在调停完江北四镇后，正准备讨论北伐之事，结果刘宗周就上疏奏称刘泽清这些人统统可杀。他们当然是该杀的，可问题是南都处在这样一个情势之下，发表如此危险的言论，不但不能解决问题，反而会招致祸端。于是四镇联手赶走了刘

宗周……而黄得功和高杰又势同水火，几乎酿成了李克用、朱全忠的祸端。"可见，刘宗周在里面起到了极坏的政治作用。

四镇跋扈，这是朝中大臣都知道的事情，如何调理，实在是考验政治智慧。刘宗周在错误的时间发表了看似正确的言论，自然遭到了军方的强硬反击。这完全就是没有大局观的表现。他自己可以拿到名声后，拍拍屁股轻松走人，大家称赞一声英雄敢言，却给为政者留下了无法收拾的烂摊子。很多大家看起来很正确的事情，如果捅出的时机不对，只会得到糟糕的结果；只有在恰当的时机出手，才能获得想要的效果。很明显，儒学大师刘宗周是不懂的。他只知道大义，孤立地认为杀掉这些人就可以解决问题了。黄道周请这样一位只知空谈却不懂政治的人出山，只会让局面变得更加不可收拾。

离开潞王府的黄道周撞上了御史何纶，这才知道马士英、阮大铖、朱大典推潞王为监国根本不是出于真心，而是为了试探北方动静。何纶还告诉他，次日就要去绍兴料理行在事宜。听到这话，黄道周留了一个心眼，看样子马士英他们是要把潞王从杭州带到绍兴，这可是一个很重要的消息。于是黄道周就找机会问马士英绍兴行在的事情，结果马士英人老成精，听了后马上反问："绍兴这小地方能安稳地定居？"然后他就故意转移视线，问金华咋样？黄道周说："金华的水都朝西流，山川也很普通，建国之初的胡大海就在此丧命……"马士英沉默了，不吉利啊不吉利，本来只是随口说说，没想到引出了这么一段往事。但黄道周显然不愿轻易放过这个机会。他接着说："如果不能恢复建业，不能守住常州、镇江，那么，我绝不会与你们这群人共事！"在旁的两位内侍非常错愕，说道："现在我们连杭州都不一定能保得住，还怎么谈恢复南京、常州、镇江？"听了这话，黄道周很不爽地拱手道："既然这样，那我就听诸公的。"

除了黄道周，杭州的楚藩将军朱华堞也找到潞王，向他面陈复兴大计："我太祖高皇帝统一之功，远超前代，上天垂惠，二百八十年未变。大王身为皇家之后，自是与国休戚与共。而今国势恶劣至此，捶胸北望，实在让人无颜苟活！当今大王之贤名，远近共闻，天下人若要尽己之智慧、力量，必将依靠大王。大王身为龙孙，天下人岂会不眷恋？这嘉兴与湖州，乃是武林之门户，水陆纵横交错，可直达金陵，而背靠钱塘江，又恃为天险，当年宋人有此半壁，亦是多年，何况闽、粤、滇、蜀等地绵亘万里，如我之旧物。大王应向三吴之地发布檄文，与父老共同奋战，而不要认为中兴大业后继无人。选将撑旗，还非得大王出面指挥！想我先帝劳苦国事，最终以身殉国，海内必有怀念先帝而起兵之人。我等既有百万人支持，属朝廷之事，能不同心？若是失此机会，这天下以后就不姓朱了！他日可还有地方供我们埋葬吗？"

▲ 杭州涌金门老照片

所谓"武林"，其实就是杭州的别称，宋朝就有一本叫《武林旧事》的书，专门讲杭州往事。潞王听了朱华堞的话后，并没有醒悟过来，仍旧认为不扰民、保证全城安危才是大义。华堞只得又劝谏道："道理有大有小，事情有缓有急。现在，我们不应以杀人为忌讳，以博取名声为本事。当抓大事、急事，哪怕是杀妻子、用盗贼，也应当为之。抱脚而泣，不过是妇人之义，我不期望大王如此。"

朱华堞把大义和小义分得很清楚，显示了其不凡的政治见识。但潞王却有些不耐烦，不想听他继续，便道："够了！我是无能为力了，百官亦作此想，我又能用谁？"

听到这，华堞有些生气，但他仍然不肯放弃劝说："国人忠义虽已养成，但仍需鼓舞。我朱家子孙若不尽力必会衰败，又如何阻止人们投向他人？若能提起三尺长剑，誓与国家共存亡，即使孱弱，仍然可用！"

潞王很光棍地说："这我何尝不知？问题是我兵孱弱，再则钱粮从哪来？"不可否认，这些都是现实存在的困难，可是把它作为不抵抗的借口，只是暴露了潞王的怯弱而已。

华堞听后哽咽道："尽大义者，成败不可预料。今方国安有数万人屯守教场，郑鸿逵溃兵亦能收集。只需发放布政司存金，外加盐运司所存即可。若还不足，便贷商钱、征捐款，亦可用数月。这五营之兵皆是健儿，只再招些良民即可。若是得到消息，便可行动，切不可用兵粮来阻碍大计。"

话都说到这个份上了，潞王仍无反应，华堞也无可奈何。他知道自己再劝说

▲ 明代卫辉潞王望京楼外观

也没有用，只好离开。出门后，朱华堞"呜咽顿足"，叹道："大王不知古事，岂有以国奉人而得长世者？有可为之势，却自弃此国仇，何足与之论事？"他将裂开的冠带扔在地上，换上缞麻衣，发誓道："不复中原，以此见先帝！"这一悲壮之举，让旁观者无不流泪。

面对国破君虏的危局，浙江诸臣最终没有放手一搏，而是拼命放低姿态试图苟且偷生。清军抵达嘉兴后，马士英干脆直接派已经投清的陈洪范前去讲和。陈洪范在船上悬挂"奉使清朝"四个字，大摇大摆地驶向清营。马士英希望通过割让江南四郡的方式来换取与清军讲和的机会，但他选择的时机非常不恰当。这天下的局势已经发生逆转，他手上并没有能够让清军退让的筹码，竟然还做着通过小幅割地来换取和平的美梦。殊不知，这时清朝的国家战略已经发生了巨大转变，割地求和的方式已经行不通了，只有将领土全部纳入统治之下，才能结束战争。再者，相对幅员辽阔的大清国境，区区江南四郡，对清朝来说不值一提；因此，即使是把割地当成缓兵之计，也是行不通的。说白了，还是时机不对。在错误的时间做错误的事情，自然不会有好的结果。只有开打方能言和，很显然，这时的潞王小朝廷已经没有可以谈判的筹码了。

很快，清军就抵达了杭州北部的塘西，许多明朝大臣认为杭州已经不可能守住，于是开始四处逃命。马士英准备坐郑鸿逵的船逃往金塘，结果遇到了前来索饷的方国安部，被其士兵挟持着登船。匆忙之中，马士英摔入水中，等救上来时，有只脚连鞋袜都丢了。就这样，马士英狼狈地进入了方营。至于黄道周，由于他在这里无法施展抱负，再加上潞王避阁修斋，因此他不认为潞王能像宋高宗的那样可以顺利渡过难关，于是决意前往富春。有意思的是，阮大铖也不辞而别，还和朱大典打算从富春坐船逃往婺州（金华）。

那潞王是怎么想的呢？他认为："御则无力，逃则非策，且会残害生灵。不如降为上策，且百姓得安。"因此决意奉表投清。清军抵达后，潞王不顾总兵方国安和其侄方元科正在和清军激战，竟无耻地"以酒食从城上犒满兵"，令明军不胜愤慨。六月十四日，清军终于不费吹灰之力占领杭州。

对于潞王的投降行为，很多人都表示了愤慨和鄙夷。浙江诸暨湄池的儒士傅商霖就作了一首诗讽刺道：

> 潞藩一叶仅线线，修斋诵经何其□。
> 冠绅尽是楚猿猴，武弁原来奴仆伙。
> 江东虽小亦可兴，生养教训鲜越佐。
> 拥兵朝夕惟虐民，谁思尽忠报皇祖。
> 致使神州尽陆沈，那讨一块干净土。

儒士傅完成这首诗后，就绝食而死。

时人李清也认为潞王不过一个"中等资质的人，没看到他有多大能力"，对于潞王在危难之际，"命内官下郡县求古玩"很是不以为然。徐鼒亦云："常淓虽有贤声，实非戡乱才。"顾诚先生更是愤愤地批判其为"民族败类"，指责他导致了唐、鲁争立，后果极其严重，认为他的行为"严重地分散和抵消了南方的抗清力量，给清朝征服全国提供了便利"。

可以说，潞王本人虽然在艺术上取得了卓越的成就，但并无实际能力。只是由于清流大臣的私心，才让本无继承资格的潞王介入继统之争，使得弘光朝廷一开始就在党争中建立，内部纷争无法平息，分散了朝廷的注意力。潞王在国难当头之际成为争议最少的监国，却毫无作为，辜负了士绅的期待，不但害了自己，也害了整个国家和民族。他的行为使得明朝皇室的内部纷争更加严重，并对抗清斗争产生了极其深远而消极的影响。

虽然潞王投降了，但刘宗周并没有放弃，他想拥戴惠王去福建进行复兴大业。要知道，惠王的血缘比潞王更接近崇祯皇帝，假使自己成功拥戴惠王，就会占着大义名分，在朝廷中更有话语权。至于能不能成功，并不重要，重要的是自己"尽人事"了。谁知道，老天爷根本就不给刘老爷子这个机会，而是故意和他开了一

▲ 祁彪佳

个玩笑：外面谣传惠王已经投降清朝，这让他受到巨大的打击。

六月二十二日，刘宗周的弟子自杀身亡，并留下遗书。这对刘宗周触动很大，他开始绝食。他在给写给女婿秦祖轼的信中说："北都之变时，我可以选择死，也可以选择不死，只不过我当时被革职在家，所以还寄望于国家能够实现中兴。而南都之变时，主上自己放弃社稷逃跑，再加上我正隐居不出，所以我同样可以选择死，也可以选择不死，以等待后面的有为之主。到杭州失守后，监国也跟着投降，现在我们越地也要投降，我这把老骨头还能怎么办？如果说'不在其位，就不应该与城共存亡'，那我就不该与国土共存亡了？对此，南宋宰相江万里断然选择了死亡！这世界上没有逃避死亡的宰相，还会有逃避死亡的御史大夫吗？"可见，刘宗周已经抱了必死之心了。

二十九日，刘宗周又做绝命词："留此旬日死，少存匡济意。决此一朝死，了我平生事。慷慨与从容，何难复何易！"最终，刘宗周成全了自己，欣然赴死。

刚被任命为苏松总督的祁彪佳也不再继续抵抗，而是选择投水自尽。死前，祁彪佳还看着南山感慨道："这山川人物，还真是个虚幻的影子啊。现在山川虽然没变，可人的这一生却很快就过去了。"在完成遗书后，祁彪佳就趁着所有人睡觉时投河而死。

祁彪佳属于东林党里比较有能力的一位，且地位不低，在国家危难关头，完全可以发挥出更大的作用，但他却选择不做任何抵抗赴死，不能不说是个遗憾。从他最后的遗言也可以看出，他很悲观，不认为自己能力挽狂澜，不如一死报效君王。这个选择，让他在后世留下了清誉。

关于明末的死节，赵园女士也有过专门研究。她认为，明朝暴虐的政治性格（廷杖、诏狱、薄俸），鼓励了士人的病态激情，让儒家道德被极端化；同时，也培养了他们爱好暴力、嗜血嗜杀的文化品性，血色竟成了士人的激情符号。而这种暴力在明亡之际发展到了极致，士论之苛也达到了极致。这种苛刻可以视为明代士人的性格：人主用重典，士人用苛论，儒者苛于责己，清议苛于论人。像东林党，就务求是非分明，必辨善恶邪正。可以说，这种苛刻的士风，正是朝廷政治性格的产物。当然，党争导致的极端道德化，也让道德命题有着很大的虚伪性。明代士论鼓励"平日袖手谈心性，临难一死报君王"，不惜一死被当成是一种士风。忠义被归结于死，失节必以死惩之，节义简化为死的问题，死成了最终的解决方案。因此，刘宗周的自杀，是一种以死"风仪天下"的名儒自觉。祁彪佳的死，则体现了明代士人的自我苛责与艰苦修行，死亡就是他们修行的最后表现。

当然，投降的潞王最后也没有好下场，他被迁往北京之后，清朝就以"乃不知感恩图报，反妄有推立，鲁王等私匿印信。将谋不轨，朕不得已付之于法"为借口，将他处决，以绝后患，可以说下场十分悲惨。

弘光失败的教训

弘光政权在短短一年的时间里就倒台了，自然有其失败的必然原因。我们先来了解下明清双方的国家战略。

先说明朝。个人认为，弘光朝廷的国家战略并不明晰，一直比较混乱。如果简单划分的话，其实可以归为恢复期和偏安期，以弘光元年二月各衙门取消"南京"二字为标志，这表明弘光朝廷已经在政治上彻底放弃了恢复北方失地的想法，用清代史家徐鼒的话说叫"君臣之无意中原也"。在此之前，无论是"借虏平寇"也好，还是三面作战也好，不管是否真心实意，至少恢复、进取的政治态度是做出来了。但战略收缩后，面对清军和左良玉叛军的相继进攻，弘光朝廷的国家战略却出现了严重混乱，决策层完全无法弄清谁才是他们真正的敌人，陷入决策争议之中。

清朝则不然。虽然清军刚入关时，清朝还没有一统中国的政治决心，但它的决策逻辑并不混乱，那就是在不同时期根据不同的形势和政治需要做出最符合己方政治利益的决定。具体而言，清朝对南明的国家战略分为三个阶段。

第一阶段为试探期，可以用"和"来概括。在顺治元年（1644年）六月十五日的谕江南诏中，清朝明确宣布，自己出兵"救灾恤患"，乃是"救中国之计"，因此自己一定会"厉兵秣马，必歼丑类，以靖万邦"。至于由"不忘明室，辅立贤藩，勠力同心，共保江左者"所建立的弘光政权，多尔衮认为是"理亦宜然，予不汝禁"，而且双方还可以"通和讲好，不负本朝，用怀继绝之恩，以惇睦邻之谊"。虽然做的只是表面文章，但也表明多尔衮等人暂时没考虑对付弘光政权。

当然，清朝还留了一手伏笔，那就是"若国无成主，人怀二心，或假立愚弱，实肆跋扈之邪谋，或阳附本朝，阴行草窃之奸宄"，它就会毫不客气地"移师南讨"。此诏软硬兼施，虽然承认了南方的自主权，但也留下了继续南下的伏笔和借口，是对弘光政权的一个试探。

第二阶段是威慑期，威慑期又可以细分为政治讹诈、局部冲突、进攻试探三个时段，其核心是"逼"。具体而言，就是以七月多尔衮致史可法信、十月清朝发布征讨明朝的檄文、次年颁布平定江南谕为界。

这里先简单说下多尔衮致史可法信。多尔衮致史可法信是由复社诗人李雯起草的，虽然他是新降汉人，不过下笔时却毫不客气，直接使用政治讹诈手段来威逼弘光政权"削号归藩"。虽然此时双方尚未有冲突，但这封信实际上标志着清朝统治者已经开始在改变对弘光政权的政治态度，这是一个很大的战略转变。

▲ 南京市集，《南都繁会图》局部

十月伐明檄文则有个很重要的政治背景，那就是九月和十月的时候顺治帝迁都北京。为了表明自己的正统性，清朝就必须向世人宣示一统天下的政治决心。虽然说早在清军入关后的五月初三，多尔衮就在谕令中提到"定鼎燕京"，明确提出要在北京定都；不过这只是多尔衮的个人看法。直到六月十一日，清朝才正式决定定都北京。

定都北京的关键，是为了"慰天下仰望之心"，提高政治号召力。眼下既然已经迁都，那就必须发布征讨明朝的檄文作为政治宣示，以彰显自己的政治合法性和天命所归。因此在十月的这份檄文中，清朝历数了弘光政权的三大罪状：不发一兵一卒为崇祯帝报仇；在无遗诏的情况下擅立福王；各位将领不思讨贼拥众害民。通过公开宣布问罪征讨，以显得自己师出有名。

不久，清朝更是任命和硕豫亲王多铎为定国大将军，南下江南。有意思的是，清朝对南下和西征的亲王封号很讲究，南下江南的多铎名号为"定国大将军"，而西征李自成的和硕英亲王阿济格名号却是"靖远大将军"。一个"定国"，一个"靖远"，毫无疑问，征讨

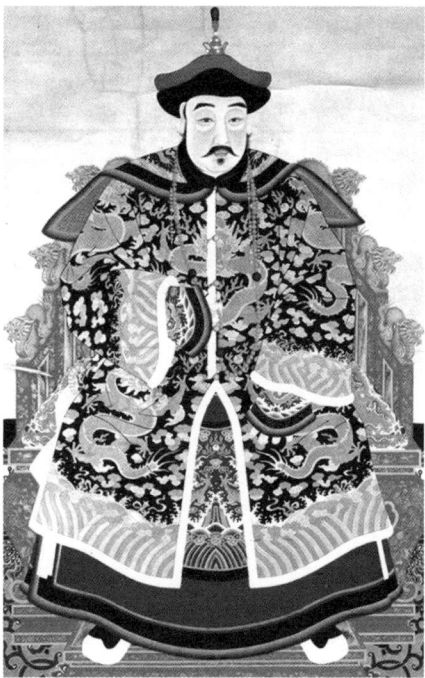

▲ 豫亲王多铎

南明，是决定国家命运的大事，所以用"定国"；而李自成，即使称了帝，在清朝眼中依然只是流贼，所以只用"靖远"，即平定远方的起义军。

果然，在崇祯十七年十一月，明清双方就爆发了局部军事冲突。如前所说，清朝山东沂州总兵官夏成德攻陷海州、宿迁、丰县，并兵围邳州，与明军相持了半个月之久。

为了否定南明政权的政治合法性，清朝甚至在告示中称南明为"逆"，督师史可法就曾对此表达了强烈的愤恨。可见，这时清朝对南明的态度已经发生剧变。

次年二月的平定江南谕则是清朝下发给多铎的谕令。该谕令要求多铎立刻和阿济格交接，继续执行平定南京的任务。

第三阶段是征服期，可以用"战"来概括。虽然说多尔衮进京不久就因为下令剃发而受到大臣劝阻，但针对大臣称剃发令"非一统之策也"的论调，多尔衮毫不客气地说："何言一统，但得寸则寸，得尺则尺耳。"这话充分表明，清朝

在中原能走多远，多尔衮心中并没有底，只是抱着能占一点儿便宜是一点的想法。

到了消灭弘光政权后的闰六月十二日，多尔衮下谕："方今江南平定，人心归附，若不乘此开基一统，岂不坐失机会？"这时候的多尔衮才真正有了一统之心。此后，统一中国就成了清朝的基本国策，一直未再更动。明清形势也彻底逆转，双方进入全面战争阶段。

可以说，在战略上，清朝远比明朝高明。说完了战略，我们再来看双方的组织工作。这里先看下双方的作战序列：

	明		清	
统帅	建极殿大学士 督师	史可法	定国大将军 和硕豫亲王	多铎
	武英殿大学士 督师	王铎		
	襄卫伯 督师	常应俊		
将领	总督	王永吉、卫胤文	尚书	韩岱
	巡抚	钱继登、霍达、杨文骢	多罗贝勒	尼堪
	勋贵	刘泽清、刘良佐、郑鸿逵	固山贝子	吞齐、和托
	—	—	固山额真	阿山、马喇希、拜尹图、富喇克塔
将佐	提督	李本身	护军统领	图赖、阿济格尼堪、阿尔津、敦拜
	总兵	李成栋、刘肇基、李遇春、张天福、李登云、李朝云、张天禄、何胤昌、张文昌、刘世昌、胡茂桢、杨承祖、李翔云、郭虎、折鸣凤、蒋云台、李栖凤	署护军统领	杜尔德、顾纳代、伊尔都齐、费扬古、吴喇禅
	副将	史德威、乙邦才、马应魁、庄子固、楼挺、江云龙、李豫	前锋统领	努山
	参将	陶国祚、许谨、冯国用、陈光玉、李隆、徐纯仁	梅勒章京	阿哈尼堪、伊尔德、李率泰
	—	—	署梅勒章京	格霸库

该表中，明军部分根据不同史料整理而成，清军部分则全采自实录，或有缺漏，亦未可知。即便如此，我们依然能够发现：与清朝派多铎以定国大将军的身

份全盘独立负责征明事宜不同，明朝没有一个全盘独立负责抗清事务的总负责人。虽然史可法是前线总指挥，但江北四镇的黄得功、刘良佐、高杰和刘泽清并不完全归他管理，而广昌、靖南等镇军务是由应天、安庆巡抚朱大典负责，卫胤文任总督兴平镇将兵马，总兵李本身提督高杰兵马。针对这一现象，史可法曾上疏说："如今江北有四藩，有督师，有抚按，有屯抚，有总督，官员不可谓不多。但是敌人和贼寇一来，他们却没有多大用处。"这段话充分说明了明朝指挥体系的混乱。光是协调这些官员进行公文传送，就需要花费大量的时间、精力，效率十分低下。

这种"大小相制"的复杂指挥体系造成了调度上的极大混乱。史可法的幕僚

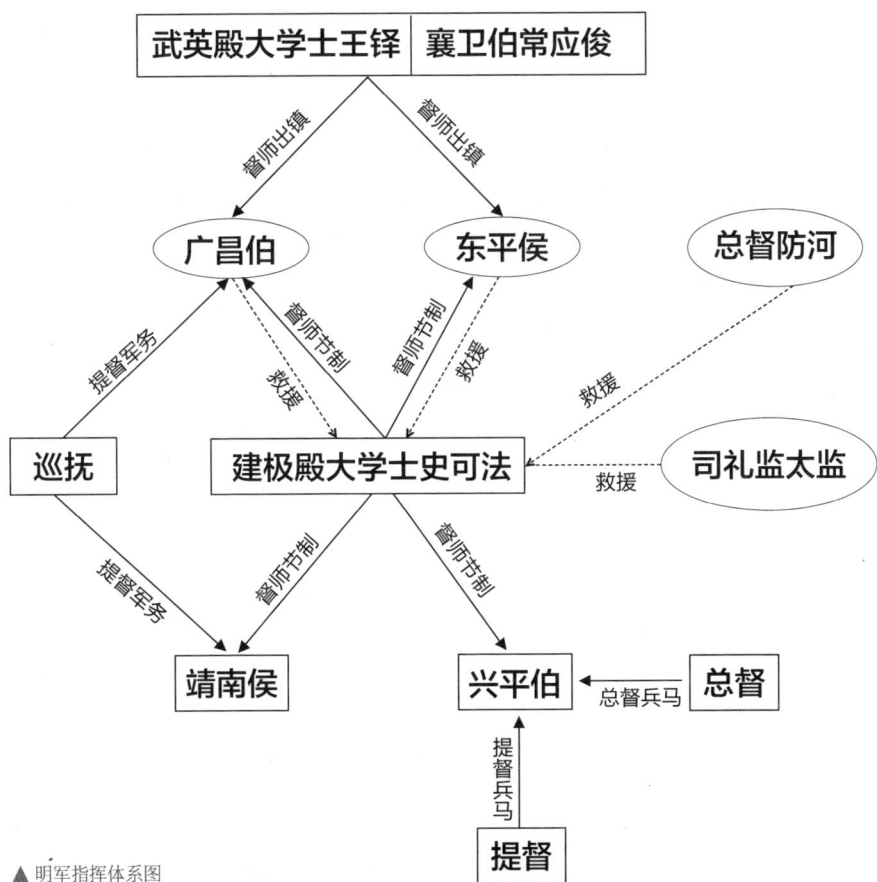

▲ 明军指挥体系图

就曾说过："大人身为督师，调度与诸藩不同，怎么还与他互相分军队驻地？这样阁部还怎么掌握藩镇？"可见，督师的调度和四镇的调度是不一样的，双方的关系比较复杂。当然，江北四镇也确实比较跋扈，不是史可法能完全节制的，所以导致了指挥系统的失灵。

▲ 崇祯十五年的五十两银锭

更糟糕的是，南明中央还对前线军队指手画脚。如清军南下时，黄得功和刘良佐被下令"合击淮上"，结果等清军势大，朝廷感受到威胁后，就连忙插手军务，急调黄得功入卫。等到局势不可收拾，史可法被围扬州后，朝廷更是直接下令让王永吉、卢九德、刘泽清、刘良佐等人前去救援扬州，这些都是越过督师史可法直接下令的。而这四个人，一个总督防河，一个是皇帝信任的司礼监秉笔太监、提督京营，还有两个是跋扈的勋贵镇将。总督和太监手上自然是没多少可战之兵的，他们最重要的任务自然是督促、监军，而皇帝和朝廷也知道这两镇兵马不可靠，于是紧接着又下令王铎和常应俊督师出镇。

需要指出的是，王铎和皇帝早在河南时就已有旧情，而常应俊更是在皇帝落难的时候对他有救命之恩。因此，这两个人可以称得上是皇帝的嫡系亲信。皇帝让这两个人亲自督师，表明了他对此事的重视。

史可法遇难后，到底是谁在前线具体负责指挥抗清行动，并不是很清楚。此时的王铎和常应俊，应该已经完成了自己的政治使命。至于新任命的巡抚霍达、杨文骢等人地位并不高，而且没有殉国的决心。因此，在清军过江后，霍达竟然换了衣服混杂在人群当中，赶紧找了只小船逃跑，一直跑到苏州。至于杨文骢，干脆带着剩下的200多名黔兵直接跑回南京。可笑又可气的是，皇帝逃跑后，主降派大臣迅速组成了以赵之龙为核心的投降谈判小组，与指挥作战时的那种混乱和低效完全不同。

后方失和也是弘光政权失败的重要原因。大敌当前，弘光政权却还在激烈内斗。监军侍讲卫胤文甚至指责史可法这个督师是个累赘，逼得史可法不得不表态希望朝廷能让他卸下重任召他还朝，以便"统一事权"。虽然朝廷并没有同意，而是让卫胤文总督高杰部，但这只是让史可法这个督师更加无法施展布局。对于史可法希望用高杰部将——其外甥李本身为提督代统兴平镇兵的建议，朝廷也给予驳回，认为兴平镇让高杰之子高元爵统辖、卫胤文料理就够了，没必要设立提督，直到此后情况所迫，才让李本身提督高杰部。

高杰死后，黄得功甚至还引兵前往扬州准备袭击高杰军中的家眷，逼得朝廷不得不派太监卢九德前去制止，最后还下了谕旨："大臣应当先国事而后私恨。若得功前往扬州致高营兵将弃营东顾，那敌人乘机渡河，谁来担罪？着诸藩恪守臣节，不得胡来。"至于"太子案"①更是引发了朝廷的激烈争议，还导致左良玉趁机举起"清君侧"的大旗，再加上"童妃案"②对皇帝和朝廷造成的巨大政治冲击，使明朝后方忙于内斗，根本无法团结一致、对付外敌。

明军的作战决心也远不及清军，因此才会出现一系列投降事件，以《清实录》中记载的奏议为例：

"我军至南京，忻城伯赵之龙率魏国公徐州爵（徐允爵）……内阁大学士王铎……都督十六员、巡捕提督一员、副将五十五员并城内官民迎降。其沿途来归者，兴平伯高杰子高元照、广昌伯刘良佐、提督李本身、总兵胡茂祯……二十三员，监军道张健、柯起凤二员，副将四十七员，参将、游击共八十六员，马步兵共二十三万八千三百。"

"伪总兵田雄、马得功缚福王及其妃来献，并率十总兵部众降。"

"招降监司一员、总兵一员、副将二十三员、参将二十五员、游击四十员、都司守备七十三员。"

"故明宁南侯左良玉子梦庚、总督袁继咸、守道李犹龙、巡按黄澍率总兵十二员、马步兵十万并家口泊舟九江之东流县界扬子江中，俱投降，共带

---

① 和"大悲案""童妃案"并称南渡三案。一位名叫王之明的少年，诈称是皇太子朱慈烺，被弘光朝廷识破，引发了巨大轰动。

② 一位童氏女子逃至南京，自称为福王朱由崧的原配正妃，但福王否认，宣布其为假冒，并交付锦衣卫审理。童氏被严刑拷打，不久死于狱中，引起了不小的舆论骚动。

335

▲ 红夷大炮

大小船艘四万。"

"潞王大恐，遂率众开门纳款；浙西湖州、嘉兴、浙东绍兴、宁波、严州等府亦皆归顺。绍兴淮王渡江来见；复遣人至湖州萦周王眷属，移杭安置；收总兵王之仁所部兵将二万五千人。"

从以上记载可以看出，明军怯战、畏敌，没有坚定的作战决心，士气也不高，自然就很难打得赢清军了。

武器装备对作战双方同样有着很大的影响，不过关于这方面的着墨并不多，史料中只有零星记载。比如固山额真准塔在汇报中提到，在针对刘泽清部的战役中，缴获船 500 余艘、马 900 余匹、骆驼 25 只、红夷炮 120 尊、银 47000 两。当然，这只是战后的缴获，并不是说刘泽清部本身就只有这么点装备。阿济格追击左梦庚时，缴获了 4 万艘大小船，其他收缴物品则记载不详。

从这些散碎的记载来看，明军的水师装备还是比较强大的。至于红夷大炮的数量，或许有所夸大，也可能是刘泽清的红夷大炮为国内仿制；但从准塔和刘泽清的交手资料看，很明显，明朝的装备是占了上风的。可以说，在总体上，明军的装备是优于清军的。

可为什么明军拥有这么多的红夷大炮依然不是清军的对手？

首先，军队的拨款对士气影响很大。按制，四镇中每镇给饷 60 万两，结果弘光政权建立仅仅 4 个月的时间，江北就已经给饷 360 万两，这相当于发了一年半的银饷！但等到高杰北征的时候，却出现了史可法的督标和高杰的镇标被拖欠军饷的情况！

变化之大，实在让人诧异。值得注意的是，这些迥异的记载皆出自圣谕和奏疏。虽然争饷是为了扩大利益、满足私心，但 4 个月发了一年半的军饷却依然不够，那就只能说他们把这笔钱用在了其他地方，没用在正途。像刘泽清，就把宝贵的资金用在了大兴土木上，可以说是日费千金，就这他还不停地向朝廷要钱，朝廷自然给驳了回来。

　　有意思的是，这事发生在九月。而八月的时候，史可法出巡淮安，检阅刘泽清的兵马，并替他向朝廷请饷，结果被马士英拒绝。这是不是意味着，由于朝廷之前一次性把军饷都拨给了军方，因此八月后就不再准时拨付军饷，所以才发生了高杰北征没钱，弘光元年二月的时候总兵牟文绶因为没钱只好在江上大肆骚扰的事件？军方闹事，朝廷自然不能坐视不理，于是被迫发谕称："户部所欠之饷，何不速发？坐视流毒！着即将盐课抵补，催兵速行。"

　　至于郑彩这种军头，更是干脆直接截留朝廷银两，逼得督饷侍郎申绍芳不得不上疏"乞敕禁止"这种行为。弘光元年三月的时候，史可法不得不下令监军吴易奉檄在江南征饷。从这些变化可以看出，弘光政权的军费供应随着时间流逝越来越糟糕，这直接影响了南明军队的作战能力。

　　其次，南明的战争潜力也非常糟糕。南京的岁入本折不过八九百万两白银，但南渡后东南各部兵马的兵饷就占了780万两，显然，这点儿收入是远远不够开支的。因此，户部无饷可给，文武官员多发折钞，困难的时候干脆不发工资。对于皇帝的责怪，官员们也是束手无策。在这种状况下，指望官员和军队团结起来，一致对付外敌，是不可能办到的。

　　更不可思议的是，清军占领南京后清点出的收缴物并不多：只获得780两黄金、153000两白银、25片片金、7枚琥珀、9颗宝石和2000多件缎、纱等衣料以及少量珠宝。虽然清方相关人员在经办时会贪污一部分、虚报一部分，但金银和衣料等物数量应该不会差太多，毕竟不方便携带，再者衣料太好与自己身份不符，顺走太扎眼也不好出手，但方便携带又价值较高的珠宝就很容易被人私藏暗中交易，所以大部分上缴登记的珠宝种类都只有一两样。因此可以推断，南京国库已经没多少钱了。

　　而在江南战役期间，清军一共只缴获了金90340两、银1837700两、琥珀及素珠27枚、酒盅78个、上等衣料1800件。可见，在整个江南库府，清军也没能缴获到太多财物。仅凭这点儿金银，明朝是很难挖掘出战争潜力的，因为政府已经没有富余的钱财去组织、训练一支合格的军队，装备精锐的武器，更无法提高官兵的士气。

▲ 17世纪的南京大报恩寺

而清朝则不然，除了有正确的国家战略、有效得力的组织协调、稳定的战略后方和坚定的作战决心外，它的行动还具有以下特点：

首先，灵活运用战术，或集中优势兵力，或多路发起进攻。清军一开始分遣主力准备一举解决顺、明两大势力，但由于局势变化，清朝果断集中优势兵力，先攻大顺，再打南明，避免了两线作战的风险。多铎大军在进入河南后，又迅速兵分三路：多铎亲统大军出虎牢关口，拜尹图等出龙门关口，韩岱、伊尔德、尼堪等则率领外藩蒙古兵由南阳路过，会攻"豫东门户"归德。合兵归德后，多铎又和准塔分别率军进击亳州、徐州，阿济格则从湖广由西而东进入江西。

其次，政治诱降配合军事打击。在进攻中，清军采取政治诱降先行的策略。多铎就曾写信给高杰进行劝降："如果能弃暗投明、择主而事，将军便过河面会，这样你的功名就会非常大了。"高杰不为所动。之后，许定国也派人招降过凌御史，结果同样被拒绝。不但如此，他还把多铎派去催促他投降的使者杀了。清军逼近扬州后，也曾招降过史可法和他的手下，但史可法拒绝招降。

六月二十八日，清方在南京颁诏称：文武勋贵归顺的酌才推用，遭到贬谪诬害的昭雪录用，进士、举人赴京等待录用，福王随从来归的一体录用，降清的马步兵归建或回乡，南方抗清将领来归者量才擢用，文武士绅过去冒犯过清朝的一概宽赦，但如果有人敢谣惑人心，就会从重治罪。招降纳叛、软硬兼施，清朝很快实现了地方上的稳固统治。

南京投降后，赵之龙、朱国弼等向南直隶发布檄文，要求其投降清朝。此文可以说极富文采，但也非常厚颜无耻，把清朝夸上了天，开篇就以三个连续反问的形式，把清军入关说成是正义之举，接着又指责明朝的不是，要求明朝官僚认清形势，勿要顽固不化，以致生灵涂炭。不管文字有多虚伪，但这个檄文确实起到了招降纳叛的分化效果。可以说，清军通过政治诱降和军事打击，加速了弘光政权的失败。

最后，重用投降军官及其军队，这些人为清朝的统一立下了汗马功劳。许定国、李本身、李成栋、刘良佐等"带路党"，在清朝尚不了解南方底细的情况下，凭借对明朝内部情况的了解，成功地摧毁了弘光政权，为清朝占领江南做出了巨大"贡献"。以下是参与江南战役和在此战中投清的降将：

姓名	籍贯	原任职务	降清时间	投降情形	时任官职
邓长春	辽阳	副将	天聪五年	大凌河战败	一等轻车都尉
孙定辽	辽阳	副将	天聪五年	大凌河战败	副都统
张存仁	辽阳	副将	天聪五年	大凌河战败	云骑尉
李定邦	不详	守备	天聪五年	大凌河战败	牛录章京
王志凭	不详	守备	天聪五年	大凌河战败	牛录章京
白仲文	不详	守备	天聪五年	大凌河战败	牛录章京
祖世祥	不详	守备	天聪五年	大凌河战败	牛录章京
孔有德	辽东	参将	天聪七年	起兵叛明	恭顺王
耿仲明	辽东	参将	天聪七年	起兵叛明	怀顺王
线国安	辽东	副将	天聪七年	起兵叛明	二等男爵
许定国	河南太康	总兵	顺治元年	多铎至河南时投降	–
李本身	甘肃西宁	提督	顺治二年	多铎南征时投降	–
李成栋	山西	总兵	顺治二年	多铎南征时投降	–
刘良佐	直隶	广昌伯	顺治二年	多铎南征时投降	–

在这些将领中，最值得关注的就是刘良佐。身为明朝勋贵，他不但率军投降了清朝，而且还主动请命去抓待自己不薄的前主子，可以说是无耻的典范。当然，这可能也和刘良佐的弟弟刘良臣早在大凌河战役中就投降了有关，也可能和他卷入了"太子案""童妃案"有关。不管怎么说，这次清军下江南，确实带上了不

少在大凌河战役中战败投清的将领。正是有了这些投降军官的带领，才让人数极少的清军能够在战争中迅速获胜，并减少满蒙贵族的损失。

由以上信息可知，在这场江南战役中，明朝虽然占有主场优势，但因自身缺点，反而尽为清军所败，教训不可谓不深刻。然而令人惋惜的是，之后的南明政权并没有从弘光朝廷的历史中吸取教训，反而出现了一些更让人失望的情况，引得后人叹息。

对于弘光这段历史，延平王郑经作诗感叹道：

> 钟山巍巍兮，长江洋洋。
> 圣安监国兮，旋正位于南京。
> 内有史阁部之忠恳兮，外有黄靖国之守危疆。
> 苟用人尽当其职兮，岂徒继东晋南宋之遗芳。
> 胡乃置贤奸于不辨兮，罢硕辅而宵小用张。
> 付军机于马阮兮，致宁南之猖狂。
> 任四镇之争夺相杀兮，不闻不问而刑赏无章。
> 妙选之徒四出兮，既酗酒而复作色荒。
> 慨半壁之江南兮，已日虑于危亡。
> 元首何昏昏兮，股肱弗良。
> 庶事之丛脞兮，安得黎庶之安康。
> 阵马使北而无成兮，竟延胡寇以撤防。
> 谋国有如是之乖剌兮，俾腥膻泛澜于四方。
> 致黄唐之胄裔兮，尽行而彷徨。
> 贤人之不甘污辱兮，蹈东海而远扬。
> 痛恨乎奸谄遗害无穷兮，迨今滋而强胡虏焰方长。

▲ 郑经

诗中的"圣安"是指福王，"黄靖国"是指黄得功，"宁南"则是指左良玉。全诗从钟山、长江风景写起，接着写福王即位后，内有史可法忠恳为国，外有黄得功守备危疆。用人若能尽当其职，怎会不能跟东晋、

340

南宋一样划长江为界，治理江南呢？只可惜，朝廷奸佞不分，导致马、阮这样人越来越嚣张，他们让宁南侯变得猖狂、放任四镇之间互相残杀、奖罚无当、酗酒、沉迷女色……正是由于他们谋国失当，才让外敌入侵，以致黄帝、唐尧的子孙行路彷徨，德才兼备之人不甘受辱远蹈东海。最后郑经感叹道：奸邪谄媚之辈遗害无穷，令人痛恨，助长了胡虏的气焰。全诗充分表达了对马、阮等人的愤怒。

需要指出的是，该诗不是历史记载，所以提到的某些内容并不准确，如"内有史阁部之忠恳兮，外有黄靖国之守危疆"，就只是作者个人主观情感的表达。但不管怎么说，郑经的看法，代表着当时抗清人士的主流看法，而且这个看法，直到现在还是有一定的影响力，可见传统观念的影响之大。

参考文献

[1] 叶高树 . 降清明将研究（1618—1683）[M]. 台湾 : 台湾师范大学历史研究所 ,1993.

[2] 张玉兴 . 南明诸帝 [M]. 长春 : 吉林文史出版社 ,1996.

[3] 钱海岳 . 南明史 [M]. 北京 : 中华书局 ,2006.

[4] 饶胜文 . 布局天下 : 中国古代军事地理大势 [M]. 北京 : 解放军出版社 ,2006.

[5] 魏斐德 . 洪业 : 清朝开国史 [M]. 南京 : 凤凰出版传媒集团 ,2010.

[6] 顾诚 . 南明史 [M]. 北京 : 光明日报出版社 ,2011.

[7] 李洁非 . 野哭 [M]. 北京 : 人民文学出版社 ,2013.

[8] 张晖 . 帝国的流亡 : 南明诗歌与战乱 [M]. 中国社会科学出版社 , 2014.

[9] 赵园 . 明清之际士大夫研究 [M]. 北京 : 北京大学出版社 ,2014.

[10] 帕莱福 . 鞑靼征服中国史·鞑靼战纪 [M]. 北京 : 中华书局 ,2008.

[11] 闵明我 . 上帝许给的土地 : 闵明我行记和礼仪之争 [M]. 郑州 : 大象出版社 ,2009.

[12] 李清 . 三垣笔记 [M]. 北京 : 中华书局 ,1982.

[13] 谈迁 . 枣林杂俎 [M]. 北京 : 中华书局 ,2006.

[14] 张道 . 临安旬制纪 [M]. 杭州 : 浙江古籍出版社 ,1985.

[15] 中国第一历史档案馆 . 清初内国史院满文档案译编 [M]. 北京 : 光明日报出版社 ,1989.

[16] 周宪文 , 杨亮功 , 吴幅员 . 台湾文献史料丛刊 [M]. 台湾 : 台湾大通书局 ; 北京 : 人民日报出版社 ,2009.

[17] 顾祖禹 . 中国古代地理总志丛刊 : 读史方舆纪要 [M]. 北京 : 中华书局 ,2005.

[18] 陈具庆 , 等 . 多尔衮摄政日记 [M]. 北平故宫博物院 ,1935.

[19] 陆应场 . 樵史演义 [M]. 长春 : 时代文艺出版社 ,2002.

[20] 金宇平 . 清廷与南明弘光政权关系研究 [D]. 湖南师范大学 ,2006.

[21] 温景瀚 . 弘光首辅马士英与南明政局之研究 [D]. 台湾 : 台湾"中央大学",2014.

[22] 陆圻 . 纤言（国学导航网站）.

[23] 陈贞慧（一说姜曰广）. 过江七事（国学导航网站）.

[24] 郑经 . 东壁楼集 .

李定国"两蹶名王"

南明桂川湘大反攻

作者／仙侠小定国

明朝永历六年（1652 年，清顺治九年），孙可望下令对清军进行全线反击，发动了桂川湘大反攻。李定国先后在广西桂林和湖南衡阳取得了桂林、衡阳大捷，这是晚明以来明朝军队对清军作战中取得的最大一次战果，也可以说是清朝自建国以来最大的一次挫败，连顺治皇帝爱新觉罗·福临事后也忍不住哀叹："我大清用兵多年，从来没有像这次这样失败过！"为此，清朝还在朝廷内部秘密商讨是不是要放弃湖南、广东、广西、江西、四川、贵州、云南七省与明朝媾和，只不过后来因为时局的变化而胎死腹中。由此可见这次反攻影响之大。

集结各派：孙可望挥师伐清

联明

1645 年明朝的南京被占领后，清朝很快就下达了易服剃发令，激起了多地民众的反抗，也让互相视为仇敌的农民军和明朝流亡小朝廷开始合作。

张献忠死后，大西余部也采取了联明抗清的策略。虽然在试探合作中，双方经历了一系列的册封纠纷，但由于明朝永历皇帝朱由榔在清军的进攻下走投无路，被迫承认了由权臣陈邦傅盗用皇帝名义册封的"秦王"，孙可望终于拿到了面子和里子。面子上，由于永历朝廷的退让，孙可望保住了颜面；而且，根据陈邦傅的伪诏，皇帝和天下臣民都要尊奉孙可望为"仲父"，这可是当年齐桓公对管仲的尊称，这面子得有多大？里子上，确认了孙可望事实上的"国主"身份，让他以秦王身份"总录天下文武将吏兵马钱粮、专制四方、行大元帅事"，并且掌握生杀大权，犹如终审法官，不用对任何人负责，百官还要对他称臣。从字面上来说，这是对他最高形式的尊崇。

▲ 孙可望所用"秦王之宝"

不过，这个做法虽然解决了大西军

▲ 安龙博物馆（永历行宫），位于今贵州省安龙县

和永历朝廷的合作问题，但也为孙可望与永历朝廷的决裂埋下了伏笔。幸好在目前，一切看上去都非常美好，"挟天子以令诸侯"已经不存在什么障碍。1652年初，孙可望主动派人将永历帝接到了安隆所，让他结束了长达6年的逃亡生活。为了迎接皇帝，孙可望还特意把贵州安隆所改名为安龙府，以表达自己的心意。当时，一些亲信和朋友建议孙可望杀掉皇帝，认为留下他来是个祸患，但遭到了孙可望的拒绝。在当时的情况下，这种安排是正确的，如果真杀了皇帝，就会引起轩然大波，造成更大的纷争和内斗，可见孙可望的眼光还是很长远的。

孙可望对永历帝一行驻地的安排也很有深意。他既没有让永历朝廷去自己的驻地贵阳，也没有让他们去大西军的统治中心昆明，而是将之安置于贵阳和昆明之间的地方，和贵阳、昆明都保持一定距离。再加上安龙是贵州的边缘地带，在这种偏僻地方，朝廷也很难干预孙可望的大政决策，有利于孙可望的政令统一。而且，安龙又在大西军的势力范围内，虽然可以弱化朝廷的影响，却不至于让永历朝廷逃出自己的控制，可以说是深谋远虑，手段老辣。不过，即便是这样，孙可望还是不敢掉以轻心，依然派亲信暗中监控他们的情况，生怕他们私下闹出乱子，脱出自己的掌控，造成不良政治影响。但孙可望没想到，即使自己安排得如此严密，还是出了很多不受控制的意外，这当然是后话了。

决策

控制皇帝后，雄心勃勃的孙可望决定出兵伐清。

当时，清军已兵分两路，一路由定南王孔有德率领，从广西桂林到河池与孙可望争夺贵州；另一路由平西王吴三桂率领，从四川嘉定到叙州与孙可望争夺川南。

孔有德原是明将，后降清。他作战经验丰富，曾经参与过攻打锦州、松山、江南、湖南、广西的行动，还参与过平定李自成起义的行动。吴三桂早年与清军交战多年，是明末最重要的将领，后投降清朝，曾参加过追击李自成和追剿陕西义军的行动，为清朝立过大功。同吴三桂一起行动的还有汉军镶蓝旗将领李国翰，他原是清太宗皇太极的侍卫，早年曾入关攻打过北京和济南，还参与过攻打锦州和四川的行动。可以说，清朝为了解决川贵明军残余，下了不少本钱。当然，八旗贵族主要是起监督、督导和威吓的作用，做炮灰的还得是投降的汉人。

得知这个情报后，李定国写信给孙可望要求出兵，孙可望经过考虑之后，决定主动出击。孙可望对李定国、刘文秀说："滇南虽是大家的地盘，但现在却是我们的根本，不能随便去剥削。既然我们现在养着这么多兵，就应当去开拓新土地，然后各守一方，相机而动。"在这个思想的指导下，孙可望决定发动一场大规模的反击战。

孙可望决定反攻的更深层次原因在于，孙可望等外来势力强行介入永历朝廷的政治，打破了原有派系之间的政治平衡，让本来就分赃不均的各集团矛盾更加深化。尤其是孙可望强行请封秦王的事件，让桂派集团不少成员反应激烈，其他各派虽然没有多少公开动作，但都在暗中观察，并对西派暗暗警惕。在这种情况下，借着永历帝进入大西军的控制范围和清军合围西南的机会，政治眼光敏锐的孙可望马上挟天子以令诸侯，试图通过这次大规模的军事行动，既打破清军的封锁、阻止明朝的丧师失地，又一举奠定自己在南明政坛中的领袖地位和西派集团在南明各抗清势力中的优势地位。

计划

为了这次大规模的全面反攻，孙可望制定了非常全面的军事计划。他不但下令让安南国向明朝贡马，还写信给在东南沿海抗清的广平公郑成功和定西侯张名振，让他们配合经略内地。同时，他令南下的康国公李定国、征虏将军冯双礼自黎平出靖州，鄂国公马进忠由镇远出沅州，以恢复湖广地区。两支部队在奉天会合后，就尽快赶到桂林与孔有德决一死战。而北伐的济国公刘文秀、南宁侯张先璧、将军王复臣则被命令由永宁出叙州，总兵白文选自遵义出重庆，两支部队在嘉定会合后一起去成都，最后恢复陕西。

这次大规模的军事行动，可以说是动用了一切可以动用的力量，包括原张献忠留下的西派集团、桂王朱由榔（永历帝）的桂派集团、一直忠于唐王朱聿键（隆武帝）的福建唐派集团、浙江鲁王朱以海的鲁派集团、原李自成留下的顺派集团以及各地方杂牌人马。

这次行动的主力自然是西派部队。既然大西军的领导人孙可望决定与清军大干一场，那就不可能不把主动权掌握在自己手中，虽然大西军内部也分为秦系、晋系和蜀系三大派系，但集团内部的矛盾与不同利益集团之间的矛盾相比，完全不在一个等级。集团内部矛盾在平衡被打破之前，毕竟不是你死我活的，而不同利益集团之间的矛盾则关乎核心政治利益。为了保证大西集团的政治主导权，就必须团结一致，并适度吸纳其他集团表示效忠的盟友，这样才能让自己的利益最大化。这次反攻的调度，正体现了这个原则。因此，这次行动的两支主力部队分别由大西三巨头①中的李定国和刘文秀率领，孙可望则负责居中调度。而各派代表的参与配合也给了各集团一个交代，同时又凸显了西派的政治高度，可以称得上一举多得。

东线

居中调度后来又亲自东征的孙可望外号"一堵墙"，是秦系最高领袖，也是大西集团的领导核心。他早年是张献忠的义子，任平东将军，称东府。张献忠死后，他接班建立兴朝政权，虽然没有称帝，但"国主"其实就是最高领袖，只不过称谓有所不同罢了。当时，孙可望已经被明朝册封为秦王，是明朝实际的最高领导人。

---

① 张献忠时期，大西军队原本有四大巨头，分别是孙可望、李定国、刘文秀、艾能奇，其中艾能奇早逝。

他所领导的秦系在大西集团和抗清势力中都有着举足轻重的地位，声势也已达到了历史最盛。

东线的南下部队总指挥李定国作为晋系领袖，既是张献忠的四位义子之一，也是原大西军队四巨头之一的安西将军，在原大西军中的地位仅次于孙可望。虽然李定国的地位在孙可望之下，但当时人们对他的评价更高，给他起了"万人敌"、"小柴王"、"小尉迟"这样的称号。后来，李定国被封为晋王，成了孙可望之后南明朝廷的实际掌权人，享有"钦命专征、节制郡勋文武、提调官义兵马招讨大元帅，赐黄钺、尚方剑便宜行事"的崇高待遇，地位远在孙可望之上，这大概是孙可望没想到的。

冯双礼是张献忠时期的后军都督，他是追随孙可望的重要将领之一，也是孙可望安插在南下部队中的耳目，表面上配合李定国部队的行动，实际上代表孙可望监视和牵制李定国的南下主力——有事随时向孙可望汇报，便于孙可望掌握军队动向。后来，冯双礼投靠李定国，被封为庆阳王。

张胜是西胜营总兵，后封汉川侯，是孙可望的心腹。在孙可望与李定国交恶后，他在孙可望面前大言不惭地说道："我一人就可生擒李定国！"正是他的轻率，导致了孙可望的失败，张胜也被剥皮示众。不过，在这次反击清军的行动中，张胜还是立下了很大的功劳。

张光萃虽是李自成的部将，不过却是原革左五营中蔺养成一系中人。降明合营后，张光萃成为总兵，作为顺派集团的代表也参与了这次大规模的军事行动。孙可望叛变后，他被李定国认定为"孙党"中人，受到了降爵的处理——从荆江侯降为荆江伯。所谓"孙党"云云，不过是让其靠边站的借口，明摆着是对大顺这种外来势力的不信任。后来，张光萃在与清军作战时阵亡。

西线

西线的北伐总指挥刘文秀也是张献忠的四位义子之一，他早年在大西军队中任抚南将军。如果说张献忠死后，孙可望是军委主席，李定国是第一副主席的话，刘文秀就只能算第二副主席了。后来，刘文秀被晋升为蜀王。作为西派中势力最弱小的蜀系头子，他的权势远不及孙可望和李定国，而且一直受到孙、李二人的压制，未能完全发挥自己的作用。

张先璧是老资格明军将领，也算桂派中实力派将领的代表。他早年曾与张献忠有过大战，并在罗塘河之战中有所斩获，获得了"黑神"的外号。湖广地区威望很高的何腾蛟败亡后，张先璧就暂时脱离了组织，不过还算是效忠永历朝廷。后来他被冯双礼打败，就向孙可望表示臣服。当然，是不是真的臣服，孙可望是比较怀疑的。但这并不妨碍孙

▲ 连环画《李定国抗清兵》的封面，图中骑白马者为李定国

可望利用张先璧，所以张先璧也参加了此次反攻。这样做，一方面可以表示孙可望联明的诚意，另一方面也带有借机削弱南明军阀力量的意味。而让他跟刘文秀一起出兵，也是为了就近看着他。后来，张先璧做到了沅国公，因保宁之败，遭到孙可望的杖杀。

王复臣是张献忠时期的水师左都督，他也是孙可望的心腹大将之一。张献忠时期的几位都督，在孙可望掌权后，基本都投靠了孙可望，王复臣也不例外。

原前军都督白文选也是张献忠时期的五大都督（不含水师都督）之一，因在战斗时伤了脚，所以被称为"跛将军"。他在张献忠死后跟随了孙可望。这次他是单独领兵，配合主力行动。白文选后来成为李定国的亲信重臣，被封为巩昌王。

广国公贺九仪是孙可望手下的总兵，但他并不是那种特别忠诚的人，而是一个有野心的跛扈将领。在是否册封孙可望为秦王的争议中，他坚决地站在孙可望这边，直接杀害了反对册封的大臣。孙可望叛变后，他拒绝了孙可望的拉拢。清军发动进攻后，贺九仪虽然追随李定国而去，但因拒绝李定国的召见，而在几日后的拜见中被李定国重杖打死。

杂牌

东线、西线除了以上这几位重要将领外，马进忠、马宝、袁韬、武大定等杂牌将领也跟随出击。其中，马进忠和马宝的分量比袁韬、武大定等人的分量要重。

马进忠外号"混十万"，算是中立派的代表，身上没特别明显的派系色彩。他的经历比较复杂，先是在李自成的手下带兵，后来又投降了明朝的左良玉，并成为一个重要将领。左良玉的儿子左梦庚投降清朝后，马进忠又归附何腾蛟，并与李自成的部分余部合营组成"忠武营"。可以说，他一直保持了自己的相对独立性，并未完全听命于某个势力。在大西军控制朝廷后，他又与大西集团合作，李定国对他很重视，有意跟他结交。马进忠后来晋升为汉阳王。派这样的一个人跟随李定国出击，自然也有利用和牵制他的意味。

马宝外号"两张皮"，他的背景也比较复杂，算是骑墙派的代表。他幼年时因杀人而入狱，后趁机越狱加入农民军。之后，他又跟随李自成的部将高杰投降明朝，高杰的部下李成栋降清后，马宝亦跟随投降清朝。后来，李成栋反正，马宝也跟着反回来。李成栋死后，马宝崭露头角。两广被清军占领后，马宝潜伏于山谷中，直到李定国桂林大捷后才再次出山。后来他又投靠孙可望、李定国和吴三桂，并为保存吴三桂家族的血脉做出了贡献，被明朝封为淮国公。

袁韬也是杂牌队伍的代表，他曾经是地方武装"摇黄十三家"的领袖之一。早年，他因犯有不可饶恕的罪行而投靠强盗，然后自称"争天王"。需要指出的是，"摇黄"是一群以抢劫杀掠为生的流氓"土暴子"武装。该武装所到之处，"人烟俱绝"。这支土匪队伍中的袁韬后来投降了明朝，混了个总兵的职务，并成为定虏侯。永历五年（1651年），袁韬被刘文秀收服，成为孙可望的随营护卫。永历十二年（1658年），他被李定国认定为"党逆"，只不过因为他是内应所以没被处理。可见，做过地方土匪的人实在是上不得正经台面。

武大定的背景也比较复杂，他算是独立武装的代表。他原是小红狼的一个偏师，外号"黄巢"，后投降了明朝的督师孙传庭，在总兵贺人龙手下作战。之后又短暂投降过李自成和清朝。不久又在陕西凤翔起兵抗清，并逐步撤退到了川南。后来，武大定与袁韬合作，杀害了四川的地方军阀杨展。在保宁之战的前一年，他被刘文秀收服，成为孙可望的随营护卫。他后来也被李定国认定为"党逆"，受到了降爵的处理，由梨庭侯降为梨庭伯。作为正规军人，他自然比袁韬这样的土匪更受瞩目，遭到处理也是自然的了。

东南

郑成功作为唐王朱聿键亲赐的国姓爷，一直尊奉唐王，可以说是唐派当之无愧的领袖，其领导的延平系在唐派中也占有绝对优势。他对永历朝廷只是名义上尊奉，实则一向独立行事。他的地位不在孙可望之下，如果说孙可望是西南地区的抗清领袖，那郑成功就可以称得上是东南地区的抗清领袖。

张名振则是鲁监国系统中最重要的人物之一，也是定西系的首领。鲁王集团内部派系复杂，而以张名振、张煌言为代表的定西系算是鲁派中坚持到最后

▲ 清人黄梓所绘郑成功半身彩像

的一支抗清武装力量。作为鲁派集团的中坚人物，张名振自然只听鲁王的。他和郑成功一样，与西南的关系并不密切，孙可望给他们发信，也就是为了表明一个态度。真要他们配合自己的战略去牵制清军，显然是不可能的。

可以说，为了此次的全面反击，孙可望下了不少功夫去团结各派人物。

首战大捷：定南王自尽桂林

出师

部署完成后，李定国就在下达命令的当月，也就是永历六年三月，约马进忠由镇远出沅州，期望能在奉天会师（奉天，也就是武冈，在湖南省西南部，当年永历帝逃难到这里，就把武冈州改为了奉天府）。然后，孙可望、李定国又制定了约束部下的兵行五要：不杀人、不放火、不奸淫、不宰耕牛、不抢财货。这也是针对过去大西军队的草寇作风而特意定的规矩，为的就是能让沦陷区的人民对他们有个好印象。

出行的李定国部队构成很特殊，里面不但有很多少数民族士兵，而且还有象兵。

那些少数民族士兵不仅勇敢精悍，还非常善于打仗，根本不怕弓箭和石头的攻击。由于他们训练有素，所以很有战斗力，都可以以一当百。可以说，这支部队给李定国帮了很大的忙。

很快，李定国就兵分两路，他亲自率兵攻克了黎平，并在五月中旬与冯双礼会攻靖州。而另一路则在马进忠的带领下，从镇远下偏桥，然后克取了沅州。顺治七年（永历四年）被派往湖南"征剿"的清朝续顺公沈永忠得知明军的动向后，连忙派总兵张国柱带领8000援兵驰援。张国柱也是明军降将，他一去靖州，就被包围了。经过短暂交战，张国柱的部队受到了重创，损失官兵多达5163人，其中清军103人、家口1515人，还失去了战马978匹。在损失了大部后，张国柱只得弃马而逃。明军乘胜拿下靖州。

接着，明军只用两天时间就迅速拿下了奉天，两军成功在奉天实现会师。严峻的情势让沈永忠不得不派使者前往广西桂林向定南王孔有德求援。然而，孔有德因与沈永忠有嫌隙，拒绝出兵。这让沈永忠很是失望，不得已，他只好迅速放弃宝庆逃往湘潭。冯双礼趁机渡过枫木岭夺取了宝庆。李定国与冯双礼分别屯兵奉天和宝庆的局面形成了。

激战

就在李定国大军进入湖南收复大批失地之时，孔有德却抱着事不关己的旁观心态，仅在五月二十七日（农历，下同）派了李养性和孙龙去防守全州，其他分散部署的军队都未抽调回来。由于清朝的提督线国安守御南宁，右翼总兵全节防备柳州，左翼总兵马雄镇守梧州，清朝能战的拳头部队全在外面，造成省会桂林兵力空虚。于是，六月十五日，李定国下令西胜营总兵张胜与铁骑右营总兵郭有名率精兵通过西延大埠直达严关，以卡住桂林的咽喉。李定国还特别下达密令，让他们先不要打，敌人来了就传烽火，等大军到了，再展开决战。

严关位于桂林府兴安县西南17里处，是广西与湖南的要冲、桂林的咽喉，战略地位极为重要。该地地势险要，两边为高山峻岭，中间留有一通道，严关就建在其中。只要清军防守严密，明军就会遇到不小的麻烦，因此，李定国不得不慎重行事。

六月十六日，在拖了一段时间后，孔有德还是决定派两个人去宝庆救场，免得事后朝廷追究。谁知在二十三日，孔有德就收到了宝庆已丢失的消息。这让孔有德觉得问题严重，他立即让李养性和孙龙进行堵截。

　　而这时，李定国已经派冯双礼从宝庆向全州迫近。冯双礼率军从祁阳先行，结果在路上遇到了万名清军，经过激战，于六月二十八日在驿湖大破清军，并将骁将李四斩杀，清军剩下的部队都跑了。冯双礼发扬"宜将剩勇追穷寇"的精神，又追到了全州，在双桥击毙清将李养性，接着又在全州大破清军，阵斩孙龙。从奉天出发的李定国也亲自率领 6 万大军跟进，从新宁的大埠头沿着小路，于六月二十九日打败了孔有德的部队，获得了不少骆驼、兵器。

　　听说冯双礼在驿湖取得了胜利，李定国担心全州的清军逃跑，增强桂林的力量，于是下令暂时不要对全州进行攻击。谁知命令还没来得及下达，就得到了全州已被收复的消息。李定国只好下令大军直接过全州不要停留。

　　当时，张胜与郭有名已经抵达了严关，跟李定国只有 10 里路远。到了快晚上的时候，突然炮声大响，各部队听到后都想赶去支援，谁知李定国却笃定地说："没必要！"原来，孔有德当时已经派遣部队去救援全州，却得知明朝的部队已经兵临严关，于是赶紧撤兵，迅速赶往严关。第二天，孔有德的援兵到了严关后，张胜立即举起烽火，李定国当即下令开战！

　　在交战中，由于孔有德下达了严防死守的命令，因此清军抵抗非常激烈，连明军的大象都被打败了。这样一来，明军只好奋勇作战，大象也激烈地突击，再加上张胜军动用大量喷筒和火箭进行攻击，让清军无法抵挡，不少人都四处逃亡，孔有德的大将李虾头也中箭而死。

　　由于战斗时天下大雨，道路泥泞，清军被困在了烂泥中。不得已，孔有德只好亲自出马，带领 3000 精兵在大溶江进行阻击。在尘沙蔽目的战斗中，大象群发出了巨大的吼声，让清军战马受到了不小的惊吓。于是清军大乱，开始四处奔跑，这就让李定国的部队有了可乘之机。孔有德再次被打败，只得迅速逃入桂林城闭关坚守。

大捷

很快，李定国的部队就完成了对桂林的包围，数十里的城池，硬是被围了好几圈。将士的胄甲在阳光的照耀之下很是耀眼，野外也布满了军队的旗帜，军鼓之声震天动地，军容的整齐程度非常罕见。孔有德看到这个情况，感觉问题严重，于是设立了守城用的战具，同时驱逐城里的百姓去防守城墙，守城部队则防守要害部位。

孔有德知道自己无法抵抗李定国的部队，于是就命令线国安、马雄、全节等人放弃地方，全力增援省会。然而，李定国根本就不给孔有德机会。七月二日晚，李定国下令攻城。李定国说："清军在两广地区可是进行了两次大屠杀，现在我们终于可以报仇了，凡是清军，可杀无赦！"孔有德的部将王允成因是明朝降将，跟马进忠关系不错，于是就通过射箭传书的手法，在墙垛上为明军指路。

在内线的指引下，李定国下令不断攻城，成功斩杀了清军参领芮城功、骁骑校周志元，并一度打溃防守墙垛的士兵，迫使孔有德亲自上阵督阵。孔有德亲自督阵，让守军士气大振，使李定国连续打了两天都没能打下桂林。由此可见，清军将领的指挥能力和士兵的战斗能力还是很强的。

就在这时，攻城的明军遇到了一个很巧的事情：上山割草的士兵发现，在桂林城北有个水洞可以直接通到桂林城内的山上。于是，李定国派出 50 人编制的特别行动支队，趁着夜色出发，在深夜 12 点左右到达山顶，竖上了明军的红旗。

七月四日黎明时刻，郭有名下令组建百人敢死队，拼死肉搏登梯，进入城北

▲ 定南王孔有德府（原明朝靖江王府），位于今广西省桂林市

山上的小分队也摇旗呐喊，为明军助攻。在城门督战的孔有德被射中前额，又听说城北的山岭已经被明军占领，就彻底放弃了抵抗的决心，匆忙回到官邸料理后事。看到这个情况，王允成决定打开城门。中午，马进忠率先攻入武胜门。副总兵郑元勋，游击蔡斌，守备王经世、梁应龙、李跃龙等人也率部迎降。

此时，逃回官邸的孔有德已亲手杀

掉了一些小妾，并把儿子孔庭训托付给侍卫白云龙，让孔庭训想办法逃走，但没想到，孔庭训最后还是被明军抓获，他和侍卫白云龙都被杀死了，倒是他妹妹孔四贞成功逃出。接着，孔有德又举家自焚，并自缢而死。

由于此战中李定国的部队见到清军就杀，桂林尸积如山，给了清军很大震动。这导致清军产生了心理障碍，他们视来自云贵的部队为野蛮人，见到李定国部队的旗帜就赶紧逃走。李定国部队中的很多人也得意地以"蛮兵"自居。

可以说，李定国桂林之战的胜利带有一定偶然性。如果不是他的士兵偶然发现了通往城内的水洞，明军未必能强攻下桂林。不久桂林再次失陷后，李定国曾二次攻打桂林，同样的地方，同样的战斗，却未能再次打赢。

风波

战后，投降清朝的陈邦傅父子、清朝广西巡抚王荃可、署理布政使张星光等人被李定国押解到了贵阳。在桂林方面给贵阳方面发送捷报时，还出了一个小插曲。当时，为了早点让朝廷得到这个好消息，发送捷报的人日夜兼程，途中不停换马，待到了贵阳，兴奋兼劳累的使者下马后就倒在地上无法起来，贵阳的官员给使者灌了汤药后人才醒来。接着，使者激动地从怀中拿出了捷报。孙可望等人看到捷报后非常高兴，大宴三日以庆祝这场胜利。为了表功，康国公李定国被封为西宁王兼行军都招讨，冯双礼被封为兴安侯。

九月二日，孙可望下令将陈邦傅父子剥皮，王荃可、张星光等斩首。对罪大恶极的陈邦傅父子，孙可望还发布告示说："逆犯陈邦傅肆意抢劫进贡给皇上的礼品，抛弃、掠夺皇宫女子，此逆不想着去建功赎罪，反而公然背主反叛。如今逆贼已被拿获，自当剥皮并传示云贵！"不料，这个决定竟在永历朝廷中引起了一阵不小的风波。可以说，这次风波对孙可望冲击很大。

当时，明朝的御史李如月得知陈邦傅被剥皮，马上上奏朝廷弹劾秦王，给孙可望扣上了"擅自杀害勋臣，就像王莽、曹操一样僭越窃国的奸臣"的大帽子，要求朝廷除掉这个国家大患。在当时险恶的环境中，李如月不思如何帮助朝廷渡过难关，不思怎样去完成抗清复明大业，反而唯恐天下不乱，大放厥词，故意挑拨双方关系，可以说是触动了各方的敏感神经，是哪壶水不开提哪壶。

▲ 讲述孙可望故事的黔剧《龙城惊变》

永历皇帝看到这份奏章之后，感到问题严重。毕竟在孙可望的治下，谈论这么敏感的事情，还是很犯忌的，要是被抓到什么把柄，恐怕整个朝廷都会受到牵连和打击。于是，永历帝决定大事化小，给李如月略施惩戒，以他"妄言"为名廷杖 40 棍，奏疏则留中不发，以为这样就可以掩人耳目。谁知，李如月压根不买账，他恨不得闹得越大越好。

他生怕天下人不知道这是他写的，还把自己的奏疏又抄了一份，并特意在封面上题写了"大明山东道御史揭帖"几个醒目的大字，交给孙可望派在安龙负责监视朝廷的张应科。

孙可望看到这个奏疏后，非常恼火，没想到自己做了这么严密的防护措施，还是出了个大纰漏。既然有些人不肯消停，那就得严厉处置，不能惯下去，不然会养成坏习惯。于是，孙可望决定杀鸡儆猴，对李如月采取和陈邦傅一样残酷的处置措施，谁知李如月死前还不肯屈服，继续大骂孙可望，造成了极坏的政治影响。这也让孙可望的想法有了很大的转变。

本来，孙可望将这些人放在安龙就是为了削弱永历朝廷的影响，避免他们妨碍自己的抗清大业。谁知，这些人在孙可望的保护和监视下，依然不肯消停，总想闹点乱子，这就让孙可望忍无可忍了。再加上国家在多难时刻，皇帝却继续搞腐败，"不顾自己的事业，完全沉湎于酒色，不让取得胜利"，这让"他开始后悔自己的所为，自责轻易地让出宝座，由此逐步恢复他原来的权势，以致他虽无皇帝之名，却握有实权，把永历帝当成傀儡和儿皇帝。一些人赞同孙可望的行动，另一些人则加以谴责，其中有他的兄弟李定国。随着意见的不同，发生了一系列的冲突，最后使军队之间，包括将官之间出现分裂"。最终造成了明军的失败。

可以说，明朝就是毁在了李如月这种人手上。他们为了一己私利，公然不顾各方默契，滥用手中权力，破坏抗清大局，造成内部不和与国家动荡，这样的事情，南明曾发生过多次，给抗清运动造成了很大的损失。因此，李如月死有余辜。

只是孙可望采取这么激烈的手段，反而落下了话柄，使一些心惊的人坚定了倒孙的决心。

追击

李定国进入桂林城后，下令安抚群众，严禁骚扰百姓，并在该地设立了明朝的管理机构，同时乘胜追击，收复广西。

清军逃亡时，全节的兵马发生了哗变，四处逃散，但全节还是幸运地在七月十六日逃到了梧州。然而好景不长，很快，李定国就派人去梧州招降。李定国的使者向清军守将表示，如果对方肯投降，不但可被封侯，还能获得数十万黄金。谁知马雄对这个条件压根就没兴趣，直接把使者给绑了起来。这让李定国很恼火：他自认为自己开的价码不错，足够让对方将领心动，谁知人家压根瞧不上。既然如此，李定国只好派部队去攻打梧州。虽然此时平南王尚可喜已派出援军奔救，但线国安、全节、马雄等这帮孔有德手下的重要将领压根就不敢迎战，而是直接逃到了广东去投靠尚可喜。

桂林之战后，逃往深山的卫国公胡一青、开国公赵印选、安定侯马宝、义宁伯龙韬等原南明的将领也纷纷从永福、阳朔等山区出来与明军相会。广西其他山区的明军也趁势出山，抗清部队声势更加壮大。

得知孔有德城陷自尽的消息，广东清军大为震惊。清军没有想到李定国的部队战斗力竟然有那么强大，连清朝老资格的藩将都不是他的对手。尚可喜自然不会犯跟孔有德一样的轻敌错误，他下令，与广西接壤的广东如果遇到了李定国的攻击部队，就要赶紧撤到肇庆以确保根本。谁知命令一下，就有胆小的人弃城逃到了肇庆。好在不久，李定国的军队就去了湖南，这才让广东方面喘了一口气。

出师不利：刘文秀兵败四川

入川

在西线，四川的形势可谓极其危急。早在顺治九年（1652 年）二月，平西王吴三桂与墨尔根侍卫李国翰就从汉中发兵入川。他们进入四川后，仅用了 4 个月的时间就攻陷了四川的大部分地区，推进速度极快。在这种情况下，镇守四川的王复臣和白文选只得被迫退守永宁。

七月，也就是在明朝四川最危险的时候，刘文秀的部队开始了大规模的北伐。需要指出的是，刘文秀开始北伐时，东线的反攻形势是一片大好，桂林之胜更是让明军士气大振，也不再将清军当成不可战胜的敌人。这也间接地对刘文秀的部队产生了一些影响。

刘文秀的北伐部队有6万人，比李定国的东线部队要少2万，可见李定国出兵时尚无把握一定能打赢，带的部队也就多些。而刘文秀北伐时，东线战场频频传来的胜利消息给了他们一剂强心剂，再加上西线的四川战场作战环境比较封闭，并不像东线战场那样三面环敌，因此，刘文秀的北伐部队人数要少于李定国的南下部队。

西线的部队按计划兵分两路，一路是刘文秀亲自率领的西路军，也是此次北伐的主力部队；另外一路是白文选率领的东路军，作为偏师配合主力进行合围。刘文秀率王复臣、贺九仪、袁韬、武大定、张先璧、张光萃等人先后自乌撒、雪山关、永宁、泸州等地出发，准备会兵于叙州，力图打通入川要道。由于刘文秀不但善于安抚当地人，而且能够调和四川本土官兵和外来官兵的关系，四川人对他抱有很大的期望。在这种情况下，刘文秀入川之路就顺畅多了。很快，他就收复了不少失地。

攻势

刘文秀入川后的第一场大战是叙州之战。叙州不但地势险要，是金沙江、岷江的交汇处，还是连接云贵的重要入川通道。因此，对这场攻防战，双方都很重视。当刘文秀大军到达叙州的时候，吴三桂也将大营移到了嘉定，还派右路总兵南一魁去叙州支援。刘文秀到了叙州后，悄悄地把大营放在了郊外。南一魁没料到明军居然出动了这么多人，很害怕，就迅速地躲入了城内。接着，刘文秀发动了声势浩大的进攻。在战斗中，刘文秀与王复臣亲自率马步兵攻城，不但打败了夔州总兵卢光祖，还生擒了增援的南一魁，并将他们的部队收为己有。

得知叙州战败，吴三桂决定亲自上阵。此前，吴三桂的部队可谓所向无敌，现在既然部下无能，他就只好亲上战场，希望能挽回败势。不过，在攻打叙州的时候，吴三桂并未派人侦察敌情，他还是靠着老经验，认为明军只是一小股没有战斗力的部队，于是有些轻敌。谁知，到了战场他才发现，明军比自己想象的要多，形势已经发生了巨大的变化。有些部下看到这种场面，觉得清军不一定有胜算，就偷偷逃走了。

吴三桂见军心不稳，决定亲自督战。很不幸，在八月九日这天的战斗中，吴三桂遭到了刘文秀部队的重重包围。作战时，大将王复臣竟然还出动了重量级武器——大象。他让大象冲在最前面保卫后面的战马，步兵则在两侧跟进。明军利用这种队形，冲破了吴三桂的大军。

大象的嘶吼让清军的战马变得非常恐惧，这些战马之前没有见过这种庞然大物，于是变得不听指挥，部队的行动受到了阻滞。

战场上的混乱让清军无法有效抵抗明军，吴三桂陷入了明军的重重包围之中。在这种情况下，他只好下令突击，然而多次突围都遭到失败，最后在手下心腹都统杨坤的力战下，吴三桂才得以突出重围，侥幸捡回一条性命。得到大胜的消息后，孙可望非常高兴，以朝廷的名义册封济国公刘文秀为南康王、王复臣为东宁侯。

突围后，吴三桂、李国翰与四川巡抚李国英召开紧急会议。他们认为，明军的这次行动规模很大，进攻势头也非常迅猛，待在这里抵抗未必有胜算，不如先全力北撤，在安全有了保证后再作打算。于是，他们火速撤到绵州。可以说，叙州之战让吴三桂等人印象深刻，这也是为何吴三桂在开会讨论守战时坚决主张退守汉中的原因。

封锁

就在此时，东路的偏师白文选部也传来了胜利的消息。从遵义出发的白文选八月二十五日攻克了重庆，并生擒了镇守重庆的都统白含贞和总兵白广生，斩首了副将潘应龙。永宁总兵柏永馥带着残兵败将逃到清军的四川大本营保宁时，部下只剩百来人了。

十月二日，刘文秀、王复臣等人率领主力至保宁。此前，为了不给吴三桂留下后路，刘文秀又另外派了支部队去收复成都，并杀掉了清朝的成都知府周基昌。

刘文秀的前锋部队甚至还封锁了梓潼、剑阁。梓潼"地联秦关，路当蜀扼"，是千里天府的屏障，剑阁则地处川、陕、甘三省结合部，剑门天险有"一夫当关，万夫莫开"之称，二者都是蜀道的必经之路。这等于把吴三桂的退路也堵死了。

本来，按照计划，刘文秀与白文选应该合兵一处后再行进攻，但刘文秀到了集结地点后发现白文选还没到，他决定独自出击，不再等待。由于刘文秀追之甚急，王复臣非常担忧，担心刘文秀被胜利冲昏头脑。于是，他向刘文秀浇了一盆冷水："大帅不要再追了！吴三桂是个劲敌，我军连战连胜已成骄军，以骄军对劲敌，恐会出现失误啊！"但兴奋的刘文秀并没能冷静下来，对他的意见也不予理睬。

明军兵临保宁城下后，吴三桂竟然按兵不动。于是，刘文秀立即让人搭浮桥渡江，向守军发起挑战。为了彻底阻断清军的突围之路，他抽调部队，沿着南岸、沙沟子、锦屏山、土地关，连营15里，并且在葭萌关和梁山关建立要塞，准备彻底消灭吴三桂等人的部队。看到这个情况，王复臣变得更加忧虑，他谏道："还是不要围城吧，要围城的话就会分兵，会让包围力度减弱啊！"刘文秀轻蔑地说道："吴三桂困守空城，我们很快就能打下来，将军为何害怕？"他断然下令，要王复臣从保宁城顺嘉陵江下行30里后搭浮桥过河，然后逆河而上，在蟠龙山下结阵；张先璧以长矛军驻镇西南阵尾。他本人则亲自列阵于东北教场，扼守吴三桂归路。

溃败

十月十一日，刘文秀带领 13 个营率先发起了冲击。为了保证坚不可摧，他使用圆形阵法，让 13 头大象各领 1 个营，走在最前方，手持盾牌、长枪的枪兵紧跟其后，接着是手持扁刀、弓箭的弓兵，最后是携带火炮、鸟铳的炮兵。面对这种情况，吴三桂下令川兵前往观音寺迎战，他自己则带领满汉部队前往土地关抵抗。两军打得很激烈，"蔽山而下，炮声震天"。从上午一直打到中午，清军一点儿进展也没有。

这时，吴三桂正好俘获了一名明军士兵，他由此得知张先璧的兵比较弱，就亲自查看阵地。通过观察他发现，张先璧虽然勇敢但是却非常轻敌，于是，他自信满满地说道："此人定可击破！"接着，吴三桂就命令总兵严自明率领一支 500 人的精锐骑兵突袭蟠龙山下的张先璧。

张先璧的部队受到打击后，果然马上溃散南奔。张先璧的弟弟张先轸担心士兵害怕，把桥也炸断了。这样一来，不但冲乱了水滨的王复臣军，还导致他们无

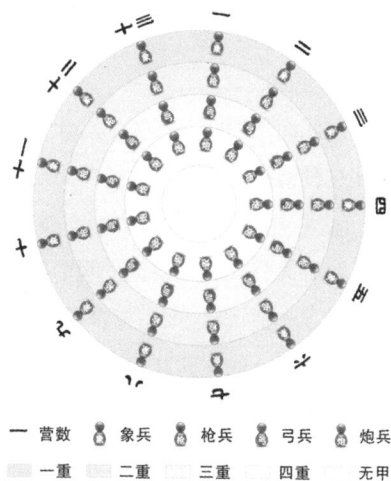

一 营数　象兵　枪兵　弓兵　炮兵
一重　二重　三重　四重　无甲

▲ 刘文秀圆形阵法

▲ 清人所绘吴三桂坐姿像

法过江。正是由于王复臣遭到了河水的阻滞，他的部队才会被清军包围。在抵抗不支的时候，王复臣拒绝过河，他大呼："大丈夫如果不能生擒名王，那岂能为胡虏所辱？"在杀死数人后自杀。

而在另一边，李国英为了迷惑明军，命令绿营改打八旗军旗。刘文秀看到清军后退，阵形松动，认为破敌时机已到，于是率轻骑兵下山追击。谁知这正是吴三桂故意使的诱敌之计：他让自己露出破绽，就是为了吸引刘文秀部队的注意，让明军也出现防御缺口。看到刘文秀坚固的圆阵露出了一个大口子，早有准备的清军精锐弓骑部队发动冲击，以最快的速度冲进了圆阵的开口处，向里面射出了大量弓矢。由于刘文秀的部署是甲兵在外，无甲兵在内，导致其部队根本无法防御清军的突击。这样一来，营中一片混乱，士兵不再接受控制，而是忙着逃命，被人踩死和在河里淹死的人不计其数。

在这种形势不利的情况下，刘文秀只好下令撤兵。这次战斗，刘文秀损失惨重，光军官就死了200多人，士兵也损失了1万多人，最大的损失是战死了3头大象。部署在梁山关的部队也遭受了重大损失，至于那些丢掉的辎重就更不用说了。

不过，刘文秀被迫退兵后，吴三桂也不去追，他说："我生平从未遭遇过这样的恶战，如果刘文秀真的采纳了王复臣的建议，恐怕我军就要毁了啊……"随后，吴三桂撤兵回到汉中。

罢职

与此同时，到顺庆的白文选东路军也发现了顺江而下的明兵尸体，这让他很震惊。他知道明军在保宁的局势已不可挽回，在这种情况下，再进兵显然不是个好主意。于是他决定马上退兵，退守重庆。

刘文秀逃到成都后，立即集合溃兵2万人，并派人分兵驻守各地。明军战败的消息传到孙可望那里后，孙可望借用皇帝的名义下了一道圣旨，严厉指责刘文秀："不肯采纳良策，致使我军损失了一员大将（王复臣），刘文秀其罪当诛。看在他收复故土的功劳上，还是从轻议处，只罢官闲居即可。"

十二月，刘文秀跑到云南的鸡足山与高僧道足谈禅。刘文秀的部属遭到了打散，除一部分留在四川防备清军外，另一部分被发配到了湖广地区。通过这种手段，孙可望轻易地剥夺了刘文秀的兵权。这样一来，就引起了原刘文秀部队中一些嫡系人马的不满，认为这事做得过了，私下里都很有意见，不愿意再做孙可望的炮灰和棋子。

不得不说，孙可望此次处理确实不妥当，见识和格局也与他的地位和手腕不相称。以孙可望在大西集团的核心地位和在抗清势力中"挟天子以令诸侯"的政治优势，完全不应该如此小家子气，公然欺负自己的弟兄。尤其是趁刘文秀新败之危，急着收编消化蜀系部队，更非智者所为。孙可望这样冷酷无情地对待大西集团的重要领导人，也让部分将士感到寒心。

孙可望此举使得大西集团脆弱的内部平衡被打破，不但造成西派内部的争斗和不满，也让本就不团结的明朝各派势力更加警惕和离心，没能起到敲山震虎的效果不说，反而孤立了自己，引起了内讧。虽然此次事件目前仅让西派集团内部出现裂痕，暂时未造成分裂，但这种裂痕一旦产生，就不可避免会产生深远的影响。可以说，孙可望试图通过这种手段来扩充势力、统一西派、确定自己一言九鼎的领袖地位，在当时复杂的局势下，太理想化了。一着不慎就会满盘皆输，教训不能说不深刻。

名动海内：瑾亲王殒命衡阳

精锐

孔有德的败亡，震动了清朝政府。虽然孔有德是因为犯了分兵的错误而败亡的，但他毕竟是清朝的四大藩王（孔有德、尚可喜、耿精忠、吴三桂）之一，拥有赫赫战功，威名卓著，竟然败在了"流寇"的手下，这让清朝觉得，很有必要派宗室亲自出马了，即使是大名鼎鼎的勋贵派，也不如自家的宗亲派可靠。于是，敬谨亲王尼堪被派往湖南收拾残局。尼堪是努尔哈赤长子褚英的第三子，曾参加过攻打江南和平定李自成、张献忠、姜瓖的行动，经验极其丰富，是稳定西南局势的最好人选。于是，顺治帝封尼堪为定远大将军，让他率精锐南下。除尼堪外，多罗贝勒巴思哈、屯齐，固山贝子扎喀纳、穆尔祜，镇国公汉岱，一等伯伊尔德等人也陪同参战。

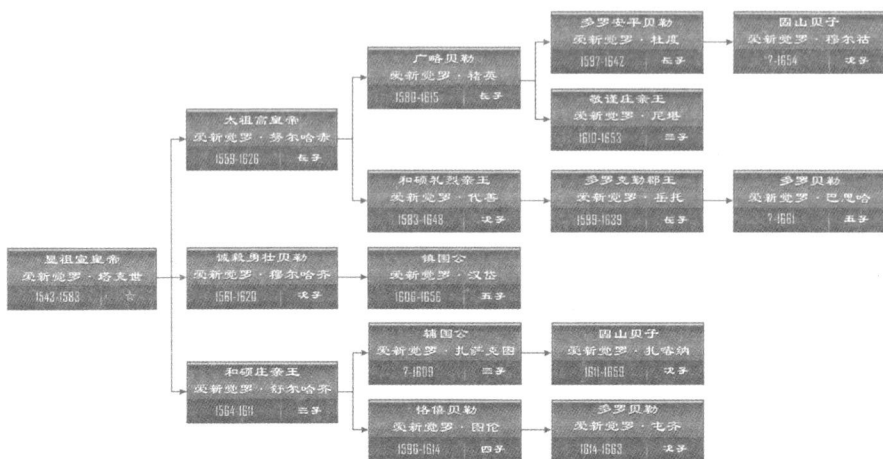

▲ 参加明清衡阳之战的清朝宗室谱系

巴思哈是努尔哈赤的曾孙，父亲是早逝的克勤郡王岳托，从史料中无法看出他有什么特别的本事；屯齐是努尔哈赤同母弟弟舒尔哈齐的孙子，曾参加过攻打锦州、松山、关中、江南和平定李自成起义的行动，称得上经验丰富，与尼堪也有一定默契，有这样的一位身经百战的老将配合，就更加保险了；扎喀纳也是努尔哈赤同母弟弟舒尔哈齐的孙子，早年曾入关破济南和天津，并参加过锦州大战，入关后又参加过远征湖广的行动；穆尔祜是努尔哈赤长子褚英的孙子，其父杜度与尼堪是亲兄弟关系，曾参加过攻打松山、蒙古苏尼特部和平定李自成、姜瓖的行动；汉岱是努尔哈赤异母弟弟穆尔哈齐的第五子，也参加过攻打松山、江南、福建以及平定李自成和陕西回民的行动。这些人都是宗室亲贵中的精英，久经沙场，作战经验丰富。

非宗室出身的清军将领伊尔德在清朝入关前曾攻打过锦州、宁远、北京、大凌河，入关后则参加过攻打江南、剿灭金声恒和李成栋的行动；佟图赖则参与过对大凌河、锦州、松山、江南、湖广的军事行动。可以看出，清朝是精锐尽出，丝毫没有大意，这个安排也在最后关头拯救了清朝的南征部队。而明朝却并不清楚此次大战中敌手的情况。

临行前，顺治帝对尼堪寄予厚望，除赐他御服、佩刀、鞍马外，还在北京南苑亲自为尼堪送行。其他的将领也一一赐予了御物。只是，顺治帝和出征的将领都没想到，这一次远行，竟然成了尼堪的最后一战。

进取

李定国七月任命广西巡抚徐天佑守卫桂林后，随即北上攻取永州、祁阳等地。当时在长沙的沈永忠听说后，于八月初六果断弃城跑路，一直跑到岳州。

八月十四日，马宝率领广西降军抵达广东阳山，扎了三个大营包围阳山县城，仅用了三天就收复了阳山。二十二日，他又联合当地人，搞定了连州。

进入九月后，原明军永国公曹志建的余部趁机收复临武，张光萃也在离辰州40里远的地方屯兵。辰州守将徐勇得知后，不但不回避，反而主动渡江出击，还说："成败在此一举，若有不测，就不要再过此江！"手下将士于是奋勇杀敌，大败明军。徐勇本是明军左良玉手下总兵，后降清。此人在镇守黄州、长沙时，曾为清朝立下了不小的功劳。去年四月冯双礼攻打辰州时，由于徐勇部署严密，明军无机可乘，战况陷入了胶着状态，冯双礼等人束手无策。可以说，此人很会打仗。

十月三十日，李定国统兵进入衡州。进入十一月后，明朝的反攻力度更大了。李定国派将军高文贵进入江西，很快就打下了永新、安福、永宁、龙泉，并成功围住了吉安。马宝也收复了广东北部的南雄、韶州、连平。李定国到达衡州后，不但派遣马进忠、冯双礼北取长沙，还让张光萃出宁乡向常德进击，张胜率部攻下湘阴。马进忠的前锋越过湖南岳州，到达了湖北的嘉鱼、咸宁，一路上所向披靡，形势大好。

伏杀

就在这时，传来了尼堪大军南下的消息。当时，李定国大军还在衡州休整，马进忠和冯双礼屯兵长沙，前锋部队已经攻占岳州。李定国知道南下清军声势浩大，为了给远道而来的清军一个"惊喜"，他摆出了一副不经打的模样，让马进忠和冯双礼放弃长沙，诱使敌人渡过湘江，随后，马、冯二人悄悄埋伏在衡山西北的白果市。等清军过衡山，李定国就从蒸水正面攻击，冯、马二将则从背后出击，两军夹攻，合歼尼堪。然而，意想不到的是，中途出现了点意外。原来，冯双礼接到孙可望的密令后私下退出伏击，马进忠不明所以，也跟着退出伏击，但这么重大的行动却无人告知李定国。

十一月十九日，尼堪的大军抵达湘潭，随后在衡山县击败了李定国的 1800 人前线部队，接着于二十二日夜不顾疲劳抵达衡州，结果遇到了李定国的军队。李定国在蒸水率军出击，接着转战到城北香水庵、草桥，都没能分出胜负，可见八旗大军的骁勇善战。这种情况下，李定国只得采用伏击战术。

二十三日，双方再战，李定国佯装败退，尼堪"乘胜"追击，追至蒸水南岸的演武坪，陷入另一支明军的埋伏。当时，伏击的明军炮击清军精兵，引起清军大乱，尼堪的部队被截成三节。李定国指挥苗兵手持大刀专砍马腿，让清军无力再战。清军准备退兵，却被尼堪拒绝。他面有傲色地说："我八旗大兵凡是临阵御敌的，都不会轻易言退。何况我身为宗室，不杀掉这群贼寇，我还有什么面目回去见人？"正是这种心态导致了尼堪之死。

尼堪认为凭着自己的勇猛，完全可以打破明军的伏击包围圈。谁知道，他的骁勇早就引起了明军的注意。他向前横冲直撞时，明军就把他围起来了，作战中，尼堪的卫兵和主力被分隔，仅有 20 多名骑兵的尼堪在作战中被明将马宝杀死。

尼堪被马宝斩首后，清军失去主帅，大败而逃，屯齐等人被迫退往长沙。李定国缴获了尼堪的铠甲、绣旗，正准备乘胜追击，却发现冯双礼、马进忠未到，派人侦察才知道他们已经去了湘乡。李定国知道光靠这点儿人孤军作战是无法扩大战果的，而且太危险，只得收兵。不过，当地人非常痛恨清军，趁着清军新败，对路过的清军进行截杀，许多退入山区的明军将领和官绅也纷纷出山，打击清军，帮助明军。

高层内讧：大好局面遭断送

疑心

早在孙可望收到桂林大捷的捷报时，他就有些嫉妒李定国的运气，忍不住说："北兵本就好杀，只不过我没有独当一面。"

后来，李定国上缴战利品时，仅上缴了孔有德的金印、金册和人参，还说清朝官方仓库中的财物价值也就过万。但事实上，李定国拿走了不少黄金、丝布，这让冯双礼觉得很不公平。说到底还是分赃不均，正因李定国没能做好利益再分配，冯双礼才不服气地秘密参了李定国一本，说"李定国如此专横，以后要制约他怕是很难"。冯双礼也非常忌惮马进忠与李定国的良好合作关系，还专门向孙可望作了秘密汇报。

冯双礼打的一系列小报告，引起了孙可望内心的不安。自己现在还有筹码，所以能通过与李定国交换利益的方式来换取李定国对他的服从，但随着李定国的威望越来越高、地盘越来越大、获取的利益越来越多，自己手中可以用来制约李定国的筹码就会越来越少。

不幸的是，有人偏偏唯恐天下不乱，有意无意挑拨两人关系。来往两军的使者公然宣称："李定国听说自己只封了郡王，很是不悦，他竟说'封赏都是出自天子，怎么变成了以王封王？'"听了这话，孙可望的内心更加不安，这是在挑战他的底线啊。要是他不采取措施，这个"国主"就会有名无实了，以后谁还会把他放在眼里？随着李定国的胜利越来越多，孙可望的心里越来越不平衡，再这样下去，自己的话恐怕就要不灵光了。

灭门

十一月一日，得知清军南下的消息后，孙可望亲自由贵州来到湖南沅州，他还将才从四川战场下来的白文选也调到了东线。当时，刘文秀已经被闲置，不少参加过保宁战役的将领都被重新安排，白文选作为自己信任的重要将领，自然被带到东线战场，担负起重要任务。

孙可望的第一个目标是辰州，辰州作为"湘西门户"，战略地位很重要，明军一直未能拿下。孙可望若能拿下辰州，自然有助于提高声望，增加威信，所以他对辰州之战非常重视。为了保险，孙可望先派人劝降总兵徐勇，然而徐勇根本不理睬，反而直接把使者拖出去剁了。在这种情况下，孙可望只得倾尽全力对付徐勇。作为自己远征的第一战，无论如何都要打赢。在李定国大胜的背景下，孙可望有输不起的压力，毕竟自己说过"北兵好杀"，要是第一战就失败，会对自己造成不小的打击，也会减少自己手中的筹码。

经过精心准备，十一月二十一日，白文选率领 5 万水陆大军进抵辰州城下，将这座城四面包围。清军总兵徐勇下令迎战，结果战败。尽管第一天时徐勇自认为能守住，但第二天他的希望就破灭了。当时，徐勇在北门督战，白文选出其不意，出动了重量级武器——大象成功突破东门，让他大感意外。这种情况下，徐勇只得匆忙带着亲信在城中进行抵抗，混乱中，他中招坠马，被明军杀死，亲属39人也遭灭门。这次胜利让孙可望非常高兴，他的首次行动实现了"开门红"，是个好兆头。

失算

为了不让李定国抢走自己大胜的风头，孙可望还给冯双礼下达密令，要求他退出伏击圈。李定国已经杀了一个孔有德，再杀一个尼堪那还得了，这样的事情必须得阻止。再这样下去，天下人都只知道你李定国而不知道我孙可望，那就麻烦了，有必要敲打敲打。谁知，孙可望还是失算了，他依然未能阻止李定国的大胜。

很快，尼堪被杀的好消息就传遍了各地，孙可望杀掉徐勇的好消息却被李定国大胜的消息给掩盖了。孙可望虽然解决了难缠的总兵徐勇，但李定国却在不利的情况下直接把清朝宗室重臣给杀了。这可让孙可望郁闷不已，不明白李定国为什么运气这么好，连久经沙场的清朝宗室重臣都能杀掉。自己的功勋和李定国的比起来可不是一般的差。这就有问题了，孙可望觉得有必要找李定国好好谈谈。

于是，得到衡州之战的结果后，孙可望决定召见李定国前往沅州议事。当时，赏封的使者已经带着万两黄金和敕书上路了，孙可望赶紧派人将使者追了回来。孙可望说："我如今既然已带兵入楚，自然要与定国兄面对面地开宴庆祝，而且我还要向皇上上书，请皇上敕书以示恩宠。"

分裂

面对孙可望的邀请，李定国是愿意赴会的。然而，这时却有人告诫李定国："这不过是'伪游云梦'之计。"只这短短一句话，就击中了李定国的软肋。"伪游云梦"的典故出自《史记》，后来被明末的文人加工成了《汉高帝伪游云梦》。故事说，汉高祖时，韩信因为势力过大引起了刘邦的猜忌，于是，刘邦采纳了陈平的阴谋诡计，假装去云梦泽游玩，趁韩信拜见时把他拿下，并将其软禁贬为淮阴侯。想必这个故事在明末比较有名，李定国也听过。

李定国立了那么大的功劳，确实有点功高震主，再加上不会藏拙，很犯忌讳，自己心里头也有点害怕，所以就犹豫了。这时，正好有个叫龚彝的人，此人曾经参与过拥立永历帝的活动，算是从龙之臣，他趁机给李定国去信道："来必不免。"走到奉天的李定国看到这封信后，就认为孙可望真的有害他之心，提高了警惕。再加上刘文秀之子也送密信给李定国说："孙可望待你到后即杀你！"这就让李定国更加确信孙可望要杀他。

刘文秀儿子是怎么得知这个秘密的，我们不得而知。当时刘文秀已经遭到罢黜，是心怀不满故意报复，还是听到什么传言，现在已无法考证。但可以肯定的是，这里面的水很深、很浑，一些人有输不起的压力（主要是永历朝廷中的一些人）。面对这个不可多得的天赐良机，他们自然会加以利用，如果错失了这次机会，以后未必会再有，因此，私下串联运作是必然的。而刘文秀的下场，其实也给李定国敲了警钟，他可不愿意成为第二个刘文秀。这样一来，两人的关系就出现了问题。

为了表示自己的愤慨，李定国将孙可望的使者打了一顿，还说："孙可望怎么能擅自搞封赏，那皇上摆哪？"不仅如此，李定国还专门给孙可望写了一封信，以大义相责。孙可望看到这封信后，非常不满，斥道："李定国把自己当成忠义之士，那把我置于何地？"于是，也不给李定国行赏了。

李定国的这种做法，显然令孙可望大为光火。自己不来就算了，还殴打自己的使者，现在竟然还写信指责他，实在是无法无天，再这样下去，这"国主"可真没法做了，以后谁还会听他的命令？从这时起，两人的关系就陷入了低谷。而永历朝廷中一些人的私下活动，自然也没逃过孙可望的眼睛。面对这种错综复杂的形势，孙可望有了自立之心，大西集团也分裂为自立派和保皇派两大阵营，为西派的彻底分裂埋下了伏笔。此时的李定国也知道自己把孙可望得罪得不轻，于是就果断跑路去了广西，避免和孙可望接触。

撤兵

永历七年（1653年）二月，孙可望率领10万大军由靖州经奉天至宝庆，冯双礼和白文选分别率左路军和右路军，孙可望自己则亲自统率中路军。到三月十五日，

▲ 宝庆府古城墙遗址，位于今湖南省邵阳市

孙可望、冯双礼、白文选、马进忠等人的部队已经在宝庆到衡州之间构筑了巨大的营地。而清朝的定远大将军、多罗贝勒屯齐则驻扎在岔路口，都统佟图赖驻扎在近地花街子。

十六日，天下起大雨，当夜，孙可望偷偷地从宝庆来到前线周家铺与明军合营，而清军却不知情。于是，第二天，冯双礼等人发动了突袭。清军猝不及防，只得败走。由于胜利来得太容易，孙可望产生了一种错觉，认为清军不过如此，结果犯了跟刘文秀一样的轻敌错误。孙可望没有下令彻底追击，而是让士兵们去抢占胜利果实。趁着明军只顾抢夺马匹，屯齐等人就整顿队伍，准备反击，同时联系佟图赖夹击。

孙可望给屯齐等人来了个突然袭击，屯齐等人也以其人之道还治其人之身，给明军也来了个突然袭击。孙可望本以为清军不足虑，没想到才打了个胜仗，就被败军之将打败了。这么一来，孙可望就没有信心继续与清军作战，决定先退往永州。没想到他们又与清朝的多罗贝勒巴思哈军相遇，已经成为惊弓之鸟的明军再次败退。清军鉴于尼堪阵亡的教训，也不敢太冒险，于是不再追击。

受形势所迫，孙可望只得退回宝庆，并撤销了设置在湖南的官吏，同时以紫阳河为明清分界线。四月，孙可望下令大军回贵阳。经过几个月时间，军队终于在八月回到贵阳。

这次为时一年的大反攻，取得的战果是巨大的：不但杀掉了清朝的两大名王，而且辟地3000里，扩大了明军的腹地，中部重镇武昌也是警报不断，让清朝大为震动，打破了八旗军不可战胜的神话。论者也认为此次反攻可以称得上是"战功第一"。但是，由于明军高层发生内讧，取得的成绩也付之东流，造成明军"不败而败"、清军"不胜而胜"的局面，断送了抗清复明运动的未来。黄宗羲亦对此深感痛心，他这样说道："逮夫李定国桂林、衡州之捷，两蹶名王，天下震动，此方历以来全盛之天下所不能有，功垂成而物败之，可望之肉其足食乎！屈原所以呵笔而问天也！"

参考文献

[1] 中研院. 明清史料 [M]. 北京：商务印书馆 ,1930.

[2] 王钟翰. 清史列传 [M]. 北京：中华书局 ,1987.

[3] 顾诚. 南明史 [M]. 北京：中国青年出版社 ,1997.

[4] 安文思. 中国新史 [M]. 郑州市：大象出版社 ,2004.

[5] 李治亭. 吴三桂大传 [M]. 南京市：江苏教育出版社 ,2005.

[6] 顾祖禹. 读史方舆纪要 [M]. 北京：中华书局 ,2005.

[7] 钱海岳. 南明史 [M]. 北京：中华书局 ,2006.

[8] 郭影秋. 李定国纪年 [M]. 北京：中国人民大学出版社 ,2006.

[9] 鲁日满. 鞑靼中国史 [M]. 北京：中华书局 ,2008.

[10] 滕昭箴. 三藩史略 [M]. 北京：中国社会科学出版社 ,2008.

[11] 黄卫平. 大顺史稿 [M]. 西安：三秦出版社 ,2010.

[12] 滕绍箴 , 李治亭. 陈圆圆后传 [M]. 长沙：岳麓书社 ,2012.

龙与熊的较量

17 世纪黑龙江畔的中俄战争

作者 / 何俊宏

17 世纪中叶至 17 世纪后半叶，发生了许多举世瞩目的历史事件。在西欧，英国爆发了资产阶级革命，国王查理一世被送上断头台。在经历了几十年风云变幻之后，英国于 1689 年确立了君主立宪制政体。在与英国隔海相望的法国，君主专制正处于顶峰，雄心勃勃的太阳王路易十四为了增强财力、提升国力，正在通过如火如荼的改革强化中央集权。在世界的另一端，遥远的东方，两个东北亚的陆上强权，正围绕着黑龙江流域肥沃的土地和丰饶的物产，在林海雪原和白山黑水间进行着旷日持久的拉锯战。它们一个是仅用了数十年就征服了大半个西伯利亚地区的沙皇俄国；另一个则是同样仅用数十年时间就从偏远的中国东北一隅，成功入主中原的清王朝。

从奴隶到主人的征服之路

　　沙皇俄国的前身莫斯科大公国，为 13 世纪末期由臣服于金帐汗国的弗拉基米尔大公国分封而成，因首都设在莫斯科而得名。在外受蒙古人压迫，内有各路封建王公贵族互争雄长的环境下，这个新生的小国开始了卧薪尝胆的自强之路。14 世纪开始，莫斯科大公国因为陆续兼并其他王公贵族的领地而逐渐坐大。他们的大公伊凡·卡利达（1325—1340 年）从宗主国蒙古金帐汗国那里取得弗拉基米尔及全俄罗斯大公的称号，并获得了代征全俄贡纳的权力，开始领导俄罗斯诸侯。一百多年后的 1480 年，厚积薄发的莫斯科大公国趁着金帐汗国势力日衰，公然拒交赋税，引得金帐汗阿合马大怒。阿合马于 1480 年亲自率兵联合波兰一起来教训这个不老实的小弟。时任莫斯科大公的伊凡三世也亲自领军，与阿合马对峙于乌格拉河。结果，蒙古人因天寒地冻和波兰的援军迟迟不到而撤军。此后不久，阿合马就在内讧中被杀，金帐汗国解体。蒙古人对俄罗斯长达 240 年（1240—1480 年）的统治就这样结束了。

　　到了 16 世纪初期，莫斯科大公国仍然只是蛰伏于乌拉尔山脉以西的一个小国家，周边依然存在着几个从金帐汗国分裂出来的小汗国，消除这些游牧政权可能带来的威胁就成了它早期扩张的主要动力之一。1547 年，莫斯科大公伊凡四世即位，并自立为俄罗斯第一位沙皇，"沙皇俄国"之名始见于史册。正是从这时候

▲ 伊凡四世画像

开始，沙皇俄国向当年把他们踩在脚下的蒙古人亮出了深藏已久的獠牙。五年后的 1552 年，伊凡四世亲自率领大军消灭了喀山汗国，到 1556 年阿斯特拉罕汗国也被沙俄吞并。1581—1598 年，俄国人摧毁了乌拉尔山脉以东的失必儿汗国，扫清了通往东方的最后障碍。此后 10 年间，他们在新征服的土地上开垦荒地，修筑城堡。托博尔斯克、秋明、塔拉……一座座建筑风格具有鲜明斯拉夫特色的据点拔地而起，通往西伯利亚辽阔土地的大门就这样被打开了。

早在灭亡阿斯特拉罕汗国之后，沙皇俄国就从与毗邻的失必儿汗国的交往中得知，在乌拉尔山的另一边有一块辽阔而神秘的土地——西伯利亚。那里蕴藏着丰富的银矿和铁矿，还有黑貂、水獭、狐狸、灰鼠等珍贵毛皮。掌握了这些资源，就等于拥有了一个聚宝盆，其所带来的经济利润是无可估量的。所以对物产丰饶的西伯利亚，沙皇俄国早已垂涎三尺。在这笔巨额财富的诱惑面前，西伯利亚鹅毛般的大雪和凛冽的寒风也无法阻挡沙皇俄国继续东侵的步伐。他们乘船策马，跨过鄂毕河、叶尼塞河、勒拿河……他们虽然悄悄地来，却绝不会"不带走一片云彩"地潇洒离去。在他们身后，留下的是如雨后春笋一般林立的城堡和一亩亩麦田！

就这样，在征服失必儿汗国之后不到 60 的时间里，沙皇俄国依靠这些土木混合结构的堡垒据点，步步蚕食。截止到 17 世纪中叶，沙皇俄国基本上拿下了西起乌拉尔山，东到鄂霍次克海，北濒北冰洋，南到喀尔喀蒙古，总面积达 1000 多万平方千米的西伯利亚地区。沙皇俄国从一个蜷缩在东欧的地区国家，迅速膨胀为

据点	位置	建成年代
曼加结亚	叶尼塞河下游	1601 年
图鲁汉斯克	叶尼塞河下游	1609 年
叶尼塞斯克	叶尼塞河上游，克姆河口	1619 年
布拉茨克	安加拉河上游	1631 年
乌斯季库特堡	勒拿河流域	1631 年
雅库茨克	勒拿河中游	1632 年
鄂霍茨克	鄂霍次克海岸	1647 年

横跨欧亚的全球领土第一大国，创造了世界领土扩张史中的纪录。

当时的西伯利亚，也不是一块渺无人迹的处女地。在沙皇俄国染指这里之前，这里就已经生活着阿尔泰、汉特、涅涅茨、雅库特、尤卡基尔、克里亚克、楚科奇等30多个民族。这些名号繁杂的族群隶属于古亚细亚、突厥、通古斯等不同的族系。他们或经营畜牧业，以放牧牛羊、养殖驯鹿等为生；或世代渔猎，划着原始的独木舟于江河湖海上捕捉鱼类和大型海兽。他们架鹰驱狗，背负弓箭，在深山老林里射杀紫貂、猞猁等野物，获取它们身上的珍贵毛皮，并将之制成衣物御寒。如有富余，他们则通过与其他民族物物交换来满足对其他生活必需品的需求。他们虽然生活方式

▲ 16—17世纪西伯利亚居民组织的武装力量（右：汉特人步弓手，中：雅库特人的重骑兵，左：楚科奇人武士）

375

迥异，语言也不通，但共同点还是有的：那就是受严酷自然环境和落后社会生产力的双重制约，人口基数少，人口自然增长率不高，经济结构较为单一，社会发展水平基本上仍停留在氏族部落阶段。

他们如同星辰一般散居在西伯利亚的辽阔土地上，种种条件的限制使他们没能形成一个强有力的社会整体。所以，在沙俄东扩的浪潮中，尽管他们也曾做出英勇的抵抗，但由于缺乏强有力的政治军事领导核心和与之相关的制度，最终摆脱不了失败的命运。许多原住民部族也因此湮没在历史的长河中。

任何一国走上领土扩张的道路，都离不开雄厚军事实力的支撑，那么，作为西伯利亚的征服者，当时的沙俄军队军事力量究竟如何呢？

北极熊的利爪

伊凡四世在位时期，沙俄的最高军事领导机构为"兵部"，其职能为制定战略计划，进行战争准备，实施战略指挥等，"兵部"下属的各部（属）则负责节制各兵种和武器装备制造等具体事务。总体上，从 16 世纪末期至 17 世纪末彼得一世改革前，长达近百年的时间里，仍旧处于冷热兵器混用时代的沙俄军队沿袭的都是伊凡四世时代所创制、以"军役贵族"和"射击军"为主体的军事制度。作战编制单位自上而下分别为千人队、五百人队、百人队、五十人队和十人队，约相当于现代军队编制中的团、营、连、排、班。其军队构成包括：

一、主要使用刀矛弓斧等冷兵器作战的贵族骑兵和民团。由于他们的武器装备是由军役贵族和各城市自己提供，所以规格不一、五花八门。

二、使用热兵器的常备步兵"射击军"和成建制的炮兵部队。

三、"城市哥萨克""草原哥萨克"以及外籍军人。

所谓的"军役贵族"，其身份地位相当于同时期的日本幕府一般武士，都是世代行伍，效命于首脑的职业军人集团。他们是沙俄建国初期骑兵兵员的重要来源。伊凡四世时期，沙俄军队账面总兵力达 30 万之众，其中骑兵高达近 20 万，这当中军役贵族组成的骑兵（包括他们的随从）就有 10 余万。以伊凡三世时期推行的"领地制"为保障，沙皇通过授予土地所有权的方式吸引大小贵族投身到军旅当中。

以每50俄亩（1俄亩=1.09公顷）领地出一名全副武装的骑兵，领地越多则应出的人马越多。筹备粮秣和兵器所需的花费，国家是不会报销的，由贵族自己想办法解决。每位贵族自15岁起必须亲自带领武装随从一道终身服役，承担应尽的义务。如果贵族自身因为身体等原因，无力承担兵役就必须出钱雇人顶替。有军功者重赏，违抗君命者轻则被鞭笞，重则被剥夺领地净身出户。

军役贵族的领地来源有三：沙皇的直接领地；原本属于大封建主的领地中肢解出来的部分；新征服的土地。授予军役贵族的领地不得世袭和买卖。

沙皇通过这一制度既削弱了大封建主的势力，加强了中央集权，又令军役贵族成为死心塌地为自己效命的忠实鹰犬，还调动了军役贵族对外侵略开疆拓土的积极性。可谓是一石三鸟。

射击军就是由火枪手组成的常备步兵，兵员主要来自市民，最早创制于伊凡三世时期。他们平时驻扎在营区内，进行指定的军事训练，穿统一制式军装，由国家发给薪饷[1]。他们的主要任务是对外作战，对内维稳以及主要城市据点的防守。和同时期许多封建国家的军队一样，他们同时担任军人和警察的角色。每位士兵配备一杆自制或购自外国（如瑞士）的火绳枪和一把长柄月牙形钺斧[2]；军官则配有手枪和军刀。

射击军的账面兵员在伊凡四世时代已经达到10万的规模，在征服喀山的军事行动中颇为得力。17世纪中叶以后，部分射击军士兵被调入西伯利亚的各个城堡，以加强守备力量。

沙皇俄国对战争之神——火炮的青睐由来已久。伊凡四世时期，炮兵逐步发展成独立兵种。其下有野战炮兵和攻城炮兵的区分，另外沙俄军队的团级作战单位也配有直属炮兵部队。当时的沙俄军队号称拥有各类大小火炮2000余门，其材质有铜炮或生铁铸炮，使用轮式炮架搭载，发射实心球形铁弹。

到17世纪中叶，针对欧洲军事急速发展的新形势，沙俄政府又创建了欧式步兵、

---

[1] 当然他们自己也可以搞些小买卖挣外快，国家并不禁止。

[2] 作战时可将长柄插入地上，以斧刃和柄材近处为火枪支架；弹药用尽或敌军冲到近前时则是威力强大的近战武器。

▲ 16—17世纪沙俄炮兵

▲ 16世纪沙俄步兵常规队列射击训练图

▲ 16—17世纪的沙俄贵族骑兵，刀矛弓箭等传统冷兵器一直使用到彼得一世改革时期才被彻底淘汰

龙骑兵、骠骑兵等新式军团，高薪聘请来自西欧诸国的外籍军官担任教官，甚至直接任命这些外籍军官为沙俄军队各级军事主官。不过由于种种原因，这些新军在沙俄对西伯利亚的征服行动，以及后来的中俄边境冲突中，基本上没有发挥什么作用，所以在这里笔者不再详细介绍。

总之，从16世纪开始，火器的广泛使用使得沙俄军队的作战方式发生了巨大的变革。这一时期，火炮的发展使得城堡要塞等据点在作战中的重要性日益凸显。无论是沙皇俄国还是其他欧洲军事强国的军人，都一门心思地钻研起"如何垒好自家的围墙"和"如何砸塌别家的围墙"。与此同时，野战在战争中的地位有所下降，沦为攻城战的陪衬。虽然沙俄军队还没有完全脱离冷热兵器混用的阶段，但是为了充分发挥热兵器的作用，其战术队形已经发展到方阵与线式队形的过渡时期，即减少纵深加大正面。沙俄军队战斗队形仍以团为单位编组，通常是骑兵配置于两翼，步兵居中，炮兵在战斗队形正前方一字排开，预备队则居于战斗队形后方，相机而动。

不过，早期沙皇俄国的政治军事重点一般都在欧洲地区，故此由军役贵族骑兵、射击军和炮兵部队构成的沙俄正规军，主要部署于西线。这些精锐力量主要投入到和当时还是一方土霸王的克里木汗国①、波兰—立陶宛联邦②等敌对势力的角逐当中。

特别要提到的是，克里木汗国虽然不能再现祖先的辉煌，但也不是省油的灯。在 1558 年到 1596 年期间，他们对沙皇俄国的领土约有 30 次大规模进犯。其中最大的一次在 1572 年，克里木汗国围攻莫斯科，掠走了 15 万人口。据记载，当时俄罗斯人的尸骸塞满了莫斯科河！这就导致每年春季，不胜其扰的莫斯科当局都要动员多达 6.5 万名士兵在边境戒备。

1584 年，伊凡四世暴毙。围绕皇位的争斗使沙俄陷入内乱的"动荡时代"。国力鼎盛、扩张欲望极大，且与俄国人早有宿怨的波兰人，趁机介入俄罗斯的政权争夺。1606—1612 年间，波兰先是通过扶植傀儡代理人伪季米特里向沙俄渗透，进而撕下虚伪的面皮大举入侵。这次战争虽然以波兰的失败告终，但两国就此开始上演持续上百年的冤冤相报大戏。在这种历史大背景下，沙俄政府无力也无意把自己手上最重要的两张牌——贵族骑兵和射击军，投入到针对西伯利亚地区的远征行动中。

所以，那些年里，投身于东方那片冰雪荒原的俄罗斯"拓荒者"，多是带有雇佣军性质的"草原哥萨克"③与少数外籍军人。

严格意义上来讲，哥萨克并不是一个民族概念，而是一个跨越种族的集合体。他们的历史可以追溯到 13 世纪后期，当时部分俄罗斯人因为不愿意给金帐汗国当牛做马，而逃到今天俄罗斯南部与高加索山东麓，包括顿河流域、里海沿岸、第聂伯河下游和伏尔加河流域等地。当时生活在那里的有突厥钦察部和 5 世纪时就流落于此、放下马鞭靠打鱼为生的白匈奴人等形形色色的游牧部族。相同的命运

---

① 由金帐汗国分裂后的一支成吉思汗后裔所建立，疆域东以顿河下游为界，西至第聂伯河下游地区，向北一直延伸到耶列兹城和坦波夫。

② 人口 1100 万，领土 100 万平方千米，涵盖现今的波兰、立陶宛、白俄罗斯、拉脱维亚、爱沙尼亚、摩尔多瓦、乌克兰、斯洛伐克等国。

③ 至于前文提及的"城市哥萨克"则是边境城市的卫戍部队。

轨迹使他们之间有了共同生活的可能。于是这些当时主流社会的弃儿便通过联姻、共享猎场、订立攻守同盟等方式混合了起来。这个跨越种族和文化的新群体被土库曼突厥人称为"哥萨克"，翻译过来就是"自由人"的意思。后来，这群人中的一小部分迁徙到黑海北岸，以游牧和经营毛皮贸易为生。

到了 15 世纪末、16 世纪初，俄罗斯、乌克兰的一些城市贫民，与不愿成为农奴的农民们为了争取生活自由，也紧跟着迁徙到因钦察汗国被推翻、政治气氛显得较为宽松的黑海北岸地区。这些新加入的人群很快就融入当地，大大增加了"哥萨克"的数量。

哥萨克人在人数上的急速膨胀，引发的新形势就是，在南俄地区先后出现了一些以村社为基本单位的哥萨克地方政权。这些新政权的产生打破了该地区原来的政治局势。东欧平原多、山地少，因此哥萨克政权多数以河流、湖泊来命名，

▼ 16—17世纪沙俄的常备步兵——射击军，装备以月牙形长柄斧和火绳枪为主，后期则大量换装了燧发枪

如"顿河哥萨克""里海哥萨克""乌拉尔河哥萨克"等。

长期的游牧与亡命生活，使哥萨克人以骑术精湛而闻名。19世纪的俄国历史学家索洛维约夫是以这样的笔墨来描绘哥萨克的："他们无拘无束，寻欢作乐，开始碰撞着所有的人……""人们不能忍受勇士们的这种开心取乐，他碰着谁谁就死，必死无疑……"虽然文字简短，却也让后人能管中窥豹，在脑海中勾勒出哥萨克的群像——这是一群不修边幅、目无法纪、不受约束的亡命之徒。这个群体充斥着许多唯利是图的江洋大盗、小偷、强奸犯、杀手等罪犯。

早在伊凡四世之前，历代统治者为了对抗周边游牧势力的侵扰，就曾经通过收买哥萨克上层头目，或多或少地控制哥萨克人，使他们成为自己手里的重要武力。

到了1574年，伊凡四世终于下定决心，要一举拿下早已是冢中枯骨的失必儿汗国。当时，沙俄在西线正受到波兰、奥斯曼、克里木三国组成的反俄联盟的严重威胁。作为国家支柱的正规军是不能轻易动用的，于是沙皇就想到了东部的豪门巨贾——斯特罗甘诺夫家族。

作为此时俄国境内屈指可数的封建大领主，斯特罗甘诺夫家族的领地之所以没有沦为一众军役贵族的蛋糕，除了他们家的地盘和势力偏居东部一隅，对皇权构成的威胁相对较小外，还因为他们在沙俄东扩事业中积极出谋划策、献财献力。这样殷勤的奴才自然深得主子的信赖。所以，沙皇不仅授予了斯特罗甘诺夫家族制造使用武器、自由招募使用火器的武装人员的特权，还别有用心地给他们家在原有封地的基础上增加一大片领地。这块新土地就是失必儿汗国境内的托波尔河流域——沙皇的意思已经够明白的了：地儿我是给你了，能不能打下来就看你们家的本事了。

心领神会的斯特罗甘诺夫家族立刻行动起来，竖起招兵大旗四处拉人扩充队伍。这时候，一位长期流窜在伏尔加河和顿河一带的江洋大盗——哥萨克头目叶尔马克进入了他们的视线。虽然此人是国家严令通缉的要犯，但是身上却具备了作为一个殖民者队伍首领应该具备的特质——勇猛过人。面对求贤若渴、携带厚礼，前来向自己颁发聘用证书的斯特罗甘诺夫家族使者，叶尔马克一番盘算后觉得，这不仅是一个洗白自己、"重新做人"的好机会，还能将功折罪名利双收。于是他慨然应允。要说这位叶尔马克也没有白混江湖那么多年，他一出山，紧跟着就有500多名他的旧日党羽跟着前来投奔。

▲ 俄国著名画家列宾所绘油画《扎波罗热人给土耳其苏丹回信》里的哥萨克

    1581 年 9 月 10 日，经过一段时间的精心准备之后，叶尔马克率领总数为 840 名哥萨克的远征队，配备了充足武器弹药、给养装备和翻译向导，向东进发。面对这样一支有备而来的精干武装力量，国力比早被沙皇俄国灭亡的喀山汗国还要低上好几个档次的失必儿汗国仍然选择了奋起抵抗。然而失必儿可汗库楚姆和他的王子此时能动员起来的，只有国内各族牧民临时凑出来的几千名步骑兵。这些没有经过严格训练的部队和叶尔马克几次交手都被打得一败涂地，连主要将领马麦特库尔都沦为俘虏，而哥萨克为此付出的损失则几乎可以忽略不计。到 1582 年秋季末，汗国重镇奇姆基、卡拉恰堡和首都伊斯克尔等地都被叶尔马克成功拿下。逃往南部的库楚姆汗并不甘心，依旧集合兵力伺机反击。此时走上事业巅峰的叶尔马克并不知道，死神已经在不远的地方向他招手。1584 年夏天，这位失必儿征服者在南下征讨库楚姆汗的途中，遭到后者大规模的突然袭击。他与他所率领的 300 多名哥萨克一起化为了鬼魂，此时距离他"誓师东征"还不到三年。不过，失必儿汗国的胜利只是暂时的。两年后的 1586 年，400 多名哥萨克再次卷土重来。到 1594 年，哥萨克的总数达到 1100 多人。这一次，失必儿汗国再也没有翻身的

▲ 17世纪的哥萨克"西伯利亚大东征军"。他们除了使用火绳枪和火炮等热兵器以外，也有部分人使用刀矛等冷兵器，还有甲胄（锁子甲）等防护装备也被保留

机会了，老迈而高傲的库楚姆汗拒绝向沙皇俄国臣服，其本人最终于 1598 年客死他乡。

就如同许多军役贵族和小贵族在目睹斯特罗甘诺夫家族的成功后，争相效仿一样，叶尔马克虽然死了，然而仍然有无数继而起之的"叶尔马克"。他们怀揣追求财富与建功立业的梦想，踏着前辈留下的脚印与尸骨不断向东进发。后来，就连外籍军人、牧师、工匠、农民等各行各业的人，也加入到哥萨克东征的队伍中。沙皇俄国的双鹰旗就这样借着这群"杂牌军"之手，插遍了西伯利亚的每一个角落。

到 17 世纪 30 年代末，在哥萨克们"前赴后继"的努力下，沙皇俄国的势力已经延伸到中西伯利亚高原和东西伯利亚山地的交汇地带。沙俄政府通过设置若干督军区的形式统治这些地区。虽然地盘不小，但他们并不满足。这些新征服的地区虽然为他们提供了海量的实物税收入，但是因为纬度高，常年气候寒冷，连粮食都不能自产，以至于每年沙俄政府都要从南西伯利亚的城堡甚至本土往这里调运粮食才能勉强维持人马的消耗。为了降低统治的成本，沙皇俄国迫切需要向气候较温暖、维度较低的地区扩展疆土。

1636 年，在勒拿河支流阿尔丹河强征实物税的俄国小贵族克佩罗夫，无意中从当地人口中得知：南方靠海的地方有条大河，河的两岸不仅居住有种田为生的达斡尔族人，河附近的山里还盛产银矿。同样的消息也在叶尼塞河一带的俄国殖民者中流传着。经过一番研究之后，沙俄当局决定派遣人员南下寻找这条传说中的大河与这条河两岸的土地。

这条挑起了沙皇俄国欲望的河流，被当地的通古斯人称作萨哈连乌拉，而它的汉语名字，叫作黑龙江！

沙皇俄国并不知道，在他们之前，早已有另一方势力把黑龙江流域的肥沃土地变成了自己的后院。此时，虎踞中国东北的新兴政权，刚刚把自己的名字从后金改为清。

"老罕王"的发迹史

中国东北地区，在明王朝统治时期，是游牧民族、农耕民族和渔猎民族混居的大杂烩地带，其分布区域与当年建立金国的女真人活动过的地方有所重合，所以他们被统称为"女真人"。按照文明开化程度的不同，有"生女真"和"熟女真"之区别。生活在明朝边境的"建州女真"[1]和"海西女真"[2]各部，和明王朝较早发生接触并且确立了相对稳定的臣属关系，其大部分族群由此筑城定居，发展出了农耕文明，被称为"熟女真"。而那些生活区域比海西女真更往北的族群，由于社会生产力发展比较缓慢，则属于"生女真"，或者称为"东海女真""野人女真"。1409 年，明成祖朱棣曾设置奴儿干都司，以确立对这些"生女真"的

---

[1] 生活在今天的吉林、辽宁两省交界处的长白山区。明朝于此设有包括建州卫、建州左卫和建州右卫在内的"建州三卫"，故得此名。

[2] 又称"扈伦四部"，因聚居在元代称海西的松花江大曲折一带，故得此名。

宗主权，但不过数十年之后这一羁縻行政机构就被撤销了。

1583 年，当叶尔马克还在失必儿汗国跟库楚姆汗的残余势力较劲的时候，遥远的东方，明朝辽东地区，一场军事行动正在进行。战争双方是发动叛乱的建州右卫古勒寨和前来平叛的明朝军队，后者毫无悬念地取得了胜利。作战期间，与古勒寨寨主阿台有亲属兼亲家关系的建州左卫都指挥使觉昌安，带着儿子塔克世因故潜入古勒寨，结果死在了乱军之中。事后，明朝当局为息事宁人，指令塔克世的长子、一个 25 岁的年轻人承袭建州左卫都指挥使的职务，并授予其龙虎将军的称号。这个年轻人，名叫努尔哈赤。

走马上任的努尔哈赤继续以恭顺态度事大明朝，该交的税赋一样都不少，对于手握重兵的明辽东总兵李成梁，他更是厚加贿赂以蒙蔽对方。之后，他把矛头指向了古勒寨一战中，给明军带路的建州加哈部图伦城主尼堪外兰。

起兵之初，努尔哈赤倚仗的发家资本是自己的爷爷和老爹留下的 13 副甲胄和不足百人的小部队，可谓是白手起家。尽管如此，努尔哈赤还是迈出了起兵造反的第一步。他和兄弟舒尔哈齐、穆尔哈齐等人，联络血缘关系较亲近的几位寨主，一起集结 500 多人讨伐尼堪外兰。此役努尔哈赤虽然没能达到手刃仇人的目的，却成功打出了自己的威名。邻近的一些城寨寨主或部落首领也都慕名来投，使建州左卫的势力逐渐强大起来。随着势力扩大，人口增多，如何制定一项制度兼顾行政和军事管理就成为努尔哈赤需要解决的问题。按照女真人的传统，行围狩猎和征战以 10 人编为一组，参加者各出箭一支，公推一人为首领，称"牛录额真"（箭主），这个小组就被称为"牛录"（女真语称箭为牛录）。这一传统管理方式给了努尔哈赤很大启发。1601 年（明万历二十九年）努尔哈赤将每 300 男丁编为一牛录，置一牛录额真，下置代子 2 人、章京 4 人。4 名章京分领 300 男丁，编为塔坦。5 个牛录编为"五牛录"（后改称"甲喇"），5 个"五牛录"编为一固山。到了 1615 年（明万历四十三年），努尔哈赤共设 8 个固山，分别以黄、白、红、蓝、镶黄、镶白、镶红、镶蓝八旗为标志，所以八固山又习称"八旗"。每旗设固山额真（后改称"都统"）、甲喇额真（参领）、牛录额真（佐领）。军政合一、全民皆兵，对后世影响深远的八旗制度就此形成。努尔哈赤政权的成员皆隶八旗之下。旗及其下属的组织具有军事、行政和生产等多方面职能。八旗兵丁平时从事生产劳动，战时则荷弓从征，军械粮草皆为自备。

虽然一直号称"骑射立国"，但实际上在努尔哈赤早期的军事生涯中，其麾下的建州兵并非以骑射著称。建州三卫的地理位置属于今天吉林、辽宁两省交界的山岳丘陵区，其族人大部分都过着定居的生活，修筑城堡村寨等作为固定的物资囤积地和人口集散地，所以不同氏族间的征战杀伐都是围绕着攻城拔寨而进行。这种以城寨攻坚为主的战争形式，加上他们有基本的冶金制造业，能够自行锻造刀矛箭镞等冷兵器和护体甲胄，决定了建州三卫的军队以重装步兵为主。除了颇具规模的农业生产，他们还兼营渔猎和山货采集等。在这些生产活动中，成年男子一般都能掌握投枪、射箭等技艺。作为文化程度较高的族群，建州统治者还完全有能力制定一套严格管理的军事制度。以上种种因素的共同作用，催生了一支装备良好，具有极高组织性和纪律性，战技突出的山地步兵。

史载："其军法，五十人为一队；前二十人披重甲，持戈矛；后三十人披轻甲，操弓矢。每遇敌，则两人跃马而出，观阵虚实，然后四面结阵驰击，百步之外，弓矢齐发。"（罗曰聚《咸宾录·东夷志·女直》）

由这段记载可见，建州步兵内部有四成的重甲长枪兵[①]；其余六成左右为轻甲弓箭手，他们身着无下裳的布面甲胄，配备了单手柄的雁翅刀和柳条编制的盾牌作为近战兵器。建州人使用的弓是一种长梢大弦垫筋角木反曲弓，后来被冠以满族弓（或清弓）的称呼。这种弓从中间向两边对称，依次为握把、弓臂、弦垫和弓梢。握把为木质，上贴暖木与鱼皮。弓臂内是由桦木、榆木等木材制作的弓胎，背贴牛筋（有的用鹿筋）。弦垫有骨制的，亦有木制的。弓梢为木质，中夹角片。弓弦分为皮弦、丝弦和筋弦三类。由于明王朝为了限制周边少数民族的武备，严禁制良弓所需的毛竹、水牛角运到民族地区，所以建州弓胎面上的角材，只能采用多段黄牛角或羊角磨制、拼接而成的黏合角片。这样制作出来的角弓，射出的箭速和射程都不如水牛角材制作的，而且要让弓发挥威力，就必须把弓体做得十分长大。

[①] 至于"重甲"到底指的是哪一种类型的甲胄目前已不可考，但其式样和种类应当与明朝军队的制式甲胄相差不大。

▲ 私人收藏的存世的满族战弓实物。下弦状态下弓身长度能达到170厘米左右，长大的弓梢作用类似杠杆，在把弓拉开一定距离后会产生省力的效果，弓梢根部的弦垫可以降低回弹时弓弦对弓身的作用力，起到良好的减震效果，有利于提高射击精准度。后金到清初，普通战弓拉力在48千克以上，由于设计合理操纵起来很容易上手

　　这就赋予了满族弓一项独有的性能——同等磅数下，满族弓能发射更重的箭矢，对人体造成的创伤也远比一般的战箭更为致命。其近距离的杀伤力堪与早期火绳枪抗衡。当时训练有素的女真射手每分钟可射出 5 到 10 箭[①]，而同时期最熟练的明军火绳枪射手也只能 1 分钟射出 2 发子弹。所以某些条件下，满族弓虽然是冷兵器，但是却能对早期火器形成一定的压制。所以，等到清乾隆时期，虽然清军中鸟枪（火绳枪）兵比例大幅上升，但依然在军中保留了弓箭手这一兵种，以作为近程火力打击的补充。

　　在明朝人留下的相关史料记载中，对建州士兵的评价是这样的：

　　《顷见新略》书谓，奴（努尔哈赤）步善腾山短战，马兵弱；北关（按：即叶赫）马兵最悍，步兵弱。故奴畏北骑，北畏奴步。北关白羊骨（即布扬古贝勒）辈曰：我畏奴步，奴畏我骑，力相抗也，技相敌也。

　　也就是说，作为努尔哈赤死敌的叶赫部，其首领都对"奴步"的战斗力水平予以了充分的肯定。以写作《农政全书》而闻名的明代科学家徐光启也说："奴之步兵极精，分合有法；而谈东事者但以为长于弓马而已。"

　　至于后来被雍正、乾隆两父子视为"立国之本，旗人之要务"的骑射兵种，在努尔哈赤创业早期还不是主流。建州女真的马匹多数购自蒙古。定居的生活方式，使他们不可能采取蒙古人那种逐水草而居放牧马匹的方式，只能像对待家畜那样把马圈养起来。这种做法的结果就是马匹的质量有所下降，速度和耐力都逊于放牧养出来的马匹。加之骑兵在山地战和城寨攻防战中并不起主要作用，也就没有

　　[①] 但这种速射不太具有实战意义，箭是很贵的，射几箭是由具体敌情和己方战术决定。

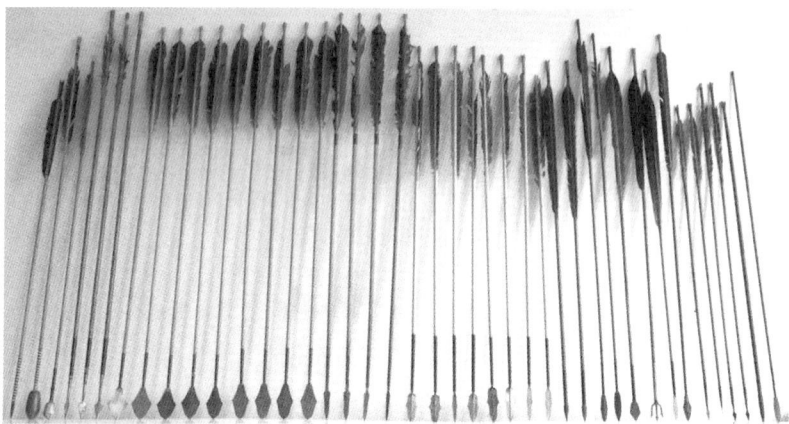

▲ 清代箭矢，箭镞形制由于用途不同而种类繁多，总长度一般为1米上下，用于战阵的箭镞截面相当宽大，为保证箭支飞行的稳定性和箭速，通常搭配长箭羽，箭杆则修正为首尾两端略细，中间稍粗的形状，称为"套档子箭"

大力发展骑兵军团的动力和必要。马匹对建州兵的作用更多是在远程奔袭任务中充当斥候，或者是步兵提高机动性的载具。直到后来征服了半农耕半游牧的海西女真叶赫部，努尔哈赤的帐下才拥有了一支颇具规模、野战能力强的骑兵。之后随着一些蒙古部落也陆续投顺，他的骑兵实力更加壮大，兵种构成和战法也由此发生了变化："当兵刃相接之际，披重铠执利刃者，令为前锋。披短甲即两截甲也善射者，自后冲击。精兵立于别地观望，勿令下马，势有不及处，即接应之。""死兵在前，锐兵在后。死兵披重甲，骑双马冲前，前虽死而仍复前，莫敢退，退即锐兵从后杀之。待其冲动我阵，而后锐兵始乘其胜。"强悍的军事实力是努尔哈赤得以"削平各处"的重要保障。

1616年（明万历四十四年），当沙皇的哥萨克们还在叶尼塞河流域抢夺资源与地盘时，年近花甲的努尔哈赤已经通过三十三年的不懈征战，基本摆平了建州女真和海西女真的各路大小女真势力，建立起统一的政权。努尔哈赤自称"大英明汗"，俗称"老罕王"，建元天命，国号"大金"，史称后金。之后，自觉翅膀硬了的努尔哈赤以"七大恨"告天誓师，向昔日的主人明王朝发起了进攻。

彼时的明朝虽然衰败之象已显，然而东亚第一大国毕竟不是吹出来的，地多钱多人更多，远非辽东一隅的地方政权可以比拟的。后金建国之初，全国人口不过 50 万之数，其中可充当生产力和兵员的成年精壮男子不会超过 10 万人。1618
年（后金天命三年）4 月，后金以倾国之力第一次大举攻打明朝边境。尽管后金军
初战便把抚顺等明军据点拿下，但随后因为兵力不足以与明军抗衡而被迫主动撤
退。有鉴于此，老罕王终于意识到，仅靠脚下这点儿土地的人口和产出想斗倒明
朝这个巨人着实还欠点火候。于是他便加紧对后金周边那些小势力的掠夺，这些
不幸的小势力中就包括前文所讲的"野人女真"。

关于 17 世纪初黑龙江流域各民族的分布情况，清代学者魏源在《圣武记·卷
一》的"开国龙兴记"里这样写道："其扈伦四国外，劳征抚者，莫如东海三部
及黑龙江之索伦等部。东海三部曰瓦尔喀部、虎尔哈部、握集部。又有最远之使犬、
使鹿、库页等部。黑龙江北则索伦、锡伯、达瑚尔、鄂伦春、卦勒察等部。其种
族散处山林，非有酋豪雄长抗衡上国……"不难想象，面对磨刀霍霍的后金铁骑，
这些边远地区的小部落会遭遇什么样的命运。

清朝对黑龙江流域的招抚与征伐

事实上，早在 1616 年，努尔哈赤就派遣得力干将达尔汉和硕翁科罗，率兵
2000 远征黑龙江、乌苏里江汇合处的萨哈连部，先后拿下 11 个村寨，招抚"使
犬部"等数十个当地部落，同时又发兵 400 人至库页岛使当地居民内附。1619 年
（后金天命四年），俄国叶尼塞斯克城堡建成的那一年，后金汗国在刚取得萨尔
浒大战的胜利后，调转矛头，两次攻击了广泛定居于牡丹江流域和黑龙江、松花
江、乌苏里江三江汇合处的"东海三部"之虎尔哈部，前后掠走人口 4000 余众。
1621 年到 1625 年，尝到甜头的后金再接再厉，三次发兵虎尔哈部，总共捕获人
口 3500 多人。就这样，黑龙江中下游地区几乎成为后金补充人口的基地。此时，
后金的北部陆上国境也推进到了今天日本海沿岸的海参崴、双城子一带。

1626 年（后金天命十一年），努尔哈赤病逝，其子皇太极继位。这位身材壮
硕的新汗王，显得具有一个政权建设者应当具备的头脑。对内，他改变其父晚年
轻慢汉人文士的态度，对汉人谋士予以重用。对此前被视为奴隶的下层汉人，也
令他们"分屯别居，编为民户"，并随之实施了一系列发展农业生产、推进汉化

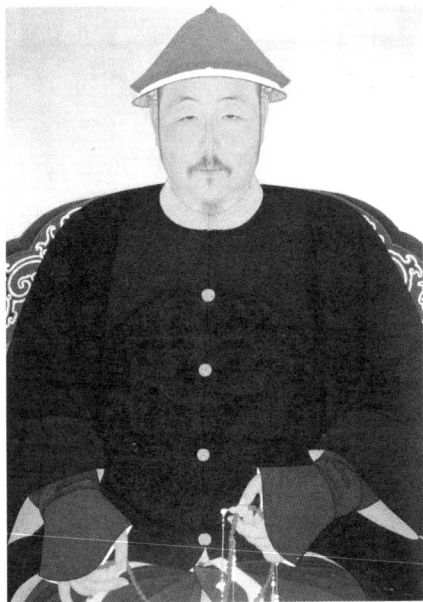

▲ 皇太极画像

▲《皇清职贡图》中的东北少数民族猎手

的新政，缓和了境内的民族矛盾。由于当时归附后金的蒙古人和汉人官兵日益增多，皇太极便在八旗之中增设了蒙古旗和汉军旗。这使得使八旗制度臻于完备，武装力量不断扩大，常备军从努尔哈赤时代的 6 万多人猛增至 10 余万。

　　文治成绩突出的皇太极，对外武功相比其父也有过之而无不及。他在位期间，后金攻灭了黄金家族直系后裔、漠南蒙古实力最强的察哈尔部；八次攻入明朝塞内，三次直逼明朝首都北京城，一直深入到山东地区，整个华北都为之震动。在这些战争中，后金掳掠了大量的人口，极大地充实了自身的人力资源。随着对明朝战争规模的扩大，军费支出也日渐增加。故此，虽然后金针对北方地区、以掳掠人丁为目的的军事行动依然存在，比如 1633 年（后金天聪七年）征讨黑龙江下游赫哲族乌扎拉部的行动，但是"取其生口而劳役之"已非征伐之要务，"使彼输诚向化，获其物产而用之"才能获取更大的利益。1634 年（后金天聪八年），皇太极在宣谕征伐黑龙江的将领时就说得很清楚："兹地人民语言、骑射与我国同，抚而有之，即皆可为我用。"体现了皇太极的政策："恩威并用，征抚并行"。

这一新政策出台，效果立竿见影。就在天聪八年的五月初一，居住于黑龙江支流精奇里江多科屯一带的索伦部首领巴尔达齐，亲率44人组成的代表团来到后金都城盛京（沈阳）表示臣服。当时，索伦部是黑龙江地区一个强大的部落氏族联盟，分布地区大概是南到松嫩平原和三江平原，北至外兴安岭，民族成分包括今天的达斡尔、鄂温克等民族，其中又以达斡尔族最富有，鄂温克族最强悍。这位带头来给后金上贡的巴尔达齐，就是达斡尔人。

巴尔达齐此行带来的贡品是"1818张貂皮和若干张狐皮"。对于这个态度恭顺的新人，皇太极给予了他莫大的恩典——将一名宗室女子许配给他为妻。巴尔达齐由此成为后金的"额驸"，一跃跻身于后金贵族，备受礼遇。不到一年后的1635年（后金天聪九年）4月，巴尔达齐带着弟弟额讷布等人来朝。正在察哈尔前线督战的皇太极特意捎口信给盛京方面说：这孩子是咱家的女婿，要好好招呼，让他们吃好喝好（昔巴尔达齐为我婿，照旧礼杀牛迎接，吃食亦照旧供给）。此后，巴尔达齐更常常收到皇太极赏赐的毡帽、衣裤、箭袋等生活用品。对于这个偏远地区的小酋长来说，这些赏赐的象征意义已经远远大于它们本身所具有的实际用途。

于是，更多的索伦部族开始效仿巴尔达齐，连散居在黑龙江下游的鄂伦春、赫哲族和费雅喀人也都前来进贡。以1635年7月为例，从黑龙江来进贡貂皮的酋长团队总数达到66人。这些来自各路山头的小头目，三两成群捎上些皮草山货等土特产就"来朝贡献"。皇太极照样是来者不拒，"依例封赏"。通过这种"上贡""赏赐"的互动，后金与索伦部的宗藩关系就这样开始形成，黑龙江流域也初步被纳入后金的势力范围之内。到了后来的清朝初年，双方更逐步形成了一套完善而严格的"贡纳制度"，一直持续到清末。

"盖奴酋擅貂参之利，富强已非一日。"对于后金政权而言，毛皮和人参等珍贵药材，绝不仅仅是用来赏赐有功之臣、显示皇族地位、收买人心的工具，更是后金在对外贸易中能获得巨额利润的重要商品。其买卖所得成为后金庞大军费支出的重要来源。同时这项贸易还给后金带来了一个意外收获，那就是暗中投靠过来的关内明朝晋商集团。以"敢为天下先，要钱不要命"而著称的晋商集团，在走私东北山货到内地的商贸活动中挣得盆满钵满，由此傍上后金这个新主顾。他们不仅竭尽所能地给后金搞来了水牛角、干制大毛竹、火药等重要军事物资，还将自己的商号变成了后金收集明朝军事情报的"交通站"。后金回馈他们的方式，就是为他们的走私活动提供充足的货源。而这一重要货源地就是黑龙江地区。所以，对于索伦部那些头领们，后金政权是尽可能摆出和颜悦色的面孔，广施小恩惠，诱使他们乖乖上贡。

1636年，为了彰显和明朝"平起平坐"的地位，在五行上把明朝克死，也为了在心理上降低汉人对己方政权的敌意，后金改国号为"大清"，就此蜕变为一个具有稳定、完善组织结构和配套制度的政治集团。同时，年号由"天聪"改为"崇德"，族名由"女真"改为"满洲"，皇族姓氏则由之前明朝所赐的"佟"改成了"爱新觉罗"。一手缔造国家的努尔哈赤被尊为"太祖皇帝"。同年，皇太极命满族镶蓝旗71岁老将吴巴海领军驻守宁古塔，并在这个后来以流放罪犯而闻名的苦寒之地设置了副都统辖区。其治所位于今黑龙江省海林市，其直接管辖区域相当于今吉林省大部和黑龙江省南部部分地区，兼管黑龙江流域各部落的贡貂等事宜。受此浩大声势的触动，次年4月，黑龙江另一位著名的索伦部首领、鄂温克杜拉尔氏族的头人博穆博果尔也加入到同胞们进贡的潮流当中。虽然他一度表现积极，甚至还派人参与了清军追杀叛乱者喀木尼汉部落首领叶雷的行动，不过很快博穆博果尔的忠诚度就开始下降了。从崇德二年到崇德四年（1637—1639年），他仅仅入朝两次，也没有按照规定如数缴纳贡品。不仅如此，这位"黑龙江库尔喀部索伦，以材武长其部"的首领，在"非有豪酋雄长抗衡上国"的黑龙江流域还深得当地民心，以至于"江南江北各城屯俱附之"。他更聚集了一支拥有步骑6000余人的部族联合武装，俨然一副要和满族人分庭抗礼的架势。刚刚从汗王升格为帝王的皇太极见此情形，开始"虑其势盛不可制"。他清楚地认识到，为了让此时专注于伐明战事的帝国有一个稳固的后方，也为了让大清的招牌还能在黑龙江镇得住人，必须要把博穆博果尔这股反抗的力量压下去。

1639年（清崇德四年）12月，皇太极派遣索海、萨穆尔喀、穆成格等将领率3000余人分兵数路"往征索伦部落"。1640年（清崇德五年），清军的军事行动正式开始。博穆博果尔将手底下6000多号人，分驻于多陈等4座木城里抵抗。清军在开战初期稍微受挫，但随后就凭借武器装备和组织上的优势大占上风。原先跟着博穆博果尔一起造反的那些大小部落见势不妙，便开始挨个向清军缴械投降。

到了当年 7 月，力不能支的博穆博果尔选择了逃跑，带着家小亲随沿着黑龙江往上游撤退。清军再次进击博穆博果尔，一直追到一个叫奇洛台的地方，也就是今天俄罗斯境内的赤塔附近，最终将博穆博果尔及其余部拿获。博穆博果尔本人被清军押解回盛京后处死。

平定博穆博果尔叛乱一战，可视为入关前清朝对黑龙江流域征服行动的高潮。此役俘虏参与叛乱的索伦部各氏族男女老幼 6956 人、牲畜 1100 多头（匹）、珍贵毛皮 5400 多捆。依照惯例，这些人丁大多数都被南迁到盛京附近，编入八旗的"牛录"中以补充人力。其他索伦人也被迁离原居地以防他们再聚众生事，唯独达斡尔人获准留居旧地。这一点要归功于作为"纳税模范"和"皇亲国戚"的达斡尔头人巴尔达齐。不管出于何种动机，这位酋长自始至终保持着对皇太极的忠诚。即使在叛军最嚣张之际，他所统领的部众依然"未曾附逆"。基于这一点，皇太极不仅没有将他们强行迁徙，甚至对巴尔达齐趁着清军战胜的机会，兼并其他索伦小部落的行为，也是睁一只眼闭一只眼。就此，整个黑龙江中游地区几乎只剩下达斡尔人一家独大，到了康熙年间，"达斡尔"一词就和"索伦"并称了。

1643 年（清崇德八年）9 月 21 日，在位十八年的皇太极病逝，庙号"太宗"，谥号"文"。在这位励精图治、锐意进取的帝王生前留下的文案中，提及经略帝国北部边疆有这样一段文字："自东北海滨，迄西北海滨，其间使犬、使鹿之邦，及产黑狐、黑貂之地，不事耕种、渔猎为生之俗，厄鲁特部落，以至斡难河源，远迩诸国，在在臣服。"

的确，清太祖在位时期，后金政权的北界仅到今天吉林省的北部，而到了皇太极时代，才算是从形式上把整个女真地区都统一了起来。包括上游石勒喀河在内的整个黑龙江流域的大小部族，都向"博格德汗"①俯首称臣。但是，清朝此时正忙于和明朝作战，主要精力都集中在南方战线上。虽然对索伦人的叛乱采取了果断而严厉的惩罚性处置，其出发点却也不过是为了后方的安定。再者，对清朝统治者而言，长城以内的"温柔富贵乡"显然比"北大荒"更有吸引力。纵观太

---

① 蒙古族及东北居民对清朝皇帝的尊称。

祖、太宗两朝用兵黑龙江，目的也仅在于获取该地区的人力和物力资源充实自己，并不是为了将之"纳入版籍"。所以，哪怕是在彻底平定博穆博果儿叛乱后的有利形势下，清政府也没有在黑龙江地区通过设置行政区划或者留驻军队的方式，建立有效的直接统治，而是仅仅满足于当地人民的"臣服"。同时，由于清朝历年来对当地的征伐掳走不少人口，使得当地本就不多的人力资源更加匮乏。所以，到后来面对沙皇俄国的侵扰时，当地少数民族既没有相关的组织整合他们的力量来抵御外敌，自身又缺乏足够的实力，以致对方在很短的时间里鸠占鹊巢。

就在皇太极去世的这一年冬季，黑龙江上出现了一小股当地居民此前从未见过的武装。这些人金发碧眼、面貌丑陋，武器是几乎人手一根的长管子，队伍里还有一根搭载在车子上的铁质粗大管状物——沙俄侵略者来了！

来自北山的罗刹鬼

外兴安岭以北的俄国人自从在当地人那里听了关于黑龙江的种种传说后，早就是垂涎三尺了。1638年（清崇德三年），叶尼塞斯克督军就曾派遣头目马克西姆·佩尔菲耶夫率领36名哥萨克，试图把黑龙江流域的情况侦察清楚。不过他们在历时两年，辗转找到勒拿河上游通古斯人的居住地，强行征收了几捆貂皮实物税之后，就因为缺乏食物，队伍发生内讧而被迫回转。当然他们此行也不是一无所获，最大的收获就是证实了传闻中所言黑龙江两岸有从事农耕的居民确是事实。至于金山银山则纯粹是传说而已。达斡尔人手里头的贵重金属、丝绸锦缎之类的奢侈品并非自产，而是通过贸易和清朝皇帝赏赐所得。

虽然如此，佩尔菲耶夫一伙人带回的信息依然让沙皇俄国欣喜若狂。在"为沙皇造福"这一口号的呼吁下，时任雅库茨克督军的彼得·彼特罗维奇·戈洛文①决定派人进一步探测黑龙江地区的详细情况。1643年7月15日，一名叫瓦西里·波雅科夫的督军衙门文书官，带着132名哥萨克、1门小型野战炮以及一些粮秣弹药

---

① 此戈洛文不是那位出席尼布楚谈判的戈洛文。

394

离开雅库茨克南下。在十一个星期的时间里，他们乘船沿着阿尔丹河及其上游支流乌楚尔河行进，并在乌楚尔河的支流戈诺玛河建成了一座简陋的冬营，以停泊船只和储备辎重物资。在留下40人的守备力量之后，波雅科夫带着剩下的92人乘坐雪橇走陆路，翻过外兴安岭到达精奇里江流域。他们在精奇里江支流乌穆列堪河边，修筑了一座设防的小据点。而后他们到达附近一个叫乌尔堪屯的达斡尔村庄，受到当地人的盛情款待，"收到十头牛和四十筐燕麦"。在从当地人口中得知该村落附近有一座叫莫尔迪奇的城堡，里面有更多的粮食和物资之后，难改强盗本色的波雅科夫居然派遣手下前往该城，诱骗并劫持了城里的3名达斡尔酋长为人质，以胁迫城里的达斡尔人无条件投降。然而莫尔迪奇的达斡尔人不吃这一套，他们从城里突然出击，与城外的兄弟部族一起夹攻波雅科夫，杀死并俘虏了10余名哥萨克。经此一役，波雅科夫及其部下无法再去寻找当地居民点栖身，只能龟缩在乌穆列堪河边那座小据点里，在饥饿和达斡尔人的箭雨下惶惶不可终日。等到留守戈诺玛冬营的40人带着粮食赶来时，波雅科夫身边的92人除了被打死的十几人外，已经有四五十人饿死。然而波雅科夫并未停下脚步，因为到此时为止，他还没有获得哪怕一点儿貂皮或黄金作为交给督军的实物税。于是他继续率队向精奇里江下游前进，路经臣服于清朝的达斡尔人屯寨，其中就包括皇太极的驸马巴尔达齐的城寨。而后波雅科夫一伙进入黑龙江，并且顺江而下一直到黑龙江江口。"罗刹毛子进村了！"沿途的赫哲人和费雅喀人早已听说这伙金发绿睛白皮怪物在莫尔迪奇干下的"好事"，纷纷自发阻截俄国人，迫使波雅科夫每经一处聚居点都要花很长时间强行闯关才能通过。一路上虽然搞得鸡飞狗跳，倒也让他抢到了480张貂皮和6个貂皮筒。

1645年（清顺治二年）6月，蓬头垢面的波雅科夫一伙返回雅库茨克。在上交给督军戈洛文的报告中，和黑龙江当地居民鏖战两年的波雅科夫夸下海口："征服我所经过的这些地区，只需要300人和3个城堡就已经足够。"这些话语使俄国人保持了勘察乃至征服黑龙江的兴趣，越来越多的人步波雅科夫之后尘，其中的"模范人物"就是富有的猎户叶罗菲·哈巴罗夫。

1649年（清顺治六年）秋天，哈巴罗夫受新近上任的雅库茨克督军迪米特里·特兰斯别科夫派遣，率领70人的远征队南下前往黑龙江。临行前，财大气粗的哈巴

▲ 行进中的哈巴罗夫一伙

罗夫向督军大人拍胸脯表示："远征队伍的一切经费就由我自己掏腰包解决，您就等着收税就行了。"有此言在先，后者自然乐见其成。

　　1650 年（清顺治七年）年初，哈巴罗夫远征队抵达黑龙江边，之后进入达斡尔酋长拉夫凯的领地。由于波雅科夫当年的种种恶劣行径，俄国人在黑龙江一带早已是臭名远扬。所以等哈巴罗夫到来时才发现，拉夫凯酋长辖下 5 座城池里的居民都已逃散一空。略感失望的哈巴罗夫在第三座城寨扎营布哨。这座位于黑龙江江北沙洲上的据点名叫雅克萨[①]。该城原属于一位名叫阿尔巴西的首领，此人是拉夫凯酋长的弟弟谢尔奇伊的女婿。占领此地当日，俄国人就和前来侦察情况的拉夫凯酋长及其亲随等五骑遭遇，双方通过翻译开始交涉。哈巴罗夫先是谎称自己是带队来做生意的猎户商人，被揭穿后又凶相狰狞地要求拉夫凯酋长率部众臣服沙俄。对于此无理要求，拉夫凯的回答是领着手下人快马加鞭绝尘而去。哈巴罗夫在追击中俘获了拉夫凯的姐姐，经过拷问，从她口中得知附近的达斡尔人已经聚集数千之

[①] 满语译为"溯塌了的江湾子"。

众准备反击俄国人。深感自身力量不足的哈巴罗夫当即留下得力干将奥努弗里·斯捷潘诺夫指挥队伍，自己则回到雅库茨克搬救兵。在给特兰斯别科夫的汇报中，哈巴罗夫竭力描述了这一地区的财富："达斡尔地方"到处是广阔的田野、牧场和大森林，农业发达，盛产皮毛兽，"比整个西伯利亚还要美丽富饶"。比起波雅科夫"给我300人，我就给你黑龙江"的大话，哈巴罗夫的认识算是比较清楚——"征服这一地区，需要6000人"。同时他准确地评估了这一地区的农业潜力，认为将这一带占领，则雅库茨克的缺粮问题将得到一劳永逸的解决。而且粮食通过精奇里江和勒拿河水运，只需两星期就可以运到。对于这一汇报，特兰斯别科夫很是重视，向莫斯科写了书面报告。并且同意如果哈巴罗夫财力有限，督军衙门愿意给他的远征队提供武器装备、军服和经费。1650年秋，哈巴罗夫率领138名哥萨克的增援部队，携带马匹、3门火炮和一批枪支弹药，再次南下。在此期间，耐不住寂寞的斯捷潘诺夫领着人马四处活动，先后12次进攻谢尔奇伊的城寨，抢到不少粮食还捎带着俘虏了谢尔奇伊的家眷。阿尔巴西则趁着俄国人全力攻击自己岳父的档口，重新夺回了雅克萨城，斯捷潘诺夫一伙见状又调转枪口准备再次拿下雅克萨，却被闻讯聚集起来的达斡尔人袭击，被击毙了4人。无可奈何的斯捷潘诺夫索性就在雅克萨不远的地方又修了一座小城堡，等待哈巴罗夫回来。

1650年10月，哈巴罗夫领着援军与斯捷潘诺夫会合。达斡尔人料到无力战胜敌人便主动弃城别走。哈巴罗夫由此得以兵不血刃拿下雅克萨，而后开始扩建城防工事，同时四处抄掠当地人，掳掠男女，强征貂皮160多张。次年6月初，经过周密准备，哈巴罗夫带着200多名全副武装的哥萨克和至少3门火炮乘船沿黑龙江而下。他的作战计划是派遣小分队出其不意地袭击散在城寨外的达斡尔村落，等到载有主力部队、火炮和马匹的大船赶到，就对敌方的城寨发起攻坚战。为此他专门制造了数艘用于侦察、偷袭和牵制任务的轻巧小木船。不过他的准备似乎有点多余，他一路上见到的都是村落被遗弃、居民已逃散的景象。

就这样到了6月16日，哈巴罗夫兵临桂古达尔屯[①]。映入他眼帘的是一座由

---

① 其旧址在今呼玛县新街基村附近黑龙江对岸。

几个达斡尔部落为抵御俄国人而共同修筑的大型土木防御工事。这座规模宏大的城堡占地半俄亩，实际上是由几道城墙连在一起的 3 座并列土城，城内挖有可供老弱妇孺和牲畜栖身的地窖，城上有木制塔楼。它没有城门，但是在塔楼下面有宽广的地道通向壕沟，这些壕沟有两道，约 2.1 米（1 俄丈），环城开挖，坐骑则可穿过这些壕沟冲出去。对于生产力水平极其落后的达斡尔人来说，修筑这样的城堡无疑是很不容易的，然而在俄国人的炮火面前，这种防御工事能起到多大的作用，就只有天知道了。

在俄国人准备登陆之前，桂古达尔酋长就与其他两个达斡尔酋长一起率领手下族人出击，试图把敌人全部消灭在江上，或使其不能登岸。哥萨克们则蛰伏于船上，待到达斡尔人行进到火绳枪的有效射程内，就忽然施放排枪攻击，猝不及防的达斡尔人当场就被射死 20 余人。紧接着，哈巴罗夫指挥部下趁着达斡尔人惊惧后退的机会成功登陆并随后尾追，桂古达尔则带着族人退回城内坚守不出。

哈巴罗夫试图劝降桂古达尔，保证只要后者向沙皇臣服并且缴纳毛皮实物税，就能受到沙俄军队的庇护。桂古达尔坚决回绝："我等一直都是向大清'博

▲ 在桂古达尔抗击哥萨克的达斡尔武装

格德汗'进贡，凭什么再向你们交税臣服？"俄国人开始攻城，用火炮对桂古达尔屯的土墙和塔楼进行轰击，达斡尔人则从塔楼上开弓射箭，"飞箭遍野"。激战自 16 日黄昏一直打到 17 日黎明，最终，俄国人的火炮将桂古达尔屯的小土墙轰开了一个缺口，俄国人趁机以甲胄或盾牌护身攻入城内。达斡尔人余部使用刀矛和俄国人展开白刃战，依然未能避免失败的命运。此战达斡尔人战死者达到 661 人，361 名妇女和儿童被俘，此外还有 237 匹马和 113 头羊被俄国人虏获，而俄国人付出的代价仅仅是 4 人阵亡和 45 人受伤。此役以"桂古达尔大屠杀"之名见于史册。

在桂古达尔之战进行期间，有几个人在不远处的田野上默默注视着这血与火的一幕——这几个人是清朝派往黑龙江地区征收贡赋的"物林人"，也就是税务官。这些身上没带多少护身武器，人员数量又少得可怜的清朝官吏，显然无法与一支人数远多于自己的武装力量抗衡。加上没有收到要和俄国人开战的命令，因此他们只能无可奈何地选择置身事外。战事结束后哈巴罗夫发现了他们的存在，在得知他们的身份后，倒也没有特别地为难他们，送了他们每人一点儿小东西就把他们打发走了。

哈巴罗夫一行人在桂古达尔屯足足待了一个多月，才又鼓起余勇，沿着波雅科夫走过的路线继续前进，8 月占领班布拉依屯，9 月又攻占托尔加屯。他们一路上连下图尔噶、奥穆捷伊各屯，最后于该年冬天，抵达黑龙江下游支流巴勒尔河附近渔猎居民赫哲人聚居的乌扎拉村。在这里他们修筑了一座城堡，取名"阿枪斯克"①，并开始抢劫赫哲人的粮食、渔产品和皮料等物资。不堪压榨的赫哲人倾尽全力，动员起 800 人的队伍攻击俄国人的城堡，结果在死亡 117 人后被击溃，俄国人阵亡 1 人，受伤 5 人。

在两年多抗击俄国人入侵的斗争中，曾经繁荣富饶的黑龙江流域已变得田园荒芜，四处废墟。达斡尔人与赫哲人逐渐意识到自身的力量不足以驱除外侮。这时候他们想起了这片土地的真正主人——博格德汗。虽然在努尔哈赤时代，后金军队在

---

① 源自俄国人对赫哲人"阿枪人"的称呼。

黑龙江所做的和俄国人并无二致，但自皇太极时代开启"贡貂贸易"后，后金（清）就和黑龙江的少数民族确立了宗藩关系。只要按时交贡品，博格德汗就能把他们当自家人。"中国征贡人不论有什么缺点，都不像俄国人那样犯下惨无人道的暴行。若是把黑龙江流域的居民召集起来要他们决定愿意由谁来主管，他们会毫不迟疑地表示决心继续效忠于中国。"

首战败北乌扎拉

1652 年（清顺治九年）3 月 24 日凌晨，乌扎拉村俄国人小堡内的哥萨克们正如死猪般酣睡着，忽然从远处传来了杂乱的枪声。未儿，负责布岗的大尉安德柳什卡·伊凡诺夫惊恐地大叫："弟兄们赶快起来，披上甲胄准备战斗！"骂骂咧咧的俄国佬们揉着惺忪的睡眼爬上城墙，听到震耳欲聋的炮声，立马就精神了。哈巴罗夫后来回忆起当时的状况依旧心有余悸："我们原来想的是哥萨克用枪炮从城堡里向外射击，从没想到会有人用枪炮攻击我们的城堡。"很快他就弄明白了，这就是当地人口中所说的那位博格德汗的军队。在此之前，哈巴罗夫已经多次在当地人的口中听到"博格德汗"这个名字，而在桂古达尔碰到清朝收税者的经历，也使他已经确切知悉了这些部落臣属于清朝的事实。他迅速将此情况汇报雅库茨克当局，请求再次增派援军。特兰斯别科夫接到哈巴罗夫的求助信，立即奏请沙皇恩准，派遣特使契奇金率 136 人的哥萨克部队前往增援。他们除携带"火药和铅弹各 30 普特"之外，还带了另一样东西：特兰斯别科夫给顺治皇帝的劝降信。在信中，这个小小的地方官竟然对一个拥有至少 500 万平方千米土地、几千万人口、几十万军队的大国君主发出了这样的恫吓："沙俄军队在西伯利亚兵力强大，所向披靡，中国君王远非敌手，望速缴纳沙皇供奉，以免触怒，自讨苦吃。"

如同当时很多西方国家一样，由于地理空间的阻隔，对于中国这一遥远而神秘的东方国度，俄国政府的了解仅限于知道"那是个盛产丝绸和瓷器的国度"，至于中国的政治军事等方面的信息则不甚了解。早在明朝末年，就有俄国商人试图开辟经蒙古卫拉特四部到中国北方的商路，结果没有成功。于是往后的很长一段时间里，俄国人对中国的认识依旧相当模糊。因此也就不难理解特兰斯别科夫

▲ 俄国史书中的中国东北原住民武装

的不自量力。远在雅库茨克的他不可能感受到清朝的国家力量，而哈巴罗夫很快就感受到了。

在第一次攻打乌扎拉村的战斗失败后，赫哲人遣使奔赴清朝宁古塔副都统衙门哭诉俄国人的暴行，请求大清皇帝给予庇护。这一重要边情被逐级上报到清朝首都北京城。北京城里的少年天子顺治对祖宗龙兴之地的边陲所遭遇的这场变故相当上心。他下旨谕令盛京方面务必出兵将入侵者驱逐出境。1652年年初，盛京昂邦章京辉和·叶克书遂根据皇帝的指示，命令宁古塔副都统海色派兵进剿这群"罗刹"。

对于此战，中俄双方的史料记载均含糊不清。首先清军从宁古塔出兵的具体日期不见于任何史料。前线指挥者到底是海色，抑或是其帐下的军官？也是晦暗不明。《清史稿》记载："（顺治）九年，驻防宁古塔章京海塞遣捕牲翼长希福率兵与战"。《平定罗刹方略》则记载："顺治九年，驻防宁古塔将军海色率所部击之，战于乌扎拉村，稍失利"。至于外国史家的论述，则索性只书战事而不言其他。

对于清军的总兵力，俄方史料《外贝加尔的哥萨克史纲》、英国学者拉文斯坦所著《俄国人在黑龙江上》等书籍均记载为"2000 名骑兵"，中方史料记载则是 600 人，那么，到底哪一种说法更靠谱呢？

事实上，由于当时清军入主关内还不到十年，根基未稳，中原各地和江南等大片地区仍然有为数众多的反清武装在活动。为此，驻守盛京各处的清军大量内调，关外驻军数量一时锐减。截至 1650 年左右，关外八旗军总兵力竟已不足千人，其中贵为陪都的盛京仅有 770 人，边陲重地宁古塔 120 人。至于更遥远的黑龙江流域，唯一能显示清朝势力存在的，只有 50 名收税者——前文所提及的"物林人"。迄今也没有任何文献资料能佐证，清军进攻乌扎拉村之前，朝廷曾遣军回守关外。因此中方文献所述"600 人"的说法更为合理，毕竟这个数字已经超过清军在关外额设常备兵员的大部分。不仅如此，闻知沙俄军队火器犀利，为了"毕其功于一役"，顺治皇帝特别叮嘱叶克书罗盛京境内各武备库的火器，拨付给海色以资军用。

虽然擅长使用弓箭这样的传统射远兵器，但是满族人对于火器，尤其是可以用于野战攻坚的火炮，同样兴趣盎然。据《满文老档》记载："着每牛录遣甲兵百人，以十人为白巴牙喇，携炮二门、枪三枝；再将九十甲兵分之，其四十甲兵为红巴牙喇，携炮十门、枪二十枝，又十人，携盾车二辆、水壶二个。黑营五十人，携炮十门、枪二十枝，又二十人携盾车二辆、梯一架、凿子二把、锛子二把、钓钩二个、镰刀二把、斧二把、席四领、又二把、连夹棍一根、水壶二个及一月用之木炭、绵甲十五副。每一甲喇携大炮二门……"而这些火器的来源大部分都是从明朝军队手里缴获的。1631 年（后金天聪五年）正月，后金在沈阳用"脱蜡

▲《皇朝礼器图式》中的神威大将军炮

法"成功仿制了"红衣（夷）大炮"，掌握了对火炮的不同部位进行复杂的退火、淬火处理的技术。1634年，皇太极集中整编从明朝投降过来的汉人炮手，创建了自己的火器部队"乌真超哈"。同时，他不遗余力地利用虏获的明人工匠，对缴获的明军大小火炮加以仿制。到了1643年，清军又造出了全重3800斤（清制单位）、以四轮炮车搭载的"神威大将军炮"，成功实现了火炮的"国产化"。

至于对单兵火器的推广开发，满族人的步子就走得比较晚了。尽管早期的八旗军中有相当数量的士兵装备鸟枪（火绳枪），但他们一般都被归入弓箭手的战斗序列。后来，清军装备缴获鸟枪的士兵数量逐渐增多，再与弓箭手混编，战术协同起来就会面临许多问题。在入关后和反清势力的作战中，为南明政权所雇用的葡萄牙和东南亚多国部队的火枪兵数度在战场上令清军陷入苦战。受此刺激，隶属于弓箭手编制的鸟枪手于1648年（清顺治五年）被独立编成鸟枪兵，并规定："每兵发给鸟枪一杆。"另外，虽然弓箭手的培养周期和装备制造成本[①]远高于火枪手，但是对于渔猎民族出身、几乎人人善于射箭的早期八旗军来说，两者之间的成本差距并不那么悬殊。加之这一时期清朝的战事规模也并不算太大，也就没有大规模列装单兵火器、降低成本和扩大军队数量的需求。所以论起单兵火器的普及率，此时的清军不要说和西方国家的正规军相比，就算与哥萨克这样的雇佣兵相比也是逊色不少。此次战前调拨给宁古塔方面的火器，尤其是火枪，型号五花八门：既包括性能与沙俄军队火绳枪相差不远的兵丁鸟枪，也有早已落后于时代的古董货——前明火门枪"三眼铳"。当然比起全靠冷兵器上阵，总算是聊胜于无。

就这样，600名八旗正规军，携带6门火炮、12发装满了40磅火药的陶土炸弹、数十杆火枪，浩浩荡荡从宁古塔开往乌扎拉村。在路上，他们会合了900名赫哲人和费雅喀人拼凑起来的武装，组成了1500人的队伍准备进攻俄国人。

在即将到达乌扎拉村时，清军鸟枪手大老远就朝天鸣枪。也许在清军指挥官的潜意识里，已经把这些入侵者和那些山林里的猛兽画上了等号，以为把动静搞

---

① 一张角弓的制作时间至少一年以上，材料价格并不便宜。

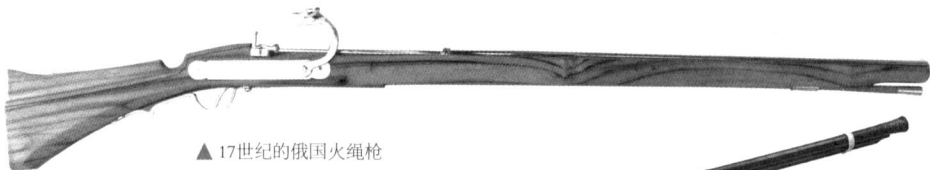

▲ 17世纪的俄国火绳枪

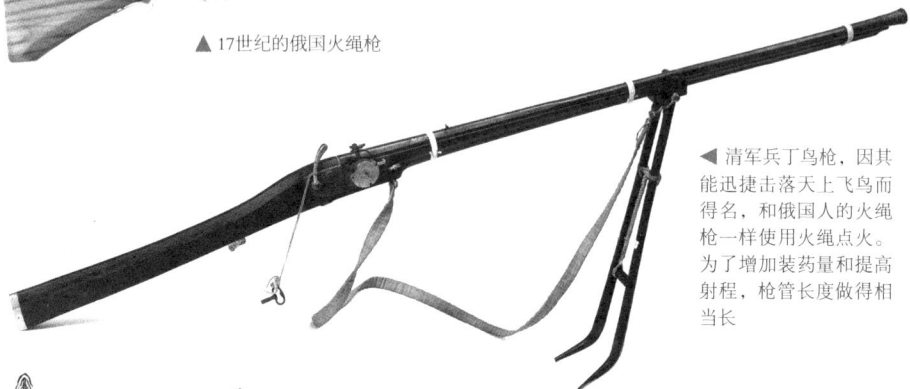

◀ 清军兵丁鸟枪，因其能迅捷击落天上飞鸟而得名，和俄国人的火绳枪一样使用火绳点火。为了增加装药量和提高射程，枪管长度做得相当长

▲ 清代驻防八旗将军副都统专属大纛旗。据某些俄方史料宣称，乌扎拉村一战中哈巴罗夫曾夺得清朝宁古塔副都统海色的大纛旗

大一点儿就可以吓跑对方，达到"未战而屈人之兵"的目的。却不料自己面对的其实是一支接受过一定军事训练的雇佣军队伍，结果，"上国天兵神机火器"的轰鸣之声，反而使俄国人惊觉而起并且做好了战斗准备。先发制人地发起偷袭的战机就这样失去了。于是，清军只能排兵布阵准备发动强攻。

6门火炮被推到队伍前面，直到小城堡进入射程才开火，俄国人也用火炮反击，战事从1652年3月24日凌晨一直打到当天傍晚。清军的炮火终于把木制城墙打开了一个缺口，"木墙的三条横木被从上打断到地上"。在炮火的掩护下，清军披甲长枪兵冒着俄国人的弹雨舍命向前，点燃投掷土雷以进行爆破作业，接着轻甲弓箭手挥刀砍伐围墙圆木以扩大缺口，鸟枪手则从缺口处猛冲而入。眼看着就能把这伙走投无路的敌人一举歼灭，清军指挥官却在未判明敌情的前提下乱下命令——俄国人尚在负隅顽抗，他却命令清军士兵"要抓活的"。上官的军令尽管如此荒诞，却仍然得到低级军官和士兵们的执行。哈巴罗夫指挥哥萨克用一门火炮，对着正从缺口蜂拥而入、准备近身格斗的清军兵士进行抵近射击。遭到摧毁性火力打击的清军被迫稍作后撤，结果引发连锁反应。毫无纪律性的900多名当地人以为前方大败，竟然乱作一团作鸟兽散，至此整支清军远征队伍都被打乱。哈巴罗夫留下50人守卫堡垒，然后不失时机地亲率156名哥萨克穿上甲胄，策马从堡中杀出向清军发起反冲击，清军彻底溃败。2门火炮、830匹马、17杆三眼铳，还有若干袋粮食成了俄国人的战利品。此战盘踞乌扎拉村的206名哥萨克，被打死10人，伤78人。至于清军方面的损失，俄国史料称在战场上发现了676具清军尸体，显然有夸大的成分。

在兵力和火力都处于优势的情况下，又得到当地人的策应，一举歼灭孤军深入己境的这一小撮入侵者，原本是轻而易举、板上钉钉的事情。然而由于清军指挥官好大喜功、昏着迭出的混乱指挥，生生把一场本已胜券在握的围歼战变成了一场败仗。盛怒的顺治皇帝决定严惩战败的指挥官，如此一来，《清史稿》中提到的与这次军事行动密切相关的两位关键人物便得到了相应的处置。1652年10月，宁古塔副都统海色被诛杀，捕牲翼长希福被革去翼长职务，鞭一百，仍留宁古塔军前效力。从这个处分结果出发，似可推论：

一、乌扎拉村一战，身为宁古塔副都统的海色极有可能亲临前线指挥了战斗，而捕牲翼长希福仅是负责传递副都统所下军令，因而只受到比较轻的处罚。

二、如《清史稿》所载，则海色极可能在开战前布置作战方略时就向负责领军的希福下达活捉俄国人的命令，且命令得到了执行。

由于史料缺乏，我们已很难知晓这段历史的真相，然而有一点是确定的：乌扎拉村之战这场中俄两国之间的首次交锋，以俄国人险胜，清军惨败而收场。

哈巴罗夫以寡击众，一战成名，但他事业的巅峰也仅此而已了。虽然乌扎拉村一战没有给予哈巴罗夫一伙沉重的打击，却实实在在让哈巴罗夫感受到了清朝军队的威胁。受此挫败的清军很快再次调集兵力，和当地人会合，准备在松花江口再次迎击俄国人。得到消息的哈巴罗夫和部下提心吊胆，最后放弃乌扎拉村，

▲ 积极谋划征服黑龙江的沙皇阿列克谢一世
（1645—1676年在位）

▲ 位于伯力的哈巴罗夫铜像

悄悄窜回黑龙江上游的据点。这一年的4月下旬，他在大兴安岭以北和特使契奇金的增援部队相遇，尽管手里可供调遣的人又多了，但是哈巴罗夫已经不敢再回到黑龙江下游了。他计划在精奇里江修筑城堡，然后见机行事。然而哥萨克们已经不打算给这位不能再让他们获取财富的老大打工了，有136人发动哗变并离开了他。之后，这位日暮途穷的哥萨克头目，又和沙皇派到黑龙江"达斡尔地区"的莫斯科小贵族季诺维也夫发生了冲突。

此前哈巴罗夫起草的关于黑龙江地区详细情况的报告，已经被提交到了莫斯科。这块富饶的黑土地引起了沙皇阿列克谢一世浓厚的兴趣。1653年（清顺治十年）1月18日，阿列克谢一世发出了派遣军役贵族罗巴诺夫－罗斯托夫斯基公爵率领3000名射击军士兵和哥萨克远征黑龙江的命令。季诺维也夫到黑龙江的任务就是给这支远征军收集当地情报和押运、储备军需物资。尽管后来因为俄国在西线与波兰再开战端，派遣远征军的计划被取消了，但是沙皇交给季诺维也夫的任务却没有一并取消。1653年春季末，他经过长途跋涉终于到达了黑龙江。

季诺维也夫最终没能和这群在黑龙江的哥萨克打成一片。原因主要有几点：

一、他把沙皇拨给的军需物资和给黑龙江哥萨克的慰问金私吞了一部分。

二、他从长远征服的角度出发，禁止哥萨克们去劫掠当地居民，要求部下老实种地，自给自足。还计划上书沙皇多派农民到黑龙江搞屯垦。

三、在考察了黑龙江上游的水系情况后，他要求哥萨克们以拉夫凯旧城雅克萨为中心构筑3座城堡。

这位贵族虽然从理论上理解了城堡战术的要义——以中心城和卫星城由点成线，并在保证交通的基础上建立起对一片地区的控制；然而，这个纸上谈兵的计划明显和黑龙江哥萨克人员数量不足的现实相悖。信奉用马刀和火绳枪耕耘生活的哥萨克们，不可能"金盆洗手"，甘心当农民。他们还认为，大批农民涌入黑龙江，其结果只会是自己分到的"蛋糕"越来越少。最终，打家劫舍惯了的哥萨克们把这位贵族挤对走了。不过，后台不够硬的哈巴罗夫也被季诺维也夫带走了。在莫斯科，沙皇念及哈巴罗夫在远征黑龙江时曾经立下的功绩，封其为军役贵族，并派他前往寒冷的伊利姆斯克城堡担任总管。哈巴罗夫晚年定居于勒拿河上游的基廉斯克，从此再没有机会踏上黑龙江的土地。

功败垂成呼玛堡

季诺维也夫临走前，指定哈巴罗夫手下的得力干将奥努弗里·斯捷潘诺夫为黑龙江全体哥萨克的最高领导者。这位新老大一上任，就发现他的队伍面临着缺粮的问题。经过他们多年的搜刮，黑龙江上游早已被剽掠一空，处处是"白骨蔽平原，千里无鸡鸣"的惨象。此地已无多余的粮食物资可以供他们抢夺，于是1653年9月18日，斯捷潘诺夫率队自拉夫凯的旧城出发，坐船顺着黑龙江直奔松花江口，成功抢劫了一批粮食。随后，他们又沿江下窜到虎尔哈部的聚居区度过了这年的冬天，一边强征实物税，一边继续建造新的船只。第二年5月19日，他在松花江口与另一位哥萨克头目卡申采夫的队伍会合。之后，来自尼布楚的34名哥萨克，在百人长彼得·别克托夫的带领下，也加入到他们的行列中。

此时斯捷潘诺夫手底下已经有将近400人，随着人员增多，他们对粮食的需求就更迫切了。于是他们接着往松花江上游进犯。6月6日，斯捷潘诺夫一伙在松花江航行时遭遇了清朝宁古塔巡防部队的攻击，狼狈撤退。9月，斯捷潘诺夫带着部下返回黑龙江上游地区。这时，别克托夫以自己在西伯利亚颠沛流离的生活经验和丰富的战斗经验，对形势作了一番推敲。他提出：在己方兵力不足，而"新敌人"（清军）兵力数量占绝对优势的情况下，为避免被全歼而抛尸荒野的命运，应该将队伍拉回黑龙江上游的营寨固守过冬。于是，斯捷潘诺夫全队带着从松花江一带抢来的一些粮食，退守此前哈巴罗夫在黑龙江和呼玛河汇合处修筑的库马拉据点（中国史料称之为呼玛堡），并加紧修整城寨以强化其防御。

筑城工程极端困难。时值严寒，因此必须将冻结了约 2.1 米深的土地砸开。城堡筑在土地上，四周围以竖立的双层木桩，权作城墙。城角筑扶壁；四周挖宽约 4.2 米、深约 2.1 米的壕沟；壕沟外面围插上木"刺障"，而在木刺障外面再围上一层铁刺障。这种铁刺障是用箭头插在地里的暗障，敌人企图逼近城堡时，便会被刺伤。在木刺障上还安设了防护板。就连通往城堡入口的地方，也挖了一个装了铁蒺藜和尖刃的陷坑。城墙从下到上开有射击孔。而且为安全计，在两层木桩之间填满了土，以防御轰击。在城内，城堡中心的高台上安设了炮位。为了防备围城，城堡内掘了一口井，连着井又修了四条斜沟，通向四方，敌人一旦试图烧毁木结构工事，可从井内引水灭火。此外还安设了高架支着的巨大铁容器，里面盛着夜间照明用的树脂，以备夜间敌人冲击时，能够望见城外的敌人。最后，俄国人准备了可以推掉敌人的云梯和盾牌的长杆，以及其他在击退敌人进攻时通常使用的设备。这样，到了 1654 年（清顺治十一年）10 月 2 日，呼玛堡一切防御措施都已完善，而且很快就要派上用场了。

由于在松花江畔，宁古塔巡防部队曾击溃了俄国人，受此胜绩鼓舞，顺治皇帝决心给予俄国人更加彻底的打击。出自孝庄皇太后娘家科尔沁部的正白旗蒙古都统西鲁特·明安达礼被派遣去攻打俄国人。这位不久之前刚刚因故被罢免兵部尚书职务的蒙古人，正想着戴罪立功以求官复原职。因此他收到皇帝的旨意后，就急忙赶赴宁古塔一线。在侦知了俄国人龟缩在呼玛堡的情报后，立功心切的明安达礼立即领兵上路。作为朝廷里的从一品大员，这一次他带来的部队阵容明显比进攻乌扎拉村的清军要强大得多——1500 名正规军和数量相当的随军后勤人员、15 门"神威大将军"炮、数目不详的鸟枪和其他攻城器械。

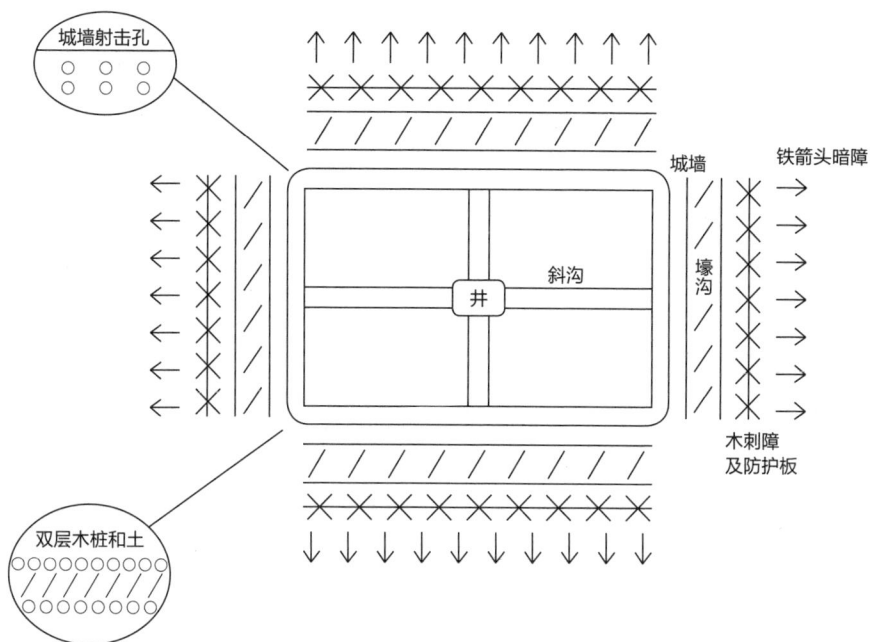

城墙射击孔

城墙

铁箭头暗障

壕沟

斜沟

井

木刺障及防护板

双层木桩和土

▲ 笔者根据俄方史料复原的呼玛堡沙俄军队工事构成平面图

如同乌扎拉村之战一样，对于这一次征讨黑龙江呼玛堡俄国人的军事行动，中国方面的官方史书也没有提供诸如行军路线和部队出发时间等信息，连作战过程也轻描淡写。所幸作为这次战事中的另一当事人，俄国方面的史籍对此役着墨甚多。排除俄国史家某些有失客观的叙述（比如把明安达礼统率的清军总兵力夸张地写成 1.5 万人），我们仍然可以通过这些俄国史籍还原呼玛堡之战作战过程中的某些细节。

1655 年（清顺治十二年）3 月 13 日，20 名哥萨克从呼玛堡中走出，在前往附近的林中开展砍伐作业后"神秘失踪"，之后，84 名出城搜寻他们的哥萨克也一去不归——这些可怜虫全部被清军打死在树林里。之后，铺天盖地的旗帜和城堡外传来的枪声让斯捷潘诺夫预感到：该死的"博格德人"又来了！

3 月 20 日，清军对呼玛堡发起了总攻。为了防止俄国人战败后开溜，清军烧掉了敌人停泊在黑龙江上的一切大小船只。同时出于压制城内俄国人火炮的目的，明安达礼指挥士兵花费了一个星期的时间，在距离城堡约500码的黑龙江南岸3个高地上，修建了3座炮台。15门火炮就被布置在这些炮台里，昼夜不停地向呼玛堡轰击。由于清军炮手技术不精，大多数炮弹都没能命中目标，连续四天的炮击竟然未能在城墙上砸开一个缺口。3月24日夜晚，决心夺取呼玛堡的明安达礼组织了几支突击队发起夜间强袭。就是这一夜的战斗中，清军士兵拿出了当年努尔哈赤攻击女真各部和明朝时使用过的法宝——楯车！

"楯"通"盾"，也就是盾牌车，因此楯车又有牌车（车牌）的别名，是明军的创制。在中国东南沿海痛击倭寇而闻名的两位明朝名将——俞大猷、戚继光，在后来镇守大明北部边疆时，都使用楯车搭配火器编制的车营战法。戚继光甚至把自己对车营战法的应用心得写进了他的著作《练兵实纪》。虽然由于文化水平不高，只接触过《三国演义》和《水浒传》这种通俗小说的努尔哈赤，很可能并没有看过戚少保的军事理论专著。不过曾经短暂给"南戚北李"之一的辽东总兵李成梁当过亲卫的他，肯定早就见识过"楯车"的厉害。1584年（明万历十二年），努尔哈赤在进攻地势险要的玛尔墩山城时，首次使用了楯车而且取得了一定的战果。此后他便疯狂地迷恋上了这款军事装备，并且令部下对其进行了改进。根据明人范景文所著的《战守全书》记载，清军楯车上的盾牌由厚木板包覆牛皮、铁皮复合而成。这样制成的楯车"小砖石击之不动，大砖石击之滚下，柴火掷之不焚"，具有较强的防御力。

▲《满洲实录》中清太祖大战玛尔墩战图，图中可见3辆楯车并排前进，掩护士兵到达城墙下的情形

根据《满文老档》的记载，后金每牛录（1牛录为300人）中每100人就配备4辆楯车，由30名士兵操作，可见其地位。无论攻城战抑或是野战，八旗兵都极其依赖楯车为步兵部队提供有力的掩护。

在1619年（明万历四十七年）爆发的萨尔浒之战中，明军大规模装备的火门枪和火绳枪根本无法击穿后金军的楯车，甚至佛郎机等轻型火炮对楯车也是无计可施。"奴以牌车推遮一车二十余人",有效地抵御了明军枪炮和弓矢。在楯车的遮护下,后金步弓手甚至一直推进到距离明军军阵五步之内,仍然从容射箭。明军西路军主将杜松就是在这样的混战中身中 18 箭后伤重不治而死。1621年(明天启元年、后金天命六年),努尔哈赤率军攻占沈阳,八旗军除了在攻城中使用了楯车,在与前来支援沈阳的明军陈策部的野战中,也大量使用了楯车。结果装备了内衬铁片棉甲和大量火器的陈策部,也全军覆灭。

如今,为八旗打江山立下汗马功劳的楯车,将在呼玛堡下,与俄国人的作战中再次接受无情的实战检验。在它们的掩护下,清军鸟枪手、弓箭手和带着火药包、铁钩杆的爆破手弓着腰缓缓前进。弓箭手和鸟枪手射箭放枪,掩护爆破手炸掉一切肉眼可见的障碍物,为后面推着云梯和装满易燃物车辆的工程部队扫清道路。这些勇敢的士兵并不知道,对他们构成致命威胁的不是城堡上举枪射击的俄国人,而是那些在夜里洒在地上的他们肉眼难以分辨的铁刺障。向着城门方向推进的一支楯车分队,连人带车掉进了俄国人早已挖好的陷坑里,成了俄国人的活靶子。前军打得如此不顺利,由工程部队和部分骑兵组成的后军也不敢轻动。这样僵持到 3 月 25 日天明时分,斯捷潘诺夫忽然命令哥萨克杀了出来,损失较大的清军被暂时逼退。几名来不及撤退的伤兵,连同两支鸟枪和一些弹药都被俄国人俘获。

从这天之后,清军再也没有组织过突击队强攻城堡,而是改用间歇性的炮击和断绝水源的方式消磨俄国人的斗志,同时还用弓箭把用满、蒙、汉三种文字写成的劝降文书射进城堡内。信里许诺只要俄国人投降就能得到"博格德汗赏赐的金银和美丽的姑娘"。然而俄国人并未理睬——他们当中根本没人看得懂信上的内容。

4 月 4 日,围城半个月不下的明安达礼,因为部队所携带的军粮已经耗尽而被迫率军撤退,呼玛堡之战结束。此役清军虽然"进抵呼玛尔诸处,攻其城,颇有斩获",击毙了 104 名俄国人,但终究还是没能拿下呼玛堡,"旋以饷匮班师"。作为清军主帅的明安达礼,心中可谓是五味杂陈。他既为不知该如何向皇帝交代而发愁,也为自己失去了一个官复原职的好机会而感到惋惜。

清军的撤退并没有让斯捷潘诺夫感到舒心一些,不知道是不是为了巴结提拔自己上位的季诺维也夫,他居然派人直接把强征来的实物税作为"贡品"上交莫斯科,而不是像以前那样,让这些实物税经过雅库茨克督军衙门之手。于是雅库茨克方面断绝了对这些"过河拆桥"者的军事物资供应。走投无路的斯捷潘诺夫只能把缴获自清军的弹药囤积起来备用。

此后两年里，只要一到秋收季节，斯捷潘诺夫就要南下松花江，抢掠足够一年食用的粮食储备。然后审到黑龙江下游，闯入费雅喀人的村庄里过冬，等到第二年春天再沿黑龙江上溯返回呼玛堡。尽管也曾和清军交战，但损失甚微。在此期间，他不顾自己都已然是"泥菩萨过江"的状况，又收编了一些小股的哥萨克队伍。1658年（清顺治十五年）的6月30日，这条丧家之犬率领500名哥萨克再次顺着黑龙江下航去搜刮粮食。此时的他不会知道，对面有一个叫沙尔虎达的清军将领，正等待着这些来"打草谷"的哥萨克。

沙尔虎达父子的战绩

沙尔虎达，这位1599年出身于"虎尔哈地方苏完部瓜尔佳姓"的巴图鲁，少年时就跟随父亲桂勒赫归顺努尔哈赤，被编入镶蓝旗，授予牛录额真的职位。随后他以伐瓦尔喀部有功，加授世职备御，开始在军事生涯中崭露头角。1627年（后金天聪元年），前锋参领沙尔虎达跟随皇太极攻打明军大凌河据点，包围重镇锦州。从此他跟随皇太极鞍前马后，几乎参与了清军攻打明朝的所有战事，颇有斩获，屡建军功。

> 天聪元年，太宗自将伐明，攻大凌河，围锦州，沙尔虎达以噶布什贤章京从，屡战辄胜。三年，复从伐明，拔遵化，薄明都，沙尔虎达战郭外，败明兵，进世职游击。自是数奉命与噶布什贤章京劳萨等率游骑入明边，往来松山、杏山间，获明逻卒十八及牙将为逻卒监者，并得牲畜、器械甚夥……

入关后，他又继续参与清军对李自成和南明的作战。截止到1650年，他已经升调为满族镶蓝旗副都统。

时值俄国人屡屡窜扰东北边陲。如前文所说，1652年，清军在乌扎拉村之战中战败。在处罚完相关负责人之后，为加强东北防务，这年8月，顺治皇帝下旨将原属盛京昂邦章京管辖的宁古塔副都统升格为宁古塔昂邦章京，建立起直属中央的军事行政双职能管理体制。出生在宁古塔边外，熟悉边疆舆地民情而又军功卓著的沙尔虎达临危受命，成为首任宁古塔昂邦章京，时年53岁。颇为体恤臣属的顺治皇帝给了这位新官上任的老将一支外援——100多名鸟枪手。

▲ 清世祖顺治皇帝朝服像

1654年6月6日，沙尔虎达亲率清军及赫哲族武装700余人，分乘20多只战船和140多只小桦皮船巡阅松花江一带的江面。结果他们与正在溯松花江而上的斯捷潘诺夫一伙不期而遇，双方随即爆发激战。

沙尔虎达先以赫哲族武装300人乘小桦皮船与俄国人接仗，同时命清军上岸。岸上，清军早已修筑了由壕沟和"堡篮"①组成的防御工事。击溃了赫哲人的斯捷潘诺夫指挥俄国人企图抢滩登陆，却遭到以防御工事为掩护的清军以箭雨和枪弹构筑的火力打击。战斗就这样持续了八天，"许多哥萨克受了伤，火药和铅弹用完了"。最终斯捷潘诺夫等驾舟溃逃，并且"不得不放弃到松花江一带抢劫粮食的念头"。清军取得了与俄国人交锋以来的第一场战术性胜利，这就是第一次松花江口之战。对于沙尔虎达和他麾下的清军士兵来说，这一战不过是牛刀小试。而对于斯捷潘诺夫匪帮来说，这却是噩梦的开始。

1655年至1657年（清顺治十四年），俄国人连续三年南下骚扰宁古塔边外，沙尔虎达从容应对。1657年，清军再次于尚坚乌黑地方（今佳木斯境内）给了斯

---

① 以柳条或藤条等材料编制而成内部填以土石的篮筐，以若干个这样篮筐垒筑而成的防御工事，郑成功攻打台湾的荷兰堡垒时曾以此为防护器材。

捷潘诺夫一记重击。虽然是连战皆捷，但沙尔虎达对此并不满足。他心中早已酝酿着把这群入侵者一网打尽。不过过往的经验教训告诉他，彻底歼灭敌人的唯一办法，就是在他们离开防御体系完备的城堡时，集中优势兵力与火力把他们围歼在旷野和水上。因而他抓紧时间于宁古塔征发造船工匠出身的流犯，打造大型的战船，扩大水师规模。京城里的顺治皇帝，也盼着能早日一劳永逸地根除外患，因而他陆续调集精锐士卒和炮械战具赴宁古塔备战。驻防宁古塔的常备兵员由1653 年（清顺治十年）的430 人增至996 人。

1658 年7 月5 日，沙尔虎达率领由1600 名士兵组成的讨伐部队，乘坐47 条载有火炮的大船，自宁古塔北部的三姓（今黑龙江省依兰县）出征。7 月10 日，清军在黑龙江与松花江汇合处（今黑龙江省同江市），与正在乘船下航的斯捷潘诺夫部500 名哥萨克遭遇。

战斗一开始，清军就以火炮轰击俄国人的船只，180 多名哥萨克被猛烈的炮火所震慑，遂脱离斯捷潘诺夫的指挥，挤在一艘船上逃往黑龙江下游地区。于是战场上只剩下320 名哥萨克作困兽之斗。双方的船只越靠越近，最后甚至发生了跳帮厮杀。清军士兵在鸟枪手的火力支援下，跃上俄国人的船只与俄人短兵相接。三天后战斗终于结束，清军取得了最后的胜利。尽管拥有兵力和火力的优势，清军一方的总伤亡还是要大于俄国人，共有365 人伤亡。当然如此大的代价也没有白白付出，俄方11 艘战船中，7 艘沉毁，3 艘被俘，1 艘逃跑，包括斯捷潘诺夫本人在内的270 人被击毙或俘虏。黑龙江上，成建制进行侵略活动的哥萨克队伍一半以上在此被歼。虽有少数仍旧活动于黑龙江上游和下游地区，但已不能再成气候。沙尔虎达也凭此战的胜利步入他军事生涯的巅峰。不过，他也即将走到生命的尽头。

大半生都在疆场上厮杀，收获了荣耀和升赏的同时，沙尔虎达也沾上了一身的病痛。早在赴任宁古塔那会儿，沙尔虎达就已经重病在身，其所亲临的每一次战斗都是抱病指挥。顺治皇帝甚至把自己的御医都派到了沙尔虎达的身边，以保证后者的健康。然而，死神还是降临了。1659 年（清顺治十六年）2 月，清朝东北边疆的顶梁柱——瓜尔佳·沙尔虎达，在疆场厮杀了四十余年后，终于因为积劳成疾，战伤复发死于宁古塔昂邦章京任上，年60 岁。一个月后，沙尔虎达的棺榇被迎回北京，顺治皇帝顾念他昔日的功勋，命令内大臣爱兴阿、尚书宁古里等主持，"赍茶酒迎奠之"，同时赐予他"襄壮"的谥号[①]。顺治皇帝还指示吏部，派遣沙尔虎达的儿子巴海继续担任其父生前的职务。"宁古塔边地，沙尔虎达驻防久，得人心。巴海勤慎，堪代其父。授宁古塔总管。"

出身军旅的巴海是个文武双全的通才，于顺治九年考取探花。1657 年，他升密枢院大学士。父亲过世后，他袭父爵，被派到宁古塔治所任总管，同年接任昂邦章京。1660 年（清顺治十七年）8 月，巴海会同副都统尼哈里率领水师，巡弋至黑龙江下游的伯力一带的古法坛村，并设下伏击，将第二次松花江口之役开战之初就逃跑的 180 多名斯捷潘诺夫余部一举全歼。《清史稿》以相当精练的语言记载了此次战役的全过程："帅师至黑龙江、松花江交汇处，诇敌在飞牙喀西境，即疾趋使犬部界，分部舟师，潜伏江隈。俄罗斯人以舟至，伏起合击，我师有五舟战不利。既，俄罗斯人败，弃舟走，巴海逐战，斩六十余级。俄罗斯人入水死者甚众，得其舟枪炮若他械，因降飞牙喀（费雅喀）百二十余户。"至该年年底，宁古塔水师沿着黑龙江大张旗鼓地展开了军事行动，一举拔除了呼玛堡、雅克萨等俄国据点，肃清了黑龙江全境的哥萨克。然而，清朝没有认识到这一点，认为边境安宁已得到保障的朝廷没有在该地区留下哪怕一支驻军，这就注定了中俄双方的角力不会就此结束。

大战前夜

1661 年（清顺治十八年）3 月，顺治皇帝福临病逝，得年 24 岁，被尊谥"章皇帝"，庙号"世祖"。他年仅八岁的三子玄烨继承大统，并于次年改元康熙，这就是康熙皇帝。1662 年（清康熙元年）10 月，蛰伏滇缅交界地区的南明李定国余部，在其子李嗣兴的率领下，向清军投降。1669 年（清康熙八年），16 岁的玄烨铲除长期把持大权的辅政大臣鳌拜一党，正式亲政。1681 年（清康熙二十年）

---

① 襄者，辟地有德；甲胄有劳；因事有功；执心克刚；协赞有成；威德服远。

年底，历时八年、席卷清朝南方的"三藩之乱"被平定。

至此，经过近二十年的努力，除孤悬海外的台湾明郑政权外，从中央的权臣到地方的异姓藩王和前朝势力都被清除。接下来，解决东北边疆的安全与稳定问题就被提上了议事日程。

自从被巴海逐出黑龙江之后，俄国人着实消停了一段时间。沙俄当局在确认了斯捷潘诺夫一伙全军覆没的消息之后，暂时打消了占领黑龙江的念头。这倒不是他们认输了，而是为了先尽快消化已征服的土地。

此时，在以尼布楚为中心的外贝加尔地区的俄国各据点，因失去了黑龙江产粮区的供养，简直是度日如年。殖民机构发不起薪金，管不起饭，于是多次发生哥萨克哗变、集体出逃的恶性事件。以至于尼布楚、伊尔根斯克和捷列姆宾斯克三城一度只有114名哥萨克，尼布楚督军甚至不敢带人出城去强征毛皮实物税。时任沙皇米海依洛维奇只能传谕令托博尔斯克等其他督军区调运粮食武器、增派人手前往尼布楚加强守备力量，给长期驻守外贝加尔三城的老哥萨克增加薪金，以笼络人心。

趁着俄国人焦头烂额之际，尼布楚一带的布里亚特蒙古人开始频频发难，就连相对温顺听话的通古斯人也开始拒交赋税。1662年7月，通古斯人进攻伊尔根斯克城堡，并夺走了俄国人放养在野外的马匹。次年，68名哥萨克在头目巴尔菲诺夫的带领下，哗变逃往黑龙江地区，不知所踪。经此巨变，兵力本就单薄的老托尔布津①手底下只剩区区46人！1664年（清康熙三年）1月，数目不详的布里亚特蒙古人向尼布楚城堡发起攻击。据守此处的十几名哥萨克在缺粮少弹的情况下依然负隅顽抗，缺乏攻坚能力的布里亚特人数次进攻均遭失利，最后被迫退走。

之后，攒足了劲的俄国人要开始反扑了。1665年（清康熙四年）9月27日，哥萨克十人长瓦西里耶夫率领69人，占据了位于色楞格河上游楚库河口的楚库柏兴，建立色楞格斯克城堡。俄国人将该据点视为"防卫贝加尔湖以东俄国村庄免受蒙古人进攻的挡箭牌和前哨站"。至1668年（清康熙七年），色楞格斯克堡的

---

① 1662—1667 年涅尔琴斯克城总管。

416

哥萨克增加到97人，房屋有29间。到此为止，外贝加尔地区的城堡体系正式形成，稳定了后方的俄国人又开始琢磨黑龙江的事情了。

就在这一年，位于叶尼塞斯克和雅库茨克交汇点的伊利姆斯克督军区发生了一起谋杀案件，客观上再次激起了俄国人殖民黑龙江的狂潮。事情的起因是伊利姆斯克督军奥布霍夫在前往乌斯季库特城堡视察工作时，和该地区煮盐场波兰籍监督官切尔尼戈夫斯基的妻子通奸。不甘受辱的切尔尼戈夫斯基怒发冲冠，带人刺杀了见色起意的上级。之后为了逃避惩罚和以功抵过[①]，他就带着34名同伙，携款带枪，再次窜入黑龙江雅克萨，重建了此前被毁的所谓"阿尔巴津"城堡，并以雅克萨据点为巢穴，四处抄略当地居民。到1669年，他们已经和先后到来的哥萨克集合起了300多人的队伍，其足迹一直深入到今天的齐齐哈尔一带。宁古塔边镇为之震动。吴振臣所著的《宁古塔纪略》描述这些"深眼高鼻，绿睛红发，其猛如虎，善放鸟枪"的"逻车国人"，使用了一种威慑力相当大的爆炸火器——"状如西瓜，量敌营之远近，虽数里外，必到敌营始裂"[②]，给当地居民制造了极大的恐慌。

1660年后，清朝自以为东北边防已定，随即将宁古塔驻军大量撤回盛京及关内，导致当地防务再次出现空虚局面。万般无奈之下，宁古塔将军巴海一面向北京方面求援，一面尽己所能武装辖区内的流犯准备抵抗。抢完东西之后的俄国人见此情形，知道自己的行动已经打草惊蛇，遂扬长而去，打道回府了。

边防局势的紧张也引起了朝廷内部一些有识之士的关注。1669年8月，掌山西道监察御史莫洛洪就上疏朝廷："宁古塔以外，黑镇以内，皆朝廷（贡）貂百姓所居之地，而罗刹常为侵犯。其宁古塔亦应酌量增兵。如此沿边布置设兵，严加守备，则边围永固矣。"然而，正忙于整顿内部的清政府，根本没有精力顾及边防事务。不过，朝廷倒也不是因此就无所作为，虽然暂时无力再组织一场驱逐入侵者的军事行动，却仍然采取了一些必要的措施：迁徙居民，坚壁清野。

早在1662年清朝就向宁古塔方面专门下达文件：招降当地人100户及以上者

---

① 事实上沙俄政府最后也确实赦免了他和他的同伙。
② 根据其描述，应该是臼炮发射的爆炸榴弹。

授予一等军功，招降 80 户者授予二等军功，招降 60 户者授予三等军功，招降 40 户者授予四等军功，招降 20 户者授予五等军功。鼓励宁古塔的官员将佐通过规劝、赏赐等怀柔的手段，尽可能地把黑龙江一带的居民迁入宁古塔、盛京这样的清朝实际控制区域，加以妥善安置，断绝俄国人的粮食和税收来源。对于迁入后的新人口，朝廷免费发放粮食、家具、牲畜等生活必需品。如此高福利，自然吸引了很多当地氏族背井离乡，往清朝统治区搬迁。这些居民后来被安置在嫩江流域布特哈地区，"编为世管佐领，分旗永戍"。到 1667 年（清康熙六年），这些居民人口数量已经达到了一定的规模，形成了总数达 40 个佐领的"索伦—达呼儿八围"，这就是著名的"索伦八旗"的前身。

当然在此形势下，存在别有用心者。40 个佐领中，有一个叫根特木儿的鄂温克首领。他违抗清朝要他戍守呼玛堡的命令，率其亲属 40 人开了小差，向西北叛逃至被沙俄占领的尼布楚。他为了博取新主子的信任，竟然在当地通古斯人中招募了几百人充当"伪军"，欺压自己的同胞。这种恶劣行径导致此后很长一段时间，对他的处理问题成了清朝每次和俄国人交涉都要提及的重要内容。

见"博格达大军"未至，俄国人就更加无法无天了。截止到 1681 年，卷土重来的哥萨克们在黑龙江中游及其支流结雅河流域，先后沿江修筑了"波克罗夫斯卡娅""安德留什金纳""上结雅斯克""西林穆迪斯克""多隆堡"等多处据点。他们后来又在额尔古纳河地区修筑了额尔古纳堡，形成了一条"黑龙江沿线俄国城堡走廊"。虽然清政府将黑龙江的大部分当地人南迁，着实让俄国人过了一段苦日子，不过很快，来自西伯利亚其他俄国城堡的农民、渔民和猎人就纷至沓来，从事各种生产贸易活动。他们更开挖银矿，展开了疯狂的经济掠夺。

据不完全统计，到 1682 年（清康熙二十一年），在黑龙江流域，俄国人播种的耕地面积达到 1.7 万多亩。其出产的粮食不仅可以自给自足，甚至还供应到尼布楚、雅库茨克等地。当时，整个黑龙江沿线，俄国据点村庄里的成年男子总人数已超过了 1500 名。沙俄当局即以阿尔巴津堡为中心设立阿尔巴津督军区，与外贝加尔督军区、雅库茨克督军区分别统辖黑龙江上游、中游和下游地区。就这样，俄国人堂而皇之地把清朝的"后院"当成了自家的"前院"。

于是，康熙皇帝面临两个抉择：收复失地和默认既成事实。作为一位国力上升时期的有为君主，他毫不犹豫地选择了前者。

当三藩之乱尚未平定的时候，康熙皇帝就开始对东北的防务进行调整。1671年（清康熙十年），朝廷从宁古塔调出700名士兵，驻防于新增吉林乌拉兵站。1678年（清康熙十七年），朝廷又从外地调入290名士兵驻宁古塔。1677年（清康熙十六年），朝廷再次增调722名士兵驻防吉林乌拉。三藩之乱平定后的1682年9月，康熙派遣满族正白旗副都统瓜尔佳·郎坦、满族正红旗副都统董鄂·彭春等人，率精干人员秘密前往东北边境，指导对俄国人的战前侦察工作。蒙古科尔沁部5位王公受命，率180名士兵，以打猎为名，深入到雅克萨一带勘察地形及交通情况。同年12月，郎坦等完成任务回京，将"罗刹情形具奏"，作为皇帝的决策参考。

对于郎坦等人"攻取罗刹甚易，发兵三千足矣"的结论，康熙深以为然。但身为一个国家的统治者，他所要考虑的不可能仅仅限于军事手段解决问题，还要考虑如何从各方面为军事打击提供保障的问题。虽然朝野中某些大臣对东北用兵颇有异议，但是在康熙亲自主持下，围绕东北边疆备战问题的各项工作，还是紧锣密鼓地开展起来。

1683年（清康熙二十二年），康熙将宁古塔将军①北部"东至额尔白克河二千二百里宁古塔界，西至喀尔喀九百余里撤陈汗界，南至松花江五百里宁古塔界，北至外兴安岭三千三百余里俄罗斯界"的"羁縻之地"，纳入本部疆域，在此设立"镇守黑龙江等处将军"。这是继元朝之后，中国政权第二次在黑龙江地区建立直属中央政府管辖的行政区。虽然与内地的省府行政体制有别，但是其管理权限仍超出了唐、明等王朝在当地曾经设置的"都督府"和"都司"等羁縻机构。首任黑龙江将军，是在协调边民内迁的工作中表现突出的宁古塔副都统富察·萨布素。他总领齐齐哈尔、墨尔根等副都统辖区，将军府驻地为这一年刚刚修筑的城堡瑷珲②。这座重木构造的将军府城，当时俨然成为集战时指挥中心和后勤保障枢纽为

---

① 作为军政区划的"昂邦章京"一词自1662年之后被统一改称为"镇守XX处将军"，简称"XX将军"。
② 原址在黑龙江东岸今俄罗斯一侧的维笑勒依村。

▲ 17世纪末的瑷珲，反映了该城初建时的情形

一身的大本营。鉴于当地陆上交通不便，为保证战时运输兵力和军需粮秣，朝廷从瑷珲城到宁古塔境内松花江上游的吉林乌拉造船厂（1674年兴建），依照地形路程的情况下设墨尔根、兴安岭等驿站20余个，以保证运输线和军情传递的畅通。吉林乌拉的造船厂则昼夜开工，修补和建造大军所需的战船和运输船。枪炮火药、刀矛弓箭、甲胄棉衣、粮草药品等的军需物资源源不断地从关内走陆路，经盛京到达宁古塔。而后大部分物资在吉林乌拉装船起运，走松花江—黑龙江航线抵达瑷珲；少部分则走陆路，以牛马车辆运输，穿过蒙古科尔沁部和嫩江一带的"索伦八围"，与当地蒙古人和索伦人等所筹集的食用牛羊等牲畜一道，送至瑷珲。为了鼓励当地人积极投身到备战工作中，康熙甚至下旨免除了他们一年的赋税。

　　截至1685年（清康熙二十四年）年初，宁古塔方面已经整修和新建用于作战的水师战船80艘，用于后勤运输的大小船只不下200艘。其中包括10艘大战船、40艘二号战船、10艘江船、10艘划子船在内的70艘战船，被划拨给扩建中的黑龙江水师营。瑷珲各处粮仓已囤积存粮5770余石，足够参战人员两年的用度。

　　在今天看来，这场即将爆发的雅克萨之战可能仅仅是古老帝国边陲一起规模不大的军事冲突，但实际上这场小仗的胜败所可能造成的后果却非同小可。清

420

朝版图的西面，是当时的中亚霸主——基本统一了蒙古卫拉特四部、征服了哈萨克的准噶尔汗国，北面是表面臣服大清、背地里心怀鬼胎的喀尔喀蒙古各部。俄国人为防止二者联合起来，威胁自己在西伯利亚的势力存在，就暗中挑唆这些本就积怨已深的草原各部进行火并，等到他们两败俱伤再拉拢其中部分王公投向自己的怀抱。

可以想见，如果清政府在黑龙江一带与俄国人的角逐中败下阵来，那么康熙将要面临的就是非常棘手的局面：本就是一盘散沙的漠北喀尔喀蒙古部落或倒向准噶尔，或倒向俄国，帝国首都北京将岌岌可危。届时，发出"圣上君南方、我长北方"这一狂言的准噶尔博硕克图汗噶尔丹将提前开始他"光复大元朝，重建蒙古帝国"的军事行动，大举东侵。而在黑龙江，得胜的俄国人则有可能乘势南下，直接威胁大清朝的龙兴之地——盛京和宁古塔。如此一来，大清的江山将岌岌可危。

所以，这一时期康熙皇帝的神经高度紧绷。备战工作中每一个细节他都要亲自过问，包括战备粮储存的具体数目和运输船只的数量，甚至尺寸大小这些细枝末节。没有谁比他更清楚，此次有组织、有预谋的清剿行动一旦失败，将引发多么恶劣的连锁反应。于是，康熙皇帝在此期间表现出了一股莫名的焦躁易怒情绪。前方官员在执行决策的过程中倘若稍有迟疑，都会引发他的不满和愤怒，结果就是倒霉者轻则被训斥，重则丢乌纱。1683年，宁古塔将军巴海以"报田禾歉收不实，部议夺官，削世职"。黑龙江将军萨布素主持的移民和驻军屯田工作中，出现耕牛病死过多和农具损坏严重的现象，又因为手头上人力有限，对于康熙皇帝要他派人去强行收割俄国人在雅克萨周边所种庄稼的命令无法执行，惹得皇帝下旨指责他"籍端延误进兵"，结果原本应当在接下来的军事行动中担当主将的他，就这样被临时换了下来。虽然他没被罢官，却退居二线。

1682年3月，康熙皇帝出山海关东巡盛京、宁古塔各地，视察防务，宣慰边民，泛舟松花江上写下了"我来问俗非观兵"的诗句。说明即使在备战期间，康熙皇帝依然希望能够通过外交途径解决问题。

此时的中俄双方已经有了一定程度的外交往来。前文提到的特使契奇金并没能把特兰斯别科夫那封充满硝烟味道的信件带到中国，他和10余名哥萨克在一次抢劫中被达斡尔人全歼。所以直到1656年（清顺治十三年），沙皇阿列克谢二世

▲ 清圣祖康熙皇帝朝服像

的信使巴依科夫才抵达北京，得到顺治皇帝的接见。其后康熙年间又先后两次接待了来访的俄国使团。1681年2月6日，清朝大理寺卿明爱、理藩院郎中额耳塞等人，奉康熙旨意前往雅克萨向俄国人传达谈判旨意；而得到时任雅克萨总管报告的尼布楚督军，也曾派人远赴嫩江流域和清朝和谈。

俄国人此行的目的：一来为了通商；二来为了收集情报，以便服务于本国的侵略扩张事业。所以俄国人对于清朝关于确认领土主权、勘定边界、处理偷渡叛逃者等相关呼吁充耳不闻。如此鸡同鸭讲的外交自然不可能有任何结果。康熙皇帝终于明白：要维护清朝在黑龙江的领土完整，除了开战，已经别无选择。

《平定罗刹方略·卷二》中记载，康熙皇帝在朝会上，对那些仍然在是否对黑龙江上的俄国人用兵这一问题摇摆不定的大臣们说："兵非善事，不得已而用之。"表明自己并不想穷兵黩武。其后，他历数俄国人"无故犯边，收我逋逃；后渐越界而来，扰害索伦、赫真（赫哲）、费雅喀、奇勒尔诸地，不遑宁处，剽劫人口，抢夺村庄；攘夺貂皮"等罪状，虽然清朝"屡遣人宣谕，复移文来使"，但是骄横的俄国侵略者无视朝廷的严正警告，"竟不报命；反深入赫真费雅喀一带扰害益甚"。在领土主权和国家尊严遭到粗暴践踏的时刻，必须采取进一步措施解决问题，所以出兵东北势在必行。"俟发兵爱辉，扼其来往之路。罗刹又窃据如故，不送还逋逃，应即剪灭……"

1684年（清康熙二十三年），清朝派水师将领施琅东征，于澎湖列岛一带歼灭明郑军队主力；末代明郑延平王郑克塽投降。海内尘氛已息，是时候跟俄国人摊牌了。

决战雅克萨

确切地说，零星的军事行动在 1683 年 12 月就已经开始。最先投入战斗的就是那些生活在俄国人控制区的当地民众。这些不堪忍受俄国人盘剥的沦陷区人民，得悉天朝大兵将要征讨罗刹，都争先恐后地行动了起来。先是牛满河一带奇勒尔氏族的奚鲁噶奴等人"杀十余罗刹携其妻子来归"，接着鄂伦春的朱尔监格等人也在精奇里江"杀五罗刹并获其鸟枪"。牛满河的部分哥萨克见势不妙，在一个名叫米哈洛夫的头目率领下，退往黑龙江下游。1684 年 1 月，他们在恒滚河附近，和另一股活动在鄂霍次克海岸的哥萨克队伍会合，随即与费雅喀人武装发生冲突，结果被费雅喀人击退。

之后，萨布素根据康熙的指示，派遣鄂洛诚等军官，率兵 300 人和 4 门火炮，前往剿灭俄国人。走投无路的米哈洛夫与部下 21 人向清军缴械投降。萨布素派人将俘虏和缴获枪支一起押送回京，鄂洛诚等 300 名官兵则于伯力就地驻扎，黑龙江下游各处再次被肃清。很快，俄国人在此地区的据点就只剩下雅克萨一座孤城而已。1685 年 3 月，清军和当地武装的小股部队开始到雅克萨附近活动，截杀或俘虏落单的哥萨克，以获取更准确的情报。

其时的雅克萨，城防体系是切尔尼戈夫斯基任总管时，在斯捷潘诺夫修的城堡旧址上建成的。这是一座长约 37.8 米、宽约 27.3 米的四角方城，四周围以木墙和宽约 4.2 米的壕沟。在靠陆地那一侧的墙上，修起了一座高塔楼，塔楼下开辟了一座出入的城门。塔楼的上层是议事房，房中安设哨岗，从那里可以监视敌人靠近。在临河的那一侧，修建了两座带有住房的塔楼，后来在城里增建了粮仓。当开始有商人前来阿尔巴津后，该处又盖起了进行交易的店铺。军役人员的住处位于城外，护以拦马栅和 6 排刺障。到 1670 年（清康熙九年），切尔尼戈夫斯基又在城堡周围增修了一层木障壁，此后再无大修。

清军即将展开大规模军事行动的消息，被雅克萨派出的信使传到莫斯科。意识到事态严重性的俄国宫廷不愿就此放弃黑龙江这头"奶牛"。在沙俄当局的指令下，西伯利亚各个俄国城堡都开始行动起来，有人出人、有枪出枪，总共凑出了 600 多人的队伍，由来自德意志地区的退役军人阿法纳西·拜顿担任

团长，增援雅克萨。在他们赶到前的 1685 年年初，来自托博尔斯克的军役贵族阿列克谢·拉·托尔布津已经抵达雅克萨。他带来了莫斯科朝廷关于将"阿尔巴津"城堡升格为"阿尔巴津督军区"的命令，而督军就是他本人。他在城内聚集了包括军役人员、农民和猎人在内的 450 名哥萨克，算上妻儿老小等非战斗人员在内，接近 1000 人。他们的武器是 3 门火炮和 300 支火绳枪，弹药则来自猎户和商人的供给。就这样，雅克萨据点里的俄国人在一片风雨飘摇中，等待着清军的到来。

1685 年 6 月 10 日，水陆并进的清军部队抵达雅克萨城下。或许是为了彰显天子的宽仁，或许也是为了留出部署攻城的时间，刚升授都统衔不久的清军总指挥彭春在阵前向俄国人发布了用满、蒙、俄三种文字写成的最后通牒：

前屡经遣人移文，命尔等撤回人众，以逋逃归我。数年不报，反深入内地，纵掠民间子女，构乱不休。乃发兵截尔等路，招抚恒滚诸地罗刹，赦而不诛。因尔等仍不去雅克萨，特遣劲旅徂征。以此兵威，何难灭尔。但率土之民，朕无不恻然垂悯，欲其得所，故不忍遽加歼除，反复告诫。尔等欲相安无事，可速回雅库，于彼为界，捕貂收赋，毋复入内地构乱；归我逋逃，我亦归尔逃来之罗刹。果尔，则界上得以贸易，彼此安居，兵戈不兴。倘执迷不悟，仍然拒命，大兵必攻破雅克萨城，歼除尔众矣。

妄想凭借城防固守待援的托尔布津傲慢地无视了清军的最后通牒，于是战斗终于 23 日正式打响。

为了给俄国人一个大教训，康熙皇帝用了两年的时间打造了这支远征军。主要指挥官郎坦、彭春、温岱、瓦哈纳等人久经沙场，先后参与过灭三藩、平台湾等重大战事，并颇有战功。根据《平定罗刹方略》中的相关记载，配属他们的作战部队包括：来自关内直隶、山东、山西、河南四省各自选派的火器兵 250 名，总数 1000 名；其他官兵 400 名；福建藤牌兵 400 名[①]；黑龙江本地官兵 500 名；满族上三旗官兵 170 名；杜尔伯特、扎赉特两部蒙古兵共 500 名，总记 3220 人。以上是直接投入一线的作战部队，如果算上随军夫役、水手等后勤运输人员，以及负责屯田的黑龙江、宁古塔、盛京本地驻军等，则此次边境作战清朝动员的人员总数达到近万人。[②]这对于当时道路、驿站等基础设施建设尚不完善的东北地区而言，实属不易。

这支清军单兵火器数量不多，全军仅携带了 100 杆鸟枪。但这并不代表他们就器不如人。为了攻克雅克萨城，他们带来了 43 门火炮（不含水师战船配备的火炮）。其中包括 4 门铸造于 1676 年（清康熙十五年）的"神威无敌大将军"炮和 1 门用于攻坚、名为"冲天炮"的臼炮，以上两类火炮主要负责轰击城墙及城内建

---

① 传闻他们配备的双层夹棉藤牌能抵挡沙俄军队的鸟枪子弹，后来在实战中被证明是无稽之谈。
② 传值得我们注意的是，在俄国古文献研究委员会编著的《历史文献补编》第十卷中，为了显示俄国人面临强敌的无畏和英勇，俄方夸张地把雅克萨战场上的清军作战部队兵力记载为 1.5 万人。这一不实的数据至今仍被许多史学家所采用。

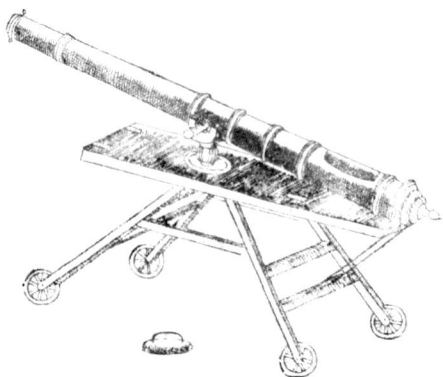
▲《皇朝礼器图式》中的子母炮

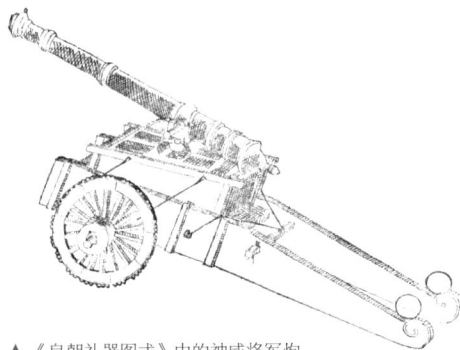
▲《皇朝礼器图式》中的神威将军炮

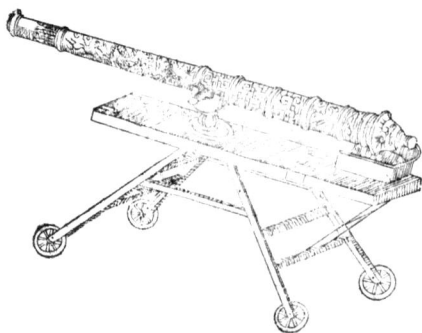
▲《皇朝礼器图式》中的龙炮

筑。余下的12门铸造于1681年的"神威将军"炮、21门子母炮和5门龙炮等轻型野战炮，则用于攻击出城反扑的俄国人。上述五种火炮还有45门存放在瑷珲各处的军火库以资调用。相对于雅克萨城里只有区区3门火炮且只能依靠木城防守的俄国人，清军在重火力上具有压倒性的优势。虽然实际上，即使是体量较大的将军炮系列，所配备的最重的实心炮弹也不过10磅左右。放到同时代的西方，这个级别的火炮只能承担野战火力支援任务，若是用它对巨石与厚土构成的棱堡打攻坚战，结果只能是隔靴搔痒。不过，这些火炮用来轰击雅克萨的木城，却是绰绰有余。

6月25日傍晚，清军开始炮轰雅克萨城。次日凌晨，正式的进攻开始。副都统雅钦和营门校尉胡布诺等统领鸟枪手、弓箭手等，在城南设大盾牌、堡篮，虚张声势作攻城状。在他们的后方是携带龙炮和子母炮的护军参领马世基部。两翼是携带12门神威将军炮，并隐蔽起来的护军参领博里秋、营门校尉乌沙和藤牌兵左提督何佑部。副都统温岱、护军参领瓦哈纳等则率一部，携带4门神威无敌大将军炮和1门冲天炮出奇兵，趁夜色搭乘由汉军镶白旗出身的黑龙江水师提督刘兆麒率领的运输船，秘密过江，潜伏于城北伺机而动。副都统雅齐纳、镇守达斡尔提督白克等率黑龙江水师部分战船于东南，以备水战，严防俄国人走水路逃跑。城西山林一带，清军也秘密隐蔽了杜尔伯特、扎赉特两部的蒙古骑兵，以警戒和堵截尼布楚方向来援的哥萨克队伍。

这一布置果真迷惑了托尔布津，这位督军大人见南面清军没什么重火力武器，遂放心大胆地组织了一次出击。100多名手持火绳枪的哥萨克在己方炮火的掩护下，猖狂地从城堡里钻了出来。他们一边前进，一边向清军射击。雅钦和胡布诺率军佯退，俄国人则见状发起追击。在此时，清军后军和两翼的野战炮兵就掀去火炮上的伪装物开始射击。遭到三面攻击的哥萨克猝不及防，数十人当场毙命，余者狼狈逃回城内。

与此同时，奉命率部携带火炮潜进至城北的温岱所部，已经构筑好了炮兵阵

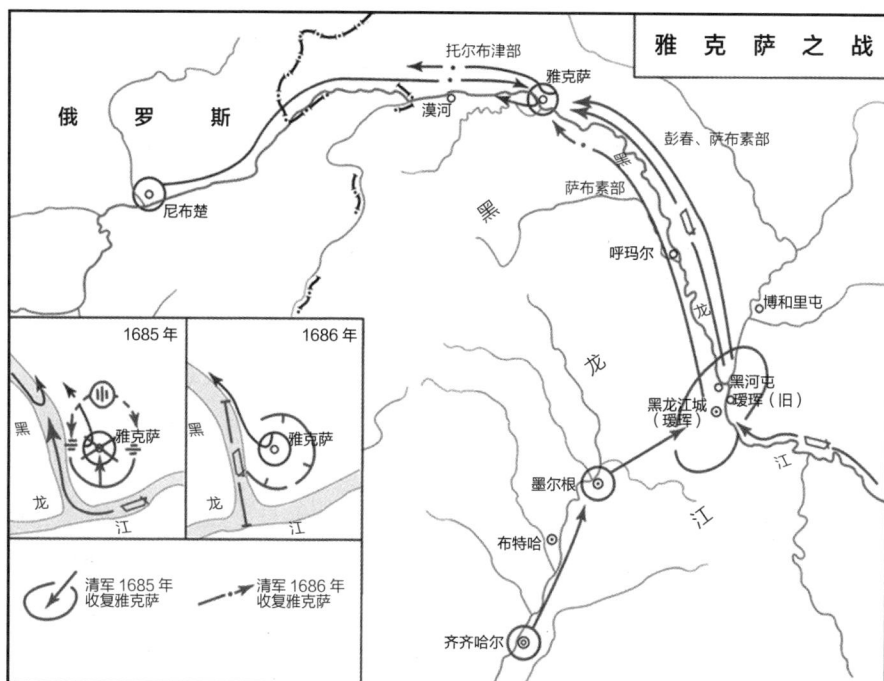

▲ 雅克萨之战示意图

▲ 第一次雅克萨之战的战场地形图

地并随即向城内轰击；城墙被"神威无敌大将军"轰得千疮百孔，城内的许多塔楼、房屋等建筑物和一门火炮则被拥有曲射能力的"冲天炮"炸毁。其他方向的清军也对雅克萨发起强攻。大队福建藤牌兵遵照副都统郎坦的指示，在汉军镶黄旗建义侯林兴珠带领下，到附近的山林里收集了一大堆柴草枯木，准备用来直趋城墙下放火。在俄国史学家笔下，当时的雅克萨：

> 攻城炮弹重量分别为十二、十五、甚至二十俄磅，破坏力很大，城中建筑物被火药箭射中，燃起了熊熊大火。十天轰击的结果，真是令人惊惧：一百人被击毙，塔楼与城堡破坏无遗，商铺、粮仓以及教堂，连同钟楼，统统被火药箭烧毁。除此以外，全部火药和铅弹，皆已告罄。

城内的赫尔莫根和费奥多尔·伊凡诺夫等人见此惨状，知道负隅顽抗下去绝没好下场，于是向托尔布津请愿，请求督军大人去找清军谈判，有条件投降。屋漏偏逢连夜雨，此时又传来了消息。一支从尼布楚派来的小股援军见雅克萨城外清军炮火猛烈，竟然不战而退。在又进行了几天无效的抵抗后，求援无望、内外交困的托尔布津，派使者赴清军军营，提出献城。但他要求清军答应一项条件：

允准雅克萨全体俄国居民携带私人财物、牲畜和各种储备物资返回自己的国家，而不扣留他们作为俘虏，不使他们妻离子散。

清军统帅彭春同意了他们的要求。于是，除了包括伊凡诺夫在内的 45 名自愿归顺中国的俄国人以外，托尔布津及残余的俄国战斗和非战斗人员 600 人，被允许携带除了枪炮弹药等军用物资以外的私人财产，于 6 月 29 日启程返回尼布楚。

第一次雅克萨之战就此结束，"四十年盘踞之众，数日而行击破"。

清军派出部分人马一路追踪托尔布津余部，在确定他们已经离开国境不会返回之后，即会合大部队一同班师回朝。但临行前，彭春只是指挥清军将雅克萨城堡的残存部分焚毁掉，竟然没有在如此重要的据点留下一兵一卒把守。

1685 年 7 月 5 日，清军战胜的消息传回北京，喜上眉梢的康熙皇帝在朝野一片歌功颂德声中，重赏了都统彭春以下的一众有功将士和积极支援朝廷备战的民众。康熙皇帝还将历年来俘虏或投诚的俄国人安置于北京居住，并编入满族镶黄旗，设置俄罗斯佐领。除此之外，他继续督促萨布素在黑龙江境内执行增修驿站、扩大屯田面积等一揽子增建基础设施和农业开发的计划。在康熙皇帝看来，"罗刹丑类"经此一役似乎已没有胆量再回来找打。然而后来的事实证明：他错了！

7月10日，托尔布津带着残部回到尼布楚城堡。此后不久，本该日夜兼程支援雅克萨，却因一路上忙着胡作非为而迁延不进的拜顿军团600人携带10门火炮、220发实心铁炮弹和大量火药也来到尼布楚。

于是，"兵强马壮"的尼布楚督军弗拉索夫做出了重新进占雅克萨的决定。7月15日，托尔布津秉承上级意愿，派遣一名叫帖利金的五十人长，率侦察兵70人潜回黑龙江。8月7日，这支侦察小分队回到尼布楚并带回了重要情报：

雅克萨附近一个中国人也没有看到。虽然城堡被焚毁，但是城外庄稼地里的粮食全部留下来了——战前康熙皇帝曾一直强调，要把雅克萨城外俄国人的粮食全部收割运走，结果一直没能到手下臣属的执行。

又惊又喜的托尔布津随即和拜顿带领671名哥萨克出发。8月27日重新回到雅克萨后，他们构筑了临时工事，开始在严密的警戒下，收割田里的庄稼，随时准备采取预防措施，以防清军突然袭击。一个月后的9月25日，他们又开始在被焚毁的城堡旧址上建新城堡，虽然上次被围困表明原来的位置有许多不足之处，例如，城堡里不能挖掘可供饮用的水井等。但俄国人还是决定重建这个重要据点。9月25日，俄国人开始动工，但是到了10月就不得不中断了工程。因为严寒已经来临，直至春季才可复工。同时，工具不足造成了极大的怠工现象。无奈之下，托尔布津只好命人从尼布楚运来了铁（那里用手炉炼铁），自行动手打造工具。到第二年春天，工程终于结束了。

在原来俄国城堡的旧址上，耸立起一座合乎当时欧洲工程技术规则的城堡。城堡四面围以底宽约8.4米、高约6.3米的土墙。土墙系草土、黏土和植物根修成，奇厚无比，坚固异常；四面都筑有四棱突出形式的炮垒；围绕土墙掘有壕沟。此外，在陆地一侧，还竖起一道直抵江边的木栅。堡内修建了粮仓、火药库、军需仓库和近10所居民住房。这座新城堡的设计出自拜顿的手笔。

特别要指出的是，虽然这座城堡带有欧式元素，却不是当时欧洲军事上常见的棱堡。所谓棱堡，是最早于16世纪由意大利人创制的堡垒。其实质就是把城塞从一个凸多边形变成一个凹多边形。这样的改进，使得进攻方无论进攻城堡的哪一个点，都会暴露在超过一个棱堡面（通常是2—3个）前。防守方可以使用交叉火力进行多重打击。在火药时代之前，要塞的城墙通常筑得很高大，并且用石或者砖进行加固，还设置了一些塔楼或者马面来获得额外的火力输出。如果有什么不同的话，就是一些特别坚固的城市拥有不止一道城墙。而棱堡则显得低矮厚实，更重视火力打击的发扬和防御。到了 17 世纪后期，法国著名军事家沃邦元帅将棱堡的设计和建造推向了一个新的高度。

虽然雅克萨这座城堡的防御功能和西方那种"星形"棱堡无法相提并论，充其量只能算作类棱堡工事，但在接下来的战争中，它还是给清军的进攻造成了很大的麻烦。

至于清朝方面，尽管早就有边民向黑龙江将军禀告，俄国人已经重返雅克萨，然而由于种种原因，这一重要军情一直未能"上达天听"。直到 1686 年（清康熙二十五年）2 月 11 日，黑龙江将军萨布素在康熙帝的传旨追问下才发出"鄂罗斯复来城雅克萨地"的上奏。

3 月，一支正在呼玛河畔巡逻的清军小部队，与正在顺流而下准备去征收实物税的 300 名哥萨克交上了火。40 名连弓箭都没带的清军士兵战死了 30 人，一人被俘，剩余 9 人则被迫逃跑。

得到奏报，顿感被耍了的康熙皇帝于盛怒之下，颁布诏书命令萨布素即刻领兵前往消灭这伙言而无信、卷土重来的俄国人。同时他还传谕外蒙喀尔喀部，令他们召集人马骚扰牵制尼布楚方向的俄国人，使他们不能增援雅克萨。

1686 年 6 月底，经过为期三个月的准备，黑龙江将军萨布素率领 2200 名清军，携带火炮 21 门，水陆并进。7 月初，大军进抵雅克萨城。尽管有"谙习地形"的郎坦等人在军前参赞军务，但是萨布素明白，自己手上这支部队和之前彭春所部相比，在兵力和火力上都打了折扣，要想强攻拿下眼前这座布局奇异的土木合构城堡，恐怕不是那么容易的事情。此时雅克萨棱堡里集结的哥萨克是清一色的战斗人员，数量为 826 人，拥有大

▲ 陈列于北京中国人民军事博物馆的"神威无敌大将军"火炮

431

小火炮 12 门。俄国人除了火绳枪 100 杆,还有新式燧发枪 750 杆、140 颗炸弹和其他军需物品,以及足够维持一年的粮食,又有军事经验丰富的拜顿在辅佐指挥,显然不像上次那座木城那么好对付。

　　1686 年 7 月 7 日,在岸上火炮和黑龙江水师炮火的掩护下,清军开始进攻雅克萨棱堡。此后攻城作战一直持续了一个多月,清军的将军炮攻坚能力不足的缺陷终于暴露出来。7 月 23 日夜晚,作为有过第一次雅克萨之战攻坚经验的指挥官,参赞军务的郎坦也不甘落后地参与到攻城作战之中。他亲率一支部队,携带数目不详的红衣炮,转进至雅克萨城北,大张旗鼓地进行佯攻。萨布素则指挥其余清军,集中兵力与火力猛攻雅克萨城南,企图通过夜间火力强袭迫使俄国人屈服。然而,雅克萨城内的哥萨克们凭借雅克萨棱堡坚厚的城墙,有效地抵挡住了清军猛烈的炮火。而在己方炮火掩护下冲杀至城下的清军,却受到棱堡上俄国人交叉火力的攻击,承受了很大的伤亡,被迫后撤。随后,7 月 27 日与 7 月 29 日,清军又对雅克萨城南发动了两次夜袭,但均以失败告终。

　　另一方面,雅克萨城内的俄国人在挫败清军三次强攻的同时,也曾试图通过主动出击以化解清军的攻势,根据欧阳泰《黑火药时代》一书转引的俄方史料,7 月 23 日夜清军攻城受挫后,托尔布津立组织俄国人出城打了一场反击战。突如其

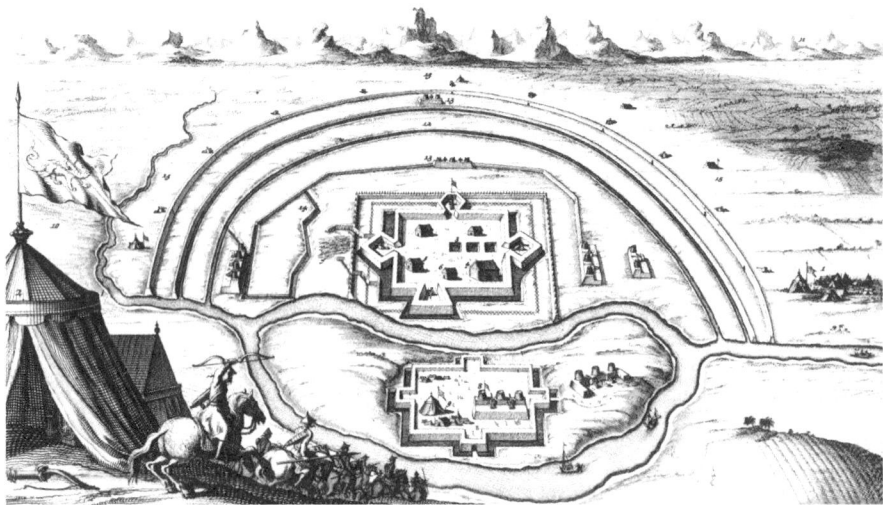

▲ 旷日持久的第二次雅克萨之战,那三道半圆形工事就是清军为堵截俄国人修的土墙系统

来的袭击，令正在集结攻城的清军措手不及，俄国人宣称己方在此战中仅以阵亡21人的代价，杀伤了150名清军（内含两名军官），但清军随后以炮击将试图突围的俄国人赶回城内。1686年8月1日及8月3日，俄国人两次趁着大雾出击，破坏了清军修筑的一些炮垒，然而这些局部的小胜利无法改变整个战局……到了8月中旬，清军主帅萨布素见持续近一个月的攻坚作战依然胶着，便决定采取围困战术迫降俄人。

清军在雅克萨城俄人炮火射程之外的地势较高处，围绕城堡筑起一整套土墙系统，从陆地方面围成三个半圆形紧压上去。围墙上设有炮位，为掩护炮位，又修筑起一道木墙，木墙后面堆满了潮湿的木材。在黑龙江上一座毗邻雅克萨的岛屿上，清军完全按工事建筑规程修建起一座高大且有堙壕防护的炮台。几门安置在炮台上的臼炮居高临下，和陆上土墙的炮群一起以极其猛烈的火力轰击城堡内。类似的围城战术在当年和明朝争夺辽东各要塞的攻坚战中已经被清军所采用，对于清军而言，如今算是把当年曾经施之于明军的战术重演一回。

就这样，雅克萨之战进入了持久战阶段，在清军的优势兵力面前，俄国人选择了坚守不出。9月，托尔布津丧命于清军的炮击，随后雅克萨城内的粮仓为游弋在城西江面的黑龙江水师炮火击中，大量粮食未来得及转移到地窖就被焚毁。俄国人在拜顿的指挥下继续顽抗。拜顿组织沙俄军队进行了几次突围，使用炸弹炸掉了一些清军的工事，但是最终都被压回城堡中。另一方面，尼布楚方面派出的100多名援军则由于蒙古喀尔喀部的袭扰而不得不停止前进。战事进行到这一年11月，严寒已至，雅克萨棱堡内的826名俄国人因战斗伤亡和疾病减员只剩下150多人，粮食和弹药都已经告罄。反观清军的情况也不容乐观，部队中的南方军士因为受不了北国的严寒而病倒不少，当然和俄国人相比，至少清军不缺乏粮食和弹药。战场上的双方仍在咬牙相持着，看看谁先倒下。11月下旬，北京方面传来了康熙的指示：

> 鄂罗斯察罕汗以礼通好，驰使请解雅克萨之围，朕本无屠城之意，欲从宽释，其令萨布素撤回雅克萨之兵，收集一所近战舰立营，并晓谕城内罗刹，听其出入，毋得妄行攘夺，俟鄂罗斯后使至定议。

于是清军停止了对俄国人的敌对军事行动，自 1686 年 7 月开始的第二次雅克萨之战就此结束。虽然清军没能最终攻下雅克萨棱堡，但通过长期围困的方式使敌人大量减员失去战斗力，也算是不小的胜利。双方停战后，遵照康熙帝的旨意，萨布素曾派出军医携带药品去给城内的俄国人治病。但拜顿对此毫不领情，反而给萨布素寄去了几公斤重的烤饼作为礼物，表示己方不需要帮助。然而残酷的现实却给了拜顿一记响亮的耳光，由于拒绝清军随军医生的诊疗服务，在随后的日子里，大量俄国人因感染疾病不治身亡。到了 1687 年（清康熙二十六年）5 月，康熙帝为了表现清方的和谈诚意，下令解除了对雅克萨的封锁。雅克萨城内的俄国人终于可以出城，通过捕猎采集的方式获取食物。有了第一次雅克萨之战的经验教训，清军统帅萨布素这次多了个心眼，他将清军主力移师于距离雅克萨 10 公里左右的查尔丹屯附近。要是俄国人再有什么异动，清军就重新开战。这种戒严状态一直持续到《尼布楚条约》签订之后才终止。

终章

迫使清朝跟俄罗斯在战争打得正激烈的时候，却忽然决定坐下来好好谈一谈的原因，是这两个国家的西边都有个不安分的邻居：康熙皇帝要防止准噶尔部趁着清朝跟俄国人角力正酣之时，在背后捅刀子；俄国的实际掌权者索菲娅公主则准备和奥斯曼土耳其争夺黑海出海口。最终，为了避免两线作战，两个强权都做出了"舍东保西"的明智决策。索菲娅公主首先服软，以斯捷潘·柯罗文为首的俄国使团于 1686 年 11 月 19 日到达北京。柯罗文向康熙转达了沙皇的问候，并表示愿意通过和谈解决边界争端等问题。

1689 年（清康熙二十八年）8 月 22 日，因种种原因而拖延的中俄谈判终于在尼布楚举行。中方代表赫舍里·索额图和俄方代表费多尔·戈洛文正式会晤，两国大臣都各自带了 1500 多人的部队赴会，一旦谈不拢就开打。经过将近半个月的唇枪舌剑，最后，在军事斗争失败的现实面前，俄国人不得不妥协，当然清朝也做出了一定的让步，承认了沙俄对尼布楚等地领有主权的事实。9 月 7 日，《尼布楚条约》签订。条约规定：

从黑龙江支流格尔必齐河到外兴安岭直到海（鄂霍次克海），岭南属于中国，岭北属于俄国。西以额尔古纳河为界，南属中国，北属俄国，额尔古纳河南岸之黑里勒克河口诸房舍，应悉迁移于北岸。

雅克萨地方属于中国，拆毁雅克萨城，俄人迁回俄境。两国猎户人等不得擅自越境，否则捕拿问罪。十数人以上集体越境须报闻两国皇帝，依罪处以死刑。

此约订定以前所有一切事情，永作罢论。自两国永好已定之日起，嗣后有逃亡者，各不收纳，并应械系遣还。

双方在对方国家的侨民"悉听如旧"。

两国人持有往来文票（护照）者，允许其边境贸易。

和好已定，两国永敦睦谊，自来边境一切争执永予废除，倘各严守约章，争端无自而起。

条约签订后，拜顿带着剩下的 66 名哥萨克在清军士兵的监控下离开雅克萨回国。随着他们的离去，这场中俄两国围绕黑龙江地区归属的争夺战也暂时告一段落。

回顾这段历史，俄国由于战略重心在欧洲本土，所以虽然为获取财源而不断雇用、整编哥萨克武装进行东扩，但是对于如何管理新征服的土地，却没有制定一套明确具体的规划。沙皇朝廷抱着赢则坐收渔利，输也不至于伤筋动骨的心理，设置了督军区，但督军府衙门的大人们贪眼前蝇头小利，任由哥萨克头目们自行其是，即使做出有损国家长远利益的事情也不予以制止。最终的结果就是被征服地区的当地民族极力反抗这些侵略者。

相对于西伯利亚和黑龙江流域的众多当地武装，沙皇俄国的哥萨克雇佣兵有两个优势：

其一，手中持有枪炮等热兵器。尽管在这一时期由于技术不完善，无论是火绳枪还是大炮，以及之后的燧发枪在性能上都存在一定程度的缺陷，但是对于那些当地人来讲，这些他们从未见过的新式武器，光是发射时腾起的烟雾和巨大轰鸣声就足以对他们的内心产生极大的威慑力。这样的事例简直不胜枚举，例如1582 年春季，图拉河畔，叶尔马克攻打失必儿汗国的第一场战斗中，数千失必儿汗国境内的沃古尔人武装，竟然在哥萨克的第一轮火枪齐射后就溃散而去，虽然实际上他们当中并没有多少人被击中。1645 年 10 月 31 日，勒拿河上游的上勒斯克城堡，500 名布里亚特人骑兵围攻 130 名哥萨克，布里亚特人在发起三次攻击后，仅仅伤亡了 25 人就坚持不住而撤退。同样的事情也发生在 1651 年桂古达尔屯早期的接触战当中。

其二，合理的军事组织和战术安排，以及以堡垒线为基础，步步为营的占领方式。虽然在历次东扩中，俄国方面一次性投入的哥萨克队伍总人数并不多，规模大的不过千人，规模小的兵力不过是两位数，而且他们没有上头明确的战略目标指引。但是这并不意味着他们就是一群乌合之众。其内部组织编制和基本战术操练师法正规军的模式。这一点让他们在实现征服目标的过程中，采取的行动比起"利则胜，不利则去"的当地人更有计划性。一般来讲，常见的哥萨克队伍最大的编制单位是百人队，往下则是五十人队和十人队等。因此在面对原住民武装时，他们的兵力常常处于劣势，所以尽管出生于南俄大草原，哥萨克不到万不得已，绝不会选择在旷野和原住民进行野战。这是他们的"先辈"叶尔马克用生命换来的"宝贵经验"。叶尔马克人生中的最后一战，就是因为其扎营于瓦盖河畔无遮无拦的冲积平原，才被库楚姆汗偷袭要了命。于是，哥萨克们逐渐养成了据守在自己修筑的堡垒等防御工事里，以逸待劳、后发制人的习惯。在缺乏攻坚能力的原住民因久攻不下而撤退时，他们就从工事里钻出来发起追击。这种打法已被事实证明行之有效而且屡试不爽。哥萨克所修筑的堡垒等防御工事，在规格样式上，和俄国人在西线防御克里木汗国而修筑的边障极为类似，以碉堡、树障、鹿砦和壁垒连接而成[1]，后来更是吸收了西欧棱堡的设计理念。这些壁垒往往修筑于大小河流的交汇点或河口处等通衢，既是哥萨克的冬季宿营地和庇护所，又是他们用于储备粮秣武器弹药等物资的前进基地，以及压缩原住民生存空间的有力凭借。此外，西伯利亚境内河流众多，纵横交错。哥萨克在进行扩张时利用了这一点，采用了"水陆联运法"，逐步蚕食。即把队伍分作两支，一支乘坐大小船舶走水

---

[1] 参见呼玛堡和雅克萨木堡。

路行动，另一支则在陆上沿水路而进。很显然，比起武器装备这种硬件上的差距，组织战术等软件上的一边倒，对原住民来说更为致命。

此外，他们还对原住民部落采取分化瓦解、挑拨离间的手段。17世纪中叶，俄国人基本控制贝加尔地区之后，发现当地渔猎民族和游牧民族的矛盾，就以保护当地通古斯人免受来自南方的蒙古族攻击为条件，逼迫前者上交实物税，从而激化双方的矛盾。

正是具备了以上三个因素，加之没有遇上强有力的竞争对手，哥萨克雇佣兵才能以少得可怜的军力，为沙俄打下那么大的一块地盘。否则他们的行动只能沦落到小偷小摸级别，即使不死于原住民的箭雨下，也会葬身在西伯利亚的暴风雪中，成为野兽的美餐。这群亡命徒一度在西伯利亚肆意横行，直到他们在黑龙江地区遭遇了清朝的反击。

尽管有着相对优越的地缘位置，以及先入为主的优势，还深得边境民众的支持，但原本能轻而易举击败入侵者的清朝政府，仍颇费周折才取得胜利。其主要原因在于清朝内乱未平，外加朝野对俄国人吞并东北的野心认识不足，"对俄国在黑龙江上取得立足点可能造成的后果，中国人一无所知。他们把黑龙江上发生的骚乱简单地看成抢劫活动"。虽然在早期，朝廷曾多次派遣军队击退入侵的哥萨克武装，但始终未把对手干净彻底地消灭掉。到了康熙年间，在扫清内部的反抗力量后，朝廷终于开始着眼于解决边患，并为之进行了周密的准备。地缘上的便利，使得清朝可以把强大的国力和军力投射到黑龙江地区。在俄国人七拼八凑的援军队伍还迟迟没有出发的时候，清朝已经集结了数千人的作战部队和人员更多的后勤保障部队，并且做好了开战的准备，从而以战略上的优势弥补了战术上的劣势。清朝正是倚靠一支军事组织尚处在中世纪末期水平的旧军队，在集中了优势兵力的情况下，击败了一支装备相对先进但人数不多的西方雇佣军，而后以战促和，迫使俄国人签订城下之盟，从而维护了帝国的尊严和边疆的安宁。学者何秋涛在《朔方备乘》中这样写道："夫鄂罗斯从昔不通中国，其人最犷悍难驯。今一旦弥首顺从，自极北不毛之地，兴安岭以内数千里境，悉归版图。"

此后，慑于清朝武力，俄国人没敢再越过雷池半步，中俄东段边界由此风平浪静了近二百年。当然，这种平静，随着鸦片战争的到来宣告结束……

参考文献

原始文献：

[1]（明）程开祜，《东夷努尔哈赤考》

[2]（明）严从简，《殊域周咨录·卷二十四》

[3]（清）佚名，《平定罗刹方略》

[4]（清）吴振臣，《宁古塔纪略》

[5]（清）杨宾，《柳边纪略》

[6]（清）西林清，《黑龙江外纪》

[7]（清）曹廷杰，《东北边防辑要》

[8]（清）《清太祖武皇帝实录·卷一》

[9]（清）徐宗亮，《黑龙江述略》

[10]（李氏朝鲜）申浏，《北征日记》

[11]（民国）《清史稿》

现代文献：

[1] 韩狄.清代八旗索伦部研究——以东北地区为中心 [M].北京：中国社会科学出版社,2011.

[2] 刘民声,孟宪章.十七世纪沙俄侵略黑龙江流域编年史 [M].北京：中华书局,1989.

[3] 吴春秋.俄国军事史略（1547-1917）[M].北京：知识出版社,1983.

[4]（苏联）格·瓦·麦利霍夫.满洲人在东北：十七世纪 [M].黑龙江哲学社会科学研究秘第三室,译.北京：商务印书馆,1976.

[5]（俄）瓦西里耶夫.外贝加尔的哥萨克史纲（第一卷）[M].徐滨,译.北京：商务印书馆,1977.

[6]（俄）谢·弗·巴赫鲁申.哥萨克在黑龙江上 [M].郝建恒,高文风,译.北京：商务印书馆,1975.

[7]（美）弗兰克·阿·戈尔德.俄国在太平洋的扩张：1641—1850[M].陈铭康,严四光,译.北京：商务印书馆,1981.

[8]（英）G.拉文斯坦.俄国人在黑龙江 [M].陈霞飞,译.北京：商务印书馆,1974.

龙与狼的最后较量

17 到 18 世纪的清朝准噶尔战争简史

作者 / 何俊宏

秦时明月汉时关，

万里长征人未还。

但使龙城飞将在，

不教胡马度阴山。

这首脍炙人口的诗歌是唐代著名的边塞诗人王昌龄的经典名作《出塞》，短短的四句二十八字，道尽了诗人对游牧武装集团年年扰边的愤慨。在中国历史上，即使强盛如汉唐帝国，也都曾因特定时期的历史原因受困于北方游牧民族的侵扰。而与此相关的许多历史典故，如"白登之围""渭水之盟"也早已众所周知。不过，很少有人知道，就连"长于夷狄"的清王朝，竟然也上演过"胡马度阴山"的"危机时刻"：清康熙二十九年，也就是公元 1690 年 6 月[①]，漠西蒙古的准噶尔部"博硕克图汗"绰罗斯·噶尔丹在征服了清朝屏藩漠北喀尔喀蒙古诸部之后，挥师 3 万南下，进逼清朝直接统治下的漠南蒙古，一场长达 68 年的拉锯战就此触发。这就是本文所要讲述的清—准战争。

满蒙一家：后金（清初）经略漠南蒙古

建立清王朝的满族人，源自建州女真部，并一向以两宋之际建立金朝的女真后裔自居。但根据历史学者的考证，建州女真实际上最早是生活在黑龙江流域的通古斯原始部落"斡里朵部"。金朝灭辽和北宋之后，占领中原广大地区，大批女真人离开他们的东北故地，他们在原居住地留下的真空地带很快被通古斯人占据。到了元朝，如同进入中原的女真人高度汉化一样，东北的各个通古斯族群也在不同程度上被涌入东北的蒙古人所同化，语言服饰等方面都烙上了深深的蒙古痕迹，以至于后来的清太宗皇太极谈及满族人和蒙古人的关系时，用了一个极显亲密的词汇——"满蒙一家"。不过，这个词汇里的"蒙"仅指漠南蒙古各部。即使是征服漠南蒙古，也耗费了努尔哈赤和皇太极四十余年的时间。

---

① 文中以阿拉伯数字表示的均为公历，以汉字数字表示的均为农历。

1593 年 12 月，明朝辽东边外古勒山，建州女真一万多士卒在其"聪睿贝勒"
佟·努尔哈赤的指挥下，依仗有利地势，与三万人多势众却一盘散沙的海西女真
等部组成的"九部联军"展开激战。战事的结果是，努尔哈赤取得了最后胜利，"九
部联军"被建州军轻易击溃：阵亡四千余人，叶赫部贝勒布寨被杀，乌拉部贝勒
布占泰被俘；除此之外，还有多名海西女真各部的头目或死或伤，三千多匹战马
和千余副甲胄成了建州军的战利品。此役之后，战败的海西女真受到重创，而获
胜的努尔哈赤则是威名更盛，加快了统一女真各部的步伐。

　　值得一提的是，这"九部联军"之中，除了叶赫、乌拉、哈达、瓜儿察、辉
发、纳殷、锡伯、朱舍里等八个女真部落外，还有蒙古科尔沁部的加盟。科尔沁
部是一个颇有来历的蒙古部落，姓博尔济吉特，属于成吉思汗"黄金家族"的旁系。
13 世纪成吉思汗建立"大蒙古国"时，将蒙古东部四千户牧民分封给其二弟哈撒儿，
因为哈撒儿曾担任成吉思汗的怯薛军弓箭手分队"科尔沁"的指挥官，所以他的
后裔部众也被泛称为"科尔沁"，这就是科尔沁部的由来。

　　科尔沁部原本主要驻牧于海拉尔河以北、鄂嫩河上游的广大地区。1433 年，
被权臣阿鲁台太师拥立为蒙古大汗的哈撒儿第八世孙阿鲁克帖木儿率领一部分科
尔沁人翻过大兴安岭东迁至嫩江一带。随后，哈撒儿第十一世孙锡古苏台的部众
也于 1438 年进入嫩江流域。到 1524 年，哈撒儿第十四世孙奎猛克塔斯哈拉又率
部分科尔沁人移牧嫩江流域，并征服了当地的扎赉特、郭尔罗斯等部；其西南与
乌齐叶特、扎鲁特、巴林、翁吉剌等组成的内喀尔喀五部为邻，北接黑龙江索伦
各部，东联海西女真，形成了著名的"嫩江科尔沁"，简称"嫩科尔沁"。少数
仍留居呼伦贝尔故地的科尔沁部属则由奎猛克的弟弟布尔海和巴衮统领，后来发
展为茂明安部和阿鲁①科尔沁部。

　　此外，由成吉思汗另外两个兄弟的后裔统领的部落——帖木格系的四子部、
翁牛特部、喀喇沁部，以及别勒古台系的阿巴嘎部、阿巴哈纳尔部也在科尔沁部
附近游牧。这些部族在明朝初期曾经属于朵颜兀良哈三卫，只是这些曾以强悍军

---

① 阿鲁在蒙古语中为北方之意。

力协助明成祖朱棣发动靖难之变、夺取天下的蒙古雇佣兵，此时的势力已经不足以和科尔沁部相抗。由此，科尔沁部得以不断扩张自己的势力范围。

起初，科尔沁一度直入明朝辽东的开原、铁岭西北边外，和明朝直接接触。但到16世纪后期，蒙古大汗直辖的察哈尔部为土默特部俺答汗所迫，自元上都故地金莲川移牧辽河、潢河一带。后来，察哈尔部联手内喀尔喀五部将科尔沁部从明朝边境驱回嫩江流域，这使一度还算忠于蒙古大汗的科尔沁开始疏远汗庭。其时，科尔沁万户的交椅传到了奎猛克曾孙翁果岱手里。为了抗衡察哈尔部和辽西的内喀尔喀五部，科尔沁积极寻求打通经海西女真、建州女真到达明朝辽东的贸易通道，借以增强自身的经济实力。在这个过程中，他们与海西女真各部的联系开始紧密起来。散居于松嫩平原的海西女真锡伯、萨哈尔察和瓜儿察等部均被纳入了科尔沁的势力范围。同在这一过程中，海西女真半游牧半定居的生活方式影响了科尔沁部，后者在今黑龙江省大庆市杜尔伯特蒙古族自治县境内筑起了一座格勒珠尔根城，以供首领居住。之后，毗邻海西女真的科尔沁很快就主动卷入女真人的内部争斗。当时面对建州女真崛起的势头，翁果岱选择了站在海西女真一边，与子侄奥巴、莽古斯、明安等人率科尔沁兵近万人，加入海西女真攻打建州女真的军事行动。九部联军大败后，明安狼狈逃窜，翁果岱、莽古斯、奥巴及大批科尔沁士兵都被建州女真俘虏。

科尔沁加入海西女真反努尔哈赤同盟的原因，无非是害怕建州女真强大起来吞并海西女真各部后，会掐断科尔沁通往明朝的贸易要道。对于这一点，努尔哈赤想必是洞若观火的。按照此前的惯例，建州女真每次作战所获俘虏，上层人物一般是直接处死，待遇稍好的能获得囚徒式的"恩养"，而下层军民则会被强制迁入建州境内重新编组，以充实人力。但古勒山之战后，努尔哈赤却极为罕见地将翁果岱等人释放，并赠以布帛。努尔哈赤这么做，仅仅是想通过这种"远交近攻"的办法，尽可能地减少建州女真扩张的障碍，进一步孤立海西女真。所以他对和建州女真没有太大宿怨、地理位置又相对偏远的科尔沁部，摆出了一副和平友好的姿态。当科尔沁部众悻悻地离开建州之时，当事者谁也没想到，建州、后金乃至清朝对支离破碎的蒙古各部的征服之路，也从此开始。

对于努尔哈赤的意愿，翁果岱表面上领情，实质上依旧和海西女真藕断丝连。

他被释放回科尔沁部之后，很快派遣明安出使建州表示和好，但此后科尔沁部仍然时常介入建州和海西的冲突。1608 年，努尔哈赤派兵攻打海西女真乌拉部，科尔沁部应乌拉部贝勒布占泰的请求派军对阵努尔哈赤，结果再次战败。海西女真大部被努尔哈赤兼并之后，建州女真的北部边境直接与科尔沁部接壤，为了获取更多战争所需的马匹，努尔哈赤加紧了对科尔沁、内喀尔喀联盟等蒙古部落的笼络。面对建州女真这个强邻，科尔沁部也终于开始慢慢改变表里不一的态度。此后，作为科尔沁部的重要头目，在古勒山被建州打得极惨的明安，首先迈出了重要的一步。

1612 年，明安将女儿嫁给努尔哈赤；1613 年，努尔哈赤第八子皇太极迎娶明安的侄子莽古斯之女为妻；到 1615 年，明安的弟弟洪果尔也将女儿嫁给努尔哈赤。努尔哈赤借助和科尔沁部联姻，算是和蒙古黄金家族攀上了亲戚，建州女真也凭着这一点收编了许多蒙古部众。后金立国前夕，建州女真编设的蒙古牛录达到 76 个之多，为努尔哈赤扩编八旗创造了非常有利的条件。1616 年，后金建国没多久，明安亲自前往后金都城赫图阿拉拜见努尔哈赤，受到后金的盛情款待。在此期间，翁果岱去世，其子奥巴继续统领科尔沁部。虽然此后科尔沁和后金仍有小摩擦，如 1619 年后金对叶赫部发起的最后一战得胜后，科尔沁竟公然和努尔哈赤抢夺叶赫部的人丁和财物；但这种小插曲没有影响到大局，双方关系愈来愈密切已经是大势所趋。不过，努尔哈赤和蒙古各部往来频繁触怒了一个人——察哈尔部的林丹汗。

▲ 林丹汗画像

自元王朝被朱元璋逐出中原之后，蒙古汗庭的权威日渐旁落，草原各部又恢复了成吉思汗建国之前割据自立、长期混战的局面。作为黄金家族嫡系、忽必烈后裔的蒙古大汗时常沦为权臣们的提线木偶，几度丧失继承汗位的资格。直到 15 世纪末 16 世纪初，蒙古族女强人满都海哈屯和达延汗巴图蒙克通过不懈努力，才再次从形式上统一了除漠西以外的蒙古各部。为了巩固成果，达到精简汗庭机构、重树黄金家族权威的目的，按照蒙古人的习惯，巴图蒙克把所辖各部落分成左右两翼，每翼 3 个万户。其中，左翼三万户包括察哈尔万户、兀良哈万户（其牧地在今蒙古国西部，并非明朝边外的朵颜兀良哈三卫）和喀尔喀万户；右翼三万户包括鄂尔多斯万户、蒙廓勒津万户（后改为土默特万户）和永谢布万户。除了兀良哈万户以外，其他 5 个万户的重要部落都由巴图蒙克的儿子们统领，大汗的汗庭则设置在察哈尔万户境内。

　　然而，巴图蒙克的这一套措施也没能做到一劳永逸地解决问题。他在世时，右翼的永谢布万户和鄂尔多斯万户就仗着自己兵强马壮发动叛乱，杀掉了掌管右翼三万户的巴图蒙克次子乌鲁斯博罗特。所幸巴图蒙克属于强势的可汗，他纠集包括科尔沁部在内的各路人马平定了叛乱。巴图蒙克身故之后，继任者阿剌克汗还能对反叛的兀良哈万户实行强力打击，迫使后者从肯特山远遁到西北的阿尔泰山和唐努山地区。在征讨兀良哈万户的军事行动中，鄂尔多斯万户的 3 个儿子——衮必力克、俺答、博斯哈尔出力甚大，因此被阿剌克汗授予了"小汗"的封号。这一举措为后来蒙古各部首领自立汗号、不尊汗庭号令埋下了伏笔。在阿剌克汗死后，继任的蒙古大汗一代不如一代。1592 年，当汗位传到阿剌克汗的孙子布延手里时，蒙古大汗权力所到，基本上只限于汗庭直辖的察哈尔万户之内。

　　1604 年，布延去世，他 13 岁的长孙林丹巴图尔继位，号"呼图克图汗"，史书多称其为"林丹汗"。其时的察哈

▲ 巴图蒙克画像

尔部尚有浩齐特、苏尼特、多罗特、乌珠穆沁、克什克腾、阿刺克绰特、奈曼、敖汉等组成的"八大营"十余万部众，实力仍是漠南蒙古诸部最强的，足以应付常规性的外部威胁，由此这位年少的汗王得以用十年的时间整顿内部。在此期间，他任命内喀尔喀乌齐叶特部的锡尔呼那克为管理左翼三万户的特命大臣，争取到号称漠南蒙古第二大势力的内喀尔喀联盟向汗庭靠拢。他又修筑都城察罕浩特，使之成为察哈尔部稳定的政治中心。为了迫使明朝同意和察哈尔部互市，借以累积财富，1615 年 8 月，林丹汗集中察哈尔部和内喀尔喀联盟五万军队，大举袭扰明朝辽东广宁、锦州等要地，并取得了一系列军事胜利。虽然林丹汗逼迫明朝同意互市的目的最后没有达到，却也震动了漠南，导致疏远已久的土默特万户和鄂尔多斯万户开始恢复对汗庭的朝贡，甚至连科尔沁部都口头表示遵从林丹汗号令，漠南蒙古仿佛又重新统一到蒙古大汗的旗帜之下。1617 年，为了对付努尔哈赤的后金汗国，明朝天启皇帝被迫同意和察哈尔部开放互市。在看似一片大好的形势下，雄心万丈的林丹汗开始放开手脚对付后金。

1619 年七月，努尔哈赤挟在萨尔浒战胜明军的余威，大举进攻辽东重镇铁岭。由于此前察哈尔部已经和明朝建立了针对后金的攻守同盟，林丹汗立即行动起来，派遣内喀尔喀联盟的宰塞率兵一万增援铁岭的明军。林丹汗的援军还在路上，铁岭就已被后金军攻陷；努尔哈赤以逸待劳，回师攻溃宰塞的部队，宰塞和两个儿子沦为俘虏。

这位宰塞是内喀尔喀联盟的盟主卓里克图洪巴图鲁的继承人，他的被俘导致内喀尔喀联盟惊惧不已。内喀尔喀联盟中的某些部落很早就和努尔哈赤有来往，有的甚至和努尔哈赤结了亲家。此前，1594 年，内喀尔喀巴岳特部重要头目恩格德尔更是主动归附努尔哈赤。1606 年，内喀尔喀联盟又派使者为尚未建立后金的努尔哈赤上了"昆都伦汗"的尊号。因此，这一次为了争取内喀尔喀联盟全面彻底倒向自己，努尔哈赤没有直接杀死宰塞父子，而是软禁起来作为跟内喀尔喀讨价还价的筹码。

很快他便得偿所愿。1619 年十月，卓里克图洪巴图鲁遣使向后金求和；十一月，双方举行会盟，约定共同对付明朝。这一重大变动使林丹汗倍感震惊，于是察哈尔部的使团带着林丹汗的信前往后金。信件开头就是"四十万众蒙古国主巴图鲁成吉思汗，问水滨三万人女真国主英明皇帝，安宁无恙耶？"随后，信里更警告后金不得染指察哈尔和明朝互市贸易的广宁等地，不得再离间拉拢蒙古各部。可以说，信件的字里行间充斥着这位年轻汗王的骄狂。对此，后金群臣激愤不已，老奸巨猾的努尔哈赤则回信讥讽林丹汗连事实上统一漠南蒙古这一点都做不到，就敢"骄语四十万，而轻吾国为三万人，天地岂不知之"。这一番话显然极大地刺痛了林丹汗，他积极备战，等待时机给努尔哈赤一次重大的打击。

1621 年，林丹汗命锡尔呼那克率两千骑兵奔袭后金沈阳城；1622 年，后金强攻广宁时，林丹汗又亲率大军支援明军作战，结果是屡战屡败。这导致察哈尔内部开始分裂，乌鲁特部的达尔汉巴图鲁率领部分属民归附了后金。之后，努尔哈赤见林丹汗已经黔驴技穷，才开始反击，不过他没有立即诉诸武力，而是首先在宗教问题上做文章。

当然，仅仅凭借在宗教上耍手段是无法彻底征服蒙古人的。1623 年，为了加大对内喀尔喀联盟的控制，努尔哈赤强制内喀尔喀联盟修改当年会盟的条款，把针对明朝的内容改为针对林丹汗。这一急切的做法令内喀尔喀联盟难以接受，虽然因为和后金往来密切，林丹汗已经对内喀尔喀联盟日益猜忌，但毕竟同为蒙古人，卓里克图洪巴图鲁还是不愿和林丹汗为敌。后金见此立即翻脸，恰巧反对后金最坚决的内喀尔喀扎鲁特部抢夺了后金使者的财物，恼羞成怒的努尔哈赤立即发兵征讨扎鲁特部。卓里克图洪巴图鲁向林丹汗求援，却遭到拒绝，因为此刻的林丹汗正准备集中兵力进攻和努尔哈赤越走越近的科尔沁部。

1624 年，感受到察哈尔部威胁的科尔沁和后金会盟，努尔哈赤以承认科尔沁部首领奥巴自立为科尔沁部可汗为条件，换取奥巴同意双方一起对付林丹汗。得到消息的林丹汗怒不可遏，于 1625 年 10 月远征科尔沁部，一度将科尔沁的老巢格勒珠尔根城团团包围，但最后被努尔哈赤派出的援军击退。1626 年 4 月，内喀尔喀联盟被明朝收买，准备断绝和后金的关系。刚在宁远城下被明军击败的努尔哈赤将失败的怒火倾泻在内喀尔喀联盟头上，派遣大贝勒代善出兵攻打内喀尔喀联盟，代善在西拉木伦河击溃了内喀尔喀乌齐叶特部，接着连破扎鲁特、巴林等部。倘若林丹汗能宽恕内喀尔喀联盟之前和后金勾连，出兵协助内喀尔喀，虽不敢说能击退后金，但至少能给世人一个"蒙古可汗不会容忍自己的部属被外族侵袭"的印象，从而赢得民心；结果他却趁机把逃入察哈尔部境内的内喀尔喀部众吞并。此前十年东征西讨积累起来的汗庭威望，随着一次次军事失利和错误决策而付诸东流。

1626 年 9 月 30 日，努尔哈赤病卒。在其统治期间，努尔哈赤通过联姻、会盟、宗教和军事打击并行的手段，初步实现了削弱察哈尔部力量、离间察哈尔部和其他蒙古部落之间关系的目的，成功将科尔沁部和内喀尔喀联盟纳入后金的势力范围。尤其是科尔沁部，后来成为后金乃至清朝响当当的皇亲国戚，第二代后金汗皇太极的大福晋哲哲（孝端文皇后）、庄妃布木布泰（顺治帝生母、著名的孝庄皇后）等均是出自科尔沁部。

继承汗位的皇太极，在巩固了自己的权力之后，开始对察哈尔部内部进行分化瓦解。他主动遣使察哈尔部，表面上是希图双方和解，实质上却是在探听察哈尔部内部的虚实。连年对后金的战争使察哈尔部蒙受了极大的人丁和畜群损失，部分察哈尔部王公也希望通过缓和与后金的关系来休养生息，但林丹汗却傲慢地拒绝了后金的倡议。这一下便导致了察哈尔部内部分裂。察哈尔八大营中的乌鲁特部、奈曼部和敖汉部都倒向了后金，阿剌克绰特部独立，连隶属大汗本部的浩齐特部都有部众出逃到漠北的喀尔喀三部。很快，林丹汗陷入四面楚歌的境地。

内忧外患中，林丹汗留下多罗特部在辽河牵制后金，自己却于 1627 年 3 月带着大部分察哈尔部众西迁，准备收服永谢布、土默特、鄂尔多斯等部后，再集结兵力和后金对抗。然而，连续的失败并没有使林丹汗吸取教训，他一味依靠武力征讨横行于各部之间，又因为明朝崇祯皇帝停止和察哈尔互市而和明朝撕破了脸，最后甚至直入漠北喀尔喀。各种倒行逆施消耗了察哈尔部本就不多的力量，也招致蒙古各部和盟友明朝的强烈反感。

此时，皇太极正在按部就班地蚕食察哈尔部在辽河流域一带的故土。从 1628 年 2 月到 9 月，后金发起三次猛烈的攻势，歼灭了察哈尔的留守部队，杀死林丹汗的重要将领因特塔布囊和古鲁，全面占领了辽东。为了绕过由明朝名将孙承宗等人主持构筑的宁（远）锦（州）防线以直入明朝内地，1632 年，皇太极攻略林丹汗在漠南蒙古西部的根据地，和林丹汗做最后决战。土默特、喀喇沁等蒙古部落早就对林丹汗极为不满，纷纷向后金投降。走投无路的林丹汗率部躲进毛乌素沙漠，饥寒交迫促使他不断骚扰明朝边境以获取粮食，许多部众出走。

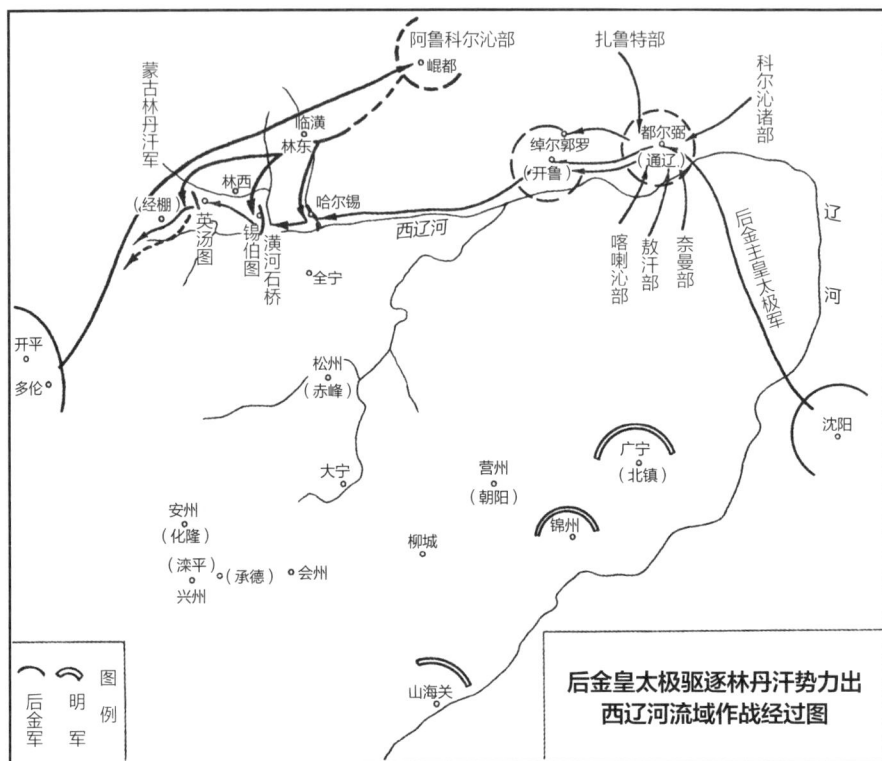

▲ 1628年后金对林丹汗的讨伐

　　为了加强对归附的蒙古部落的控制，皇太极除了继续推行努尔哈赤在位时采取的会盟、联姻等政策外，还开始着手从制度上解决问题。

　　皇太极的新政首先在科尔沁部试点。1631年，后金将科尔沁部汗号撤销，将其领地划分为10旗，每一旗任命"札萨克"（蒙古语，意为执事官）进行管理。这些札萨克全由各部大小王公贵族充任，后金依据他们部众的多少、职权的大小，授予他们亲王、郡王、贝勒等各级爵位，给予他们一定特权，但他们的官职不能世袭。他们还必须在后金汗王划定的牧区游牧，未经批准不得越界，同时还要定期举行会盟，协助后金派遣的大臣开展处理诉讼案件、审定相关法律条例、查验户口及牲畜数量等工作。这就是对后世影响深远的"盟旗制"。在短短几年内，后金在漠南蒙古各部持续推行这一新制度，前后设置49旗，完成了对漠南蒙古各部的征服，使之成为自己的重要马场和进攻明朝的跳板。

1634 年秋季，43 岁的林丹汗在众叛亲离之后病死于甘肃大草滩。这位末代蒙古汗王，和长城内的明朝崇祯帝一样，都有着重振祖宗基业的雄心，却时运不济，加上自身能力有限，始终不得强国要领，最终落得个悲惨的结局。

1635 年 4 月，林丹汗余部投降后金。林丹汗的妻妾子女尽为后金君臣瓜分，察哈尔部众则被安插在辽西一带，如同其他漠南蒙古部落那样设札萨克旗管辖①。传说中的元朝传国玉玺被皇太极所得，这为后金争取更多的蒙古部落归附起到了很好的舆论导向作用。为了借助蒙古骑兵强化后金的野战力量，皇太极又将八旗军内的大部分蒙古牛录划出，单独设置蒙古旗，提高了后金军中蒙古族官兵的地位。在八旗制度的作用下，蒙古骑兵的战斗力得到了极大提高，成为皇太极倚重的重要武力。

1636 年十一月，皇太极在八旗贵族和蒙古王公们的簇拥下称帝，建立清朝。这位清朝皇帝还有另一个身份，那就是蒙古人的大汗，参加清朝建国大典的蒙古部落酋长们为他送上了"博格达彻辰汗"②的称号。从此之后，每一代清朝皇帝都有自己的汗号。

就在皇太极称帝后不到一年，1637 年十月，一位名叫库鲁克的头目带着马匹、白狐皮等方物到达沈阳朝见皇太极。这位库鲁克首领来自和硕特——一个和科尔沁部同出于哈撒儿系的部落，属于长期和东部蒙古相抗的漠西卫拉特四大部之一。

林木中人：卫拉特、准噶尔的崛起

卫拉特，即明代史书里的瓦剌，元朝时期的斡亦剌部，蒙古语意为"林木中的百姓"，盖因卫拉特蒙古的主系源自蒙古高原北部、贝加尔湖东西两侧的森林，从事采集和狩猎的部族。根据《蒙古秘史》的记载，斡亦剌部原本活动于贝加尔湖以东的色楞格河流域的森林地带。1201 年，斡亦剌部支持扎木合与成吉思汗对抗，

---

① 后来，因为康熙年间林丹汗的后裔布尔尼发动了一起并不成功的叛乱，清朝废除察哈尔的札萨克王公制度，改为八旗总管直接管理的体制。

② 蒙语博格达有高山或天的意思，彻辰则有聪慧之意，与皇太极使用的"天聪""崇德"年号意思相近。

扎木合被成吉思汗和王汗的联军击败后，为了避免被清算，斡亦剌部在首领忽都合别乞的率领下，离开色楞格河，西迁至库苏泊以西、小叶尼塞河流域的"失黑失惕"之地。1207年，已经统一蒙古高原的成吉思汗派长子术赤率军征讨"林木中的百姓"各部。忽都合别乞见术赤军势大，便主动投诚，还协助术赤收降其他"林木中的百姓"部落。成吉思汗将额尔齐斯河以东的森林部落分封给开国功臣豁尔赤，设置八邻万户，忽都合别乞又积极配合豁尔赤开展工作。此后，斡亦剌部被划分为郭勒明安、依克明安、扎合明安、茂明安等四个千户，其中，依克明安千户为忽都合别乞的本部。

1217年，豁尔赤因向属下秃麻部强行索取30名女子为妻妾，引发秃麻部的叛乱，豁尔赤被秃麻部扣押。忽都合别乞闻讯亲自赶往秃麻部解救豁尔赤，也被秃麻部俘虏。秃麻部虽然伏击打死了前来镇压的蒙古大将博尔忽，但最终被接替博尔忽的将领朵儿伯朵黑申所败。考虑到忽都合别乞自归附后忠诚于蒙古，为了表彰他，成吉思汗特意将秃麻部首领塔尔浑的夫人赐予忽都合别乞，成吉思汗本人还和忽都合别乞结为儿女亲家。斡亦剌部借机兼并了秃麻部，势力逐渐壮大了起来。在元朝初期阿里不哥和忽必烈争夺汗位的风波中，斡亦剌部支持阿里不哥。阿里不哥失败后，拥有四千户建制的斡亦剌部分化为两支，一支以茂明安千户为主体，东迁至贝加尔湖以东的色楞格河和石勒喀河地区，成为科尔沁部的附庸；另一支则以斡亦剌部其他三个千户为主体，从小叶尼塞河流域迁往西南的阿尔泰山麓，融合了克烈部等游牧部族，过上了游牧生活。

元朝末年，斡亦剌部的首领权威已经被源自郭勒明安千户的"绰罗斯"家族取得。时值天下大乱，趁着元朝在中原内地忙于扑灭各路汉族起义军、无暇北顾的空档，在绰罗斯家族的带领下，斡亦剌部逐渐摆脱"黄金家族附庸"的地位，迅速崛起为漠北一大政治势力，并以"瓦剌"之名出现在汉文典籍中。他们自称"都尔本[①]蒙古"，而称呼东部蒙古草原各部为"都沁[②]蒙古"，开始与元朝对抗。

---

　　① 都尔本在蒙语中即四万户之意，旨在表示从成吉思汗时代到元朝灭亡这一百余年的时间里，斡亦剌部的人口获得了大幅的增长。

　　② 都沁在蒙语中为四十万户之意。

其间，朱元璋在南方建立明朝，徐达、常遇春等明朝大将率军北伐，攻占大都，将元朝皇室赶回塞外。随后，明朝又对北元皇室施以不间断的军事打击，结合诱惑其他蒙古部落等手段，挤占北元朝廷在漠南、辽东、河西走廊的生存空间。明成祖继位之后更是五次亲征出塞，重点打击北元朝廷的中枢。瓦剌部绰罗斯家族的马哈木、太平、巴图博罗等三位封建主借机自称太师，先后推举阿里不哥的后裔也速迭儿、坤帖木儿等称汗，篡夺北元朝廷继承权。自1388年至1438年，蒙古草原走马观花一般地换了多位君主，忽必烈所定的"大元"国号变回了成吉思汗时代的"大蒙古"，"皇帝"也变回了"可汗"，东西蒙古同时出现了汗庭。最后，出身瓦剌部的绰罗斯·脱欢太师挟持阿里不哥裔的可汗，战胜了东部蒙古，统一了蒙古草原各部。

脱欢的儿子也先比其父走得还要远，他把瓦剌的势力延伸到东起女真、西至哈密、北达贝加尔湖、南临长城的广袤地域。又趁明朝内部出问题的工夫，发起攻势，在土木堡之变中大败明军，俘虏了御驾亲征的明英宗朱祁镇。

不过，也先在建立了他的父祖也不能企及的功勋后，就走了一步昏着：他打破"唯有黄金家族嫡系才能做全蒙古大汗"的规矩，于1453年夏自立为天圣可汗。他这个天圣可汗做了不过一年，就在1454年下半年被反叛者所杀。他死后，绰罗斯家族被他的两个儿子瓜分，长子博罗纳哈勒的部众成为杜尔伯特部，次子额斯墨特达尔罕的部众发展成了后来的准噶尔部。再算上15世纪初期就迁徙到西蒙古的和硕特部、克烈部的一支发展出来的土尔扈特部，以及从元朝的依克明安千户发展起来的辉特部，明末清初的卫拉特几大主要部落并立的局面初步形成。

由于辉特部这时已是杜尔伯特部的附庸，因而史书一般只把准噶尔、和硕特、杜尔伯特、土尔扈特并称为"卫拉特四部"以代指整个卫拉特人群体，辉特部被排除在外。和硕特部的博尔济吉特氏首领成为卫拉特四部当之无愧的"达尔扎"（盟主）。不过，即使是拥有黄金家族血统的和硕特也不能做到一统卫拉特各部。再次陷入分裂的卫拉特，已不能重现也先等人纵横整个蒙古草原的伟绩。这时便轮到以黄金家族嫡系为首的蒙古大汗领导下的东蒙古发起反击。

同样出身于绰罗斯氏的东蒙古女强人满都海哈屯，收拾起自己的远亲部族来毫不留情。1481年，她率军亲征，在蒙古西部的塔斯博尔图大败卫拉特四部，迫

▲ 也先画像

▲ 满都海哈屯像

使卫拉特诸部的封建主们接受了冠缨不得过四指、居常许跪不得坐的屈辱条件。1496—1510年，东蒙古达延汗亲政后多次起兵攻击卫拉特四部，将卫拉特四部的势力从漠南西部驱逐出去。达延汗之后，漠北地区负责对卫拉特作战的任务先后由兀良哈万户和喀尔喀万户承担。16世纪末期，漠南蒙古的土默特、鄂尔多斯等部频频向卫拉特发难，西方的哈萨克人也趁机蚕食卫拉特的西部牧地。卫拉特部被喀尔喀阿巴岱汗击溃，并短暂向喀尔喀称臣；阿巴岱汗死后，卫拉特即恢复独立，但并没有扭转被动挨打的局面。到17世纪初，卫拉特四部的领地被压缩到了额尔齐斯河、鄂毕河中上游和叶尼塞河上游地区。由于牧地有限，卫拉特四部之间不断内讧，根本无法一致应对外部的敌人。1606年，卫拉特人被迫和外喀尔喀右翼的札萨克图汗签署和约，承认自己臣服于札萨克图汗部，札萨克图汗部首领费瑚尔派遣堂兄弟硕垒乌巴什统治今天蒙古西部和南西伯利亚地区。硕垒乌巴什击走卫拉特后，降服了居于唐努山、阿尔泰山和萨彦岭之间的兀良哈万户后裔（唐努乌梁海、阿尔泰乌梁海、阿尔泰淖尔乌梁海三部），建立了"阿拉坦汗王朝"，此后卫拉特人就成了阿拉坦汗王朝的属民。

在外敌频繁入侵的当口，卫拉特各部终于在准噶尔部首领哈喇忽拉的号召下暂时摒弃前嫌，组成了统一战线。1620 年，哈喇忽拉率领准噶尔部首先打响了反抗阿拉坦汗王朝的第一仗。1623 年，卫拉特四部组成联军与阿拉坦汗王朝作战，打死了阿拉坦汗硕垒乌巴什。自此，卫拉特人不仅摆脱了阿拉坦汗王朝这个宗主，还把叶尼塞河流域原属阿拉坦汗管辖的吉尔吉斯人收为自己的属民。

在反抗阿拉坦汗王朝的斗争中，哈喇忽拉以其战功为准噶尔部在卫拉特四部中赢得了极大的威望，即使是由黄金家族领导的和硕特部也被准噶尔部盖过了风头。1629 年，哈喇忽拉联手和硕特部再次击败阿拉坦汗王朝，将版图扩张到伊犁河流域，占领了天山以北的全部草原地带。

但是，哈喇忽拉对外开拓疆土的速度远赶不上卫拉特各部人畜繁衍的速度。虽然首领们试图通过定期召开"丘尔干"（又称扎尔固，蒙语会议的意思）协商划分好各自的游牧地，但各部为了争夺草场仍时有冲突。最终结果是土尔扈特部大部及杜尔伯特、和硕特、辉特等各一部，共约 5 万户 20 万部众，在土尔扈特部首领和鄂尔勒克的率领下西迁到伏尔加河流域，建立了著名的土尔扈特汗国；和硕特大部在首领顾实汗的率领下远征青海、西藏，建立了和硕特汗国。而杜尔伯特部与辉特部已然衰落。这样一来，原先由卫拉特四部共享的天山以北和额尔齐斯河、鄂毕河流域及其以南的广阔草原，就只剩下准噶尔部一家独大了。

1634 年，哈喇忽拉去世，他的长子和多和沁继位，号巴图尔珲台吉[①]。巴图尔珲台吉在继位前就已经显示出过人的才干，1616 年他与其父分家，驻牧于额尔齐斯河以东，协助其父收服阿尔泰山及唐努山一带各部族，又向西攻入哈萨克草原，降服锡尔河上游的布鲁特部，向南频繁掠夺叶尔羌汗国。他通过建立军功累积了人望，而 1620 年对中亚富庶之地布哈拉的洗劫，又令他富有。巴图尔珲台吉的过人之处并不仅限于领兵作战，即位之后，他在政权建设和外交方面的成就和他的对外武功一样耀眼。1640 年，巴图尔珲台吉在今新疆的和布克赛尔蒙古自治

---

① 珲台吉，蒙古贵族头衔，相当于辅佐蒙古大汗的"副汗"，其地位要高于"小汗"。

县境内修筑了一座名为和布克赛尔（别名霍博克塞里）的石城作为自己的驻地。当时卫拉特蒙古各部亦和其他蒙古势力一样皈依了藏传佛教格鲁派，所以和布克赛尔石城内设有一座寺庙以供祭祀礼佛之用。石城的周围是星罗棋布的定居点，从中亚和内地各处掳掠而来各族民众被安置在这一区域，从事农耕和手工业生产。他还鼓励对外贸易，积极发展和沙俄、清朝等大国的商贸关系。这些措施，一定程度上改变了准噶尔部经济结构单一的状况，促进了准噶尔部社会经济的发展。

在卫拉特和喀尔喀蒙古长期的军事冲突中，作为卫拉特四部中最有实力的准噶尔部，每次战事都充作主力，因而人畜损失也最大。以 1620 年哈喇忽拉对阿拉坦汗王朝的首战为例，虽然打出了准噶尔的威风，但也付出了沉重的代价：哈喇忽拉的后方被硕垒乌巴什偷袭，妻妾和大批牧民、牲畜均被俘虏。种种前车之鉴让巴图尔珲台吉意识到，连年和喀尔喀蒙古人之间的征伐对准噶尔部的社会发展极为不利。另一方面，从西伯利亚向南扩张的沙皇俄国，也成为全体蒙古人必须共同面对的敌人。在出身和硕特部且又常年活动于喀尔喀和卫拉特牧区的宗教活动家咱雅班第达大师的帮助下，巴图尔珲台吉周旋于各路蒙古王公之间，做了大量工作。最终，他初步使厮杀了数十年的卫拉特四部和喀尔喀蒙古达成和解。

在蒙古族的文化艺术宝库里，有一部号称是中国三大少数民族史诗之一的英雄史诗，它就是著名的《江格尔》。这部规模宏大、脍炙人口的说唱文学作品产生于阿尔泰山脉一带的蒙古族聚居区，讲述了一位名叫江格尔的可汗领导奔巴部落的勇士和牧民们为了保卫家园和入侵者斗智斗勇的故事。关于它的起源向来众说纷纭，唯一能确定的是它的主要部分大概成型于明朝末年，这一时期正是蒙古族的两大部落集团——漠西卫拉特和漠北喀尔喀三部频繁征战的年代。是以笔者大胆揣测，《江格尔》史诗极有可能就是在反映这一时期的历史，因为它诞生的地方，就是当年卫拉特的游牧地之一。

▲ 新疆和布克赛尔县的江格尔汗雕塑

1640 年 9 月，卫拉特四部的重要头目和包括阿拉坦汗王朝统治者鄂木布额尔德尼在内的喀尔喀蒙古王公，在塔尔巴哈台的乌兰勃勒其尔举行会晤。远在伏尔加河流域的土尔扈特汗国的和鄂尔勒克汗与青海和硕特汗国的顾实汗也列席了会议。这次大会的重要成果就是颁布了《蒙古—卫拉特法典》，该法典内容涉及了政治、经济、宗教、社会生活和道德风俗等各个方面，作为处理各部间种种社会矛盾的法律典章，得到了长期有效的实施。

之后的 1644 年是极不平凡的一年。在东亚，清朝从东北进入山海关内，击溃了刚占领北京不久的李自成率领的农民起义军；在东欧草原，土尔扈特汗国的和鄂尔勒克汗与他的几个儿子在攻打沙俄阿斯特拉罕城堡时，丧命于炮火之下。对于巴图尔珲台吉而言，由于前一年（1643 年）征讨哈萨克扬吉尔汗时吃了大败仗，为了养精蓄锐，1644 年准噶尔部对外暂时偃旗息鼓。这一年，已经生育了 5 个儿子的巴图尔珲台吉再添一子，这个孩子就是日后大名鼎鼎的噶尔丹。

初显身手：博硕克图汗剑指四方

噶尔丹，在蒙古语里又称"甘丹"，据言这个名词来源于藏语"兜率天"，指的是具有欢喜的安乐世界。

1652年，巴图尔珲台吉去世，准噶尔部珲台吉之位由噶尔丹的同母哥哥僧格继承。1656年，12岁的噶尔丹离开准噶尔远赴拉萨修习经文。清人梁份在《秦边纪略·卷六·嘎尔旦传》中谈到噶尔丹的学习表现时，用了这么一句话："不甚学梵书，唯取短枪磨弄。"

有资料宣称，噶尔丹返回准噶尔的时间是在僧格遇刺之后，如《秦边纪略》和《蒙古溯源史》。但学者蔡家艺在《噶尔丹与五世达赖关系刍探》一文中，经过考证后认为，这些说法"俱系讹传"，噶尔丹返回准噶尔的时间应为1666年左右，而他回到故乡的目的则是帮助调解准部上层贵族之间的矛盾。

继承了巴图尔珲台吉权位的僧格并非庸主，但是他的行事作风过于刚猛急切。对于不断蚕食准噶尔北部属民的沙俄，他毫不犹豫地大打出手。1667年，阿拉坦汗王朝因为插手宗主喀尔喀札萨克图汗部的内部事务，招致札萨克图汗部出兵讨伐。身为塔尔巴哈台会议的发起方，僧格所代表的准噶尔部此时却扮演起极不光彩的角色。他非但没有依据《蒙古—卫拉特法典》的规定，出面调解阿拉坦汗王朝和札萨克图汗部的冲突，反而伙同札萨克图汗部，出兵消灭了阿拉坦汗王朝，并且残酷地虐待被俘的末代阿拉坦汗王朝可汗额磷沁罗卜藏。巴图尔珲台吉苦心营造的和平氛围被他破坏得荡然无存。1668年，僧格甚至派遣军队越过天山南下，试图通过策划宫廷政变的方式来征服叶尔羌汗国……

总之，无论是对外还是对内，僧格处理问题的方式简单而直接——诉诸武力。这一来就引发了准噶尔部内部的动荡。在巴图尔珲台吉的弟弟楚库尔乌巴什的暗箱操作下，僧格的长兄车臣和二哥卓特巴巴图尔与僧格爆发内战。这场冲突连德高望重的咱雅班第达亲自出面都未能调解。

就是在这样的背景下，噶尔丹返回准噶尔部，并在接下来四年多的时间里四方奔走，暗中发展自己的势力。1670年，僧格被车臣和卓特巴巴图尔暗杀。噶尔丹果断纠集手下和僧格的旧部众千余人对拥众万余的车臣和卓特巴巴图尔发起斩首行动，并成功擒获车臣，卓特巴巴图尔则逃亡青海。就这样，这两个叛变者还没来得及享受自己的胜利果实就遭遇了失败的命运。苏联历史学家兹拉特金在《准噶尔汗国史》中感叹道："异常迅速的、几乎是闪电般的对付方法。"

打完胜仗后，噶尔丹遵照游牧民族的收继婚传统，和僧格的遗孀阿奴夫人结婚，继而宣布自己继任为准噶尔部的珲台吉。当时游牧在天山北路卫拉特草原的，不单有准噶尔部，还有杜尔伯特部、辉特部、部分土尔扈特部和部分和硕特部。至于准噶尔自身内部，此时最大的贵族就是僧格遇刺事件的幕后主使者楚库尔乌巴什。为了统一卫拉特草原，噶尔丹开始了为期五年整顿内部的工作。1673年，经过长时间的准备，噶尔丹出兵突袭楚库尔乌巴什的部众。这时楚库尔乌巴什外出未归，他的长子巴噶班第留守准噶尔，结果噶尔丹斩杀巴噶班第，并将楚库尔乌巴什的部众"连同耕地和属民全部摧毁了"（兹拉特金《准噶尔汗国史》）。楚库尔乌巴什则最终客死西藏。这样一来，噶尔丹既报了哥哥僧格被杀的仇，又消灭了准噶尔内部影响自己集权的最大障碍。之后，杜尔伯特部的阿勒达尔台吉、和硕特部的贵族丹津珲台吉等纷纷投诚到噶尔丹帐下。

和硕特大部被顾实汗带去青海之后，和硕特在伊犁河流域的老营由顾实汗的侄子鄂齐尔图车臣汗把守。这位鄂齐尔图车臣汗的身份相当特殊：他是阿奴夫人的祖父。换句话说，他是噶尔丹的岳祖父。在噶尔丹出兵攻打楚库尔乌巴什之前，鄂齐尔图车臣汗一直以长者的身份协助噶尔丹聚敛部众，双方关系一度极为密切。而促使他们合作破裂的导火索就是噶尔丹攻打楚库尔乌巴什之战。楚库尔乌巴什一向以鄂齐尔图车臣汗的密友和支持者自居，因而噶尔丹攻灭楚库尔乌巴什的行为被鄂齐尔图车臣汗视为公开向自己挑战的信号。

1674年，鄂齐尔图车臣汗首先向噶尔丹发难。他亲自率领大军收降已经归附噶尔丹的杜尔伯特、和硕特及土尔

▲ 噶尔丹画像

扈特部众，并把他们强迁到塔尔巴哈台。这位耄耋老人可能没有料到自己的孙女婿会毫不犹豫地向自己出手。1675 年夏天，噶尔丹发兵攻打鄂齐尔图车臣汗，双方在库尔喀喇乌苏、图古勒湖、哈拉塔拉等地展开三次会战。鄂齐尔图车臣汗所部被打得大败，部众四散逃走。鄂齐尔图车臣汗本人走投无路，于 1676 年 10 月向噶尔丹投降，噶尔丹看在阿奴夫人的面上也没有杀掉自己的岳祖父，只是把他安置在博尔塔拉让他安度晚年。

就这样，从西藏回到准噶尔部后，通过十年左右的努力，噶尔丹终于统一了天山北路的卫拉特四部。1678 年五月，噶尔丹被册封为"丹津博硕克图汗"，继也先之后，绰罗斯家族终于涌现出了第二位可汗。也就是从这一年开始，"准噶尔部""准噶尔珲台吉国"升格为"准噶尔汗国"。

为了巩固自己的汗权，噶尔丹首先把汗国的统治中心迁到刚征服未久的伊犁。相对旧都和布克赛尔，伊犁的气候条件更优越，适宜耕牧，更重要的是远离准噶尔旧贵族的领地，可以在一定程度上减少汗国推行新政的阻力。完成迁都之后，1678 年，噶尔丹发布了第一号敕令，其第一项内容就涉及政治制度：最高权力属于大汗；汗庭内另设数名"图什墨尔"帮助大汗处理国中军政要务；汗庭以下的各级行政单位被重新划分，委任相对等级的大小官员担任管理者；没有大汗的批准，各行政单位的牧民不得随意变更牧地，违者重罚；各级行政单位都设置有一个叫丘尔干沁的机构负责处理民事诉讼，汗庭的大丘尔干沁则负责裁决重大案件。与此同时，噶尔丹还积极推动生产力的发展，"相土宜，课耕牧"，奖励农商，以利于赋税的定期征收……就这样，一个崭新的游牧国家出现了天山北路。

对于东方的强邻——清王朝，噶尔丹仍然秉持着自巴图尔珲台吉以来的和睦政策。1646 年，巴图尔珲台吉联名和硕特顾实汗等 23 名卫拉特首领遣使清朝，是为准噶尔和清朝的首次接触。1647 年，清朝摄政王多尔衮以顺治帝的名义，派侍卫乌尔滕回访准噶尔。到了 17 世纪 70 年代，清朝和准噶尔部已经建立起较为密切的政治联系和经贸往来。1672 年正月，噶尔丹遣使清朝通报自己继承准噶尔首领之位的经过，得到清政府的确认。此后，噶尔丹每年都向清朝遣使通好，并且通报本国的重大事宜，以维持和清朝的睦邻关系，进而实现提高双方贸易量的目的。

行政单位	行政官员
兀鲁思（万户）	诺颜（洪台吉、台吉）
鄂托克（千户）	宰桑、德木齐（检察官）、舒楞阿（税务官）
爱玛克（百户）	爱玛克长
阿尔班尼（十户）	阿尔班尼阿哈

为了专心对付哈萨克和天山南路的叶尔羌汗国，避免北部边疆不稳，噶尔丹改变了历代准噶尔领导人对沙俄的强硬态度，他对已经被俄国实际控制的领地和属民不再提出主权要求。而沙俄为了诱使噶尔丹臣服，也多次遣使准噶尔汗国对噶尔丹进行拉拢。值得注意的是，虽然噶尔丹的对俄政策比较温和，但涉及严重的主权冲突时，"博硕克图汗"也不会任由俄国人摆布。1672年，沙俄派出哥萨克深入准噶尔境内抢掠，噶尔丹立刻调兵五千北上向沙俄施加压力，最终迫使俄方惩办肇事者。

在稳定了和周围主要大国的关系后，噶尔丹开始了对外扩张。1679年，噶尔丹利用叶尔羌汗国内部争斗日趋激烈、国家严重动荡的时机，出兵3万攻占了叶尔羌汗国东部要地哈密、吐鲁番，占领了叶尔羌汗国的半壁河山。1680年，准噶尔汗国12万大军从阿克苏、乌什等地分兵三路南下，攻克喀什噶尔和叶尔羌城。发源于察合台汗国、占据天山南路160多年的叶尔羌汗国灭亡，天山南北至此都为准噶尔汗国所有。考虑到天山南路在社会形态等方面和准噶尔汗国有所不同，噶尔丹并没有把天山南路各处纳入直接统治区，而是扶植阿帕克和卓和吐鲁番的统治者阿卜都里什特等担任代理人，通过建立傀儡政权的方式来确保对这一地区的控制。噶尔丹只要求他们选派贵族子弟前往伊犁做人质，每年贡献一定的税收，并征调仆从军参与准噶尔汗国的对外战事。

征服天山南路后的下一个目标就是西部的哈萨克。其时的哈萨克统治者是头克汗，他的父亲扬吉尔汗曾和巴图尔珲台吉交手，甚至一度战胜过巴图尔珲台吉，但英勇的扬吉尔汗最终还是不敌准噶尔铁骑而战死沙场。如今两位冤家的儿子再

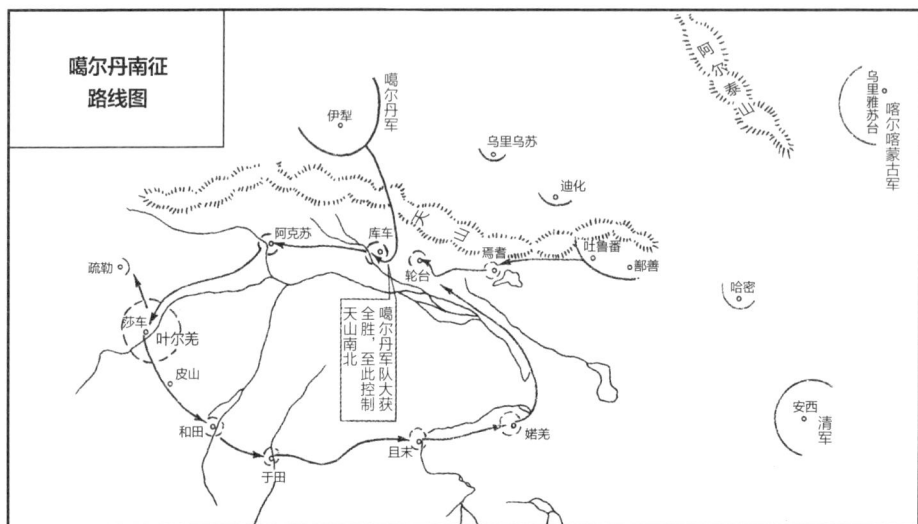

▲ 噶尔丹南征

次交手，继续上演着和父辈们当年的故事几乎相同的戏码。1682年初，噶尔丹举兵攻打哈萨克控制下的重镇赛喇木城。为了给哈萨克人赢得集结军队的时间，头克汗巧施缓兵之计，遣使到噶尔丹军中，伪称愿举国向准噶尔投降、纳税、改宗藏传佛教。大意的噶尔丹被头克汗诱入赛喇木城中，集结在赛喇木城内外的哈萨克人里应外合对准噶尔人发起突袭，准噶尔军大败，噶尔丹狼狈率残部逃脱。第二年，整顿好兵马的噶尔丹再次攻入哈萨克，终于一雪前耻，大败头克汗。他不仅占领了哈萨克控制下的塔什干、赛喇木等重要城市，还俘虏了头克汗的儿子……

　　到了1686年，准噶尔汗国的疆域不仅包括天山南北，还往西延伸到富庶的中亚。来自撒马尔罕、布哈拉、乌尔根奇这些商业城市的贡赋，源源不断地送入噶尔丹的大帐中。

　　每次战事结束后，噶尔丹都会照例遣使送礼给北京的康熙皇帝，但康熙对此态度冷漠。1677年，噶尔丹将击败鄂齐尔图车臣汗时掳获的兵器和战俘献送清朝，但清朝拒绝接收。1678年，噶尔丹晋位"博硕克图汗"时，曾向清朝通告消息，并要求清政府承认和授以汗印，又被清朝方面拒绝。

　　其实，对于逐渐壮大的准噶尔，清朝一直抱有相当程度的戒心。这从康熙皇

帝不承认噶尔丹的汗号和清朝一直坚持拒绝准噶尔献上战利品的举动就可以看出。虽然此时的清朝无力顾及西北边疆的情势，但依然坚持在原则上向周边部族表示这样一个态度：朝廷不会承认也不会鼓励准噶尔对其周边势力的扩张行为。

　　表面上，清朝和准噶尔的关系是一团和气，而实际上在这种友好氛围下双方也有不少的摩擦。之前的 1651 年，巴图尔珲台吉因为收容了曾侵扰清朝漠南蒙古归化城的阿拉坦汗王朝封建主，而受到清朝责难。噶尔丹统一天山北路卫拉特各部时，正值清政府被三藩之乱搞得焦头烂额，这让噶尔丹有了趁机出兵骚扰清朝边境的想法，但最终因为国力不足以和清朝一较高下而不得不打消这一念头。因为青海的和硕特汗国收容了谋杀僧格的卓特巴巴图尔，1678 年 3 月噶尔丹曾计划出兵青海。康熙皇帝针锋相对地命令甘肃提督张勇等人在甘州、凉州边外增兵戒严，同时敕谕噶尔丹："坚立信誓，不许骚扰人民。"（《清圣祖实录》康熙十七年三月）噶尔丹被迫取消了攻击青海的计划。

　　1682 年，三藩之乱平定，康熙皇帝派遣内大臣奇塔特出使准噶尔。这一则为了解决河套以西阿拉善地区的卫拉特部落归属，以及准噶尔商人格楚尔挟持清朝商人巴朗一案的处理等问题；二则为了搜集准噶尔汗国最新的内部情报，探听虚实。虽然双方总体上谈得很融洽，但与会者谁都明白，清朝和准噶尔这两个东亚大陆上的强权迟早会爆发激烈的碰撞。那根触发炸弹的导火索，很快就会在漠北喀尔喀点燃。

山雨欲来：喀尔喀蒙古的内部倾轧

漠北外喀尔喀蒙古和漠南内喀尔喀五部联盟均出自达延汗时代分封的喀尔喀万户，因为分布于呼伦贝尔草原的喀尔喀河（今称哈拉哈河）一带而得名。河东的部众由达延汗第五子阿尔楚博罗特统领，河西的部众由达延汗的幼子格埒森扎统领。达延汗去世后，阿尔楚博罗特所部逐渐南迁，脱离喀尔喀万户，形成了内喀尔喀联盟；格埒森扎所部则留居故地，后西进到克鲁伦河流域。1524—1538年，当时的蒙古大汗阿剌克四次发兵攻打反叛汗庭的兀良哈万户，格埒森扎积极参与其中。兀良哈万户败亡后，大部分部众被蒙古汗庭和右翼三万户瓜分，漠北留下大片无人占据的真空地带，格埒森扎遂趁机鸠占鹊巢，夺下了杭爱山的原兀良哈万户牧场。格埒森扎死后，他的7个儿子将父亲的部众瓜分，形成外喀尔喀七部。

在很长的一段时间里，外喀尔喀七部一直替蒙古汗庭和卫拉特四部作战，并在这个过程中把自己的势力扩充到了整个漠北草原。格埒森扎的孙子、外喀尔喀左翼长阿巴岱（出自格埒森扎第三子）更是从14岁起就领军和卫拉特人作战。1580年，阿巴岱因为战功卓著而被漠北各部公推为"赛音汗"，成为外喀尔喀第一位可汗。1588年阿巴岱死后，外喀尔喀因汗位继承人问题发生内部冲突，格埒森扎的曾孙、外喀尔喀右翼长素巴第（出自格埒森扎长子）趁机自立，被其支持者拥戴为"札萨克图汗"。阿巴岱的部众则继续盘踞杭爱山以东，到阿巴岱的孙子衮布继位时，自号"土谢图汗"。到17世纪初，由于漠南蒙古在后金的持续攻略下陷入乱局，不少部众逃到漠北克鲁伦河，使留守克鲁伦河故地的格埒森扎第四子阿敏都剌勒的后裔硕垒实力大增。1630年，硕垒被部下拥戴为"共戴马哈撒嘛谛车臣汗"，简称"车臣汗"。漠北外喀尔喀三部并立的局面就这样形成，因三部首领俱有汗号，固又有"漠北三汗"之称。其中以土谢图汗牧地最广，实力最强。

外喀尔喀三部形成之时，后金正把林丹汗打得节节败退。对于这位蒙古大汗，外喀尔喀三部不但没尽臣属的本分给予接纳，反而作壁上观。只有一位绰克图台吉响应林丹汗，他率部南下青海，协助林丹汗联络青海土默特部、康区白利土司及西藏的藏巴汗，组成联盟，但他最后被进入青海的和硕特部击斩。

不过，不支持林丹汗并不意味着外喀尔喀三部就会倒向清朝。相反，亲眼见证了内喀尔喀联盟同胞的命运之后，漠北蒙古对清朝更加警惕。1640年，漠北喀尔喀三部选择和卫拉特人握手言和，其中一个很重要的原因就是想集中精力应付清朝可能发起的军事行动。但意识到入关后的清朝正全力对付南方的明朝残余力量时，喀尔喀的王公们就不再满足于守株待兔。1646年，外喀尔喀策动漠南蒙古苏尼特旗右翼旗首领——叟塞郡王滕吉思反清，并组织联军协助滕吉思作战。1646年五月，清摄政王多尔衮以其弟豫亲王多铎为扬威大将军，率清军大举出击，于该年十月大破喀尔喀—苏尼特联军，使外喀尔喀不敢再轻摄兵锋。顺治皇帝亲政后，对外喀尔喀采取军事威慑、政治分化和经济制裁等多管齐下的手段，迫使喀尔喀三部于1655年遣使北京向清朝称臣。清朝以开放对漠北的贸易为条件，换

▼ 喀尔喀蒙古发祥地——哈拉哈河流域

取了喀尔喀三部每年向清朝进献"九白之贡"①。清朝在外喀尔喀设立了左右两翼八札萨克，从此确立了和外喀尔喀的宗藩关系。虽然清朝没有触动外喀尔喀内部的政治体制，也无力干涉外喀尔喀的内外事务，但至少在名义上，清朝皇帝是漠北草原的主人。

由于漠北三部向清朝称臣，和西边的卫拉特各部也已相安无事多年，没有了一致对外需求的外喀尔喀又开始因为牧地、人畜的归属等问题陷入内讧。前文提及的札萨克图汗部和藩属阿拉坦汗王朝的纠葛，就是这一时期的典型案例。外喀尔喀的内乱让强邻准噶尔看到了插手的机会。

1666 年，札萨克图汗部贵族成衮在准噶尔部珲台吉僧格的支持下登上汗位。这成为准噶尔正式介入外喀尔喀内部事务的开始。成衮上台之后，仗着有准噶尔部撑腰，公然向土谢图汗部索要在本部战乱期间逃到土谢图汗部的属民，土谢图汗部不愿意放掉吃进嘴里的肥肉，所以成衮的要求遭到拒绝。加之土谢图汗一直不承认成衮的汗号，导致土谢图汗部和札萨克图汗部本就不睦的关系裂痕更加明显，连五世达赖出面都未能调解。此时，外喀尔喀的宗主清朝正值鳌拜专权，内部权力斗争激烈，根本无暇顾及漠北屏藩内部的钩心斗角，这就给了准噶尔继续向外喀尔喀施加自身影响力的机会。到了噶尔丹上台之后，札萨克图汗部在事实上已经全面倒向准噶尔。等到 17 世纪 80 年代，清朝终于完成对内部各种势力的整合、准备开始处理北方边境的各种事务时，主政的康熙皇帝才发现：作为漠北喀尔喀三部宗主国的清朝，地位几乎被边缘化。

1685 年，清朝在东北对沙俄发起反击作战的同时，也开始积极介入漠北喀尔喀的内部事务。清朝要求西藏派遣使节前往外喀尔喀，与理藩院尚书阿喇尼一起参加会盟。1686 年八月，喀尔喀三部的各路王公贵族和调解方代表齐聚土谢图汗部境内的库伦伯勒齐尔举行会盟。由于札萨克图汗成衮已经于 1685 年去世，札萨克图汗部的与会代表变成了成衮的儿子、新任札萨克图汗沙喇，跟随他来的还有准噶尔汗国的使者。朝廷代表阿喇尼、西藏代表噶尔亶席勒图等组成了调解团。

---

① 即以八匹白马和一峰白骆驼为贡品。皇太极在位期间就已向喀尔喀三部提出此纳贡称臣的要求，未果。

不过，土谢图汗察珲多尔济坚决不愿交出已经吞并的札萨克图汗部属民；西藏代表噶尔亶席勒图则在准噶尔使者的暗示下，煽动札萨克图汗沙喇在会场上起哄。最后，在阿喇尼的极力斡旋下，土谢图汗勉强答应和札萨克图汗签订和约。但事后土谢图汗没有完全履行承诺，只归还了向札萨克图汗承诺的一半人畜。于是，战争只有一步之遥。

1687年，札萨克图汗和噶尔丹在三赫格尔举行会盟，相约一同进攻土谢图汗部。土谢图汗察珲多尔济不顾康熙皇帝"勿复兴兵端"的警告，决定先发制人。1688年正月二十五日，土谢图汗部1万骑兵突袭攻灭了札萨克图汗部，杀死了沙喇。更严重的是，派驻在札萨克图汗部的准噶尔代表、噶尔丹的亲弟弟多尔济扎布和400名准噶尔骑兵也尽数死在乱军之中！噶尔丹闻讯大怒，立即调集大军于漠北西部的科布多河，做好了武装干涉外喀尔喀问题的准备。恰好收拾完札萨克图汗部的土谢图汗率军北上楚库柏兴，和沙俄争夺布里亚特属民，土谢图汗部的老营只有少量部队留守，这给了噶尔丹发动突然袭击的好机会。

1688年5月，噶尔丹以伯勒齐尔会盟期间土谢图汗发布不敬言论为由，亲统3万人的准噶尔军团分兵两路东进，一路上摧枯拉朽一般地歼灭了土谢图汗的留守部队。他随后又趁势杀入了克鲁伦河流域的车臣汗部，将车臣汗默多克击败。察珲多尔济闻讯亲率主力从楚库柏兴回击噶尔丹，双方会战于鄂罗多诺尔。开始时胜负难分，后来噶尔丹改变战术，发起夜袭，击溃了土谢图汗军。大势已去的

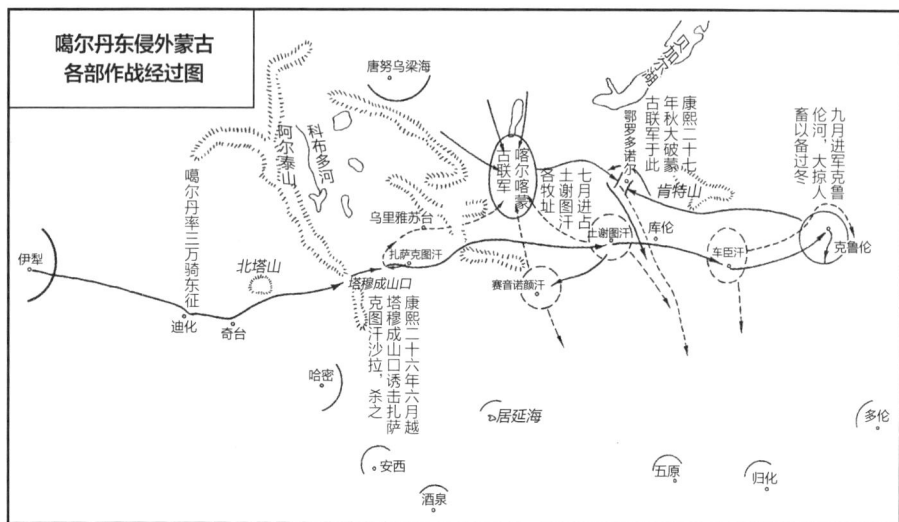

▲ 噶尔丹攻打喀尔喀蒙古

察珲多尔济，只好收拢残余部众十余万人退到漠南蒙古苏尼特旗边境，寻求清朝的保护。

这场突如其来的大乱导致原本定于色楞格河展开的中俄边境谈判被迫延迟。1688 年 9 月，清朝政府开始收容外喀尔喀残余部众入境并给予物资赈济。噶尔丹向清朝提出交出土谢图汗，遭到康熙皇帝的拒绝。噶尔丹本欲兴兵继续追剿喀尔喀人，但最后却停止了军事行动——准噶尔汗国大后方出现了内乱。

当时被羁押在伊犁的叶尔羌汗国贵族发动暴乱，噶尔丹不得不回师平叛。然而他刚回到科布多，伊犁方面就传来消息，叛乱已被噶尔丹的侄子策旺阿拉布坦平息。不过这个捷报却使噶尔丹开始猜忌这个表现果敢的侄子。原因在于策旺阿拉布坦是僧格的长子，如果按照正常的接班情况，僧格死后准噶尔部的首领应是策旺阿拉布坦。然而，僧格死时策旺阿拉布坦只是个 7 岁的孩子，这才使噶尔丹能够越俎代庖执掌权柄。如今策旺阿拉布坦已经 24 岁，难道他会甘心让叔叔占据本应属于自己的位置？再加上身边的亲随不断传播谣言，终于使噶尔丹走了一步昏着：他遣人下毒，企图毒死策旺阿拉布坦。不料，毒酒竟然错被策旺阿拉布坦的弟弟索诺木阿拉布坦饮下。之后，事情很快败露。

1689 年春，策旺阿拉布坦联合父亲的旧部 5000 人出走，并且在乌兰乌苏地区（今新疆沙湾县境内）击败噶尔丹的追兵，阿尔泰山以西的准噶尔地区都被策旺阿拉布坦控制。准噶尔汗国刚刚达到鼎盛期，就在噶尔丹的错误决断下走向分裂。噶尔丹只能与部众 2.5 万人滞留在科布多地区。

准噶尔的内部变动使清朝有了足够的时间按部就班地采取行动。中俄边境谈判以极快的速度完成，双方签订《尼布楚条约》。清朝稳住了沙俄，同时得到沙俄官方绝不为噶尔丹提供军事物资的保证。另外，康熙皇帝深知要维持漠北地区的稳定和秩序，噶尔丹的态度相当重要，此时正可以趁机向噶尔丹施加压力。

1689 年八月初七，理藩院尚书阿喇尼奉康熙旨意前往科布多的噶尔丹大帐，通告清朝的态度：清朝方面承认土谢图汗历年来侵吞札萨克图汗部众的行为是导致喀尔喀内乱的原因，清朝会以宗主国的身份对外喀尔喀问题采取必要的处理措施，但在此之前，准噶尔人必须退出喀尔喀三部的土地，"噶尔丹倘不奉诏，则绝尔等每年进贡贸易之路，厄鲁特人（卫拉特的异称，这里仅指准噶尔）众必大失利矣"（温达《圣祖仁皇帝亲征平定朔漠方略·卷五》，以下简称《亲征平定朔漠方略》）。这相当于是对噶尔丹下了最后通牒。噶尔丹的回答是："尔等口奏圣上。向由相和者，可变为相攻者，而由相攻者亦可为相和者。兵甲无常，孰能保无事。"（《清内阁蒙古堂档》）很明显，为了保住在外喀尔喀的既得利益，博硕克图汗不惜要和大清皇帝兵戎相见！

噶尔丹敢于叫板清朝的底气，来源于手头的枪杆子。他所率领的军队，不但具有轻骑兵骑射、重骑兵集群突击等游牧民族传统军事优势，更是草原上火器装备率最高的武装力量！由于某些历史原因，一直以来主流史学界都认为准噶尔军队所装备的枪炮火药等全为俄国人提供，然而事实却并非如此。

根据学者张建先生在《火器与清朝内陆亚洲边疆之形成》中的考证，以火绳枪为代表的近代火器传入卫拉特四部的时间大约是 17 世纪初。当时为了对付喀尔喀、哈萨克等众多外部敌对势力，卫拉特封建主们积极通过走私贸易等途径四处搜罗各式火药武器，但这些火器的主要来源并不是俄国，而是中亚地区。

16 世纪初，奥斯曼帝国的火器部队加尼沙里军团（即土耳其新军）在恰尔迪兰会战中大败强悍的萨菲波斯"红头军"，在中亚掀起了一股"火器化"风潮。

▲ 行军中的莫卧儿骆驼炮兵

来自奥斯曼帝国的枪炮制作者，将火器制作工艺传入中亚各地。莫卧儿帝国的建立者巴布尔的麾下就有一支成建制装备火绳枪和火炮的新军。撒马尔罕一带的昔班尼汗国为了对抗萨菲波斯也向奥斯曼帝国请求火器增援。1542 年，奥斯曼苏莱曼大帝为牵制萨菲波斯，一次就派遣 500 名加尼沙里军团士兵，携带相当数量的火绳枪和轻型火炮前往昔班尼汗国。到了 17 世纪初叶，撒马尔罕和布哈拉等城市的火器工匠已经能仿制火绳枪和轻型火炮，安集延、塔什干就是当时著名的火器走私贸易中心。这些情况不可能不被经常骚扰中亚各城的卫拉特人所知。

卫拉特四部中以准噶尔的巴图尔珲台吉最为重视火器部队的建设。根据《俄蒙关系历史档案文献集》的描述，准噶尔的都城和布克赛尔内布设有 4 门通过走私途径获得的火炮。1637 年，和硕特部远征青海时，卫拉特各部都起兵相助，巴图尔珲台吉竟然一次就派遣了 700 名火绳枪兵支援和硕特部！

17 世纪 70—80 年代，准噶尔汗国加剧版图扩张，其军队对热兵器的需求更为迫切。根据清人梁份在《秦边纪略·嘎尔旦传》中的记载，噶尔丹在统一卫拉特以后，曾"取沙油汁，煮土成硫黄，取泻卤土煎硝"，制作火药；征服了天山南路的叶尔羌汗国之后，准噶尔人"又使火器，教战，先鸟炮，次射，次击刺。令甲士持鸟炮短枪，腰弓矢佩刀。橐驼驮大炮，出师则三分国中，人相更番，远近闻之咸慑服"。这时的准噶尔占据了大部分中亚地区，拥有自产枪炮的能力。在噶尔丹历年进献给清朝的礼品里就有"厄鲁特鸟枪"。

准噶尔军所用的火器，最有特色的就是"赞巴拉克"轻型炮和"沙图纳尔"骑兵用火绳枪。"赞巴拉克"轻型炮全长约 2 米，口径最大者可达 20 多厘米。炮身中段有炮耳，可以使用普通木质炮架和可转动射击的回旋式炮架搭载，该炮的有效射程可达200步左右（相当于约300米）。"沙图纳尔"骑兵火绳枪全长介于80厘米—

1米之间，口径在9—15毫米之间，长度适中，极为轻便。相比之下，准噶尔军中天山南路步兵用的火绳枪就相对长些。其枪身全长可达1.6—2米，形制上沿袭了中亚地区火绳枪的风格，有的在枪身下方还有木质或铁质的叉子状支架。

1643年，被哈萨克的扬吉尔汗以600名火绳枪兵击败之后，巴图尔珲台吉希望从枪炮犀利的俄国获得枪支等军需物资，毕竟俄国人的枪炮质量要优于中亚那些城邦的产品。在《俄蒙关系历史档案文献集》下册第68号中，保存了1644年巴图尔珲台吉给沙皇的信，其中就有"请赐优等枪炮"的内容，但是沙俄方面拒绝了这一请求。

为了维护本国的利益，减少在西伯利亚地区扩张时的阻力，沙俄官方一直严禁向喀尔喀、卫拉特、哈萨克各部走私火器，沙皇甚至在1620年颁布了严禁向蒙古人输出火器的法令。噶尔丹上任后一改历代准噶尔领导人对俄国的强硬态度，其中一个原因就是希望能促使俄国放开关于火器贸易的禁令。但熟知游牧集团首领习性的俄国人，根本不理会这一点，只是象征性地给了噶尔丹一些奢侈品和少量华而不实的火枪作为馈赠物品搪塞过去。虽然部分俄国官员（比如戈洛文）依然希望通过武装噶尔丹来牵制清朝，但是俄国上层普遍认为噶尔丹的利用价值不大。1689年《尼布楚条约》签订后，为了维护能从清朝获得的长远贸易利益，沙俄更是彻底断绝了对噶尔丹的走私通道。尽管如此，根据张建先生的估算，噶尔丹在科布多的两万多军队中仍至少拥有一万名以上的火器兵，和同时代萨菲波斯的皇家禁卫火枪兵数字基本相当！

手里有这么一支装备精良、久经沙场的虎狼之师，即使兵力不多，在清朝边境上制造麻烦似乎是足够了。然而对噶尔丹而言，时局却极其不利。最终，他选

▲ 准噶尔单兵用火绳枪实物

择放着背叛的策旺阿拉布坦不管，忽视与富庶中亚地区联系中断造成的赋税、兵员、军火物资等供应链断裂的严重性，孤注一掷地选择了"先外后内"的方略。

喋血驼城：乌兰布通峰的硝烟

外喀尔喀三部被噶尔丹吞并时，清朝就已经做好军事行动的准备。1688年9月，在收容赈济外喀尔喀残部的同时，由领侍卫内大臣佟国纲国舅、费扬古、内大臣明珠、理藩院尚书阿喇尼统率的上三旗骁骑营、下五旗先锋护军进驻张家口待命。漠南蒙古苏尼特、茂明安、鄂尔多斯等旗每旗集结2000兵丁，加强本境守备。归化城的京师八旗1000充作机动部队，山东、山西、直隶各省的八旗绿营也开始拨出精锐部队北上待命。为了给作战部队配足所需的马匹，康熙下令："每佐领马各以十匹交兵部委官监视，牧养肥壮，以待有事之用。如本兵有所差遣，仍取原马骑用，至不用之时，仍各缴还兵部。"（《亲征平定朔漠方略·卷八》）又令："满洲、蒙古、汉军各佐领下拴马一半，给草豆钱粮喂养。"（《亲征平定朔漠方略·卷十五》）1690年四月，清朝使臣到达伊犁会见策旺阿拉布坦，传达康熙皇帝希望与策旺阿拉布坦联合夹击噶尔丹的意愿，这时离噶尔丹第二次东征仅有一个月的时间。

五月初三，经过数月准备，噶尔丹留兵5000人守科布多大营，他自己亲率2万兵力沿克鲁伦河、乌尔扎河、喀尔喀河一线前进，侵入清朝境内呼伦贝尔草原。当年寄居此地的阿鲁科尔沁部众早已南迁，噶尔丹得以长驱直入。

六月二十一日，准噶尔军进入哲里木盟境内的乌尔会河，击溃了清理藩院尚书阿喇尼临时征调的2万满蒙官兵，取得了清准战争第一仗的胜利。随后，噶尔丹一边撒着"我攻我仇喀尔喀，不敢犯中华界"（《清圣祖实录》康熙二十九年六月）的弥天大谎，一边率军击溃各旗蒙古兵丁的抵抗，攻占漠南蒙古锡林郭勒盟北部草场，杀到乌珠穆沁左翼旗境内，胁迫当地蒙古王公进献牛羊充实军资。

七月，准噶尔军兵临乌兰布通，距离北京仅700里！

乌兰布通，在蒙古语中意为红色的山包子，是位于昭乌达盟克什克腾旗境内的一块高地。其主峰所处的位置是东北—西南流向的西拉木伦河上游支流萨里克河的河源，山峰南面正对着高凉河。此地水草丰美，噶尔丹驻兵于此，一来可以休整部队，二来可以对近在咫尺的北京施加压力，迫使康熙皇帝交出土谢图汗，承认准噶尔对喀尔喀三部的实际控制权。后世史家多认为噶尔丹意图连清朝漠南蒙古一并夺取，这一说法实有言过其实之嫌。虽然噶尔丹确实放话"圣上君南方，我长北方"（《平定朔漠方略·卷七》），但那不过是为了夸大己方实力、增加对敌威慑。可惜，他这次面对的敌人不再是中亚那些小邦之主，而是一个大帝国的强权君王。

噶尔丹率军占据乌兰布通的消息传到北京后，北京全城戒严，京师八旗每牛录调出 8 名鸟枪手以备调遣。北京城内人心惶惶，米价竟一日内上涨数倍。康熙皇帝见局势险恶，为稳定军心大局，力排众议着手准备御驾亲征。1690 年七月初二，康熙命裕亲王福全为抚远大将军，与皇长子胤禔统兵出古北口为西路军，前往乌兰布通处正面迎击噶尔丹军；以恭亲王常宁为安北大将军，与和硕简亲王雅布统兵出喜峰口为东路军，负责包抄噶尔丹的临时补给基地乌珠穆沁；康熙皇帝自领一军为中路，总率全局。

按计划，七月初六，东西两路军应全部启程；七月十四日，康熙亲率中路军离京北上。三路大军包括此前调集的京师禁旅八旗、察哈尔八旗、八旗汉军火器营等部队在内，算上后勤人员，总兵力达 10 万人，浩浩荡荡出塞迎击噶尔丹。

与此同时，为策应正面战场，东北的盛京、宁古塔、科尔沁各处驻防八旗兵纷纷出动，只待集结完毕后就向常宁兵团靠拢，威慑噶尔丹侧翼。在平定三藩之乱中立下赫赫战功的康亲王杰书，也奉命率大同和宣府绿营兵 3100 名驻守归化城，统一指挥驻防八旗及鄂尔多斯、茂明安等各旗兵丁，准备在噶尔丹战败西逃时对其残部进行堵截。西安将军尼雅汉统率满汉官兵 3000 人前往宁夏，负责策应归化城清军作战。为保证一劳永逸围歼噶尔丹，康熙皇帝严令："大兵陆续前进，朕亦亲往，姑勿与战，

▲ 描绘康熙皇帝亲征噶尔丹的绘画作品

471

以待各路军至齐发，毋致失利。"（《清圣祖实录》康熙二十九年七月）

但计划赶不上变化快。首先是七月初七，康熙接到报告，盛京、宁古塔、科尔沁的驻军未能按时到达预定地点，加上前方侦察人员报告准噶尔军有后退的迹象，是以康熙决定常宁兵团暂缓进兵。等到七月十六日，康熙皇帝查明噶尔丹已经率军退到乌珠穆沁放牧之后，才又谕令常宁继续按原计划行动。就在这一天，康熙皇帝率中路军抵达滦河以东的黄姑屯（今河北隆化）时，由于连日备战过度焦虑而犯疟疾病倒，御医多方调治病情仍未好转。虽然康熙依旧强撑着要继续前进，但臣下文武均力劝其返回北京调养，康熙无奈地对臣僚们说："朕来此地，本欲克期剿灭噶尔丹，以清沙漠。今以朕躬抱疾，实难支撑，不获亲灭此贼，甚为可恨。"（《清圣祖实录》康熙二十九年七月）

在命令随驾的汉军火器营和前锋护军等精锐部队挑选最健壮的战马驰赴福全兵团后，康熙皇帝返回北京，一场帝国君主和草原汗王硬碰硬的精彩对决就这样戛然而止。如此一来，原计划聚歼噶尔丹的三路清军，就只剩下福全兵团向乌兰布通继续前进。后世的不少历史作品，试图以乌兰布通之战中清军以 10 万大军对阵噶尔丹的 2 万军队，从兵力对比悬殊这一角度论证清军战斗力低下。而实际上，真正与噶尔丹交手的清军，只有福全兵团。遗憾的是，福全兵团的清军兵员数量具体是多少，至今仍无文献查证。

对于清军的动向，噶尔丹早已通过此前就秘密布设在漠南蒙古及北京各处的间谍网大概得知。虽然康熙皇帝为了麻痹噶尔丹，也不断派遣使者前往准噶尔军营，做出要举行谈判的姿态，试图影响噶尔丹对形势的判断，但噶尔丹显然没有被这种低级的障眼法糊弄过去。1690 年七月底，奉命抵达大兴安岭一带的清军安北大将军常宁派出一部袭击乌珠穆沁，却被准噶尔军击败，未能达成扰乱准噶尔军后勤补给地的作战目标。得胜的噶尔丹再次大举南下，重新兵临乌兰布通。八月初一黎明时分，福全兵团前锋悄然抵达乌兰布通萨里克河以南。清军首先发现准噶尔军后，立即整队"设鹿角枪炮，列兵徐进"（《亲征平定朔漠方略·卷八》），走在清军队伍前面的，是清一色手持火绳枪的八旗汉军火器营官兵。

1683 年，康熙皇帝下旨组建八旗汉军火器营。营内设总管、协领、参领、操练尉、骁骑校等各级军官。至于兵员数目，据房兆楹先生的考证，以 1683 年有 255 个汉军佐领，每佐领抽调 22 名马甲（指八旗骁骑营之着甲士兵）来计算的话，这支新组建的汉军火器营共有兵 5610 名，占汉军马甲总数的 3/5。如此大规模地增添鸟枪马甲，别立一营，谕以"严加操演，以裨实用"，目的就是培养能与准噶尔军火枪兵抗衡的劲旅。

汉军火器营初设时仅有鸟枪营，1690 年初，为了应对即将爆发的战事，又扩充了火器营的规模，将其升格为"汉军火器营兼练大刀衙门"，以满足协同作战的需要。营制和官制也相应发生了变化，学者张建先生在《火器与清朝内陆边疆之形成》一文中提到："参加乌兰布通之战的火器营官兵序列包括：一、放炮、放鸟枪交战之人，即鸟枪披甲、炮手；二、执纛之人，即持火器营纛者；三、带小旗领催；四、押炮披甲。此外，还有挽车步甲、棉甲人（即穿棉甲抬鹿角木者）、抬鹿角木之跟役等苦差。"

火器营的单兵火器全系被称为"鸟枪"的火绳枪，清初火绳枪按形制大体分 3 类。一是日本种子鸟铳，源自葡萄牙人在南亚使用的"麻六甲"（Cingalese-Malayan）式火绳枪，枪身较短，枪托下端弯曲，这种设计使得种子鸟铳可以贴腮射击，这种火绳枪在壬辰倭乱中有相当部分被明朝和朝鲜军队缴获，也是满族人最早接触到的火绳枪。二是鲁密铳（奥斯曼式火绳枪），因土耳其人在中亚被称为鲁密（rumi）而得名。此枪于万历年间传入北京，枪身比较长，接近 2 米，枪床前部设支撑架。枪托直而狭长且略向下倾斜，可以抵肩射击。以上两种都是 16 世纪末 17 世纪初明军曾采用的制式火绳枪。三是来自欧洲的荷兰造火绳枪，特点是拥有直而长的枪身、较宽的枪托，可以抵肩射击，16 世纪末 17 世纪初为荷兰步兵的制式火绳枪，后来被荷兰东印度公司带往远东，部分因战争或其他途径落入台湾郑氏军队之手。另外，荷兰造火绳枪也曾被沙俄引进仿制，列装部队，所以侵扰黑龙江流域的哥萨克也装备过此枪及衍生型号。清朝统一台湾、收复雅克萨之后，也获得了一批这样的火绳枪。至于康熙年间这几种火绳枪在清军中装备情况如何、哪一种是主要型号，目前尚不清楚。

清准战争以前，经过三藩之乱实战考验的清军已经摸索出了一套自己的火器战术。三藩之乱中，吴三桂的军队为了抵御清军骑兵的冲锋，将深埋于地的防材鹿角木与火枪手混合编组，这一做法被负责汉军火器营训练的佟国纲吸收并加以变通，创制出"连环本栅"战术。

学者张建先生在《火器与清朝内陆边疆之形成》一文里，援引《清实录》和《起居注》里的相关记录，还原了康熙二十九年前"连环本栅"战术的运作过程。作战时，每两名身穿棉甲的鹿角兵或夫役组成一组，负责扛抬鹿角木，排列于军阵前。每架鹿角木后面站着一名手执小红旗的低级军官"领催"，鸟枪手在鹿角木十步后列队，排成九行，每行一队，每一队士兵前后间隔十步的距离。号角手吹螺号三次，身处鸟枪手最后方的炮兵闻号则发炮三次。火炮射击完毕，第一队鸟枪兵进至鹿角木后，视领催小旗、听口号齐射，其余各队依次前进十步。第一队射击完毕，全队右转向后走，在队尾重新排列，清膛装药。紧接着，抬鹿角木的鹿角兵、夫役及第二队鸟枪手复进十步，第二队鸟枪手照旧于鹿角木后听令齐射。如此各队依次放枪九次，称为九进。至第十进，就算完成一连环。这就是著名的九进十连环战术。

1690年八月初一下午，清军完成部署，和准噶尔军隔着萨里克河以火器对射的形式揭开了乌兰布通之战的序幕。不过此时双方距离较远，加之前装滑膛枪炮精准度有限，所以这一阶段双方都没有大的伤亡。在使用单筒千里镜观察一番敌情之后，清军统帅福全发现，准噶尔军在乌兰布通峰南坡"于林内隔河高岸相拒，横卧骆驼，以为障壁"（《亲征平定朔漠方略·卷八》），摆了一个极为奇特的阵势迎战清军：依托地势，将军中骆驼集中起来，面向敌人排成数排横队，四足以绳索裹缚，卧于地上，驼背装载木箱等物，以此掩护士兵射箭、放枪，这就是著名的"驼城"战术。这一战术并非是噶尔丹的原创，在此之前早有施行者。

16—17世纪，中亚各国在学习奥斯曼火器制作技术的同时，也吸收了奥斯曼军队的火器战术。在莫卧儿开国皇帝巴布尔所写的《巴布尔回忆录》中，有这样的一段记载：

> 我命令所有的士兵都应提供车子——每个人按其境况提供。结果总共送来了七百架车子。阿里·库利师傅奉命仿照鲁姆（奥斯曼土耳其）的惯例，用生牛皮制的绳索代替链条，把车子绑在一起；在每两架车子之间安五六个挡箭牌，射手们就站在车子和挡箭牌的后面发射火绳枪。

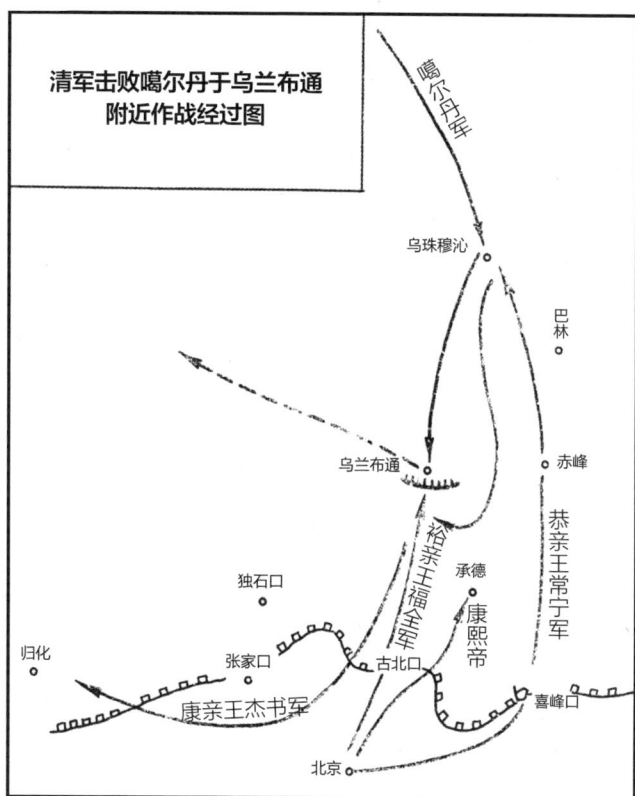

清军击败噶尔丹于乌兰布通
附近作战经过图

噶尔丹军

乌珠穆沁

巴林

乌兰布通

赤峰

独石口

承德

恭亲王常宁军

归化

张家口

古北口

康熙帝

喜峰口

康亲王杰书军

北京

裕亲王福全军

▲ 乌兰布通之战

　　这段文字讲述的是 1526 年巴布尔在攻打德里苏丹的帕尼帕特之战中，采纳奥斯曼军事顾问的建议布设火器阵形的事迹。巴布尔的这一阵法名为"圆阵"，它的原型是奥斯曼军队著名的"恰尔迪兰阵"，恰尔迪兰阵则最早来源于胡斯战争中的"车堡阵"。这种阵形的精髓在于步、骑、车协同作战，哪怕让敌方的骑兵突破侧翼，敌军也无法越过连在一起的车子，已方以大车为掩护的火枪手却可以从容地向敌人射击。莫卧儿的圆阵除了火枪兵以外，还有由奥斯曼雇佣兵操作的轻重火炮部队协同作战，火力极其强大。

　　和莫卧儿帝国相比，中亚的布哈拉等国虽然也仿效了奥斯曼帝国的火器战术，把骑兵和步兵分开编组，但火力配置上则寒酸得多。虽然 16—17 世纪，中亚地区

475

已能自产枪炮，但受制于生产力和生产规模，中亚的小国们没有能力像奥斯曼和莫卧儿那般单独组建数量庞大的火器兵种。于是他们采用了以骑兵为主、乘马的火器兵为辅的做法，火枪手、弓箭手、炮手混合编组，迎敌时列于大队前方，与敌军对射，当敌军混乱时后方的骑兵就投入战斗，扩大战果。为了保持高机动性，中亚各国以驮载木箱的随军骆驼代替了莫卧儿的大车充当防御掩体。准噶尔人在长期和中亚各国作战的过程中也学习并掌握了这种战法。

如今，在乌兰布通这个战场上，噶尔丹也希望用这一战术重创清军。他与精锐卫队在乌兰布通峰北坡立下大营，以骑兵分左右两翼驻扎于驼城工事后被树林隐蔽的高地处，然后放心大胆地等着清军冲上来送死。却不料清军并不急着过河杀敌，清军火器营的鸟枪手进抵河岸后，忽然集体左转向西行进，鸟枪手后面赫然是正在装填火药和炮弹的清军炮兵！这是由侍卫内大臣马思哈指挥的从属汉军火器营的炮队，他们所装备的火炮有行营信炮、子母炮、铁心铜炮等。除了用来施放各种信号的行营信炮，其余两种均是实战火炮。在清军炮火的轰击下，噶尔丹的驼城很快被轰为两段，一片血肉模糊，木屑纷飞。激战到傍晚，福全命令炮兵停止射击，同时派出调整队形完毕的火器营分成左右两翼发动进攻。

▼ 准噶尔军队，其中乘马免冠者即噶尔丹

努尔哈赤长子褚英的后裔、满族正白旗都统苏努统率的左翼清军，从战场西面泅渡萨里克河后，随即向准噶尔军防线的缺口冲击。领侍卫内大臣佟国纲与其弟佟国维率领的汉军八旗火器营部队，此时隶属左翼清军的作战序列。佟国维率领的部分清军一度杀到距离噶尔丹中军大营很近的地方架炮轰击，但由于清军进军仓促，部队阵形毫无章法拥作一团，加之是从下往上仰攻，准噶尔军依托地利，居高临下地用火绳枪、轻型火炮、弓箭向清军射击；随后部署在这一方向的准噶尔骑兵也加入了战团，清军渐渐不支而退。撤退途中，佟国纲及营总韩大任等多名将官中枪身亡。左翼清军进攻受挫的同时，曾指挥第一次雅克萨之战的正红旗满族副都统彭春，正率领右翼清军沿着萨里克河溯流而上，在河流最窄处泅渡过河。

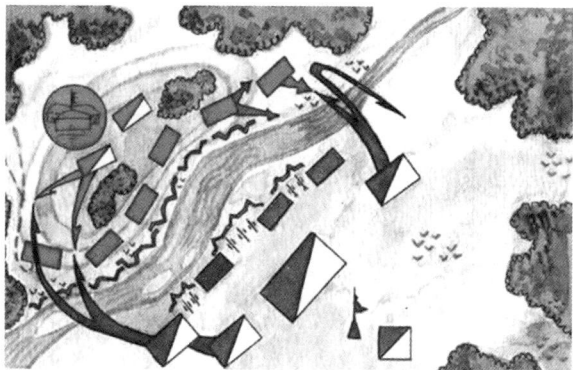

▲ 乌兰布通之战战场态势，蓝方表示清军，红方表示准噶尔军

很不幸的是河的对岸是一片泥沼，于是乎刚上岸的清军没行进多远，就陷入泥沼中，前进不能后退不得。

左翼进攻受挫的同时，右翼的清军已经沿着萨里克河溯流而上，在河流最窄处泅渡过河。很不幸的是河的对岸是一片泥沼，于是乎刚上岸的清军没行进多远，就陷入泥沼中，前进不能后退不得。在准噶尔军的弹雨下，右翼清军的处境更加被动。战斗中，清军镶白旗前锋参领格斯泰骑着康熙皇帝御赐的白鼻骏马，"直入贼营，左右冲击，出而复入者再"，最终阵亡。不过他一个人的英勇挽救不了整支队伍的溃败。截止到当日夜幕降临，清军除了给予敌军一定的杀伤外，并没有取得什么重大战果，己方反而伤亡大批官兵，福全只好命令收兵退回萨里克河以南。清军和准噶尔军就此隔着萨里克河对峙了两日。

此时的准噶尔军虽然给清军以极大杀伤，但自身也遭受了一定的作战伤亡和弹药损耗。更为严重的是，大批随军驼马、牛羊等牲畜在战斗中毙于清军炮火之下，使准噶尔军既无力组织从乌珠穆沁到乌兰布通的军需物资运输，也再难保证军中士兵肉食来源。清军虽然伤亡重大，但凭借火炮数量多的优势和较为稳定的后勤运输补给，拖垮准噶尔军不成问题。面对现实，噶尔丹不想再做无谓的消耗，开始为组织撤退争取时间。

八月初三，噶尔丹派遣正在军中的伊拉古克三前往福全的大营假意求和。福全虽然明知噶尔丹已经势穷，但是前日（八月初一）一场激战令他对准噶尔军的

▲ 准噶尔重装步兵及火绳枪手

战斗力印象深刻。为了先稳住噶尔丹,等常宁的东路军从乌珠穆沁赶回再发起进攻,福全答应停战,并连夜上书康熙皇帝询问方略。但当晚噶尔丹就率领准噶尔军撤离乌兰布通,并向西北方向的锡林浩特狂奔而去。等福全发现上当准备追击时,已经太晚了。不久,在乌珠穆沁一无所获的常宁也率军返回乌兰布通。常宁和福全两部会合后,清军即班师回朝。

乌兰布通之战就此结束,双方真正交战的时间只有八月初一这一天,作战双方都没能达到自己的预定战役目标。康熙皇帝虽然表面上不得不向海内外宣告大捷,但是心里也明白这不过是面子上的胜利。除了战死的佟国纲、格斯泰等将官得到优恤褒扬,参与乌兰布通战事的所有指挥官,包括主帅裕亲王福全在内,无一人不受罚;曾一度攻入敌阵的火器营左翼官兵则因功受奖。不管怎么说,乌兰布通之战还是带给了清朝极大的收益——漠北喀尔喀各部的王公见识到了宗主国的力量,确信康熙皇帝可以成为他们强有力的保护者。

1691 年五月初一到五月初六。清朝、喀尔喀蒙古及漠南蒙古在四道河畔的多伦诺尔厅举行会盟。康熙皇帝特意调拨 81 门各式火炮大搞射击演练。隆隆炮声中,喀尔喀蒙古各部王公起誓日后将无条件遵行清朝的法令；土谢图汗察珲多尔济等人具疏请罪，札萨克图汗部从土谢图汗部中再次独立出来，喀尔喀蒙古内部纷争得以结束。清朝废除了喀尔喀三部旧有的济农、诺颜等名号，相应授各级王公以汗、亲王、郡王、贝勒等爵位；将顺治时代的左右两翼八札萨克改为左中右三路三十二旗，实行和漠南一样的盟旗制度；不过，出于笼络喀尔喀上层贵族的需要，清朝允许漠北蒙古的札萨克盟旗长保留世袭，这与札萨克非世袭的漠南蒙古有所不同。值得注意的是，虽然此后归降清朝的漠西蒙古各部，也被纳入外扎萨克蒙古的体制，但清代官方文件中的"外藩蒙古"，通常泛指漠北蒙古各部。就这样，准噶尔人和清朝第一次交锋的结果，就是彻底地把漠北蒙古推向了清朝一方。

铁色森林：金鼓齐鸣昭莫多

其实，乌兰布通之战对准噶尔军造成的伤亡，远没有回师撤退的路上爆发的瘟疫和饥饿导致的减员那么大。同时，策旺阿拉布坦趁着噶尔丹远征的时机引兵偷袭科布多，留守噶尔丹大本营的阿奴夫人和丹津鄂木布以下大批部众被俘。1691年初，当噶尔丹率领仅剩的数千残兵败将，历尽千辛万苦终于回到科布多大本营时，映入他眼帘的是一片残破的景象。

所幸，河套以西阿拉善地区的部分准噶尔、和硕特部落还倾向噶尔丹。西藏教廷在桑杰嘉措的主持下，瞒着朝廷偷偷将从青海征集的粮食、牲畜等各种物资源源不断地送到阿拉善，再由阿拉善送到科布多。除此之外，桑杰嘉措还不断地派遣使者调停噶尔丹和策旺阿拉布坦之间的矛盾，最终使二者暂时握手言和签下协议，约定双方各守疆界互不侵犯，策旺阿拉布坦将扣押的阿奴夫人和部分人畜送还噶尔丹。

在稳定了西部和获取大量物资之后，噶尔丹重整旗鼓，派遣部众分驻在科布多境内土壤较肥沃的乌兰固木、空奎等地屯田，储存战备物资。表面上噶尔丹屡屡遣使向清朝认错，甚至恢复了对清朝的"朝贡"，但实际上他已经做好再次和清朝开战的准备。

清朝方面，自乌兰布通一战后，康熙皇帝也开始为再次和噶尔丹作战精心准备。

▲ 昭莫多之战

新的战场必然是在漠北地区。1691—1695 年，为躲避噶尔丹侵扰，外蒙古左、中、右三路的札萨克图汗部、土谢图汗部、车臣汗部的部众仍滞留于漠南，清朝不能立即经营漠北，只能先尽力完善漠南到内地的各项基础设施建设。康熙皇帝加强了自齐齐哈尔、沈阳到山西右卫城、内蒙古归化城等北方沿线各战略要地的驻军增派、武备配置和后勤保障的工作力度。截至 1692 年，清朝在内蒙古开辟了五条官道以利战时运输，每条官道所经各处要地设置大小不同的驿站，长城内驿站由满、汉官兵驻守，长城外驿站由蒙古族官兵驻守。五条官道所经之地及驿站数量情况如下：

一、喜峰口—科尔沁—昭乌达盟—哲里木盟—扎赉特旗，总长 2000 里，驿站 18 个。

二、古北口—热河—承德—昭乌达盟—乌珠穆沁旗，总长 1600 里，驿站 16 个；

三、独石口—察哈尔左翼—多伦诺尔—昭乌达盟—哲里木盟—浩齐特部，总长 1800 里，驿站 15 个。

四、张家口—归化城—察哈尔左翼—苏尼特旗—哲里木盟—济尔哈图，总长 1500 里，驿站 18 个。

五、杀虎口—归化城—伊克昭盟—鄂尔多斯草原—阿拉善—乌兰察布盟乌拉特旗，总长 1300 里，驿站 12 个。

1691 年，康熙皇帝按照先前设立八旗汉军火器营的做法，在满族八旗中也抽调官兵组建了兵员总数达七千八百多人的八旗满族火器营。营内分设马上鸟枪兵（由鸟枪护军、骁骑营合编）和炮兵，每旗配属子母炮五门；战时则与汉军火器营混合编组作战。乌兰布通之战中，清军阵形过于密集，导致部队在准噶尔军的

480

枪炮轰杀下伤亡极大，康熙皇帝为此特别指示火器营各级军事主官对原有的"连环本栅"战术做出变革：1. 以鸟枪兵居中，炮兵排列于两侧，改变鸟枪手和炮兵分别列阵的传统，将鸟枪手、炮手整合为一阵；2. 强调满族、汉军火器营配合，满族火器营的马上鸟枪手分列汉军火器营两翼，使用刀矛弓箭等冷兵器的骁骑营押后阵；3. 细化指令，鸣角吹海螺后击鼓，以鼓声响起的次数来指示大队前进的步数，以鸣锣的方式指示枪炮射击的方向，提高命中率；4. 连环射击完毕后，开鹿角为门，骁骑营陆续驰出，逐队而出，列阵冲锋。这一结合了火器威力和骑兵冲击力的新战术很快就有机会在战场上体现其作用。

1695 年，经过几年的准备，噶尔丹率领好不容易集合起来的两万多兵马，再度东侵。这一次噶尔丹吸收了 1690 年孤军深入的教训，采取了新的策略。他一边对外宣称自己请来了六万俄国枪兵，一边派出多名使者前往漠北及漠南各蒙古王公处搞策反工作。对于清朝派往策旺阿拉布坦处的使者，则毫不留情地予以截杀。

根据后来被俘的准噶尔军官招供："他（噶尔丹）懊悔自己深入到乌兰布通并同清军开战。他想，如果驻扎在克鲁伦河和土拉河附近，用语言和计谋去影响、策动喀尔喀和内蒙古的话，可以使清朝处于首尾不能相顾之境地。到那时，我们可以完成自己的大业。如果清朝听到而派少量军队前来，我们就同他们战斗；如果派大军前来，我们就退走，把地盘让出去。当清军退走时，我们就可以蹑踪而上。这样不用几年，他们便会军饷告罄而疲惫不堪。他们这样想，并来到了这里。"（《亲征平定朔漠方略·卷二十五》）

以离间拉拢蒙古各部为目的的噶尔丹使者，甚至连清朝的钦定国戚科尔沁人都不放过。于是，康熙皇帝将计就计。1695 年八月，康熙皇帝密令科尔沁亲王沙律遣使噶尔丹处，伪语"我科尔沁十旗俱附尔矣，尔可前来，我等当从此处（指哲里木盟）接应"云云，旨在引诱噶尔丹东侵深入，以便清军将其堵截围歼。噶尔丹接信后果然发兵东侵。为防止间谍给噶尔丹派送情报，清朝对漠南和北京大加搜查，将噶尔丹苦心经营的间谍

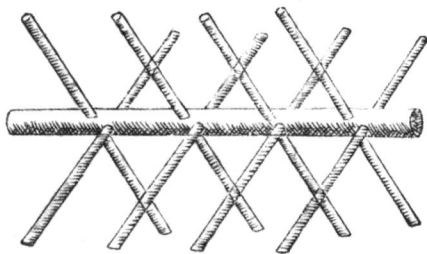

▲《皇朝礼器图式》中汉军火器营的鹿角木

网络扫清。

从 1695 年年底开始，康熙皇帝即着手编组三路远征大军，准备再次出击。

东路军：统帅黑龙江将军萨布素，率东北驻防八旗兵六千，另有后勤保障人员三千，任务是越过呼伦贝尔草原至索岳尔济山堵截噶尔丹的东侵之路。

中路军：统帅康熙皇帝，统京师禁旅八旗前锋兵、护军、骁骑兵、汉军火器营兵、炮兵、棉甲兵、左翼察哈尔蒙古兵、宣化府及古北口绿营兵、盛京兵、宁古塔兵、黑龙江兵、喀喇沁蒙古兵及内蒙古各盟兵丁，总兵力 4 万左右，另有后勤保障人员 1.7 万。计划出北京后，经魁屯布拉克、插汗七老山，压向克鲁伦河。

西路军：统帅抚远将军费扬古、振武将军孙思克。其中，费杨古部包括山西右卫驻防八旗、京师补调八旗、大同绿营、察哈尔和土默特两部的蒙古兵，总共13500 人，有后勤保障人员 1 万余，取道归化城北上。孙思克麾下为陕西、甘州、凉州、宁夏等四镇绿营兵及西安驻防八旗兵共计 1 万，有后勤保障人员七千余，出宁夏北上。两军会师于漠北翁金河（德勒格尔杭盖）地区后，再合军一处前往库伦以南的昭莫多集结待命。

三路大军算上作战部队及后勤人员，总计约十万人。

乌兰布通之战，由于战场距离内地较近，所以后勤保障的问题并不突出，清军以 1250 峰骆驼轮番驮载 1500 石粮食，再就地征用一些牛羊就解决了问题。此次用兵漠北却是路途遥远，后勤工作非同小可。康熙皇帝特意拨出专门款项打造七千多辆运粮大车，增购 2 万头骡马备以分拨各军。这些军需骡马主要有三个来源：一是

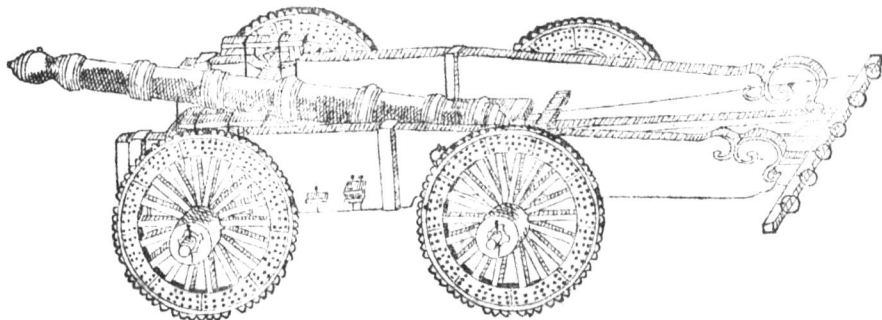

▲《皇朝礼器图式》中的铁心铜炮

北方各省官府所养的马匹，仅山西一地就至少有 3 万匹；二是国库拨款直接从牧区添购的马匹，比如 1695 年康熙皇帝一次就从内蒙古四十九旗和外蒙车臣汗部总共购得 7000 匹马；三是通过茶马贸易、以货易货的方式从甘肃等地少数民族处获取的马匹，这一途径获取的马匹，数量少则 500、多则数千。三路远征大军运输、作战用的马匹总共达到了 30 万匹！相当于每个作战部队的士兵或后勤工作人员可以配备 3 匹马！这是为了应对一人数马、机动性极强的准噶尔军团所采取的必要措施。

▲《皇朝礼器图式》中的清军火器营战鼓

另一方面，为了进一步减轻官方后勤运输体系的压力，康熙皇帝特别允许内地商家承运军需物资随军同行。行军驻扎时，这些随军商贩运输队被安置在离军营一里外专门设置的"买卖营"。著名旅蒙商号"大盛魁"创始人、晋商王相卿就是依靠在买卖营中随军做生意所得的本钱发迹的。与清朝皇室有着深厚渊源的晋商群体，从此开始在朝廷经略漠北的舞台上崭露头角。

康熙帝在肃清噶尔丹所安插的谍报系统的同时，也紧锣密鼓地搜集着噶尔丹的情报动向。在侦知噶尔丹已经开始东侵之后，朝廷方面立即按部就班地启动了用兵计划。

在侦知噶尔丹已经开始东侵的消息之后，清军开始了大动作。1696 年二月，西路军首先行动起来；三月，中路军和东路军先后出发。行程最短的东路军很快按原定计划到达指定位置，而中路军由于准备充足，加之由康熙皇帝亲自指挥，一路上也是进展顺利, 沿途还在各地留下相当数量的物资以便归途中采用。在路上，康熙皇帝不时派出传令兵以求和东西两路大军随时保持联络，便于协调指挥。这

时萨布素的东路军已经离开索岳尔济山奔向克鲁伦河下游，唯独西路军已失联近一个月。四月二十一日，康熙皇帝终于在进军途中接到费扬古急报，要求暂缓进兵，原因是西路军在进军途中遭遇了意想不到的困难。

1696年二月十八日，费扬古部最先启程。二十二日，孙思克部也自陕西定边出发。两部本约定一个半月后会师于漠北的翁金河，却不料孙思克部在途经阴山一带时遭遇大雪，骒马大量冻死倒毙。无奈之下，孙思克只能挑选精锐士兵两千余人骑乘军中所能挑出的强壮马匹，携带可供一月之用的粮秣先行北上追赶费扬古部。费扬古部在行进中也遇到了不少麻烦。探知西路军行踪动向的噶尔丹先发制人，派出小分队将西路军必经之地——库伦及土拉河以南的草原焚烧殆尽。此举令费扬古部到达当地后因马匹无草可食而被迫改变原定的路线，绕道而行。

战场情况瞬息万变，任何事情都有可能发生，康熙皇帝考虑再三，同意了费扬古的请求，并对行动计划再做调整。他令费扬古、孙思克必须于五月初四抵达昭莫多。为保持协调，中路军的行军速度也适当放慢。五月初一，中路军进抵距离克鲁伦河仅有230里的拖陵布拉克，康熙皇帝随即向正在克鲁伦河流域活动的噶尔丹派出使者，告知噶尔丹自己亲征的消息。为了稳住噶尔丹，康熙皇帝还在信中表示双方应该进行必要的沟通。噶尔丹开始时还将信将疑，在听取了自己的侄子、前锋丹济拉的禀报后才确认康熙亲征的真实性。

五月十一日，当康熙亲自率军抵达噶尔丹在克鲁伦河曾驻扎过的克勒和硕后，发现随地都是被丢弃的辎重物品——噶尔丹又跑了。不过，令康熙皇帝略感欣慰的是，五月初四，费尽周折的西路军已经抵达昭莫多。但为了减少粮食损耗，费扬古、孙思克在翁金河会师后前往昭莫多的途中，又再次精简了兵力，编制内的4万大军实际只有一万四千余人到位，且行程已经耽误了将近半个月，人马疲惫不堪。

这些情况尽被噶尔丹掌握，他之所以在克鲁伦河扔下带不走的辎重急急忙忙西走，就是为了避开拥有兵力优势的中路军而专门打击严重减员的西路军。这显然并非如同清朝官方史书所宣称的"而竟逃窜，怯懦显然"。1696年五月十三日，中路军兵临战略要地托诺山，仍不见敌踪，而此时大军随身携带的干粮已经告罄。康熙皇帝派出领侍卫内大臣马思哈率2000名骑兵继续追寻，自己则率中路军主力暂时后撤以等候左都御史于成龙督运的粮草。就是这一天上午，清军西路军和噶

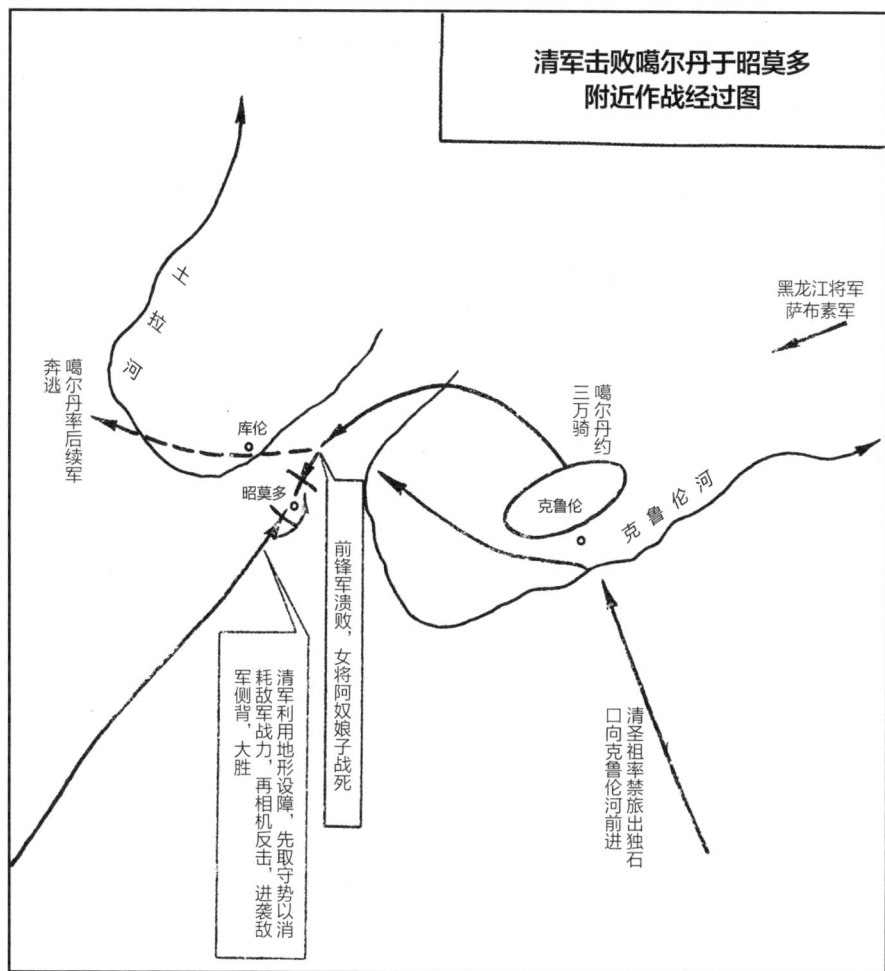

清军击败噶尔丹于昭莫多
附近作战经过图

黑龙江将军
萨布素军

土
拉
河

噶尔丹率后续军
奔逃

噶尔丹约
三万骑

克鲁伦河

库伦

昭莫多

克鲁伦

前锋军溃败，
女将阿奴娘子战死

清军利用地形设障，先取守势以消
耗敌军战力，再相机反击，进袭敌
军侧背，大胜

清圣祖率禁旅出独石
口向克鲁伦河前进

▲ 昭莫多之战

尔丹军在昭莫多遭遇，两军随即展开了异常惨烈的厮杀。

昭莫多，在蒙古语中意为大森林，根据学者黑龙的描述，"其地位于土拉河以北，肯特山以南，汗山以东。山下是广约数里平川，林木茂荟，河流穿梭其间。森林之南，有一座马鞍形小山横卧，右连南山"（黑龙《康熙帝首次亲征噶尔丹与昭莫多之战》）。明朝时，这里叫忽兰忽失温。15世纪初明成祖北征时，就是在此地以火器和骑兵结合的战术大破瓦剌首领马哈木的。现在，这块老战场又要见证一场载入史册的对决了。

志在必得的噶尔丹先发制人，下令所有士兵上马，布阵冲击：两翼的准噶尔轻骑兵或手持短火绳枪，或持弓箭在快速奔驰中交替射击；阵中的重骑兵平端长矛一往无前，意图冲破西路军的正面防守。此时的清军西路军已到达昭莫多十日之久，留在后方的部队相继赶到。同在军中的宁夏镇总兵殷化行对周边地形加以勘查，并协助费扬古和孙思克制定了作战计划。战斗一打响，西路军各部开始按部就班、各司其职。满族正白旗前锋统领硕岱、蒙古正黄旗都统阿南达率领部分清军骑兵率先出击与噶尔丹军交锋，两军甫一接触，清军就摆出一副且战且走的架势，向西面山林地带撤退。为了吃掉眼前这股清军，噶尔丹亲率部队紧追不舍。未几，清军骑兵分作两路"逃散"，出现在准噶尔骑兵面前的，是已经按照变革后的"连环本栅"战法在高处密林列阵完毕的振武将军孙思克部。

乌兰布通之战后，清军炮兵总结出一个教训，那就是在山地战或野战中，全重达110斤（清制单位，下同）的铁心铜炮虽然威力很大，但运输比较困难；而全重85—95斤的子母炮虽然在威力上较为逊色，但它的优点在于炮身轻便，无论是使用四轮炮车还是骡马或骆驼承载都颇为便利，可以满足清军在野战或山地战中保持高度机动性的需要。子母炮的前身就是明朝中后期从西方引进的后膛装填"佛郎机"火炮。清朝初年，西洋传教士汤若望等曾协助清朝改良佛郎机：不改变原有的子铳、母铳结构，而将炮身统一改用熟铁铸造，在保持炮身长度基本不变的前提下缩小口径。这一做法虽然使得清代子母炮的威力与它的原型明朝佛郎机炮相比大打折扣，但随着倍径的加长，子母炮的炮口初速远超过佛郎机，能获得比明朝佛郎机更大的射程。子铳、母铳、后膛装弹的设计使子母炮可以获得比前装火炮高得多的射击频率，这在野战中对付高速运动的骑兵尤为得力。康熙初年著名的火器专家戴梓也曾经参与监造子母炮的工作。[①]

1695年，西路军编组演练时，军中就配备了相当数量的子母炮和其他各型火

[①] 戴梓所仿制过的西洋臼炮"冲天炮"因为可以发射原始的霰弹，因而也有"子母炮"之称。但冲天炮全重180斤，更适合用于攻城战。同样是戴梓的作品，相比起因工艺不成熟、制作成本过高而无法大规模列装的"二十八发连珠铳"，冲天炮因其实用性而成为清军精锐炮兵的制式火炮之一。

炮，但费扬古很快又向康熙皇帝上奏请求再拨给一批子母炮，康熙皇帝便将北京景山炮厂新造的子母炮24门和江南各省解送的子母炮55门拨给西路军。1696年二月，西路军出发前夕，康熙皇帝又从当年新造的48门子母炮里拨出8门给费扬古。后来西路军因遭遇恶劣天气进军困难，费扬古把军中的将军炮留在途中留兵看守，空出200峰骆驼来驮载军中的子母炮。战事的发展很快就证明，他的选择是对的。

当年在乌兰布通战场，是清军先向噶尔丹发起攻击，被准噶尔军借助地利打退下来；如今在昭莫多，情况却恰好相反：噶尔丹亲率骑兵向高地密林处的清军孙思克部发起攻击，孙思克镇定地指挥清军士兵迎敌，一片锣鼓声中，清军的鸟枪和子母炮发出阵阵轰鸣，战场上一片硝烟弥漫，从下往上的仰攻削弱了准噶尔骑兵的冲击力，许多人被清军的炮弹或枪弹击中跌落马下。面对这一情况，噶尔丹命令部下下马，意图以分散队形冲入清军阵中进行肉搏。孙思克果断命令打开鹿角门，手持刀盾的汉军藤牌兵自后冲出。双方从五月十三日早上杀到当天下午，难分难解……

孙思克率部和噶尔丹主力激战的同时，费扬古采纳殷化行的献策，亲率完成诱敌任务的硕岱、阿南达两部骑兵包抄到了噶尔丹的后方，把只有少量精锐卫队的噶尔丹后方大营搅得天翻地覆。负责留守准噶尔军后营的阿奴夫人不敌费扬古，便率卫队前去和噶尔丹会合，正好碰到孙思克部的藤牌兵和噶尔丹军混战在一起的场面。此后，战局已经发展到清军不得不把骑兵也改作步兵投入步战的地步。

与孙思克一起指挥部队作战的殷化行，后来在他的回忆录《西征纪略》戊集续编第八卷里如是写道：

▲ 噶尔丹的妻子阿奴可敦画像

> ……时日已将申，颇晴和，而气色甚惨淡。余见贼势不可遏，恐人心散乱，遂令士卒皆下马，以一兵并牵五马，余兵皆出步战。发上颁皇炮及自制子母炮垒击之，噶尔丹及其嫂阿努娘子（即噶尔丹弑兄所夺之嫂）等，亦皆冒炮矢，舍骑而斗，锋甚锐不可败，击伤颇相当，胜负未决。

"硕晢敢战，披铜甲，佩弓矢"的阿奴夫人加入战团并没有为噶尔丹扭转战局。相反，由于她本人的穿戴和坐骑都非常显眼，很快就成了清军鸟枪手和炮兵绝佳的射击目标。清军士兵纷纷向这个四十多岁的中年妇人开火，丝毫不顾及这样做可能会伤到正在前方投入白刃战的藤牌兵同袍。一片枪炮声响过之后，阿奴夫人殒命沙场。

阿奴夫人嫁给噶尔丹二十余年，两人感情极深。她常追随噶尔丹身边出谋划策，甚至和丈夫一起冲锋陷阵。可以说她的阵亡对噶尔丹的打击相当大。此时已近傍晚，在噶尔丹后营打完秋风的费扬古从准噶尔军背后杀到，腹背受敌的噶尔丹终于支持不住逃离战场。历时一天的昭莫多之战就此结束。

此役噶尔丹除付出了两千多人阵亡、三千多人被俘的代价外，还有大批的甲胄兵器以及六万多头牲畜被清军缴获。得胜的西路军于五月十五日和一直在搜索噶尔丹的中路军马思哈部会合，之后向东前进，准备顺着中路军的行军路线班师。五月十五日到十八日，康熙皇帝先后收到马思哈和费扬古发出的捷报。他不禁大喜过望，亲率随军文武大臣以三跪九叩的礼节感谢上天，而后宣布班师回朝。

1696年六月初九，康熙皇帝返回北京，持续数月的第二次征讨噶尔丹的军事行动就此结束。

枭雄末路：最后的博硕克图汗

侥幸逃出生天的噶尔丹，不仅失去妻子阿奴，其重臣戴巴图尔宰桑、博罗特和硕齐等也战死沙场。无奈的噶尔丹收容了不足5000人马的残部，流窜于科布多西部的塔米尔河流域一带，惶惶不可终日。他陷入了"困穷已极，糗粮庐帐皆无，四向已无去路，狼狈不堪，目下掘草根为食"（《亲征平定朔漠方略·卷三十》）的悲惨局面。其时，作为准噶尔统治中心的伊犁河流域已被策旺阿拉布坦占据，噶尔丹自然不可能再回去。往北通往俄国的道路又被明安特、帖良古特等与准噶尔为仇的部族所遮断。而在南方的吐鲁番、哈密地区，昔日由噶尔丹一手扶持起来的实际统治者阿卜都里什特，很早便通过一位名叫沙和卓的商人和清朝取得联系。昭莫多之战后不久，阿卜都里什特就带着儿子克苏尔唐一起亲赴北京。阿卜都里什特向清朝表示，愿意留儿子在北京做人质，然后"亲往吐鲁番，以圣上威德宣谕属下众回子"（《清圣祖实录》康熙三十五年八月），为清朝堵截噶尔丹出力。甚至就连同属卫拉特四部之一的青海和硕特汗国和阿拉善的卫拉特人，在清朝陈兵边境的巨大压力下，也不得不和噶尔丹划清了界限。

万般无奈的噶尔丹打算远走西藏，投奔自己那位已经成为西藏地区实权人物的老同学——第巴桑杰嘉措。桑杰嘉措有意接受噶尔丹的避难请求，然而事与愿违，在昭莫多被俘的准噶尔将领巴哈什哈，以及和硕特汗国派驻噶尔丹处的官员罗垒厄多齐，向清朝方面透露了噶尔丹意欲逃奔西藏的计划。恼怒的康熙皇帝迅速采取了行动。1696 年 9 月 6 日，清朝使臣带着康熙皇帝的敕谕赶赴西藏，面见桑杰嘉措。

桑杰嘉措看到的，是一道长达数千字、满篇散发着浓浓火药味的谕旨。康熙皇帝表示，倘若桑杰嘉措执迷不悟，收留噶尔丹，朝廷将不惜诉诸武力，对其进行清算。桑杰嘉措不敢继续招惹朝廷，只能断绝了接纳噶尔丹的念想。至此，噶尔丹已陷入走投无路的境地。

即使面对如此困境，噶尔丹依然没有反思自己在指挥上的失误。他将战败归咎于自己听信了西藏使者的"吉言"。这一番鬼话显然不能服众，更多的部下向清军投诚。甚至噶尔丹的侄子丹津鄂木布和杜噶尔阿拉布坦也率领部众叛走，噶尔丹身边只剩三千余人。

昭莫多之战结束后，喀尔喀三部陆续返回漠北地区，车臣汗部将境内的达里冈爱草原（今蒙古国苏赫巴托尔省）奉献给清朝作为畜养马匹的牧场。清朝开始在漠北择要地驻扎军队，囤积战备物资，准备再次攻击噶尔丹。1696 年 10 月，噶尔丹令其侄子丹济拉率军两千南下，直趋杭爱山麓的翁金河，意图抢掠清军粮草以缓解缺粮窘境。10 月 24 日，这支部队在进犯翁金河上游的阿尔拜赫雷时，将恰在此处担负督运粮草任务的镶黄旗汉军副都统祖良璧所部数百名官兵包围。尽管身边兵微将寡，但作为明末清初一时虎将祖大寿的后裔，祖良璧并不惊慌。根据时任川陕总督吴赫的奏报，祖良璧先是沉着指挥部队杀出敌军包围圈，而后列阵迎击，"排列子母炮鸟枪，令仆从俱执枪棍，并力近战"。准噶尔军中虽有鸟枪，但因为长期的后勤补给困难，以至于"药少，发来无力"，最终不敌清军火力猛烈而向西北方溃逃。祖良璧率部追击二十余里，斩获准军百余级，己方则损失不大，"军粮米什物并未尝被贼劫去"。这次行动的失败迫使噶尔丹决定亲自出马南下去哈密抢粮食，但依然没有成功。这时的噶尔丹不仅缺粮，连展开游击战所需的马匹和军械都已经不够了，这迫使他不得不依靠打猎为生。那些外出打猎的人往往会因为落单、走得太远而被俘获或斩杀。噶尔丹的长子色布腾巴勒珠尔，就是在临近哈密的巴尔库尔山附近狩猎时，被急于报效清朝的哈密伯克——额贝都拉达尔罕擒获后送往北京的。

▲ 反映准噶尔军和清军交战的绘画作品

洞悉噶尔丹窘境的康熙皇帝做着发起新一轮军事打击的准备。他采用宣传、政治攻势双管管齐下的方针。1696年九月，他谕令侍卫内大臣苏尔达等人："于黑龙江六百兵内，选前锋二百，新满洲兵四百，察哈尔兵一千。全用肥健马驼，充足米粮进剿，趁其穷困，可一举灭之。"（《清圣祖实录》康熙三十五年九月）其意在组建精干部队，等探知噶尔丹的所在后立即犁庭扫穴。十月，康熙皇帝拨款，将昭莫多之战被俘后成为奴隶的噶尔丹军妇孺军士三千多人尽数赎出，"使其父子夫妇兄弟完聚"，以彰显朝廷的优待政策。同月，康熙皇帝西巡至归化城，谕令费扬古密切注意噶尔丹的动向，相机行事。同月，昭莫多之战中被俘的准噶尔将领曼济、阿旺丹津受命携带康熙皇帝亲笔谕旨，前往科布多一带规劝噶尔丹投降。

1697年正月初二，曼济和阿旺丹津经过长期寻找，终于在科布多的萨克萨特呼里克附近找到了噶尔丹。在破败不堪的帐篷里，曼济和阿旺丹津绘声绘色地向噶尔丹报告了自己和其他被俘人员如何受到大清皇帝陛下的优待，俘虏中有身份的还被皇帝授予侍卫、内大臣等各种官职，大谈投降的好处。噶尔丹虽然山穷水尽，态度却依然强硬。于是，曼济和阿旺丹津被轰了出去。

二月，康熙皇帝西巡至宁夏，亲自部署对噶尔丹最后一战的相关事宜。正当人到中年的康熙皇帝在宁夏射猎垂钓、意气风发的时候，噶尔丹却因长期风餐露宿的颠沛生活，加之对形势的绝望而患上重病。二月十四日，清朝员外郎博什希、笔帖士阎寿奉康熙皇帝之命，再次前往噶尔丹驻地萨克萨特呼里克，面见噶尔丹，还是为了劝降。十四日傍晚，噶尔丹在一块荒野处召见了博什希和阎寿。这位53岁的老人，不愿意被敌国使臣看到自己病势沉重的样子，于是便远远地背对着清朝使臣。听完翻译传达的话后，坐在岩石上的噶尔丹只是回复了一些毫无实质内容的客套话，之后便将清朝使臣打发走了。

噶尔丹既不投降，又拿不出有效的方法带领部下走出缺衣少食的困境，令部下甚为不满。他的亲信吴尔占扎布气愤地说：

我辈自去年冬以萨克萨特呼里克兽多，故居于此。今兽已骇散矣。如往降圣上，则往近之；如不降，当另图一策。首鼠两端而待毙乎？且尔欲扶法门之教，致四厄鲁特、七旗喀尔喀已略尽矣。尔国已破，父子夫妻离散，究

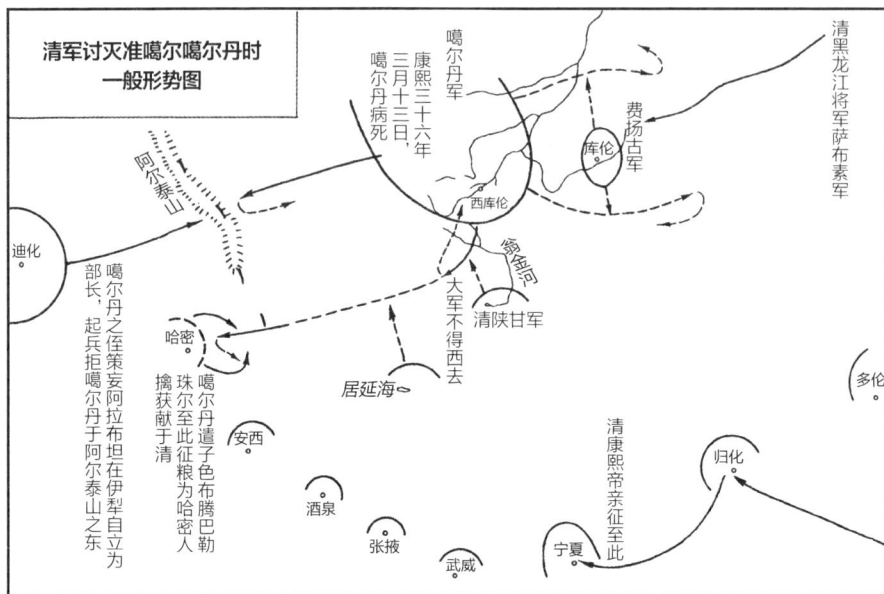

清军讨灭准噶尔噶尔丹时
一般形势图

▲ 追剿噶尔丹残部作战

无补于法门之教，反造罪业而已。（《清圣祖实录》康熙三十六年三月）

面对这样直白的指责，噶尔丹哑口无言。

逆境中绝不屈服的气节固然是可嘉，但是仅凭借精神上的强大无法改变残酷的现实。噶尔丹可以保持自己作为一个汗王的尊严，但是他那些饥寒交迫的部下们却没有他这样的骨气。截止到 1697 年二月底，带着部众赶到漠北清军驻地投降的准噶尔头目越来越多，这里面就包括噶尔丹的亲信格垒沽英和吴尔占扎布等人。最后，噶尔丹的身边，除了女儿钟济海以外，就只剩下阿拉尔拜、格隆诺颜两位军官，"余下不及百人，其有余者，人各有马驼二三，而只有一马者为多，无马者近三十人，牛羊则全无，捕兽而食，不获兽则杀马驼以食……"（《文献丛编第六辑——康熙时关于噶尔丹文书》，厄鲁特达席口供）"居无庐，出无骑，食无粮"，曾经威震中亚的"博硕克图汗"，即将走到生命的尽头。

1697 年三月，失去耐心的康熙皇帝命费扬古领兵进击，送噶尔丹上路。四月初九，费扬古率军行至萨奇尔巴尔哈孙时，见到丹济拉派出的使者，得知噶尔丹已经于三月十三日病死的消息。噶尔丹死后，其遗体被丹济拉火化，之后丹济拉就带着噶尔丹女儿钟济海和噶尔丹身边最后的一批部众投降清朝。噶尔丹的死讯传出后，策旺阿拉布坦趁机出兵意图收取噶尔丹的旧部，于是就在丹济拉率残部前往清军大营投降的路上发起袭击，将伊拉古克三、钟济海等人截留，噶尔丹的骨灰也被抢走。

为了获取噶尔丹的骨灰，以宣示清朝才是这场持续 7 年的战争的胜利者，1697 年六月开始，朝廷多次遣使伊犁向策旺阿拉布坦索要噶尔丹的骨灰。策旺阿拉布坦虽然答应并遣返了伊拉古克三等重要战俘，但仍然试图用噶尔丹的骨灰做筹码，要求朝廷将吴尔占扎布等噶尔丹旧臣部属归还自己。直到 1698 年八月，策旺阿拉布坦才将噶尔丹的骨灰交给朝廷。根据《清圣祖实录》记载：噶尔丹的骨灰一送到北京，就被康熙帝下令"置京城外，悬挂示众"。

不过，对于这个仇敌的儿女后裔，康熙皇帝还算相对宽仁。1701 年策旺阿拉布坦遣人将噶尔丹的女儿钟济海送到清朝，这时噶尔丹的长子色布腾巴勒珠尔正担任一等侍卫，两兄妹在北京城相依为命。色布腾巴勒珠尔后来与镇国公觉罗长泰的女儿成婚，做了倒插门女婿；钟济海嫁给了哥哥的同事、二等侍卫蒙古旗人沙克都尔，兄妹俩在中原内地落地生根。其余在历次作战中被俘的噶尔丹部众，一部分被化整为零地编入察哈尔八旗，设置牛录，由清方派遣侍卫或散秩大臣出任佐领；其余的分散安置于漠北草原设札萨克旗管理。丹济拉被封为辅国公，后于 1708 年病故。至于为噶尔丹东侵出谋出力的伊拉古克三，则被康熙皇帝下令凌迟处死。

在和噶尔丹的较量中，清朝虽付出极大代价，却也开疆拓土。除了将漠北纳入版图外，阿拉善、额济纳地区的和硕特、土尔扈特一部也归附清朝，康熙皇帝分别设置了阿拉善旗、额济纳旗进行统治。算上已经归附的哈密地区，清朝的西陲从嘉峪关向西扩展。此外，清朝还通过封王赐爵，使青海的和硕特贵族领地成为清朝的羁縻地区。

1708 年，康熙皇帝谕令满族镶黄旗出身的文华殿大学士温达主持，将历年对准噶尔战事史实编为《亲征平定朔漠方略》一书，康熙皇帝亲自为该书撰写序文。

在序文的最后，他如是写道：

> 朕仰凭天道，俯惬人情，以万不得已而用兵之意，乘刻不容缓而灭寇之机；立拯边境之毒痛，永砥中原于清晏；昭告郊庙，适契成谋，使非虑出万全可轻言师旅哉，兹前后用兵本末、具载卷中览是编者尚能喻朕心焉。

不过，说"立拯边境之毒痛，永砥中原于清晏"还为时尚早。1718 年，清朝和准噶尔两国烽烟再起，而这一次的战事，却是在青藏高原……

雪域阴霾：风起卫藏，高原奇兵

17 世纪 90 年代噶尔丹东侵时，西藏的实际掌权者第巴桑杰嘉措与和硕特汗国一直在幕后支持噶尔丹。这些情况，康熙皇帝是清楚的。当然，就算没有桑杰嘉措的怂恿，随着准噶尔汗国版图的扩大，最终也必然会走上与清朝兵戎相见的道路。噶尔丹这个心腹大患一死，康熙皇帝就开始将目光转移到青藏高原，关注着和硕特汗国和西藏的一举一动。1697 年，康熙皇帝派遣自己的亲信、漠南蒙古的商南多尔济移驻西宁，指示他搜集情报，密折上奏。

这时的和硕特汗国汗王，是顾实汗的孙子达赖汗（1671—1701 年在位）。他的祖父在位时是拥有青、藏、康三区最高统治权的"全藏三区之王"，如今汗位到了他达赖汗手里，汗国统治者所能掌控的却只剩下军权。自顾实汗去世，

▲ 和硕特汗国第一代汗王顾实汗画像

继任的和硕特汗王们不善权术，手中权力不断被削弱。在此背景下，第巴桑杰嘉措凭借权威，通过任命藏人贵族担任重要职务的方式，不断架空和硕特汗庭的最高统治权。1693年，权力欲望极大的桑杰嘉措甚至越过达赖汗，直接上书康熙皇帝，请求朝廷册封自己做"土伯特国王"。康熙皇帝并没有答应，而是另外给了他一个封号，这令桑杰嘉措身价倍增。面对这种状况，"被人忘却，死气沉沉"（意大利藏学家伯戴克语）的达赖汗束手无策，他需要桑杰嘉措这种干才帮助他管理汗国复杂的行政事务。1701年，达赖汗去世，其长子旺札勒台吉继位。1703年，达赖汗的次子拉藏鲁巴勒台吉毒死旺札勒，夺取了汗位，史称拉藏汗。

精力充沛的拉藏汗力图恢复曾祖父顾实汗时代的一切权势，因而他首先拿大权在握的桑杰嘉措开刀。

1697年，桑杰嘉措认定一位14岁的门巴族少年仓央嘉措为西藏新的精神领袖。拉藏汗对此表示怀疑，借机向桑杰嘉措发难。桑杰嘉措虽然不是省油的灯，但拉藏汗使出这种手段也让他感到慌乱。1703年，桑杰嘉措宣布辞去第巴的职位，指定自己的长子阿旺林钦代理第巴一职。桑杰嘉措本人退居幕后从事颠覆拉藏汗的活动。他先是买通拉藏汗的内侍，在拉藏汗的饭菜中下毒试图毒死他，但这次谋杀行动失败了，拉藏汗经过治疗后恢复了健康。1705年正月，桑杰嘉措在拉萨的一场集会上，向与会者提出要展开斩首行动，派人逮捕拉藏汗。不过他这个计划因为反对的声浪很大而没有得逞。这次大会成为桑杰嘉措和拉藏汗的矛盾公开化的标志，双方随即爆发武装冲突。

1705年夏，拉藏汗回到青海集结军队，桑杰嘉措也在西藏中部、阿里和康区等地招兵买马，最后是拉藏汗占得先机。1705年七月，拉藏汗的军队在拉萨以北的郭拉山口和桑杰嘉措的武装展开激战，桑杰嘉措被打得惨败。桑杰嘉措本人在逃亡途中被俘虏，和硕特汗国的贵族们对专权二十余年的桑杰嘉措恨得入骨，皆欲杀之而后快。七月十九日，桑杰嘉措被处死，得年53岁。

处死桑杰嘉措之后，拉藏汗唯恐清朝怪罪，急忙通过商南多尔济上奏康熙皇帝，禀明攻打处死桑杰嘉措的前因后果，声称："第巴将吾彻底置于绝境，迫不得已方才如此行事。"（中国历史第一档案馆馆藏商南多尔济满文朱批奏折，康熙四十四年八月）康熙皇帝早对桑杰嘉措极为不满，得此奏报顿感欣喜。1705年九月十三日，商南多尔济收到康熙皇帝的批复："若拉藏已击毙第巴事确属实情,汝宜急遣人员,以理应将第巴送抵陛下处,并具奏情由。其等若留彼地(拉萨),必成汝日后之忧患,终将悔恨等语,晓谕利害。"康熙皇帝随后还要商南多尔济向拉藏汗传达以下话语:"第巴虽系封王之人,然陛下唯以汝征讨第巴,合乎情理,绝不责难。"表明清朝方面对既成事实的默认态度。由于拉藏汗上台之后一直积极和清朝修好,1706年清朝册封拉藏汗为"翊法恭顺汗"。

桑杰嘉措死后,拉藏汗借故罢免了其子阿旺林钦的第巴职务,将他押往北京。从此以后,和硕特汗庭不再设立第巴一职,由汗王直接总揽汗国的大小事务。获取了世俗最高权力的拉藏汗得寸进尺,于1706年六月声称仓央嘉措的身份为伪造,派遣卫队将其绑架并押往北京。这一冒进行为引起了轩然大波。1706年12月,仓央嘉措在被押送到青海西宁时神秘失踪。次年,拉藏汗推出阿旺益西嘉措,以此取代仓央嘉措。

拉藏汗的行为,引起了藏区各界的强烈反感。青海地区的和硕特贵族也对拉藏汗的做法表示不满。作为和硕特汗国军队大本营的青海,是顾实汗八个儿子的后裔们的世袭封地,号称"青海八台吉之地"。拉藏汗大权独揽触及了和硕特贵族们的利益,政治成见使青海台吉们和西藏各界人士联合了起来。拉藏汗没有达到将权力集于一身的目的,反而扩大了自己的对立面。

▲ 17—18世纪的西藏贵族与和硕特汗国官兵

1710年,青海八台吉中实力最强的罗布藏丹津、察罕丹津根据仓央嘉措生前的一首诗,找到了格桑嘉措,认为他才是真正应该拥立之人。显然,拉藏汗选择的阿旺益西嘉措即使得到了清朝的正式册封,也不能服众。

在这种混乱的局面下,康熙皇帝开始直接介入和硕特汗国内部的事务。

1710 年，康熙皇帝派遣吏部左侍郎赫寿赴拉萨协助拉藏汗管理西藏事务；1715 年，康熙皇帝又派遣使臣阿齐图到青海和青海和硕特诸台吉会盟，要求他们交出格桑嘉措；1716 年，察罕丹津等被迫将格桑嘉措送到塔尔寺居住。清朝对拉藏汗的大力支持没能改变拉藏汗日益孤立的处境。1714 年，拉藏汗为转嫁矛盾，发动攻打不丹的战争，结果以失败告终，使和硕特汗国的内部矛盾更加尖锐。这时，已经在和硕特汗国北方虎视眈眈十年之久的准噶尔，终于亮出了自己尖尖的獠牙。

噶尔丹死后，策旺阿拉布坦成为准噶尔唯一的统治者。此前出于对付噶尔丹的需要，策旺阿拉布坦和清朝的关系一度十分紧密。康熙皇帝与策旺阿拉布坦通信遣使，往来甚是频繁，策旺阿拉布坦也一直遵循康熙皇帝的意志行事。为了避免树大招风，策旺阿拉布坦放弃了汗号，恢复"珲台吉"的旧称，颇得康熙皇帝好感。不过，这并不代表准噶尔臣服于清朝。策旺阿拉布坦需要时间整合噶尔丹留下的残局，重振准噶尔的声威。

1700—1716 年间，策旺阿拉布坦对内积聚人口畜群，强行把叶尼塞河流域的吉尔吉斯人和巴尔喀什湖以南的布鲁特人迁入伊犁河流域，他还将从土尔扈特汗国叛逃到准噶尔的阿玉奇汗之子桑扎布的一万户属民兼并，从而把噶尔丹时代 12 个鄂托克、5 个集赛的社会基层组织增加到 24 个鄂托克和 9 个集赛。噶尔丹时代，对被征服的天山南路地区采取"执其酋，收其赋"的做法，缺乏一套系统而严格的制度。策旺阿拉布坦对此加以完善，他派遣官员常驻于天山南路各城邦，监督登记户籍，按户收税，强化了对这些被征服地区的管理。为了给新增的人丁和牲畜扩展牧地，策旺阿拉布坦多次和自己远在伏尔加河的岳丈土尔扈特阿玉奇汗联兵，攻入哈萨克草原，原本完整的哈萨克汗国腹背受敌、实力大损，陷入大、中、小三玉兹割据的局面。准噶尔汗国的势力重新越过额尔齐斯河，向西延伸到了锡尔河的下游。

就连枪炮犀利的俄国人也在策旺阿拉布坦手里栽了跟头。1715 年年底，沙俄步兵团上校布赫戈尔茨率领两千九百多名沙俄士兵，侵入准噶尔在额尔齐斯河上游的亚梅什盐湖领地修建要塞。策旺阿拉布坦当即派遣九千精锐将侵略者团团围住，经过半年的围困，沙俄军队弹尽粮绝，只剩七百多人逃出。这是准噶尔在与俄国百余年的武装斗争中取得的最大胜利。

一系列的文治武功使准噶尔又恢复了噶尔丹时代的声势，这让策旺阿拉布坦很快就做出和叔叔噶尔丹生前一样的选择——叫板清王朝。但是，策旺阿拉布坦没有出兵攻略已经成为清朝大军屯集地的漠北，而是于1715年三月出兵两千袭扰了清军兵力薄弱的哈密地区。清军在哈密人的配合下据城反击，使准噶尔的这次军事行动以失败告终。康熙皇帝火速派出吏部尚书富宁安出镇甘州，募兵屯田，迫使策旺阿拉布坦做出新的战略调整。

噶尔丹与清朝为敌，固然有其实力增强带来的野心滋长这一主观因素，但更多的还是客观上受到西藏的不断唆使。策旺阿拉布坦却是完全自发地要挑战清朝的强权。有鉴于噶尔丹对西藏偏听偏信，最终导致战败身死的血泪教训，策旺阿拉布坦不愿意听任西藏摆布。他要通过控制西藏来增强自己的威信，号令蒙古各部，这样才能让自己有足够的力量和清朝对抗。和硕特汗国的内部矛盾正好给了策旺阿拉布坦机会。

策旺阿拉布坦对青藏的关注丝毫不亚于康熙皇帝。1701年七月，策旺阿拉布坦曾上书康熙皇帝："若第巴（桑杰嘉措）尚存，则如众人所知，其终将对佛教政治施以不好之影响。然若因一人之恶而擅动兵戈，则涉地甚广，众生忧劳，故而或以捕送第巴，其余悉如从前等因委青海之台吉为宜。若疑（青海之台吉等）是否不从为之，吾将亲为助力。若如此，免使众生罹难，（第巴）亦可捕获。"（《清内阁蒙古堂档》第十六册）表面上摆出一副殷勤的态度，为康熙皇帝对付桑杰嘉措出谋划策，但一句"亲为助力"就暴露了他企图借机出兵西藏的真实想法。当时，康熙皇帝是绝不可能给策旺阿拉布坦这个机会的，是以清朝极力支持拉藏汗。只是形势的发展已经超出了清朝所能控制的范围。

策旺阿拉布坦对原属卫拉特联盟的各个汗国、部落都采取联姻手段以增强互相之间的联系，他先后迎娶和硕特汗国达赖汗和土尔扈特汗国阿玉奇汗的女儿为妻。所以，算起来策旺阿拉布坦还是拉藏汗的姐夫（或妹夫）。1715年，策旺阿拉布坦代自己的女儿向拉藏汗的长子、和硕特汗位继承人噶登丹衷提亲，请求拉藏汗把噶登丹衷送到准噶尔完婚，待他们完婚后再送他们回和硕特。拉藏汗显然明白策旺阿拉布坦是想以和硕特未来的汗王为质，所以不肯答应。没想到噶登丹衷对这桩婚事很有兴趣，坚持要去完婚，无奈的拉藏汗只好将噶登丹衷送去准噶尔。噶登丹衷到了准噶尔后确实如愿以偿地抱得美人归，但其人身自由也被限制起来。

一年后，这一桩充满阴谋的婚事就为策旺阿拉布坦出兵西藏提供了契机。

1716 年十月，策旺阿拉布坦经过周密的准备后，挑选出精锐部队 6000 人，以护送噶登丹衷夫妇回国的名义向西藏进发。这支部队的统帅是策旺阿拉布坦的堂弟大策零敦多布。此人虽然在中国历史上名声不显，却堪称当时准噶尔汗国头号战将。考虑到策旺阿拉布坦此时已经是 52 岁的中老年人，大策零敦多布想必也不是什么少年将军。由于史料缺乏，大策零敦多布早年的生平事迹已经晦暗不明。迄今为止，历史学者们只知道，这位戎马一生的军队统帅，曾以泽仁顿珠的名字在西藏日喀则学习过。在远征西藏前，他在和俄国人进行的亚梅什湖要塞一战中担任准噶尔军的总指挥。面对依托要塞和火力优势负隅顽抗的沙俄军队，大策零敦多布采取了围点打援的战术，凭借自身的兵力优势，以主力部队将亚梅什湖要塞团团包围的同时，抽出部分兵力重创从其他据点前来支援的沙俄军队。这场半年多的围困战可谓准噶尔军和俄国人的武装冲突史上绝无仅有的一役。巴图尔珲台吉等先辈面对俄国人的要塞也只是无可奈何地袭扰一番，从来没有采取过这种长时间围困敌人的作战方式。从这一点上也能看出，大策零敦多布身上确实具备一个优秀的军事统帅所应有的钢铁意志。只有这样的指挥官，才能率领部队对气候条件极其严酷的青藏高原发起远征。

大策零敦多布所部 6000 人，从天山北路的伊犁出发，经阿克苏、叶尔羌、和田等地补充了足够的给养后，翻过昆仑山，踏上了青藏高原。准噶尔军离开天山南路没多久，和硕特汗国驻守在阿里地区的噶伦（藏语：地方行政官）康济鼐，从过往的商人口中得到了准噶尔军即将进攻西藏的情报。康济鼐急忙一边集结麾下部队待命，一边请示拉藏汗。

拉藏汗此刻却正在拉萨以北的当雄草原休养。当康济鼐的急报送到拉萨后，并没有引起重视，和硕特汗国就这样放弃了把敌人拒于国门之外的最后机会。

1717 年六月，大策零敦多布的人马忽然出现在当雄西北的纳木错湖附近。当地藏族人看到的，是一支"身穿皮子、羊毛和牛毛毡缝制的破烂衣裳，戴着像半截衣袖的布套子一样的高帽，手执长矛、火枪、弓箭、大刀、短剑等各种兵器，骑着尾巴打结的高头大马，浩浩荡荡而来"（阿音娜《清代游记中的准噶尔扰藏始末——以〈德西迪利西藏纪行〉为中心》）的军队。没有人知道大策零敦多布是如何把他的军队建制完整地带到这里的。

大敌当前，拉藏汗手足无措，赶忙集结部队抵抗。在接下来的几个月里，和硕特军和准噶尔军几番交战，互有胜负。大策零敦多布明白打拉锯战准噶尔军没有优势可言，于是他派出信使散布谣言说，准噶尔军此次远征西藏的目的并不是要消灭拉藏汗，而是顺应藏区人士的要求。虽然派去劫持格桑嘉措的准噶尔军 300 人小分队很快被清军全歼，但大策零敦多布的策略依然奏效了，藏区的僧俗人士成群结队地投效准噶尔军。

在骗取了民心之后，1717 年 10 月，大策零敦多布才向拉藏汗发起进攻，两军在当雄草原展开决战。拉藏汗手下的藏族士兵无心恋战，致使拉藏汗败退回拉萨。11 月 21 日，准噶尔军和被他们煽动起来的藏族民间武装将拉萨团团围住，走投无路的拉藏汗向清朝发出奏报，请求派兵支援。但奏报发出没多久，11 月 30 日，拉萨城就被攻破，退守布达拉宫的拉藏汗也于 12 月 3 日突围时战死，其妻室子女都

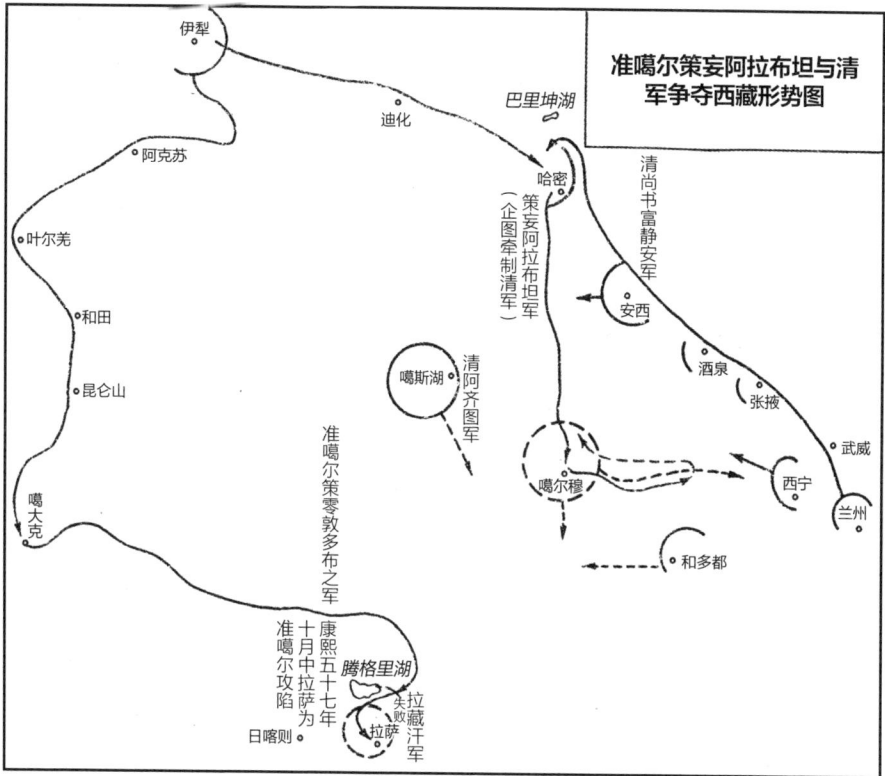

▲ 大策零敦多布远征西藏

被大策零敦多布押往伊犁。和硕特汗国对西藏维持了近八十年的统治就这样终结。因一己之私招致国破家亡的拉藏汗长子噶登丹衷被准噶尔人关进了大牢，后来以烹刑处死。青海的罗布藏丹津和察罕丹津等贵族本就和拉藏汗不和，加上清朝方面一直没有下达明确指示，是以拉藏汗兵败时，青海的和硕特贵族没有及时支援。等到拉藏汗被杀的消息传出时，已经为时太晚。

大策零敦多布是一位优秀的军事统帅，却缺乏必要的政治才能。披着护法外衣攻进"圣城"拉萨的准噶尔人，立即暴露出强盗嘴脸，布达拉宫和众多寺庙遭到准噶尔军的洗劫。西藏的贵族们终于发现，所谓的"护送格桑嘉措回藏"只是一个谎言而已，但在大策零敦多布的铁骑和马刀下，藏族民众还是得服服帖帖地

501

承担繁重的赋税和徭役。由藏族民兵组成的仆从军,即将在大策零敦多布的指挥下,投入到和清军厮杀的战场。

冲雪缒险:"驱准保藏"始末

大策零敦多布进军西藏时,清朝还在谋划攻取准噶尔的属地吐鲁番、乌鲁木齐等城。等到1717年9月,康熙皇帝才从驻守巴里坤的靖逆将军富宁安的奏折里,得悉大策零敦多布进军西藏的消息。但对于准噶尔人此番出兵的目的究竟是"征取拉藏,收取西边地方",还是"帮助拉藏侵犯青海",清朝方面刚开始时并不清楚,可见对极力笼络的拉藏汗,清朝也并不完全信任。这导致清朝方面的备战工作进行得缓慢而拖沓。1717年11月底,罗布藏丹津在给康熙皇帝的奏报中,报告了准噶尔军和拉藏汗交战的情况,康熙皇帝才搞清楚事情的真相。一时间朝野震动,谁都明白,青藏高原一旦全部落入准噶尔人的手中,清朝的西部边陲将陷入怎样的被动局面。

1715年策旺阿拉布坦袭击哈密之后,清朝方面便开始再次向西北集结重兵,组建了北路军、西路军两大野战兵团。北路军以振武将军傅尔丹为主帅,作战兵员12000人,后勤部队13000余人,驻兵于阿尔泰;西路军以靖逆将军富宁安为主帅,总兵员33500人,驻兵于哈密巴里坤。在毗邻青海的甘肃西宁镇,清军驻有绿营兵7个营3600人。1717年十月,康熙皇帝令内大臣策旺诺尔布、西安将军额伦特和侍卫色楞率部进驻西宁;四川方面,提督康泰等也增派3000兵力入驻松潘、打箭炉等处加强守备。1718年正月初二,清军驻守青海的侍卫阿齐图在柴达木带队巡逻时,遇到了侥幸从拉萨逃出的拉藏汗次子苏尔扎的妻子一行,确认了拉藏汗兵败被杀、西藏已落入准噶尔手中的结局。事态的严重,迫使清朝方面仓促地做出了武力解决西藏问题的决策。1718年三月,康熙皇帝命色楞与额伦特等"统率军兵征剿西藏"。

入藏作战并不是一件简单的事情,大策零敦多布是一个可怕的对手,但比他更可怕的是雪域高原那令人难以忍受的极端气候。从内地通往青藏高原的艰险道路,给清军的后勤运输带来了巨大的压力。大体上,从清朝统治区入藏的路线有两条：北线从西宁出发，经日月山、木鲁乌苏河、唐古拉山口、藏北那曲等地到拉萨，总路程 3700 里；南线由四川成都出发，经打箭炉、理塘、巴塘等地入藏到拉萨，总路程 5645 里，道路漫长而崎岖。是以清朝方面的文武大臣对入藏用兵多有异议。

1718 年三月，驻守阿尔泰的振武将军傅尔丹即上奏朝廷，建议由自己和富宁安分别统领北路军和西路军出阿尔泰山、巴里坤，直捣乌鲁木齐，威胁准噶尔在伊犁的大本营，迫使大策零敦多布从西藏回师，以收围魏救赵之功。康熙皇帝认为此举过分冒进，而且动用北路军和西路军的数万大军所需的粮草军械，比从青海方向入藏的数千清军所需花费更加巨大。万一几万大军攻下伊犁时，却发现策旺阿拉布坦已经率军马入藏，岂不是成了笑话？几番权衡之下，康熙皇帝认为，还是遣兵从青海讨伐西藏的准噶尔军更保险。此时额伦特的部队尚在由西安到西宁的途中，但是先到达青海边境的色楞却已迫不及待。

色楞带领八旗、绿营等官兵共 2400 名组成先头部队，于 1718 年三月下旬出发，五月十三日到达木鲁乌苏河（今通天河）以北。进军途中，他们遭遇大雪，损失了一些运输用的驮马。额伦特此时又派斥候送来书信，建议色楞到达木鲁乌苏河之后，"往察罕丹津处令伊遣人将准噶尔之兵诱来，俟所遣之人回信，然后进兵"（《清圣祖实录》康熙五十七年六月）。但色楞仍旧固执地率部继续孤军深入，他的理由冠冕堂皇："准噶尔残害西藏，彼处人民悬望我师如望云霓，岂能刻缓？"（《清圣祖实录》康熙五十七年六月）大策零敦多布手上那支百战精锐，在色楞笔下成了一群"散处无纪"的乌合之众。他认为准噶尔军的战术"不过暮夜袭营、偷盗马匹而已"。他根本就没把额伦特的建议放在心上，反而担心额伦特抢了自己的头功。所以色楞所部抵达木鲁乌苏河后，一路沿河岸向西行进，最后在木鲁乌苏河上游的拜图渡河，出唐古拉山口，继续朝藏北那曲的喀喇乌苏（那曲河）方向挺进。途中，他又吸收了当地和硕特贵族卓里克图台吉博音马松等人率领的马队，兵员的增多令清军粮秣供应紧张，进军的脚步也慢了下来。1718 年七月二十日，色楞在抵达喀喇乌苏河中游的那曲后，便停止前进。他一边指挥部下就地修筑石墙、壕沟等防御工事；一边派人侦探额伦特的动向，等候额伦特军赶到再合兵进取当雄草原。额伦特所部此时也正在寻找色楞的部队。

▲ 反映清军入藏作战的绘画作品（一）

1718年六月十八日，额伦特率领清军后续部队四千余人从集结地木鲁乌苏河上游出发。七月十六日，清军抵达喀喇乌苏河源一带，开始和准噶尔军小股部队发生交火。额伦特从俘虏口中得悉，正有四千多准噶尔军从拉萨往喀喇乌苏河开来。他一面遣人送信给驻兵于青海的内大臣策旺诺尔布，请其出师接应；一面率军渡过喀喇乌苏河后自西向东绕道，向唐古拉山口方向行进，以图和色楞会合。七月二十八日，额伦特终于在那曲营地和色楞所部会合。但是会师后的额伦特和色楞二人并没有精诚合作的气氛，反而为了该在何处设营拒敌争吵起来。

根据学者赵书彬的考证，清准喀喇乌苏之战的主战场，位于今天的西藏自治区那曲地区那曲县那玛切乡北的年扎村。此地所在的尼热山平均海拔4580米，由南北两座山丘组成，南山高，北山低，相对高度差约为50米。蜿蜒曲折的喀喇乌苏河就从两座山丘中穿过。尼热山东面为那曲河及河滩草地，南面为开阔的山间草地，西边沿山体有一条季节性小河流，四周开阔。色楞扎营的位置就处于较低的北山。额伦特见色楞部近河设营处仅据小山，四面受敌，提出不如还军渡喀喇乌苏河，营于对面山上；但额伦特的合理建议并没有被采纳。而侦知清军具体动向的大策零敦多布已经率准噶尔军主力悄然逼近。

1718年七月二十九日，四千准噶尔军与万余藏族士兵进至喀喇乌苏河南岸。大策零敦多布深知，清军虽然拥有子母炮等野战武器，但远道而来，粮秣供应不足，所以他并不急于强攻，只是派兵在喀喇乌苏河南岸那座高出清军营地约五十米的南山筑起炮台，白天发枪炮射击，夜间则遣军偷袭清军营地，盗取马匹，借此削弱清军的进攻力量。两军隔河对峙月余之久，清军多次击退准噶尔军的袭扰，但士卒伤亡甚重，粮弹也消耗殆尽。

坐镇清军后方的内大臣策旺诺尔布，在额伦特、色楞两支部队行进之时，本应做好侦察和后勤运输工作，但他却待在西宁无所事事。直到1718年八月，他才派出清军洮州土司杨如松部，押运粮草弹药前去寻找额伦特等人。这支运粮队伍在行进途中，被负责截断清军粮道的准噶尔骑兵击溃。与此同时，本应策应额伦特部行动的松潘方面清军却因四川提督康泰统兵不力而发生哗变……

就这样，额伦特等人翘首以盼的援军和后勤物资再也无法到达。

1718年闰八月初一到初七，准噶尔军与藏族武装大举渡河。根据额伦特最后的奏报，"贼众大至，筑垒放枪以犯我军，我军粮乏，与贼固守，事在危急"（《平定准噶尔方略·前编·卷五》康熙五十七年三月癸亥至十二月庚午），缺粮少弹的清军陷入准噶尔军重围中，被迫杀马充饥，大批清军死于饥寒和疾病。就这样双方又对峙了月余。额伦特劝说色楞举兵向北突围出去，但色楞却固执地选择坐守死地待援。

无奈之下，额伦特只好亲率数百兵士于九月二十八日突围北撤。二十九日中午，这支残军被准噶尔军追上，额伦特战死，幸存的清军士兵抬着他的尸首逃回那曲营地。随后大策零敦多布假意停战议和，将包括色楞在内的清军指挥官诱骗到准噶尔军大营里扣了下来，迫使群龙无首的清军士兵投降。这时那曲营地里的残余清军仅剩下不到千名而已，他们全部沦为战俘。这些战俘除了集中关押的428人在班禅的斡旋下，被遣返回清朝外，其余包括色楞在内的大多数人都因冻饿致死。与之形成鲜明对比的是，准噶尔军在此过程中付出的伤亡代价不过区区数百人。另一方面，四川提督康泰在进军过程中被投诚准噶尔人的藏族人诱杀，全军尽溃。清朝第一次入藏作战，就这样以失败告终。

开战前夕，青海台吉罗布藏丹津等奏报："策零敦多布等之兵，自远路冲雪前来，士卒冻馁、马驼倒毙，沿途食人犬，俱徒步而行。三千兵内，厄鲁特之兵少，吴梁海之兵多，到者只二千五百，其余五百兵丁皆疲极不能同到。"（《清圣祖实录》康熙五十六年十月，下同）受到这一错误情报的误导，康熙盲目乐观地做出了"策零敦多布等之兵，疲敝已极。除阵亡病死外，未必满二千"的主观推断，甚至夸下海口："二百余人，便可破之（准噶尔军）矣！"而过分的乐观情绪必然会在军事行动部署中有所体现。

不得不说，第一次入藏作战失败，康熙皇帝实在难辞其咎。按说早年有过带

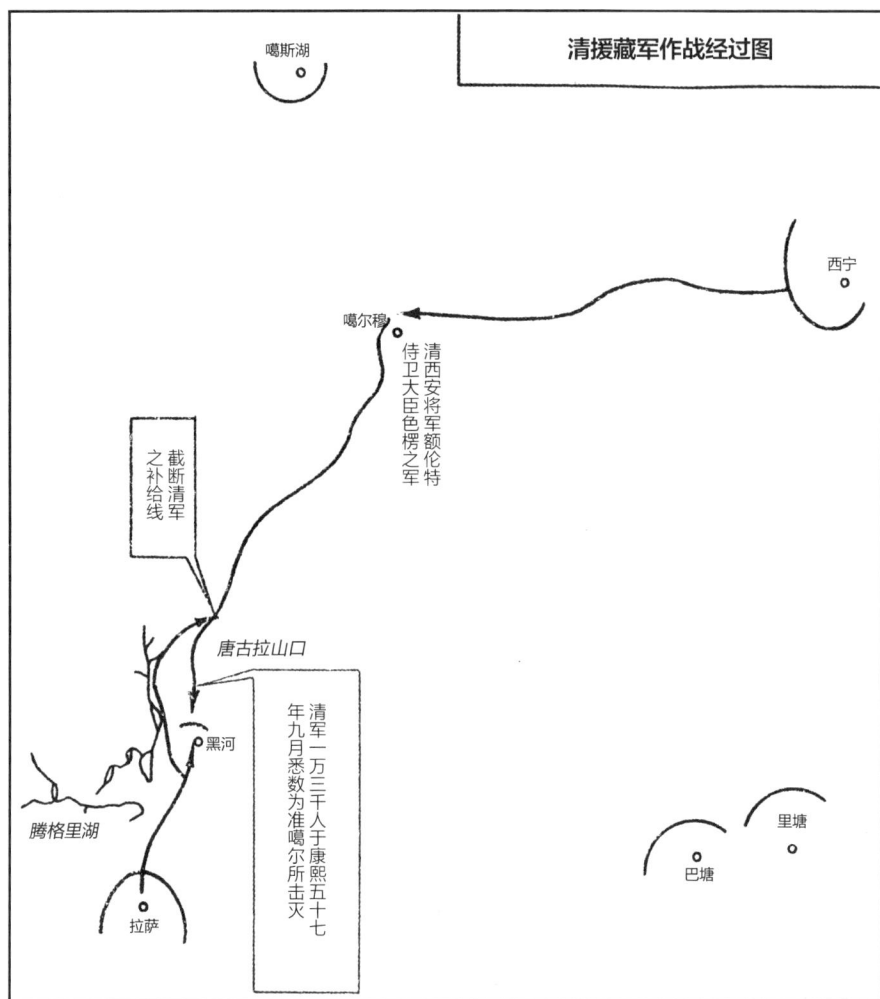

清援藏军作战经过图

噶斯湖

西宁

噶尔穆

清西安将军额伦特
侍卫大臣色楞之军

截断清军
之补给线

唐古拉山口

清军一万三千人于康熙五十七
年九月悉数为准噶尔所击灭

黑河

腾格里湖

里塘

巴塘

拉萨

▲ 额伦特兵团入藏作战示意图

兵经历的康熙皇帝，应该明白领军作战号令统一的重要性，然而入藏作战这么大的军事行动，他竟然没有明确指定统兵主帅人选。无论是坐镇后方的策旺诺尔布，还是在前线直接领兵的额伦特、色楞，都没有获得统一指挥全军的授权。康熙皇帝部署失误的恶果很快就在整个第一次入藏作战的过程中显示出来：清军前线部队和后勤保障部队的行动完全脱节；前线将领额伦特、色楞失和。从北京"空降"

到前线的色楞毫无作战经验，却又贪图战功，无视后勤运输难以跟进的现实一味深入冒进；颇有作战经验的额伦特几次极有可能改变战局的战术调整，都因为色楞拒不配合而没有得到实施，致使入藏清军惨败。

清军兵败那曲营地的消息传回北京时，已是1718年十月初左右。败报令清朝内部反战派更加甚嚣尘上，但是康熙皇帝并不打算就此善罢甘休，这位65岁的老人表示："西藏屏蔽青海、川、滇，若准夷盗据，将边无宁日。且贼能冲雪绝险而至，何况我军？策凌敦多布闻我师至，自必望风远遁。俟定立法教后，或暂留守视，或久镇其地。唐古特众皆为我兵，准夷若再至，以逸待劳，何难剿灭？安藏大兵，决宜前进。"（赵汝巽《清史稿·列传三百十二》）坚持要把入藏征讨准噶尔的战事进行到底。

有鉴于第一次入藏作战失败的教训，这一次入藏作战决不能再以偏师孤军深入，军力规模必然要和二十多年前征讨噶尔丹时等量齐观，而且要指定军事主帅，统一指挥、协调各路参战清军的行动。按照康熙皇帝年轻时的作风，这样的对外战事他是必然要御驾亲征的，但年老体衰的他已经不可能再跨上战马，他那些久经沙场的兄弟，如福全、常宁、杰书等亲王也早已去世。那么谁又能替他率军远征呢？答案很快就揭晓。1718年十月十二日，康熙皇帝任命自己的儿子胤禛为"抚远大将军王"，领兵出征西藏。

爱新觉罗·胤禛（雍正皇帝即位后为避讳而改名允禵）生于1688年2月10日（康熙二十七年正月初九），是康熙皇帝第十四子，与四阿哥、后来的雍正皇帝胤禛均为德妃吴雅氏所生。如同康熙皇帝的其他儿子一样，胤禛自幼就受到严格而系统的皇家贵胄式教育，文武双全，才华出众。在康熙皇帝的众多皇子中，其他人或是年长体弱，或是不受信任，都难以胜任鞍马劳顿之苦，备受荣宠而又年富力强的胤禛显然是"代父出征"的最佳人选。

1718年十二月十二日，胤禛率领京师八旗兵一万余人从北京正式启程西行。《清圣祖实录》中记载了这位"抚远大将军王"率军出征的浩大场面：

> 出征之王、贝子、公等以下俱戎服，齐集太和殿前。其不出征之王、贝勒、贝子、公并二品以上大臣等俱蟒服，齐集午门外。大将军胤禵上殿跪受敕印，

谢恩，行礼毕，随敕印出午门，乘骑出天安门，由德胜门前往。诸王、贝勒、贝子、公等并二品以上大臣俱送至列兵处。大将军胤禵望阙叩首行礼，肃队而行。（《清圣祖实录》康熙五十七年十二月）

为了提高胤禵在军中的威信，康熙皇帝特许他用正黄旗的军旗仪仗，这就意味着胤禵所到之处，如同皇帝亲临。可能是担心年轻的胤禵压制不了以罗布藏丹津为首的青海和硕特贵族们，康熙又降旨给罗布藏丹津等人说：

大将军王是我皇子，确系良将，带领大军，深知有带兵才能，故令掌生杀重任。尔等或军务，或巨细事项，均应谨遵大将军王指示，如能诚意奋勉，既与我当面训示无异。尔等惟应和睦，身心如一，奋勉力行。

胤禵引军出发后，沿途经过直隶、山西、陕西、宁夏、甘肃等地，一路上抚慰地方官民。1719 年三月十一日，胤禵到达西宁。根据康熙皇帝的指示，他将在这里坐镇，展开为期一年的备战工作。除了筹措粮饷、调拨各路军队，剩下的就是对青海的和硕特贵族和边区的藏民进行笼络。

五月十四日，胤禵赴青海会见罗布藏丹津等举行会盟，商议出兵的具体事宜。他语气严厉地要求他们必须认真做好粮草、军械、马匹等物资的筹备工作，消极怠慢者将以军法严惩。之后，他又重申了康熙此前在谕旨中对青海和硕特贵族做出的承诺："清除逆贼，恢复尔等祖父顾实汗所立之黄教。"（中国第一历史档案馆，康熙朝满文朱批奏折全译）

这一番软硬兼施之后，罗布藏丹津等人开始改变清军第一次入藏时那种迟疑观望的态度。七月，胤禛派出使者瑚毕图等前往西藏，借和大策零敦多布会晤的机会，刺探西藏地区准噶尔军的情报。九月，瑚毕图返回西宁，报称受准部控制的藏族僧俗人士虽然迫于高压政策屡屡参与大策零敦多布对清军展开的军事行动，但他们本身并没有与清为敌的意愿。瑚毕图的报告被送到北京，康熙皇帝认识到："令土伯特（按：藏人）之众诚心归向，则策零敦多卜自畏势逃遁。"（《清圣祖实录》康熙五十八年十二月）在青海塔尔寺被长期监禁的格桑嘉措，终于被再次推到历史的舞台上。1720年二月，格桑嘉措接受清朝册封，之后由清朝官兵护送入藏。

同月，清朝制定了青海、川滇两路大军入藏进击的计划。青海方面的北路军12000人由胤禛和平逆将军延信统率，川滇方面南路清军7000人由护军统领噶尔弼、都统法喇统率，两路出兵，齐头并进。在他们的后方是数量将近五万的预备队和后勤保障人员。

三月，为策应入藏清军作战，西北的傅尔丹、富宁安两部也有所行动。富宁安部西路军自哈密出击，频繁攻击乌鲁木齐等地，吐鲁番地区的当地头目额敏和卓率众脱离准噶尔控制，投降清朝。傅尔丹所部北路军更从布尔干翻越阿尔泰山，

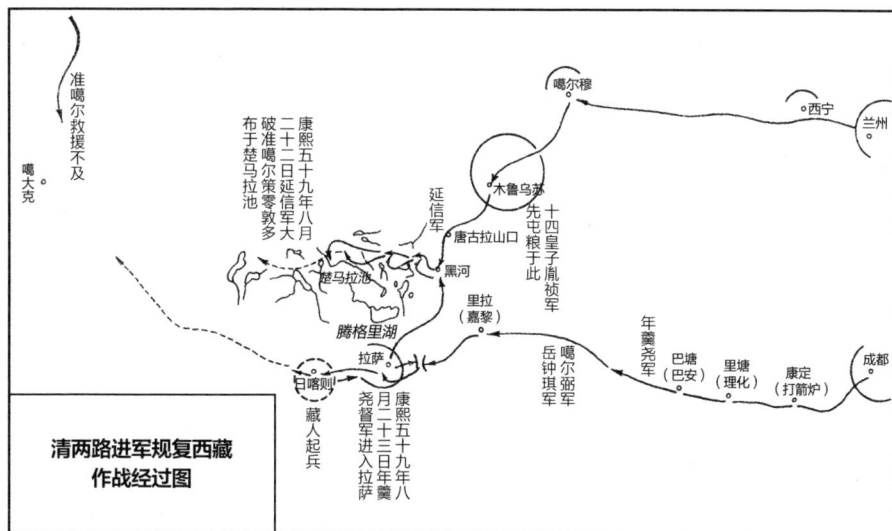

▲ 清军第二次入藏作战

在额敏河上游的格尔额尔格、乌兰呼济尔等处大破准噶尔军，焚毁准噶尔军大批粮草物资。他们成功吸引了策旺阿拉布坦的注意力，使准噶尔汗国不能出兵支援西藏的大策零敦多布。同时，川滇方面的南路清军在噶尔弼的率领下，离开松潘西进，意图和北路清军会师于拉萨城下。

四月二十二日，胤祯率领北路清军大本营从西宁出发，六月二十日抵达木鲁乌苏河。这期间，清朝册封格桑嘉措的效果开始体现出来。六月初六日，

▲ 西藏地方军队的甲胄和兵器

胤祯在行军途中遇到前来投奔的西藏贵族阿尔布巴和从昌都、洛隆宗等藏区前来投诚的四名藏族头人。这几位藏人头目不仅提供了关于藏区的准确情报，还自告奋勇充当清军南下的向导。尽管如此，1720年六月十三日，清军翻越巴颜喀拉山时，还是因为高原反应、大雪降温等因素损失了一千多名士兵和数千头牲畜。七月初九日，延信率领护送格桑嘉措的青海蒙古兵赶到木鲁乌苏河与胤祯会合。七月二十四日，全军所需的军需物资送至木鲁乌苏河后，胤祯没有再随军前进，而是自率护卫部队返回西宁，继续为大军组织后勤供应；北路入藏清军的后续行军和作战事宜，由平逆将军延信全权负责。八月初，进入西藏境内的延信和大策零敦多布亲自率领的准噶尔军接上了火。

延信出身并不简单，他是清太宗皇太极的曾孙、肃亲王豪格的孙子。汉文史料里关于他的记载极为稀少，但从他后来指挥清军部队入藏途中的表现来看，似可判断他也是久历军伍的老手。为防止大策零敦多布施展诡计劫走格桑嘉措，肩负护送格桑嘉措入藏重任的延信，行军作战极其谨慎，根本不理会准噶尔军的死缠烂打，每日扎营都精心选择易守难攻之处，分营护卫作为指挥中枢的中军大帐和格桑嘉措的穹庐，表现十分机警：

每日驻扎。将军之营居中……满汉各营，从外圈围。四角安置炮四尊，周围安子母炮一百八十尊。四面卡子之兵皆挖小坑，点粪火预备（按：此取烽警之意）。瞭哨之兵，日则远去，至黄昏撤回，于围护兵之外二三里近，两两相接，坐听风声。又将通共兵丁分作三分。每夜两分在营外围护，每十名作一队，皆手牵战马，营外支更。其余一分，营内支更，各备一马。其余马匹昼则放牧于围护之外，夜则牧放于围护之内。（李彩《藏纪概》，中央民族学院图书馆 1978 年油印本）

惯于用袭扰战术消耗清军再乘机施以围困的大策零敦多布，遇到了真正的对手。八月十五日至二十二日，清军从博克河行进到绰玛拉途中，准噶尔军三次对清军发动袭击，企图将格桑嘉措抢到手，但清军只是固守营盘，击退敌军，并不恋战。如此步步为营，令大策零敦多布屡遭挫折不能得手。

北路清军顺利推进的同时，川滇方面的南路清军也是一路凯歌。噶尔弼在副将岳钟琪的倡议下，以政治诱降为主、军事打击为辅的方针，对付西藏东部的藏族武装，顺利地打开了进入西藏的大门。大策零敦多布在西藏三年的残酷统治，使他不可能得到藏人的忠诚。1718 年大策零敦多布进攻那曲营地的清军时，被裹挟的藏族士兵在和清军作战时常常朝天放空枪。清军战败后，相当部分被俘虏的士兵都受到过藏人暗地里或公开的照料。所以一旦清军入藏，本不愿与清军为敌的藏族武装临阵倒戈是很自然的事情。

1720 年八月初七，噶尔弼军进入拉萨城东北的墨竹工卡，招降了藏人贵族达尔扎所部三千人。北路清军进抵当雄草原以北时，噶尔弼已分兵进至拉萨城郊。八月二十三日，噶尔弼在没有遇

▲ 反映清军入藏作战的绘画作品（二）

到抵抗的情况下即顺利进驻拉萨，这是中央政权的军队第二次进入这座日光城。九月十四日，格桑嘉措在北路军六千精锐的护送下回到拉萨，举行了盛大的坐床仪式。

大势已去的大策零敦多布明白自己已经没有力量和清军决战，只好遣散了手下的藏族士兵，率剩余的本部人马沿来道撤离西藏。他一路上不断遭到藏族民众的攻击，等他于 1721 年回到准噶尔时，几年前出发时的六千精锐部队，只剩下两千多名残兵。

清军第二次入藏作战终于取得圆满胜利，清军各部吸取了第一次入藏时偏师孤军深入的教训，即使在兵力占据优势的情况下也没有急于求胜，而是采取稳扎稳打的方针。作为前线指挥的延信、噶尔弼、岳钟琪等一干将佐自然功不可没，但坐镇后方的抚远大将军王胤祯、四川提督年羹尧等，能放手让部下将领全权指挥并不复杂的行军作战，自己在后方全力组织后勤保障工作，也是这次入藏作战取得胜利不可忽视的一个重要因素。清军在留下策旺诺尔布的 3000 兵马分驻拉萨、日喀则各处后，班师回朝。这次远征西藏成为康熙皇帝生平最后一件开疆拓土的武功。1722 年十一月十三日，在位 61 年的康熙皇帝病逝，享年 69 岁，他的继任者雍正皇帝将继续和准噶尔人在中国西北展开新一轮角逐。

厉兵秣马：西北烽烟再起的前夜

在民间的野史传说中，雍正皇帝一直扮演着极不光彩的反派角色，至今仍有文学影视作品津津乐道于他如何得位不正。当然，雍正皇帝在位早期为巩固皇权确实做了一系列打击异己、清算政敌的事情，和他同为一母所生的十四弟、远在西北的抚远大将军王胤祯也被召回京城，几乎沦为囚徒。但更值得我们注意的是，执政风格刚猛、任事勤勉的雍正皇帝，甫一继位就以雷霆手段革除父亲康熙皇帝晚年为政宽弛而留下的弊政。他一方面整顿吏治，追查渎职官吏的贪污赃款；一方面清查康熙皇帝晚年的财政亏空，改革赋役，完善财政管理制度，以图增加国库的税收。据《清代户部银库收支和库存统计》的记载，1719 年清朝户部存银达到康熙朝的巅峰值 4700 多万两，由于西北用兵等种种因素，到 1722 年康熙皇帝去世时，只剩 27155088 两；雍正皇帝继位第五年的 1727 年，户部存银达到 55252900 两，完全扭转了康熙末年财政亏空的状况。至于这笔钱的用处，自然还是打仗。

准噶尔汗国在西藏失利的消息传遍了中亚草原和西伯利亚，致使边境上的俄国人和哈萨克人又开始蠢蠢欲动。1720 年冬季，俄国军方组织的精干考察队四百五十多人深入斋桑湖企图建立要塞，策旺阿拉布坦只好暂时把精力放在处理西部边境的问题上。清朝方面也暂缓了对准噶尔的军事行动，新征服的青海、西藏还需要清朝花费几年的时间去慢慢消化。

青海和硕特贵族当中，实力最强的罗布藏丹津曾是唯一拥有亲王封号者。此前，1718 年九月，为了调动青海和硕特贵族参与入藏战事的积极性，康熙皇帝许诺："取了土白忒国（西藏），将尔等（指青海和硕特部台吉）内中立汗。"罗布藏丹津想当然地以为，清朝会帮助和硕特复国，而汗王的最佳人选自然是他罗布藏丹津。清朝成功将准噶尔从西藏驱逐出去后，对青海和西藏实行分治之策，在西藏成立了一个临时政府，由参与入藏战事有功的清方将领策旺诺尔布，以及青海和硕特贵族罗布藏丹津、阿拉善和硕特旗亲王阿宝、西藏贵族阿尔布巴、隆布鼐等担任临时执政，这和罗布藏丹津总领青海、西藏的妄想背道而驰。

1721 年，清朝再次对西藏地方政府进行改组。除了依旧统兵镇守西藏的策旺诺尔布外，四位西藏地方政府的行政官员"噶伦"都是清一色的藏人贵族。和硕特人被完全排挤了出去。至于青海方面，清朝将多罗郡王察罕丹津晋爵为亲王，令他与罗布藏丹津分管青海和硕特左右翼牧地。连号令青海都无法实现的罗布藏丹津愤懑难平，等待时机和清朝决裂。

1722 年十月，罗布藏丹津召集忠于自己的部分和硕特贵族秘密会盟，决定取消清朝所封的亲王、贝勒等爵位，恢复台吉等旧称，密谋恢复和硕特汗国。但这些阴谋被亲清派察罕丹津亲王告发，成了雍正皇帝出兵青海地区的借口。1723 年十月，清朝启动出兵青海的计划，在入藏战事中崛起的两位新秀——"抚远大将军"年羹尧、"奋威将军"岳钟琪成为这次军事行动的指挥官。

罗布藏丹津见清朝有所行动，干脆举起反旗，叛众迅速膨胀到 10 万人。1723 年年底，罗布藏丹津率领部众围攻西宁，切断了内地进入西藏的道路。年羹尧率

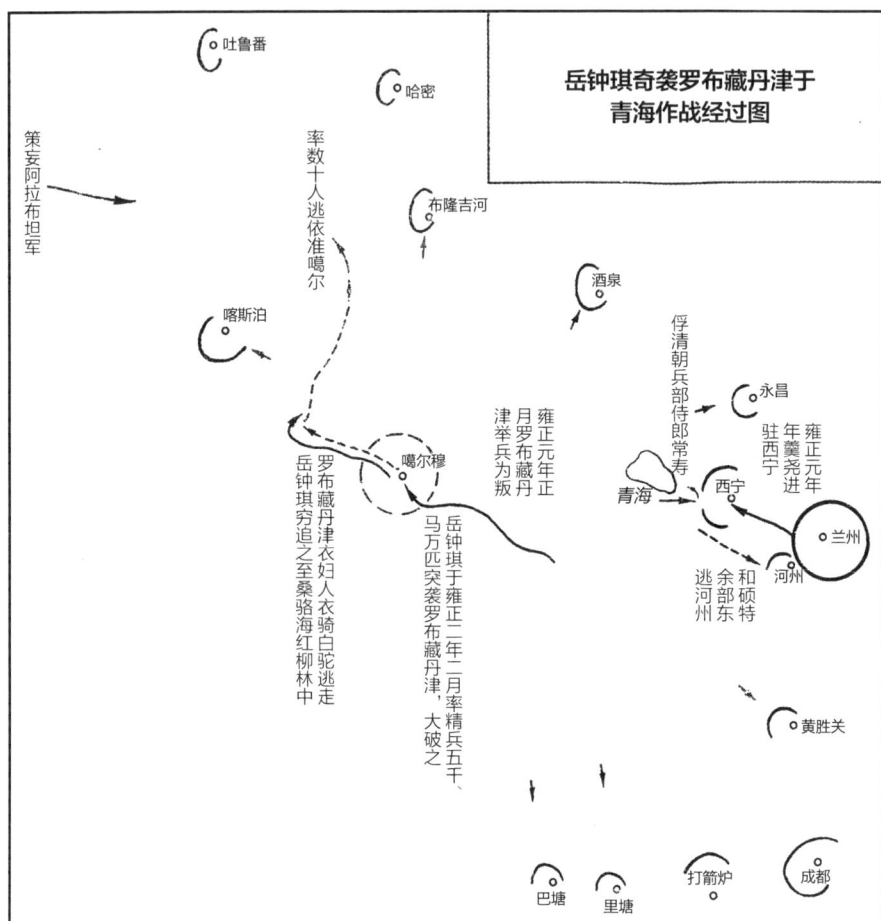

岳钟琪奇袭罗布藏丹津于
青海作战经过图

▲ 岳钟琪奇袭罗布藏丹津

领所部清军凭借 70 门子母炮的火力优势,在西宁附近三次击溃罗布藏丹津的叛军。罗布藏丹津见不能战胜清军,就率众西走准备投靠准噶尔。

1724 年二月初八,岳钟琪率领 5000 轻骑、1 万匹马出西宁城急行军 12 天,于二月二十日在青海西部柴达木盆地发现罗布藏丹津的踪迹。二十一日黎明,岳钟琪率军发起偷袭,将罗布藏丹津打得措手不及。最后,罗布藏丹津仅率少部分随从逃到准噶尔汗国。雍正皇帝采纳年羹尧的建议,在青海编设 29 个札萨克旗,废除了青海周边的藏族对和硕特贵族的隶属关系。1725 年，朝廷又设立西宁办事大臣，巩固了平定罗布藏丹津之乱所获得的军事成果。在入藏和平定青海的军事行动中累建功勋的年羹尧，不改其才气凌厉的本性，越发嚣张跋扈起来，屡屡开罪同僚，结党营私，贪污受贿，连本来想和年羹尧做个千古君臣知遇榜样的雍正皇帝，都无法容忍其骄纵行为。这位炙手可热的一时名臣最终被雍正皇帝冷落。1726 年，雍正皇帝将年羹尧罢官后赐死。可清朝方面刚清算了处理边务颇为得力的能臣干将不久，西藏就发生了一起动乱。

前文提及的那位在清军第二次入藏的军事行动中充当向导的阿尔布巴，因功成为西藏地方政府的行政官员之一，但他一心想继续往上爬，因而联合自己的亲信隆布鼐，和清朝任命的西藏地方政府首席噶伦康济鼐争夺权位。武人出身的康济鼐指挥过千军万马，却不能领导属下的噶伦们，因此上表朝廷表示自己要辞职。雍正皇帝正需要一位亲近朝廷且有带兵经验的官员坐镇西藏，以防止准噶尔卷土重来，是以并没有同意康济鼐的辞职申请。他还特地颁下敕令，明确西藏事务由康济鼐总理，阿尔布巴协理，这引起了阿尔布巴的强烈不满。1727 年六月十八日，阿尔布巴在大昭寺诱杀了康济鼐。之后，阿尔布巴为了斩草除根，又率军到康济鼐在日喀则地区的根据地，想要全歼康济鼐的私人武装。康济鼐的部将颇罗鼐一面积极抵抗，一面上书清朝说明情况，请求朝廷派出援军剿灭阿尔布巴。西藏再次陷入战火之中。

为了防止阿尔布巴勾结准噶尔入寇，1728 年四月，雍正皇帝命都察院左都御史查郎阿、銮仪使周瑛等从川、陕、滇三省调集军队，兵分两路入藏。而颇罗鼐联合阿里地区的驻防部队，向阿尔布巴反击，最终以弱胜强。

1728 年六月，颇罗鼐进军拉萨，擒斩阿尔布巴、隆布鼐及其他党羽 17 人。西藏经过近十个月的战乱又恢复稳定。雍正皇帝晋封颇罗鼐为贝子，令其协助清朝驻藏大臣衙门办理藏区军政及宗教事务，加强了清朝对西藏地区的控制。

在清朝专力于处理西藏问题时，因纵欲而罹患梅毒的准噶尔汗国君主策旺阿拉布坦于 1727 年去世，享年 64 岁。策旺阿拉布坦的长子噶尔丹策零继承珲台吉之位。这位新君甫一上台就忙着清理门户，铲除异己。整个准噶尔汗国陷入一场重新洗牌的政治斗争中。

1720 年，清朝将准噶尔驱逐出西藏后，在康熙皇帝的授意下，当时负责入藏军事行动的清军最高统帅抚远大将军王胤祯不久就移师甘州，而驻屯巴里坤的清军西路军拿下了准噶尔汗国重镇乌鲁木齐城。不久后，康熙皇帝病重去世，攻灭准噶尔的军事行动不得不中止。但朝廷为了日后用兵之便，并没有撤销北路军和西路军的建制。策旺阿拉布坦的撒手人寰，让雍正皇帝觉得找到了一举解决准噶尔问题的千载良机。再次和准噶尔开战的准备工作已经在有条不紊地落实当中，紧邻准噶尔的漠北草原和甘肃、哈密等处成为清朝备战工作重点开展的区域，至于备战工作的中心，自然还是后勤保障问题。

康熙末年，清朝出于巩固对漠北草原的控制的需要，已经在漠北地区大修官道，将地处要冲的驿站升级为兼具传递消息、囤积粮草、驻扎军队、战时充当军队指挥所的军台站，防御设施和功能比驿站更齐全。这些军台站每每可配备 50 到 700 名不等的守台军士，备马一百到上千匹。有的大型军台甚至可以容纳万人，

▲ 怡亲王胤祥画像

与要塞无异，如 1719 年在乌里雅苏台南部修筑的察罕廋尔军台站；位于科布多附近，曾经是噶尔丹屯田备战要地的乌兰固木军台站，最多时竟驻扎过 3 万清军！将这些星罗棋布的军台站连接起来的道路，就是由山西旅蒙商人开辟出来的商道。在康熙三征噶尔丹期间，出钱又出力支援清军后勤补给的晋商集团，成为清朝新一轮备战工作的重要助力。

1727 年，在怡亲王胤祥的建议下，雍正皇帝启用了著名的晋商范毓馪参与到驻扎漠北的清军北路军后勤补给线的建设中。曾经在 1721 年就为北路军输送过粮草的范毓馪，常年奔波在漠北经商，对当地的地理条件极为熟悉。为了

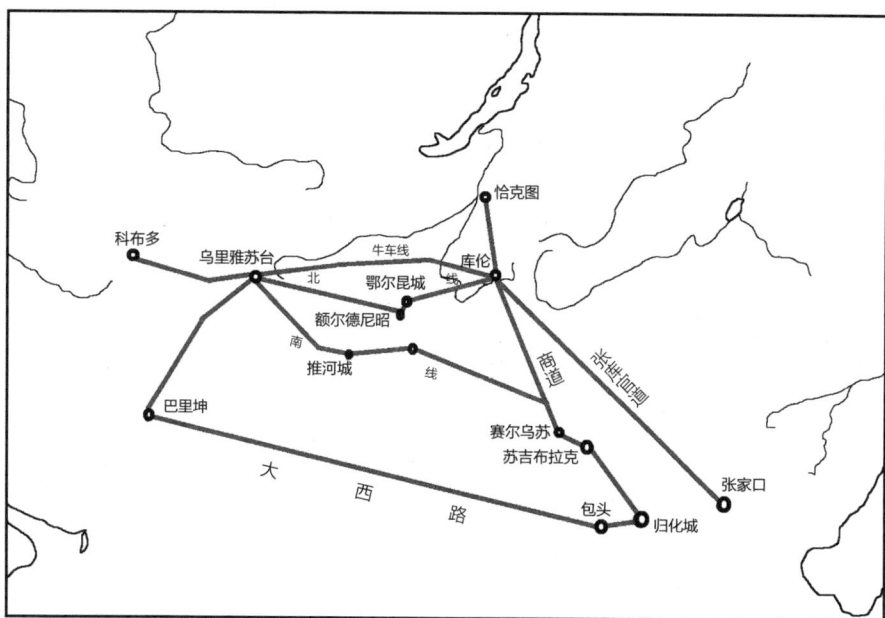

▲ 雍正年间西北前线的后勤保障运输道略图（参考自秋原《旅蒙商述略》）

扩大自己的商业利益，服务好雍正皇帝这个铁打的靠山是非常有必要的，所以范
毓馪不仅"以家财运饷万石"，更是积极为改良清军传统的驮运方法和制定运输
队行程路线出谋划策。在他的倡议下，清军的后勤运输部队因地制宜，针对漠北
草原的地理气候状况，摒弃了传统的骡马驮运法，采用了骆驼队为主、牛车队为
辅的全新运输方法。这些后勤运输队伍所要走的运输路线，以内地的张家口、漠
南的归化城为起点，经漠北草原南端的苏吉布拉克驿站，再向西北到达塞尔乌苏
军台站。之后，分作两条路线：一条沿旧商道向北到达库伦，然后从库伦向西经
鄂尔昆城和额尔德尼昭到达乌里雅苏台，这条线路因在杭爱山北，所以被称为山
后线；另一条折向西北，经翁金军台站，从杭爱山以南过推河城，到达乌里雅苏台，
这条线路因在杭爱山南，所以被称为山前线。此外，在山后线更往北处，还有一
条从库伦直达乌里雅苏台的运输线，这条线路所经地方水草较充足，所以清军在
此全部采用牛车运输，因而这条最北端的线路又被称作牛车线。从乌里雅苏台西
出后分作两道，北道直达科布多，南道穿过阿尔泰山后可通往清朝西路军驻扎地

517

巴里坤。由张家口、归化城到科布多，全程六千六百多里路，顺利的话需要两个半月到三个月的时间，这在没有现代交通工具和高速公路的古代，已经是很高的运输效率。从内地出发前往漠北的驼队，除了驮运枪炮军械等，主要还是运输米粮供应军士食用。至于作战所需的骡马和牛羊等肉畜，则可以从当地喀尔喀蒙古各札萨克旗采买征集。

西路军方面，川陕总督岳钟琪于1727年六月十九日上奏雍正皇帝，提出了七条备战建议，内容涵盖了用兵方略、出击时间、战术训练、粮饷及战备物资筹集等各个方面。除了第五条"火器宜修造"中，关于动用陕甘两省的结余公款为陕甘驻防清军添置鸟枪两万杆的建议，因超越了岳钟琪的事权而执行情况不明外，其余建议均在雍正帝的支持下得到落实。此外，朝廷还拨款在嘉峪关到哈密的沿途增设27座军台站；采取屯田和采购粮食相结合的方式补充军需主粮；在河西设立马场，牧养从鄂尔多斯、陕甘及内地采买征集的牛羊等肉畜和战时所需骡马。

有了完备的后勤，还需要有战斗力的部队。清军中的精锐，首推京师八旗，其次是精于骑射的黑龙江索伦猎手。这两支部队被充实到了漠北的北路军当中，雍正皇帝拨款10余万两白银，为装备简陋的2000名索伦兵丁每人添置鸟枪一杆及其他装备。这2000多人每年的粮饷花销达到59000多两白银。至于汉人组成的绿营里，战力最强悍的就要数员额高达9万多人的西北陕甘绿营，西路军编制内的26500名官兵里，陕甘绿营兵就占了绝大多数。这些精挑细选出来的健儿，成了清朝在即将到来的战争中，与准噶尔军作战的主力。

清初，在对外战事中往往由爱新觉罗宗室王公甚至皇帝本人统军出征。康熙皇帝年轻时，为消灭噶尔丹这个强敌屡屡御驾亲征；晚年身体状况不如从前，依旧派遣自己的儿子和宗室子弟完成"驱准保藏"的伟业。但雍正皇帝却没有父亲康熙皇帝这样的条件。

首先，雍正皇帝继位时已经是45岁的中年人，常年忙碌于繁杂的政务，使这位身体本来就不硬朗的皇帝更加虚弱，自然无法御驾亲征。其次，由于某些众所周知的原因，和康熙皇帝相比，雍正皇帝的兄弟里并没有熟悉军务、能充分信任的亲王可供驱使。已经被改名为允䄉的"驱准保藏"主帅胤禵，被发落到埋葬康熙皇帝的景陵充当守墓人；雍正皇帝能信得过的怡亲王胤祥、果郡王允礼都身体不好，得协助雍正皇帝处理内政。雍正皇帝自己的3个儿子年少，不谙军旅；宗室子弟里，前平逆将军延信因为政治原因此时正被幽禁，不可能被启用，只有一位代善的后裔顺承郡王锡保可以应征。到头来，雍正皇帝能依靠的，主要还是岳钟琪、傅尔丹等久驻边地的将领。

清朝方面已经磨刀霍霍，准噶尔汗国的新一代君主噶尔丹策零也不是善茬。这位32岁的准噶尔珲台吉掌控政权的能力并不输于雍正皇帝。他推出了一项新的改革：从汗国的24个鄂托克里挑选部分健壮者及其家属，增设21个"昂吉"，任用一批亲信贵族加以统领。"鄂拓克游牧之地环于伊犁，昂吉游牧之地又环鄂拓克之外。"（傅恒《钦定皇舆西域图志·卷二十九》）这21个昂吉分布于准噶尔汗国境内东起阿尔泰山山脉、西至塔拉斯河流域、横跨天山山脉南北广大区域的各军事要地周围，并在指定牧场内游牧，以便于准噶尔珲台吉加强对各地的控制。

关于准噶尔汗国军队的规模，历来众说纷纭。根据曾经在准噶尔汗国进行外交活动的俄国炮兵大尉温科夫斯基在《十八世纪俄国炮兵大尉新疆见闻录》中的记载，在策旺阿拉布坦时代，准噶尔汗国的武装力量达到六万余人，紧急状态下可动员近十万兵力。日本学者宫胁淳子在《最后的游牧帝国》一书中提到，到噶尔丹策零时代，准噶尔汗国拥有八万军队，这八万军队大部分被纳入二十一"昂吉"编制内。在这二十一个昂吉中，准噶尔本部昂吉六个，兵力三万余，兵额接近准噶尔汗国常备军的一半，战力也最为强悍。如大策零敦多布等宿将所领鄂托克，即被大部编入昂吉当中。此外，在准噶尔汗国境内游牧的其余卫拉特部落亦从鄂托克中抽调精锐编设昂吉，其中和硕特部昂吉一个，土尔扈特部昂吉两个，杜尔伯特部昂吉三个。卫拉特各部中历史最悠久的古老氏族辉特部，此时已经沦为杜尔伯特部的附庸，但挂着辉特氏族之名的昂吉数目却有九个之多，甚至超过了准噶尔昂吉的数目。由于史料的缺失，此现象的出现缘由至今无解，极有可能是噶尔丹策零为了分化杜尔伯特部的势力，所以将原属杜尔伯特部的精锐武装划出，冠以辉特氏族之名。从这一点来看，噶尔丹策零推广昂吉制度的目的，除了强军，更是为了集权。当然，昂吉并不是完全脱产的职业军队，它的性质或许更类似于明朝的军户。根据清人记载："准部一切供赋及重大差务则鄂托克承输。若零星供给，合二十四鄂拓克、二十一昂吉均输焉。"（傅恒《钦定皇舆西域图志·卷二十九》）即准噶尔汗国本部游牧区的贡赋徭役主要从二十四鄂托克中征收，二十一昂吉编户只需要向汗庭提供小部分日常物资。除了税务徭役的优惠待遇，昂吉编户在战时还能获得来源于二十四鄂托克、天山南路和布哈拉等城邦提供的军需物资。

　　昂吉内部分工明确。昂吉中的成年男丁平时专注于军事训练，战时则应准噶尔珲台吉调遣投入战场，日常游牧生产活动则由其眷属、牧奴来完成。在游牧政权的社会里，长期存在兵民不分的状况，各社会单位中的成年男丁平时为牧民，战时则拿起武器变成军人。这也是为什么汉文史料里，某些人口不过百万的游牧部落依然能拥有"控弦之士数十万"的原因。噶尔丹策零所推行的昂吉制度，既有削弱汗国各个异己游牧封建主势力、巩固君权的考量，也是一次打破游牧政权兵民不分传统的有益尝

▲ 岳钟琪像，清代叶衍兰绘

试。昂吉制度的推行，一定程度上有利于准噶尔汗国军队战斗力的提升。这就意味着清朝军队此时要面对的准噶尔军团，恐怕会比策旺阿拉布坦时代的更难对付。然而，朝廷上下却少有人意识到这一点。

　　1728 年，雍正皇帝遣使准噶尔，重申此前一直向准噶尔方面提出的遣返罗布藏丹津等反清分子的要求，被噶尔丹策零拒绝。1729 年三月，雍正皇帝晋升岳钟琪为宁远大将军，统率西路军；晋升北路军统帅傅尔丹为靖边大将军，令二人分统所部出师作战。

　　1729 年四月，雍正皇帝在祭祀太庙时亲自撰写祭文，声称要对"为蒙古之巨害，中国之隐忧"的准噶尔汗国"迅行扑灭"。皇帝战意坚决，下属的文武大臣也对

即将要开始的战争抱着极为乐观的态度。就连一向在官场上以低调、务实闻名的宁远大将军岳钟琪也在 1729 年六月上疏雍正皇帝，列举了未来的战争清朝必胜、准噶尔必败的十条理由，仿佛已经胜券在握：

> 臣叠蒙指授庙谟，至周极备。约举王师之十胜，决逆夷之必败：一曰主德；二曰天时；三曰地利；四曰人和；五曰糗粮之广备；六曰将士之精良；七曰车骑营阵之尽善；八曰火器兵械之锐利；九曰连环迭战攻守之咸宜；十曰士马远征，节制整暇，又加以期日之宽舒，机宜之详密。凡此全胜之宏略，咸出圣心。臣得效奔走之微劳，便成殊绩。臣知指日荡平，献俘奏凯，以报国恩。
> （《清世宗实录》雍正七年六月）

朝野上下一片主战声浪中，唯有权臣鳌拜之孙、满族正蓝旗前锋统领达福提出异议，他向雍正皇帝进言："策零（此处应为昭梿笔误，实指策旺阿拉布坦）虽死，其老臣固在。噶逆亲贤使能，诸酋长感其先人之德，力为御。主少则易谏，臣强则制专。我以千里转饷之劳，臣未见其可。"（昭梿《啸亭杂录·卷三·记辛亥败兵事》）雍正皇帝正做着扫平准部、一统蒙古的黄粱美梦，对于达福的忠告置若罔闻。

1729 年年底，为便于处理西北军务，雍正皇帝特意设立了军机处，任命怡亲王胤祥、大学士张廷玉等主持军机处日常工作。在清朝君臣上下一片乐观的氛围中，清朝和准噶尔的第三次交手拉开了序幕。

埋骨胡尘：和通泊畔的遍地遗骸

北路军统帅傅尔丹接到雍正皇帝的谕令后，立即率北路军前出至乌里雅苏台南的察罕叟尔设立大营。为了迷惑准噶尔人，北路军的官兵们没有在科布多和乌兰固木这样的军屯重镇集结立营，而是伪装成每三年更换一次的边防哨卡戍守兵，在扎布汗、特斯等处建起哨卡，分散驻守。1730 年春，傅尔丹上奏雍正皇帝，呈报了北路军的作战计划，这份计划的中心内容是以 8000 人的兵力分兵四路，每路 2000 人，从布尔干、布鲁尔、库列图岭、奇兰河穿越阿尔泰山后，会合西路军直捣准噶尔汗国本土。①

如此大规模的军事调动，要想保证不被外人察觉出意图，无疑是非常困难的：先是1729年六月，3名喀尔喀蒙古人越界跑到准噶尔地界，透露了清朝大军即将出兵的消息；接着，带领商队前往肃州进行贸易活动的准噶尔人特磊，亲眼看见清军西路军出兵的情状并立即向噶尔丹策零报告。这些突发情况迫使雍正皇帝在几番犹豫后，最终决定暂停原定的军事行动。1730年秋，雍正皇帝召回西、北两路大军主帅岳钟琪、傅尔丹，重新制定作战计划。这将近一年的时间，给了准噶尔汗国调兵遣将的机会。

噶尔丹策零接到特磊的报告后，决定先发制人："我等不可迟缓，火速出兵。在（1730年）正月先劫取他们的马匹，在围困他们的人，料为容易。"（中国第一历史档案馆藏《军机处满文月折档》）1730年十月开始，准噶尔军就迫不及待地率先发起进攻。清军西路军在巴尔库尔、青海噶斯口岸各处都遭到了准噶尔军的袭击。十二月，更大的败报传来。准噶尔军再次祭出盗马战术的法宝，兴兵2万洗劫了清军西路军设在哈密和巴里坤之间的科舍图岭牧场。清军阵亡3243人，损失牲畜122557头。

之后，准噶尔军挟战胜之威，继续窜扰哈密城东的塔尔纳沁、青海的哈吉尔卡伦等处，一直深入到柴达木盆地以南的德布特尔。虽然清军在肃州镇总兵樊廷等将领的指挥下最终击溃准噶尔军，但准噶尔军的袭扰使清军西路军蒙受了极大的人员和物资损失，急报如雪片般送到北京。雍正皇帝针对准噶尔的盗马战术，采取了新的策略：步步为营，筑城进逼。十二月二十日，雍正皇帝颁布上谕：

> 朕思：于西路巴尔库尔，北路卡伦之外各筑一城，驻扎大兵，不时派讨伐之兵袭击，惊扰其（准噶尔）众，贼必撤彼游牧，远退藏匿。我军再进数百里，更筑一城。照此一年后，复进数百里，再筑一城。进博尔塔拉后，两路兵

---

① 全文参见中国历史第一档案馆编译《雍正朝满文朱批奏折》靖边大将军傅尔丹奏报密查四路统领大臣之调遣折。

彼此计议应援，各筑一城，以我大
兵驻扎。其前所筑之城，再量拨官
兵前往，递相移驻。各于筑城处垦
种以充军粮；将全数驼马、牛羊，
无事时择地放牧，若有事全数收拢
入城。贼队既无所获，我兵一出，
袭取其行装、牲畜。况贼怎敢越我
兵驻扎之城而来？其力渐窘，其众
必离……我兵进剿，直捣其巢。不

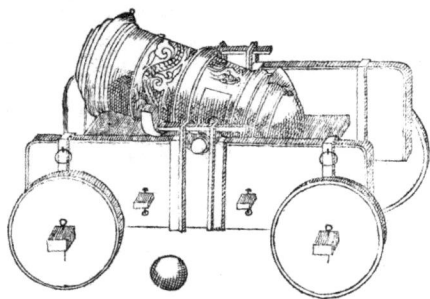

▲《皇朝礼器图式》威远将军炮，由戴梓根据"冲
天炮"改进

出三四年，贼必不能逃过天纲矣。（中国历史第一档案馆藏《军机处满文上谕档》雍
正八年腊月二十二日谕）

具体说来，就是要岳钟琪、傅尔丹两路清军派出机动部队袭扰准噶尔游牧集
团的同时，每路在各自的作战区域内分别修筑三座土筑砖包的大城，城防结构包
括瓮城、角楼、城壕等，设施齐全。这三座大城附近的交通枢纽和战略要冲，还
分布着几座卫星城和数十座炮台。如此依托这六座大城步步蚕食，西、北两路军
可于三年内会师于准噶尔的腹地博尔塔拉，成为插入准噶尔汗国腹心的尖刀。这
一套筑城进逼的策略倒是和俄国人在准噶尔北方牧场的扩张手法不谋而合。区别
在于，清军的这一整套筑城计划具体实施起来所花费的成本相当高。根据傅尔丹
于1731年春呈送给雍正皇帝的报告，筑城计划中仅在额尔齐斯河修筑的第二座大
城及其卫星城堡和炮台群，就需要配备15000名后勤保障人员、26000名作战人员、
鸟枪5000杆、子母炮300门、威远将军炮60门。（转引自张建《和通泊之役与
大清国的边务危机》）

准噶尔军擅长野战，但攻坚能力方面一直是短板。是以在和俄国的冲突中，
准噶尔人长期只能坐视俄国人利用堡垒点、线、面结合，蚕食北方领地而徒唤奈
何。噶尔丹策零为了改变这种状况，曾勒令在斋桑湖之战中俘虏的瑞典籍俄罗斯
炮兵准尉列纳特，带领亚梅什湖之战中被俘的俄国技师，采用欧洲人的铸炮技术，
为准噶尔军铸造大炮，共制造了7门铜炮和3门臼炮。他还在准噶尔传统炮兵"包

沁"之外又建立了一支欧式炮兵部队，但这支初建之师的装备还是以长于野战的轻型火炮为主，依旧缺乏可以担当攻坚使命的重炮。不难想象，倘若雍正皇帝能够坚定不移地将筑城进逼的计划进行到底，将会对准噶尔汗国造成多大的威胁。

1731年二月，雍正皇帝在给傅尔丹奏折的批复中表示，要继续增派京师八旗和地方驻防八旗兵充实北路军的军力。预计到1731年秋，北路军察罕廋尔大营的兵力将从两万余人增添至四万余人。1731年四月二十五日，傅尔丹在科布多河以西修筑了北路军西进计划中的第一座大城，西路军也已经前出至巴尔库尔筑城；到1732年，北路军可以推进到额尔齐斯河，西路军可以推进到乌鲁木齐，形成掎角之势让准噶尔人腹背受敌。但正当两路大军的筑城工作紧锣密鼓地进行时，雍正皇帝又改变既定方案。原因是噶尔丹策零几次袭扰清军作战区域都在西路军的防区，这就给雍正皇帝造成了一种错觉：哈密、巴里坤等处在接下来的作战中仍然会是准噶尔军重点进攻的目标，那么清朝是否可以趁准噶尔后方空虚的当口"分贼力于一方，指示进剿另一方"呢？

在这种主观臆断思维的主导下，雍正皇帝急不可耐地命令傅尔丹必须于1731年七月完成科布多的筑城工作，而后举精兵6000于同年八月奔袭额尔齐斯河的准噶尔牧地。可是实际上，噶尔丹策零已经准备掉转矛头对付清朝的北路军。

1731年五月，从准噶尔逃脱至科布多的被俘清军西路军士兵蓝生芝报告称，准噶尔已在阿尔泰山集结兵力，欲攻北路。这时，准噶尔军还在大举进攻吐鲁番东部清军西路军驻守的鲁谷庆（今鲁克沁）。准军声势浩大，鲁谷庆的清军被围困了四十多天。西路军战区急如星火的奏报使雍正皇帝更加坚定地相信：准噶尔军未来的军事行动仍将主攻哈密、吐鲁番地区。是以清朝方面对蓝生芝的报告采取了冷处理。

六月初三，在距科布多筑城地不远的乌苏图舒鲁克卡伦驻防的清军抓获一名准噶尔人塔苏尔海丹巴，他供称："本年正月，我台吉噶尔丹策零传令准噶尔之众，出三万兵约于五月初，合兵于奇兰之地……小策零敦多布统率驻扎之兵，原号称三万，但未全至。现罗布藏策零（噶尔丹策零的妹夫）属下一千六百兵耽延至外，又有千兵未到。现仅有兵二万余。"（《军机处满文月折档》靖边大将军傅尔丹等奏，雍正九年六月十八日）基本证实了此前士兵蓝生芝的报告。

机不可失，傅尔丹决定先发制人提前行动，趁准噶尔军尚未完成集结之际速迎掩杀，袭扰准噶尔军，挫败其战略意图，挽回科舍图之战落败后清朝一方的被动局面。在没有上报给雍正皇帝的情况下，六月初九，傅尔丹以都统衮泰、总兵胡杰、参赞大臣陈泰等率满汉官兵 9300 余人留守科布多；又令顺承郡王锡保等至特斯卡伦等处勘测地形；傅尔丹自己亲自率领包括京师八旗、山西右卫八旗、盛京八旗、黑龙江驻防八旗及索伦猎手等鸟枪骑兵在内的 1 万精兵，轻装出发。随军的将领巴赛、查弼纳、马尔齐、塔尔岱等均是久随傅尔丹征战的沙场宿将，阵容不可谓不强大。

六月十六日，傅尔丹率军行经扎克赛河时，抓获准噶尔牧人 12 名，其中一名叫巴尔喀的供认："今小策零敦多布身边之兵仅千，我兵并未立营驻扎，俱随水草分驻……号称备兵三万，尚未全至。今陆续而来，已到实数不知。大概估计，多半已至……"（《军机处满文月折档》靖边大将军傅尔丹等奏，雍正九年六月二十八日）

小策零敦多布是大策零敦多布的堂侄，号墨尔根代青，原本率领自己的昂吉驻牧于喀喇沙尔一带（今新疆焉耆），监控天山南路各城邦。战争爆发后，他即被噶尔丹策零调到汗国东线与清军作战。在准噶尔进攻哈密等处的多次军事行动中，小策零敦多布都当仁不让地充当急先锋。此次，准噶尔进攻清军北路军防区的战事，本是由大策零敦多布、多尔济丹巴父子和小策零敦多布共同领军，但年事已高的大策零敦多布于途中患上眼疾，由他统率的近万部队行军被耽搁，所以原定的三万部队并未按时集结完毕，只有小策零敦多布率领自己的私兵一千多人到达阿尔泰山麓的察罕哈达以东地区。对于傅尔丹而言，这真是绝佳的立功机会。小策零敦多布在准噶尔的名气仅次于大策零敦多布，如果能将他击斩或生俘，将会对准噶尔军的士气起到极大的打击作用，也是挫败准噶尔进军图谋的有效方式。于是，傅尔丹取消原定进攻游牧在图鲁图绰尔的准噶尔人牧群的行动，改为直接进攻察罕哈达的小策零敦多布本部。

六月十八日，清军急行军两日后到达博克托岭（今蒙古国科布多市以西 50 公里处的和塞尔赫山）下的图尔巴图湖。由参赞大臣苏图等率领的 1000 名京师八旗兵首先和正在此地放牧的准噶尔军发生遭遇战，这时的准噶尔军已经在此聚众近万人，不过由于分散驻牧，反而未能对清军形成兵力优势。之后，清军后续部队

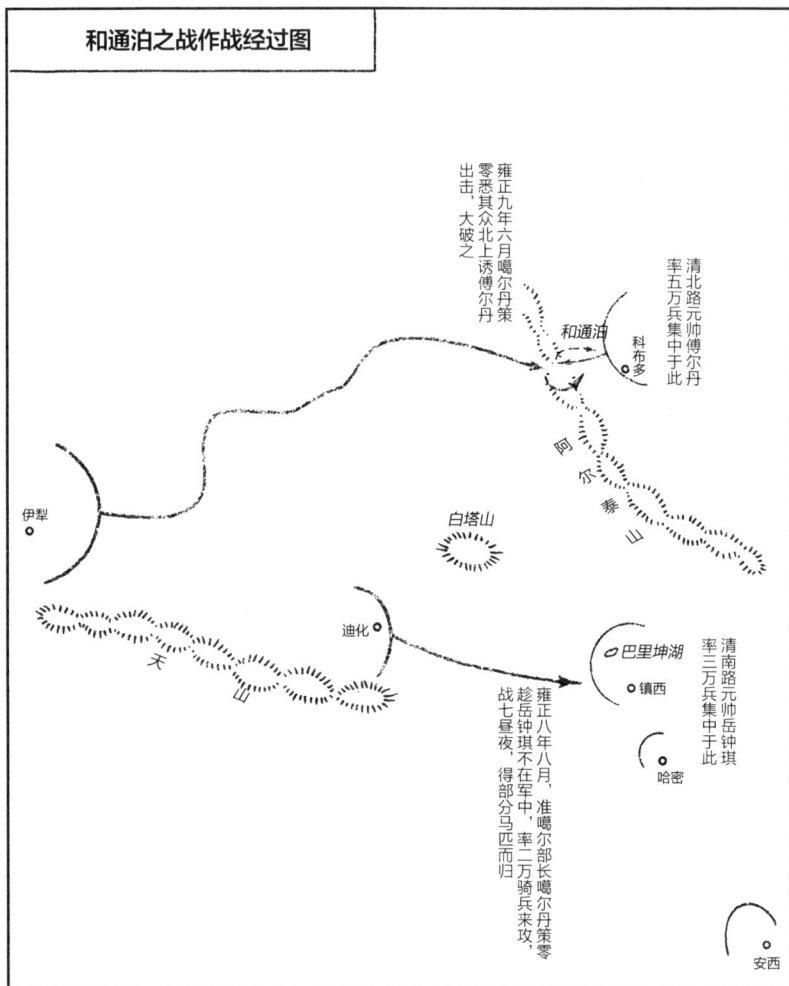

和通泊之战作战经过图

清北路元帅傅尔丹率五万兵集中于此

雍正九年六月噶尔丹策零悉其众北上诱傅尔丹出击，大破之

和通泊

科布多

阿尔泰山

伊犁

白塔山

天山

迪化

巴里坤湖

镇西

哈密

清南路元帅岳钟琪率三万兵集中于此

雍正八年八月，准噶尔部长噶尔丹策零趁岳钟琪不在军中，率二万骑兵来攻，战七昼夜，得部分马匹而归

安西

▲ 和通泊之战

陆续赶到，准噶尔军面对来势汹汹的清军只能边打边走。此后连续两天的激战中，清军紧紧追在准噶尔军后面不断发起攻击，一直追到距离科布多大营西北一百多公里的和通泊。

六月二十一日，正当傅尔丹狂飙突进之时，大、小策零敦多布聚集的3万人马抵达和通泊战场外围。形势顿时逆转——准噶尔军对清军形成了3∶1的兵力优势。

二十一日下午,傅尔丹和手下众将商议后决定率部后撤,清军以前锋统领定寿、副都统苏图、觉罗海兰等领 1000 兵在东,归化城副都统马尔齐、塔尔岱领 1000 兵在西——两路人马负责殿后,傅尔丹自率主力 8000 人在前。清军撤退当晚即于路上遭遇狂风暴雨,担负殿后任务的定寿部 1000 人行动迟缓,被准噶尔军追上包围。素有勇名的小策零敦多布一马当先,率领亲卫部队 200 骑突击定寿部,深受鼓舞的准噶尔军士兵也争先恐后地杀入战阵。定寿部清军骤然陷入血战,随身携带的少量弹药箭矢又很快用完。六月二十二日,殿后的两支清军分队遭到毁灭性打击,其中西路定寿部全军覆没,定寿本人自尽、马尔齐等以下高级将官全部战死,仅有觉罗海兰突围而出。

歼灭定寿部后,准噶尔军开始进攻傅尔丹亲率的主力部队。列纳特所统领的欧式炮队也赶到战场。在准噶尔军准确而猛烈的炮火轰击下,清军伤亡惨重。由索伦猎手为主体构成的黑龙江兵丁虽然单兵作战素质极高,但整体纪律较差,首

和通泊之战清军官兵损失表
(选自张建《和通泊之役与大清国的边务危机》)

地区	数量
京旗	4583
奉天	579
吉林	462
黑龙江	84
右卫	1093
苏图随带	54
察哈尔	97
归化城土默特	199
喀喇沁土默特	51
喀喇沁	17
绿旗	7

先溃营而去。

六月二十三日，察哈尔八旗、土默特、喀喇沁等数千蒙古兵丁也在准噶尔军的猛烈冲击下溃散，归化城土默特副都统衮布竟投降了准噶尔军。最后，只剩傅尔丹亲率的京师八旗依旧在抵抗。战至二十五日，傅尔丹知败局已定，遂率领建制尚存的4000名八旗兵列成方阵，护卫随军的火炮等辎重物资突围。准噶尔军不顾可能遭遇清朝援军的危险，一路上死死咬住傅尔丹部，不断发起进攻，而清军边打边撤。此前一直反对雍正皇帝西北用兵的参赞大臣达福到了真正的战场后，倒是以命相搏，亲自断后，最终战死疆场。二十八日，清军撤至哈尔哈纳河，仍未摆脱紧追其后的准噶尔军。傅尔丹为了加快撤退的速度，命令部队扔下辎重物资，随后分作两路，一路由傅尔丹统率，一路由辅国公巴赛统率，继续向科布多方向回撤。七月初一，傅尔丹亲统的两千残余清军终于撤回科布多；巴赛一路却在准噶尔军的围追堵截下全军覆没。副都统塔尔岱在奋力保护主将傅尔丹突围的过程中，受重伤掉队，幸亏其坐骑得力，这匹忠心的战马一路驮着濒死的主人不离不弃，使塔尔岱终于在七月初七成功脱险，返回科布多。

和通泊一战，清军在作战中阵亡及被俘者有6923名，303名官兵在溃败时被杀或遭俘虏，总共损失官兵达7226人，侥幸逃出生天的只有2000余人——战损率达到参战兵力的70%！惨烈程度堪比1652定南大将军尼堪被击毙的衡州之战，被美国的中亚史学家斯塔尔认为是19世纪以前清军最大的一次败仗。

要提到的是，向来被主流史学界认为"衰弱不堪战"的八旗兵，大部分官兵在和准噶尔军交战的过程中都表现出了极大的勇气，逼得小策零敦多布亲自披挂上阵。尤其是荣誉感和内部凝聚力极强的京师八旗，更是一直浴血奋战，用沉重的伤亡代价使清军避免了被全歼的厄运。参战的清军将佐18人中，除去投降的衮布以外，只有突围逃脱的傅尔丹、德禄、塔尔岱、承保等幸存，余者尽殁于沙场。值得注意的是，这些殉国者中有相当部分都是名臣之后，他们能在危难之际选择以决死的惨烈方式向国家效忠，没有辱没祖上的名声。

论及清军惨败，清代史家多将其归咎于傅尔丹勇而寡谋，轻信准噶尔降人的伪降而贸然出兵，导致大军中伏；至于那两位被清军俘虏的准噶尔牧民塔苏尔海丹巴和巴尔喀，则被视为准噶尔军的间谍。从前文所摘录的这两位投降者的供词

名讳	位阶	备注
巴赛	副将军、辅国公	郑献亲王济尔哈朗之后
查弼纳	副将军、兵部尚书	
定寿	前锋统领	中鸟枪伤，自刎
马尔萨	参赞大臣、内大臣	开国五大臣费英东之后
苏图	参赞大臣、宁夏驻防左翼副都统	议政大臣、满族正红旗副都统苏丹之子
觉罗海兰	参赞大臣、镶白旗护军统领	—
达福	散秩大臣、超武公	鳌拜之孙
戴豪	满族正白旗副都统	一等侍卫、副都统海青之子
舒楞额	吏部右侍郎、满族正红旗副都统	失踪
马尔齐	归化城副都统	—
西弥赖	副都统	各种文献均称其为"副都统衔"。自尽
常禄	满族镶白旗副都统	—
永国	盛京礼部侍郎兼内阁学士	—

来看，并没有什么隐瞒的地方；尤其是巴尔喀在供认小策零敦多布身边仅有千人的同时，也告知清军准噶尔的后续部队有可能已经集结完毕的情况，这实在不像是诈降者所为。

昭梿在《啸亭杂录·卷三》中曾编造了一段逸事。制定对准噶尔的作战计划时，雍正皇帝曾令西路军主帅岳钟琪和北路军主帅傅尔丹"会议进兵策"，岳钟琪亲赴傅尔丹军营，看见傅尔丹的中军大帐里挂满了锋利的刀剑长矛，岳钟琪不解。傅尔丹颇为自得地说："此皆吾所素习者，悬以励众。"岳钟琪听后"笑而漫应之"，等离开傅尔丹的军营后他才对部下感叹地说："为大将者不恃谋而恃勇，亡无日矣！"作为独当一面的方面军主帅，傅尔丹在昭梿的笔下完全被矮化成了敢死队长式的莽夫。

▲《皇朝礼器图式》中的清军将官布面甲

客观地说，傅尔丹在战前趁准噶尔军立足未稳，对小策零敦多布发起斩首行动的想法并不能算错。只是他在实现这个作战目标的过程中，对所获取的情报缺乏理性分析，对敌我双方的形势又没有做出充分的估计。全军战败后，身为主帅的傅尔丹当断不断，依旧命令部队携带严重妨碍行军的辎重撤退，结果是行军速度缓慢的清军一路被准噶尔军围追堵截，付出了大量不必要的伤亡。诚然，作为独当一面的军事统帅，傅尔丹并不优秀，但也不能因此就将他归类成不识军务的莽撞之人。

此外，清军驻守科布多后方的部队未及时发兵救援，也是造成和通泊一战清军惨败的重要因素。从1731年六月二十二日开始就有溃逃的清军士兵回到科布多，留守科布多的都统衮泰急忙调遣各处军台站的驻守清军准备西进救援傅尔丹，但是响应者寥寥。扼守科布多河以东的参赞大臣陈泰，更是畏敌如虎，竟率领帐下3000名骑兵向东逃窜。失去了这支科布多附近最强悍的野战力量，衮泰的救援计划也就胎死腹中。陈泰的父亲是康熙朝在昭莫多击溃噶尔丹的名将费扬古，俗话说虎父无犬子，但陈泰却没有继承乃父的优秀军事才能。后来，雍正皇帝追究战败责任时，陈泰被撤职囚禁。

前文已述及傅尔丹进军并非奉命行事，而是自行其是。直到1731年七月初五，雍正皇帝才在岳钟琪的奏折里大概得知了傅尔丹所部被准噶尔军围困在和通泊的消息。不过，这并不代表雍正皇帝对和通泊一战清军战败就没有责任。雍正皇帝在继位前后，并没有带兵作战的经验，在主持军事战略方面，只能盲目复制前人的经验。此前，1720年清朝北路军在屡屡翻越阿尔泰山对准噶尔的作战中不断取胜，使雍正皇帝深信"尊圣祖父皇先年奇谋，派出攻击之兵"必能奏捷。是以雍正皇帝在历次军事计划调整中，唯一不变的一条宗旨就是倚重北路军。由于北路出击必胜的信念过分强烈，他根本不相信准噶尔人有胆量向北路军发起进攻。这种墨守成规、过分自大的想法也存在于北路军统帅傅尔丹及其麾下的部分将领脑中。应该说，死抱着过时的军事信念而不思变通，才是和通泊之战清军战败的根本原因所在。

从 1729 年到 1731 年，在准噶尔军多次袭扰边境的军事冲突中，雍正皇帝想出了克制准噶尔军常用战术的方略，却始终没能准确预判准噶尔军的战略意图，为此一而再，再而三地取消已经制定好的战略预案。没有充分了解敌方战略意图，就对军事战略决策部署随意调整，实在没有任何意义。最高统治者朝令夕改的多变指示，必然会导致手下军队统帅的跟风盲动，最终结果就是酿成军事灾难。

作为雍正皇帝真正的对手，噶尔丹策零却有过自统一军、南征北战的长期历练，极具军事才能。和雍正皇帝对军事行动的目标不断更改形成强烈对比的是，自始至终，准噶尔军对清朝的作战目标从未变过，就是通过传统的盗马战术削弱化解清军进攻的能力，夺取战略上的主动权，而后集中优势兵力尽可能围歼或重创清军野战部队。科舍图牧场的作战使清朝西路军损失了大批的牲畜，和通泊一战又重创了清军北路军的野战兵团。接下来，准噶尔军将会把更猛烈的战争之火倾泻到清朝的国土上。

骁将折鞭：准噶尔兵败额尔德尼昭

由于道路闭塞，傅尔丹战败的消息并没有很快传到哈密。宁远大将军岳钟琪对傅尔丹一路军事行动的预判充满乐观，认为："傅尔丹及从征官兵奋力剿杀，自必破围取胜，惟是贼夷此番倾众来犯北路，必以西路军营上年遭其骚扰、驼马缺乏，难以进击，因有轻视西路之心。"（《清世宗实录》雍正九年七月）是以清军北路军在和通泊遭遇惨败时，岳钟琪正在筹划趁准噶尔军主力北上阿尔泰山之际，奇袭乌鲁木齐。得到雍正皇帝的批准后，岳钟琪与提督纪成斌等率军于 1731 年七月十二日离开巴里坤向乌鲁木齐进击。负责牵制清军西路军的准噶尔军将领库克辛玛木特、色布腾台吉两人手上只有数千兵力，无法和清军抗衡，因而被清军击败。

七月二十四日，清军进抵距离乌鲁木齐只有两天路程的纳林河，准噶尔军已经远遁。为防止准噶尔军包抄清军后路，岳钟琪见好就收，率军撤回巴里坤大营。

这次长途奔袭虽然受到雍正皇帝的赞赏，但是这种局部战场上的战术性胜利对整个战局的影响微乎其微。在漠北战场，清军已经完全陷入被动局面。

和通泊之战的胜利使噶尔丹策零底气倍增，于是便准备效法其叔公博硕克图汗，深入漠北袭扰喀尔喀。傅尔丹从和通泊败回科布多后，加紧完善科布多城防。

八月十一日，大、小策零敦多布等率军袭击科布多。傅尔丹手中虽然重新集结15000人的兵力，但雍正皇帝鉴于刚刚经历大败的清军士气低落，显然不可能再出城野战，遂严令不要因为急于雪耻而轻举妄动。傅尔丹只好坚守不出，坐视准噶尔军劫掠城外后扬长而去。这时的漠北草原已经陷入动荡之中，清军惨败于准噶尔军的消息已经如风一般传遍喀尔喀各部，喀尔喀蒙古人大哗，"运米、运官物之喀尔喀众无照看而动摇，驻卡伦、驿站处之喀尔喀众推脱，各自丢弃差事，驱赶马匹逃逸者甚众，致卡伦、驿站曾经中断"（《军机处满文月折档》靖边大将军傅尔丹等奏，雍正九年七月二十二日）。北路军最大的运输中心察罕廋尔军台城屯粮二十多万石，却只有两千多兵士把守，一旦准噶尔军深入至此，后果可想而知。幸亏顺承郡王锡保果断处置，增调正在各处军台站准备开拔到科布多的官兵入城驻守，还行文各路喀尔喀蒙古札萨克，命令他们向靠近军台和要塞处游牧。这一番部署之后，清军总算暂时稳住了局面。

北路军和通泊大败，令雍正皇帝垂泪不已。这场败仗不仅让他期望通过短线突击改变清准双方战略态势的设想被打破，就连他此前苦心谋划的筑城进逼之策也失去了实施的条件。1731年七月十三日，雍正皇帝任命大学士马尔赛为抚远大将军，前往土拉河一带防守。清军准备在北起察罕廋尔，经扎音拜达里克军台站，南到内蒙古归化城一线构筑一条纵深防御线。

在此战略调整的背景下，1731年十月，清军后勤人员将科布多城储存的88万两白银和23000石军粮转运完毕后，傅尔丹奉雍正皇帝之命放弃科布多城撤往察罕廋尔。这就意味着在接下来的战争里，清军在北路战场将从战略进攻转入战略防御。其时，先前被安置在漠北推河城一带原属噶尔丹余部的准噶尔人，已经和东征的准噶尔军阴谋勾结，已故辅国公丹济拉的儿子、固山贝子多尔济色布腾更是伙同茂海（另一位康熙年间降清的噶尔丹侄子阿拉布坦的后裔）等公开和准噶尔军联合起来，劫掠清军的驿站和军台，察罕廋尔以南的清军军台站几乎失陷殆尽，维系着漠北清军生命线的交通要道面临断绝的危险。

当时的形势对准噶尔汗国极为有利，噶尔丹策零也企图借此机会全面控制漠北草原。他命令大策零敦多布将一些和通泊之战中生俘的喀尔喀蒙古人加以释放，委托这些俘虏把噶尔丹策零准备的礼物送给各自所属的喀尔喀蒙古王公。他试图把喀尔喀蒙古上层贵族们拉拢到准噶尔一方，从而将清朝排挤出漠北。令他感到意外的是，喀尔喀蒙古的王公们竟然用火与剑作为回答。

此前，1702 年十二月，康熙皇帝召见准噶尔降人头目丹津阿拉布坦时曾说："喀尔喀人才庸劣，不及尔厄鲁特（指准噶尔）。"（《清圣祖实录》康熙四十一年十二月）在内部倾轧中好勇斗狠，面

▲ 策凌画像

临外敌入侵儿乎逢战必败的喀尔喀蒙古在康熙皇帝心目中留下了极其不好的印象。不过，出于统治漠北的需要，清朝还是像对待内蒙古的王公那样，通过联姻等方式笼络喀尔喀蒙古的上层贵族。比如土谢图汗部的札萨克和硕智勇亲王丹津多尔济、和硕郡王策凌就都娶了爱新觉罗家族的女子，成了清朝的额驸，其中又以策凌的亲清立场最坚定。

策凌的曾祖父是成吉思汗的二十世孙图蒙肯台吉，其部众原本游牧于塔米尔河一带。1692 年，噶尔丹东侵时，策凌的祖父丹津率领部众投奔清朝，受到康熙皇帝的亲切召见，当时还是少年的策凌也在被召见的行列。康熙皇帝对少年策凌极为看重，不仅授予他三等阿达哈哈番（汉名：轻车都尉）的爵位，在北京城赐予居室，更将他接入内廷和皇子公主们一同接受教育。在康熙皇帝的直接关怀下，策凌成长为文武兼备的有为青年。

1706 年，康熙皇帝将自己的女儿、22 岁的和硕纯悫公主嫁给策凌，使其在喀尔喀王公中具有了举足轻重的地位。尽管和硕纯悫公主 1710 年就因病逝世，但感于清朝皇室对自己的荣宠，策凌一直极力维护清朝在喀尔喀蒙古的统治。

1715 年，策凌率其部众从军，开往北路防御准噶尔。1720 年乌兰呼济尔之战中，策凌被委以先锋重任，随即因战功被晋封为札萨克。他在作战中目睹喀尔喀蒙古兵纪律散漫、没有战术性等弱点，遂努力整顿军伍，使自己的部众成为清朝在漠北的一支劲旅。

不过，因为喀尔喀蒙古在噶尔丹东侵时的拙劣表现留给清朝统治者的印象实在是太深刻，所以清朝并不信任喀尔喀武装。雍正皇帝决策西北用兵时，已经升为和硕郡王的策凌和土谢图汗部的丹津多尔济、札萨克图汗的策旺扎布两位亲王都被任命为靖边副将军，并未参与核心军事决策。他们手下的兵丁更多承担的是修路、运米这些后勤保障工作。

到了和通泊之战后漠北陷入大动乱的关键时刻，已经代替被罢免的傅尔丹成为北路清军统帅的新任靖边大将军、顺承郡王锡保，正奉命镇守察罕庾尔。他决定启用喀尔喀武装对抗准噶尔军。策凌等喀尔喀王公及其麾下的兵丁们，终于有机会向雍正皇帝证明自己存在的价值。

1731 年九月，策凌和丹津多尔济等奉顺承郡王锡保之命，率喀尔喀武装在鄂尔海西拉乌苏、苏克阿尔达呼等地，击退入侵的数千准噶尔军。九月二十一日到二十五日，策凌又携手丹津多尔济，采用诱敌深入的计策，在鄂登楚勒击败大策零敦多布，大策零敦多布麾下勇将喀喇巴图鲁宰桑以下数百人阵亡。这迫使原本打算东进到克鲁伦河饮马的大策零敦多布不得不率部暂时撤回阿尔泰山过冬，漠北的危机终于得以缓解。

雍正皇帝对参与战事的喀尔喀王公大力褒奖：赏给丹津多尔济白银 1 万两，就连坐镇后方协助锡保办理军务的策旺扎布也获得了 5000 两白银的奖赏，力主让喀尔喀武装参与正面对敌的锡保也被晋封为顺宁亲王。至于策凌，不仅被晋封为和硕超勇亲王，雍正皇帝还将包括塔米尔河在内的土谢图汗西部 19 个札萨克旗授予他别作一部，策凌的部众由此获得了和土谢图汗部、车臣汗部、札萨克图汗部完全平等的地位。策凌的曾祖父曾被授予"赛音诺颜"的称号，因此这个分布在喀尔喀中路的新部落又被称为"赛音诺颜部"。

雍正皇帝此举，固然有削弱势力冠绝漠北喀尔喀三部的土谢图汗部、大力扶持亲清势力这一层意图，但也表达了朝廷对策凌在严峻局势下力挽狂澜的肯定。从此，策凌等喀尔喀王公得以获得仅次于靖边大将军的事权。朝廷则借着喀尔喀武装击退准噶尔军、局势缓和的当口，不断增兵于察罕廋尔至归化城沿线军台，以迎接准噶尔军的反扑。

到了 1732 年三月，仅扎克拜达里克这个战前的中等军台站就成了驻军达一万八千多人的要塞。为了防止准噶尔人挟持喀尔喀蒙古的最高精神领袖哲布尊丹巴二世，清朝还于 1732 年初将他从漠北迁到多伦诺尔避难。

赢得了军功和荣耀的策凌，也引起了准噶尔人的注意。1732 年六月，小策零敦多布率 3 万准噶尔军翻越阿尔泰山再次东侵，沿喀尔喀蒙古北部的清俄边界，一直深入到克鲁伦河的车臣汗部境内劫掠。策凌奉命率领包括赛音诺颜部兵丁在内的 2 万喀尔喀武装，驻扎于乌里雅苏台东南、察罕廋尔大营以北的本博图山防御准噶尔人。

小策零敦多布趁机率军袭击了策凌在塔米尔河一带的老营，不仅抢走了大批牧民和数万头牲畜，更将策凌的小妾和次子掳去。策凌激愤无比，拔刀自断发辫和所乘战马的尾巴，表示自己不报仇则誓不为人，随后更遣人急报驻守察罕廋尔

▼ 额尔德尼昭，数百年前曾是清军和准噶尔军殊死搏斗的沙场

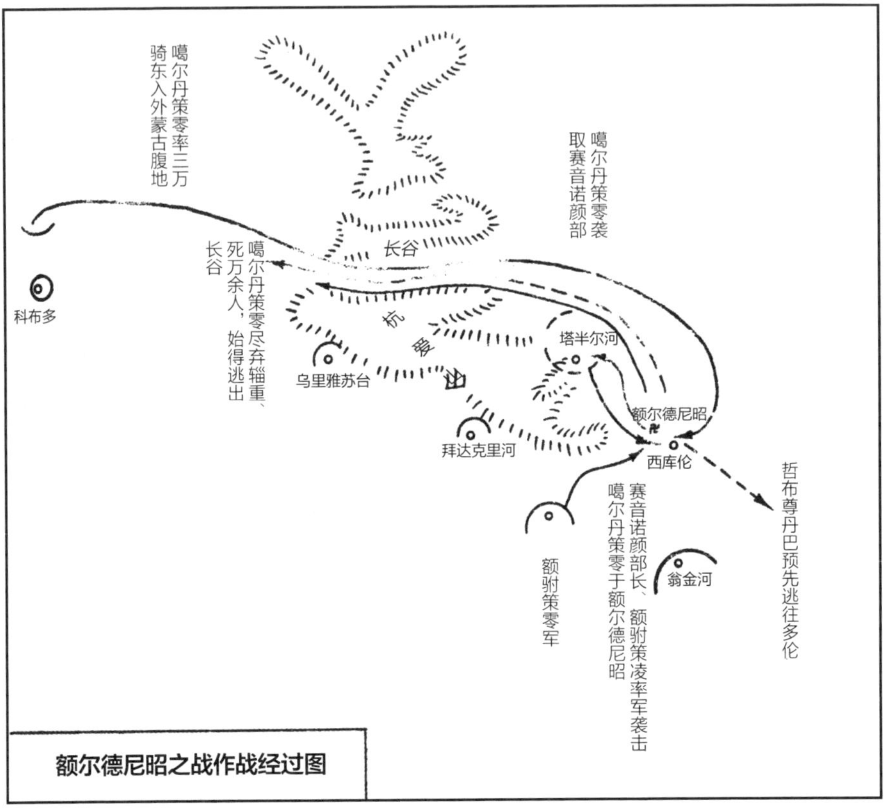

额尔德尼昭之战作战经过图

▲ 额尔德尼昭之战

的靖边大将军锡保，请求发兵助战。锡保派遣在和通泊之战中生还的参赞大臣塔尔岱，率领八旗军及黑龙江兵丁一万余人东进与策凌会合。清军蓄势待发的同时，劫掠了众多牲畜和牧民的准噶尔军的机动性却大大降低。

八月初，小策零敦多布自塔米尔河一带向东南前进途中，行经额尔德尼昭。他准备在此休整兵马，留下部分军队看守被俘赛音诺颜部人畜，之后再筹划下一步行动。

额尔德尼昭，汉名光显寺，其地位于鄂尔昆河上游地区、土谢图汗旗的西南。这座由阿巴岱汗于 1586 年利用拆毁自蒙古帝国旧都哈拉和林的建筑材料兴建的寺院，最初是土谢图汗家族的家庙，后来成为哲布尊丹巴的居所。1732 年六月小策零敦多布入寇时，曾亲率一支小分队袭扰此地，企图生擒哲布尊丹巴二世。但由于清朝早已将其迁入漠南，准噶尔人一无所获。而今，小策零敦多布旧地重游，在他的背后，是紧追不舍的清军。

根据史料记载，额尔德尼昭附近的地形"右阻山（杭爱山脉），左逼水（鄂尔昆河），道狭不容大众"（魏源《圣武记·卷三·雍正两征厄鲁特记》）。可见，额尔德尼昭一带其实并不利于大部队展开。从兵力对比上，清军 3 万对准噶尔军 3 万，双方可谓旗鼓相当。清军一旦将附近的杭爱山、险要道路控制在手中，即可掌握战场主动权。届时，清军仅凭借地利架设火炮，即可予准噶尔军重大打击。对长于野战的准噶尔军来讲，额尔德尼昭几乎与绝地无异。但是，小策零敦多布已经来不及开始他的下一步行动。

1732 年八月初五凌晨，清军进抵额尔德尼昭外围后，当即分兵占据额尔德尼昭外围的山地和险要道路，架起火炮向准噶尔军猛烈轰击。清、准双方六万人马随即展开殊死搏杀。在突如其来的炮火惊慑下，准噶尔军俘虏的赛音诺颜部牧民和牲畜四散奔逃，扰乱了准噶尔军的部署。

策凌所统率的赛音诺颜部兵丁为夺回亲人与牲畜财产，自然是奋勇争先，但表现最抢眼的，还是此前曾经在和通泊之战中溃营的黑龙江官兵。在塔尔岱的亲自统率下，身穿獭皮衣帽的索伦猎手一雪和通泊战败的耻辱，从正面突击准噶尔军的防线，以鸟枪和弓矢交替向准噶尔军射击。额尔德尼昭这个漠北佛门圣殿，已然成为准噶尔人的伤心之地。

小策零敦多布军中编有由列纳特训练成军的一支"包沁"部队。战斗打响之初，这支炮队即遭到清军炮火压制，所部 10 名炮手中，3 人战死、2 人受伤，配属的火炮也损失了 4 门。战斗进行到初五日暮时分，准噶尔军伤亡重大，小策零敦多布被迫率残兵沿鄂尔昆河上游向西突围至推河城一带。

这就是被视为彻底扭转清朝在北路战场被动局面的额尔德尼昭大捷。《清世宗实录》里收录的丹津多尔济和策凌的奏报则宣称清军"杀贼万余，尸遍山谷，河流尽赤，负伤逃走者甚众，所获器械、驼马、牛羊无算"。意气风发的策凌亲王从容地坐在马上，弹琵琶高歌而还。

额尔德尼昭之战胜负分明的时刻，策凌遣人飞报靖边大将军锡保。锡保命令驻守推河城以西之扎克拜达里克的马尔赛率军堵截小策零敦多布残余部众，但马尔赛拘泥于雍正皇帝固守城池的命令，按兵不动，坐视准噶尔军逃脱。其属下部将傅霈等人率清军一部自发出击，斩杀少量落单的准噶尔军，而小策零敦多布及其残部一万五千多人仍然成功逃出。战后，雍正皇帝追究马尔赛的过失，将他斩于军前。

1733 年，清朝在漠北实行军事管制，设立定边左副将军，因其驻节地位于赛音诺颜部境内的乌里雅苏台城，因而又被称为"乌里雅苏台将军"，首任将军就是屡立战功的策凌。富有军事谋略的策凌虽贵为王公，但在战时敢于冲锋在前，与士卒同甘共苦，堪为名将楷模。他的侍卫中有位叫绰克浑的，因为善于伪装术，每次作战前都被委以重要的侦察任务。额尔德尼昭战前，就是得益于他出色的侦察能力，清军才能准确掌握小策零敦多布的行踪。在击破小策零敦多布后的庆功宴上，绰克浑舞刀引吭，高歌一曲："朔风高，天马号，追兵夜至天骄逃。雪山旁，黑河道，狭途杀贼如杀草。安得北斗为长弓，射陨欃（chán）枪入酒盅。"心情畅快的策凌当即把自己的一名侍女和一匹良马赏给绰克浑。只是这位侦察能手实在无福消受赏赐，不久就急病身亡。

从 1730 年到 1733 年，清朝和准噶尔交锋已经历时数年，清朝前后投入兵员将近十万，耗费七千万两白银，前线各军主将换了一茬又一茬。战争进行到后期阶段，原属北路军统帅的傅尔丹在和通泊之战后虽然还留在军中戴罪立功，但 1732 年七月，其部队又在乌逊珠勒被入侵的准噶尔军击败，傅尔丹本人由此数罪并罚被逮捕入狱。西路军统帅岳钟琪也没能幸免，和北路的傅尔丹一样，这位颇具军事才能的名将在担任西路军主帅的几年时间里，每一次军事行动的实施都需要获得雍正皇帝的批准，这极大地限制了他的军事指挥能力。到最后，岳钟琪竟还要为整个征讨准噶尔军事行动的失利承担部分责任！在雍正皇帝的授意下，被派遣到陕甘督师的鄂尔泰等大臣翻出科舍图牧场大败的旧事，弹劾岳钟琪："智不能料敌于平时，勇不能歼敌于临事。"

于是乎，北路军和西路军的主帅都被判了斩监候，关在北京兵部的大牢里，从同僚变成了狱友。和傅尔丹所遭受的矮化不同，后世文人大多数都对岳钟琪的入狱感到不平。连身为清朝宗室的昭梿都在《啸亭杂录》中愤愤不平地说："使青蝇之谗为祸若尔，持国柄者可不省欤？"（《啸亭杂录·卷十·岳威信始末》）

到 1734 年，清朝和准噶尔的边界基本恢复到了开战前的状态：清军收复科布多，却丢掉了吐鲁番。此外，清朝方面还被迫令额敏和卓率领万余名吐鲁番民族东迁到甘肃境内的瓜州屯垦安置。几年的战争中，清朝投入大量人力物力，算是勉强和准噶尔人打了个平手。本意一举荡平准噶尔的雍正皇帝终于明白：至少在目前，这是不可能完成的任务。

准噶尔一方也付出了相当大的人员伤亡和牲畜损失，噶尔丹策零在和出使准噶尔的沙俄陆军少校乌格里莫夫的谈话中，曾毫不讳言额尔德尼昭之战中准噶尔军兵锋顿折的事实："中国人打垮并俘虏了我方三千人。"（俄国对外政策档案馆藏《准噶尔卷宗》，1731—1733 年，第三卷）额尔德尼昭之战结束后，准噶尔损失了将近四分之一的常备军。准噶尔汗国西部的哈萨克小玉兹的阿布海尔汗则趁机发难。1731 年准噶尔军大举东侵清朝时，阿布海尔汗便已组织数万部众对游牧在吹河、塔拉斯河流域的准噶尔汗国昂吉发起攻击，掠夺了一千户的准噶尔人畜。为反击哈萨克人，1732 年，噶尔丹策零与大策零敦多布之子曼济率军西征。这就使得准噶尔汗国陷入两线作战的局面。值此态势，即使是大、小策零敦多布等善战的军事统帅都认为，和清朝的拉锯战已经没有打下去的必要，噶尔丹策零即开始寻求与清朝通好的可行性。既然清朝、准噶尔汗国的最高领导人都对战争的前景并不看好，那么双方停战议和也就是水到渠成的事情。

斜阳欲落：格登山上星夜突袭

从 1734 年正月开始，雍正皇帝就听到了噶尔丹策零有意求和的信号。七月，雍正皇帝在召见来访的准噶尔使者时表示："今果引罪请和，须派亲信之人，如台吉寨桑等，将应行事理，详议前来，方为奏达。"（《清世宗实录》雍正十二年正月）

这公开表明清朝方面接受议和的态度，但是要求准噶尔把议和的具体内容列出条文，派出有身份的代表前来北京。但过了一段时间后，急躁的雍正皇帝就坐不住了。1734 年七月，驻守巴尔库尔和科布多地区的清军都收到了雍正帝关于停止对准噶尔军事行动的谕旨，以表明清方的和谈诚意，"释贼人疑惧之心"。（中国历史第一档案馆《雍正朝汉文朱批奏折汇编》）1734 年八月，清朝侍郎傅鼐、内阁学士

▲ 乾隆皇帝戎装像

阿克敦等人奉旨出使准噶尔。清准双方就贸易和准噶尔人入藏礼佛熬茶的相关问题达成共识,但在划分两国边界方面却始终谈不拢:清朝方面要求以1730年以前清、准两国的边界,也就是以阿尔泰山山脉为重新划界基础;但噶尔丹策零却坚持索要杭爱山以西的喀尔喀地区,这意味着包括整个科布多、札萨克图汗部和大半个赛音诺颜部都将成为准噶尔的领土。雍正皇帝自然不会答应如此丧权辱国的领土要求。在谈判期间,清、准两国没有再次发生大的军事冲突,但因为边界划分的问题,双方的议和没有取得成功。

1735年八月二十三日,操劳过度的雍正皇帝暴死,享年58岁。乾隆皇帝即位之初,清朝在西南少数民族地区推进的"改土归流"政策遭到当地部族首领的抵制。乾隆皇帝忙于平息苗民的暴乱,并无意对准噶尔继续用兵,所以清朝方面继续致力于推动清、准双边划界谈判的进程。准噶尔方面大部分贵族依旧坚持以杭爱山脉为边界线的方案。准噶尔方面甚至私信清朝驻防漠北的定边左副将军、超勇亲王策凌,以放回额尔德尼昭之战前夕被俘的策凌幼子为条件,诱使策凌为准噶尔方面说话,结果却遭到策凌的拒绝。

眼看着两国划界的问题一直拖下去,对清准双方实力有较清醒认识的准噶尔勇将小策零敦多布,出于为准噶尔汗国休整国力争取稳定外部环境的需要,亲自出面力劝噶尔丹策零接受清朝方面提出的划界方案,使得清朝和准噶尔终于就边境划界达成共识。1739年十二月,清朝和准噶尔正式签署和约,双方约定以阿尔泰山为界,互不侵犯。噶尔丹策零遂转而向西重点打击哈萨克人,扩展准噶尔汗国的疆土,不再与清朝争锋。

1745年九月,准噶尔汗国暴发大面积天花流行病,50岁的噶尔丹策零也不幸染上天花,后医治无效而病逝。噶尔丹策零的次子策旺那木札勒继承珲台吉的大位。策旺那木札勒在位五年期间不谙政事,无所作为,对部属臣民极尽暴虐之能事,辅佐他治理国政的姐姐乌兰巴雅尔和姐夫赛因博勒克都被囚禁起来。这个多疑的暴君激起了臣下的强烈不满,1750年初,宰桑衮布、厄尔锥音等人意图生擒策旺那木札勒,拥立噶尔丹策零的庶出长子喇嘛达尔扎。小策零敦多布的儿子达什达瓦将宰桑们的密谋报告给了策旺那木札勒,怒不可遏的策旺那木札勒首先发难,将厄尔锥音拘捕,却不料衮布等人率兵夺回厄尔锥音,还将策旺那木札勒和达什达瓦生擒。之后，衮布等人拥立喇嘛达尔扎为珲台吉。

喇嘛达尔扎继位之初，本来有志恢复其父噶尔丹策零时代准噶尔的鼎盛局面，但很快，他就把清除政敌当成自己政治活动的主要目标。他杀死了已经沦为阶下囚的策旺那木札勒和达什达瓦，将达什达瓦的部众分给自己的支持者。

1750年九月，达什达瓦的旧部宰桑萨喇尔不甘沦为刀俎鱼肉，遂率领四百多人东投清朝。与此同时，大策零敦多布的儿子达瓦齐、和硕特台吉班珠尔、杜尔伯特台吉车凌、辉特台吉阿睦尔撒纳等人，密谋拥立噶尔丹策零的幼子策旺达什，结果事情败露，策旺达什被喇嘛达尔扎杀死。达瓦齐和阿睦尔撒纳等兵败逃亡哈萨克中玉兹处，寻求政治避难。但阿布赉汗迫于喇嘛达尔扎的兵威，不敢收留这两条丧家之犬，决定把他们抓了献给喇嘛达尔扎。达瓦齐和阿睦尔撒纳在一番商量后决定铤而走险，率残部偷偷潜回塔尔巴哈台候机东山再起。1752年十一月中旬，达瓦齐采纳阿睦尔撒纳的建议，率领1500名精骑直扑伊犁；十一月二十七日，达瓦齐攻克伊犁，杀死喇嘛达尔扎。在阿睦尔撒纳等人的拥立下，达瓦齐登上准噶尔珲台吉的宝座。

在这之后，达瓦齐和阿睦尔撒纳的政治同盟关系开始出现裂痕。1753年十月，阿睦尔撒纳意图占据伊犁以北到阿尔泰山的广阔牧场，公然提出要和达瓦齐平分准噶尔汗国，遭到达瓦齐的拒绝。不久之后，阿睦尔撒纳的岳父达什因触怒达瓦齐被杀，这一事件最终成为阿睦尔撒纳和达瓦齐走向决裂的标志。

1753年十一月，达瓦齐和阿睦尔撒纳兵戎相见，刚稳定没多久的准噶尔汗国又陷入战乱。杜尔伯特车凌、车凌乌巴什和车凌蒙克等不堪兵祸，遂率五千户部众投附清朝。1754年六月，达瓦齐以三万多人的兵力夺取塔尔巴哈台，击败阿睦尔撒纳。走投无路的阿睦尔撒纳与和硕特台吉班珠尔等人，也带着四千户、两万多部众迁往清朝乌里雅苏台将军辖境寻求庇护。

在噶尔丹策零死后不到十年，准噶尔汗国就走马观花一样三换珲台吉。策旺阿拉布坦以来励精图治造就的中亚强权，被这些专注于内耗的不肖子孙搞得分崩离析。西部的哈萨克三玉兹不再尊奉准噶尔珲台吉的号令，南方的天山南路各城邦逐渐被伊斯兰教派势力的和卓家族所控制。

和准噶尔汗国内讧不止形成对比的是，东方的清朝国势依然在不断上升。乾隆皇帝没有他祖父康熙皇帝的才略，也没有他父亲雍正皇帝的勤勉，但凭借父祖打下来的坚实基础，具有一定政治领导能力的乾隆皇帝还是可以带领他的帝国走向极盛。

噶尔丹策零死后的第二年，1746年年底，清朝四川省大、小金川地区的藏族土司莎罗奔叛乱。清军在历时两年的作战中数易主帅，却依旧屡屡被金川军挫败。无奈的乾隆皇帝重新启用早在1737年就被释放并贬为庶人的傅尔丹和岳钟琪，两位赋闲多年的老将重回战场领兵平叛。

1749年，金川军终于不堪长期作战的消耗，莎罗奔主动求和息战。清朝虽然赢得了面子上的胜利，但是却消耗了大量人力物力。故此，对准噶尔汗国内乱看在眼里的乾隆皇帝，始终没有精力去研究出兵攻击准噶尔的可行性。清朝方面基本遵守了1739年订下的清准和议，只是对前来投奔的准噶尔汗国难民予以抚慰赈济，收买人心。投诚的准噶尔人，为首者如车凌、车凌乌巴什等均被清朝封予王爵，授官职，仍然统领故旧部属。直到达瓦齐和阿睦尔撒纳撕破了脸，打得不可开交

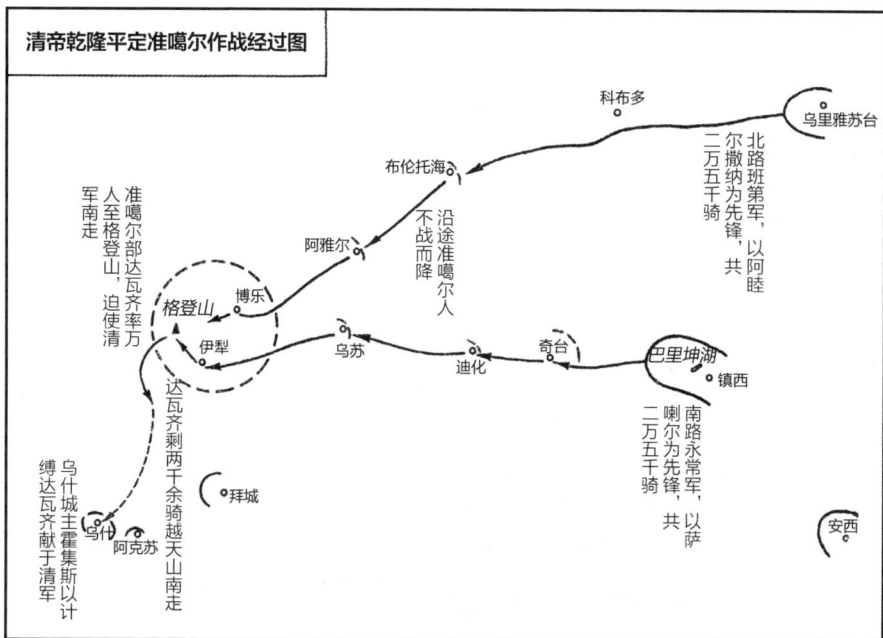

▲ 1755年，清军第一次进攻准噶尔

之时，犹豫已久的乾隆皇帝才下定决心：采取武力措施彻底摧毁准噶尔汗国。

1754 年五月，乾隆皇帝对军机处颁下谕旨：

> ……朕意机不可失，明岁拟欲两路进兵，直抵伊犁，即将车凌等分驻游牧，众建以分其势，此从前数十年未了之局，朕再四思维，有不得不办之势……（《清高宗实录》乾隆十九年五月）

阿睦尔撒纳归降后，也几次上书乾隆皇帝建议清朝出兵，还拍着胸脯表示自己愿意充当前锋。

1754 年十二月，乾隆皇帝最终决定于 1755 年春季即对准噶尔用兵，参与军事行动的清军作战序列包括京师及其余各地驻防八旗 13200 人，黑龙江索伦八旗 8000 人，宣府、大同、陕甘绿营 11000 人，内、外蒙古兵 17800 人，共计动用兵力 5 万人。此外，屯驻瓜州 20 年之久的吐鲁番头目额敏和卓，因熟悉天山南路的情况，也奉命率领 300 名吐鲁番人加入远征军队伍中。

1755 年二月，清军沿袭以往对准噶尔用兵的惯例，将 5 万野战兵团分作西、北两路军，每路 2.5 万人，分别从巴里坤和乌里雅苏台出发，向准噶尔汗国推进。西路军以定西将军永常为帅，北路军以定北将军班第为帅。阿睦尔撒纳和萨喇尔分别被委任为定边左副将军和定边右副将军，随同大军行动，其中阿睦尔撒纳负

▲阿玉锡荡寇图，可以看到他背上背的火绳枪

责协助班第指挥北路军。厌恶战乱的准噶尔官民不愿意给达瓦齐卖命，争相率众归附清军。

四月，清军西、北两路大军挺进到博尔塔拉会师。五月，清军兵不血刃占领伊犁，在准噶尔躲藏30年的罗布藏丹津也被清军俘获。众叛亲离的达瓦齐在伊犁以西90公里处的格登山（今新疆昭苏县境内），好不容易拼凑起近万士卒，凭险顽抗。五月十四日，清军进抵格登山将达瓦齐所部团团围住。

清军中有一位名叫阿玉锡的四品翼长。此人原是准噶尔汗国的低级官员，后因犯罪被判断臂之刑，不甘受罚的阿玉锡越狱逃跑，于1733年跑到乌里雅苏台向清朝投诚。乾隆皇帝从萨喇尔口中听说阿玉锡有唐朝大将尉迟恭的风范，可以空手夺人枪矛，当即亲自召见阿玉锡，擢升他为侍卫。出兵准噶尔时，阿玉锡被派遣到阿睦尔撒纳帐下听用。1755年五月十四日夜，阿睦尔撒纳命令阿玉锡率领同在清军中效力的准噶尔军官巴图济尔噶勒、察哈什登带着22名兵丁，潜入达瓦齐在格登山的营寨刺探军情。但阿玉锡并不打算完全遵照阿睦尔撒纳的指示行事，作为一名归顺清朝数十年依旧默默无闻的准噶尔军官，阿玉锡非常希望能立下不世战功证明自己的价值。他与属下官兵身穿缴获的准噶尔军衣甲，借着夜色掩护向格登山前进。值得注意的是，这些伪装者除了携带弓箭刀矛等冷兵器，每人还背着一杆尺寸较短的火绳枪。

尽管屡次和准噶尔军作战，清军往往可以凭借火炮威力大、数量多，在火力上占据优势，但准噶尔军性能相对优异的单兵火器也不可能不引起清朝方面的关注。昭莫多之战结束后，清军缴获大批准噶尔人的军火，包括步兵用的"厄鲁特鸟枪"和骑兵用的"沙图纳尔"火绳枪，康熙皇帝特别指示："此鸟枪乃俘虏厄鲁特者，铁甚好，试放亦好。枪鞘甚劣，已弃之。寄信问皇太子安。火药甚差。尔等造枪鞘，施放看看。"（《宫中档康熙朝奏折》第8辑，康熙三十五年十月）首次提出要对缴获的准噶尔火绳枪进行改良仿制。1717—1720年清朝与准噶尔争夺西藏期间，准噶尔人将"赞巴拉克"轻型火炮缩小口径改良成"杂不喇大鸟枪"（别称"赞巴拉特鸟枪"），并用于战场。这种有效射程大于清军鸟枪的火器很快引起清军将帅的关注，抚远大将军王胤祯特意仿造了300杆"杂不喇大鸟枪"留贮甘州武库备用。1731年，清军在和通泊之战惨败后，雍正皇帝为了让清军在战备上取得对准噶尔军的全面

▲ 郎世宁绘, 格登鄂拉斫营图, 表现了阿玉锡等三名巴图鲁率领22名精骑冲破格登山准噶尔大营的场面

优势, 下旨在北京和西安两地大规模仿制准噶尔军的火绳枪。根据陕甘总督刘于义奏报, 到1733年, 仅西安一地就批量仿制了4800杆"杂不喇大鸟枪"。(详见《雍正朝汉文朱批奏折汇编》23册, 署陕西总督刘于义等奏, 雍正十一年正月二十六日。) 使用"杂不喇大鸟枪"的士兵与子母炮手混编, 作为火力补充。

与全长近两米的西安造"杂不喇大鸟枪"相比, 北京造的"杂不喇鸟枪"尺寸明显短小得多。北京故宫博物院馆藏的两杆"杂不喇鸟枪", 一杆全长1米, 口径9毫米; 另一杆全长88厘米, 口径15毫米。其形制已经和"沙图纳尔"骑兵用火绳枪无异。1732年九月初十, 由内务府造办处仿制的1000杆"杂不喇鸟枪"被送往清军北路军察罕廋尔大营。此后, 这种便于骑兵使用的准噶尔火绳枪继续被清朝方面大量仿制。1748年, 乾隆皇帝谕令内务府造办处: "赞巴拉特鸟枪、箭俱是有用之物, 理当多造些备用。著各交该处, 速造赞巴拉特鸟枪三千杆、箭五万枝。"(《清宫内务府造办处档案总汇》第16册, 乾隆十三年十一月初七日谕) 阿玉锡和他的部下们背上的火绳枪, 就是内务府仿制的"杂不喇鸟枪"。

阿玉锡等三位带队军官, 充分利用自己是准噶尔人的优势, 骗过了达瓦齐设在外围的岗哨。等到接近达瓦齐大营时，阿玉锡一声令下，这25名清军随即在达瓦齐的军营中左冲右突，搅得天翻地覆。格登山下的清军闻知山上异动，亦强攻上山。至1755年五月十五日黎明时分，4000名准噶尔人向清军投诚，一场原计划中的侦察行动演变为以寡击众、乱中取胜的大捷！达瓦齐仅率2000余败兵向天山南路出逃。六月八日，达瓦齐逃到天山南路的乌什城时，被该城城主霍集斯俘获，随即献给清军。

准噶尔珲台吉被执，天山南路的各城邦也纷纷宣布效忠清朝。这样，从清军出兵到达瓦齐被俘，不过经历了4个月的时间，曾经让清朝康熙、雍正两代皇帝头疼不已的准噶尔汗国，现在竟如此不堪一击。

捷报频频传到北京，奇袭格登山的头号功臣阿玉锡获得了乾隆皇帝为他题诗的殊荣，著名外籍画家郎世宁也把这位准噶尔人出身的清军军官横槊荡寇的身影永远留在了油画里。欢喜不已的乾隆皇帝以为自己真的建立了父祖也无法企及的一统西域之武功，却没想到麻烦事还在后头。

降而复叛："双亲王"的最后结局

借助清朝的力量成功报复达瓦齐的阿睦尔撒纳，一直是个颇具争议的历史人物。同情者认为他是准噶尔的"哈姆雷特"，批判者则将他比作明末清初的吴三桂。如果一定要给阿睦尔撒纳一个客观评价，我们会发现，他终其一生都是一个老谋深算、反复无常的政治野心家。

清军进入伊犁后，乾隆皇帝认为大势已定。为了节省经费开支，1755年六月，乾隆皇帝下诏撤回大军，只命定北将军班第等500名官兵留守伊犁负责善后。对于新征服的天山北路，乾隆皇帝仿效对外喀尔喀三部的做法，将准噶尔疆域一分为四，封车凌为杜尔伯特汗、阿睦尔撒纳为辉特汗、班珠尔为和硕特汗、噶勒藏多尔济为绰罗斯汗，"赏功策勋，用奖劳绩"。同时着手准备在新征服的地区推行盟旗制度，改游牧为驻牧。这一结果和阿睦尔撒纳最初的图谋背道而驰。阿睦尔撒纳卖身投靠清朝，引清军进攻自己祖国并不是为了双亲王的爵位和双倍的俸禄，而是要借清军的手除掉政敌达瓦齐，实现自己一统准噶尔的政治野心。为了达到这一目的，阿睦尔撒纳在率军进军伊犁之前就做了大量的工作，拉拢和硕特贵族纳噶察等人大造舆论："（除掉达瓦齐）事成之后，乾隆皇帝就会封阿睦尔撒纳为汗，带领哈萨克阿布赉汗等瞻仰，令与阿睦尔撒纳连界居住，从此当愈加和好。"（《清高宗实录》乾隆二十年正月）进军伊犁途中，阿睦尔撒纳从不穿戴清朝的甲胄官服，也不使用乾隆颁给他的定边左副将军印信，造成一种自己并没有投降清朝的假象，以收买人心。清朝大军撤走后，阿睦尔撒纳更加明目张胆，派纳噶察率军到天山南路的叶尔羌等处散布谣言，声称："若不立阿睦尔撒纳为汗，边不得安。"（魏源《圣武记·卷四·乾隆荡平准部记》）对于乾隆皇帝安插在自己身边的耳目——额驸科尔沁亲王色布腾巴尔珠尔，阿睦尔撒纳极尽拉拢，将色布腾巴尔珠尔哄得服服帖帖，并成功挑拨了色布腾巴尔珠尔和班第的关系。除此之外，阿睦尔撒纳还企图娶达什达瓦的遗孀为妻，以便趁机兼并达什达瓦的部众。一直对阿睦尔撒纳颇为警惕的班第闻讯，当即干预此事。达什达瓦的遗孀出于长远政治利益考量，拒绝了这桩充满阴谋的婚约，阿睦尔撒纳的如意算盘就此落空。

1755 年六月，定北将军班第上书密奏乾隆，称：

> 阿睦尔撒纳初尚知感恩，勉力从事，速冀成功。自入塔本集赛游牧以来，所至迎降，伊渐志足意满，惟知寻获被抢人口，攫取牲只，又妄自夸张，谓来归之众，俱系向伊投诚。及入伊犁，益无忌惮，纵属下人肆行劫夺，不行禁止。及得达瓦齐游牧，所收牲只财物，多方隐匿，驼马各千余，羊至二万余。又素性贪忍，凡有衅隙者，任意杀害……（《清高宗实录》乾隆二十年六月）

乾隆皇帝粗略地看完密折后，只认为阿睦尔撒纳的作风是"希图徼幸，贪得牲只什物耳，并无图占准噶尔确据"。后来，他多次翻看班第的这封密奏，发现内有陈述阿睦尔撒纳启用准噶尔珲台吉的菊型篆印发布命令文书，以防守哈萨克、布鲁特边境为名私自调动 9000 人扼守要地等情状，才察觉出阿睦尔撒纳的叛迹。

1755 年六月底至七月初，乾隆皇帝先是下诏阿睦尔撒纳随同哈萨克的贡使入觐承德，令喀尔喀土谢图汗部的亲王额林沁多尔济沿途护送，使其脱离部众。他后又密谕班第，如果阿睦尔撒纳接诏后并未立即启程入觐，就安排人手将其密行

擒拿，就地处决。但班第碍于手下兵少而不敢动手。七月初十，阿睦尔撒纳在圣旨的再三催促下奉诏朝觐，乾隆皇帝又密谕定边右副将军萨喇尔和鄂容安等"率师至塔尔巴哈台相机捕治"（赵尔巽《清史稿·列传九十九》）。没想到，这些机密事宜居然被和阿睦尔撒纳私交甚好的额林沁多尔济泄露了出去。经过一番犹豫之后，预感到前路凶险的阿睦尔撒纳开始故意迁延行程，伺机派出亲信去纠集自己的人马准备造反。

1755 年八月十九日，阿睦尔撒纳一行到达离扎布汗河不远的乌隆古河。当夜，阿睦尔撒纳设宴请额林沁多尔济。酒过三巡后，阿睦尔撒纳忽然对他说："阿某非不臣，但中国寡信，今入其境，如驱牛羊入市，大丈夫当自立事业，安肯延颈待戮？"（昭梿《啸亭杂录·卷三·西域用兵始末》）醉眼惺忪的额林沁多尔济，眼睁睁看着阿睦尔撒纳将定边左副将军印扔到地上后，率领亲信扬长而去。

很快，阿睦尔撒纳在塔尔巴哈台纠集起两千人马；卫拉特四部中对朝廷推行盟旗制度甚为不满的和硕特汗班珠尔等纷纷趁势作乱，劫掠清军在天山北路各处的军台站，哄抢物资。

九月，伊犁的清军留守部队因势单力孤，被阿睦尔撒纳围困，只能突围东返，班第和鄂容安在转战中兵败先后自尽，萨喇尔被俘。当时，清朝定西将军永常与六千军士驻扎于木垒，面对突如其来的变乱却惊慌失措，不仅没有率部西进解救班第等被陷友军，反而率军向东撤退到巴里坤湖驻扎，将巴里坤以西的控制权拱手让了出去。不过，阿睦尔撒纳也未能号令卫拉特四部，天山北路又重新陷入战火之中。

天山北路的剧变令乾隆皇帝颜面扫地，"荡平准噶尔"这个令他引以为豪的武功不出一年就这样化为乌有。恼怒的乾隆皇帝迅速采取行动。

九月，乾隆下旨重新分封卫拉特四部汗王，以噶勒藏多尔济为绰罗斯汗、车凌为杜尔伯特汗、沙克都尔曼济为和硕特汗、巴雅尔为辉特汗。其余没有随同阿睦尔撒纳反叛的卫拉特贵族分别受封札萨克台吉、内大臣等官爵。十一月，不堪战乱的达什达瓦部众在达什达瓦遗孀的率领下举部东迁，乾隆皇帝又对该部妥善安置，大事封赏达什达瓦部的贵族。这些举措在一定程度上起到了孤立阿睦尔撒纳的作用，卫拉特四部的贵族们为了各自的利益，都依附到清朝一边。在这种有利条件下，1755年年底，乾隆皇帝筹划第二次远征伊犁，撤换胆怯的永常，而以策楞为定西将军、达尔党阿为定边左副将军、扎拉丰阿为定边右副将军，组建远征军。

1756年二月，清军经数月准备，兵分两路开始进击伊犁，西路军由策楞、玉保统率，北路军由哈达哈等人统率。面对清军大军压境，阿睦尔撒纳没有能力组织部众抵抗，就再次耍起了花招，让属下台吉诺尔布遣使向清军谎称已经

绥疆懋绩

▲ 兆惠画像

抓住了阿睦尔撒纳。其时清军西路军正高歌猛进，并于三月再次攻占伊犁，倘若继续穷追猛打，未尝不能全歼阿睦尔撒纳余党。可惜紧要关头西路军主帅策楞和玉保竟然中了阿睦尔撒纳的缓兵之计，命令部队停止追杀，坐等诺尔布献俘，阿睦尔撒纳得以窜逃到哈萨克中玉兹阿布赉汗处，苟延残喘。乾隆皇帝大怒，立即将策楞和玉保撤职，令其戴罪立功。他还改命达尔党阿为定西将军统辖西路军，并且升北路军主帅哈达哈为定边左副将军，原协理北路军务的满族正黄旗副都统兆惠为定边右副将军，继续征讨阿睦尔撒纳余部。

1756 年五月至六月，清军主力攻入哈萨克草原，阿睦尔撒纳走投无路，率部众 200 余人寻求哈萨克中玉兹阿布赉汗的庇护。阿布赉汗动了利用阿睦尔撒纳的心思，中玉兹的哈萨克武装甚至与阿睦尔撒纳叛军联合行动，一度与奉命搜寻阿睦尔撒纳的清军小部队发生交火。为了改变被动挨打的局面，阿睦尔撒纳还派遣使者前往喀尔喀蒙古，联络自己的故交——喀尔喀札萨克图汗部和托辉特郡王青衮杂卜，希望他能在漠北进行破坏活动，以影响清军的军事行动。

恰逢 1756 年四月乾隆皇帝将"疏纵阿逆"的额林沁多尔济赐死，而后又以此事晓谕喀尔喀各部，让他们好自为之。不料此举令喀尔喀蒙古各部大哗。清朝与喀尔喀各部的君臣关系，是建立在对付准噶尔这个大敌的基础之上的。雍正后期开始，清朝北路对准噶尔用兵就不得不倚重喀尔喀各部武装，策凌等一批喀尔喀军功贵族在对准战争中纷纷崛起。喀尔喀各部王公们的继续坐大是否将对清朝统治漠北构成威胁，这一直是乾隆皇帝颇为担心的事情。敏感的皇帝甚至产生了喀尔喀会与准噶尔勾连作乱的主观臆想，所以他一直在找机会向喀尔喀蒙古人敲警钟。额林沁多尔济因疏忽大意让阿睦尔撒纳走脱，让乾隆皇帝认为自己所推测的"准喀勾连"确凿无疑，于是迅速采取了行动。

但他没有像父亲雍正皇帝那样，通过拆分喀尔喀原本社会组织的方式来达到削弱各部的目的，仅仅是武断地将犯事的额林沁多尔济处死了事。他以为用这种直截了当的方式可以震慑住漠北那群王公贵族，结果却适得其反。在喀尔喀蒙古人看来，现在准噶尔汗国已经灭亡，余孽未平之际，清朝就敢对有黄金家族高贵血统的喀尔喀王公痛下杀手，显然是个危险的信号。喀尔喀各部贵族们认为：清朝随意处死额林沁多尔济这样尊贵的亲王，完全是在羞辱成吉思汗的后裔。加之清朝通过在漠北驻军、设军台站的方式一直在逐步加强对喀尔喀各部的控制，一定程度上使喀尔喀贵族的利益受到了损害，种种因素的催化作用令许多喀尔喀贵族开始对清朝心生不满。

青衮杂卜抓住了这一机会。1756年五月，青衮杂卜以官方名义书写撤兵檄文，命令辖境内为清朝戍守驿站军台的蒙古兵士离职罢工，随后又积极派人游说喀尔喀各部王公反清。就连隔岸观火的俄国人也想借这个机会吞并喀尔喀蒙古。1757年七月，已经秘密和沙俄西伯利亚总督接触的喀尔喀车臣汗部在克鲁伦河举行秘密会盟，商讨归附俄国的相关计划，土谢图汗部和札萨克图汗部也参与进来，一场严重的边境危机即将爆发。幸亏超勇亲王策凌一脉的赛音诺颜部、和硕智勇亲王丹津多尔济一脉的土谢图汗部右旗始终坚定地站在清朝一边。因罪被免职的策凌之子、前乌里雅苏台将军成衮扎布向清朝进言献策，认为平息眼前危机的办法就是除掉青衮杂卜这个祸根。清朝恢复了成衮扎布的乌里雅苏台将军一职，命他率军八千到乌梁海追剿青衮杂卜。而后，朝廷又派遣章嘉三世和内蒙古各旗王公组成僧俗代表团前往漠北抚慰喀尔喀各部。

在多方努力下，这次边境危机终于平息了下去。青衮杂卜被俘后，即被押往

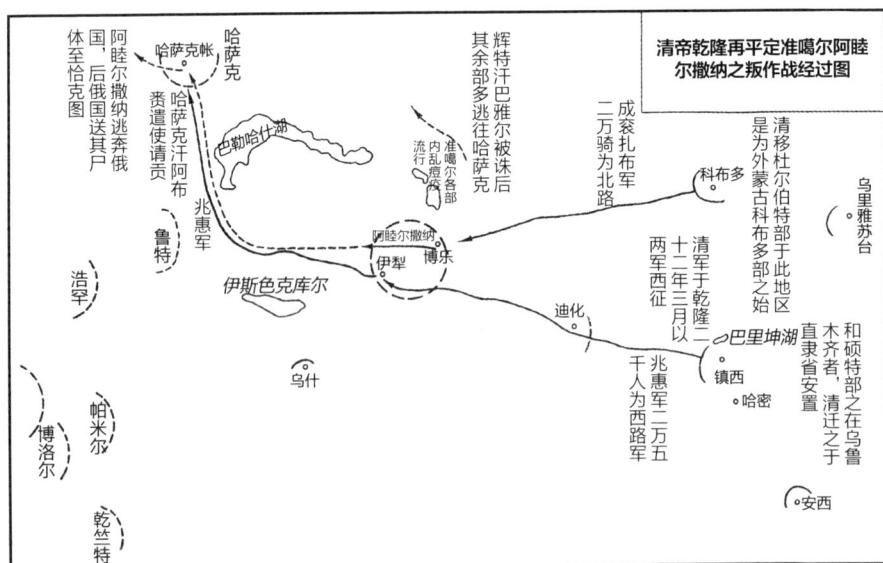

▲ 乾隆再平准噶尔

北京处斩。他所煽动起来的这场风波，使清朝中央和正在哈萨克作战的清军部队失去联系达数个月。等到漠北安定、交通要道恢复时，西部对阿睦尔撒纳的战事已经起了变化。

清军屡次大张旗鼓讨伐阿睦尔撒纳均不成功，使准噶尔各部落对清朝产生了轻视之心。1756年十二月，受乾隆皇帝册封的绰罗斯汗噶勒藏多尔济、辉特汗巴雅尔等人，因在清朝推行盟旗制度的过程中利益受损而举兵反叛，攻陷重镇乌鲁木齐。驻扎伊犁的定边右副将军兆惠为了避免被全歼，遂率少量清军东撤，结果在库尔喀喇乌苏的鄂垒扎拉图被叛军达什策凌所部围困，兆惠夜间率军突围，苦战后退至乌鲁木齐郊外。他得知乌鲁木齐已经失陷后，又继续向东撤退，途中遇到了内大臣雅尔哈善派出的800人援军。

1757年二月，兆惠所部退回巴里坤。阿睦尔撒纳趁机率部众回到准噶尔，与噶勒藏多尔济、巴雅尔等人举行会盟，大有一举恢复准噶尔汗国的声势。

但是好景不长，1757年三月，乾隆皇帝命成衮扎布和兆惠起兵4.5万人，兵分两路西进讨伐阿睦尔撒纳。此时正逢阿睦尔撒纳与其昔日恩主阿布赍汗因牧地纠纷而相争，阿布赍汗遣使北京表示归顺清朝，和清军相约协同作战对付阿睦尔撒纳。受到清朝和哈萨克联军攻击的阿睦尔撒纳不能支撑。七月，阿睦尔撒纳所部再次被清军彻底击溃，其同伴噶勒藏多尔济被杀，巴雅尔被清军骁骑营马甲海兰察抓获。兵败的阿睦尔撒纳率领残部20人慌不择路地逃入哈萨克中玉兹牧地，后又北逃到俄国，躲在托博尔斯克城堡。这时他身边只剩下妻子贝姬和儿子邦杜克等8人。

18世纪40年代后期开始，准噶尔内乱迭起，前后有4000名准噶尔牧民越界逃亡俄国境内。俄国边境的官员对此来者不拒，此次阿睦尔撒纳前来寻求庇护更是让俄国人觉得找到了一颗极有利用价值的棋子。但是俄国人高兴得太早了，1757年八月，阿睦尔撒纳因为天花病死于托博尔斯克，享年35岁，结束了他充满争议的一生。

自从阿睦尔撒纳逃到俄国，清朝就没有停止过促使俄国引渡阿睦尔撒纳的努力。1757年九月，清朝理藩院去信沙俄的外事委员会，要求引渡包括阿睦尔撒纳在内的准噶尔逃犯。1758年年初，俄方回复称阿睦尔撒纳已死，清方可以派遣官员到俄国验看阿睦尔撒纳的尸首，但拒绝将阿睦尔撒纳的遗体交给清朝。直到1764年，俄方仍然收到清朝理藩院要求交还阿睦尔撒纳遗体的信件。

遥想当年，带领卫拉特人开始走上历史舞台的忽都合别乞出身辉特氏；如今，让卫拉特最强部族准噶尔政权彻底灭亡的阿睦尔撒纳，也是辉特氏族中人。只能说，历史总是会给我们上演一出又一出耐人寻味的大戏。

终章

阿睦尔撒纳撒手人寰于异国他乡，以他为代表的部分准噶尔汗国上层人物的复国迷梦就此化为泡影。末代准噶尔珲台吉达瓦齐，下场则比阿睦尔撒纳好得多。他被押送到北京后，受到乾隆皇帝的特赦，不仅被封为亲王，还娶了康熙皇帝第三子允祉的孙女，在北京城里做起了寓公，过着"日惟向大池驱鹅鸭浴其中，以为乐"的悠闲生活。（《啸亭杂录·卷三·西域用兵始末》）

1758年正月，乾隆通过兆惠的奏报确认了阿睦尔撒纳的死讯后，宣谕中外："准噶尔全部平定。"（《清高宗实录》乾隆二十三年）东亚内陆两大强权为时近七十年的争斗终于尘埃落定。准噶尔汗国昔日的疆域被瓜分，额尔齐斯河上游亚梅什湖一带早已被俄国实际占领；曾经几度成为准噶尔汗国附庸的哈萨克各部已恢复独立；以伊犁河流域为中心的天山北路准噶尔汗国本部故土、天山南路各城邦及唐努乌梁海、科布多等地均为清朝所有，唐努乌梁海和科布多都被并入乌里雅苏台将军辖区。至于天山南路，清朝要彻底征服这一地区还需要再过几年时间。

1757年，波罗尼都、霍集占兄弟在天山南路的喀什噶尔等处发动叛乱，

▲ 已被清朝敕封为和硕亲王的达瓦齐

反清自立，史称"大小和卓之乱"。这场声势浩大的动乱历时两年才最终被清朝平定下去。1762年，清朝为有效统治东到哈密、巴里坤，西到葱岭、楚河、塔拉斯河流域，北到巴尔喀什湖、额尔齐斯河中上游，南到昆仑山的广大地区，设立总统伊犁等处将军，简称"伊犁将军"。参与过平定准部战事的正白旗汉军都统明瑞被任命为第一任伊犁将军。将军府驻地在伊犁河北岸的惠远城，将军之下设都统、参赞大臣、办事大臣、领队大臣等职，分驻于塔尔巴哈台、喀什噶尔等处，管理本地军政事务。至此，自唐朝安西都护府陷于吐蕃近千年之后，天山南北的广大地区以"新疆"这个崭新的地理名词，重新回到中国政权的行政区划当中。从某种意义上来讲，这也是取得清准战争最终胜利的清朝所获得的最重要的战利品。

至于准噶尔汗国败亡之后那几十万部众的最后归宿，一直是今人关注的焦点。

战后，准噶尔人遭遇了灭顶之灾。其中，有一小部分是被清军剿灭的，但这仅限于参与叛乱的一部分部落，比如噶勒藏多尔济、巴雅尔、阿巴噶斯、哈丹、沙喇斯等部落，以及被称为"玛哈沁"的小股强盗山贼。魏源的《圣武记》记载：

> 王师初入，兵不血刃，矢不再发，而天不许也。王师再入，师则屡次，垒则再因，而天又不许也。几大幸，又几大不幸，一激再激，以致我朝之赫怒，帝怒于上，将帅怒于下，合围掩群，顿天网而大狝之，穷奇浑沌梼杌饕餮之群，天无所诉，地无所容，自作自受，必使无遗育逸种于故地而后已。计数十万户中，先痘死者十之四，继窜入俄罗斯、哈萨克者十之二，卒歼于大兵者十之三，除妇孺充赏外，至今惟来降受屯之厄鲁特若干户，编设佐领昂吉，此外数千里间无瓦剌一毡帐。

清朝之所以如此决绝，主要是为了惩罚阿睦尔撒纳的反叛。事实上，准噶尔地区占总人口四成左右的民众，是因为天花等传染病肆虐而不幸死亡。

当然，不容否认的是，清军在平定阿睦尔撒纳的进军中确实有过激行为。坚决拥护清朝的和硕特汗沙克都尔曼济，没有跟随阿睦尔撒纳作乱，率众移牧到巴里坤附近寻求清朝保护，却被内大臣雅尔哈善怀疑是想借机袭击清军营地，派遣部将闫相师率精骑发起夜袭。可怜沙克都尔曼济的数千和硕特部众，就因为雅尔哈善的主观臆断横死当场。这桩冤案也成了后世某些史家所捏造的"清军对准噶尔人实施种族灭绝"的重要史事原型。

不过，即使遭遇了兵祸、天灾、瘟疫和清军的屠杀，仍然有相当部分的准噶尔遗民活了下来，只是他们原有的社会结构和单位已经不复存在。乾隆皇帝出兵攻打准噶尔之前，就已经有部分准噶尔贵族率领部众投诚清朝。在此以前更早的康熙、雍正年间，更有相当多的准噶尔人在战争中被俘而被带回清朝，这些部众均得到了很好的安置，前文已有述及。再者，准噶尔政权境内的部民并不仅仅只有准噶尔人，还包括部分的杜尔伯特人、辉特人等。

其中，杜尔伯特部在1753年脱离准噶尔，越过阿尔泰山投附清朝，该部首领车凌乌巴什还被晋封为和硕亲王。战争结束后，其部归置于科布多参赞大臣辖下杜尔伯特十四旗。辉特部部众分置青海、蒙古，归入科布多参赞大臣和札萨克图汗辖下的辉特旗。

不管怎么说，"准噶尔"作为一个游牧部落政权的称谓至此结束，只剩下"准噶尔盆地"的地理名称。

当我们回望中华大地数千年的历史，就会发现清朝和准噶尔之间的战争，并不仅仅是清王朝和准噶尔两个政权之间的角逐，更是农耕文明与游牧文明此前无数次对决的再次重演。自西周伐犬戎、秦汉征匈奴起，定居民族和游牧民族之间展开的较量，一直是中国古代战争史中的一幕重头戏。如同其他历史时期的游牧政权一样，准噶尔以其强悍的军事力量，一度横行于中亚和东亚北部的草原地带，对周边的定居文明产生了极大的威胁。即使是同样以强悍军力起家的清，也用了数十年的时间，耗费无数人力物力，在付出了巨大的代价后，才趁着准噶尔内乱之机将其攻灭，赢得最后的胜利。

从巴图尔珲台吉开始，历代的准噶尔统治者都对政权建设颇为上心，试图改变准噶尔游牧汗国的面貌，但是他们的尝试并不成功。长期的游牧生活对准噶尔上层贵族的影响不可忽视，这些影响在准噶尔每次权力交接中表现得最为明显。细心的读者或许能发现，从噶尔丹以后的几位准噶尔统治者，几乎都不是正常接班，或者接班后很短的时间内要把精力放在清洗前朝贵族的内部斗争中。这样的内部斗争在达瓦齐上位之后，最终成为准噶尔汗国从分裂走向灭亡的催命符。对于中亚哈萨克等地区，准噶尔的统治者们没有建立起一套严密的行政管理制度，只满足于在这些被征服的地区收取贡赋而已。松散的控制力，使得每次准噶尔汗庭权力交接之际，中亚的部族都会趁机作乱谋求独立。几乎每位新上任的准噶尔领导人都要对中亚地区进行讨伐。频繁内斗和屡次在附属部族身上建立显赫武功的背后，折射出的是传统游牧汗国内部的不稳定性和管理体制的巨大缺陷。

反观清朝，则没有这方面的问题。作为中国历史上最后的封建王朝，中央集权和君主专制在清朝达到巅峰，成熟的政体使得清朝即使相对有作为的皇帝驾崩后，只要继任者并不十分昏暴，整个国家依然可以正常运转，社会依旧可以保持稳定。众多的人口和雄厚的经济实力也是清朝得以最终征服准噶尔的有利凭借。清朝与准噶尔的交战记录中，有和通泊这样的大败惨败，更有额伦特全军覆没的巨大污点，折损的官兵每每成千上万，但清朝经受得起这样的损失，准噶尔却不能。即便是在准噶尔汗国国力达到巅峰的噶尔丹策零时代，准军在漠北、哈密两个方向都取得了对清军作战的重大胜利，但额尔德尼昭一战损失万把人就把准噶尔打回原形，十余年都未能完全恢复元气。可以说，准噶尔败给清朝，是两者综合国力各方面的巨大差距所导致的结果，而非战之罪也。

此外，在噶尔丹和策旺阿拉布坦时代，西藏一直在清朝和准噶尔的角逐中扮演着重要角色。但由于篇幅所限，笔者不再赘述。

最后，用乾隆亲笔写（也可能是御用文人代笔）的《平定准噶尔勒铭格登山之碑》作为本文的结尾吧。

格登之崔嵬，贼固其垒。我师堂堂，其固自摧。

格登之巉薜，贼营其穴。我师洸洸，其营若缀。

师行如流，度伊犁川。粤有前导，为我具船。

渡河八日，遂抵格登。面淖背崖，藉一昏冥。

曰捣厥虚，曰歼厥旅。岂不易易，将韬我武！

将韬我武，讵曰养寇？曰有后谋，大功近就。

彼众我臣，已有成辞。火炙昆冈，惧乖皇慈。

三巴图鲁，二十二卒，夜斫贼营，万众股栗。

人各一心，孰为汝守？汝顽不灵，尚窜以走。
汝窜以走，谁其纳之？缚献军门，追悔其迟！
于恒有言，曰杀宁育。受俘赦之，光我扩度。
汉置都护，唐拜将军，费赂劳众，弗服弗臣。
既臣斯恩，既服斯义，勒铭格登，永诏亿世。

参考文献

[1] 何秋涛. 朔方备乘 [M/OL]. http://www.guoxuedashi.com/guji/1070k/

[2] 温达. 亲征平定朔漠方略 [M/OL]. http://www.guoxuedashi.com/guji/5567c/.html

[3] 傅恒. 平定准噶尔方略 [M/OL]. http://skqs.guoxuedashi.com/wen_573k/.html

[4] 魏源. 圣武记 [M/OL]. http://www.guoxuedashi.com/guji/590s/.html

[5] 蒋良骐. 东华录 [M/OL]. http://www.guoxuedashi.com/guji/1583z/.html

[6] 徐珂. 清稗类钞 [M/OL]. http://www.guoxuedashi.com/guji/1583z/.html

[7] 萨囊彻辰. 蒙古源流 [M/OL]. http://skqs.guoxuedashi.com/wen_622q/.html

[8] 昭梿. 啸亭杂录 [M/OL]. http://www.guoxuedashi.com/guji/4182e/.html

[9] 赵尔巽. 清史稿 [M/OL]. http://www.guoxuedashi.com/a/27p/.html

[10] 祁韵士. 皇朝藩部要略 [M]. 台北：文海出版社,1965.

[11] 王之春. 国朝柔远记 [M]. 台北：台湾学生书局,1985.

[12] 新疆社科院民族研究所.《清实录》准噶尔史料摘编 [M]. 乌鲁木齐：新疆人民出版社,1986.

[13] 梁份. 秦边纪略 [M]. 西宁：青海人民出版社,1987.

[14] 柏杨. 中国人史纲 [M]. 太原：山西人民出版社,2008.

[15] 台湾三军大学. 中国历代战争史（第 16 册）[M]. 北京：军事译文出版社,1983.

[16] 巴特，洪坚毅. 蒙古族古代战例史 [M]. 北京：金城出版社,2002.

[17] 马大正，成崇德. 卫拉特蒙古史纲 [M]. 北京：人民出版社,2012.

[18]《准噶尔史略》编写组. 准噶尔史略 [M]. 桂林：广西师范大学出版社,2007.

[19] 秋原. 清代旅蒙商述略 [M]. 北京：新星出版社,2015.

[20] 宝音德力根. 清朝内阁蒙古堂档 [M]. 呼和浩特：内蒙古人民出版社,2005.

[21]（苏联）伊·亚·茨拉特金. 准噶尔汗国史 [M]. 马曼丽，译. 北京：商务印书馆,1980.

[22] 李儿只斤·苏和，班布日. 卫拉特三大汗国及其后人 [M]. 呼和浩特：内蒙古人民出版社,2014.

[23]（苏联）戈利曼，斯列萨尔丘克. 俄蒙关系历史档案文献集（上下册）[M]. 马曼丽，译. 兰州：兰州大学出版社,2014.

[24]（俄）齐米特道尔吉耶夫. 蒙古诸部与俄罗斯（17—18 世纪）[M]. 呼和浩特：内蒙古人民出版社,2009.

[25]（俄）伊·温科夫斯基.十八世纪俄国炮兵大尉新疆见闻录 [M].宋嗣喜,译.哈尔滨:黑龙江教育出版社,1999.

[26]（日）宫胁淳子.最后的游牧帝国:准噶尔部的兴亡 [M].晓克,译.呼和浩特:内蒙古人民出版社,2005.

[27]（法）伯希和.卡尔梅克史评注 [M].耿升,译.北京:中华书局,1994.

[28] 张建.再造强权——准噶尔珲台吉策妄阿喇布坦崛起史新探 [J].“中央”研究院历史语言研究所集刊,2015,86.

[29] 黑龙.康熙帝首次亲征噶尔丹与昭莫多之战 [J].满语研究,2009(2):129-136.

[30] 黑龙.阿喇尼出使准噶尔汗国与喀尔喀问题的交涉 [J].北方论丛,2011(6):90-93.

[31] 张建.火器与清朝内陆亚洲边疆之形成 [D].天津:南开大学,2012.

[32] 郭丹.岳钟琪与雍正时期西北边疆的经营 [D].长春:东北师范大学,2007.

[33] 包青松.策妄阿喇布坦统治时期的准噶尔汗国史研究（1689—1727）[D].呼和浩特:内蒙古大学,2011.

大清"裱糊匠"的崛起

李鸿章筹练淮军与"天京之役"

作者 / 赵恺

与晚清戡乱名臣曾国藩相比，来自安徽合肥的李鸿章的人生似乎要坎坷和复杂得多，盛赞其"再造玄黄"者有之，痛斥其"丧权辱国"者更不在少数。这种争议之声自然而然地影响了由其一手组建的淮军，以及中国近代历史上号称"东亚第一"的海军舰队——北洋水师。虽然在中日甲午战争中，相比北洋水师的悲壮与雄浑，淮军几乎溃不成军，甚至畏敌如虎，以致跌落神坛，成了千夫所指的对象；但不可否认的是，在清朝末期，淮军确实是清朝最为精锐的陆上武装力量，并拥有重要的历史地位。回顾这支部队的成立，则要从太平天国运动末期的上海说起。

当时，在曾国藩的举荐下，李鸿章以江苏巡抚的身份率军驰援上海，正式拉开了淮军独立发展的序幕。

在龙蛇混杂的十里洋场，李鸿章如何成功压制深得沪上中外势力认可的江苏布政使吴煦，并赶走自己的顶头上司江苏巡抚薛焕？面对由西方雇佣军组成的常胜军，李鸿章与英国军事顾问戈登之间的斗法又是否影响了中国近代陆军的发展？在与太平天国忠王李秀成所部对垒的过程中，淮军经历了怎样的血与火的考验？所谓"苏州杀降"事件的背后又是否另有隐情？在清军围攻天京的收官之战中，李鸿章是否有意让功于自己的恩师曾国藩？以上这些问题，均将在本文中为读者一一解答。

领军申城：援沪之行与淮军草创

曾李之交

1861 年 9 月 5 日攻克安庆，对于曾国藩及整个湘军集团而言，算是打开了通往太平天国核心统治区的大门，但在攻略天京（今南京）的道路上，如何有效地管理收入囊中的安徽省大部仍是绕不开的话题。此时的安徽名义上属两江总督曾国藩治下，但皖北地区的实际控制权却掌握在钦差大臣瓜尔佳·胜保及依附于他的团练武装头目苗沛霖的手中。对于屡战屡败而被朝野揶揄为"败保"的清朝贵族胜保，曾国藩并不太放在心上，如何与地盘横跨安徽、河南两省，"数十州县之练首无不望风归附，听其号令"的苗沛霖争夺安徽省内的人才和兵粮，才是令

▲ 湘军攻克安庆标志着其与太平军的战斗进入最后的收官阶段

曾国藩颇为头痛的事情。正所谓"强龙难压地头蛇"，在向来看重乡望的农耕社会，没有一个安徽籍的重臣，湘军要想在当地打开局面并不容易。或许正是考虑到了这一点，曾国藩早早地便将合肥名流——李瀚章、李鸿章兄弟收入帐下。

曾国藩与李鸿章早年便已相识。1845 年，22 岁的李鸿章赴京赶考，按照清代儒林的"潜规则"，李鸿章首先找到了与父亲李文安是同榜进士的曾国藩。据说曾国藩对李鸿章颇为欣赏，可惜这一年李鸿章名落孙山，直到两年后才被点为二甲第 13 名，开始了自己的翰林生涯。在此后的 5 年里，李鸿章虽与曾国藩保持着师生之谊，但仕途上交集不多。1853 年，因母丧在家丁忧的曾国藩，趁围剿太平天国的东风，组建起了名为"湘勇"的团练武装，李鸿章也趁此机会跟随同乡——工部左侍郎吕贤基前往安徽，办理团练防剿事宜。

与曾国藩相比，同为六部侍郎的吕贤基没有在剿灭太平军一事上干出一番成绩来。究其原因，除了两人性格、才干之间的差异外，更为重要的是正处于太平军进攻轴线上的安徽省省内令出多门、权力分散。除了吕贤基之外，还有安徽巡抚蒋文庆、三朝老臣周天爵等大佬。对于眼前繁复的局面，吕贤基曾写信给周天爵，提议：“事当分任。团练专令歼除土匪；牧令守本境，统帅剿贼，不得远驻百里之外，以免推诿。”但这些建议在当时的安徽省内显然没有执行空间。

1853年6月，太平军攻占安庆，巡抚蒋文庆战死；9月，周天爵病死于军营，吕贤基似乎总算统一了安徽境内的军政大权。此时吕贤基依为根本的舒城仍处于太平军的兵锋之下，《清史稿·列传一百八十六》中记载，曾有人劝告吕贤基说：“无守土责，未辖一兵，贼锋甚锐，可退守以图再举。”这个主张“以图再举”的人是否为李鸿章，史料中并未给出明确的答案，但在吕贤基决定“以死报国”的同时，李鸿章以老父有病为由离开前线却是不争的事实。1853年11月，舒城陷落，吕贤基投河自尽。

此后几年里，李鸿章以幕僚身份效力于新任安徽巡抚福济麾下。福济是满族镶白旗人，出身上有优势并曾出任过兵部侍郎。福济抵达安徽之后一度调兵筹饷，颇有一番气象，加上太平天国方面恰逢“天京变乱”，因此李鸿章在福济麾下参与了收复含山、巢县等战役，积累了一定的军功。随着陈玉成、李秀成等太平军新生代将帅的崛起，清军在安徽的情况再度由安转危。眼见很难继续在福济手下建功立业，李鸿章只能另谋发展。通过当时正在曾国藩军中“综理粮秣”的大哥李瀚章的关系，1858年12月，李鸿章正式赶赴南昌投入曾国藩的幕府。

在李鸿章看来，自己投身湘军属于强势加盟，理应受到特别的礼遇。正是怀着这样的心理，李鸿章初到南昌时生活散漫、晚睡懒起，对曾国藩每天黎明时分“必召幕僚会食”的规矩更是颇多微词，后来甚至忍不住直接以头痛相辞。不想曾国藩不断派人来催，更直接表示“必待幕僚到齐乃食”。无奈之下，李鸿章只能“披衣跟跄而往”，结果换来的却是曾国藩的一句告诫：“少荃（李鸿章表字），既入我幕，我有言相告，此处所尚惟一‘诚’字而已。”事实上，这不是曾国藩第一次敲打李鸿章了，早在李鸿章多方托人表示希望加入湘军时，曾国藩便揶揄他说：“少荃翰林也，志大才高，此间局面窄狭，恐艨艟巨舰，非潺潺浅濑所能容，何不回京供职？”

曾国藩的一系列反应，令李鸿章“为之悚然”，深知要在湘军中闯出一片天地，唯有勤奋自勉。在此后的一段时间里，李鸿章虽然仅仅负责书记文字工作，却干得有声有色。曾国藩夸奖他说：“少荃天资于公牍最相近，所拟奏咨函批，皆有大过人处，将来建树非凡，或竟青出于蓝，亦未可知。"不过，李鸿章并不满足于周旋于公牍文书之间的秘书工作，在湘军大营进驻祁门之后，他不断制造舆论，希望能"及早移军"。李鸿章之所以如此积极，除了年轻气盛、好发议论之外，很大程度上还在于湘军此时的动向与其尽早规复安徽全境、衣锦还乡的设想不符。面对军中不断要求移营的呼声，曾国藩亲自出面，以"诸君如胆怯，可各散去"进行压制。以他的老辣，自然不难看穿李鸿章的小算盘，因此驻守祁门后不久，曾国藩便出面，向朝廷保举李鸿章为两淮盐运使。

加入曾国藩幕府之前，李鸿章的正式官职为从三品的福建延建邵道（即延平、建宁、邵武三府）道台。两淮盐运使亦为从三品，仅从官阶上来看，此番人事变动不过是同级岗位之间的调动，实则不然。两淮盐运使掌管食盐运销、征课、钱粮支兑等事务，而延建邵道地区此时正遭受太平军的袭扰，李鸿章的前任袁绩懋便死于太平军的乱刀之下。两者的"含金量"孰高孰低，一目了然，何况曾国藩在保举李鸿章的奏折中还提议，由李鸿章于淮扬一线"兴办水师，择地开设船厂"。如果真能顺利赴任，李鸿章可谓独掌两淮财政、水师大权，不仅本人平步青云，

▲ 祁门大营遗址

更能成为湘军布控江浙的重要一环。奏折刚刚送出，曾国藩麾下幕僚便纷纷向李鸿章道贺，甚至连湘军大佬胡林翼也亲自从湖北黄梅跑来找李鸿章套近乎。一时间，李鸿章在祁门的湘军大营中俨然是一颗冉冉升起的新星，但来势汹汹的第二次鸦片战争却令李鸿章的升迁之梦化为了泡影。

面对大军压境的英法联军，清政府号召各地驻军"北上勤王"，曾国藩手中的湘军集团虽然远离战场但也在征调之列。对于北京方面的局势，曾国藩表面上"四更成寐，五更复醒，念夷人纵横中原，无以御之，为之忧悸"，实际

▲ 早年的李鸿章

上却按兵不动，心存观望。其真实想法在家书中更是一览无余："与其不入援而同归于尽，先后不过数月之间，孰若入援而以正纲常、以笃忠义？纵使百无一成，而死后不自愧于九泉，不诒讥于百世。"显然在曾国藩看来，入援京师无非是"正纲常""笃忠义"而已，其结果必然是"百无一成"，甚至"同归于尽"。得到咸丰帝逃离北京的消息后，曾国藩"且愧且愤，涕零如雨"，在家书中写道："今銮舆播迁，而臣子付之不闻不问，可谓忠乎？万一京城或有疏失，热河本无银米，从驾之兵难保其不哗变。"站在后人的角度来看，我们很难理解曾国藩"食君之禄，忠君之事"的情怀，但是纵观全局，如果清朝中枢机构此时在热河崩溃，那么太平天国和湘军集团无疑将是最大的受益者。

事实上，就在英法联军逼近北京的同时，太平天国高层产生了趁势"扫北"的念头。但和此前的"北伐"相比，太平天国对如何利用清军兵败通州一线的有利战机并没有太过明确的战略部署，只是盲目地认为自己与英法联军"既系同教，宜切同胞"，英法联军理应给予北上的太平军支持。所幸受命率军"扫北"的李秀成此刻刚刚在上海城下吃了洋枪队的苦头，吸取了1853年林凤祥、李开芳孤师

北伐，结果全军覆没的前车之鉴。第一次攻略上海失败后，李秀成回到了根据地苏州，随即便以德安等地天地会起义军纷纷差使至苏州表示愿意投靠太平军为名，出兵江西。其进攻轴线正对湘军的祁门大营。

曾国藩自组建湘军以来，虽然屡败屡战，但也曾三次对前途命运倍感绝望，甚至有轻生之举。第一次是在1854年，亲率水陆两军万余人大张旗鼓誓师出征的曾国藩，于湖南靖港遭遇太平军的伏击。曾国藩起初还颇为镇定，"亲仗剑督退者，立令旗岸上曰：'过旗者斩。'"结果，"士皆绕从旗旁过，遂大奔"。气愤之余，曾国藩只能"自投水中"。第二次则是在1855年，在湖口为石达开所败的曾国藩，面对"座船陷于贼，文卷册牍俱失"的局面，曾一度丧失理智，准备"策马赴敌以死"。而他的第三次轻生就发生在1860年12月的祁门大营中。

当时李秀成在皖南、赣北一线高奏凯歌。留在安庆附近长江两岸的李世贤、杨辅清所部太平军也在皖南与赣北一线展开牵制性进攻。随着李秀成部主力西进，驻守常熟的黄文金被李秀成以"擅违期限，不先申禀缘故"的名义移防芜湖，也被迫加入了西征的行列。加上驻守池州的右军主将刘官芳所部，太平军一度在皖南、赣北形成了五军齐发的态势。与之形成鲜明对比的是，曾国藩在祁门大营以东仅有非嫡系的张运兰所部3000余人。为了扩大防御纵深，曾国藩不得不将自己的心腹幕僚李元度从浙江前线调回，为其求得徽宁池太广道台一职，希望其能在徽州地区组建防线，保障祁门大营的安全。

李元度虽是举人出身，但多年跟随曾国藩南征北战，早已成长为屡立战功的武将。1857年8月，太平军石达开所部以2万大军猛扑浙赣交界处的玉山县城。李元度仅以700守军，通过"断敌浮梁""掘壕以防地道""伏兵邀击"等战术，最终迫使太平军"技穷引去"。正是基于守御玉山的成功案例，曾国藩对李元度寄予了厚望。但李元度马不停蹄地从温州赶往祁门时，李秀成的堂弟李世贤已经攻破宁国。李元度赶到徽州不过三天，太平军便突破绩溪丛林关天险。李元度虽然组织部队展开反击，但最终无力抵挡太平军凶猛的攻势，徽州失守，李元度仅以身免。

从战场态势来看，李元度并不应该对徽州失守负主要责任。其在湘军服务多年，功劳、苦劳兼备，但令湘军上下都没有料到的是，消息传到祁门后，曾国藩竟第一时间要求李鸿章拟稿弹劾李元度。对于这一决定，李鸿章表达了自己的不同意见，声称"果必奏劾，门生不敢拟稿"。起初曾国藩还认为李鸿章只是不愿替自己背负"大义灭亲"的骂名，表示"我自属稿"，没想到李鸿章以"若此则门生亦将告辞，不能留侍矣"相要挟。曾国藩表现得很淡定，用一句"听君之便"就送走了李鸿章，但在其日记原稿中，仍能看到曾国藩对李鸿章种种表现的不满："日内因徽州之败，深恶次青（李元度），而少荃不明大义，不达事理，抑郁不平，遂不能作一事。"

祁门之围缓解后不久，曾国藩便开始着手修补与李鸿章的关系。1861年2月—3月，面对横行江西境内的李秀成大军，曾国藩主动写信给李鸿章，请他协防南昌。李鸿章深恐步李元度的后尘，便婉言谢绝。曾国藩对此似乎并不介意，又写了一份读来有些肉麻的公函招徕李鸿章："阁下久不来营，颇不可解。以公事论，业与淮扬水师各营官有堂属之名，岂能无故弃去，起灭不测。以私情论，去年出幕时，并无不来之约。今春祁门危险，疑君有曾子避越之情；夏间东流稍安，又疑有穆生去楚之意。鄙人遍身热毒，内外交病，诸事废阁，不奏事者五十日矣。如无醴酒之嫌，则请台旌速来相助为理。"

曾国藩口中的"淮扬水师各营官有堂属之名"，指的是此前奏保李鸿章为两淮盐运使时，计划由其统率湘军水上作战力量。在更早之前，曾国藩还与李鸿章探讨过招募安徽壮丁组建骑兵的方略。在给胡林翼的信中，曾国藩这样写道："江北军务非数千马队不为功，顷与李少荃议，可调察哈尔马三千匹，由上驷院押解来鄂。而亳州一带，有善马之勇可募，名曰'马勇'。现在德（德兴阿）、胜（胜保）二帅亦系调江北之马，募淮南之勇，将来马队断非我湘人所能擅长，自不能不照此办理。吉林、黑龙江马队闻已通饬止调矣，宫保似可商之摈帅（指官文），奏调察哈尔牧厂马三千匹来鄂，国藩亦拟令少荃募马勇千人，试行操练也。"不过无论是淮南马队还是淮扬水师，在安庆战役尚未分出胜负之际，对于曾国藩和李鸿章而言均不过是未雨绸缪的远景规划而已。

一般认为，李鸿章在1861年7月间重回曾国藩帐下，此时距离他从祁门大营负气出走已逾半年之久。虽然曾国藩不计前嫌、待之如初，但整个湘军的形势已与此前有了巨大的变化。由于胜保和苗沛霖的阻挠，淮南马队的组建计划已由搁置转为彻底取消；而淮扬水师在李鸿章离开期间已初具规模，交由曾国藩的心腹爱将黄翼升统领。在这样的情况下，曾国藩即便再宠信李鸿章，也不可能叠床架屋，令草创的水师出现李鸿章和黄翼升双头领导的局面。他只能另辟蹊径，以组建"淮扬陆勇"的名义，让李鸿章自成一军。

进军江浙

事实上，在李鸿章的任用问题上，身为湘军二号人物的胡林翼始终有比曾国藩更为清醒的认识。早在1860年8月，胡林翼便致信曾国藩，表示："少荃带勇多年，中道自画，若一劲到底，必有可观。兵事尚早，毋即厌苦也。扬州水师都督，亦须另筹陆师以翼之。"他首先肯定了李鸿章是练兵之才而非普通幕僚，而后暗示李鸿章的长处是陆战而非水战。此时的湘军中亦有多支由安徽籍士兵组成的武装力量，除了太平军降将李济元的济字营和程学启的开字营之外，最受曾国藩重视的，还是昔日李鸿章协助吕贤基回安徽办理团练时留下的"星星之火"——张遇春的春字营。从战绩来看，张遇春的春字营自加入湘军以来表现颇为一般，但要想在安徽地区打开局面，春字营的存在和壮大是彰显"皖人治皖，淮勇守淮"的绝佳例证。因此在收复安庆之后，曾国藩第一时间将春字营调往皖北，准备让李鸿章将这一点"星星之火"引向苗沛霖的控制区，最终形成燎原之势。

然而，曾国藩任用李鸿章经略皖北的计划，刚刚起步便被一系列突如其来的变故所打乱。首先是1861年7月间，咸丰帝爱新觉罗·奕詝病逝于热河承德避暑山庄，随即引发了以肃顺为首的"顾命大臣集团"与以慈禧太后、恭亲王奕訢为首的"后宫集团"的政治暗斗。从政治立场和个人品性而言，曾国藩、李鸿章等湘军高层与"喜结汉臣、优礼贤士"的肃顺更为亲近。在咸丰帝驾崩之后，肃顺也频繁向湘军集团伸出橄榄枝。1861年8月30日 肃顺不仅同意将湖北巡抚授予曾国藩心腹爱将李续宜，更一气加封曾国藩的好友毛鸿宾为湖南巡抚，湘军将帅彭玉麟、刘坤一也分别获得安徽巡抚、广东按察使的顶戴。

不久，以肃顺为首的"顾命大臣集团"在政治斗争中失利。这场"祺祥政变"落下帷幕之后，曾国藩一度对肃顺之死扼腕叹息，称"此冤狱也，自坏长城矣"，深恐朝廷使用汉人的政策再有波折。如此，不仅太平天国起义难以平定，他自身

▲ 垂帘听政的慈禧太后

亦有被人陷害之危。当然，以曾国藩的政治智慧不难看出，在当时的局势下，以慈禧太后为主的"后宫集团"，尚不会轻易改变肃顺制定的"以汉制汉"之策；但从长远来看，湘军集团要保全自己的政治地位，必须谨慎布局。所以在湘军上下还都沉浸在加官晋爵的欢喜中时，曾国藩已经将目光转向富饶的江、浙两省。

曾国藩之所以此时关注江、浙两省的战事，一方面固然是因为击破安庆之后，湘军即将在当地与太平军决战；另一方面则缘于规模不断膨胀的湘军急需江、浙两省的税赋来输血。关于这一点，实际上早在湘军草创之初，曾国藩便已然开始尝试。1855 年曾国藩兵败湖口，损兵折将不说，军费更是极度空虚，于是他试图找浙江巡抚何桂清"商饷"。在曾国藩看来，浙江此时未遭兵燹，属于"全善之区"，每月接济江南大营的军饷便达 6 万两之多，拿出一点儿来救援湘军也只是九牛一毛而已。但万万没想到，何桂清竟然"丝毫未允"。从此之后，曾国藩和何桂清之间便有了芥蒂，而为了争夺江、浙两省的巡抚之位，湘军集团和何桂清更是势如水火。1860 年，何桂清授意部下张玉良在驰援杭州的战事中，故意逗桡不进，令胡林翼推举的浙江巡抚罗遵殿兵败自杀。浙江全省随即为何桂清的心腹王有龄占据。

王有龄主政杭州之后，积极招揽兵败徽州的湘军元老李元度。也正是李元度兵败后不逃往祁门大营，却选择败窜浙江开化的举动，令曾国藩对这位老部下极度不满，不顾李鸿章等人的反对坚决上奏弹劾。虽然事后胡林翼等湘军大佬站在维护内部团结的立场上，写信安抚李元度，并上下运作使其官复原职，但李元度最终选择回湘募勇，组建安越军，正式脱离湘军，加入何桂清集团。眼见于此，曾国藩干脆上奏朝廷，推举左宗棠统一指挥东援浙江的军事行动，有了尚方宝剑在手，就算他李元度自行组建安越军，仍不得不受左宗棠节制调遣。

左宗棠在江西一线对李秀成、李世贤所部太平军始终保持着压迫姿态。但在李秀成第二次围攻杭州的过程中，左宗棠却借口"数军单薄，不足资战守"，始终将部队控制在浙赣边界。如果说左宗棠要等待湘军刘培元、魏喻义所部从湖南赶来才能进军，还有几分道理；那么必须会合从广西出发的蒋益澧所部，便是赤裸裸地摆出"友军有难，不动如山"的观望姿态。可笑的是，左宗棠的这些举措在《清史稿》中竟成了"数千人策应七百余里，指挥若定"，连曾国藩也"服其整暇"。要知道当时在左宗棠的军中仅李元度的安越军便有15个营的编制，兵力不下6000人，其余诸将如刘典等人皆起于团练，麾下兵马也不少于数千之众，杭州周边还有张玉良的水师在猛攻太平军的防线。在左宗棠的不作为下，李秀成猛攻20余日终于攻破杭州大城，此后面对八旗子弟居住的杭州"满城"，太平军又激战4日、损失3000余人方才攻克。回首这段历史，李秀成在其自述中也不得不承认："那杭郡巡抚王有龄甚得军民之心，甚为坚守。"

王有龄在杭州城破之日自缢身亡，而在此之前，张玉良也因"军不用命，自知事不可为，战杭州城下，轺身临前敌，力斗，中飞炮，殁于军"。至此，何桂清集团遭遇重创，再难与湘军集团相抗衡。之后，曾国藩全力推荐左宗棠为浙江巡抚，参劾李元度，解散安越军，同时着手部署入主江苏事宜，对龟缩于上海的何桂清展开最后一击。

在江南大营崩溃之前，江苏巡抚本为何桂清的心腹徐有壬。可1860年太平军攻克苏州时，徐有壬死于任上，于是何桂清只能依附于退守上海的江宁布政使薛焕。清政府虽然一度下诏将何桂清革职并送北京审讯，但由于英法联军入侵，何桂清始终"逍遥法外"。面对这个死而不僵的"百足之虫"，曾国藩决心釜底抽薪，以盘踞荡口镇的团练武装头目华翼纶等人"冀上游之兵，早赴江东"为名，正式着手部署湘军援沪。曾国藩最初的计划是由其九弟曾国荃统率湘军老营为援护主力，但考虑到皖南前线一下子抽调走太多的老兵可能造成不良影响，因此将计划修正为："沅弟（曾国荃）迅速招勇来皖，替出现防之兵，带赴江苏下游，与少荃、昌岐（黄翼升）同去。得八千陆兵、五千水师，必能保朝廷膏腴之区，慰吴民水火之望也。"意思是,曾国荃先在湖南训练一批新兵赴皖替换驻防的老兵,然后将他们带去江苏下游,配合李鸿章招募的淮勇、黄翼升的淮扬水师协同对抗太平军。

在与曾国荃的一系列通信中,曾国藩反复强调控制上海在经济上对湘军集团意义重大,"上海为苏杭及外国财货所聚,每月可得厘捐六十万金,实为天下膏腴,吾今冬派员去提二十万金,当可得也"。但曾国荃对此却并不积极。后世的很多学者都认为曾国荃之所以不愿前往上海,是因为其急于进攻天京,建立平定太平天国的不世之功。客观地说,曾国荃虽老于军旅,但在政坛上尚属后进,从其日后从政的表现来看,他似乎也不擅长派系角力。他在回复曾国藩的信中宣称,抵沪之后"恐归他人调遣,不能尽合机宜,从违两难",仔细分析也并非全是托词。

湘军各部当时云集安庆,要抵达上海必须先打通长江下游的水陆交通,经过江宁将军都兴阿的防区,才能由镇江登船到上海。对于都兴阿这个正白旗出身的满蒙贵族,湘军上下感情颇为复杂。一方面,都兴阿早年曾统率马队南下参战,在收复武汉、九江等战役中均给予了湘军集团很大的助力;另一方面,当年正是为了配合都兴阿围攻安庆,湘军在三河战役中损失 6000 精锐,一度一蹶不振。或许正是出于对三河战役失利的愧疚,都兴阿此后便以腿脚不便退出湘军的指挥体系,将自己带来的满蒙马队交给部将多隆阿。此时的都兴阿名义上统揽江北军务,实际麾下多是江北、江南大营的残兵败将和太平军降将,仅据守镇江的冯子材部可堪一战。除了兵员质量堪忧之外,粮饷问题也同样令都兴阿颇为头大。因此在湘军积极筹划援沪的同时,都兴阿也向朝廷上奏,力保冯子材进援上海。慈禧太后向来看重满臣,都兴阿的奏请随即于 1862 年 2 月 16 日得到批准,湘军援沪的计划眼看便要胎死腹中。

都兴阿秉承上意又兼有近水楼台之利,曾国藩于公于私都不便反对。他只能写信给冯子材,打了一通官腔:"镇江最据形胜。将来规复金陵(天京)、苏常,必以此为根本。上海固属饷源,然尚非用兵要地,且业已借助洋人,一时犹可拄,缓急轻重,微有权衡。"好在此时长江下游双方战线呈现犬牙交错的态势,冯子材无法立即援助上海,湘军还有争取的机会。1862 年初,都兴阿趁安庆战役后太平军元气大伤之际,收复了江北天长、六合等地,随即引发了太平军在浦口方向的反击。都兴阿和冯子材所部一时间疲于应付，无暇南下。

经过这一番折腾，曾国藩深知盯着上海这块"肥肉"的绝非湘军一家，久拖下去必酿变故。但在取道镇江的方案一时无法实施的情况下，被太平军重重阻隔的上海对湘军而言又实在鞭长莫及。就在"山重水复疑无路"之时，由上海抵达安庆的英国货轮带来了转机。

顺江而下

通过第二次鸦片战争，西方列强从清政府手中获得了长江中下游的通行权，但太平军扼守着南京附近的江面，各国商船要想深入长江还必须获得洪秀全的首肯。因此在 1861 年，英法联军在北京逼迫清政府签署一系列不平等条约之后，巴夏礼随即跟随英国远东舰队自上海溯江西至汉口，中途于天京停泊。经过一番交涉，太平天国于 4 月 2 日颁发通令，同意持有英国通行证的船只可于长江自由航行。

洪秀全、李秀成等太平天国的领导人之所以选择与西方媾和，很大程度上是

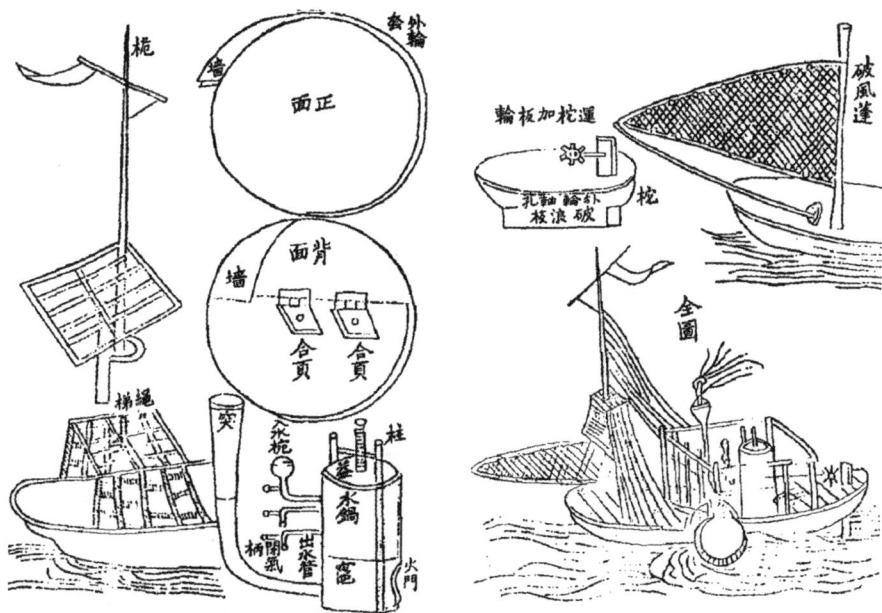

▲《海国图志》中的西方火轮船

迫于曾国藩所部湘军的压力，试图摆脱两线作战的窘境。当然，"洋火轮"的大批涌入，也能极大地补充太平军装备和物资上的不足。甚至在被围困的安庆、黄州等要塞，湘军对不断向太平军兜售粮食、军火的西方商船也是毫无办法，最终不得不耗费巨资将路过洋船的货物全部买下。

既然西方货轮可自由通行于长江流域甚至各大战区，借助西方轮船将湘军运至上海，自然成为曾国藩等人的"暗度陈仓"之策。

1862 年 2 月 24 日，曾国藩写信给主持上海海关及外交事务的江苏布政使吴煦，提出："若尊处能办火轮夹板等船，前来迎接，则水路行走较速。"不过对于数千湘军能否乘坐西方货轮安全地通过南京江面，曾国藩并没有信心。因此在写给吴煦的信中，曾国藩仍力主从陆路进军上海："舍弟一军则必俟打开巢县、和（和州）、含（含山），而后放心东下；少荃一军或不待克此三城，即可且战且行，亦不定用船载也。"

身在上海的苏州学者冯桂芬一眼便看出了湘军由水路援沪的三大难点："一则中丞（薛焕）不许也，迎师必具饷，权在官不在绅，以己为不能，以人为能，情之所难。一则夷官不许也，前年英与贼不相知，今互市已久，有两不相帮之说，肯赁船载兵，显然助我乎？一则曾帅（曾国藩）不许也，曾帅老于兵，计在持重，驱兵入敌国之舟，募越贼巢，涉重洋数千里，不知者将以为口实，曾帅能不疑乎？"这看似"吃力不讨好"的工作，江苏布政使吴煦却秉着"没有困难要上，有困难克服困难也要上"的精神，硬是通过与英国驻沪领事麦华陀的一番折冲樽俎给办成了。当然，吴煦此举有着极大的私心，只是最终结果却是自掘坟墓，个中缘由留待后文再一一为读者解答。

1862 年 3 月 28 日，吴煦以苏州太仓籍举人钱鼎铭为代表，乘坐英国商船由上海抵达安庆，向曾国藩告知已向英国方面租赁商船 7 艘，以每次 3000 人的规模直接从安庆将湘军运往上海。此时的曾国藩可谓骑虎难下：一方面，他仍视水路为危途，不愿以湘军精锐赴险；另一方面，对吴煦及上海士绅的"热情"邀请，他又实在没有拒绝的理由。权衡再三之后，曾国藩最终决定投石问路，让原本作为援沪辅助力量的李鸿章及其所招募的淮勇试水。

在日记中，曾国藩曾这样剖析自己决策时的心理："余以少荃之兵，日内已订定由巢县、和、含陆路东下。今若遽改为舟行，则大拂兵勇之心。若不由舟行，则大拂江苏绅民之心。蹰躇久之，不能自决……少荃来，与之言江苏官绅殷殷请援之意，有甚于蹈水火者之求救，其雇洋船来接官兵，用银至十八万之多。万不可辜其望、拂其情。决计由水路东下，径赴上海。”对于此时的李鸿章而言，能够单独领军入主上海，固然是其个人的发展机遇，但所部兵将、幕僚对从水路通过太平军控制区却和曾国藩一样充满了疑虑。李鸿章的幕僚周馥便曾回忆说：“时人多以江北巢县下抵浦口，数百里皆粤贼，重重守御，南京尚未收复，虑事不济。”于是，不少人打了退堂鼓，“先许戎者，临时多辞退”。但无论如何，1862 年 4 月 5 日，李鸿章统率首批淮勇还是按计划登船，顺江而下，开启了援沪之行。

在后世的许多李鸿章传记中，均不同程度地记载了其乘船南下的艰险。《清史稿·列传一百九十八》中也称：“时沿江贼屯林立……穿贼道二千余里。”客观地说，太平天国虽然拒绝了英国方面提出的悬挂英国旗的中国木船自由航行长江不受检查的要求，且在上海外围再度与以西方雇佣兵为主的洋枪队发生冲突，但太平军仍未对西方货轮进行拦截和检查。因此李鸿章所部此行可谓有惊无险。

正是借助西方工业革命的力量，李鸿章及首批淮勇仅用了 3 天便抵达了上海。但是迎接他们的不是箪食壶浆的热烈欢迎，而是一片对褴褛军服和落后装备的讥讽和嘲笑之声。之所以出现这样的局面，固然受上海当时政治氛围的影响，但主要还是李鸿章所部淮勇自身的问题。

李鸿章招募淮勇始于 1861 年的 12 月。尽管有湘军组建的成例可以借鉴，但除了张遇春的春字营之外，李鸿章所纠集的淮勇主要是长期盘踞在合肥地区的张树声、刘铭传、潘鼎新、周盛波及周盛传兄弟、吴长庆等地方团练武装。这些人之所以加入李鸿章的麾下，主要是缘于安徽儒林中的门生故谊，其中张树声曾是李鸿章之父李文安的幕僚。在李鸿章离开安徽加入曾国藩幕府的那段时间里，张树声在合肥地区自办团练，并与刘铭传、潘鼎新等人“讲信修睦，联络援应”。李鸿章始终与其保持着书信往来，因此李鸿章在安庆竖起“募勇”的大旗之后，这些人便“慷慨请从”。

当然除了私人情谊之外，合肥等地的团练武装加入李鸿章的麾下还有更为现实的政治、经济考量。收复安庆之后，安徽当地的太平天国及捻军运动均陷入了低潮，各团练武装昔日"筑垒御贼"的事实割据局面已不复存在，反而成了清政府眼中的不稳定因素。即便强如苗沛霖集团这样的"地头蛇"，也不得不寻求朝廷大员胜保的庇护，张树声等人依附于李鸿章、曾国藩自然亦在情理之中。另外，团练武装长期以来的经济来源，好听一点儿叫"耕战相资"，其实无非是凭借手中的武力压榨良民。安徽一带曾流传着这样的民谣："若说敝处团练，做强盗则有余，做官兵则不足，接得一张谕帖，专门赫诈平民；筑成三尺圩墙，胆敢抗拒官长。贼骑突至，战兢兢帮草帮粮；客货远来，雄纠纠劫船劫马。"这样的行径在战乱年代还能维持一支部队的开支，但随着社会秩序逐渐趋于稳定，各地团练武装便逐渐步入了无米下锅的窘境。因此张树声等人才甘愿献出自己的武装，加入李鸿章的淮勇序列。

张树声等地方团练虽然号称与陈玉成相持多年，均为百战之勇，实则不过是乌合之众。曾国藩名义上提倡湘淮"本系一家"，但在具体的举措上仍不免有亲疏远近之分：湘军兵勇的军饷为每日银一钱四分，而新招募的淮勇则"每日给钱百文"。按当时 1 两白银约合铜钱 2000 文计算，淮勇的军饷仅相当于湘军的 35%。当然这也不是曾国藩有意克扣，而是受制于当时湘军糟糕的财务状况，另一支攻克安庆后组建的部队——淮扬水师此时也是"久食半饷，积欠四月"。

正是鉴于自身入不敷出的财务情况，曾国藩才急于控制上海财源，甚至不惜"截留其募勇之资，移为东征之需"。李鸿章的募勇工作既然被迫叫停，那么援沪兵员的缺口自然只能靠湘军补上。除了将程学启开字营所部太平军降卒纳入淮勇序列之外，曾国藩还抽调两江总督督标亲军两营，作为"赠嫁之资"。李鸿章在开拔过程中，也意识到自己麾下的张树声、刘铭传、潘鼎新、周氏兄弟所部尚不堪重任，因此亲自带领曾国藩所赠两营亲兵、程学启所部为先锋，但不想抵达上海后，仍被人揶揄为乞丐。

后世学者在记述淮勇初到上海所遭遇的冷嘲热讽时，大多认为是当时沪上的西方列强发出的嗤笑。然而，长期在背后支持上海士绅向曾国藩求援的却正是英国政府。自 1861 年末李秀成所部太平军攻陷杭州以来，上海周边局势便不断恶化。1862 年 1 月 7 日，李秀成在杭州发布檄文，号召上海守军投诚，并警告洋人不得助战，俨然已将上海纳入下一阶段的攻略计划。英法两国出于自身利益，通过外交渠道威胁太平军"如进攻上海，乃自陷危险"，同时迅速通过其代理人吴煦与清朝在上海的政府机构组成"中外会防局"，统一指挥上海当地的中外军队，迎战太平军。

此时第二次鸦片战争已经宣告结束，英法两国在沪驻军达数千之众。其中从大沽口方向赶来的英法联军，正是昔日八里桥之战的得胜之师，装备精良、士气高涨。加上停泊于黄浦江上的蒸汽炮舰，他们配合猬集于上海地区的清政府军，击败来犯之敌似乎毫无悬念。但战争正式打响之后，局势的发展却出乎所有人的意料。

由于得知清军降将李文炳于后方谋反，李秀成并未亲抵上海前线，而是率主力回镇苏州。因此太平天国第三次围攻上海的前锋部队，实际上不过是慕王谭绍光、纳王郜永宽及忠王次子李容发指挥的偏师，一般认为其兵力不过万余人马。当时上海外围集结的清政府军及各类民团多达四五万人，却"闻风丧胆，一触即溃"。即便有英法联军的炮舰沿江提供火力掩护，清军仍呈现"各隘防军，遇贼辄溃走，入夜火光不绝，人无固志"的景象。无奈之下，英法联军只能改为全力支援华洋混杂的雇佣军——洋枪队。1月30日，洋枪队在美国人华尔（Frederick Townsend Ward）、苏州监生李恒嵩的统领下，于青浦一线对太平军展开反击，稳定了局势。为了鼓舞士气，更为了争夺这支雇佣军的指挥权，主政上海的薛焕改洋枪队为"常胜军"，算是将这支雇佣兵部队纳入了清军正规武装的序列。

改名的同时，常胜军扩编至4500人，但兵力的上升带来了一系列的"股权纠纷"。洋枪队草创之时，主要听命于吴煦、杨坊等苏南士绅阶层；但改名常胜军之后，它吸纳了大批薛焕麾下李恒嵩所部华勇，其控制权自然转移到了薛焕这样的职业官僚手中。吴煦虽然依旧挂名督带，杨坊、华尔同为管带，但"县官不如现管"，常胜军的实权逐渐落入了仅为副领队的李恒嵩手中。正是眼见薛焕有侵吞常胜军的迹象，吴煦才不惜摆出"申包胥哭秦廷"的架势，不断派人前往安庆求援，试图"驱虎吞狼"，利用曾国藩与何桂清的矛盾，干掉把持上海政坛的薛焕。

李鸿章率淮勇先锋抵达前夕，上海外围的战局已呈现相对稳定的态势。在英法联军的火力掩护下，常胜军于4月4日突袭太平军王家寺大本营，摧毁太平军营垒6座，彻底拔除了太平军威胁上海的前进基地。转危为安的局势令薛焕对李鸿章的到来颇为不满。但湘军集团此时仍处于上升之势，薛焕唯一能做的恐怕只有在英法联军面前诋毁这支新来的客军。因此淮勇初到上海时，各种不佳的风评可能并非只是西方列强对它的印象。而李鸿章所谓"军贵能战，非徒饰观美。迨吾一试，笑未晚也"的自我解嘲，也是针对对方的一种反击。

主政上海

4 月 25 日，抵达上海仅 17 天的李鸿章便受命接替薛焕署理江苏巡抚，这背后自然少不了曾国藩及整个湘军集团的助推。早在 1861 年 12 月 26 日，曾国藩便上书指责薛焕"偷安一隅，物论滋繁""不能胜此重任"，全力奏保李鸿章，并许诺"若蒙圣恩将该员擢署江苏巡抚，臣再拨给陆军，便可驰赴下游，保卫一方"，将湘军援沪和李鸿章出任江苏巡抚一事牢牢地捆绑在一起。但此时的清朝中枢机构已不复肃顺主政时对湘军集团那般友好，所以尽管李鸿章署理江苏巡抚，薛焕却没有离开上海，而是继续以钦差大臣的身份与英法交涉，"办理洋务"。

李鸿章依照曾国藩的安排入主上海之后，第一时间逮捕了侨居于租界的何桂清，将其押送至北京受审。而出乎力主湘军援沪的吴煦、杨坊等人意料的是，李鸿章整肃上海官场的第一刀非但没有落在薛焕的头上，反而指向了他们这些苏南士绅。

李鸿章的选择，表面上看有"不分敌我，过河拆桥"之嫌，但若站在当事人的立场上考量则可谓是其主政上海的不二选择。李鸿章虽名为江苏巡抚，但真正能控制的地域不过上海一隅，要壮大所部淮勇，钱粮、兵员、武器皆需仰仗苏南士绅和西方列强的接济。而这两股势力在此前一系列抵御太平军进犯的战斗中早已沆瀣一气。唯有对苏南士绅施以重压，斩断其与西方列强的联系，夺取常胜军的控制权，李鸿章才能真正把持上海的财、政、军权。与之相比，薛焕已让出江苏巡抚之位，在政治上对李鸿章不再构成威胁，而清朝中枢机构任命薛焕主持上海"洋务"，足见其在恭亲王奕䜣心中仍有价值和地位。事实上，扳倒吴煦一事，曾国藩早在李鸿章援沪之前便有所部署。根据湘军幕僚薛福成的笔记，曾国藩曾在李鸿章前往上海前便秘授机宜："不去（吴）煦，政权不一，沪事未可理也。"因此李鸿章署理江苏巡抚之后，首先"疏劾道府数人，去（吴）煦羽翼"；接着采取关厘分途、以厘济饷的政策，与吴煦"明定章程"。上海海关的相关事务仍由吴煦经理，厘捐总局则由李鸿章的幕僚薛书常管理。

所谓"厘捐"，其实是清政府为镇压太平天国开征的特别税，起初只针对商业流通领域，税率仅为1%。由于1%在当时写作"一厘"，因此被称为"厘金"。厘捐最早开征于1853年的扬州地区，为了筹措江北大营围攻天京的军费，清政府决定在按地亩肥瘠和业田多寡的基础上征收的土地税——亩捐之外，再对米行商贾以"每米一石捐钱五十文助饷"的方式，推行捐厘之法。随着战火的蔓延，厘捐制度逐渐在各地推广开来。至1862年，除了云南和黑龙江之外，厘捐制度基本遍行于全国。被加入捐厘的行业也渐次增多，最终遍及百货。

厘捐制度之所以盛行一时，除了由太平天国运动所引发的社会动荡波及各地，

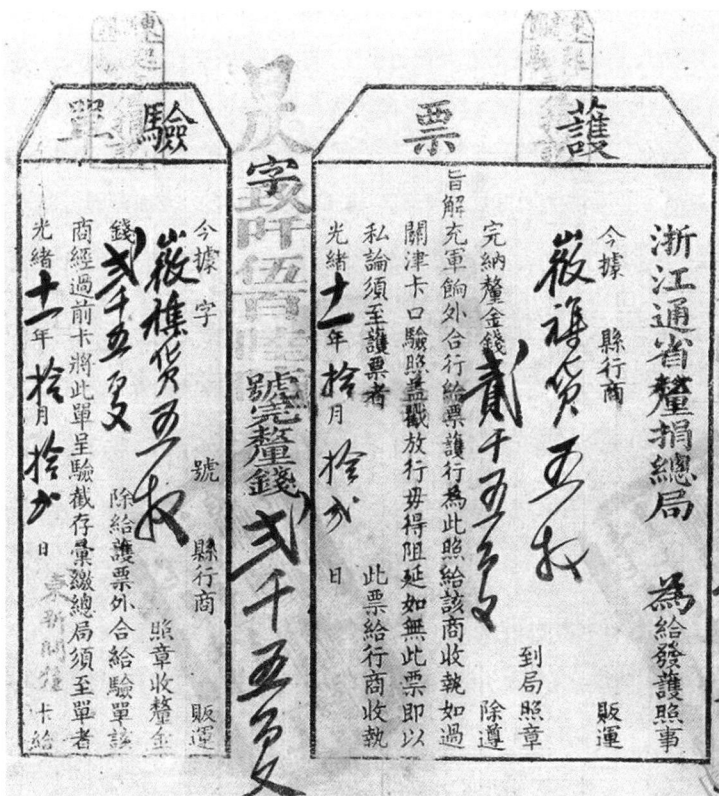

▲ 厘捐的收费证明——护票

导致"盐引停迟，关税难征，地丁钱粮复因军荒免缓征"，清政府必须另辟财源、筹措军费之外；更缘于厘金由各省官府设立局卡，按各省所定税率征税，征收之后也无须上缴国库，只要向户部按季度上报厘金的收支情况即可。因此各省督抚、大小军头对厘捐制度趋之若鹜。曾国藩的湘军一路发展壮大更全赖"大设局卡，广征厘金"。

自鸦片战争以来，中国的对外贸易重心便由广州北移上海，一时出现了"江浙孑遗，无不趋上海，洋泾浜上新筑室，纵横十余里，地值至亩数千金，居民不下百万，商贾辐辏，厘税日旺"的局面。除了生丝、茶叶等大宗商品的进出口关税之外，厘捐收入也颇为可观。因此李鸿章入主上海之后，第一要务便是接管厘捐总局。

李鸿章虽然着手收紧对上海财政大权的控制，但仍不愿意过度刺激吴煦、杨坊等人。毕竟太平军只是在王家寺遭遇小挫，依旧控制着七宝、南汇、嘉定、南翔、罗店、青浦等上海外线据点。李鸿章麾下淮勇除了程学启、张遇春所部之外，其余均为地方团练，不仅缺乏训练，更因鞍马劳顿，一时难以投入战斗。要打破上海被围的局面，李鸿章仍须仰仗英法联军和常胜军，而这两方面李鸿章均需要吴煦、杨坊等苏南士绅的协助。吴煦、杨坊此时也急于向李鸿章展示力量。淮勇前锋抵达上海后的第10天，常胜军便在英法联军的支援下收复七宝、南汇两地，此后常胜军又攻陷南翔、嘉定、青浦等地。

常胜军的表现令李鸿章对湘军注重白刃近战、摒弃西洋枪炮的理念产生了怀疑。4月30日，他写信给曾国藩称："连日由南翔进嘉定，洋兵数千，枪炮并发，所当辄靡，其落地开花炸弹，真神技也。鸿章遵师训'忠信笃敬'四字，与之交往，密令我营将弁随从，随队学其临敌之整齐静肃，枪炮之施放准则，亦得切磋观感之益。"

长期以来，湘军虽然也注重火器，但每营火力仅小枪100杆、每四人一杆的抬枪24杆。所谓"小枪"，指的是国产的前装火绳枪。李鸿章对这样的火力配备早有微词，在淮勇招募之初，他便曾在写给部将潘鼎新的信中抱怨说："所虑楚军不用长杆火枪，专用抬炮小枪，轻重大小，毫不参差。"在见识过常胜军和英法联军的战斗队列之后，李鸿章更认识到"小枪射远不过数十步，而洋枪可达两

▲ 抵达上海之前，淮军仍大量装备落后的抬枪和小枪

百步"的性能差异。因此在前方战事如火如荼展开的同时，李鸿章进一步加强了与在沪英法联军高层人士的沟通交往，设法采购西洋枪炮，并聘请西方军事顾问以教习的身份加入淮勇各营。

李鸿章深知如果麾下的淮勇不能在战场上证明其价值，自己早晚会成为第二个薛焕。因此在 5 月 16 日，程学启、刘铭传、潘鼎新等 5 营淮勇正式参战，猛扑太平军据守的南桥、柘林一线，一举收复了奉贤县城。淮勇初战告捷，这令李鸿章颇为欣喜，他写信向曾国藩吹嘘说："鸿章到沪，修营浚濠，兵勇无吸烟扰窃，金谓大帅军容为苏省用兵以来所未见。鸿章惟照此做去，稳扎稳打，拟翻刻营制营规，遍给沪军。翻刻劝戒浅语，遍给属吏。翻刻爱民歌、解散歌，遍贴各城乡，以晓谕军民与贼中之百姓。此即是不才新政。能为佛门传徒习教之人，附骥尾以成名，则幸甚矣。"名义上，他将功劳归于曾国藩此前制定的湘军营规，但文字中仍可见其志得意满之色。

连番胜利令李鸿章认定围攻上海的太平军已是强弩之末，对方师老兵疲，唯有撤回苏州休整一途。因此在调动淮勇参战的同时，李鸿章命知府李庆琛率周士濂、王国安、梁安邦等部 5000 余人，沿水路在太仓一线登陆，奔袭太平军的后方。李庆琛其人在各类史料中均无记传，唯在清末民初学者徐珂记录掌故遗闻的《清稗类钞》中有如下描述："知府李庆琛为统将，部兵数千，皆衣锦绣、排刀斧，出入自耀，有同优孟。淮军入境，则芒鞋短衣布帕，皆笑指为丐。然李文忠公（李鸿章）意气甚盛，不受薛（焕）节制。初以敌体相见，薛不能耐，与李庆琛定计，乘淮军未动，先复一二城，以夺其气。"如此看来，似乎奔袭太仓的军事行动出自薛焕的授意。

无论李庆琛奔袭太仓的军事行动由何人指挥，但其部主要为淮勇抵达上海前的本地驻军却是不争的事实。其中，周士濂的云字营来自云南，梁安邦的虎字营则为驻沪川勇，这些人马均非李鸿章的嫡系。

清政府军出现在太仓一线，极大地影响了太平军的战略部署。李秀成事后回忆说："巡抚李鸿章到上海接薛巡抚之任，与我交兵。李巡抚有上海正关，税重钱多，故招兵与我交战。其发兵来破我嘉定、青浦，逼我太仓、昆山等县，告急前来，此正是十二年（1862年）四五月之间，见势甚大，逼不得已，调选精锐万余人亲领前去。"

李秀成之所以如此重视太仓，一方面是由于上海前线进展不顺，出现所谓"众兵攻城，其力甚足，嘉定、青浦到省（指苏州）一百余里，其攻城尔外无救，五六时辰，其定成功也。其炮利害，百发百中，打坏我之城池，打平城池，洋枪炮连响，一踊直入，是以我救不及。接到惊报，当即启兵，救之不及，失去二城"；另一方面则是他高估了李庆琛所部的实力，认为"众兵已至太仓开仗，我亦到来，外有清兵万余众、辅兵三四千人，清兵自松江、泗泾、青浦、嘉定、宝山、上海连来大小营寨一百余座，城城俱有兵守把"。李庆琛在上海盘踞多年，军中可能也有一些西方雇佣军，但绝不至于有数千之众，更没有建立与上海之间的陆路联系。

5月17日，李秀成率部抵达太仓，与李庆琛会战于太仓城东的板桥一线。太平军初战失利，双方各伤亡了千余人马。然而李秀成背靠苏州、太仓两座据点，可以迅速补充战损。次日再战时，李庆琛所部呈现后续无力的态势，李秀成趁势攻破其营垒。李庆琛及其麾下周士濂、王国安、梁安邦等人战死于乱军之中，仅有参将姜德率200余人冲出重围，逃往宝山。

板桥之役在上海外围一系列攻防战中，算是规模最大的一次合围歼灭战。有些学者认为李庆琛、周士濂等部都是经过战斗锻炼、有一定作战经验的老兵，此番几乎全军覆没，对清军而言损失惨重。何况按照李秀成的回忆，这支清军还可能混杂有大批私募的雇佣军，装备诸多西式枪炮，李秀成曾吹嘘说："得其大炮洋枪不计其数。"其实从长远来看，李庆琛所部的覆灭对李鸿章而言有益无损。一方面，薛焕主政上海时，调拨、招募了大批各地清军和民团，合计有3万余众，但薛焕仍感不敷，在1861年冬，还派副将滕嗣林回湖南招募。如此臃肿庞大的军队势必造成巨额的军费开支，挤占李鸿章扩充淮勇的军费。因此李庆琛所部覆灭于太仓，对李鸿章而言，未必不是一件上海守军自我瘦身的好事。另一方面，李庆琛所部可是薛焕主政上海时打造的王牌部队，其覆灭之后，薛焕在上海政坛的地位更趋边缘化。《清稗类钞·战事类二·李文忠败粤寇于上海》曾这样描述太仓之役后薛焕和李鸿章的关系："当警报之四至也，薛乞援于文忠。文忠报以奉旨保城，不与战事。寇既大集，亦登陴固守，寇遂漠然视之。已而薛内召，文忠兼代其任。"这里的"内召"，指的是薛焕于1862年6月上疏朝廷，提出"洋务交涉地方，总宜总督兼任，徒假虚名无益"，最终被调入京城，做他的礼部左侍郎去了。

就此，李鸿章最终成为手握重兵、身兼巡抚和通商大臣要职的实权人物。这或许正是得益于板桥之役中上海守军的巨大损失。不过此时大权独揽，对李鸿章而言也未必是什么好事，因为统率得胜之师的李秀成已经再度打到了上海城下。

拉锯上海：李鸿章和李秀成的两雄对垒

凭城死守

1862年5月中旬，已是第三次挥师上海的李秀成，可以说达到了其军事生涯的顶峰。一方面，自陈玉成败亡寿州以来，李秀成已经成为太平天国中地盘最大、兵力最为雄厚的军事主官；另一方面，在攻略苏杭及围攻上海的过程中，李秀成通过采购和缴获的方式获得了大批西式枪炮，并通过聘请外国军事顾问，组建起了自己的"洋枪队"。李鸿章曾在写给曾国藩的信中坦言："李秀成所部最众，洋枪最多，商贩满船运购，以获大利。"在西式武器的使用问题上，李秀成一改昔日太平军分散使用的模式，将其集中武装精锐部队，形成了"每进队，必有数千杆冲击，猛不可当"的局面。

太仓板桥战役之后，李秀成第一时间率部追击突围东逃的清军姜德所部，围攻嘉定、宝山两县。此前被逐出青浦的太平军陈炳文、郜永宽所部也趁势反扑。一时间，本已转危为安的上海正面战线又出现了岌岌可危之势。不过此时的李秀成并不急于攻坚，而是摆出了围城打援的架势。在自述中，李秀成曾这样描述对嘉定、青浦的围攻："困其嘉定，城中之兵未得出来。上海来救之兵是广东调来之兵，立即来救嘉定。这城中之兵由南翔而来，当与迎战，两阵并交，连战三日，俱是和战，两家伤二三千人，鞘奔（？）坏，派官把守，即下青浦。又将青浦兵困稳，外又有松江兵及省再调来救其浦县，用火舟而来解救，此之天意从事。我早架大炮等他，此正火舟来之候，不意我亦关炮打他，初一炮正中其舟，其火舟烧起，其救未由，其浦城兵自行退去，自惊下水而亡数百余。"

李秀成口中"上海来救之兵是广东调来之兵"，指的是正在南桥—柘林方向扩张战果的英法联军主力。根据记载，5月24日，撤回上海之后，英法联军驰援嘉定，最终被以逸待劳的太平军击败，仅英军统帅士迪佛立（Charles William Dunbar Staveley）率部冲入嘉定城中。曾在香港当过三年陆军助理秘书，又参与过克里米亚战争、第二次鸦片战争的士迪佛立毕竟是老兵油子，他一眼就看出嘉定外围的清军无力救援这座孤城，因此入城后第一时间挟持清方知县李克勤和守将熊兆周弃城突围。至此，上海的门户嘉定再次落入了太平军的手中。所谓"炮击火船"，指的是5月21日太平军在南翔伏击了一支乘坐汽船向嘉定运送军火的英军分队，但比起"自惊下水而亡数百余鬼子"的说法，英国战报仅承认7名印度籍士兵战死、4名英军被俘（后被释放）。

嘉定易手、青浦被围、英法联军兵败南翔，眼看战局不断恶化，以英法主导的中外会防局连忙调集常胜军主力自松江进援青浦。然而，面对李秀成所部太平军精锐，常胜军竟也武运不再。5月29日，李秀成在青浦城下大破华尔所部常胜军，率部乘胜进围松江。向来指挥若定的李鸿章，终于坐不住了。

李鸿章虽然戎马半生，但真正亲临战线的次数并不多。之所以被李秀成逼到如此尴尬的境地，一方面固然是由于据守泗泾的原上海驻军姚绍修、林丛文、

▲ 上海前线的英军主将士迪佛立

郭太平等部不堪一战,全线溃败不说,还将太平军引至距离上海县城仅20里的七宝、虹桥一线;但另一方面,此时的李鸿章对麾下的张树声、潘鼎新、刘铭传等淮勇将帅也缺乏信心,认为他们仍未具备与李秀成所部精锐正面抗衡的能力。因此在委派程学启抢占沪西要地——虹桥的同时,李鸿章亲率淮军主力抵达新桥一线。

新桥位于松江东北、青浦东南,从地理位置来看恰处在太平军南北两路进攻轴线的中间地带,同时与虹桥形成掎角之势。李鸿章此番部署可谓攻守两便、多路策应。与之相比,李秀成在局面大优的形势下却昏着迭出。面对青浦、松江、上海三个相对孤立的战略据点,李秀成没有进行战略上的取舍,在连营30余座、四面合围青浦县城的同时,将从湖州方面赶来的黄文金、谭绍光两部生力军用于强攻松江。如此一来反倒令本应是战略重心的上海正面战场,成了太平军进攻的薄弱之处。

5月30日,太平军开始强攻松江。按照太平军中的"洋兄弟"——雇佣兵吟唎的说法,此轮攻势由李秀成麾下悍将林和指挥。这位林和在吟唎的笔下堪称"中国绅士",在李秀成二克杭州的巷战中,林和曾为救助一位中国妇女而被对方用长矛刺伤。在松江城下,林和更是奋勇先登,最终难敌近距离射来的来复枪弹和阵雨般的葡萄弹、霰弹而战死沙场。此后,松江守军烧毁所有城外民居以清扫射界,凭借火力优势多次击退了太平军的强攻,而李秀成在松江城西修筑的妙严寺炮台,也为对手的优势火力所压制。

就在太平军屯兵于青浦、松江两地的同时,6月2日,程学启与张遇春两部淮勇进逼漕泗泾,击败当地的太平军驻军,随后于虹桥一线修筑营垒。6月6日,程学启等部淮勇又奔袭七宝,拔除了深入清军防线内的太平军多处营垒。至此太平军被压缩回泗泾一线,上

▲ 西方画家笔下的太平军,其精锐部队已经开始大量装备西式火枪

▲ 19世纪的重炮和葡萄弹

海城防危机基本得到化解。同一天,华尔率领常胜军一部由水路驰援松江,摧毁了李秀成寄予厚望的妙严寺炮台后进入城内,太平军期望通过围困和炮击的方式夺取青浦、松江两地的计划宣告破产。李秀成最后决定在松江一线暂取守势,集中谭绍光、陈炳文等部精锐猛攻青浦。

李秀成所遭遇的尴尬,驻守青浦的法籍雇佣军法尔思德可谓洞若观火。他在回忆录中这样写道:"太平军认为青浦的投降不过是时间问题罢了,于是停止直接攻击,借以节约人力。他们增筑石垒包围全城,但最终却忍耐不住,开始每天攻城。"即便青浦被太平军重重包围,但 6 月 9 日从松江方向赶来的华尔与英国军官斯宾塞还是率领英军、常胜军,成功突破太平军的防线进入了青浦城内,并接应当地守军撤走。太平军虽然立即追击,俘获了法尔思德和近百名常胜军士兵,缴获了大批军事物资,但数万太平军精锐为夺取这座孤城所浪费的时间,足以令李秀成付出昂贵的战略代价。

在李秀成专注于青浦、松江攻防战的同时,李鸿章统率淮勇不断向泗泾一线的太平军发动攻势。太平军虽然在泗泾一线修筑了绵亘三四十里的营垒,但仍被李鸿章诱入伏击圈,遭遇重创。鉴于松江一时难以攻陷,泗泾又频频告急的战场态势，6月17日，李秀成撤围松江，调集太平军主力从3个方向分12路直攻上海。客观地说，李秀成所部太平军在上海战场始终占据着兵力上的优势，如果在攻取嘉定之后，能够利用英法联军、常胜军分守青浦、松江的有利时机直趋上海，即便未必能一举破城，也能牢牢把握住战场主动权。但此时的太平军各部已在上海外围苦战近一个月，师老兵疲之余更形成了松江、上海前后受制的局面。李秀成虽然调集重兵摆出孤注一掷的模样，然而呈现出的却是强弩之末的颓势。

6月17日，太平军骑兵部队率先突入七宝，试图隔断虹桥程学启所部与新桥淮勇主力之间的联系。李鸿章和程学启虽竭力试图夺回七宝这一战略要冲，无奈遭遇大雨，被迫各守营垒。6月19日，太平军主力抵达战场，迅速攻占法华镇、徐家汇、九里桥一线，形成了对虹桥的合围之势。此时的李鸿章遭遇了单独领军以来的最大危机。一方面，太平军主力距离上海县城仅10里，而城内几乎已无可用之兵；另一方面，程学启所部是李鸿章最为精锐的武装，一旦覆灭于虹桥，势必重挫淮勇各营的士气。因此李鸿章严令各部全力驰援虹桥，甚至出现不惜要拿老部下张遇春的人头来警示三军的局面。《清稗类钞·战事类二·李文忠败粤寇于上海》中是这样记载的："文忠于虹桥战时，坐胡马督战。寇（太平军）氛甚恶，张遇春败回。及桥，文忠顾左右取其首，遇春驰马反趣寇，各营皆奋勇直前不可当。"

李鸿章率援军于九里桥一线与太平军厮杀的同时，据守虹桥的程学启所部正

▲ 太平军与清军的混战

遭遇着数万大军的反复冲击。关键时刻，李鸿章此前装备程学启所部的西式火器发挥了巨大的作用，一时间交战双方"填濠拔桩，洋枪大炮并力死拼"，甚至程学启本人也亲燃劈山炮猛轰。最终伤亡惨重的太平军在李鸿章、程学启的内外夹击下全线崩溃。趁势收复七宝镇的李鸿章随即猛扑太平军于泗泾一线的营垒，自知已无力再战的李秀成只得不战而退。

　　长期以来，很多史学家均根据李秀成自述中的描述，认为太平军从上海外围撤退是缘于"曾帅之军已由上下，破我芜湖、巢县、无为、运漕、东西梁山、太平关一带，和州亦然，有如破竹之声，而至金陵，逼近京都"，加之"天王一日三道差盲捧认到松江追我，诏甚严，何人敢违！"最终李秀成不得不全线回撤。这样的说法固然有一定的道理，但曾国荃所部湘军进逼天京的态势，事实上早在李秀成发动上海决战之前便已呈现。湘军攻克无为、运漕一线是在 1861 年的冬季，夺取芜湖、巢县，全面进攻天京是在 1862 年的春季。这些情况李秀成并非不清楚，但他仍执意猛攻上海，除了期望通过围魏救赵吸引湘军主力援沪之外，兼有一举荡平其根据地"苏福省"东线的威胁，待巩固后方之后，再回师与湘军决战的宏图。

　　李秀成最终不得不放弃这一正确的战略构想，与其说是受到了洪秀全"瞎指挥"的影响，不如说是依据战场实际情况进行的自我修正。毕竟李秀成所部自太仓板桥之战以来，已与英法联军、常胜军、李鸿章所部淮勇恶斗了一个多月，各项损失均亟待补充。太平军若继续强攻上海，不仅无法打开局面，还可能折损更多的有生力量。

　　此时回援天京也远非后世一些学者所臆想的那般艰难。曾国藩在谋划攻略天京时，本计划调动曾国荃、多隆阿、李续宜、鲍超四路大军分进合击，但计划制定后不久，多隆阿所部便被清政府调去镇压陕甘回乱，李续宜所部从湖北出发后不久便陷入了与捻军、苗沛霖所部的缠斗中，无法抵达战场。曾国藩又试图抽调江宁将军都兴阿所部参战，但由于江北太平军的反击，都兴阿一时也无兵可派。加上鲍超所部在宁国一线遭遇太平军杨辅清部的阻击，最后真正抵达天京城下的仅有曾国荃一部。

　　面对孤军深入的局面，曾国藩意识到了背后暗藏的危机，他曾写信告诫曾国荃不要贸然进军。但此时的曾国荃已经被胜利冲昏了头脑，对此他曾在日后懊恼地表示："自春夏秋在安庆经过恶风巨浪，以为贼不足制我，敢于悬均深入，不意事与愿违。"

此时李秀成也敏锐地捕捉到了战机，在他看来，太平军虽然经历了安庆之败，但仍有数十万机动部队遍布长江南北，如果能由自己统一指挥，歼灭曾国荃所部于天京城下，重现三河大捷的辉煌并非不可能。因此他果断中止了在上海方面与李鸿章的缠斗。但实际上李秀成并未立即离开苏州，赶赴天京战场，而是直到1862年9月份才率军北上。李秀成的行动之所以如此迟缓，除了政治层面的考量，希望洪仁玕、杨辅清等太平军其他派系诸王与曾国荃相互消耗之外，很大程度上是由于经过上海外围的连番恶斗之后，其麾下各部都需要进行补充、休整。对李鸿章而言，曾国荃孤军深入天京城下，给他和麾下的淮勇争取到了难得的喘息和发展良机。

大张羽翼

1862年5月末，隶属于李鸿章所部的垣字营和熊字营先后从安庆乘船抵达上海。对这两支部队，李鸿章并无好感，因为这两营兵将并非来自安徽，而是李鸿章曾经的竞争对手——陈士杰的部下。作为湘军集团的后起之秀，来自湖南桂阳的陈士杰一度是曾国藩眼中率部援沪的不二人选，但关键时刻陈士杰却因"家乡不靖，上书辞却"。对于此事，清政府的官方说法是："侍郎（陈士杰）自以前出时，家居为盗焚掠，惊忧太夫人，今边界日有游盗钞掠，而石达开党部往来郴永，以桂阳为衢道，不敢一日离。"大体意思是陈士杰为了留在家乡镇压反政府武装，而放弃参与援沪主帅的竞争。

据说陈士杰早年曾和李鸿章一同拜在曾国藩门下，一次师生宴上，"酒罢投壶，惟侍郎（陈士杰）与合肥李总督（李鸿章）立三马，及后并膺疆寄，傅以为验"。好事者记录这段逸事，似乎是为了说明陈士杰的才干不在李鸿章之下。但事实上，出身官宦世家的李鸿章具备了太多寒门子弟陈士杰所不具备的优势。或许正因如此，陈士杰才主动退出了竞争。

击退了太平军对上海的围攻之后，李鸿章的确需要扩充麾下军队，但垣字营和熊字营这两支旁系武装，在他眼中还不如在上海外围收降的太平军降卒可靠。

短短几个月内，垣字营和熊字营便先后被取消番号，归入程学启的开字营。相反，在浦东战场上因与李秀成次子李容发不和而降清的太平军降将吴建瀛，因出身安徽泾县，所部被编为建字营。

吴建瀛等太平军降将加入淮勇序列之后，表现相当抢眼。除了献上其所控制的南汇县城之外，还与李容发所部太平军激战于川沙、奉贤一线，保障了李鸿章战略后方——浦东的安全。随着李秀成主力从上海泗泾一线后撤，李鸿章将注意力转向了上海南线，尤其是金山卫。除了潘鼎新、刘铭传等部淮勇之外，驻守奉贤的吴建瀛、刘玉林所部太平军降卒亦参与了接下来对金山卫的进攻。

在李鸿章看来，江浙交界处的金山卫，是扼守上海南线的战略要冲。要遏制浙江方面的太平军对上海的威胁，必须夺占该地；太平军方面亦视金山卫为从南线进攻上海的前进基地，因此双方围绕金山卫进行了反复争夺。直到 7 月 16 日，华尔率领常胜军抵达战场，才以重炮轰开金山卫的城墙，迫使太平军弃城而走，退入浙江境内。李鸿章随即在金山卫一线构筑防线，监视浙江方向太平军的行动。

在吞并异己、招降纳叛的同时，李鸿章委派三弟李鹤章回乡招募兵勇。1862 年夏季，李鹤章统带新组建的马队和亲兵营与周盛波、周盛传兄弟的盛字营、传字营，吴毓芬、吴毓兰兄弟的华字营，张桂芳、张士芳兄弟的桂字营、芳字营，张志邦的志字营陆续抵达上海。至此，李鸿章所部总算有了点兵强马壮的样子，足以自立门户。

有了生力军的加入，李鸿章开始部署收复青浦、嘉定的军事行动。8 月 2 日，李鸿章命李鹤章统率程学启等部，在常胜军炮艇的配合下反攻青浦。在常胜军水、陆炮火的猛烈轰击下，青浦南城坍塌，太平军不得不全线后撤。

青浦易手，令仍驻留在苏州的李秀成决心在驰援天京之前，对上海战区发起一次战略性的进攻尝试。8 月中旬，谭绍光出兵上海。或许是吸取了此前屯兵青浦城下的教训，谭绍光采取了长驱直入的战略，竟在 8 月 23 日击败李鸿章所部的层层阻截，进占法华镇、静安寺，再次逼近到离上海县城 10 余里的地方。李鸿章不得不调集各路人马驰援本阵。如果不是谭绍光所部兵力不足，太平军很有可能一举奠定胜局。

随着谭绍光损兵折将，被迫退守嘉定，太平军对上海的战略进攻至此画上了一句号。在金山卫、青浦战役中，淮军缺乏重型火炮的弱点，令李鸿章决心采购和仿制西式火炮。长期以来，湘军都编制了大量被称为"劈山炮"的国产前装火炮。劈山炮听起来威武，实则不过是明末清初水平的轻型火炮，炮弹则是生铁或铅制的霰弹。这种武器对抗太平军的人海冲锋固然有一定的作用，形成曾国藩所说的"喷薄而出，如珠如雨，殆无隙地，当之辄碎"的局面；但其在攻坚战中却作用不大，与常胜军及英法联军装备的新式西洋火炮相比，相差甚远。

因此李鸿章不得不倚重常胜军统领华尔，请他代为物色外国造炮工匠，并代购洋炮。这样的外交工作在当时存在一定的政治风险，因此9月8日李鸿章特意致书曾国藩："华尔打仗，实系奋勇，洋人利器彼尽有之，鸿章近以全神笼络，欲结一人之心，以联各国之好，渠允为我请外国铁匠制炸炮，代购洋枪，若学得一两件好处，于军事及通商大局皆有小益，钧意以为可否？"但曾国藩却不以为意，反而告诫李鸿章"治军之道在人而不在器"。

曾国藩的因循守旧令李鸿章颇为失望，师生两人围绕这一问题展开了旷日持久的书信辩论。在此期间，李鸿章引进西式武器的脚步并未停止，只不过基本仍处于采购阶段。淮军真正组建西式武器生产系统，最终要等到1862年11月清政府指示各省督抚"饬令中国员弁学习洋人制造各项火器之法，务须得其密传，能利攻剿，以为自强之计"，才得以展开。当然，淮军全面换装西式枪炮的进程之所以一拖再拖，除了受政策影响外，还跟常胜军内部的一系列变故有关。

从洋枪队到常胜军，这支由上海士绅出资、西方雇佣军组织和训练的华洋混合武装，已经在上海外围的一系列战斗中证明自己的价值。随着战线的逐渐稳定，这支部队的处境和去向却变得尴尬起来。一方面，随着常胜军规模和装备的不断扩充，作为幕后金主的吴煦、杨坊等苏南士绅日益感到不堪重负。据称，除了日常的军饷之外，常胜军每收复一座城镇还另外要求赏金2万两白银，攻克青浦之后要求再增加1万两白银。常胜军使用的多艘内河蒸汽炮艇，虽然名义上已由清政府买下，但每月仍要向华尔的贸易伙伴亨利等人支付四五千两白银。对于这些"额外支出"，李鸿章的态度是能拖就拖。对此，贪婪无度的华尔表现出其兵痞流氓的一面，他公开指责李鸿章不守信用，甚至威胁说："如果我的脚不是在这泥塘里陷得这么深，我就会把他们全部抛弃。"说者无意，听者有心。毕竟太平军中

▲ 后期的常胜军

▲ 华尔的肖像

所谓的"洋兄弟"也不在少数，李鸿章等清朝官僚不得不担心华尔这样的雇佣兵随时会倒戈一击。另一方面，随着第二次鸦片战争结束，英法等西方列强与清政府的关系由敌对转为同盟。为了进一步控制中国的内政外交，常胜军这样由西方职业军官领导的华人武装，一度成了贺布等在华英法将领心目中的"华洋合作"试点部队。在积极要求恭亲王奕䜣将更多的中国士兵交给英法军队训练和指挥的同时，英法也在谋求获取常胜军的指挥权。正是在这样的内外因素的交互作用下，常胜军开始走向没落。华尔本人似乎并没有意识到危险的逼近，除了不断向吴煦、杨坊等苏南士绅追讨高达 11 万两白银的欠款之外，他还屡次向李鸿章要求率领常胜军前往天京战场参战。在华尔看来，天京作为太平天国的首都，一旦被常胜军攻陷，那么他个人不仅能获得丰厚的奖金，更能在入城劫掠时赚得盆满钵满。可惜这个唯利是图的美国人错误地低估了政治漩涡的风险。

1862 年 9 月，李鸿章命华尔率常胜军前往攻略浙江慈溪。此次军事行动表面上看是为了扩大上海金山卫南线的防御空间，掩护 5 月为英法联军所收复的贸易重镇宁波。但此时的浙江属左宗棠的管辖范围，即便其背后有英法列强施加的外交压力，李鸿章也未必甘愿"为他人作嫁衣"。可惜华尔并未注意到这一点，欣然抵达后不久，便在视察战线时被太平军的火枪击伤，不久后便死于军营中。

华尔死后，李鸿章上奏朝廷，对其大加褒奖，请求将之风光厚葬。对于群龙无首的常胜军，李鸿章则有意将其分而治之：远征慈溪的常胜军一部由此前在青浦被太平军俘虏后放回的法尔思德指挥，上海前线的常胜军主力则被交给白齐文统领。白齐文和华尔同为美国人，且经历相仿。在集结了诸多西方冒险家的常胜军中，他可谓深孚众望。但无论是李鸿章还是西方列强都无法容忍常胜军继续保持独立性，因此在 10 月下旬，李鸿章命常胜军开赴嘉定前线。

围绕着嘉定这座上海外围最后一座由太平军控制的据点，双方展开了激烈的攻防战。李秀成此时虽已经统率大批精锐驰援天京去了，但苏州方向的太平军仍猬集着十数万野战部队。主持太平军苏南军务的谭绍光会合浙江陈炳文所部，在三江口、四江口、白鹤港、张堰一线夹江布阵，构筑水陆联营。面对太平军的防御，一度利用常胜军攻克嘉定的李鸿章没有再选择以雇佣军打头阵，而是命程学启、吴建瀛等太平军降卒奋勇突击。此战中，程学启胸中枪，但仍指挥开字营枪炮齐放，最终击溃太平军。此役史称"四江口之战"。

四江口之战证明淮军已具备与太平军精锐兵团正面交手并战胜对方的能力。相比之下，常胜军仅在攻坚战中具备火力优势。在进一步加强自身炮队建设的同时，李鸿章对常胜军的瓦解计划也逐渐提上日程……

权谋之道

自主政上海以来，除了招兵买马之外，李鸿章也在着手组建自己的幕僚团队，并逐步将上海地区的官吏替换成自己的心腹。恩师曾国藩幕府中人才鼎盛的景象，李鸿章早已心向往之，因此他在安庆组军之初，便开始积极物色合适的干才。率先被李鸿章罗致帐下的是建德寒士周馥和同乡好友王学懋、蒯德模、蒯德标等人。与此同时，李鸿章利用通家世谊的关系，对来往安庆请兵雇轮的沪绅代表钱鼎铭、华翼纶、潘馥、杨宗濂等人曲意笼络；对正在安庆督造轮船的近代科学家徐寿、华蘅芳，同样是礼敬有加。此外，他还走访曾国藩机要幕僚、阳湖名士赵烈文，向其请教苏沪人才情况。这样做的目的，自然是为自己在苏南开府封疆预作准备。

1862 年 11 月 17 日，四江口之战结束不过数日，返回上海的李鸿章便宣布了一系列重大的人事任免决定。他以吴煦、杨坊需带领常胜军赴援天京为借口，免除两人苏松太道、苏松粮储道的职务，由湘军集团的黄芳、郭嵩焘接任。事实上，此前在北京便早有御史弹劾吴煦："吴煦、俞斌在上海洋泾浜地方开设钱铺。又合伙包估洋船、沙船，贩货至汉口及莱、登各海岸。皆假托宁波、广东商人字号，掩人耳目。"弹劾还牵连吴煦之子吴宗麟，称其"寓居上海道署，出入驺从，百姓有'小藩司'之称，气焰均极薰灼"。

湘军集团此次发难，可谓万事俱备。因母丧回吴江原籍丁忧的前詹事殷兆镛奏参得更具体，他说："吴煦精心计，在上海开茂记、绂记、元盛、元丰等银号，凡交捐非伊号银票不收，商贩沙船、火轮船及洋行存银甚多。"除此之外，殷兆镛还曝出了吴煦命人与外国人"购储鸦片及出租房屋牟利"的丑闻。

朝廷收到殷兆镛的奏折后，慈禧太后命曾国藩查办此事。本就在幕后操控一切的曾国藩随即上奏："臣查吴煦开设银号，置买海舶，牟利营私，系属实情。"话锋一转，曾国藩又表示："臣与李鸿章久拟列款参奏，惟苏藩、关道二缺，一时难得接署之人。又苏、常失陷以后，上海屡濒于危。吴煦联络洋人，保全要地，具有微劳，且其广交洋商，厚结华尔，吴煦之进退，于华尔全军略有关系；华尔之向背，于英、法各国略有关系，不得不周详审慎，三思后行。俟上海关道一缺遴委得人，再将吴煦事迹会折参奏。"可见湘军系统之所以迟迟没有替换吴、杨两人，无非是忌惮其控制的常胜军武装，现在华尔战死，淮军也已成长为支撑上海战线的主力，将吴煦、杨坊一脚踢开自然也在情理之中。

正所谓"百足之虫，死而不僵"。吴煦、杨坊虽被革职，但代表苏南的士绅阶层仍掌握着上海地区的巨额民间财富。如果继任常胜军指挥官的白齐文能与之通力合作的话，那么其与湘军集团的政治角力仍有一线生机。但对于驰援天京前线的行动，白齐文没有华尔那般感兴趣，吴煦、杨坊在政治和经济上的尴尬，白齐文更无心过问。面对英法联军高层的劝说，白齐文甚至表示在与中国政府往来的混乱账目被彻底理清之前，他拒绝出征。

对于常胜军的异动，李鸿章乐见其成。他在清政府和英法联军高层中制造白齐文"冥顽不灵、不可信任"形象的同时，以切断常胜军的军饷供给来逼迫其做出让步。在这样的情况下，1863 年 1 月 13 日，白齐文非常不理性地在其驻地松江"闭城索饷"。对于此事，西方观察者的观点很多都认为是常胜军下级官兵在鼓噪，白齐文本人也是受害者，但国内史学家则认为白齐文是始作俑者。无论如何，松江闹饷无疑向清政府宣告了白齐文和常胜军的不稳定。

李鸿章勒令杨坊前往松江镇抚常胜军。杨坊尽管化解了"闭城索饷"的危机，但随即被白齐文打上门去，抢走了 4 万两白银。白齐文的种种做派，令李鸿章有了足够的理由对常胜军下手。在宣布对白齐文实行通缉，逼迫对方叛降太平天国的同时，李鸿章上奏朝廷："该道（按指吴煦、杨坊）等创募此军，及换人接带，始终主谋，又有督带之责，不能实力制，办理不善，咎亦难辞。应请旨将吴煦、杨坊暂行革职，仍令妥筹接办事宜，以观后效。如该军仍前犷悍，应责成吴煦、杨坊妥为裁遣，一手经理，不得置身事外，希图透卸。"吴煦、杨坊此时已经没有任何财政权力，却仍要主持对常胜军的裁撤事宜，甚至还要自掏腰包承担此前筹备驰援天京战场的军费开支。因为李鸿章已经明确提出"赴金陵，雇用轮船及添购军火，价值颇巨。兹既赴援不成，此项银两不准开销税款，应令吴煦、杨坊自行赔补"。

吴煦、杨坊堪称富足，但为了筹措这笔巨额军费，也同样花了大半年的时间。二人被迫各出一半，还清了前项欠款——31 万两纹银和 6.3 万英镑。对此，吴煦颇有怨言，曾向自己的政治盟友——军机章京胡家玉抱怨说："诚不以一官得失为心，而以军需赔垫为苦。"其子吴宗麟一眼看出其中轻重，规劝父亲说："将挪款开销，使不能再向我们晓舌，虽有心挑剔，亦可借公论作挡也。"果然，在花钱免灾之后，李鸿章的态度有了 180 度的转变，向朝廷称赞吴煦"督带常胜军所向有功，更定章程，悉臻妥协，筹济饷需，不遗余力"。最终，吴煦仍"行革职处分"，但好歹保住了"候补道员"的头衔。

当然，李鸿章此举并不是念及当年吴煦有延引淮军入沪之功，而是为了让其继续在上海为淮军筹备军费。吴煦曾在上海开设自任督办的军需报销局和饷票奖局，向社会"劝捐"，以"弥补经办军需亏欠"。而有了此前宦海沉浮的经验，吴煦早已不复昔日的雄心和抱负，短暂的复起之后，他最终选择向李鸿章辞卸军需报销及饷票奖局的美差。按照他自己所说，既已"毁家去官"，留补又有何益，旋称疾归里，于1872年病逝家中。吴煦的晚景虽然凄凉，但比起1865年便郁郁寡欢、死于家中的杨坊来说也算是长寿的了。

白齐文、吴煦、杨坊先后离开常胜军后，这支雇佣兵武装随即成为李鸿章和英法联军方面争夺的焦点。经过与英国驻华陆军司令士迪佛立等人酌商，中英最终签订了《统带常胜军协议》。中英《统带常胜军协议》，士迪佛立原拟条约13款，李鸿章复加勘正，增为16款，于1863年1月14日盖印移交分执，并咨明总理衙门备案。

李鸿章与士迪佛立关于常胜军的争议，主要集中在三个问题上：

一、兵权归属问题。士迪佛立企图独揽，李鸿章执意分享。士迪佛立"初不愿中国官员会带"，提出"现在常胜军暂交哈伦管带，随后奏明交戈登管带，即为中国武官"；清方则提出"所荐兵官须与华尔相同，概受中国节制，并受中国官职，如有过失照中国例办理"。经过"切实争闹"，双方达成妥协：士迪佛立同意管带官"均应归抚台节制调遣"，中国派李恒嵩会同管带；清方放弃英国管带官"如有过失照中国例办理"的要求。

二、指挥问题。士迪佛立要求"所有营中章程规矩均须听管带官主意"，清方反对，最后议定："所有营中章程规矩均须听会同管带官主意。"士迪佛立主张"凡常胜军出队须先与英、法两国商定"，李鸿章表示此条"亦断难行，彼此知会则可"。最后双方议定："凡常胜军出队，如远在百里以外攻打城池，须预先与英、法两国商量。至临警调度及附近有贼派出队伍，不必拘定。"

三、兵额问题。英国希望常胜军是一支庞大的武装力量，能够为己所用。士迪佛立曾言："常胜军五千人不可再少，内有两千人必须驻防松江，不能调往他处。"之所以选择松江为常胜军的主要据点，是因为英国政府始终强调其任务半径是"协助防卫上海的三十英里范围内"。李鸿章虽然企图借助常胜军剿灭太平军，但既担心常胜军势力膨胀，危及切身利益；又害怕常胜军人数过多，费银太巨，影响淮军的扩充。他力主常胜军裁汰老弱，并拒绝向士迪佛立做出让步，他说："发匪自上海百里以外日见退去，已无需更多兵力保卫上海矣。"经过反复协商，最后双方议定："常胜军以三千为适，如将来关税短绌，饷银无出，尚可裁减。"

李鸿章与士迪佛立的争论固然十分激烈，但其目的无非是"渐收兵权""稍节饷需"。通过《统带常胜军协议》，李鸿章把常胜军的饷银从 7.8 万两减至 4 万余两，并且取得了对常胜军的节制调遣权，也算是功德圆满。更为重要的是，《统带常胜军协议》的签订标志着常胜军从"华夷两商目行经理"变为中、英两国政府军事合作的一种形式。因为这个协议是由清朝巡抚和英国驻华陆军司令签订的；而协议又明确规定常胜军由英国派出正规军官充任管带，清政府派出正规军官会同管带；常胜军出队需预先与英、法两国会商；常胜军军官由清朝巡抚和英军司令任免；常胜军军饷"在海关银号按月支取"。这支昔日的雇佣兵武装终于从"私营"转化为"公营"。

不过，在如何对待常胜军的问题上，清朝统治营垒内部存在着明显分歧。买办官绅只讲"笼络"，顽固官绅只讲"控驭"。李鸿章则调和于两派之间，主张"于调停笼络之中，仍寓裁制控驭之道"。经过一番权谋运作，李鸿章似乎终于要将这个挡在淮军发展道路上最大的绊脚石踢开了。

攻陷苏州：苏州保卫战和英国渗透淮军系统的初次尝试

苏州在望

此前的 1860 年 10 月，在来自京津各地的土匪和流氓的引领下，英法联军直扑清军守备空虚的海淀一带，掠夺并焚毁了清朝最为富丽堂皇的皇家园林——圆明园。英法联军对圆明园毁灭性的掠夺不仅是中华民族百年国耻中厚重的一笔，也引起西方有识之士的齐声谴责。一位英军工兵上尉在他的日记中写道："你很难想象这座园林如何壮观，也无法设想法国人把这个地方蹂躏到何等骇人的地步……"不过这位上尉写下这段文字并非出于正义，而是怨恨作为技术支援兵种，他姗姗来迟，未能在其中分到一杯羹。他就是将和中国结下不解之缘的查理·乔治·戈登（Charles George Gordon）。

戈登出身于英国伦敦，世代从军的家族传统让他很早便进入皇家军事学院学习。据说他脾气火爆，两度在学校里与教官和同学斗殴。英国陆军最终将他的培养方向由攻城拔寨的炮兵，转为修理地球的工兵。在军旅生涯的前 6 年里，戈登忙碌于威尔士的建筑工地、塞瓦斯托波尔要塞外围的壕沟，以及土耳其的勘探前哨。

如果没有第二次鸦片战争，已经被委派为工兵学校教授的他，可能将以一个学者的身份度过自己的余生。

第二次鸦片战争爆发后，当自愿参战的戈登赶到大沽口时，英法联军已经成功登陆。他紧赶慢赶地抵达前线仍错过了八里桥战役。除了在圆明园点上一把大火之外，戈登在战场上几乎毫无功勋可言。随着清政府与英、法签署《北京条约》，西方列强获得了在天津建立租界的特权，拥有丰富工程学知识的戈登终于得以一展拳脚，在勘定租界地形和修筑道路的工作中出力颇多，也因此得到了驻守天津的英军指挥官士迪佛立的赏识。当 1862 年江苏巡抚李鸿章提出希望聘请英国军官指挥常胜军时，士迪佛立第一时间推荐的就是戈登。

戈登入主常胜军时，恰逢李鸿章所部淮军在常熟一线陷入被动局面。对于李秀成以苏州为中心构筑的太平天国"苏福省"防御体系，李鸿章奉行的是"剪其枝叶，再图根本"的蚕食政策。1863 年 1 月，通过与李秀成麾下大将——安徽桐城豪强钱桂仁私下联络，李鸿章成功策动了太平军常熟守将骆国忠举城叛降。表面上看，常熟"反正"令淮军在太平军苏南防线的侧后打入一个楔子。因此在骆国忠发难的同时，李鸿章命程学启、李鹤章率部直扑昆山、太仓一线，试图利用太平军内乱之机，打通上海与常熟之间的联系。但令李鸿章没有想到的是，此时的李秀成已由天京前线返回苏州，他除了第一时间委派谭绍光、陈炳文率主力猛攻常熟之外，还命自己的女婿——会王蔡元隆主持太仓、昆山一线的防务。

由于蔡元隆所部的顽强抵御加上连日的滂沱大雨，淮军一度无力突破对手的正面防线，驻守常熟的骆国忠所部却遭遇太平军主力的围攻，形势万分危急。李鸿章当然深知驰援常熟的重要性，但常熟战区情况不明，自然不能贸然拿淮军嫡系前往冒险。于是新近上任的戈登和他麾下的常胜军便成了"首发上场"的不二人选。此时，湘军已经夺取了长江下游的水路控制权，黄翼升所部淮扬水师悉数由天京战场开赴上海助战。正是在强大的内河舰队的运载力和火力支援下，戈登所部常胜军在福山镇一线登陆，正式进入常熟战场。面对太平军在常熟城外"层层阻隔、声息难通"的营垒和防线，戈登并不急于进攻，而是着手巩固己方的登陆场和桥头堡。

有了常胜军的成功试水，李鸿章信心大增。但他对戈登在福山一线按兵不动

▲ 身着清朝官服的戈登

又颇有微词，在他看来，"现在福山营盘扎定，而贼营垒更坚"，况且"救兵如救火"。眼见常熟城内的局势日益危急，3月2日李鸿章命心腹幕僚刘秉章会同潘鼎新、刘铭传两部淮军3000余人，在福山上游的两洋港登陆，试图抢在常胜军之前展开攻势，解常熟之围。但事实证明，太平军在常熟外线集结了庞大的野战兵团，潘鼎新、刘铭传所部成功登陆后，很快便在同观山一线被陈炳文所部太平军击溃。如果不是淮扬水师的舰炮支援，淮军差点就被赶下了长江。直到4月初，浙江方向的左宗棠对杭州展开进攻，迫使陈炳文率部回救，淮军才在常胜军的重炮掩护下，攻破太平军的防线。面对内外作战的不利局面，主持对常熟全线围攻的谭绍光只能选择撤回苏州。至此，长达70余天的常熟攻防战落下帷幕。戈登作为西方职业军官，采取的一系列战略战术均获得了不俗的成绩，事后李鸿章也不得不为其请功。不过戈登未必看重一个"总兵"的头衔，毕竟他的身上背负着大英帝国更为宏大的战略目标。

稳固了常熟、福山一线之后，淮军在苏州北部构筑了一个空前强大的战略突出部，直接威胁李秀成中心据点与无锡、常州之间的联系。要打通常熟与上海之间的联系，淮军仍必须攻克苏州正面的太仓、昆山两城。但在蔡元隆的努力下，此时太平军已经在太仓城外构建了"高过于城，坚亦如之"的两道石卡，在城内也修筑了能防御火炮的月城和地窖等工事。可就在一场攻守大战即将展开的前夜，蔡元隆的乞降使者突然出现在李鸿章的淮军大帐中。能够"不战而屈人之兵"当然是所有战争指挥者梦寐以求的局面，于是李鸿章亲自与其约定，4月26日双方在太仓城外举行受降仪式。

就在太仓前线的淮军将领李鹤章和程学启满心欢喜地在城外等待太平军缴械之际，蔡元隆所部突然从四门冲杀而出。程学启毕竟是沙场老将，此前便从种种蛛丝马迹中嗅到了危机，早已命所部做好战斗准备，因此损失不大；但李鹤章所部却被太平军击溃，其本人也大腿受伤，险些被俘。李鸿章无奈之下只能将戈登所部常胜军从常熟调到太仓加入战局。凭借着强大的火炮优势，常胜军最终轰塌太仓城垣，与程学启所部并肩冲入城中，蔡元隆巷战失利只能突围而去。客观地说，蔡元隆的诈降虽然取得了一定的战果，但也令淮军上下日后对太平军的乞降产生了严重的不信任感。5月1日，驰援太仓的太平军水师李改熙所部在被淮军包围后宣布投降，但仍被程学启悉数屠戮，正式开启了淮军在苏州战场上大量杀降的序幕。

攻占太仓令淮军打通了常熟与上海之间的陆路联系，苏州东、北两线均已暴露在淮军的兵锋之下。李鸿章本意再接再厉，命程学启会同戈登所部常胜军直趋昆山，彻底端开苏州的东大门，但戈登却以需要休整为名，将常胜军带回了松江。戈登这一出"撂挑子"，自然令李鸿章颇为不快。5月10日，他亲自由嘉定赶赴太仓，与胞弟李鹤章共同制定水陆会攻昆山的计划。表面上，李鸿章仍要求戈登"如期赴昆山会剿"，但从一系列部署来看，李鸿章有意抛开常胜军，迅速结束战斗。可惜的是，李鸿章拟定的"割裂苏（州）昆（山）、水陆并进"计划，恰好撞上了指挥苏州保卫战的谭绍光"以攻代守"的战略反击。昆山战役刚一打响，太平军主力便从苏州向太仓方向发动反扑，淮军不得不将大批兵力转向防御。直到5月27日，常胜军在戈登的带领下重新回到战场，淮军才逐渐打开了局面。

5月29日，戈登与程学启所部乘坐轮船，避开猬集于太仓城下的太平军主力，奔袭苏州与昆山之间的正义镇。谭绍光没有预料到淮军会突然迂回自己的后路，集中兵力试图夺回，但密集冲锋的太平军士兵每每都为常胜军的优势火力所击退。腹背受敌的太平军最终呈现崩溃之势，除了谭绍光率少数亲兵从阳澄湖退回苏州外，太平军上万精锐几乎悉数覆灭于昆山城下。至此，太平军在苏州战场彻底失去了主动权，只能龟缩于苏州城内准备凭城死守。

6月4日，随着淮军先后攻克苏州娄门外的唯亭、界浦、甪直诸镇，对苏州的总攻也即将展开。此时手中已经握有4万人马的李鸿章展开了三路大军：程学启所率淮军精锐为中路军，由昆山直趋苏州；李鹤章、刘铭传指挥的北路军负责从常熟直扑江阴、无锡，威胁苏州太平军的后路；南路军则以淮扬水师为主，从太湖进犯吴江、平望一线。至于戈登所率常胜军，李鸿章再度将其置于"板凳队员"的位置，要其"移驻昆山，援应各路"。但讽刺的是，每每试图摆脱常胜军的李鸿章，最终常常不得不倚重它。就在李鸿章信心满满地想要三路会剿拿下苏州之际，李秀成突然从天京战场回到了苏州，而在其身后还有以李世贤为首的太平军十数万水陆大军。

助攻天京

自 1862 年 9 月率主力离开苏州驰援天京以来，李秀成始终处于顾此失彼的两难境地。在李秀成看来，此时天京周边的局势并未到万分危急的地步，毕竟清军各路大军中，江宁将军都兴阿所部此刻仍在围攻长江中的九洑洲要塞。依照太平天国中"洋兄弟"——英国人呤唎的说法，太平军通过上海的西方军火商购置了 1 门英国海军 32 磅炮、1 门 18 磅炮和 1 门法国产的巨型大炮安置在九洑洲要塞中。因此都兴阿纵然调集了大批战舰，展开水陆围攻，却始终无法拔除这颗钉在长江中的"不沉的炮台"。从皖南进军的鲍超所部虽然于 1862 年 7 月击败太平军杨辅清所部，攻占重镇宁国，但巨大的战场减员和正悄然兴起的疫情，令鲍超所部一时无力向天京外围进击。因此整个 1862 年的夏季，天京城下的清军依旧只有曾国荃一支孤军据守在雨花台上。

对于已经兵临城下的对手，洪秀全自然力主全力猛攻，但李秀成却认为："曾帅之军由上而下，利在水军，我劳其逸，水道难争，（其）军常胜，其势甚雄，不欲与战。"因此他只是"将省府（苏州）财物米粮、火药炮火俱解回京"，提出"待廿四个月之后，再与其战，解京围"。

李秀成逐步加强天京防御力量的计划从战略层面上考虑或许并没有太大的问题，但直接将决战的日期推迟到两年之后，却是洪秀全无论如何不肯答应的。他严厉地训斥李秀成说："三诏追救京城，何不启队发行？尔意欲何为？尔身受重任，而知朕法否？若不遵诏，国法难容！"正是在这样催促下，李秀成最终于 9 月率主力离开苏州赶赴天京，部署了对曾国荃所部的全线围攻，史称"雨花台之役"。

▲ 力破九洑洲诸隘

    太平军对雨花台一线湘军营垒展开的猛攻，投入了 14 个王侯部队，号称 60 万大军，战斗前后持续了 46 天。尽管事后曾国荃曾感叹说："贼（太平军）之火器精利于我者百倍之多，又无日不以开花大炮子打垒内，洋枪队多至二万杆，所以此次殒我精锐不少，伤我士卒不少，最堪悯恻。"但太平军此役的实际战果却只能用"少得可怜"来形容。湘军方面虽然付出了数千人的伤亡，曾国荃本人也被流弹击伤了面部，可清军在雨花台一线的防线始终岿然不动。反倒是太平军进逼对手的营垒频频被湘军反击攻破，伤亡惨重。之所以造成这样的局面，固然是因为人称"曾铁桶"的曾国荃擅长防御，所部"营濠深垒"，难以突破；但更重要的是太平军各路王侯互不统属，缺乏完整的指挥系统。李秀成在其自述中宣称："亦因八月而来，各未带冬衣，九十月正逢天冷，兵又无粮，未能成事者此也。"但事实上，他始终以后方根据地——"苏福省"的战局变化为重，两军尚在雨花台下激烈攻防，李秀成就已经悄然抽调所部精锐回援苏州。

    对于李秀成在战场上的表现，洪秀全自然是颇为不满的。李秀成自述雨花台之役后，洪秀全曾对其"严责革爵"。但似乎洪秀全也认定雨花台一线的湘军营垒难以攻克，随后竟然提出了一个颇为荒唐的外线作战计划。在屡次解除清政府围困天京的军事行动时，太平军基本都采用"围魏救赵"的战略，以强大的野战兵团奔袭安徽、江苏、江西等地，吸引清军主力，随后再回师天京城下，击破对手的围城营垒。然而，洪秀全忽视了此时以李秀成为首的太平军将士早已不复当年之勇，曾国藩更非当年主持江南大营的向荣、和春可比。

集结于天京城下的太平军主力突然转向外线，执行洪秀全所谓的"进北攻南"战略，一度令曾国藩惊慌失措，向朝廷发出了"臣实恐溃败决裂，尽隳前功"的求援信号。但随着李秀成于1863年1月离开天京，东返苏州，湘军集团还是迅速地在长江沿线集结重兵，封堵转入外线机动的太平军各路人马。与此同时，曾国荃所部继续坚守雨花台营垒，持续对天京方向施压。

1863年2月27日，李秀成在洪秀全的严令下，又从苏州重回天京战场。用他自己的话说，是"不得不由，从雪而往"，显然是极不情愿。先于李秀成大军行动的对王洪春元所部此时已经攻占浦口，因此太平军主力得以顺利渡江，进入安徽境内。洪春元是洪秀全的族侄，在一干无德无能的"皇亲国戚"中算是少有的悍将，攻克浦口之后他随即率部攻克含山、巢县、和州等地，兵锋直指湘军的后勤枢纽——无为州。

此时湘军集团在安徽境内兵力薄弱，"自和州以至武汉，除庐州、安庆有兵外，千里空虚"。驻守浦口的李世忠所部本是太平军降卒，此刻被洪春元打得溃不成军。曾国藩飞调湘军李续宜所部驰援战场，但"远水难解近渴"，因此曾国藩第一时间与李鸿章商议，要求淮军正在芜湖编练的张树声所部北运战场，"救无为州产米之区，保皖南各营办粮之路"。这已经不是曾国藩首次向自己的学生"借兵"。早在湘军围攻天京伊始，曾国藩便有意调程学启所部从上海北上参战，但被李鸿章婉拒："程（学启）镇日夜战守，力与支持。临敌调兵，不独无人替往，青、嘉必致复失，松、沪或将震动。"李鸿章的这种态度令曾国藩颇为不满，只能对左宗棠抱怨说："吾弟（曾国荃）未尝不私怨阿兄（李鸿章），坐令彼得一人而强，此失一人而弱，是知喜雄骏而恶阘茸，重干莫而薄铅刀，吾何异于人邪？"

借调程学启遭拒后，曾国藩又以湘军李朝斌已率新组建的太湖水师赴沪为由，要求在上海战场的黄翼升淮扬水师六营由扬入淮，参与天京外围的战事。不想李鸿章却回信说："昌岐（黄翼升表字）昨得调淮之信，忧惶无措。吾师识将意、顺兵心，谅解体恤及此，如必欲其去，或奏令鸿章偕往。"摆出一副死皮赖脸的架势。曾国藩威胁道："昌岐此次再不应调，实不能不参办。"李鸿章强硬回应："昌岐不行，鸿章不遣，再将昌岐与鸿章一并参办，死亦甘心。"曾国藩也是无可奈何，最终只能不了了之。

除了在部队调遣问题上爆发"索将风波"之外，围攻天京期间曾国藩和李鸿章在军饷接济方面也闹得很不愉快。自湘军进入天京战区开始，曾国藩便写信恳求"协济三五万"，李鸿章复信称："皖饷支绌，鸿章无力分济，深以为愧。九丈（指曾国荃）独立雨花台，飞书乞籴，情词恳迫，不得已而由行营粮台挪拨买米银两万两、上海捐厘总局薛守处拨银两万两，均于初五日凑齐，欲乘威林密轮船解皖。"但这笔钱却迟迟没有到账，曾国藩只能再写信催促："承协银四万，何以至今未到？务祈设法汇解，或在浔、汉洋行兑汇，亦可速到，万不可再搭威林密以致迟误。"由于对这类临时性应急接济的不满足，曾国藩向李鸿章提出按月向湘军协饷，开价每月3万两，李鸿章大吐苦水道："敝军水陆十余万，松沪原部及各标营将及十万，以入抵出，不敷甚钜。不得已，各营均发半饷。"这些小伎俩骗不过老谋深算的曾国藩，他不仅没有降低条件，反而变本加厉，要求"每月酌提四万，万不可减"，否则便要派员至沪"专收一二厘卡"。此时，身为两江总督的曾国藩仍是江苏巡抚李鸿章的顶头上司，如果不拿钱出来，好不容易到手的上海财政大权就可能丢失，李鸿章只得动用各种手段，才算基本满足湘军的协饷要求。

事实上，随着湘军集团的膨胀，一跃成为封疆大吏的李鸿章、左宗棠等昔日湘军幕僚，均表现出了与曾国藩渐行渐远的趋势。其中最为出格的，莫过于由曾国藩保奏出任江西巡抚的沈葆桢。从1862年秋天起，出任江西巡抚不满一年的沈葆桢，未与曾国藩商量就停解漕折银接济湘军。1863年春，鉴于湘军"欠饷多者十五个月，少者七八个月"，曾国藩只能私下给九江关道蔡锦青寄了封信，让他解送九江关洋税3万两给正在围困天京的湘军。蔡锦青刚解了一半即被沈葆桢制止，沈葆桢还要求蔡锦青将已经解送的款项追回，否则将撤掉他的道员职务。考虑到蔡锦青的处境，曾国藩不得不将到手的银子退还，其心中的恼怒可想而知。此后为了争取江西饷银的支配权，曾国藩与沈葆桢屡发争执，最终闹到从此断交、不相往来的地步。与之相比，李鸿章在曾国藩的眼中或许还算是"恭顺"的。

在得知太平军主力转向安徽的消息后，李鸿章要求正在芜湖招兵买马的幼弟李昭庆率部驰援庐州、无为两地，掩护驻守雨花台的曾国荃所部后方。就在曾国藩、李鸿章调集各地人马驰援皖北的同时，李秀成所部太平军主力因回苏州而白白浪费了两个月的时间。等到李秀成渡江北上进逼无为、庐江之时，已是1863年的4月中下旬。面对陆续抵达的湘军援兵，李秀成攻坚失利，又加上遭遇大雨侵袭，部队产生大量非战斗减员。"天连降大雨不息，官兵困苦，病者甚多，一夜至天明，合馆病倒，见势为难，攻又不下，战又不成……"李秀成在皖北盘桓了两个月之久，毫无作为。困守雨花台的曾国荃趁机养精蓄锐，进一步威逼天京，迫使洪秀全推翻此前"进北攻南"的战略计划，令李秀成率部回援。太平天国最后一次主动出击至此化为泡影。

在从皖北回师的归途中，李秀成所部士气低落，在长江上又遭遇湘军水师拦截，伤亡惨重。随后，湘军集中兵力猛攻太平军控制的江中要塞——九洑洲。1863年6月30日，随着九洑洲的易手，天京的水路粮道彻底断绝。渡江时号称50万的李秀成所部"仅存四五万人"，但就是这四五万残兵，李秀成还舍不得拿出来保卫天京，借口"兵又无粮，扎脚不住，自散下苏州浙江"。天京城内只有万余守军，形势岌岌可危。

决战吴门

从后续的发展来看，李秀成之所以选择将手中最后的基干部队调往苏州，无非是想逼迫洪秀全放弃天京或将自己外放。李秀成在自述中还颇为自得地描述了其进入天京，向洪秀全"摊牌"的过程。

李秀成首先提出"京城不能保守，会帅兵困甚严，濠深垒固，内无粮草，外救不来，让城别走"，随后进一步威胁道："若不依臣所奏，灭绝定也！"李秀成所谓的"让城别走"，无非是希望洪秀全能跟随他前往苏州。如此一来，一度被洪秀全削减兵权的李秀成，无疑将在太平天国内部实现"挟天子以令诸侯"。洪秀全对此并不买账，直言不讳地回答："朕铁桶江山，尔不扶，有人扶。"转手将天京的政务交给了自己的二哥洪仁达和幼西王萧有和执掌。李秀成逼宫失败，一度惊慌失措，竟然做出了"在殿前求天王将一刀杀我，免我日后受刑"的冲动举措。此后，虽然洪秀全赠赐龙袍，试图缓和君臣关系，但李秀成仍决心尽快离开天京这个火山口。在交纳了所谓"助饷银"10万两后，李秀成终于在1863年9月匆匆赶往苏州。

▲ 忠王府内的会议堂

在其自述中，李秀成对李鸿章及淮军的评价并不高，甚至扬言说："攻克苏州等县，非算李鸿章本事，实得洋鬼之能。其将上海正税招用其力，该鬼见银亡命。然后鬼兵及李抚台见我未在省城，是以而顺势攻之。若我不来京者，不过北者，其万不能攻我城池也。"但实际情况却是，苏州保卫战最为关键的1863年9月末，李秀成赶回苏州城内指挥谭绍光、郜永宽等诸王迎战淮军，在此期间太平军并未击退淮军的攻势。9月28日，淮军攻克苏州城外要冲——宝带桥，直趋苏州南城的盘门一线。李秀成亲自指挥反击，也不过守住了城垣一线。

李鸿章并不急于夺取苏州。在他看来，苏州此时外围据点尽失，已成淮军的囊中之物；但苏州以北的无锡、常州两座坚城仍在太平军手中，与其付出巨大的伤亡强行攻坚，不如围点打援，在苏州外围的野战中聚歼太平军主力。

10月2日，太平军潮王黄子隆、侍王李世贤、章王林绍璋各部从无锡出击，试图打破淮军对苏州的围攻，却遭遇李鹤章、张树声所部淮军的迎头痛击。他们不仅未能缓解苏州的城防压力，反而被淮军压制在无锡城内。太平军在苏南战场一度面临苏州、无锡同时告急的局面。于是李秀成试图集中兵力猛扑淮军位于苏、锡之间的大桥角营垒。淮军在大桥角虽然仅有周寿昌所部三营的兵力，但依托深壕高垒和强大的火力，周寿昌所部面对太平军的水陆围攻，仍坚守到了淮军主力从外线发起反攻。太平军在大桥角的兵败，宣告了李秀成从无锡方面支援苏州企图的破产。11月初，在苏州各城门均遭淮军猛攻的情况下，李秀成离开苏州，徘徊于苏州与无锡之间的茅塘桥一线。

显然，此时的李秀成所部在"进北攻南"的行动中损失了太多有生力量，而其本人的政治权威更因与洪秀全的战略分歧而岌岌可危。李秀成在自述中曾宣称，自己"启奏不入，实佞臣之所由惑主而行，忌我之势，密中暗折我兵，然后失去苏州各县"。事实上，此时苏南太平军各部早已失去了统一指挥。各路王侯均从自身的地盘和利益出发，或保兵避战，或与清朝暗通款曲。

11月22日，李秀成从无锡进援苏州，被程学启击败。至此，苏州外线各交通要道均为淮军所控制。11月28日，李秀成从木渎小道潜回苏州城内，与谭绍光、郜永宽等心腹爱将进行会商。李秀成提议苏州守军突围，但郜永宽等人已与李鸿章协定出降，因此对李秀成的提议装聋作哑。无奈之下，李秀成只能带领苏州城内的万余心腹部队从小路突围。

至此，苏州保卫战进入最后阶段。

就在李鸿章准备入城受降之际，常胜军统帅戈登的突然介入，令苏州城内降军的命运起了天翻地覆的变化。

出于保存实力和消灭异己的双重考量，李鸿章每每以常胜军为先锋展开攻坚。戈登虽然以蒸汽战舰利用苏南水网竭力避开太平军的堡垒，更多地借助炮火杀伤对手，但常胜军仍不得不面对成立以来最为严峻的战斗减员和逃亡现象。为了弥补损失，更为了保全和壮大常胜军这颗棋子，戈登开始在战场上大量收编太平军战俘。仅在苏州周边的昆山和太仓两地，常胜军便吸纳了2700名太平军战俘。早在苏州战役之前，常胜军便已经面临欠饷的危机。深蕴官场之道的李鸿章一边以"已作债帅，只好债多不愁"的方式自嘲和宽慰对方，一边在奏折上坦诚心计："迩来戈登利欲颇大，需索多端，一若余为财神。渠扬言，如不发饷，弁勇无意效命。余告曰，克复苏垣，即发欠饷，并额外犒赏。"现在苏州已经攻陷，真的与李鸿章撕破脸皮，吃亏的自然还是戈登和常胜军。

李鸿章对常胜军的使用更加肆无忌惮。明知常州一线的太平军将领获知郜永宽等人身死的结局后准备死战到底，李鸿章仍要求常胜军北上攻坚。结果不出所料，常胜军在攻克金坛、华墅等地时都出现重大伤亡。在常州城的攻防战中，戈登更是一气损失了27位军官。面对承受着密集的葡萄弹、霰弹轰击仍死战不退的太平军，戈登陷入了空前的绝望。李鸿章则幸灾乐祸地表示："戈登终于亲见常胜军的不得力。"

攻陷常州的殊荣最终落入了湘军名将鲍超囊中。戈登虽然也借此升任为提督，但是不得不忍痛接受李鸿章解散常胜军的建议。带着唏嘘和遗憾，戈登跳上了英国海军的战舰赶往天京前线，希望能在湘军那边寻找"就业"机会。面对反复推销自己炮兵的戈登，曾国荃显得兴趣不大。就在戈登抱怨清政府"不思变革"，坚信其暂时无力攻克天京的一个月后，曾国荃以中国传统的地道战术攻陷了太平天国的首都。

天京相让：李鸿章与曾国藩最后的师生之谊

缓攻金陵

与淮军在苏南节节取胜、顺利推进相比，湘军围攻金陵的战役打得异常艰难。1863 年 12 月，李鸿章以破竹之势拿下苏州并果断诛杀太平军八降王的消息传来后，曾国荃大感不快，认为是自己围攻金陵吸引了太平军主力，做了李鸿章立功的垫脚石。对此，曾国藩也只能正言相劝："苏州先复，金陵尚遥遥无期，弟切不必焦急。古来大战争、大事业，人谋仅占十分之三，天意恒居十分之七，往往积劳之人非即成名之人，成名之人非即享福之人，此次军务，如克复武汉、九江、安庆，积劳者即是成名之人，在天意已算十分公道，然而不可恃也。吾兄弟但在积劳二字上着力，成名二字则不必问及，享福二字则更不必问矣。"但私下里，曾国藩自己在给朋友的信里大发感慨："少荃东下之初，仅令赴援沪城，意谓尽此兵力，或可保全海滨一隅，厥后拓地日广，卒将省坦克得，本非始愿所及，亦愧谋略之不如。"

自 1863 年 7 月完成合围以来，湘军在天京城下屯兵近半年之久。之所以形成这种"劳而无功"的局面，除了曾国藩老成持重，告诫曾国荃："若非贼来扑营，似不必常寻贼开仗。盖贼之粮路将绝，除开仗别无生路；我军则断粮路为要着，不在日日苦战也"；更为重要的是，此时的曾国藩已经在为剿灭太平天国之后湘军的政治前途进行铺垫。此时的曾国藩虽身为两江总督，赣、皖、苏、浙四省的军政长官也均为其昔日的幕僚、学生，但太平军在各地仍有活动，如苗沛霖般的地方团练武装亦盛行一时，胜保、僧格林沁等满蒙贵族也频繁以钦差大臣的身份干涉各地军务。因此，曾国藩有意缓攻金陵，利用朝廷急于借湘军之手夷平太平天国的有利时间，展开新一轮的政治布局。

1862年，由于太平军陈得才、赖文光所部西征入陕，清政府内部又掀起了新一轮的政治碾轧。僧格林沁发动御史系统指摘胜保"骄纵贪淫，冒饷纳贿，拥兵纵寇，欺罔贻误"，最终使胜保这位咸丰年代的政治明星黯然陨落。长期以来仰仗胜保为靠山的皖北"土皇帝"苗沛霖，只能选择举兵反清，但随即遭到僧格林沁和曾国藩的联手绞杀。在这个过程中，湘军集团和急于获得中原军政大权的僧格林沁部龃龉不断。不仅苗沛霖的首级成了争功的焦点，两军甚至还在围剿苗沛霖所部的过程中，由于通讯不畅而直接交火。总体来说，胜保—苗沛霖集团的瓦解，给了曾国藩一统安徽军政大权的有利时机。因此在规劝曾国荃少安毋躁的书信中，曾国藩颇为自得地写道："苗逆于二十六夜擒斩，其党悉行投诚，凡寿州、正阳、颍上、下蔡等城一律收复，长、淮指日肃清，真堪庆幸！"

　　在曾国藩亲自指挥皖北战事的同时，原拟加入天京战局的湘军悍将鲍超所部在皖南与太平军杨辅清、黄文金所部恶斗连场，基本巩固了以宁国为中心的地盘。加上李鸿章夺取苏州，左宗棠收复金华、绍兴、兵围杭州的战绩，湘军集团在1863年下半年可谓诸路奏凯、全面告捷。然而，就在形势一片大好之际，各部争衡的苗头也开始悄然出现。

▲ 天京城下，湘军与太平军进行了反复的拉锯战

1863年底，李鸿章在部署进攻常州的军务时，派出程学启、刘秉璋、潘鼎新等部，在李朝斌太湖水师的配合下，由平望、太湖、乍浦兜剿浙西太平军。李鸿章的意图，是想仿照以前湖北巡抚胡林翼进兵皖西的成案，在进兵过程中委员暂时跨省代管地方。他这样做，既可以截断浙江太平军增援天京的通道，也有助于巩固淮军新攻取的吴中地区。用李鸿章自己的话说，"苏、锡克后，左顾右盼，不得不兼图常、嘉以自固门户"。可此举也动了左宗棠的奶酪。

　　1864年2月，李鸿章奉旨兼辖浙西吏事。淮军入浙，半月之间连续招降了平湖、乍浦、海盐三城，又攻下平望、嘉善两城，这引起了身为闽浙总督兼浙江巡抚的左宗棠对李鸿章越境揽权的不满，上奏抗议。朝廷复又下旨申斥李鸿章。李鸿章在写给曾国藩的信里大为抱屈："……即受平、乍、海、嘉之降，匪我求贼，贼实求我，断无固拒不纳之理；即请暂委地方官，亦因自去春我军深入嘉境后，浙帅未委一印官。先准苏为代办，旋又叠咨申斥，思之至再，与其申斥于后，不如先陈明请旨，定此疑案。左公乃衔怨如是。如果浙有兵与官来，俾敝境得松一面之防，并力于我土地，岂敢于太岁头动一撮土耶？"左宗棠也写信向曾国藩抱怨："西塘之役，纵火大掠，闻因其六弟不能禁戢士卒所致。少荃因此迁怒嘉善汤令成烈而撤之。实则汤令之署嘉善，亦少荃所委，咨弟下扎者。湖丝盐利皆浙所应有者，则尽占之。"

　　曾国藩对于李、左两人的矛盾不想过多地发表意见。他此时更为关心的是随着苏南、浙西战事趋于终结，清政府是否会将李鸿章的淮军、左宗棠的楚军调入天京战场。

　　对于自己老师的这份担忧，李鸿章洞若观火。他在写给曾国荃的信中明确表示："屡奉寄谕，饬派敝军会剿金陵。敝意我公两载辛劳，一篑未竟，不敢近禁脔而窥卧榻。"但李鸿章的态度并不能从根本上改变朝廷对湘军久围天京不下的不满。除了清政府军之外，西方列强也对天京战场虎视眈眈。在常胜军解散的同时，另一支西方雇佣军——阿思本舰队出现在天津外海。

　　1861年起出任海关总税务司的英国人赫德，向来与恭亲王奕䜣关系莫逆。由其牵线搭桥，清政府在各类细节均未敲定的情况下，便匆促向英国订购了7艘战舰。1863年9月18日，由曾参与过两次鸦片战争的英国海军上校阿思本指挥的"中英联合舰队"抵达天津，并准备开赴华东战场。清政府这才发现这支舰队不过是"海上洋枪队"。清政府不仅需要支付 1000 万两白银用作其未来四年的军费,舰队的所有人事安排还要全部由英国人说了算。原本就不满英国人南下争功的曾国藩趁势发难,说阿思本"意气凌厉,视轮船奇货可居,视汉总统如堂下厮役、倚门之贱客"。面对"费数百万之帑金,竟不得一毫之权柄"的局面,恭亲王奕䜣也深感不妥,最终决定拿出 37 万多两白银作为遣散费将阿思本舰队就地解散。

阿思本舰队解散后,其麾下的舰船却并不寂寥,还未回到英国本土,皇家海军便已经为其中大部分舰船找到"下家"。除了 2 艘在孟买交付印度地方政府、3 艘卖给埃及人之外,舰队中的 2 艘主力舰"江苏"号和"厦门"号以 11500 英镑的价格出售给了野心勃勃的日本西南强藩萨摩。改名为"春日丸"的"江苏"号,日后在明治维新中扮演了异常重要的角色。

阿思本舰队胎死腹中,无疑宣告了中英蜜月期的提前结束。毕竟自"辛酉政变"以来,清朝已经逐步走出了昔日闭关锁国的状态。以总理衙门为平台,恭亲王奕䜣充分发挥其外交才干,一时间法、美、俄、德各国公使均积极谋求在华特殊利益,英国在与清政府的对外关系中已非一家独大。如在浙江战场上,法国人便协助左宗棠组建了另一支雇佣兵武装——常捷军。

此外,湘军围攻天京的态势已经逐步明朗,太平天国运动被最终镇压俨然指日可待。恰如曾国荃所说,"长江水师帆樯如林,无须轮船会剿金陵",清军借助西方雇佣军才能稳定局面的日子似乎已经是过去式。通过各种政治手腕,曾国藩暂时将天京战场的主导权掌握在了湘军手中,但无论如何,尽快攻克眼前这座"贼巢"才是釜底抽薪的唯一法门。因此从 1864 年春季开始,湘军对天京的攻坚战全面展开。

天国挽歌

1863 年底,湘军首次发动对天京的攻击,以"穴地攻城"的方法,一度轰塌了城北神策门附近的十余丈城墙。随后,湘军选锋奋勇登城,但很快便为太平军击退,死伤三百余人。当时曾国藩不以为意,还写信劝慰曾国荃说:"城内多百战之寇,阅历极多,岂有不能抢堵缺口之理?"曾国荃愈发认定此法可行,于是进入 1864 年的农历正月之后,湘军对天京的"穴地攻城"全面展开。一时间曾国荃所部"自朝阳门至钟阜门,开地道三十三处"。这套战术对曾以地道攻克过诸多名城大郡的太平军而言，并不新鲜。天京守军采取"穿隧以迎""薰以毒烟，灌以沸汤"的战术，不仅轻松化解了湘军的攻势，更给对手造成了"须臾殒命者，率常数十百人"的伤亡。

有趣的是，此时的曾国荃并不清楚天京城内的政治风向，认为城中主持防御事务的是返回天京的李秀成，并以为其有"见其上草色，辄知下有地道"的本事。事实上，自苏州失守之后，李秀成的政治生命便已岌岌可危。在太平天国诸王中，地盘和兵力往往决定着话语权。在"进北攻南"的计划中损失了大量有生力量的李秀成，回到苏州之后便已无力压制郜永宽等昔日麾下悍将，更不用说轻骑回天京之后要面对的洪姓诸王。

在其自述中，李秀成曾回忆他从苏州返回天京过程中的种种郁闷。当初在苏州，面对"自小从戎教练，长大至今，做到王位，与谭绍光两人是我左右之手"的郜永宽，李秀成虽然"久悉其有投大清之意"，但也不敢加以阻拦。他只能用"我乃国中有名之将，有何人敢包我投乎？"来保护自己。郜永宽等人也给了老领导最后的面子，将李秀成送出苏州。从苏州突围之后，李秀成试图依附于屯兵溧阳的堂弟李世贤。但李世贤此时已决议脱离太平天国，因此对李秀成的态度异常强硬。李世贤不仅不准李秀成返回天京，甚至在后者"不肯从"的情况下，欲出兵前来，逼李秀成去他的地盘。无奈之下，李秀成只能"轻骑连夜赶回京"。此时的李秀成与其说是驰援首都，不如说是进京避难。洪秀全对其更缺乏信任，"各处要紧城门要隘之处，概是洪姓发人巡查管掌"。如此，李秀成唯一能做的无非是收罗昔日部下留在天京的家眷。虽然只是"各在家每有十人，或七八人"，但积沙成塔，李秀成竟然也拉出一支"计有千余"的武装力量，加上"随身之将十余员"，在缺兵少将的天京城内，李秀成的这支乌合之众竟然也成了一支不可或缺的力量，只不过扮演的是"某处要紧，即命我行"的"救火队员"这类角色。

李秀成参与天京城防，本是其丢失苏州根据地之后的无奈选择，但偏偏把持权柄的洪姓诸王对其还不放心，最终引发了一场所谓"忠王通贼"的闹剧。

其实此时的太平天国早已风雨飘摇，即便下达了"私开敌人之文者，抄斩全家"这样的严令，仍挡不住松王陈德风和慰王朱兆英这样的王侯与湘军暗通。李秀成在自述中宣称，这两人的行动"并未与我言明"，但从事情败露之后，李秀成出资贿赂洪仁发保下两人的表现来看，李秀成即便不是陈、朱两人的同谋，也至少支持其主张。毕竟此时的天京已出现大面积粮荒。天京城外还有驻兵湖州的李世贤、黄文金所部，面对李秀成的血书，李世贤却以缺粮为由，迟迟不肯发兵。李秀成只能提议李世贤率部进入江西，3个月之后再回救天京。显然，天京城内的守军支撑不了那么长的时间。

面对"阖城男女饥饿，日日哭求"的局面，李秀成建议将非战斗人员放出城外，以缓解粮荒，但洪秀全仍严词谴责这一想法："不体国体，敢放朕之弟妹外游。"洪秀全要求城内军民："各遵朕旨，多备甜露，可食饱长生。"所谓"甜露"，不过是沾了露水的各种野草。面对已经陷入癫狂的最高统治者，李秀成只能"强行密令城中寒家男妇，准出城外逃生"。但此举遭到了守城的洪姓诸王的种种刁难，除了"将男妇出城之人将各所带金银取净"之外，还对穷人横加杀戮。留在城内也未必安全，"城内贼盗蜂张，逢夜城内炮声不绝，抢劫杀人，全家杀尽"。因此对于李秀成等人而言，城外的湘军似乎也不再那么面目可憎。

就在拿出1800两银子摆平了陈德风和朱兆英通敌事件之后，李秀成又因妻舅宋永祺投递降书再次卷入通敌风波。按照李秀成的说法，宋永祺自称认识曾国荃帐下的师爷，劝说李秀成开城投降。李秀成尚未拿定主意，贪杯好事的宋永祺就已将消息广为传播。陈德风收到风声后便写信询问李秀成，不料这封信却在粮务会议上，被洪秀全的心腹补王莫仕葵公开。一时间，不仅李秀成下不了台，担任掮客的宋永祺更险些被开刀问斩。长期主持太平天国的外交和刑部事务的莫仕葵，能够精准地向李秀成发难，似乎事情远不是巧合那么简单。于是，除了被讹了一笔银子之外，"忠王"这块金字招牌更因为"通敌"而蒙污。其实，他们之所以如此打压李秀成，更多的是缘于洪秀全每况愈下的健康状况。

1864年6月3日，洪秀全去世，天京这座孤城内又掀起了一场新的权力斗争。按照洪秀全生前的安排，其长子洪天贵福继任天王，朝政依旧由洪秀全的两位兄长——洪仁发和洪仁达执掌。李秀成虽被任命为大主帅，掌握军权，但由于此前的"通敌"事件，其政治威信大打折扣，不仅无力改变任何军事决策，反而"四时有人防备，恐我变心"。

太平天国内部的连场内讧，对于城外的曾国荃而言并无实际意义。在"穴地攻城"的策略迟迟无法奏效的情况下，曾国藩终于按捺不住。他写信给前线的曾国荃，表示准备接受淮军的助战："余意欲奏请少荃前来金陵会剿，而可者两端，不可者两端。可者：一则渠处炸炮最多而熟，可望速克；一则渠占一半汛地，弟省一半心血。不可者：少荃近日气焰颇大，恐言语意态，以无礼加之于弟，愈增肝气，一也；淮勇骚扰骄傲，平日恐欺侮湘勇，克城时恐抢夺不堪，二也。有此二者，故余不愿请来与弟共事。然弟心、肝两处之病已深，能早息肩一日，乃可早瘥一日；非得一强有力之人前来相助，则此后军事恐有变症，病情亦虑变症也。特此飞商：弟愿请少荃来共事否？少荃之季弟幼荃，气宇极好，拟请之日内至弟营一叙。"曾国藩的这番话表面上是在为自己兄弟的身体着想，实际上却是朝廷不断施压的无奈之举。

对于湘军长期屯兵金陵城下，北京方面早有微词。随着 1864 年 5 月 16 日淮军攻克常州，慈禧太后颁下谕旨要求淮军驰援战场："李鸿章所部兵勇攻城夺隘，所向有功，炮队尤为得力；现在金陵功在垂成，发、捻蓄意东趋，迟恐掣动全局，李鸿章岂能坐视！着即迅调劲旅数千及得力炮队前赴金陵，会合曾国荃围师，相机进取，速奏肤公。李鸿章如能亲督各军与曾国荃会商机宜，剿办更易得手，着该抚酌度情形，一面奏闻，一面迅速办理。曾国藩身为统帅，全局在胸，尤当督同李鸿章、曾国荃、彭玉麟，和衷共济，速竟全功，扫穴擒渠，同膺懋赏。总以大局为重，不可少存畛域之见。"

朝廷的命令，李鸿章自然不敢公然违抗，只能含糊地表示："于攻克常州后，未敢遽议协剿金陵；一以臣部兵将苦战经年，伤病疲乏，未得休养，若遽令远出，诚恐再衰三竭，无裨大局。"他甚至还编出了"现在天气炎热，洋枪连放三四次即红，多则炸裂；开花炮放至十数出后，即不能著手。昨攻长兴，各项炮具俱已震损，亟须回苏修整。以后节交三伏，战事颇难"这样的瞎话。李鸿章虽然以种种理由推辞前往天京战场，但时刻可能出现在战场上的淮军还是带给了曾国荃莫大的压力。

7 月 19 日，调集全军精锐后，曾国荃率部炸开了天京太平门龙脖子一线城墙，随即蜂拥入城。太平军虽然全力封堵缺口，但终因寡不敌众败下阵来。"各处军营见京已失，降亦有之，逃亦有之，死亦有之"，李秀成只能保护"幼天王"洪天贵福化装突围。

据传，突围途中李秀成将战马换给洪天贵福骑乘，自己则因为骑了"不力之骑"

▲ 湘军最终突破天京城防

没能跟上大部队而最终被俘。这个说法，长期以来可谓流传甚广。但这些出自李秀成自述中的一面之词，似乎并不为另一个当事人——洪天贵福所承认。洪天贵福被俘后在供状中这样描述天京突围时的情景："王长兄信王洪仁发在西门跳水死，王次兄勇王洪仁达未出城，来到垅口被官兵拿了。忠王李秀成带有一百多人，从石牛石马处到芳山被官兵拿了。独恤王仁政伯到杨家牌，亦被官兵擒了。出南京是尊王（刘庆汉）带我出来的。时尊王用长枪系长白带，我骑马跟紧这白带走。"

　　洪天贵福被俘后共写了十几次供状，其中不乏内容前后矛盾的；但整体来说，他对李秀成突围时的表现并没有特别的赞赏和肯定："忠王乃齐兵欲去太平门交战，临到太平门时，忠王又率众回，欲出大南门，后又细思南门外有雨花台，正是多营盘之处，乃回头上西门城上，却看见西门外尽是水，又不曾出。东门、南门官兵总上了城，我们乃去清凉山，各王议俟头更时冲太平门垅口出。后从垅口出，从淳化镇去直至广德州。"这些描述与李秀成自述中其英勇神武的表现似乎差之甚远。无论如何，随着天京的沦陷和李秀成的被俘，轰轰烈烈的太平天国运动无可奈何地进入尾声。

615

暗流汹涌

天京被破后，城里燃起了大火，"万室焚烧，百物荡尽，而贡院幸存"。曾国藩不承认是湘军放的火，他认为大火是太平军自己放的。但事实上，这一说法随着湘军攻克天京甚嚣尘上，引发了所谓的"圣库"疑云。

所谓"圣库"，指的是太平天国定都天京之后，于水西门灯笼巷建立的国家金库。按照洪秀全颁布的诏书，太平天国军民不得拥有个人资产："各宜公莫为私，总要一条草对紧天父天兄及朕也。继自今，其令众兵将：凡一切杀妖取城所得金宝绸帛物等项，不得私藏，尽缴归天朝圣库。逆者议罪。"鉴于太平天国长期控制富庶的江、浙、皖、赣等省份的诸多城市，有好事者认定天京城内"金银如海，百货充盈"。可湘军破城之后，曾国藩奏报搜查"贼赃"的情况时却说除了二方伪玉玺和一方金印，别无所获。一时间物议沸腾，多指其为谎言。

对于这些指责，曾国藩不得不做出解释："城破之日，查封贼库，所得财物，多则进奉户部，少则留充军饷，酌济难民。乃十六日克复后搜杀三日，不遑他顾，伪宫贼馆，一炬成灰。逮二十日查询，则并无所谓贼库者。讯问李秀成，据称：昔年虽有圣库之名，实系洪秀全之私藏，并非伪都之公帑。伪朝官兵向无俸饷，而王长兄、次兄且用穷刑峻法搜括各馆之银米。苏州存银稍多于金陵，亦无公帑积贮一处。惟秀成所得银物，尽数散给部下，众情翕然。此外则各私其财，而公家贫困等语。臣弟国荃以谓贼馆必有窖藏，贼身必有囊金，勒令各营按名缴出，以抵欠饷。臣则谓勇丁所得贼赃，多寡不齐；按名勒缴，弱者刑求而不得，强者抗令而遁逃，所抵之饷无几，徒损政体而失士心。因晓喻军中：凡剥取贼身囊金者，概置不问；凡发掘贼馆窖金者，报官充公，违者治罪。所以悯其贫而奖其功，差为得体。然克复老巢而全无货财，实出微臣意计之外，亦为从来罕闻之事。"

曾国藩的这番说辞固然还是在替湘军开脱，但毕竟承认了湘军破城之后曾搜掠财物用于贴补军饷。清政府随后也表示理解，认为"逆掳金银，朝廷本不必利其所有。前据御史贾铎具奏，故令该大臣查明奏闻。今据奏称：城内并无贼库；自系实在情形"。皇帝、太后的不追究，并不能挡住上下臣僚甚至湘军内部对曾氏兄弟的"羡慕嫉妒恨"，一时间关于曾国荃在天京缴获各种奇珍异宝的谣言甚嚣尘上。甚至连天王府殿上"大于五石瓠，黑柱内撑如儿臂，而以红纱饰其外"

的四个灯笼，也被说成是元代的文物。至于什么"大如指顶，圆若弹丸"的珍珠，什么"大于栲栳，裂一缝，黑斑如子，红质如瓤，朗润鲜明，殆无其匹"的翡翠西瓜，更是传得有鼻子有眼睛。最终种种谣诼汇聚成一句掷地有声的指责："闻忠襄（曾国荃）于此中获资数千万。除报效若干外，其余悉辇于家。"此后曾氏家族用了各种方式进行辟谣，然而成效甚微。

除了不满曾氏家族独占太平天国的"圣库"财富之外，湘军攻破天京，克尽全功的说法，也很快便遭到了质疑。在俘获李秀成之后，曾国藩很快便得知了"幼天王"洪天贵福已经成功突围。但为了不节外生枝，曾国藩还是奏报称："城破后，伪忠王之兄巨王、幼西王、幼南王、定王、崇王、璋王乘夜冲出，被官军马队追至湖熟桥边，将各头目全行杀毙，更无余孽。又据城内各贼供称：城破后，伪幼主积薪宫殿，举火自焚等语。"果然在龙颜大悦的情况下，清政府以"次第荡平，歼除元恶"的大功，对曾氏一族"特沛殊恩，用酬劳勋"，一次性封了侯、伯、子、男四个爵位。

但很快，左宗棠在汇报湖州军情的奏折中毫不留情地指出："据金陵逃出难民供，伪幼主洪填福（洪天贵福）于六月二十一日由东坝逃至广德，二十六日，堵逆黄文金迎其入湖州府城。查湖郡守贼黄文金、杨辅清、李元继等皆积年逋寇，贼数之多约计尚十余万，此次互相勾结，本有拼命相持之意；兹复借伪幼主为名号召贼党，则其势不遽他窜可知。且江西兵力渐集，李世贤、汪海洋诸逆如不得逞于江西，则遁入浙、闽，复与湖州踞逆相首尾，亦未可知。"曾国藩很快便抓住左宗棠奏折中的漏洞，指出："由金陵至广德，县县有兵，层层密布；其中如驻句容之刘铭传、驻溧水之王可陞、驻建平之李榕、驻东坝之郑魁武，皆晓事不欺之人，又奉严防逸贼之札。若谓洪福（洪天贵福）仅带零贼剃发潜遁此数处者，或不知之；若贼至二三千之众，而谓此数处一无闻见，既不截剿，又不禀报，此事理所必无也。"

左宗棠不顾昔日情谊，公然揭露湘军冒功的行径，令他与曾国藩之间的关系急转直下。向来睚眦必报的曾国藩随即在奏报中还以颜色："至防范不力之员弁；是夕，贼从缺口冲出，我军巷战终日，并未派有专员防守缺口，无可指之汛地，碍难查参。且杭州省城克复时，伪康王汪海洋、伪听王陈炳文两股十万之众，全数逸出，尚未纠参；此次逸出数百人，亦应暂缓参办。"收复杭州本是左宗棠足以自恃的政治资本，此时曾国藩指出此战不过是太平军主动突围，顿时令左宗棠灰头土脸。左宗棠不得不再度上奏解释："臣战余杭，蒋益澧战杭州，屡次破垒获胜；臣奏两城贼势窘蹙，并未以贼数众多为言，每与交战，逆贼多不过一万数千而止。迭次奏报甚详，尤堪复按。曾国藩称：'杭城克复，十万之众全数逸出。'所谓'十万''全数'，果何据乎？两城之贼于二月二十三夜五更窜出，官军皆于黎明时入城；夫以片时之久，一门之狭，而谓贼众十万从此逸出，殆无是理！"

曾、左两人在奏折中互相揭短之时，李鸿章始终保持着作壁上观的姿态。毕竟鸟尽弓藏的阴影已经悄然笼罩在湘、淮、楚等地方团练武装的头顶上，与其高调争功、相互攻讦，不如考虑如何保全手中的军队和地盘。

早在即将攻陷天京时，河南巡抚张之万便于1864年7月13日率先奏上《裁勇练兵折》，建议整顿制兵以代替勇营。朝廷当即下旨，认为此议"实为目前要务"。攻下天京后，又有御史陈廷经等奏请"妥善安置勇丁"，或挑补兵额，或遣撤归农。朝廷随即于8月12日下旨，令各督抚"妥慎办理，毋贻后日无穷之患"。一时之间，镇江冯子材、扬州富明阿部防勇，以及驻扎淞沪之贵州勇、水师广勇等部纷纷遭裁撤。这股撤军的浪潮，俨然马上就要扩大开来。

作为湘军最高统帅的曾国藩，此时首先要考虑的自然是如何减轻朝廷对他的疑忌。裁撤自己一手打造的湘军虽然有切肤之痛，却势在必行。但另一方面，为了保全湘军集团的政治势力，应对下一阶段追讨太平军残部以及北方捻军等起义军，在裁撤湘军部队的同时，还必须保有一支足以信赖的军事力量。左宗棠的表现令曾国藩极为失望，而淮军在驰援天京战场中的让功之举，使他对李鸿章颇为信赖。在写给的李鸿章信中，曾国藩阐释心机："长江三千里，几无一船不张鄱人之旗帜，外间疑敝处兵权过重，利权过大，盖谓四省厘金，络绎输送，各处兵将，一呼百诺。其相疑良非无因。"可见扶持淮军以逐步取代湘军的方案，已逐渐在曾国藩的脑中成型。

在攻下天京的第19天，曾国藩上《初筹善后事宜折》，表示"臣统军太多，即拟裁撤三四万人"。10天以后，他又以曾国荃有病，上疏请求开缺浙江巡抚回籍，"金陵各营勇丁，陆续遣撤，已及二万五千余人"，一并由曾国荃押带回湘。

一年左右，除了湘军水师改编为经制长江水师，凡由曾氏兄弟直辖的湘军均被裁撤。与此同时，左宗棠部由6万人裁去4万多人；其余江西、湖南等地的杂系湘军大部分也都被遣散。就这样，曾国藩以大规模自裁湘军之举，减轻了朝廷对他的疑忌，同时也使湘军后期的诸多弊端，如将帅争权夺利、士卒掳掠成风、闹饷哗变不断等得到了解决。

其实在攻克天京后写给李鸿章的第一封信中，曾国藩就说："拟请雄师北渡，肃清南北各属，以保珂乡，亦即以卫苏疆。一至淮北，湘勇远不如淮勇也。"针对天京城破后湘勇大肆收掳，将财帛子女抢劫一空，引起朝廷震怒，追问"圣库"下落，曾国荃为千夫所指只得托病告退的结局，曾国藩又致信李鸿章谈了内心的感受："即钦阁下之忠荩宏远，而又私幸下走创立淮勇新军，正所以济湘勇之穷，而为鄙人弥缝无限之缺憾也。"

对于曾国藩所谓"湘勇强弩之末，锐气全消，力不足以制捻。将来戡定两淮，必须贵部淮勇任之"的论调，李鸿章固然欢迎，但在湘、楚两军均遭大幅裁撤的情况下，李鸿章也不得不拿出实际行动来配合朝廷的统一部署。李鸿章在1864年9月的一份附片中，率先陈明，拟将所部分别裁撤，"酌留洋枪炸炮三万人，以备海防"。在给好友吴棠的信中，他又说："敝部水陆七万人，忙时有益，闲时多愁。拟酌撤二万，留最得力兵将以备海防。"按照李鸿章的方案，淮军将撤去一半或三分之一的兵力，保留精锐主力。李鸿章这样做，除了可以缓解遣撤时发还欠饷的实际困难，更重要的是他看到了"以备海防"的国防需要。为此，他在曾国藩正式上奏裁撤湘军前，就写信建议："冯军门（子材）缄商遣撤该军，鸿章深以为然。扬军（富明阿部）亦在可裁之列。吾师暨鸿章当与兵事相始终，留湘淮勇以防剿江南北。俟大局布稳，仍可远剿他处，呼应尚易灵通，乞酌夺为幸。"

李鸿章坚持要保留一部分军队的意愿，与他带兵沪上后，与洋人打交道时愈发深刻地认识到列强的侵略意图和贪欲是密不可分的。早在同治二年秋，他就指出："目前之患在内寇，长久之患在西人。"同治三年春，他又上书总理衙门，提出"天下事，穷则变，变则通"，极力陈述中国欲自强，非从练兵制器、培养人才入手不可。及至"平吴"战事结束，他又发出对"千古变局"的呼吁："外国猖獗至此，不亟亟焉求富强，中国将何以自立耶？千古变局，庸妄人不知，而秉钧执政亦不知，岂甘视其沈胥耶？"同治三年九月十一日，他在致总理衙门大臣薛焕的信里也说：
"惟朝廷为远大之计，仍须及时变易绿营旧制，酌留劲旅，厚给粮饷，精求火器，
择置能将，使各国勿轻视之心，即当局有操纵之术。"

在这些议论里，李鸿章设想以湘淮、勇营为主体建立一支新型国防常备军的
方案，比起曾家兄弟功成身退、尽撤湘军以轻疑谤的做法，无疑要高出一筹。因此"裁
湘留淮"既是李鸿章凭着对时代潮流的领略和顺应，获得朝野上下认同的结果，
也是他迎合恩师持盈保泰的心理，在恩师的主动支持下，争取到的一个较圆满的
结局。这对淮军日后的发展并充当国防军，无疑是十分有利的。当然，在某种层
面上，李鸿章可能也有取曾国藩而代之的小算盘，只是他或许并没有想到这一天
会来得如此之快。

参考文献

[1] 王闿运. 湘军志 [M]. 梁绍辉，点校. 长沙：湖南人民出版社，2007.

[2] 王尔敏. 淮军志 [M]. 北京：中华书局，1987.

[3] 赵烈文. 能静居士日记 [M]//《续修四库全书》编委会. 续修四库全书. 上海：
上海古籍出版社，2002.

[4] 罗尔纲. 忠王自传原稿考证与论考据 [M]. 北京：科学出版社，1958.

[5] 崔之清. 太平天国战争全史 [M]. 南京：南京大学出版社，2002.

[6] （美）R.J. 史密斯. 19 世纪中国的常胜军——外国雇佣兵与清帝国官员 [M]. 汝
企和，译. 北京：中国社会科学出版社，2003.

[7] 梁启超. 李鸿章传 [M]. 何卓恩，评注. 武汉：湖北人民出版社，2005.

[8] 陆方，李之渤. 晚清淮系研究——淮军、淮将和李鸿章 [M]. 长春：东北师范大
学出版社，1993.

[9] （英）呤唎. 太平天国亲历记 [M]. 王维周，译. 北京：中华书局，1962.

[10] 费志杰. 李鸿章苏州杀降事件还原 [J]. 清史研究，2012(4).